分卷主编　张俊义

中华民国时期外交文献汇编

1911—1949

第四卷

下

中华书局

三、联俄、反帝外交的政策确定

说明:孙中山和他领导的南方政府在获取西方列强支持上一再碰壁后,最终选择了联俄反帝的政策。历史的选择是双向的,孙中山选择了联俄,而苏俄也选择了孙中山。双方各有其现实的考虑,孙中山和南方政府选择联俄,除了获得苏俄一方的军事、经济援助,也希望学习苏俄革命的经验,学习其对党和军队的组织等,但对布尔什维主义的意识形态持慎重态度。而苏俄方面,十月革命后为减轻欧洲协约国对其新兴政权的干涉和国家现实利益的考虑,在华采取了双重外交,一方面承认北京政府,并同北京政府谈判,谋求外交上的承认;另一方面,则又与包括孙中山在内的地方实力派联络,企图利用中国的内部矛盾渔利。经过接触、谈判,苏俄最后选择了支持孙中山领导下的南方政权。南方政府联俄政策的确定和苏俄政府的鼎力支持,彻底改变了南方政府的面貌,直接促成了国民党的改组和第一次国共合作的开始。南方政府对西方帝国主义的态度也由寻求同情与支持,转而变为反对帝国主义的压迫、收回国家利权的反帝政策上来。随着北伐战争的顺利展开,轰轰烈烈的第一次国内革命拉开了它宏大的序幕。

本章主要资料来源:

中国第二历史档案馆藏国民党中央党部档案、国民党中执会档案

薛衔天等编:《中苏国家关系史资料汇编》(1917—1924),中国社会科学出版社,1993年

中共中央党史研究室第一研究部译:《共产国际、联共(布)与中国革命文献资料选辑》(1917—1925),北京图书馆出版社,1997年

中共中央党史研究室第一研究部译:《联共(布)、共产国际与中国国民革命运动》(1920—1925),北京图书馆出版社,1997年

　　中国社会科学院近代史研究所中华民国史研究室等合编:《孙中山全集》第5、9、11卷,中华书局,1985年—1986年

　　陈旭麓、郝盛潮主编:《孙中山集外集》,上海人民出版社,1990年

　　中国社会科学院现代史研究室、中国革命博物馆党史研究室选编:《马林在中国的有关资料》,人民出版社,1980年

　　中国国民党中央委员会党史委员会编,秦孝仪主编:《先总统蒋公思想言论总集》,台北"中央"文物供应社,1984年。

(一)联俄外交政策的确定

　　说明:孙中山在寻求西方列强对南方政权支持的同时,对俄国发生的革命一直很关注。1917年俄国爆发十月革命前后,孙中山对俄国的革命大加赞扬,并一直谋求与苏俄领导人建立联系,双方互有通信往来。

　　除了书信往来,苏俄与其领导下的共产国际还陆续派出波达波夫、索科洛夫、马林、越飞等多人,与孙中山及南方政府接触,了解其观点与主张。1922年6月,陈炯明叛变后,孙中山加快了联俄的步伐;而此时的苏俄及共产国际经过与孙的接触与交流,最终决定支持孙中山和他的南方政权。1923年1月,苏俄代表越飞在上海与孙中山举行会谈,26日,《孙文越飞联合宣言》发表,标志着南方政府联俄外交政策的初步确定。

　　1923年8月,苏俄政府正式决定派鲍罗廷以孙中山政治顾问的身份来华,帮助南方政府完成民族解放的大业。与此同时,南方政府派出以蒋介石为团长的孙逸仙博士访问团,对苏俄革命进行考察。鲍罗廷来华后受到孙中山和南方政府的重用。在鲍罗廷的协调下,国民党成功地进行了改组,并确定了联俄容共的方针。在联俄的背景下,苏俄政府为南方政府提供了大量的经费、人员和武器装备的援助,成立了黄埔军校,建立了新式的党军。南方政府得到了飞跃式发展,以北伐战争的

胜利为标志,可以说南方政府的联俄政策获得了巨大的成功。

1. 孙中山与苏俄的早期接触

契切林致孙中山函

1918 年 8 月 1 日

亲爱的孙中山博士:

人民委员会交给我们一项光荣任务,向您,尊敬的导师表示感谢,感谢您几个月前曾以中国南方议会的名义给工农政府寄来贺信,并向您,中国革命的领袖,从 1911 年起在特别困难的条件下继续带领中国劳动群众反对奴役者——中国北方的和外国的资产阶级以及帝国主义政府——的伟人表示敬意。

您,尊敬的导师,前些时候在致工农政府的贺信中曾指出,俄国革命和中国革命抱有同样的目的,即解放工人并在承认俄中两国伟大的无产阶级利益的基础上建立永久和平。

按照我们的理解,这个伟大的任务就是两国劳动阶级团结起来,建立普遍和平,它是人民从资产阶级手中取得政权以来,工农政府全部活动的依据。和平法令已表达了我们这一纲领。尊敬的导师,和平法令谅您业已知悉。全俄苏维埃第五次代表大会发表的对东方各民族的宣言重申了这个纲领。

我们和您一样,在前进中遇到了空前未有的困难,帝国主义政府的军队、资产阶级的雇佣兵捷克斯洛伐克兵团和俄国资产阶级,像铁桶一样包围着我们,他们企图在俄国恢复君主政体,我们同我们的朋友——中国南方无产阶级的联系被切断了。两个月来,同您的联系也中断了,我们共同的敌人通过银行家和资本家所收买的报刊,正在散布着种种谣言,其目的是不让中国人民了解真相:工农政府生机勃勃,正进行着强有力的、坚持不懈的斗争,它一如既往,高举无产阶级战胜世界资产阶级和欧洲强盗及掠夺者的旗帜。

我们的处境困苦,面临着力量悬殊的斗争。在这个经受考验的时刻,当帝国主义政府从东西南北伸出贪婪的魔爪要破坏俄国革命和剥夺俄国工农通过这场世界上空前未有的革命而获得的成果的时候,当外国银行家所扶植的北京政府企图与这些掠夺者勾结起来的时候,——就是在这个时刻,俄国劳动阶级吁请中国兄弟共同斗争。

因为我们的成功,就是你们的成功,我们的灭亡,也就是你们的灭亡。

让我们在争取全世界无产阶级共同利益的伟大斗争中更加紧密地团结起来。中国劳动农民万岁,中国工人万岁,俄中无产阶级联合万岁。

向中国劳动阶级及其尊敬的导师孙中山博士致以最诚挚的祝愿,祝愿幸福,昌盛。

俄罗斯苏维埃联邦社会主义共和国外交人民委员

格奥尔基 · 契切林

《中苏国家关系史资料汇编》(1917—1924),第 671—672 页

契切林致孙中山的信

1920 年 10 月 31 日

亲爱的孙中山:

苏俄满怀喜悦的心情得悉,中国粉碎了联合日本帝国主义的极端反动的势力,中国人民在国内外都朝着自决和自治方面迈进了一大步。您得知我国在击败弗兰格尔以及我国几乎在同所有邻邦的和平谈判中所取得的成功,当然也同样会感到高兴的。与波兰订立的条约,是以苏维埃乌克兰和苏维埃白俄罗斯丧失一部分领土为代价的,但是□□①劳动群众是可以寄予希望的。在波兰内部发展的进程中将发生□□②

---

① 原件字迹不清——原编者注。
② 原件字迹不清——原编者注。

转折,他们必将消灭波兰现统治集团所制造的不公正现象,法国和皮尔苏茨基的统治已把波兰引入绝境,他们必将从绝境中找到出路。每一天都给全世界的工人带来了新生力量,而帝国主义制度则正在土崩瓦解,内部危机已提上各国日程。广大劳动群众只有靠自己,靠自己的双手才能打败现有的无数敌人。贵国正坚定不移地前进,贵国人民自觉地走上同帝国主义对世界的沉重压迫进行斗争的道路。谨祝你们取得伟大成功,中国兄弟们,行动起来吧!压迫你们的势力在一天天衰落下去。请再稍等一等,你们胜利在望。但是也不要浪费时间。应当立即恢复我们两国的贸易关系。不应放过任何一个机会。愿中国坚定地走上与我国友好的道路。

谨向您个人以及反帝斗争的战士——中国人民致以最良好的祝愿。

完全忠诚于您的　格·契切林

《中苏国家关系史资料汇编》(1917—1924),第 672 页

孙中山致齐契林的信

1921 年 8 月 28 日

亲爱的齐契林:

我收到了您一九二〇年十月三十一日从莫斯科寄来的信。这封信是一九二一年六月十四日到达的。我之所以迟迟未作复,是因为想见见为您送信的使者,他本来应当是将信从哈尔滨寄给我的。因为他至今还未能来广州看我,我就决定先回答您兄弟般的敬礼和关于恢复中俄商业关系的建议。

首先,我应当告诉您:这是我从您或苏俄某一位那里所收到的第一封信而且是唯一的一封信。最近两年来,在资本主义的报纸上曾经有几次报道,断言好像莫斯科向我作过一些正式的建议。其实任何这样的建议都没有用信件或其它方式通知过我。万一从您的同僚中有谁已往曾寄信给我或现在正寄信给我,那么让我告诉您,我还没有收到过一

封信。

　　我应当简要地向您说明中国是怎样一个情况。且回溯到一九一一
至一九一二年,当时我的政治事业,在一九一一年十月开始并迅速普及
全国的革命中获得了自己决定性的表现。革命底结果,是推翻了满清
并建立了中华民国。我当时被选为总统。在我就职后不久,我便辞职
让位于袁世凯,因为我所完全信赖的一些朋友们,在当时比我对中国内
部关系有更确切的知识,他们以袁世凯得外国列强信任、能统一全国和
确保民国底巩固来说服我。现在我的朋友们都承认:我的辞职是一个
巨大的政治错误,它的政治后果正像在俄国如果让高尔察克、尤登尼奇
或弗兰格尔跑到莫斯科去代替列宁而就会发生的一样。袁世凯很快就
开始了恢复帝制的勾当。如您所知,我们已经将他击败了。

　　他死了以后,列强仍然在政治上和财政上支持一些土皇帝和军阀。
其中有一个是过去的土匪头子,叫作张作霖。他名义上是满洲军队的
统帅和督军,但实际上是北京"政府"所听命的主子。而他本人却又在
一切重大的、与日本有关的事情上听命于东京。因此,可以正确地断
言:在与日本切身利益有关的一切重大政策问题上,北京实际上是东京
底工具。莫斯科在自己与北京的一切正式关系上应当好好地估计到这
个情况。只有在首都实行彻底清洗之后——当我到那里时,这种清洗
将会发生——,苏俄才可以期望与中国恢复友好的关系。

　　在您写信给我以后,我当选为广州国民政府底总统。这个政府是
合法的政府,因为:(一)它本身的权限是根据一九一二年在南京召开
的第一次立宪会议所通过的《临时约法》和一部唯一的《中华民国组织
法》;(二)它的成立是为了执行在法定的中国国会中按照约法所赋予
全权的政权机关底决议,现在国会会议正在广州举行。我的政府也是
实际的政府,它的权限已经为中国西南诸省及其权力所及的其他各省
所承认。

　　现在,因为地理条件,我还不可能和你们发生有效的商业关系。只
要看一看中国地图,您就可以看出:我的政府管辖下的领土是在扬子江

以南,而在这片领土与满洲和蒙古的"门户"之间——只有经过这些"门户"才可能建立商业关系——,有张作霖及其同盟者横梗着。只要还未建筑起包括在我所计划的中国铁道系统内的大铁道干线,那就没有而且也不能有任何通过新疆的"门户"。

当我还没有肃清那些在首创的革命后第二天便在全国各地出现的反动分子和反革命分子时,莫斯科就应当等待一下。您最近三四年来的亲身经验,会使您能够了解我所面临的是何等艰难的事业。我最近九、十年以来都在从事于这一艰难的事业。如果不发生某种形式下的积极的外国干涉,我希望能在短期内完成这一事业。外国干涉是很少可能的,因为这涉及到西方列强。它们大概已被北京喂饱了。

在这个期间,我希望与您及莫斯科的其他友人获得私人的接触。我非常注意你们的事业,特别是你们苏维埃底组织、你们军队和教育底组织。我希望知道您和其他友人在这些事情方面、特别是在教育方面所能告诉我的一切。像莫斯科一样,我希望在青年一代——明天的劳动者们底头脑中深深地打下中华民国的基础。

向您和我的朋友列宁以及所有为了人类自由事业而有许多成就的友人们致敬。

您的真挚的孙逸仙

又:这封信是经伦敦苏俄商务代表团转寄的。如果它能安全无阻地到达您手中,就请通知我,以便我今后能经过同一个中间人与您联系。如果从莫斯科来的信将由你们在伦敦的使节转寄的话,我就这样地建立联系来接收它们。

《孙中山全集》第 5 卷,第 591—593 页

契切林给列宁的信

莫斯科,1921 年 11 月 6 日

尊敬的弗拉基米尔·伊里奇:

送上孙逸仙的信,其中有对您的问候①。他称您是他的朋友,您本人同他认识吗? 您从扬松的密电中可以看出,我们在北京设立代表机构后就可以同广州政府进行往来。

在此以前,我们认为不便给孙逸仙写信。去年我们给他写信时②情况不同,因为当时同北京的谈判尚未开始。

致共产主义的敬礼!

契切林

《共产国际、联共(布)与中国革命文献资料选辑》(1917—1925),第 66 页

列宁给契切林的便函

莫斯科,1921 年 11 月 7 日

契切林同志:

我不认识他,我们互相也从未通过信。

我认为,应尽量热情些,要常写信并尽量秘密进行,要派我们的人去广州。

列宁

《共产国际、联共(布)与中国革命文献资料选辑》(1917—1925),第 67 页

孙中山与马林的谈话③

1921 年 12 月

我曾经三次与孙中山长谈关于苏俄承认他以及与之结成联盟的可能性问题。他认为虽然华盛顿会议已使中国处于空前不幸之地位,但到他胜利结束北伐之前,要与苏俄结成联盟在事实上不可能。他声称,

---

① 指孙逸仙 1921 年 8 月 28 日写给契切林的信——原编者注。

② 指契切林 1920 年 10 月 31 日写给孙逸仙的信——原编者注。

③ 1921 年 6 月,马林作为共产国际正式代表来到中国,12 月 23 日与张太雷抵达桂林,共停留三周,与孙中山举行三次谈话,此为 1922 年 7 月 11 日马林给共产国际报告中的片段——原编者注。

待北伐胜利结束,立即提议与苏俄公开建立联盟。他的看法是中俄携手将完成亚洲的解放。但如果建立一个不适时的中俄联盟只会立即招致列强的干涉。他认为如果不使自己与苏俄连在一起,就有可能不受列强干涉地独立处置中国的事情。我指出,他的民族主义的宣传也必然招致列强的干涉,可是他不能忽视这种宣传,因为要不然他的整个地位就只能依靠少数将领的支持,这种人最好的情况也只能引导他到另一次南京妥协。已经参加他的部队的将领又离开他,这种事已经发生过好几次,陈炯明的例子,就是孙中山的种种解释说不通的证明。但是,正月间,他只表示愿与苏联建立非官方的联系,不再前进一步。他同意派一个他的最好的同志到苏俄去。

《马林给共产国际执委会的报告》,1922 年 7 月 11 日,《马林在中国的有关资料》,第 18 页

契切林致列宁的信

1922 年 1 月 26 日

尊敬的弗拉基米尔·伊里奇:

现将刊载卡纳决议的一期《小巴黎人》杂志和波诺米的复制件呈交给您。波诺米出版了《所有制》一书。

有一封孙中山写给我的信,信中引了您的话。我明天找出来(搬家之后还没有把所有的东西都打开)寄给您。孙中山的政党——国民党的代表正在这里,我们应建立实际关系。他们没再提什么要求。我还在等待国民党代表答应送来的节略。此致
共产主义敬礼

格·契切林

《中苏国家关系史资料汇编》(1917—1924),第 674—675 页

契切林致孙中山的信

1922 年 2 月 7 日

敬爱的孙中山先生：

　　我们很高兴收到您的信，很高兴能在远东劳动者代表大会上通过国民党代表与该党直接接触。我与这位代表进行了长时间会谈，我期望收到他关于中国形势的节略，并期望今后经常同他会晤。我希望不久我们的一位朋友将从这里前去拜访您本人，如不出现什么障碍，也许他经常留在您身边。同国民党代表会晤时，我与他讨论了与我们未来的关系有关的一切问题。我们的意见完全一致。我要强调指出，我国政府和人民是中国人民最真挚的朋友，并热切希望中国成为一个由人民政府领导的、彻底摆脱外来政治或经济压迫的统一、进步的国家；我还要强调指出，我们政府不会干涉中国内政，也不想侵犯中国人民最充分、最完全的自决权，中国人民应当自己决定自己的命运。当然，我们对中国人民进步的解放力量是完全同情的。不过，不管北京政府是一个什么样的政府，它终归是中国的正式政府，所以，我们仍力图同它建立正常关系。在我们同国民党代表未来的会谈过程中，同将拜访您的我们那位朋友的谈话中，以及同你们的领导人的谈话中，我们将更明确地规定联系的范围。这些来往定将把我们同你们，同你们的朋友们联合起来。不管我国在欧洲和欧洲以外的政治立场今后如何发展，我国政府绝不会放弃同中国人民的最忠实、最热忱、最诚挚的友谊与合作。中国人民获得幸福与自由发展，也是我们最真诚的愿望。列宁同志也极感兴趣地读了您的信。他满腔热情地注视着您的活动。

　　亲爱的朋友孙中山，请接受我真诚、亲切的祝愿。

格·契切林

《中苏国家关系史资料汇编》(1917—1924)，第 675—676 页

孙中山致契切林函

1922 年 6 月 23 日

敬爱的契切林：

达林业将尊函转交与文，今写几句作答。

文经历着陈炯明——一个多亏有文方有其一切之人，造成之严峻危机。文在一定场合意欲何为，将由达林转告。

谨向您和列宁致敬。

孙逸仙

1922 年 6 月 23 日于黄浦“永丰”舰

《中苏国家关系史资料汇编》(1917—1924)，第 676 页

孙中山致列宁信

1922 年 12 月 6 日[①]

亲爱的列宁：

趁此机会谨就一件要事致短函与您……您能够迫使张作霖尽可能妥善地为苏俄的安全采取一切必要的行动。

遵照这个政策，您不仅能避开在中国反对您的危险的反动势力，而且将帮助我创造一种便于并加速俄中共同工作的局面。

您前次关于中国的声明使我国人民感到大有希望，并使我国人民把俄国看作中国的朋友，这个朋友保证中国能摆脱帝国主义列强，获得民族解放……

我打算在不久的将来派一个全权代表赴莫斯科，与您和其他同志一道会议符合俄中合法利益的共同行动。

同时，我应重申，与现在的中国政府的谈判，不仅仅是浪费时间，而且可能还是危险的。北京政府现在是帝国主义列强的奴仆和工具，所

---

① 此件未标日期，今据韦慕廷《孙中山——壮志未酬的爱国者》一书，“这是他十二月六日写给列宁的信”，断为 6 日——原编者注。

以与北京打交道意味着实际上在与列强打交道。这是危险的,因为经常可能有这样的情况,即北京和这些大国将要弄种种手腕使您在中国人民面前陷入不利的处境。

再致崇高敬意。

谨致兄弟般的问候。

孙中山

《中苏国家关系史资料汇编》(1917—1924),第 676—677 页

2. 苏俄选择孙中山

波达波夫给契切林的报告

莫斯科,1920 年 12 月 12 日

关于中华民国原第一任总统孙逸仙博士

我在上海时同孙逸仙博士联系密切,他是一位狂热的反英者,与北京政府和(目前垮台的)广州政府势不两立。

在中国各地他都有追随者,在革命人士中他有一些忠实的朋友。

在人民运动的现时领导人当中,他同陈炯明(福建省督军、反北京政府的粤军总司令)、唐绍仪(原第一共和国总理,现为和谈代表团团长)、唐继尧(云南省督军,现南方政府已由广州迁到云南)、李烈钧(南方政府总参谋长)、伍廷芳(南方政府外交部长)、陈独秀(有声望的作家和教授,新大学创始者)、孙洪伊(原第一革命政府内政部长,是在穷苦人当中享有很高声望的活动家)、章炳麟(杰出的现代作家)、林长民(北京政府司法部长)、梁启超(原出席巴黎和会代表团代表),以及他的一些私人朋友保持着联系。他本人在中国人民中享有很高声望,在报刊上常常被称为国民党首领,但这个党至今未成立。

孙逸仙身边的一些人同各个党派和团体(包括大同党)保持着联系。他的秘书和司库都是大同党党员。

　　孙逸仙博士有资金,许多资本家常常向他提供物质上的支持。孙逸仙在海南、四川、福建等省有很大影响,在他的影响下,在这些省份和在中国其他地区,他可以发动起义并能够得到督军朋友们的支持,督军们兵合一处,为他提供一支颇为可观的武装力量。他把广州作为第一个行动目标,也就是要占领华南,他建议通过组织这次行动与北方(即北京政府)相抗衡。

　　中国恢复统一后,孙逸仙博士打算通过普选组织议会。

　　他告诉我,5月底他收到了您的信,鉴于我即将返俄,他请求我转达他对列宁的问候。协约国代表对我的搜查,使他有些担心,所以他未发表对苏维埃政府的书面呼吁书。因为他同莫斯科的交往一旦暴露,就会给他在外国租界的逗留和在中国进行的工作造成麻烦。我们同他约定使用我的中英文密码进行联系。除了他的照片,我没有他的任何文件。在各种交谈中,他不止一次地表露出,他不相信我们能成功地在俄国实现共产主义。他以中国人民的经验作为自己的论据。不过我得以说服孙逸仙向我们这里派驻两名代理人。他选择了廖仲恺(广州政府财政部长)和在华南享有声望的朱执信将军。这两个人同我进行了长谈,应在8月取道欧洲前往。

　　孙逸仙是得到译载我国宪法、土地法令、俄法条约等文件的英文小册子的第一人。

　　我将小册子交给了李××①,他把它译成中文并将它与我弄到手的托洛茨基的文章一起刊登在他的共产主义出版物上。

波达波夫

《共产国际、联共(布)与中国革命文献资料选辑》(1917—1925),第47—49页

---

　　①　原文名字不清,据查可能是李震瀛——原译者注。

索科洛夫-斯特拉霍夫关于广州政府的报告①

1921 年 4 月 21 日

绝密。

关于广州政府的报告
参与组织广州政府的力量

1. 国民党

国民党,大约成立于 15 年前,有纲领,与我们的社会革命党有些相似。该党的策略经常改变,受政局左右。它有时革命情绪高涨,有时黯然失色,成为缺乏信心的知识分子党。1911 年,国民党担起了革命运动的领导权,推翻了满清王朝。随即同袁世凯、段祺瑞之类的封建军阀建立了反常的联盟,结果被军阀赶下政治舞台,不光彩地转入地下,偶尔在工作中还采取了恐怖主义。

在这十年间,国民党曾再次试图在南方登上政治舞台,但因重与反动派联合,又不光彩地为自己准备了绝路,而反动派利用国民党作幌子来实现自己的阴谋,再次取得了胜利。

1915 年,国民党又转入地下,做工农群众的组织工作,这时它无疑已开始向左转。

孙逸仙博士是该党首领,1919 年的一期《密勒氏评论报》上写道:他的党的基本目标是进行社会主义革命,正如所有革命的马克思主义者所理解的那种社会主义革命,但是作者附带说明:中国情况特殊,中国需要摆脱封建制度,需要完成工业资本主义革命,然后才开始进行社会革命。然而这些革命相近似,犹如一个链条上的环节,作者并未提供如何分清它们的方法。这就是中国社会党——国民党的策略原则的主要模糊不清和相互矛盾之处。(由谢米切夫编辑出版的上海《太阳》杂志的第 1 期上有这篇文章的译文,我动身去中国前,在东方部看到了这

---

① 索科洛夫-斯特拉霍夫,1919 至 1921 年在中国从事地下工作,自 1921 年起任共产国际执委会远东部书记——原译者注。

期杂志。)

2.中国共产党

我从上海动身前,中国共产党人在积极筹备召开共产党全国代表大会,会上要选举产生中央委员会。迄今党的实际领导权还在中央机关刊物《新青年》杂志编辑部手里。这个杂志是由我们资助在上海用中文出版的,主编是陈独秀教授,当地人称他是"中国的卢那察尔斯基",即天才的政论家和善于发动群众的宣传员。这个团体参加了同国民党中央关于一旦陈炯明军队打败南方政府后如何组阁的谈判。这次谈判的结果是,陈独秀被列为来自共产党方面的未来广州政府成员,将做同国民党的联合工作。

广州政府的诞生及其采取的措施

1920年10月29日,陈炯明军队占领广州。11月14日,以孙逸仙博士为首的国民党中央,由上海南迁广州。新政府首先采取的措施是,查封所有赌窝,颁布义务教育法令,最后还出现了中国共产党人制定的适用于苏维埃情况的法令。1920年12月19日,陈独秀教授启程去广州,出任国民教育部长职务。1920年12月28日,公布了以下政府组成人员:

1.内务部长孙逸仙

2.交通部长唐继尧(国民党)

3.司法部长徐谦(国民党)

4.外交部长伍廷芳(国民党)

5.国民教育部长陈独秀(共产党)

6.陆军部长陈炯明(国民党)

7.参谋部长李烈钧将军(无党派①)

政府在最初举行的一次会议上决定向北京政府提出以下要求:

1.从政府中清除所有封建军阀;2.撤销联合令;3.不签订对外借款

---

① 原文如此,应为国民党——原译者注。

协议。

孙逸仙博士在一次会议上说,他认为中国人民的主要敌人,是聚集在张作霖将军周围的那些军阀,需要从政治上把这些人消灭掉,因此同他们只有一句话——战争。所以他建议,作为现时政治形势的公式就是准备同北京作战。在这个问题上,一段时间在政府内部意见不一。陈炯明认为,现时任务不是同北京作战,而是在广州巩固政权的内部。

1921年1月12日,格里高里·扎尔欣同志①从广州回来(他是奉优林之命同柏烈伟一起去那里的)告诉我说,政府中的意见分歧依然存在,在广州可以感觉到对未来缺乏信心。上述三点要求是政府内部联合一致的提法,可以感觉到普遍言犹未尽,互不理解。政府不得不查封一系列黑帮报纸,因为这些报纸进行挑衅性诽谤。例如在12月下半月,在广州就查封了6家挑衅性报纸。现在在广州完全公开出版的报纸是,共产主义小组的报纸、国民党的《民国日报》和四五家打着无党派幌子的报纸。

1月份在广州出现了几个与以前在中国截然不同的新式工会,采用了美国工会模式。

为了管理城市,成立了由国民教育部、司法部、社会保障部、社会安全部、警察部等组成的苏维埃。

我同广州政府成员的会见

1921年1月12日,《民国日报》(国民党在上海出版的非官方机关报)编辑戴季陶同志建议我会见来上海逗留几天的国民党中央委员、广州政府成员李烈钧,会见安排在孙逸仙博士和其他国民党中央委员在去广州之前曾住过的一座私宅里。因为白天这座住宅受到严密监视,所以我在编辑部给我派来的一位向导护送下很晚才到那里去。这座住宅位于法租界环龙路44号,我和向导从编辑部所在地湖南路出发,走了很久,直到夜间12点才不知不觉地走到李烈钧处。李特别热

---

① 即维经斯基。

情和亲切地接待了我。事先李章达向他讲了我的情况。李烈钧同志主动通报了广州政府的工作情况。

他证实了李章达以前所说的话，即国民党和广州政府的首要任务是在国内消灭封建制度。他们认为，只有通过国内战争才能实现这一目标，并确信战争的结局必定是摧毁北洋军阀政府。他说，俄罗斯苏维埃共和国的目标和任务与他们广州人的目标和任务很相似，他们试图同苏俄建立亲密关系，最好通过秘密派遣代表互通情报和签订必要的协议来实现这一点。

广州政府所处的客观环境，使他们在政治行动上不得不特别谨慎，不过他们认为，为了革命的成功，他们可以采取一切手段。例如，广州政府正在同日本银行谈判向广州提供借款的问题，因为他们一文莫名，而发起同北京的春季战役迫切需要一笔钱。他还说，政府查封几家卖身求荣的报纸，因为这些报纸从事日本人的挑衅活动，在公众面前错误地解释政府的行为。为了说明情况，广州人要向美国派出官方外交使团。李烈钧还说，他到广州后要提出向苏俄派遣使团的问题。之后谈到优林，他说，他们广州人不知道为什么优林至今蔑视广州。李烈钧还告诉我，国民党人数粗略统计约有 20 万，其中一半也就是约 10 万在华南，其余侨居国外和在北方。

我问李烈钧，广州人想同苏俄签订什么具体协议。他回答说，他没有签订协议的全权，但是国民党派去参加共产国际第三次代表大会的李章达同志可能得到了这方面的指示。

其实，我在布拉戈维申斯克时，于 1920 年 11 月结识了国民党员李章达。他给我写了引见孙逸仙博士、李烈钧等人的信，并告诉我说，他想来莫斯科，要以孙博士的名义向苏俄政府建议签订在华联合行动的协议。

孙逸仙博士想签订的军事协议，是旨在使红军从俄国的土耳其斯坦方面向新疆发动春季攻势，直逼中国西南四川省首府（成都）。据李章达说，四川省约有 4 万名国民党员，已做好策应这次行动的准备并会兴高采烈地迎接红军。

广州的政治、军事形势

广州军队在1月份约有6万人,有140门炮。去年12月份的最后几天,军队开始整编,清除了不可靠分子。

目击者在1月份报告说,广州军队太涣散,纪律性差,不是一支象样的军事力量。格里高里·扎尔欣同志在广州同陆军部长陈炯明进行过会晤,陈对他说,政府将竭尽全力整编军队,这是格里高里·扎尔欣同志1月13日从广州回来后告诉我的。

居民对广州政府的态度至今还不明朗。其实在北京和上海的学生当中,流传这样一种看法:"孙逸仙博士的想法可能很好,但是中国实现不了。"

这种看法产生于资产阶级的因循守旧心理,而不是对事态发展的正确估价。为了评估工人对国民党的态度,我去过上海矮小泥泞的贫民窟,那里居住着工人和手工业者,在那里常常见到孙逸仙的画像。工人们非常热爱和信任孙逸仙,这是因为近年来国民党几乎是唯一一个在小商人、小手工业者和工人中间开展工作的充满活力的党,也是因为在中国没有另一个更革命的更具有鲜明阶级性和组织性的力量,自然国民党在劳动群众中和在小资产阶级中比任何其他党都赢得了更大的同情。

现在来谈谈广州政府的"进攻"政策。

首先,广州没有钱组织这次进攻,这是广州为什么至今未发动对北京的战役的主要原因之一。其次,要考虑到群众的惰性,即革命战斗精神"不高"。学生对资产阶级知识分子的中国的思想有巨大影响,但他们蓄意消极。在广州本地,对这个问题也没有一致意见,小资产阶级居民反对进攻,他们提出一个口号:"广州为了广州人,广州以外的事与我们不相干。"

有利于组织进攻的事实是经济危机。国家在闹饥荒,据经济学家预测,北方三省到4月份要有1800万人饿死;再者,在上海等城市出现大批失业者,军队中因得不到军饷士兵哗变接连不断。

鉴于存在着一系列可以看得见的原因,以及政府成员在进攻问题上的意见分歧,期望广州很快发动对北京的作战行动是没有根据的。

主要是广州政府可能被我们用作进行东方民族革命的工具,这场革命最终会把中国抛向协约国敌人的阵营。

根据这一主要看法以及该报告中所谈的其他理由和情况,必须作出以下结论:

1. 同广州政府尽快建立联系,这是我们远东政策中的最迫切任务。

2. 建立这种联系的目的是在居民中和在广州政府中物色一些能够在中国发动全民起义来反对日美资本对整个远东的奴役的人物。

康斯坦丁·索科洛夫–斯特拉霍夫

《共产国际、联共(布)与中国革命文献资料选辑》(1917—1925),第58—64页

契切林给派克斯的电报

莫斯科,1921年12月7日

致满洲里站派克斯[①]。

答复您150号电。我们在等候给您的两名精干的工作人员。同广州政府的接触,应基于对中国民主民族解放运动的同情,要谨慎从事,以不致影响我们对北京的政策。您能否不让北京知道将我的信转给孙逸仙? 他本人会不会发表这封信? 同他秘密进行书信往来是很有好处的,但一旦为人所知,我担心会不会妨碍我们在北京的工作。

至于我们对铁路的方案,赤塔外交人员讲混合管理,这是完全错误的。我们讲中国管理,让中国全面管理铁路,条件是在目前的混乱局面下,这种管理能为我们提供必要的保障。所以这里讲的只是在法律上承认中国管理情况下的混合管理。

契切林

《共产国际、联共(布)与中国革命文献资料选辑》(1917—1925),第69页

---

① 派克斯,俄罗斯驻华特命全权代表、使团长——原译者注。

维连斯基-西比里亚科夫给列宁的信
北京,1922 年 3 月 15 日

绝密。

致列宁

敬爱的同志:

我写这封信的时候,中国总的情况可以概述如下:

华盛顿会议结果使得中国的统治阶层开始探讨,如何为着自己的利益来利用中国现在必然要面临的新的国际形势。

在我们看来,现在中国面临的问题是:1. 统一中国,成立能够得到全国承认的政府;2. 财政和"裁军"问题。

这两个问题的出现,完全是因为中国需要在"四国联盟"实施华盛顿会议决议时,组织应有的反击。当然,现时的中国统治者很不愿"裁军",从而削弱他们纯"个人的"、"集团的"和全国的地位,因为民族因素肯定在每个督军的活动中起着很大的作用,即便在像张作霖这样臭名昭著的督军的活动中,也会起着很大的作用。

各地督军都很清楚,没有大家都承认的中央政府,就一事无成。由此而产生了目前旷日持久的政府危机。

中国现有的执政党派

作为现在在中国政治舞台上活动的现实力量,可以认为有以下派别:

1. 在北方是以张作霖元帅为首的奉天派。张拥有黑龙江、吉林和奉天三省,及满洲和蒙古的一些地区:热河、察哈尔和(有名无实的)绥远。这一派的政治中心是奉天。

2. 以曹锟和吴佩孚元帅为首的直隶派。这一派统治着直隶、河南、湖北、江西、陕西和甘肃省。这一派的政治中心是曹锟元帅的大本营保定府和吴佩孚元帅的大本营。

3. 安福派。虽然这一派在 1920 年被打败,离开政权,但在山西、山东、浙江和福建省还有影响,甚至政权。段祺瑞元帅领导和联合了这个派别。

4.华南。这里的广东、广西、广州、云南和四川省实现了政治上和军事上的联合。孙逸仙博士和陈炯明将军依靠国民党领导这一派,其政治中心是广州。

安徽、江苏和湖南处于什么状态不很明朗,前者面向奉天张作霖,后两者想把自己视为"中立者",但实际上处在直隶派的"势力范围"之内。

如果考虑实际力量对比,并把它换成表明每一派的现有武装力量状况和它所统治的地区的人口数量的数据,那么就可以得出:

1.奉天派(张作霖)在其所辖省份约有人口3553.4万,军事力量约有步兵15.177万。

2.直隶派(吴佩孚和曹锟)在其所辖省份约有人口13204.6万,军事力量约有步兵49.55万。

3.安福派(段祺瑞)在其所辖省份约有人口7708.5万,军事力量约有步兵22.812万。

4.南方,广州政府(孙逸仙)约有人口11026.4万,军事力量约有步兵27.317万。

战略形势

只要浏览一下附上的中国示意图,就可以发现,直隶派占有最有利的战略地位,它几乎统治了人口稠密、具有巨大经济意义的整个华中和长江流域。与各竞争派别相比较而言,直隶派是最强大的,而且吴佩孚元帅作为军事领导人所取得的成就,为他进一步扩大影响和加强实力,创造了非常有利的局面。

同时,吴佩孚实力的加强,无论对张作霖还是对孙逸仙都是不利的,更不要说对安福派了。这一派在1920年曾被张作霖打败,因此它有理由对他怀恨在心。

结果发生了孙逸仙南方政府的"讨伐"行动和北方张作霖部队在天津、山海关地区的重新部署和集结。

政治后果

不言而喻，这带来了政治后果，即出现了奉天、广州和安福派"联合"的可能性。它们联合起来，一是可以给直隶派和吴佩孚设下包围圈；二是可以造成力量的集中，形成 60 万步兵与直隶派 50 万步兵相对抗的态势。

这三派之间的谈判已经开始。孙逸仙博士的外交部长伍朝枢来到奉天，3 月 8 日又由张作霖的全权代表陪同，离开奉天返回广州。

现在的问题，显然不是组成新内阁的问题，而是更换谁也不满意的中国总统即年迈的徐世昌问题。奉天和广州"联合"的实质以及它们之间的谈判，都是围绕着指定孙逸仙博士为中国总统的问题。

在我看来，对直隶派的军事包围过程本身就具有很大的政治意义，其目的一开始是孤立吴佩孚，然后是做出某种妥协。

现在整个中国正在经历一场只有中国人才能掀起的政治风潮。

社会舆论

中国督军从经验中学会了珍视社会舆论，因为它有助于他们的联合。因此直隶派试图以主要联合中国大资产阶级的进步党为后盾，提出了 3 月 15 日在上海召开国民会议的想法，上海的中国大资产阶级必然会组织社会舆论支持直隶派。但是这次国民会议看来召开不成，因为无论南方人还是奉天人，以及"中立"省份都在进行抵制。

南方孙逸仙博士政府的"讨伐"行动，在我看来，现在同样具有很大的政治鼓动作用，它必然增加他的政治分量，并有助于承认他为中华民国的元首。

美国人和日本人在致力于什么任务

毫无疑问，就北方而言，中国现时政治游戏的主要参加者是美国人和日本人。

至于美国人，那么可以认为确凿无疑的是，他们希望中国爆发内战，"这会使中国军阀受到人们所期望的削弱，提供中国进行裁军的实际可能性"。这是一个美国在华商人的话。

日本人,看来为了反对美国,并不反对采取"加强中国"的立场。因此有理由认为,恰恰是日本顾问给张作霖出了进行谈判的主意。

我们的参与

既然真有可能提出孙逸仙可能当中华民国元首的问题,那么俄罗斯联邦可以考虑作为一支积极的力量参与中国的政治生活,何况在中国存在为未来的中俄联盟做大量工作的必要前提。

致同志般的敬礼!

维连斯基

《共产国际、联共(布)与中国革命文献资料选辑》(1917—1925),第72—76页

越飞给加拉罕的电报

北京,1922年8月25日

绝密。

致莫斯科加拉罕

送斯大林。(格克尔)从吴佩孚那里回来了,说从未见过这样完美的军事秩序:秩序和纪律极其严整,操练和训练比赞许的还要好。他受到最高礼遇,包括军事礼遇。吴佩孚及其政治顾问宣称完全同意我信中的意见,都说自己亲俄。吴佩孚给我寄来一张照片,并作了以下声明:

1. 不值得与现时的中国政府打交道,它不中用,将在7至10天内被他们驱散。顾维钧外长是亲英分子,但鉴于他很老练,是可以接受的。

2. 孙逸仙是中国的思想领袖,吴佩孚是军事领袖,两人联合后将建立一个统一的中国。现在他们在进行谈判,希望他们达成协议,孙将任共和国总统,并亲自兼任军事部长和总司令。

3. 他很关心蒙古问题,昨天蒙古王公拜访了他,请求他派军队进驻蒙古,并说,蒙古人民将供养军队(在中国每个省都供养军队)。他准备组建一个精锐师,指望在1923年春能占领蒙古。他同意蒙古问题应在同我们的谈判中加以解决。(这里不清楚,他是否同意我们保留军队到1923年。)

4. 他希望在春季前做好消灭张作霖和日本人的准备工作。

5. 他感谢选择长春取代哈尔滨,希望向长春即我这里派一名代理人。但同蒙古的谈判在这个地方不太合适。晚上,他喝得略有醉意,让人秘密告诉我,他很了解日本,认为日本是弱小的。在日本,军方同反军国主义分子有很大冲突,前者的主要支柱是占领军,因此他们担心,一旦斗争无力,就会出现把占领军撤回日本的要求,并准备把它们撤出大陆。同日本谈判时,需要显示实力。最易受损害的地方是朝鲜,需要拿它来吓唬人。他终于喝醉了,他说,俄中反日同盟是需要的。俄国应在朝鲜准备革命,届时同中国一起从日本手中夺走朝鲜。

我认为,还是要发出外交部建议进行谈判的照会。我坚持在解决蒙古问题时,要采纳我的如下建议:问题只能在共同的会议上解决,而不是单独解决。在条约中,我们保证在中国作出通常的保证情况下撤出自己的军队,实际上是根据同吴佩孚的协议撤军,不要求蒙古人民革命政府参与,基本上不为蒙古说话,声明这是蒙古和中国的内部事务,要规定非帝国主义性质的经济利益。

在同日本的谈判中,要拒绝签订没有一般政治条件也就是没有法律上承认苏俄条件的贸易条约,至少要有以先决条件形式提出的某些一般贸易关系条款,并要指出,在签约之后,双方立即着手就恢复正常政治、外交和领事关系问题,以及解决航行、捕鱼之类个别具体问题签订条约。

日本人没有条约也要撤出自己的军队。我认为,签订像英国条约那样的妥协性条约,现在原则上是不允许的。对这些问题必须立即作出答复,因为在第一次声明中必须说明谈判的精神,谈判要在近日开始。

发电报太贵,最好同丹麦电讯公司签订总的协议。

需要有关俄国的消息,契切林是去伦敦了吗? 同欧洲的关系怎么样?

越飞

《共产国际、联共(布)与中国革命文献资料选辑》(1917—1925),第107—109 页

越飞给吴佩孚将军的信

长春,不晚于 1922 年 9 月 18 日

将军先生:

我又冒昧地派您所认识的格克尔去见您。

我想就您和我都感兴趣的一些问题向您说明我的观点和我的做法。

1. 我曾期待,按照您对格克尔先生所作的声明,在北京将成立新的政府,但是根据报纸上的报道,我得到的印象是,您只是对现内阁的人员组成作了某些变动,而总的说来,您还是保留了原内阁,并没有组建新政府。

在目前的严峻形势下,您还不想采取坚决的措施,从这方面来说,我理解您的这种策略。但是由于我作为俄国的官方代表不能拒绝同中国官方政府打交道,所以我不得不与中华民国的外交部长顾维钧先生就即将举行的俄中谈判问题进行会谈。

我个人觉得,只有您与孙逸仙先生一起建立的政府,才是唯一能够使中国摆脱严峻局面和建立统一而独立的中国的政府。这个政府完全可以指望得到俄国的全面支持,在对待中国的问题上,俄国竭力促进它的民族统一和使它摆脱帝国主义的桎梏。同时我还深信,最近俄国实际上又占据了它在大国当中应占据的位置,在它的强有力支持下,这样的政府能够实现上述任务。

同时我并不抱有这样的希望:中国现政府在受外国人左右的情况下能够将同俄国的谈判进行到底并取得理想的结果。

2. 由于这个缘故,我想提请您注意这样一个情况,即所谓蒙古问题现在已经是修复我们友好关系的严重障碍,而且如果继续执行现时的错误政策,还将是谈判时的一大障碍。

我在上一封信中已经指出,从蒙古撤出我们的军队不符合中国人民的利益,您在这个问题上,同意我的意见,使我感到荣幸。

所有帝国主义者为了替自己在中国所推行的侵略和强暴政策作辩

解,都竭力利用蒙古来攻击我们。遗憾的是,中国社会上的某些人士在上帝国主义者和中国人民的敌人所精心设下的圈套,而不去反对外国军队在北京的驻扎,不去反对把中国划分成势力范围的做法和对于一个主权国家来说不能允许的类似行动,却把自己的全部注意力和抗议指向俄国军队在蒙古的驻扎上。

据报纸报道,曹锟元帅向北京发去了这样的抗议书。议会在关于必须同俄国开始谈判的决议中也谈到了从蒙古撤走俄国军队的问题。

所有这一切实际上只对帝国主义有利,因为在当前这个时候把我们军队撤出蒙古,就会导致张作霖去占领它,而通过张作霖外国列强也会去占领它。

因此,我认为,立即停止这种运动完全是符合中国人民的利益的。

3. 同时我还想向您指出一个将会严重妨碍修复俄中友好关系的情况。

据我所掌握的确切消息,张作霖同季特里赫斯有某种协议,并从他那里得到武器,而白卫匪帮正从日本人撤出的地区向满洲流窜。

您当然明白,俄罗斯是不能容忍在这里建立白卫分子据点的,就像当年不能容忍在蒙古这样做一样。

看来,张作霖希望就此事同我进行谈判。即使我不能拒绝与他私下会面,我也绝对不认为,可以抛开其他中国问题,只就满洲问题进行谈判,就像我不认为可以不同中国官方政府进行谈判一样。

因此,满洲问题及其所有枝节问题,必须在即将举行的俄中会议上加以讨论。

这里所提及的问题的详细情况,以及同日本谈判的全面消息,格克尔先生会向您报告。

我再一次表示愿与您保持经常的友好的联系,尊敬的将军先生,我向您深表敬意并祝您很快取得成就!

您的

《共产国际、联共(布)与中国革命文献资料选辑》(1917—1925),第132—134页

吴佩孚给越飞的信

洛阳,1922 年 10 月 12 日

越飞代表先生:

您的顾问的到来和您这封来信的内容使我非常感动。

虽然我精力充沛并已完全做好准备,但是由于各种干扰和一些内部问题,我无力为实现共同的愿望而确立业已拟定的计划。

实际完成这项工作已不可能,这使我深感痛心。

尽管有许多障碍,但我没有丧失信心,消除障碍的一天总是会到来的。

我相信,只要双方努力履行各自的义务,就能实现他们所追求的目标。

我委托您的顾问亲自向您转达我在信中未讲到的事情。

顺致问候并祝康泰!

吴佩孚(印)

《共产国际、联共(布)与中国革命文献资料选辑》(1917—1925),第 138—139 页

关于我们在殖民地和半殖民地尤其是在中国的工作问题
——越飞和斯内夫利特的提纲
不晚于 1922 年 12 月[①]

1. 在殖民地和半殖民地国家里,绝对不能单纯进行共产国际的工作,因为在这样一些国家里,阶级的分化尚未到达这种地步,单纯进行党的工作是不相宜的,必须把它与支持民族解放运动结合起来。然而,如果没有俄国外交政策的配合,仅仅让共产国际来支持民族解放运动

---

① 此件原文未标日期。从内容判断,其成文时间当在 12 月马林离中国赴莫斯科之前。因自 1923 年 1 月 17 日后(越飞离京赴沪会见孙中山,1 月底赴日本),越飞未与马林在中国共事。又据越飞在出使中国期间 1923 年 1 月 15 日寄回苏联的文章(发表于 1923 年 2 月 22 日《消息报》上的《开端》和该报 1923 年 1 月 5 日的《中国混乱的政局》)可知,这份提纲集中代表了越飞、马林二人对中国问题的看法——原编者注。

是不够有力的。

2. 因此，俄国对这些国家的外交政策必须毫不含糊，在民族问题上友好，而且是反对帝国主义的，即使在外表上，也绝不允许与帝国主义国家有丝毫相似之处。

3. 世界大战之后，民族精神具有十分伟大的作用，迫使帝国主义国家的政策也变得非常谨慎小心，它们遂正式宣称支持各国人民的自决权思想，乔装打扮为被压迫民族的朋友粉墨登场。例如，华盛顿会议就在援助中国的幌子下，推行奴役中国的政策。美国的门户开放政策外表上也是捍卫被压迫民族，尽管这种政策实际上仅仅是为北美合众国的资本主义利益效劳。

4. 因此，我们在自己的政策中，不仅要批判帝国主义者，揭露他们的欺骗行径，而且丝毫不可做出任何不当的事，以免使人产生我们实行伪装的帝国主义政策的印象。这样做特别必要，因为俄国的敌人现在正指挥着他们的整个宣传机器，妄图证明俄国也象其他国家一样，推行同样的帝国主义政策。

5. 倘若对这些国家进行资本主义剥削的现实可能性继续存在，那么上述帝国主义的两面政策有可能进一步发展，乃至达到帝国主义也乐意赐与殖民地和半殖民地国家以独立的假象的地步。在这当中，所谓"文明民族放弃特权"首先是要针对东方国家，因为在目前的形势下，即使没有司法特权，帝国主义也能实行他们的剥削政策。

6. 帝国主义娓娓动听地对东方各国人民表示广泛的让步，在这种形势下，革命思想的吸引力再也不能仅仅停留在思想上，必须有事实作为证明。

7. 最有说服力的事实就是那些足以表明革命的俄国和帝国主义者之间的区别，证明只有俄国的政策才真正会使殖民地和半殖民地人民免遭剥削的事实。

8. 因为这些被压迫国家的革命运动在很长时间内必将是民族主义的运动，任何在内政方面的合作都会被理解为干涉内部事务，被理解为不正常的,这就增加了工作的困难。

9. 因此,只有在国际主义精神比较强的工人运动问题上,才可以进行内政方面的合作。对其他一切问题,则只能在共同反对世界帝国主义的斗争中实行合作。

10. 对于中国来说,最重要的政策是把互相争斗的各省联合起来,并揭穿某些自称中国之友的国家(美国)的虚伪友谊。

11. 为了证明谁是中国的朋友,俄国的政策甚至要比美国更进一步,必须指明门户开放政策只为美国的资本主义利益效劳,而中国只不过是殖民开发的对象。俄国和中国具有民族主义思想的分子必须反对这种政策。

12. 为了帮助中国实现统一,必须立即着手把中国最大的、真正的政党国民党建设成为一个群众性的政党,不得给各派系那些专谋私利的领袖以任何援助。

13. 俄国必须答应给国民党以援助。

14. 目前,反动分子(即中国的更接近帝国主义者的分子)的势力大于革命分子(即国民党人),因此,我们的政策必须使后者强大起来;利用目前时期,促进各派别联合起来对付共同危险;通过明确的对华友好和反帝政策,壮大亲俄分子的力量。

《共产国际、联共(布)与中国革命文献资料选辑》(1917—1925),第404—406页

3. 孙文越飞宣言的发表

越飞给孙逸仙的信[①]

北京,1922 年 8 月 22 日

亲爱的博士:

我曾幻想,我个人能有机会结识您,从而见到正在为自己民族的解

---

① 故意显得幼稚,为的是得到他对最微妙的问题的答复(越飞注)——原编者注。

放而斗争的当代中国最伟大的国务活动家。

根据您给契切林同志的信,我知道,您以您所固有的明晰而清醒的思维出色地理解了我们总的对外政策的基本原则,特别是远东政策的基本原则。

因此我不想说服您使您相信,我来这里的唯一目的是修复同中国人民的真正睦邻友好关系,因为我们的同情完全是在中国人民中一些有觉悟的分子为自己的政治和经济上的解放而进行的英勇斗争一边。

我给您写这封信,不是为了说明您十分了解的这些原则,而是为了解决一些具体问题。

我通过我的信使给您送去这封信,他无权进行谈判,但应通过马林同志将这封信转给您。

我希望您帮助我解决这些问题,请不要不给我出主意,您的主意对我来说是特别宝贵的和十分需要的。

我在远东政策上是新手,因为这以前我一直在西方工作。鉴于我们在中国和在其他地方都没有任何帝国主义的利益,其他大国的利益完全不该在这里同我国的利益发生冲突。可是看来,这些大国在中国的帝国主义利益和胃口是如此之大,以致我作为中国独立的拥护者和捍卫者的仅仅一次表态,就足以使我成了此间欧洲人和美国人所憎恶的人,并招来被他们收买的那些报刊的狠毒如蝎的家伙对我的攻击。如果您注意一下这些机关报,您就会看到,他们对我进行了怎样的陷害,对工农政权进行了怎样的造谣诽谤宣传。

可见,我单枪匹马,无法利用我那些更了解中国的外交同行的知识和经验。

唯一令人高兴的是中国社会对我的亲密的接待。但是,要了解这个社会我还缺少材料。

劳驾您为我解释一下我不明白的问题,因为没有人像您这样了解中国和理解它的内部发展条件了。

1. 我不清楚,张作霖及其一派是否也是民族解放派,但比其他派更反动一些,或只不过是日本帝国主义的代理人。我还不清楚,从社会阶级角度说,张作霖依靠谁,在北京有哪些人支持他。

2.我不清楚,为什么您不久前同张作霖达成反对吴佩孚的协议?这仅仅是想支持一个更强大的敌人来消灭另一个敌人,使您只剩下一个敌人,便于以后消灭它,还是您真的认为张作霖的政策对中国有好处?与此相联系,我想知道您建议我对张作霖采取什么样的行为方针?

3.我不清楚您同陈炯明的意见分歧。要知道,仅仅不同意应由北京还是由广州来实现全国统一这一点,还不足以导致流血战争。

4.我不清楚,如果说在目前的中国议会中国民党和整个南方在起很大的作用,那么为什么您不承认这个议会?

5.我不清楚,如果说您现在同吴佩孚达成协议,而您和国民党的影响因此而会更大,那么为什么中国政府特别是外交部在奉行一种既丝毫不符合国民党的纲领,也丝毫不符合中国人民的实际利益的政策呢?

最后一点对于所谓的俄国问题特别重要。

我们现在不得不同日本谈判,因为我们自然非常想把日本人赶出我国领土。我的政府责成我进行谈判,我有意拖延为的是能先来中国建立联系。我深信,如果同日本谈判先结束,而后开始同中国谈判,那对中国来说是很有害的。我曾建议顾维钧外长在俄日谈判时也同我们在同一城市进行谈判。我说我可以同时举行两个会议。我建议顾维钧部长,一旦我的第一个建议不能实现,在我同日本谈判时向我这里派一名可靠的代表,我可以就中国感兴趣的问题同他联系,以避免在我对中国利益不了解的情况下无意识地作出有损于中国利益的错事。

然而,看来外交部不准备采纳我的任何建议,至今也未满足我根据我的处境提出的唯一要求,即我不能允许中国政府对待我的态度比对待任何别的大国代表的态度差。

世界帝国主义特别想把中国的唯一一块由于我们的干预而至今尚未处于它的影响之下的领土即蒙古置于它的影响之下,所以在蒙古问题上它败坏我们的声誉,指责我们是"帝国主义"。

中国政府不知为什么上了这个圈套,所有谈判都从我们何时从蒙古撤军这个问题谈起,同时它本身还组织宣传运动要求我们离开蒙古。其实,每个了解国际局势的人都清楚,我们无论从政治上还是从经济上都不打算向蒙古渗透。但是我们若在目前的混乱时刻撤出军队,日本帝国主义就会乘虚而入。所以我们现在离开蒙古对中国不利,您同意我的看法吗?

我有一个印象,好像中国政府不相信我们,认为我们建议进行谈判是谋求某种私利。

为了消除这种不信任感,我到处声明,我不再建议进行谈判,在这方面我将等待中方的主动。不过我个人确信,如果谈判进行得太晚,中国会蒙受很多损失,因为我们不能再拖延同日本的谈判。

同时,中国应对同我们的谈判感兴趣,因为在俄中的几百年交往中,无疑积存了很多问题,既然俄中所有旧协议和条约不再有效,这些问题就不能再悬而不决了。同时我认为,所有问题都是紧密联系彼此交织着的,不能提出其中一个来单独讨论。

如果您同意我的看法,或许您可在尽快开始俄中谈判方面行使自己的影响。

很抱歉,我这封信占用您这么多时间,但是中国哲人的意见是很宝贵的,我不能不欣然加以征求。

我希望,以后我们之间能建立更密切的联系。

亲爱的博士,请接受我最深切的敬意。

越飞

《共产国际、联共(布)与中国革命文献资料选辑》(1917—1925),第 103—106 页

孙逸仙给越飞的信

上海莫里哀路 29 号寓所,1922 年 8 月 27 日

我亲爱的越飞先生:

您本月 22 日寄来的一封很有意思的信已经收到。我要感谢贵国

政府派您这样一位享有盛誉的国务活动家来我国。

我想直接谈谈您信中提到的问题,在答复您提出的几个特殊问题之前先谈几点看法。

首先,我必须告诉您,北京政府没有任何基础,它软弱无力,因此说现政府是某些列强的代理人也不过分。从它同苏维埃俄国的关系和交往来看,这种说法是很对的。令人气愤的是,某些列强不希望在它们能够迫使莫斯科接受经济投降条件之前让中国同俄国达成协议,同时,它们也不欢迎在我们之间出现任何达成协议的前景,因为这种协议可能会使中国摆脱它们的政治经济控制。

只有把中国的切身利益置于各列强利益之上的中国政府,才能够使这两个国家取得正确的相互谅解。在这种情况下,我要劝您在我未改组北京政府之前等一等。鉴于形势可能出现某种变化,这种情况在不远的将来就可能发生。

至于蒙古,我完全相信贵国政府的诚意。我接受莫斯科无意使这一地区脱离中华民国政治制度的保证。我同意,在北京出现改组后的能同贵国政府进行谈判的政府之前,苏联军队应留在那里。贵国军队立即撤走,只会迎合某些列强的帝国主义利益。

我现在来答复您在信中提出的一些特殊问题:

1. 张作霖是中国人,很难设想,他竟会希望见到外国列强来奴役他的国家,或者为此而进行活动。我不认为他是日本人的代理人。至于社会阶级,看来,张作霖不依靠任何阶级,而是完全依靠自己的战士。据我所知,在北京还没有可以说是支持他的人物。但是,正如我已经指出的,现在北京完全可以不予考虑。

2. 我在去年冬天同张作霖达成协议,主要是因为他派遣他的代表来广州见我,或者更确切地说是来桂林,我当时正在那里集结我的军队准备北伐。他的代表建议进行合作,贯彻执行我重新统一国家的政策,并作出明确许诺,必要时,他将站出来反对日本。我可以说,前年在类似条件下,我曾同意同段祺瑞合作。除接受同张作霖的合作外,另一种选择就是既与他作战又与吴佩孚作战。张在建议同我合作时可能有诚意,也可能没有诚意,但我作为一个讲求实际的人,无权怀疑他没有诚意。如果以后他表明没有诚意,那时我再来对付他,但不是在那以前。我认为最重要的是重新统一中国,当时我准备,现在我也准备同接受我的条件的任何首领合作。这也说明与吴佩孚有关的事件,现在正在朝着什么方向发展。

至于您对张作霖的态度,我要劝您,别把他推向日本,而要使他能更接受我的影响。看来,现在张正积极反对美英两国,因为这两个国家好象支持吴佩孚。贵方对他再采取敌视态度,可能会迫使他去寻求日本的外交支持,因为谁也不想完全受到孤立。请注意这一点。

3. 关于这个问题,我附上我签发的一份关于广州局势的声明①,这份声明是我在上周向列强发出的。陈炯明是个坏人。一个政治追随者,因为在一个基本政策问题上出现意见分歧,而与其政治领袖分道扬镳,这可以理解。但是,当这种分裂采取谋杀领袖的形式时,整个政治生命就彻底葬送了。

4. 我已劝告国民党的所有国会议员去北京,这个事实就答复了这个问题。我曾指出,国会本来有权召开会议,但由于遭到北洋军阀的反对至今无法在北京举行。现在这种阻力已被清除,因此,国会会议在北京的重新召开不是对黎元洪政府合法性的承认,而仅仅是为国会会议赋予清除阻力的特权。

5. 如果您以为我现在同中国外交部保持着某种接触,那您就错了,至于我对这个问题的其余部分答复请您参看第 1 页上的我的第一点意见。

我也想问您一个问题。您对我说,贵国政府责成您同日本进行谈判。我想知道,为了同日本取得谅解或更准确地说达成协议,贵国政府

---

① 孙逸仙博士 1922 年 8 月 17 日在上海发表的声明刊登在 1922 年 8 月 19 日在上海出版的《北华捷报》上,第 511 页——原注。

是否准备牺牲中国的利益。请允许我具体地谈谈这个问题。众所周知,日本想要在北满取代俄国,正如它在日俄战争后在南满取代了你们一样。贵国政府是否会同意。比方说,将中东铁路上的俄国利益转让给日本? 我未必需要告诉您,我希望苏维埃俄国阻止日本加强它在北满的地位。

我欢迎您关于我们之间建立更密切联系的建议。

谨致

最深切的敬意!

您忠实的孙逸仙

《共产国际、联共(布)与中国革命文献资料选辑》(1917—1925),第 109—112 页

越飞给加拉罕的电报

北京,1922 年 8 月 30 日

绝密。

致莫斯科加拉罕

送斯大林。这个地方对我们非常有利,同世界资本主义的斗争具有很大的意义和巨大的成功机会。在这里可以感觉到世界政治思潮很强大,例如要比列宁赋予同样意义的中亚强大得多。中国,毫无疑问是国际冲突的焦点和国际帝国主义最薄弱的地方。我认为,正是现在,当帝国主义在欧洲经受着危机,那里的革命即将到来的时候,在帝国主义最薄弱的地方给它以打击是很有意义的。因为除了许多其他因素之外,欧洲帝国主义在经济上遇到了困难,不排除在奴役俄国无望的情况下,抛弃中国殖民地来拯救自己的可能性。

越飞

《共产国际、联共(布)与中国革命文献资料选辑》(1917—1925),第 112 页

越飞给加拉罕的电报

北京,1922 年 8 月 30 日

绝密。

致莫斯科加拉罕

今天,我的信使回来了,带来了孙逸仙的复信。我通过信使把信转给您。现谈几点基本想法。孙上了这个圈套,回答了所有棘手的问题。他说,现时的中国政府没有任何意义,它完全处在列强的控制之下。他同意我的蒙古政策,即必须解决共同谈判问题,立即把我们的军队撤出蒙古对中国不利。他同张作霖磋商不太激烈,不然张会更加投入日本人的怀抱。他谈了他同吴佩孚谈判的情况,他问我们在同日本谈判时,会不会为签订条约准备牺牲中国的利益,比如说,会不会像沙皇在日俄战争后把南满转让给日本人那样,把北满也转让给日本人,包括把中东铁路转让给他们。我认为必须注意以下几点:

1. 同现时的中国政府还是要签订条约,如果它提出建议的话。

2. 签署议定书和 5393 号(外交人民委员部密码翻译处编号)密电所谈的总条约。

3. 要附加许多附带条件,分别向吴佩孚、孙逸仙作出说明,作为官方人物,我不能拒绝同中国正式政府进行谈判和签订条约,我乐意接受他们的提醒,并依靠他们。

4. 同日本最好不要完全达成协议,但无论如何不能出卖中国利益。

今天约我去外交部,可能要建议签订议定书,请紧急答复第 5393,5394,5392 号密电(外交人民委员部密码翻译处编号)。

越飞

《共产国际、联共(布)与中国革命文献资料选辑》(1917—1925),第 113—114 页

越飞给孙逸仙的信

长春,1922 年 9 月 15 日

亲爱的博士先生:

我很感谢您的很有意思的信和对我的问题作出的明确而全面的回答。

很抱歉,我作为我国人民和政府的正式代表,不能不同中国官方政府打交道。

尽管我一直在注意您的劝告:不与现政府打交道并且等待您建立自己的政府,但是当顾维钧部长开始与我讨论关于即将举行的俄中谈判问题时,我是不能拒绝的。

此外,我过去和现在都一直认为,鉴于中国广大人民群众现在的这种情绪——坚决要求自己的政府开始同俄国进行谈判并与之建立正常的外交关系,如果我拒绝就此问题举行谈判,那么,群众就会不理解,并且会造成很坏的印象。

然而,在同顾维钧先生谈判的时候,我清楚地意识到,您对现政府的评价是何等的正确,该政府对外国列强的依赖实际上达到了何等程度。在讨论我们应该就开始谈判问题所要互换的照会时,顾维钧先生竭力回避对可能引起"列强"不满的各种问题的任何暗示,也就是回避涉及到承认苏维埃俄国问题、中国民族解放斗争和我们各民族人民情绪的任何话题。现在这些照会都已发表,您自己可以判断它们是何等的苍白无力。

我坦率地说,由于我认为俄国不能放弃解决所有问题,包括恢复它与中国之间的正常外交关系问题,所以我担心,与现政府的谈判不会取得令人满意的结果。

根据我对中国形势所作的分析,我还觉得,您同吴佩孚联合并一起建立中国中央政府,对中国来说,这是最好的联合。我觉得,为了确保张作霖承认和支持这个政府,应该恢复他的一切称号、官职和官衔。我还觉得,张作霖会同意这样的条件,这样一来,这个政府实际上就统一了全中国。我毫不怀疑,俄国愿意全力促进中国的民族统一和摆脱世界帝国主义的羁绊,它一定会给予这样的中国政府以力所能及的支持和援助。我还在想,在目前的国际形势下,俄国在国际间又占据了实际上它应占据的位置,此外,它又是一个把所有为自己的民族解放和国家独立而奋斗的人民和国家联合在其周围的核心,这样的政府对于帝国主义列强的阴谋是不会感到畏惧的,这些列强不仅企图保留由他们套在中国头上的枷锁,而且还想给它套上新的枷锁。

我有幸告诉您,我一弄清俄日谈判的可能性后,就采取了各种措施,要预先同中国协调一致,我正是为此目的提前来到了北京。

我已正式通知中国政府,在与日本谈判过程中,我打算回避一切可能涉及到中国利益的问题。我还指出,鉴于中国的利益与日本的权利交织在一起以及我对情况了解不够,我可能会无意中犯错误,因此,我请中国政府在俄日谈判期间通过某一位可靠的人士同我保持密切的联系。中国政府派来了列诺克斯・辛博寿先生,我现在与他保持着密切的联系。

我国政府从来是坚决反对把中国划分成势力范围的,并且永远不为自己谋求这种势力范围。鉴于某些条件,俄国在中东铁路及其所谓的隔离地带拥有特殊的利益,我不怀疑,在即将举行的俄中谈判过程中,这些利益将会得到中国的理解并给以满足。

但是,当然谈不上,俄国会承认日本在北满拥有什么特权。沙皇政府由于战败曾不得不对南满作出这种承认。但是,第一,我们不赞成沙皇政府那种靠损害别人利益而达成协议的帝国主义政策,第二,苏维埃俄国并没有输掉任何一场战争,而是打赢了所有战争。

俄国现在不是处于可以向任何人作出它自己都不能接受的让步的境地,更何况是向日本作出让步。在与日本的谈判过程中,我们决不会作出哪怕稍微损害俄国及中国利益的任何妥协。

我现在秘密地告诉您,目前我们与日本的谈判正处于如下状态。

在交换代表权时弄清了这样一点:日本代表被授权只同远东共和国进行谈判和签订条约,而俄国的参与只是被理解为见证人的角色,只能在日本与远东共和国协议中的那些涉及俄罗斯联邦领土的决定上签字作证。我们在答复(副本附后)中坚决拒绝了这种谈判。

　　日本代表团在请示自己的政府后又建议，在日本和远东共和国之间举行谈判并签订条约，然后再就签订俄罗斯联邦和日本之间的贸易条约举行谈判。我们也拒绝了这个建议，并且指出，远东共和国不想同俄罗斯联邦进行任何谈判和签订任何条约。这时日本提出这样一个综合性建议：同俄罗斯联邦及远东共和国一起进行谈判，并以俄罗斯联邦和远东共和国为一方，以日本为另一方签订条约，但是该条约的适用范围只限于远东共和国和日本的领土，在达成这一协议之后，再开始同俄罗斯联邦就涉及其全部领土的问题进行谈判。

　　因为在这里日本已经放弃了与远东共和国单独达成协议的念头，这对于我们来说是至关重要的，所以我们承认这一建议原则上是可以接受的。但是，由于俄罗斯联邦和远东共和国之间存在着紧密的经济联系，这一建议实际上是难以实现的。目前实质上是在就未来条约的一些条款进行谈判。

　　最后我还要秘密地告诉您，张作霖还在奉天，为了建立联系他向我这里派来了自己的代理人。遵照您的劝告，我没有拒绝与他们联系，甚至没有拒绝同张作霖本人见面，但是我要强调指出，鉴于我国政府所奉行的旨在支持全中国统一的政策，我不能就满洲问题进行单独谈判，我只能同中国官方政府进行谈判。我提请您注意，据我所知，俄国的白卫分子正在从被日本人清洗过的俄国领土上向北满流窜，这种情况当然会导致俄中关系的复杂化。因为俄国不能允许在北满建立新的白卫分子据点，就像以前对蒙古所做的那样。

　　这封信将由我的军事顾问、前陆军军长和全俄参谋学院院长格克尔先生转交给您。

　　请您对他持完全信任的态度，并十分坦率地同他讨论需要告知我的一切您所感兴趣的问题。

　　我坚信，我的这封信会密切我们的关系和巩固我们之间的联系，我期待着您的回复，向您深表敬意。

《共产国际、联共（布）与中国革命文献资料选辑》(1917—1925)，第126—129页

越飞给马林的信

长春,1922 年 9 月 18 日

亲爱的马林同志:

对您的第一封信我未能立即回复,因为没有可能派人去上海;而邮局我又不很信得过。现在我(按照您的劝告)派格克尔去见孙逸仙,并由他向您转交这封信。

格克尔带有给孙的信;给您附上了复制件。因为格克尔可能没有翻译,所以我希望,您为他提供同孙交谈的可能性。

从我给孙的第二封信中您会看到,对我来说现在最重要的是让孙和吴一起组建政府并与张作霖和解,至少要让张作霖承认和支持孙逸仙—吴佩孚政府。请您支持我的这一政策并向孙作出解释:这样的政府不仅可以指望得到俄国的支持,而且还可以指望得到整个共产国际的支持。我认为,成立这样的政府是当今中国政治的最重要方面。

格克尔同志离开孙后要去见吴佩孚——也带着我的信。详细情况我会告诉您的。

很抱歉,我是不能没有伊万诺夫教授的,我这里没有可配给格克尔的别的翻译。在这件事上您应该帮助他。

至于日报问题,我完全同意您的意见。但是,很遗憾,同志们已经收到了 2000 墨西哥元。应当尽一切可能,不让这笔钱白白花掉。

我这里的钱也很少。但我将尽可能地支持你们的周报,以及您对11 月 7 日的整个筹备工作和其他事项。

格克尔同志将把共产国际执委会拨给的 3000 墨西哥元交给您。请关照一下,让我能收回这笔钱。《上海生活》要停办。我想在上海创办一个英文周报取代它。我把停刊和创办英文周报之事托付给您、列昂尼多夫和诺维茨基。恳请您不要拒绝这项任务。

极为重要的一点是,让孙给国民党的议员下达一个经常在议会里提出俄国问题的任务。请您向他提出此事。

格克尔可以向您通报您所感兴趣的一切问题。

我打算明年春天去南方一次。对此您有什么想法？如果您能来我这里讨论我们的问题，那太好了。您可以离开上海两周。

祝您成功。我的妻子向您致意，孩子健康。

顺致党的敬礼！

《共产国际、联共（布）与中国革命文献资料选辑》（1917—1925），第 130—131 页

马林为格克尔同孙逸仙的谈话所作的记录
上海，1922 年 9 月 26 日

1922 年 9 月 26 日格克尔同志与孙逸仙博士的谈话。在孙的寓所。

（来自《上海生活报》的）古尔曼当翻译。在场的还有西蒙同志——（马林）。

孙逸仙说，总的来说他同意越飞同志第二封信中的观点，对这封信提不出什么问题，随后格克尔同志请孙逸仙谈一谈，孙博士现在想讨论哪些军事问题。

孙回答说，第一，要谈一谈关于俄国准备支持他实现中国统一的原则性问题，第二，关于俄国可以用什么方式来援助他的问题。

格克尔同志表示了这样一种意见，俄国原则上准备帮助中国的统一事业，毫无疑问，俄国认为孙逸仙是能够实现这种统一的人。正如越飞同志已经指出的，最好与吴佩孚联合并尽一切可能防止爆发新的内战，因为内战会导致外国列强的进一步干涉，也可能导致对北京的占领。

孙逸仙说，这种干涉是很有可能的，但是他认为，防止吴佩孚和张作霖之间爆发新的战争是不可能的。他预料，这场战争的胜者将是张作霖。

格克尔同志说，他本人见过吴佩孚的军事组织，他认为，吴佩孚的军队要比张作霖的军队强大得多。当然，他无法判断吴佩孚的经费是否够用。吴佩孚对孙逸仙很有好感并且同意成立在孙逸仙领导之下的

政府。他认为吴佩孚是为中国的统一和独立而奋斗的民族主义者。

孙逸仙认为有必要分析一下吴和张这两个对手的特点。吴佩孚是个中国老学究"Scholar"。让他对新思想感兴趣是不容易的。他是个"成品",而土匪张作霖是个可以进行加工的"原料"。认为他只是日本人的工具是不对的。有实例证明,他在实行自己的政策。他虽然没有文化,但是个聪明人。吴佩孚依附于英国和美国。他不止一次地欺骗过中国人,所以孙逸仙特别怀疑,现在能否认真对待他对俄国作出的友好姿态。毫无疑问,他具有反日情绪,但这时他可能不自觉地充当了英美资本主义的工具。吴佩孚的胜利也就是英美的胜利。

格克尔同志说,他再和吴佩孚交谈一次并明确向他说明,俄国人只有在他完全摆脱英美影响的情况下才能支持他。他试图让吴佩孚相信有必要同孙逸仙合作。吴佩孚已经知道,俄国把孙逸仙看作是民族主义运动的领袖。张作霖现在只表明,他在同苏维埃俄国的所有敌人进行勾结。满洲是日本的一个省。在那里到处都可以看到日本人,往往发现不了张作霖的存在。张作霖虽然现在与季特里赫斯将军没有联系,但是他在同俄国的君主主义者合作。俄国不能静观满洲成为第二个蒙古,不能静观那里新的温格伦人得到支援来进攻俄国。

孙逸仙为改变张作霖的政策已经忙碌了一阵子。他现在又派代表去奉天,要说服张作霖,使他相信,应当把新俄国看作是中国的朋友。如果不能说服张作霖,那么孙逸仙就要反对张作霖。另一方面,俄国的代表应该向吴佩孚说明,帝国主义列强的支持不可能使中国走向统一。如果能唤起吴佩孚对中国实际状况的正确理解,并向他说明,中国只不过是大国的殖民地,那么,这就是不小的成绩。我们希望能做到这一点,那样就能与吴佩孚合作。

中国终究能统一,孙博士确信这一点。但是,只靠自己的力量,他就不得不为此进行长期的斗争。外国列强在阻挠统一。我们需要一个支持统一的朋友。这个朋友只能是俄国。他想在西北边境地带或土耳其斯坦组建自己的军事力量,并可以从俄国得到武器弹药。那里粮食是有的,只是交通非常不便。无论如何应该组建这支独立的力量。吴佩孚和张作霖之间的战争结束之后,就可以做这方面的工作。即使不发生这样的战争,也必须建立这样的组织。在南方的广东、江西、广西、贵州、云南和四川等省,孙逸仙还是有军事组织的,但是他们装备很差。俄国是否帮助他在西部(西北部)组建这样的武装力量呢?

格克尔同志举出土耳其的例子。在那里,不同信仰的民族主义者一起反对外国侵略者。他本人去过那里,参加过斗争,他很了解那里的条件,因此他知道,凯末尔现在的胜利就是俄国的胜利。常常可以听到贫穷的俄国不能援助别人的说法。土耳其证明,这种说法是多么荒谬。不过首先必须实现民族主义力量的联合,然后才需要在俄国的帮助下组织对资本主义列强的有效反抗。

孙逸仙博士强调必须组建独立而可靠的武装力量。即使达成妥协,因而现时的各种力量能够暂时实行合作,那也应该考虑到,领导人之间的关系有可能发生变化。俄国能为这样一支革命军队提供交通工具、弹药和武器吗? 有三条联络路线,最长的但也是最可靠的路线是经过土耳其斯坦。这样的力量就是在南方也能克服联合道路上的障碍。他说明了他的武装力量在南方各省是如何分布的。如果他的观点原则上可以接受,并且越飞同志将这个情况告诉他,他就派自己的一名军事专家去长春和格克尔同志一起为莫斯科制订一个计划。他问,俄国能否援助飞机,俄国是否制造飞机,是否有汽车,有何种火炮,是否有很多机枪,等等。

格克尔同志同意在长春进行更详细讨论的想法,并指出交通运输是很复杂的,他谈到给土耳其的援助、红军现在的实力、在军队中开展宣传工作的必要性。

孙逸仙在地图上指出,为提供援助可以利用哪些路线。

格克尔同志问,是否可以在他和孙逸仙驻洛阳代表之间建立联系,那样他们就可以做这方面的工作。

孙博士说,最好是分别做工作。其实可以遵循同一个计划,不必进行讨论。不过他不反对把自己的几页纸交给格克尔同志。他还要给越飞写一封简短的回信,但是他请格克尔同志多费心,让越飞同志得到准确的通报。

《共产国际、联共(布)与中国革命文献资料选辑》(1917—1925),第134—138页

越飞给契切林的电报(摘录)

北京,1922年10月17日

绝密。

致莫斯科契切林

送政治局、斯大林。

我仍然被迫卧床,健康状况很不好,医生们坚持让我进疗养院治疗,我不能执行医嘱,因为我不在就没有人工作,我虽然生病但仍在同外交部和中东铁路管理局作斗争。顾甚至在一些小事情上仍然奉行一种粗暴的敌视方针。10月10日,即中国革命节那一天,外交部邀请了所有白卫分子,但没有邀请我。顺便提一句,11月7日,不必邀请中国代表,并要直截了当地指出,这样做是因为中方没有邀请我出席中国节日活动。现在仍在利用蒙古问题。外交部针对我的答复发出的备忘录,通过信使寄给您。我还是认为,我能够在最近几天内让顾维钧垮台。只不过任何一个别的中国外交官也不会比他好。因为所有这类中国人都完全处在这些或那些帝国主义列强的影响之下。所有帝国主义列强都在孤注一掷地反对我们。我坚持要求中方任命一位民族主义者而不是外交家当外交部长。但这是不能实现的,因为所有民族主义者都拒绝出任这个职务,他们怕在这种动荡不安的时候为外交政策承担责任。孙逸仙与吴佩孚的斗争,以及他为了加强自身力量同张作霖的调情使局势变得复杂了……。孙逸仙的基本立场是:只能用军事力量来完成中国革命,因此他——孙逸仙需要强大的军队,失去广州后,他必须建立新的基地,从那里出发他就能够夺回广州,继续发展。因此,

他先在福建省活动,尔后又在四川省活动。他在福建省取得一些重大成绩,所以他能继续向广州发起攻势。孙逸仙的这种立场也使得我们必须利用中国的一派军阀反对另一派军阀,不让他们当中的任何人特别强大。最后,由于这个原因,孙会继续提出计划,让我们帮助他在东土耳其斯坦或蒙古的某个地方组建一支精良的革命军队。他已向我提出了这个要求……我试图使他相信,他的政策是有缺点的。第一,在当前的局势下,他削弱吴佩孚,就是削弱正在进行民族斗争的中国,所以最终也就是削弱他自己。第二,支持张,实际上就是支持我们的敌人,给俄中友谊增加困难。第三,总是处于准备革命的状态,实际上就是把自己孤立起来,脱离了正在发展的革命形势。我讲的这些理由看来正在起作用。孙逸仙承诺,如果张不与白卫分子决裂,他就与张决裂,并准备与吴佩孚妥协,眼下只是没有对我的下述建议作出特别的反应:停止对北京政府的实际抵制并积极参与解决议会和内阁的危机,以期建立一个更亲近孙逸仙的北京政府。我反正还没有收到 C 的任何指示。孙逸仙要求帮助他在东土耳其斯坦或蒙古组织革命军队,我需要了解您对他的要求的态度。同时我正在进行大量反对中东铁路管理局的工作,目的是把该管理局彻底搞臭,使得法国不能为其提供援助。奥斯特罗乌莫夫及该公司的大量舞弊行为已被揭露。法国拟议给予该铁路的贷款,也如同该铁路发行的债券一样,由于这场宣传鼓动而告吹。奥斯特罗乌莫夫已向法国法院控告几家在我的授意下刊登过材料的报纸。该铁路的中国理事会开始向我暗送秋波。由于法国的干涉,俄罗斯亚洲银行惊慌不安起来。一场严肃的斗争正在展开。我需要尽快得到有关中东铁路及俄罗斯亚洲银行历史的全部资料。我们是否拥有中东铁路的股票,或者哪怕是关于中东铁路的书籍,或者最后,是否有活的证人,能够证明俄罗斯亚洲银行对中东铁路的态度一向是虚伪的?请尽快将您能找到的有关中东铁路和俄罗斯亚洲银行的一切材料寄来。当我能从床上爬起来时,我就得开始进行谈判,否则会重演与日本谈判的历史,即完全缺少指示。由于生病我未能写完关于同日本谈判情况的小册子。

越飞

《共产国际、联共(布)与中国革命文献资料选辑》(1917—1925),第 139—141 页

越飞给契切林的电报(摘录)

北京,1922 年 11 月 1 日

绝密。

致莫斯科契切林

送斯大林。复第 91 号电。

迄今为止我在这里的全部工作是设法利用吴佩孚、张作霖和孙逸仙之间的对抗,我虽然与吴佩孚和孙逸仙有联系,但并没有向他们作出任何保证。不过需要记住的是,中国的所有这些个人联合是不断变化的。重要的是,吴佩孚同孙逸仙的接近是很可能的,而前者的影响几乎又是无限的。现在,由于孙逸仙支持者、安福派分子和张作霖支持者在福建省取得了军事上的胜利,吴佩孚的影响被大大减弱了,孙逸仙同安福派和张作霖的接近就更加可能了。这又是为什么认为更为重要的不只是在这些个人联合中寻找支持,而是在广泛的群众性民族运动中寻找支持的一个原因。我恰恰担心,我们对俄、中、蒙三方会议提出的要求会给群众造成不好印象和使他们疏远我们,即使我们利用统治集团的内部矛盾能实现我们的要求。我认为,在蒙古方面,尖锐的问题仅仅是把我们的军队从库伦撤出的问题。在这个问题上,吴佩孚、孙逸仙和人民群众都支持我们。所以,我们可以在俄中会议上直截了当地用某种表达法确认,我们的军队原则上是要撤出的,但是撤出的期限不能确定,因此,军队要留驻到将来。在即将举行的会议上提出全部中蒙问题,我认为是不必要的,也是危险的,因为尚不清楚人民群众对这个问题的态度。需要转告的是,正是吴佩孚对我说,他打算在 1923 年 3 月派自己的军队去占领外蒙古,并让格克尔参观了正在为此目的作准备的一个久经沙场的师团。我的计划是,如果会议顺利结束,我们的声誉

和对我们的信任将会大大提高,我们将不怕帝国主义者在蒙古问题上搞反对我们的一切煽动宣传,因为中国大多数人支持我们对涉及我军撤出部分(?)的上述不全面解决办法。在谈判期间及其后,弄清了中国民族主义者在整个蒙古问题上的态度。提出这个问题有两种可能性:或者按照吴佩孚想派自己军队去占据蒙古的愿望,在 1923 年 3 月由吴佩孚提出,那时一切条件都好弄清楚,我们当即就可以拟定我们的立场;或者由于中蒙进行谈判而早于 1923 年 3 月提出,那时也好弄清楚,我们可以通过外交途径对谈判施加影响,至少可以根据情况要求吴佩孚参加这次谈判。我不了解蒙古情况并很怀疑整个蒙古是否会跟我们走。关于谈判情况,中国人对我什么也没有说,因为正如我已报告的那样,我回避同他们谈这样的问题,我只是说,我们没有侵略意图,没有帝国主义的企图,原则上我们准备撤出军队,但是现在不能这样做,也不能说明怎样做。在整个这件事情上,除了中国政府,确切地说除了处在帝国主义者影响下的外交部,所有人都同意我的意见。所有中国报纸都对中蒙谈判做了报道。(待续)

越飞

《共产国际、联共(布)与中国革命文献资料选辑》(1917—1925),第 142—143 页

孙逸仙给越飞的信

上海莫里哀路 29 号,1922 年 11 月 2 日

我亲爱的越飞先生:

　　我应该向您表示祝贺,贵国政府从西伯利亚清除白卫分子和日本军队的努力已收到很大成效,日本人完全撤出海参崴和红军进驻该城值得庆祝。

　　从我们最近一次交换信函时起,我就同吴佩孚进行了接触,试图弄清在统一中国和建立强大而稳定的政府方面同他合作的可能性。很遗憾,我不得不指出,与他打交道确实很困难。我所掌握的情报使我认定,他现在对我的态度实际上很强硬,原因是,他指望一旦同张作霖发

生冲突,能预先得到贵国政府的军事援助。在这种情况下,这两个人之间发生冲突,不仅对中国而且对俄国都是极为有害的。

显然,如果吴佩孚在他和张作霖发生冲突时得到俄国的帮助,那么,张作霖很可能就会求助于日本。这还不算完,大不列颠、法国和美国肯定都会了解到这些情况,它们有可能受到真正的邀请来进行干预,因为这几个大国对贵国政府及苏维埃制度持明显敌视的态度。其后果对中国来说是不堪设想的,并且完全有可能导致白卫分子在您最困难的情况下恢复反苏维埃行动,如果日本得到其他列强的准许和邀请来援助这种进攻行动,那就更会是这样。这不是游手好闲的投机生意,只要您停下来注意观察一下资本主义国家对你们俄国制度敌视的广度和深度,您就会发现这一点。这又是一个事实可以证明:尽管目前在日本较自由的派别中间确实存在着反对军国主义的倾向,但是日本军国主义分子会马上利用这种有利局势来恢复对人们思想的控制。自由派之所以能够击败日本在西伯利亚推行的军国主义政策,是因为这种侵略政策不可能用迷彩加以伪装。你们如果站在吴佩孚一边对中国进行干预,日本军国主义分子就可以把自己的政策伪装起来,并与你们开战。在这场战争中他们会得到列强在道义上和物质上的支持。而你们会作为侵略者出现在中国,以至我都无法否认这一点。

由于这些原因,我怀着某种恐惧的心情获悉,贵国政府打算向北满派驻军队,似乎是为了保持或维护俄国在中东铁路上的利益,而实际上,正如我所推测的那样,是为了在明年春天帮助吴佩孚向张作霖发动进攻。

我应该指出,为了消灭张作霖,苏联向吴佩孚提供这种帮助,必然含有利用这种援助来反对我的可能性。我难以想象,贵国政府希望或有意把我看作是敌人,或者帮助任何一个能把我看作是敌人的人。

我认为,您对张作霖持否定态度,是因为你怀疑他是日本代理人和他关照白卫分子,或者是他多少倾向于允许白卫分子在满洲土地上搞反对贵国政府的阴谋活动。但是我能够使他作出令人满意的承诺,即今后他将基本上奉行我对贵国政府的政策。实际上我已经采取措施使他毫不含糊地意识到，我与他合作的条件之一就是他必须赞同我对俄国的政策。

我丝毫不怀疑，贵国政府如果与我一起行动并通过我采用外交方式，而不是与吴佩孚一起行动并通过吴佩孚使用军事援助和武装力量手段，是能够从张作霖那里取得在理智的范围内为保证苏维埃俄国的安全所需要的一切的。

至于吴佩孚，我很想与他合作。但是，以我同那些仍然忠于我的统一国家计划的老朋友的决裂为条件的合作，我是不能同意的。吴佩孚想让我抛弃张作霖作为对与他合作的一种酬谢。这样的行动方针我是不能接受的，更何况张作霖准备同意进行有所有领导人参加的全国性协调活动。

最后我应该提请您注意两个事实：

（1）我发现与吴佩孚打交道是困难的，因为他认为，一旦与张作霖和尔后与我发生冲突时，似乎他可以指望得到苏俄的帮助。

（2）只要与我一起行动或者通过我，贵国政府就能从张作霖那里得到管理国家的高超艺术所需要的符合非帝国主义俄国利益的东西。

我请您把这封信转给我们莫斯科的朋友们，特别是列宁、托洛茨基和契切林。我正在就此问题给契切林写一封详细的信，但是在给他们的信寄出之前我很想了解您的意见。如果，正如报道的那样，莫斯科正在讨论派遣苏军去北满问题的话，那么，我是否还可以请您把该信的基本内容电告莫斯科？

请接受我最崇高的敬意！

您忠实的　孙逸仙

《共产国际、联共（布）与中国革命文献资料选辑》（1917—1925），第144—146页

越飞给契切林的电报(摘录)

北京,1922 年 11 月 7 和 8 日

绝密。

致莫斯科契切林

送斯大林

我已经报告过,孙逸仙的亲密助手张继在这里时,我曾与他多次谈到孙逸仙的策略,并指出其缺点,主要是消极性,不参与全国性事务,单纯准备武装革命,对组织群众工作注意不够。我曾请马林向孙逸仙转达同样的意见。现在马林从上海报告他同孙逸仙的谈话情况。孙逸仙怀疑吴佩孚没有诚意,而吴佩孚鉴于孙逸仙与安福系分子和张作霖有来往,对孙逸仙也持同样的怀疑。孙逸仙对福建没有什么要求,但是他认为,吴佩孚应该把这个省让给他……现在,当那里的军事胜利在孙逸仙一方时,他想与吴佩孚和解,但后者执意不肯,而在以前恰恰相反。孙逸仙感到很难堪的是,吴佩孚的朋友、内务总长孙丹林曾通知他说要去上海,但根据吴佩孚的命令而未能成行。孙逸仙没有指望与内务总长达成协议,后来根据我的建议,他要亲自去北京积极参政,现在他决定派他的最亲密助手张继来北京同我保持经常联系。我将坚持让他亲自来北京,我要努力使他与吴佩孚和解。我认为很重要的一点,是说服孙逸仙进行积极的政治活动,干预北京的事务。第二,关于蒙古问题,孙逸仙说,他根本不反对我们军队在库伦驻扎,但是他坚决反对蒙古代表单独参加俄中会议,反对蒙古独立。孙逸仙声明说:"如果现在支持蒙古自治的思想,那么,自治分子在中国的地位就会大大加强。"目前,当中国统一的问题变得更现实时,这个问题应当暂缓解决。马林自己补充说,决不能因为 200 万蒙古人而损害同中国民族主义者的关系。我正确地预见到了孙逸仙在这个问题上的观点。最近几天来,议会的议员们——都自称是共产党人的我们的支持者,多次来到俄罗斯联邦驻北京使团住地声明说:由于蒙古代表参加俄中会议,在议会中不会投票赞成蒙古自治。即便认为契切林的通报是对的,在蒙古问题上也忽

略了主要的一点,即我们的世界政策。据我所知,事情并非如此,而是像契切林的蒙古特使所通报的那样。熟悉情况的人认为,在整个外蒙古,蒙古人很少,中国人占大多数,蒙古人和布里亚特人的关系并不好,而我们是以支持蒙古人的名义在支持布里亚特人。即便假设这一切都是不对的,而蒙古所有200万居民都拥护我们,反对中国,那么,契切林的观点即使在原则上是正确的,但在策略上也是不正确的。当然,我们支持小民族反对大民族的暴行,但是,如果蒙古人的斗争不会引起任何反响,而中国人的斗争却会在全世界引起巨大反响的话,那么就未必值得为了在世界上没有任何作用的200万蒙古人而去损害我们同正在起着如此巨大作用的4亿中国人的关系和整个政策。在俄中会议召开期间,解决中蒙问题唯一出路,只不过是做个姿态,而解决问题实质上要推迟到中国局势稳定和我们的关系巩固的时候。因此,我再一次请求你们同意我的计划和策略。关于满洲问题,孙逸仙说,他希望利用自己对张作霖的影响,切实不让他向白卫分子提供任何帮助。因此,他认为我们的军队进驻满洲为时尚早,并请我们暂时不要这样做。孙认为,不派进俄国军队,不给日本提供进行武装干涉的借口(这后一种想法我觉得无关紧要,因为日本现在未必有力量进行干涉),即使张作霖不听他的话,也可以在北方集合革命力量对张施加影响。关于在北方组建孙逸仙的革命军队问题,他现在是这样具体说明自己的计划的:孙逸仙建议,以他的名义,也就是直接指明根据他的请求,我们的一个师占领东土耳其斯坦的新疆省,那里只有4000名中国士兵,不可能进行抵抗。相邻的四川省虽然驻有10万士兵,但是孙逸仙认为,这些士兵都站在他的一边。据孙逸仙称,新疆有丰富的矿产资源。为了实现自己的计划,他认为,必须在我们军队的占领下,在那里建立俄、德、中三国联合公司来开发这些矿产资源,建设铸钢厂和兵工厂。孙逸仙补充说,他本人会到新疆去,在那里可以建立任何一种制度,甚至苏维埃制度。显然,他的计划可以概括为,在新疆为他组建军队开辟一块地盘,铸钢工厂和兵工厂可以提供很多物资。孙逸仙认为,缺少交通运输工具对我们来说并不重要,因为新疆是个很平坦的地方。由于孙逸仙要派他的一位将军到我这里来秘密商讨这个问题,所以我请求告知您的意见。我认为,从政治角度来看,目前孙逸仙与中国官方立场相距如此遥远……在官方场合他只是一个个人,我们与他公开签订协议还为时尚早。可能,在这种情况下中国政府完全可以宣布与我们断绝外交关系……那样一来我就什么也做不成,而且我们在中国的事务中只好局限于……东土耳其斯坦。当孙逸仙在中国政府中占据适当位置时,那就另当别论了,那时,这个问题就应该从军事和经济的角度加以考察。孙逸仙重申自己的建议说,如果俄国同意花钱让一个师进驻满洲,那么,最好还是把这笔钱用在实施他的计划上面。孙逸仙曾在日本居住很长时间,他认为,没有什么比让我们的军队进驻满洲更有利于军国主义分子了。目前的形势对军国主义分子来说是不利的,但是,孙逸仙认为,现在革命者的力量与 90 年代相比是减弱了一些,那个时候反革命派还是战胜了革命派,以发动日中战争开展了争夺朝鲜的运动,让我们的军队进驻满洲就会给日本反动派提供有力的借口。孙逸仙通报说,据他所知,日本最近的大选将会导致内阁垮台,内阁总理的职位将由孙逸仙的朋友床次竹二郎占有,到那时日本必然会与我们亲善。孙逸仙坚持认为,我们对日政策的主要倾向应该是使日本脱离美国和英国,并阻止日本在中国占据主导地位……毫无疑问,孙逸仙比我们更了解日本的局势。必须认真地对待他的意见。

越飞

《共产国际、联共(布)与中国革命文献资料选辑》(1917—1925),第 147—150 页

越飞给加拉罕的电报(摘录)

北京,1922 年 11 月 9 日

绝密。

致莫斯科加拉罕

送斯大林

　　据来自上海的报告,孙逸仙最终接受了我的建议:转入积极的政治活动,参与中央政府的事务。孙逸仙授权现任总理王和原来的一个荷兰人代表孙逸仙同吴佩孚就双方感兴趣的所有问题进行谈判。我们的朋友们都认为,可以组建孙逸仙—吴佩孚政府。我认为,孙逸仙积极参与中央的政治活动,这是我们取得的一个很大成就。孙逸仙的最亲密战友张继(我同他在这里交谈过)告诉我,他很快就来北京(孙逸仙派他在我这里工作),并且写信说,孙逸仙坚决要求张作霖立即改变对白卫分子友好而对我们敌视的政策,同时威胁说,一旦不执行就与他彻底绝交。张继相信……(结尾错乱)……

越飞

《共产国际、联共(布)与中国革命文献资料选辑》(1917—1925),第 151 页

越飞给契切林的电报(摘录)

北京,1922 年 11 月 10 和 13 日

绝密。

致莫斯科契切林

送斯大林

　　昨天,孙逸仙担任大总统时期的国会主席、老国民党员、孙逸仙的主要助手张继,带着孙逸仙给我的信来到了我这里。孙逸仙请求我把他的这封信转交给列宁、托洛茨基和契切林。要求我立即将我个人对所提出的问题的答复告诉他,为了迅速起见他还要求我将信的内容电告您并请您作出答复,尽快告诉他。我通过信使将这封信寄出。该信的内容如下:让我们的军队进驻满洲,即使以维持中东铁路秩序为借口,也会被人们认为是对吴佩孚即将发动的反对张作霖的战争的支持。我认为,我方的这种行动会迫使张作霖求助于日本。日本军国主义者由于缺乏为实施侵略计划所需要的道义上的掩饰,所以至今未能实行侵略政策,而在这种情况下他们则能得到这样的掩饰,因为他们也会作出反对我们进行侵略的样子,并且会再次征召

白卫分子和亲自同我们作战。在这种情况下列强肯定会支持日本。这一切不仅对中国是有害的,而且对我们也是有害的。另一方面,吴佩孚的力量及其不稳定性是建立在他的这样一种信念之上的,即我们会以军事力量支持他反对张作霖,最终也反对孙逸仙。孙逸仙不能想象,对他的敌人的支持会符合我国政府的利益,如果对张作霖的不信任是基于我们这样的推测,即张作霖是日本的傀儡……。为实现我们在满洲的利益,我们没有必要往那里派驻自己的军队,因为据说孙逸仙将通过外交途径迫使张作霖满足我们的要求,因为他已经向张作霖声明,如果张作霖不接受他对俄国的政策,他就要与张彻底决裂。最后,孙逸仙准备为统一中国和建立强大而稳固的中央政府与吴佩孚联合,但是此举是很艰难的,这既是因为上面所说的吴佩孚相信我们对他的支持,也是因为吴佩孚提出与孙逸仙联合的条件是孙与支持他的统一政策的老朋友张作霖断绝关系。我长时间地同张继详细交谈过,张继直言不讳地说,统一中国的政策能否成功只是取决于我们,这一历史时刻已经到来。张继在回答我的问题时说,孙逸仙很想与吴佩孚联合,孙逸仙没有与张作霖签订任何书面协定,如果蒙古自治和我军进驻中东铁路是与中国协商的结果的话,那么,不论孙逸仙还是他的党都不会反对。他们只是不能允许我们去帮助吴佩孚反对张作霖。吴佩孚相信,似乎我们会从军事上支持他反对张作霖,那我应该怎样使他相信他的这种信念是不对的,而我又不能直接对他说明这一点? 在回答我这个问题时张继说,只要我把这一点告诉孙逸仙,就足够了。

今天张继就要返回中国。我交给他一封给孙逸仙的信,该信的俄文稿我通过信使寄去。我对他说,我们一直很清楚,只有孙逸仙是我们在中国的唯一朋友,我们从来没有想到去做反对他的事情,同样我们不论过去还是现在从来没有想过用军事力量去支持吴佩孚反对张作霖。但是作为官方人士,我必须与中国的中央政府打交道。该政府反对俄国,履行帝国主义者的意志。为了对它施加影响,我必须

利用那些出于某种缘故而对我们友好的力量。至今孙逸仙仍然实行
抵制政策,不干预中国政府的事务,也不对它施加影响,那我就不得
不诉诸于吴佩孚。因此我才接触吴佩孚,但是这丝毫也不意味着,我
们准备用军事力量支持吴佩孚在中国打内战。我们没有这种意图。
对于张作霖,的确,我们是不信任的,因为我们知道,他在实行两面派
政策,他向我们军事指挥部派去代表团,声称他不会支持白卫分子,
而实际上他在支持我们中东铁路上的敌人,并在满洲为白卫分子提
供安身之地和战略基地。如果孙逸仙确实认为,张作霖准备实际地
证明他对我们友好,那就让他立即把白卫分子清除出满洲,将他们赶
到赤塔,并且对中国政府和中东铁路理事会施加影响,以便撤销现在
的奥斯特罗乌莫夫的管理局,并用与我们协商成立的新管理局取而
代之。如果张作霖能做到这一点,我们对他的态度就会改变,因而也
会消除孙逸仙的担心,因为吴佩孚十分清楚,在张作霖做出这些行动
之后,我们就不会帮助吴佩孚去反对张作霖。我补充说,虽然我是以
自己名义谈这些意见,但是我相信莫斯科是会同意的。我认为,在整
个事件中最重要的一点是,中国最强大的政党和最杰出的活动家都
公开承认,没有我们他们什么事也做不成。这就证明,我们在中国的
威信提高了。我想,孙逸仙有点要滑头,主要问题是,我们军队向满
洲靠近会引起他的担心:我们是否要帮助吴佩孚彻底消灭张作霖,从
而在整个中国就留下孙逸仙的一个竞争对手——吴佩孚。孙逸仙无
论如何都不会允许消灭他一直可以用来反对吴佩孚的那个张作霖
的。我认为如果吴佩孚不参与竞争,因而也就不会像现在这样对我
们感兴趣,那对我们也是不利的。如果列宁、托洛茨基和契切林能把
写给孙逸仙的亲笔信转寄给我,并在信中阐述大致与上述观点相类
似的东西,我认为这是有益的,不管怎么说,孙逸仙是最亲近我们的,
特别是从共产党员也加入他的党时起就更是如此。我期待着对这封
急电的回复,我可以把你们的回电转交给孙逸仙。

贝利已顺利抵达①，现正在我们这里。

越飞

《共产国际、联共（布）与中国革命文献资料选辑》(1917—1925)，第 152—155 页

孙逸仙给列宁的信

上海，1922 年 12 月 6 日

亲爱的列宁：

我借此机会就一个重要问题给您写这封短信。我得知，苏联的武装力量正在满洲边界集结并准备占领北满。

我担心，这种占领将对今后的俄中关系造成严重后果。对中国人民来说过去俄国占领北满，是沙皇制度一个明显的证明和证据。如果您占领这个地区，那么我相信，我国人民就会把这个步骤说成是旧俄帝国主义政策的继续。

我个人并不相信，莫斯科的这种举动是出于帝国主义的动机。

实际上，我确信，您要占领北满是出于对张作霖的不信任。

但是请允许我再一次强调指出，通过我并同我一起行动，您就能迫使张作霖在理智的范围内做到为保证苏维埃俄国的安全所需要的一切。

遵循这种政策，您不仅可以避免危险的反动派在中国对您的攻击，而且还可以帮助我创造一种便于加速俄中共同工作的局面。

您以前对中国所作的声明曾激起我国人民极大的希望并促使他们把俄国看作是能保证中国摆脱帝国主义列强的奴役而获得民族解放的朋友。

我请您不要采取任何不明智的行动，诸如占领北满。我打算在不久的将来派一名全权代表去莫斯科，与您和其他同志一起协商为俄中合法利益而共同采取行动的事宜。

---

① B. A. 贝利，1922 至 1923 年间任苏联驻华使团海军武官——原译者注。

　　同时我还要再重复一句,与中国现政府的谈判不仅是浪费时间,而且看来也是危险的。北京(政府)现在是帝国主义列强的仆从和工具,所以,和北京打交道,实际上也就是和列强打交道。这是危险的,因为始终有可能,北京和这些列强耍手腕使我们在中国人民面前处于不利的地位。

　　再次向您致以崇高的敬意。

　　顺致兄弟般的敬礼!

孙逸仙

核对无误　布拉科娃

《共产国际、联共(布)与中国革命文献资料选辑》(1917—1925),第 163—164 页

孙逸仙给越飞的信

上海,1922 年 12 月 20 日

亲爱的越飞先生:

　　您最近的来信收到了。

　　我注意到您对张作霖的评论。我打算在近日就此问题同他取得联系。

　　至于您对同北京的垂死机构举行谈判一事的看法,我冒昧地向您谈谈我的以下想法:

　　如果贵国政府的政策是把北京的官府作为中国形式上的管理机构而长久加以保留的话,那么您想同北京政府举行谈判,那当然是正确的。这样一来,您就可以同资本主义列强一起,通过国际上承认等步骤,为它树立威信。但是我必须指出,您同北京举行谈判,实际上是默认资本家的论点,即解决中国问题必须采取人们称之为进化的缓慢渐进变革方法,而不是可以称之为革命的苏联方法或急剧变革方法。资本主义列强认为,剧变会严重破坏对外贸易,因此,我至今所捍卫的革命措施不可能得到它们的支持。它们把我视为中国革命的化身,要采取措施反对、攻击和镇压我。当然,它们试图用体面的借口来为它们对

待我的态度作辩解,如我在广州时就听说,它们只能同"公认"的中国政府打交道。令人奇怪的是,您竟重复同样的资本家论点,有意为那些是你们伟大制度的公开敌人的国家效劳。

但是,您可能要问,怎么办? 幸好,总的形势现在处于这样一个发展阶段,我还可以提出一项建设性政策,即我作为我的受压迫的同胞的代表,同贵国政府实行合作。

从我离开广州时起,我就认识到以广州为根据地有冒险性,因为它是英国势力和其海军的中心。然而,由于一些特殊原因,我不能放弃广州。在过去的几个月间,我已在着手创造条件,以使我能向贵国政府提出进行实际合作的建议。

我现在可以调大约一万人从四川经过甘肃到内蒙古去,并且最后控制位于北京西北的历史上的进攻路线。但是,我们希望得到武器、弹药、技术、专家等方面的援助。

贵国政府能否通过库伦支援我? 如果能,能支援到什么程度? 在哪些方面?

如果这个计划付诸实施,我必须很坦率地说,我的真正敌人肯定将是吴佩孚。英国和其它国家肯定将支持他反对我。甚至现在英国就主张吴佩孚和陈炯明"和解",在福建"消灭"我的军队。吴佩孚不顾对我友好的保证,也正在这样干。我担心此人靠不住,或者正如我们中国人所说,人心叵测。

如果我的计划能引起贵国政府的注意(这是一个大胆而新鲜的计划,此外也是一个革命的计划),那么就请派一位权威人士来,从近日采取行动的角度对这个计划作进一步的讨论。如果这个计划能在明年实行,那就会有更多的成功机会。拖延则便于资本主义列强帮助反动势力巩固它们在中国的地位。

至于所谓吴佩孚在内阁问题上的失败,这没有现实意义。曹锟现在正在同张作霖调情,旨在迫使吴佩孚同意选曹锟当总统,或诸如此类的事情。另一方面,张作霖正在争取曹锟再次反对吴佩孚。但是,曹锟虽然可能是个傻瓜,他的幕僚却非常聪明,不会不懂得除掉吴佩孚会造成以后动乱时曹锟直接面对张作霖的局面。这完全像下棋,是在中国"缓慢"变革这一局棋中简单地挪步。如果不采取革命措施,清除现存的整个腐朽制度,那就不会发生任何实际变化。

您忠实的(签字)孙逸仙

《共产国际、联共(布)与中国革命文献资料选辑》(1917—1925),第 165—167 页

孙中山致越飞函

1922 年 12 月 20 日

我在最近几个月的工作,都是为了造成一种情势,使我有可能在实际事务中请求贵国政府的支持……我们需要武器、装备、技术援助与专家等等。

《广东省孙中山研究学会通讯》第 8 期,邱捷译《苏联最近刊布的孙中山两件函电》注解②(苏联《远东问题》杂志 1989 年第 1 期《公布孙中山的若干通信》)

孙中山致越飞函

1922 年 12 月 30 日

我打算用十万军队从四川和甘肃进入外蒙,以进攻北京。为此,我请求苏俄给予武器、装备和顾问等方面的援助。是否有可能得到苏俄的帮助?

《国际共运史研究资料》第 17 辑,刘德喜《苏俄、共产国际与孙中山合作方针的确立》(转录赫菲茨《苏联外交政策与东方人民(1921—1927)》1961 年俄文版)

俄共(布)中央政治局会议第 42 号记录(摘录)

莫斯科,1923 年 1 月 4 日

出席:

政治局委员：布哈林、加里宁、加米涅夫、李可夫、斯大林、托洛茨基、托姆斯基同志

人民委员会议副主席：瞿鲁巴同志

中央委员：索柯里尼柯夫、安德烈耶夫同志

中央监察委员会委员：索尔茨同志

2. 外交人民委员部的问题

〔3〕马林的问题

（1）确认政治局以前关于中东铁路的决议（1922年11月16日第36号决议）。

（2）责成越飞同志发表一般性的宣言，说明俄罗斯苏维埃联邦社会主义共和国在中国的政策是建立在反帝斗争的原则基础上的，问题应在俄罗斯苏维埃联邦社会主义共和国正在力争召开的会议上加以解决。宣言中应坚决驳斥被认为是错误的远东局照会，并指出必须采取一切措施结束同白卫分子的斗争。

（3）采纳外交人民委员部关于赞同越飞同志的政策的建议，该政策旨在全力支持国民党，并建议外交人民委员部和我们共产国际的代表加强这方面的工作。

（4）指示远东革命委员会，它不应干预对外政策。

（5）责成外交人民委员部在莫斯科召开预备会议。

（6）责成外交人民委员部以列宁同志的名义起草给孙逸仙的答复。

（7）同意越飞同志休假，并按通常的程序通过中央委员会拨给治疗所需的费用。

（8）资助国民党的费用从共产国际的后备基金中支付，因为工作是按共产国际的渠道进行的，并建议外交人民委员部同越飞同志协调后向政治局〔提出〕关于追加拨给必要经费〔的建议〕。

中央书记　斯大林

《共产国际、联共（布）与中国革命文献资料选辑》(1917—1925)，第186—187页

越飞给俄共(布)、苏联政府和共产国际领导人的信

北京,1923 年 1 月 13 日

绝密。

第七封信

外交人民委员部——契切林

政治局——斯大林

人民委员会主席——列宁

革命军事委员会主席——托洛茨基

人民委员会副主席——加米涅夫

共产国际主席——季诺维也夫

俄共中央委员——拉狄克

敬爱的同志们:

在这封信里,我尽量向你们分析在我上一封信发出后所发生的事件。

中国总的政治形势

曹锟集团为了遴选中华民国总统而发动的政变眼下总的看来可以认为已经失败。诚然,吴佩孚目前处于孤立状态。他在中国中心省的地位已被曹锟及其同伙取代。同时,吴佩孚先前的政府已不再存在,但曹锟至今不但没有当上总统,也没有完全建立自己的政府。正因为曹锟及其同伙在中国社会上没有扎实的根基,因此总的说来他几乎不能依靠任何人;正因为如此,曹锟的所谓政府,从总理张将军到最后一个部长,实际上都是一些没有政治作用因而得以当选部长的平庸之辈,由于他们的平庸,因此他们既没有强有力的反对者,也没有强有力的拥护者。尽管现时的总理已被国会批准,多数部长也已向国会推荐并得到国会的认可,但也不会改变这一事实,看来整个内阁将是中国历史上第三个有名无实的议会内阁。

正如我已经指出的,首先,国会本身在很大程度上已失去自己的独立性,因为大部分议员是受曹锟集团贿赂的;其次,正因为国会可以完

全批准现时的内阁,这个内阁也就完全有名无实。但是,曹锟集团由于自己的这一弱点,不会去冒险采取坚决的步骤,这首先是指建立比较固定的自己的政府,其次是指将曹锟当选总统后开始的事业进行到底。诚然,在后面这个问题上正在加紧进行鼓动宣传,但未必会有成功的希望。

直系与奉系,即曹锟与张作霖的谈判,有一种说法是已经破裂,另一种说法是表面上还在进行,但无论如何不会给曹锟带来任何荣誉,也不会使他取得巨大的成功,这首先是因为张作霖本人目前接近孙逸仙比接近中国其他任何政治活动家更甚,并公开扬言,曹锟当选总统的时机还没有到来;其次是因为双方都远没有谈判的诚意。曹锟决不会同吴佩孚彻底决裂,也不会同张作霖完全达成协议,因为在这种情况下,他会在张作霖面前变得软弱无力,而实际上的独裁者将是张作霖,而不是曹锟。如果说曹锟本人竟愚蠢到连这一点都不懂,那么他的拥护者是非常明白这一点的。另一方面,张作霖也不会同曹锟这样一个不受欢迎和毫无用处的人结成真诚的和完全的联盟。

吴佩孚

从上述这些事实中可以得出两点结论:首先,吴佩孚并不认为自己已经被彻底摧毁,他也有权这样认为。他非常清楚,他还没有最终输掉自己的党,因为那个曹锟没有同他彻底决裂,也不会决裂,因此他指望有朝一日,还会喜庆临门的。吴佩孚的情况很复杂,客观上会把他推向对中国,特别是对中国的民族解放运动最不利的冒险行为。

从我上述报告中可以明显地看到,任何一个中国军阀如果没有地盘,就像是一个没有马匹的骑手。每个军阀都需要地盘以便在那里生息、巩固、壮大。吴佩孚目前实际上只有一个河南省,如果他不扩大自己的势力范围,他就没有任何前途,因为只在河南一个省,他不仅不能指望得到进一步的发展,而且无力养活仍忠于他的师团。不要忘记,吴佩孚过去或许也没有大块地盘,但他能利用自己对中央政府的影响,实际上从铁路上得到中国中央政府的几乎全部收入(他每月从这些收入中可以发给自己的部队大约60万中国元的军饷）。如果现在政府不掌握在他手里，那么这些收入就落空了，而这也是促使吴佩孚要去夺取更多地盘的一个原因。吴佩孚不可能向北方进军，这首先是因为正像曹锟不可能同吴佩孚彻底决裂一样，吴佩孚也不可能同曹锟彻底决裂。吴佩孚不可能对曹锟发起公开的军事进攻，无论在道义上，也无论在武力上都不可能，因为在北京地区，正如我曾经指出的，部署着信奉基督教的冯玉祥将军的两万精锐部队，不管对他作何评价，他无论如何不是吴佩孚的拥护者（顺便说一下，关于这位信奉基督教的将军，我预言他将很快会为自己谋取私利，这一点已经得到证实；据报纸报道，他要求在现时内阁中为自己谋取两个部长的职位）。由此看来，吴佩孚如果不想彻底毁掉自己，那么他除了向南方挺进以外别无出路。在南方，他必然会同孙逸仙发生冲突，但是因为孙逸仙的势力不是所有地方都是他直接控制的，而完全是通过收留孙逸仙的其他督军或者通过与他志同道合的其他派别间接控制的，因此对于吴佩孚来说，向南方进军要比向北方进军的可能性更大，因为他永远可以说，他不是反对孙逸仙本人，而只是反对某个"叛乱的"将军。

报纸上确实时常出现关于吴佩孚打算进军四川的报道。我认为这是十分可能的，更何况四川是个富饶的省份，占据四川使吴佩孚不仅可以维持生计，而且可以发展壮大。

无论如何，依我看，中国事变的后果首先是非常有可能吴佩孚同孙逸仙发生冲突，这些冲突是直接的还是间接的，这无关紧要。当然，这种情况势必在我们同吴佩孚的关系上也有所反映。

不久前，正如我已经向你们报告的，吴佩孚的一位顾问薛，通过我们的伊万诺夫教授送来一封信，信中这位明显受吴佩孚本人唆使的人企图（据我对这封信的理解），首先向我们证明吴佩孚的角色还没有演完；其次警告我们不要同现政府谈判。这封信连同我的复信附上。今天，显然是由于没有收到我的复信（我有意拖延一下，昨天才发出）而感到失望，吴佩孚或者是他的人向报界示意，公开宣布我们有人在吴佩孚那里(上面提到的薛确实是由我们派的,是霍多罗夫派到那里去的,尽管在我看来他根本不是我们的人)并试图让人们知道,似乎吴佩孚本人在蒙古问题上并不讨好我们。

我想用三言两语简单地谈一下蒙古问题,应当说近来在这个问题上出现了某种活跃气氛:首先,日本人草率地在长春搞了一次蒙古代表大会,大会自然反对我们在蒙古的影响;其次,臭名昭彰的王太子那彦图沽名钓誉并完全卖身投靠中国人,接连不断地发表各种通电和信件,目的还是反对我们在蒙古。

不管怎样,业已改变的局势和吴佩孚的实际状况使他对俄国的态度有所恶化。我本人将利用自己的一切影响,使吴佩孚和我们的关系不致破裂,但是我认为,如果我们不得不在吴佩孚与孙逸仙之间作出抉择的话,那么无疑我们要选择后者。

孙逸仙

与上述事变发生的同时,孙逸仙的声望大大提高了。他不仅在福建省站住了脚,前已报告,他早已占据福建省,而且他的将军们也如我早就预见的,不久前已向广州进军。进军迅速取得巨大成功,因为首先,孙逸仙的主要敌人陈炯明客观上在南方由于同英国人的交往而早已声名狼藉,其次,国民党和共产党在当地的工作更使他的影响遭到破坏。孙逸仙向陈炯明一发起进攻,陈炯明就无可依靠。有一种说法是他已逃跑,另一说法是还在勉强支持。但是谁也不会怀疑,他的戏已经唱完。这样看来,孙逸仙不是今天就是明天,迟早会恢复在南方的全部影响。加之他利用最近几个月时间还在扩大影响,所以实际上整个南方,包括土耳其斯坦在内,将掌握在孙逸仙手里。考虑到张作霖目前正与孙逸仙联手,孙逸仙很可能会在近期内实际上成为除吴佩孚还在支撑并可能支撑得住的一个省份和北京周围一小块所谓中国正式中央政府基地之外的整个中国的统治者。

此外,我们面临着一个问题:谁是中国真正的政府,我们应该跟谁打交道?

当我在土耳其斯坦第一次接触到中国事务时,我曾提出一个问题,如果我们只跟中国中央政府交往,我们是否做得对,当时所谓的华南政府在思想上更接近我们,历史地说也更有在中国取得成功的希望。

但是在那个时期,我们没有可能同南方政府,即同孙逸仙进行直接的接触。如果说现在,事态将按可以预见的方向发展,那么我们同孙逸仙的直接联系将通过蒙古和中国的土耳其斯坦确立下来,那时就出现一个问题:我们是否应该仍像过去那样客气地对待毫无用处的受帝国主义奴役的中国中央政府,还是像孙逸仙在最近给我的一封信(附上该信,并请加以认真注意)中所要求的那样去做更好些呢,也就是说转而采取真正革命的政策,承认孙逸仙的革命政府是中国合法的政府,并只同他打交道。

还应该注意到,孙逸仙的党,即国民党以及孙逸仙本人,在我们的思想影响下,近几个月来在很大程度上改变了自己的本质:国民党确实正在成为中国群众性的政党;这个党自成立以来第一次公布了自己的纲领,此纲领也随信附上。孙逸仙本人明白了,显然也承认了我曾多次劝说他的东西,即必须采取更积极的泛中国的政策,光靠军事手段不可能实现中国的变革,即实现中国的民族解放和民族统一。至少,目前孙逸仙甚至向中国现政府派来了自己的代表,并从昨天起在这里开始谈判,由此证明,他希望通过政治的、外交的途径影响中国的政策,而不是单纯地使用军事手段。

从这个意义上说,我的南方之行是完全必要的和十分有益的。首先,我要在那里进一步弄清情况;其次,我要在那里不仅对孙逸仙本人,而且对整个广泛的运动竭力施加影响。我将在南方更广泛地开展协调我们同中国社会各界相互关系的工作,就像迄今为止我在北方所做的那样。如果我不生病的话,我一定要找个借口,为达到这些目的去一趟南方;因此(附带说说)我诚恳地请求不要把我的南方之行看作是休假。我这样说不是因为我以后还想要休假,而只是为了使这次旅行的全部费用不记入我治病的账下,因为说实在的,我应该去南方进行巨大而繁重的工作,我之去南方正是为了这个目的,而不是为了治病。我上面已经说过,即使我不去那里治病,现在我也需要去一趟。

我认为,中国在其整个历史上还从来没有像现在这样接近于真正的民族统一。但从另一方面说,中国的民族解放运动也从来没有像现在这样面临着如此之多的困难:首先是由于中国内部的混乱和分裂,尽管民族解放运动取得了一些成就,但混乱和分裂不仅没有减少,反而像我上面指出的那样或许更加扩大;其次是因为中国独立的一贯敌人,即世界帝国主义。

依我看,正当孙逸仙取得极大成功和中国民族解放运动最有希望取得胜利的时候,法、英、美、日四个大国向中国发出照会,质问中国想以何种方式和从哪个来源支付自己的外债。尽管照会的口气还比较客气,但照会的作者们自然清楚地知道,中国无以支付,他们也知道首先是因为他们本身使中国没有能力支付。

众所周知,由于中国内部混乱,从盐业垄断组织得到的收入不纳入中央金库,中国政府的唯一收入来源是关税,而在这方面,中国的帝国主义"友邦"没有满足中国政府提出的允许它提高中国进口的外国商品的关税。经过多次和漫长的谈判,中国政府好不容易得到外国人的同意提高 5% 关税(与此同时,中国进口的外国商品的定价还是战前的定价),但外国人不同意更多地提高,这样一来,他们要求中国支付外债,实际上他们自己又使中国没有可能支付。计谋是十分清楚的。日本的报纸,甚至自由派的报纸,都在公开鼓吹中国必须实行国际共管。一部分英国报纸也在鼓吹这一点,另一部分自由派色彩较浓,对中国比较友好的报纸明确谈到必须对中国的中央财政和国营铁路实行国际监督,所有这一切意味着,正当中国最有可能实现全国统一的时候,帝国主义提出某种"Memento mori"①,并预先警告,它是不会允许这种民族统一和民族解放的。

---

① 拉丁文,意为"别忘死亡"——原注。

现在回过头来再来谈一下关于我们在中国的政策的老的争论问题,我只想提出一个问题,我们是否可以在中国革命发展的时刻,向中国提出我们的财政要求,从而同国际帝国主义一起站在中国革命的对立面。

详细情况到南方后再报告你们。就此搁笔。

致共产主义的敬礼!

越飞

《共产国际、联共(布)与中国革命文献资料选辑》(1917—1925),第 192—199 页

孙中山与越飞会谈

1923 年 1 月 22 日

越飞偕秘书史瓦尔茨于一月二十二日在莫里艾路 29 号孙公馆与孙中山共进午餐。当日孙公馆的其他来访者,还有国民党干事长张继……

据报告,孙中山与越飞谈话中讨论了达到下述三项目的的途径和方法:1. 迫使日本撤出东北;2. 保证废除在中国的治外法权;3. 促使中国与苏俄缔结联盟。据称,越飞接到关于此事的几份报告后,对于在上海进行共产主义宣传的一些安排不太满意,并打算从北京增派十二名受过训练的中国布尔什维克宣传者前来支援上海的地方宣传人员。据说,一月二十日十一时,孙中山曾赴汇中饭店拜访越飞。

上海工部局《警务日志》,1923 年 1 月 23 日,第 3 页,转引自《中苏国家关系史资料汇编》(1917—1924),第 669 页

孙中山越飞继续会谈

不晚于 1923 年 1 月 24 日

据报告,越飞与孙中山会谈出现障碍。越飞答应,如果孙中山及其同志同意:1. 立即公开承认苏维埃为俄国的合法政府;2. 与苏俄政府公开签订盟约;3. 答应不禁止在中国进行布尔什维克宣传,那么苏俄将给

予国民党以道义和财政援助。孙中山说拟考虑前两个条件。但是由于他拒绝就第三条做出让步,因而出现了麻烦。又据报告,与孙中山讨论诸问题的成果,是越飞把他手下一名叫霍克尔的军事顾问从北京召到上海来。

《中苏国家关系史资料汇编》(1917—1924),第 669 页

越飞给俄共(布)、苏联政府和共产国际领导人的信

上海,1923 年 1 月 26 日

绝密。

第八封信

外交人民委员部——契切林

人民委员会主席——列宁

革命军事委员会主席——托洛茨基

共产国际主席——季诺维也夫

中央政治局——斯大林

人民委员会副主席——加米涅夫

俄共中央委员——拉狄克

敬爱的同志们:

本月 27 日我将去日本,临行前我想详细地报告一下中国情况。

一、中国情况

总的形势

在我写上一封信以后,中国的形势发生了以下变化:(1)北京中央政府已取得国会的信任表决,更确切些说,名义上已经国会批准行使自己的职责;(2)吴佩孚和孙逸仙之间的冲突更趋尖锐化;(3)孙逸仙在南方的成功大大加强了,目前他不仅占领了广州,而且实际上控制了整个南方,不仅在思想上,而且也在军事上。我不认为头一件事情具有什么意义。国会只是在玩弄把戏,自己安慰自己似乎它的作用十分重大,实际上它在日渐衰落。衰败的国会通过信任表决自然不可能巩固尚未

立足的内阁,而实际上内阁依然形同虚设。因此,国会选出平庸而无个性的部长们既不能丝毫加强部长们的地位,也不能丝毫巩固国会的地位。无怪乎对取胜的(曹锟)集团持友好态度的报纸惊恐不安地指出现时内阁不稳固,并对它的地位表示怀疑。

具有更重要意义的是第二个事情。吴佩孚和孙逸仙之间的冲突,我在上一封信中曾从纯理论上作了预言,现在得到了实际的证实。

在上海这里,斯达尔克终于卖掉了5艘小舰艇,3艘是由中国一位将军齐洪万(音)买走的。受我的委托在北京的达夫强同志曾就此事向上海总督和外事委员(据说他们都暗地参与这个勾当)正式提出抗议。两艘是偿付某公司的船只修理费。我现在确切地弄清,中国将军向斯达尔克购买舰艇和武器是受吴佩孚的委托的,目的是在福州反对孙逸仙。这是第一个实际事例,证明吴佩孚和孙逸仙之间的冲突正在酝酿。

另一方面,吴佩孚对蒙古问题采取新的态度也具有这种证明的性质。

蒙古问题不知为什么又重新被提到政治上关注的中心。臭名昭著的蒙古王太子那彦图就蒙古问题发布了旨在坚决反对我们的通告。这件事引起了一片喧闹。曹锟这方面发表了通告,要求蒙古尽快回到中华民国的怀抱,并指出应该尽快派军队到外蒙用武力将俄国人从那里赶走。曹锟派的许多将军也这样要求。北京现政府(其总理不久前还是蒙古委员会主席,名义上他仍留在这个职位上)声明,它很重视这个问题,并将成立专门委员会来解决这个问题(蒙古问题)。

难以理解的是,为什么这个问题突然受到如此重视。虽然现总理张绍曾将军是所谓蒙古委员会的主席,但光是这一点还不足以解释为什么围绕蒙古问题又重新掀起这种喧闹。因此我认为,报纸上关于不久前在长春召开了蒙古王太子会议(哪些王太子的会议和整个问题何在,谁也不确切地知道)的报道比较清楚地说明了这种喧闹的原因。日本在蒙古的利害关系是早就众所周知的,而曹锟的政变客观上和在很大程度上是亲日本的,这一点我已经多次指出。但是日本近来如此卖力地巴结我们,同时又力所能及地玷污我们,这是毫不奇怪或者完全可以理解的:在日本内部的混乱和杂乱无章,即所谓"狗咬狗"的情况下,日本政策的矛盾是完全合乎规律的。

在这个问题上也存在着某种很具体的矛盾。我从北京出发前,一家在蒙古边境某地为蒙古出版的中国报纸的编辑来找我。这家报纸是在安福派统治时期创办的,领导这家报纸的至今仍是安福分子,至今还试图鼓吹安福派(即日本)在蒙古的影响。现在这家报纸的编辑特别向我表示,他完全同意我们在蒙古的政策,并愿意在任何方面尽力效劳,特别是在内蒙和外蒙传播我们的信息方面。有趣的是,这位编辑常年住在北京,甚至还是中国记者协会主席团的成员,但这期间他从未访问过我,虽然未必还能找得出第二个不会来访问我的中国名记者。现在他带着愿意效劳的建议到我这里来,这恰恰是在日本的压力下在蒙古问题上特别加紧诽谤我们的时候,而从另一方面说,也是孙逸仙在华南取得胜利的时候。这真是异乎寻常的事,但可以理解。孙逸仙胜利了,孙逸仙是俄国的朋友;安福分子希望成为孙逸仙的朋友,那就是说,需要同越飞和好。而明智的政治家总是派适当的人来同我谈判。然而日本军国主义者不能实行合理政策、只企图更多攫取,他们继续执行侵略的和反俄的政策。在日本的政策中,这两种倾向经常在各个方面交叉表现出来。

但是,在蒙古问题的整个喧闹中,最重要的是,吴佩孚也在俄国所有敌人的大合唱中提高了自己的嗓门,并发出一份令人极难理解的通电,其内在涵义只能解释为,吴佩孚试图证明,他在蒙古问题上决不讨好俄国〔但与此同时,他实际上答应一定支持我们的政策,即在一定时期里不可能让我们的军队撤出外蒙古。因此,我们在给吴佩孚的最近一封信中(副本你们一定已经收到)〕,特别强调吴佩孚在蒙古问题上说过的话和对我作过的许诺。

这一事实最有力地证实了我的信念:使吴佩孚成为孙逸仙敌人的

客观形势也在迫使他改变对俄国的方针。

吴佩孚一方面面临着绝对需要扩大自己势力范围的问题，另一方面正如我在上一封信中指出的，又没有向北面扩张的可能，因此他必然要考虑不仅向南面扩张（这使他与孙逸仙发生冲突），而且向蒙古方面扩张（这使他与我们发生冲突）的途径，更何况，作为反对张作霖的迂回运动的蒙古途径早已是吴佩孚的宿愿，如果你们记得的话，早在长春时期我就指出了吴佩孚向蒙古方面的某些战略上的重新部署，这在当时吓坏了张作霖并破坏了他同我的关系；如果你们也还记得的话，吴佩孚本人曾一直说，我们对蒙古的占领只保持到1923年春为止，即到他制定出向张作霖发动进攻的计划时为止。

总之，由于上述这一切的后果和我所指出的第三个事实，即孙逸仙在整个南方取得的决定性胜利，吴佩孚和孙逸仙之间关系的尖锐化立即向我们提出了一个我早已提出的问题：一旦吴佩孚和孙逸仙之间发生公开冲突，我们应该选择谁。如果你们记得的话，我对这个问题早就坚定不移地回答：如果我们不得不作出选择的话，我们决不能支持吴佩孚去反对孙逸仙。

当我在这里认识了孙逸仙，亲眼目睹了他所领导的运动的规模和意义时，我更加深信不能这样做。因此，我完全不想掩饰我同孙逸仙的联系和我对他的亲近，相反，我竭力去达成如纲领性文件中所表述的那种协议，这个协议被大家理解为俄国和孙逸仙之间的协议。

我不想浪费时间来评述孙逸仙；只想说一点，他无疑是一位正直的革命家和诚挚的热心者。或许这后一点使得他的一些在本质上革命的而在革命谋略上大胆的计划和打算变成了纯粹的虚构妄想，需要有一位更加现实的政治家把它们落到实处。

我也竭力在这样做，也还需要给他以公道，当你给他指出错误时，他很快就同意，并愿意作必要的修改。

我经常强调指出的他的主要缺点是：对群众和宣传鼓动问题注意不够，现在他正在充分地加以弥补；他不仅在不久前发表了党的纲领，而且想在近日内发表告全中国人民的宣言;他立即同意发表关于我同他会谈情况的正式报道;他把许多报纸掌握在自己手里,本星期末他将去广州,以便直接从思想上接触和影响海关工人和革命军队。

更有甚者,他知道我曾一直维护孙吴协议,以便成立他们的联合政府的政策,而现在,当他的全部计划都是反对吴佩孚时,他还对我说,他不是一个学理主义者,准备抛弃一切计划,并同吴佩孚携手合作,如果吴佩孚真诚同意的话,或者比方说我能说服吴佩孚同意孙逸仙的意见的话。对此,我不得不回答他说,目前我看不出有这种可能性,相反,我认为,吴佩孚的客观状况迫使他不仅反对孙,而且也反对我们。我只是补充说,孙对吴的讨伐应当在思想上做好准备,并进行这样的解释,使所有人都清楚责任在吴佩孚身上。

在我离开北京以前,我同海关上的孙逸仙拥护者和我们的人商定,由他们组织自己的电讯社。现在,孙逸仙可以向该电讯社提供适当的材料,这样一来,鼓动宣传工作就可以从南北两端开展起来。

说实在的,在中国事务上现在除孙逸仙的计划外想不出任何别的办法,孙的计划有两套,一套是立即行动的计划,另一套是在第一套计划失败后采取的。

孙逸仙的第一套计划

根据这套计划,孙逸仙首先打算彻底消灭陈炯明。

陈炯明从广州被迫出逃后,躲在广东和广西两省交界的一个叫做梧州的地方。据说,他有为数约一万人的部队。孙逸仙打算派自己的军队从两面向他进攻,这样包围他并捉住他。但他认为,如果陈炯明得以逃脱则更好,因为那时吴佩孚的军队会去搭救他,这样孙逸仙的军队和吴佩孚的军队必然会发生冲突,这就更容易被人理解。我认为,孙逸仙还忽视了一种可能性,即陈炯明未能冲出包围,而孙也不能把他捉住,因为逃到海上的陈将得到自己的朋友和盟友英国人的救援;孙逸仙同意这种看法,认为这是可能的,但他认为这并不危险,因为他不会允许陈炯明恢复自己在广州的影响。

　　不管怎样，在战胜陈炯明之后或者在进一步追击他的情况下，孙逸仙认为同吴佩孚的冲突是完全不可避免的，并打算派自己的军队从两个方面，即从效忠于孙的湖南省和从孙拥有自己10万军队的四川省向后者进攻，也就是向吴佩孚得以支撑的河南城市洛阳和汉口进攻。

　　与此同时，张作霖必然会进攻北京并占领它。孙逸仙认为，驻扎在北京地区的"基督教将军"冯玉祥不是跟他很敌对的。曹锟一伙本身无力进行激烈的抵抗。

　　在这套计划的下一步发展中，张作霖应把北京交给孙逸仙，孙逸仙打垮了吴佩孚之后就会作为统一中国的代表进驻北京，因为那时各省都在孙的统治下。

　　我曾问孙逸仙，为什么不通过和平方式进驻北京，因为我认为，在北京政府目前混乱的形势下和在北方遭到完全破坏的情况下，由于孙逸仙在全国的名望和声誉日益提高，孙足可以作为候选人参加总统选举，以便以全中国（民选）代表的身份进驻北京，但孙逸仙回答我说，这样做或许是对的，但是按照中国的习俗，毫无疑问的是，假如他不用军事力量战胜自己的敌人就进驻北京，那么即使他被选为总统，也丝毫不能使他免于一死，因为在这种情况下，他在北京会被暗中谋杀。

　　在顺利情况下的计划就是这样。根据孙逸仙本人的意见，这套计划的致命弱点是：第一，由于缺乏足够的资金，孙逸仙不可能投入必要数量的军队去进攻吴佩孚，因此也就不可能将他彻底打败。为了消除这种危险性，孙逸仙需要最多约200万墨西哥元（相当于几乎同样数目的金卢布）的资助，而孙逸仙坚定不移地希望我们给他提供这笔款项。第二个危险是，张作霖占领北京后，由于吴佩孚这时把注意力放在同孙逸仙作战上，张就会改变主意，不愿把北京交给孙。在这种情况下，孙逸仙也坚定不移地指望得到我们的帮助，即指望我们佯攻满洲以便把张作霖的力量从被他占领的北京引向那里。

　　我回答孙逸仙说，关于我们在上述两方面的援助问题，我立即征询本国政府的意见，但我本人对我们资助的可能性持完全悲观的态度，我认为,我们在军事上援助,即根据同孙逸仙的协议向满洲进攻,要更现实和更可能得多。

不过我当时就补充说,无论孙还是我们都必须考虑到这样一个情况,即在我们向满洲进攻时,日本可能会在那里向我们进攻。

孙逸仙的第二套计划

如果孙的第一套计划由于没有上面所说的我们的援助,或者某种其他不可预测的原因而不能成功的话,孙逸仙以其固有的毅力和对失败的一贯态度,已经制定了第二套长期的计划,这套计划完全建筑在我们的基础上。

看来,孙逸仙是从这样一个考虑出发的,认为他迄今为止的一切失败其原因就在于,他始终只以南方为基地,因此完全依赖帝国主义列强。

大概有鉴于此,他希望把自己的纲领建立在完全不依赖帝国主义列强而单纯指靠我们的基础上,尽管他也说,坚决与他敌对的只有英国,美国支持他,日本对他与其说敌对,不如说同情(无论如何,安福分子拥护他),而法国则持中立态度。

更有甚者,孙逸仙以南方为基地则始终必须注意到,"列强们"可能随时会割断沿海地区,迫使孙逸仙按照它们的笛声跳舞。因此,孙逸仙认为如果把自己的基地转移到国内腹地,更靠近我们,那么在同我们达成协议的情况下,列强在太平洋沿岸的各种破坏行为是绝对不可怕的。

目前在这里,可以说穆斯林中国,即东土耳其斯坦及其毗邻的省份,都处在孙逸仙的强大影响之下。这种影响势必日益加强,以便在任何情况下保持同我们的紧密和直接的联系。

然后从四川,通过不触及吴佩孚势力范围的途径,即通过广西、山西等省,将孙逸仙在那里拥有的10万军队转移到蒙古边境地区,并在富产粮食和富裕的省份,在经过东土耳其斯坦和经过库伦与我们直接可以接触的地方驻扎下来。

这支军队由我们来装备起来(孙逸仙希望不要我们提供军用装备和服装等等,但一定数量的我们的军事教官是必要的)。一旦这支军队进入充分的战斗状态(孙认为,这需要一年到两年时间),那么就着手进行最后的"北伐",无疑这次会是成功的。在这种情况下,列强的任何干涉都将不是危险的,因为它们即使切断沿海地区也不可能损害这一计划的实现,而它们决不会冒险从沿海地区向内地进军。只有日本可能从满洲进犯,但这也并不可怕,因为现有的 10 万军队是一支足以在某些边境地区遏止日本的力量。

根据孙逸仙的意见,在这套计划中,我们不应同北京政府签订条约,或许我们还不得不将我的使团所在地迁到我可以同孙进行联系的海参崴。孙逸仙的第二套计划就是这样。

我已用书面形式阐述了我对这套计划的意见(意见书随信附上)。孙逸仙同意我的所有政治上的修改意见,只指出我对蒙古问题上的意见不正确,因为他不考虑把军队驻扎在蒙古本土,而只驻扎在蒙古边境地区。

由此可见,孙逸仙现在打算按照我所建议的政治—外交—军事一体化的方式行动。

但孙逸仙的这一套从头到脚完整彻底的计划完全指望于我们的帮助和支持。

一旦没有我们的帮助和支持,孙逸仙就不得不同帝国主义者妥协,进而同受帝国主义者奴役的北京政府妥协,这样中国的国民革命就将长久地拖延下去。

因此,中国发生的事件向我们严厉地提出了以下问题:

(1)我们是否准备向孙逸仙立即提供 200 万金卢布或者另外一种数额(多少?)(如若同意,钱款一定要由信使带给我)。

(2)我们是否准备在必要时向张作霖发动进攻,把他从北京吸引过来?

(3)我们是否准备在一两年内给孙逸仙的 10 万军队供应武器(也

提供一定数量的教官），当然，这毕竟不应是欧洲现代化武器装备的军团。如果不这样做，那么我们在何种规模上和在什么时期内可以给孙逸仙提供武器帮助？

我提出这些问题，我本人对所有这三个问题的回答都是肯定的，尽管我曾接到过中央对向中国提供贷款的建议的批驳。

我在写这封信时，我也知道我们的所谓政治"兴趣"，因此我非常担心，现在在洛桑会议期间，在法国占领鲁尔地区以及巴尔干开始出现政治纠葛的时期，甚至没有人会来看我的信。

但是，倘若有人来看的话，我想提请他注意，不管欧洲发生什么事件，远东毕竟是帝国主义的致命弱点。不管现在在近东和欧洲发生什么事件，将来解决世界历史问题终究在这里，在太平洋，在中国。我们可以而且应该对近东和欧洲的事务表现出最大的关注和积极性，但是我们决不应因此而忽视远东的事务。

目前，中国正处在历史上最具有决定性意义的时期。

行将灭亡的帝国主义不得不在这里接受北美合众国的构想，即目前暂时只需要经济上的成果，而不是政治上的成果，因此它会对中国作出政治上的让步，甚至将已经占据的领土归还给它。

另一方面，中国的国家统一和民族解放运动还从来没有这样强烈，也从来没有这样临近胜利。如果中国的国民革命现在只是由于我们的帮助而取得胜利，那么这正意味着，是我们把世界帝国主义摔倒而使其双肩着地的，我们在全世界将是民族解放斗争和民族殖民地革命的卫士。如果中国国民革命的胜利只是因为我们拒绝帮助而不能取得，那么这将意味着，帝国主义要比我们强大得多，是它战胜我们，而不是我们战胜它，因此民族殖民地革命将不能指望任何人。

我不认为，这种情况会提高我们的世界威望，会减轻我们在近东和欧洲的斗争。

要知道，假如我们有集中的真正统一的对外政策，那么我们在这里取得的外交胜利就能够在洛桑、在伦敦大大加以利用。

　　我的东京之行和同孙逸仙的协议就像两枚炸弹在英国人的身上爆炸,痛得他们号啕大哭。如果我们善于成为外交家,我们就应当在洛桑和伦敦利用这一点。向我们的英国对手作出微妙的暗示,英国在近东和欧洲事务方面的行为迫使我们在远东进行报复,并指出在一定情况下,在他们采取行动时,我们会在东方走得更远。

　　不管我们的红军多么出色和多么强大,不管它是我们多么坚强的支柱,我们的主要力量毕竟在于,我们是世界革命的先锋队,如果没有革命或者离开革命,我们就会像没有头发的软弱婴儿一样,失去自己的全部力量。

　　过去有个时候,我们不那么节俭从事,因而更具有远大目光,我们能理解这一点,我们曾实实在在地帮助过凯末尔,而那时完全不清楚,凯末尔运动的结果会如何,也不知道在最重要的时刻他是否会背叛我们。我们帮助他只是因为凯末尔运动是民族运动,也就是说是反帝的运动。当时我们不那么节俭从事,这给我们现在带来什么好处呢?

　　但是,孙逸仙远不是凯末尔,他在更大程度上是我们的人,是革命家。如果我们现在同他一起携手并进,他决不会背叛我们。而中国在世界上的分量无论如何不亚于土耳其。

　　难道所有这一切不值得我们花那 200 万卢布吗?

　　我再重复一遍,远东的事态正在急剧地复杂化,目前正处在最危急的时期。

　　致共产主义的敬礼!

越飞

《共产国际、联共(布)与中国革命文献资料选辑》(1917—1925),第 206—217 页

孙中山与越飞联合宣言

1923 年 1 月 26 日

　　孙逸仙博士与苏俄派至中国特命全权大使越飞授权发表下记宣言。在越飞君留上海时,与孙逸仙博士为数度之谈话,关于中俄间关

系,披沥其许多意见,对以下各点,尤为注重。

一、孙逸仙博士以为共产组织,甚至苏维埃制度,事实均不能引用于中国。因中国并无使此项共产制度或苏维埃制度可以成功之情况也。此项见解,越飞君完全同感。且以为中国最要最急之问题,乃在民国的统一之成功,与完全国家的独立之获得。关于此项大事业,越飞君并确告孙博士,中国当得俄国国民最挚热之同情,且可以俄国援助为依赖也。

二、为明了此等地位起见,孙逸仙博士要求越飞君再度切实声明一九二〇年九月二十七日俄国对中国通牒列举之原则。越飞君就此向孙博士重行宣言,即俄国政府准备且愿意根据俄国抛弃帝政时代中俄条约(连同中东铁路等合同在内)之基础,另行开始中俄交涉。

三、因承认全部中东铁路问题,只能于适当之中俄会议解决,故孙逸仙博士以为现在中东铁路之管理,事实上现在只能维持现况,且与越飞同意,现行铁路管理法,只能由中俄两政府不加成见,以双方实际之利益与权利权时改组。同时孙逸仙博士以为此点应与张作霖将军商洽。

四、越飞君正式向孙博士宣称(此点孙自以为满意)俄国现政府决无亦从无意思与目的,在外蒙古实施帝国主义之政策,或使其与中国分立。孙博士因此以为俄国军队不必立时由外蒙撤退。缘为中国实际利益与必要计,中国北京现政府无力防止因俄兵撤退后白俄反对赤俄阴谋与敌抗行为之发生,以及酿成较现在尤为严重之局面。

越飞君与孙博士以最亲挚有礼之情形相别,彼将于离日本之际再来中国南部,然后赴北京。

　　　　一九二三年一月二十六日于上海　孙逸仙　越飞　签字

中国国民党宣传部编:《中国国民党宣言汇刊》,1928年上海版,第39—40页

俄共(布)中央政治局会议第 53 号记录(摘录)

莫斯科,1923 年 3 月 8 日

出席:

政治局委员:季诺维也夫、托洛茨基、斯大林、托姆斯基、莫洛托夫(候补委员)同志。

中央委员:索柯里尼柯夫、拉狄克同志。

人民委员会议副主席:瞿鲁巴同志。

3. ——关于中国。

(越飞同志的建议)

(契切林、加拉罕、李维诺夫同志出席)

(1)否决计划中一切可能引起日本干涉危险的部分。

(2)认为最好在中国西部以完整的军事建立的形式建立革命军队的基础。

(3)认为可以给孙逸仙约 200 万墨西哥元的资助。

(4)认为必须经孙逸仙同意后向孙逸仙派去政治和军事顾问小组。

(5)认为最好让越飞同志来莫斯科商谈,并跟越飞同志商定来莫时间。

(6)向越飞同志指出,政治局非常担心孙逸仙过于注重纯军事行动会损害组织准备工作。

(7)责成由契切林、拉狄克和托洛茨基同志组成的委员会在政治局下次会议前在业已通过的指示的基础上制定给越飞同志的指示草案,并务必将草案分发给政治局全体委员。

委员会由托洛茨基同志召集。

中央书记　斯大林

《共产国际、联共(布)与中国革命文献资料选辑》(1917—1925),第 225—226 页

越飞致孙中山电

1923 年 5 月 1 日

接本年 5 月 1 日越飞自热海来电

请转孙中山博士：

今收到我国政府对我们两人当初就您的长远计划（而非应急计划）面议的一些具体问题的答复。

第一，我们认为广泛的思想政治准备工作是不可以须臾离开的，您的革命军事行动和在您领导下的尽可能集中的机构的建立都应以此为基础。

第二，我们准备向您的组织提供达二百万金卢布的款额作为筹备统一中国和争取民族独立的工作之用。这笔援款应使用一年，分几次付，每次只付五万金卢布。

第三，我们还准备协助您利用中国北方的或中国西部的省份组建一个大的作战单位。但遗憾的是我们的物质援助数额很小，最多只能有八千支日本步枪，十五挺机枪，四门 Opucaka（奥里萨卡）炮和两辆装甲车。如您同意，则可利用我国援助的军事物资和教练员建立一个包括各兵种的内部军校（而非野战部队）。这就可以为在北部和西部的革命军队准备好举办政治和军事训练班的条件。

第四，恳请将我国的援助严守秘密，因为遇公开场合和官方场合，即令在今后，对国民党谋求解放的意向，我们也只能表示积极同情而已。

充分相信您终将成功。愿您尽快摆脱暂时的困难，并只能在广州同您面谈上述建议的细节。如果您愿尽快进行这样的谈判，那么可通过马林同志同我们代理人进行。

您的越飞

《中苏国家关系史资料汇编》(1917—1924)，第 677—678 页

孙中山复越飞电

1923 年 5 月 12 日

贵国五月一日回电①使我们感到大有希望。

1. 我们当感谢贵国的慷慨允诺；

2. 我们同意贵国的一切建议；

3. 我们将用大部分精力去实施这些建议，并派代表赴莫斯科详细磋商。

《近代史研究》1988 年第 2 期，李玉贞译《新发现的孙中山与苏俄政府间的往来函电》(译自斯内夫利特档案第 234/3106 号孙中山电与斯内夫利特英文手稿)

马林致越飞和达夫谦的信

广州，1923 年 6 月 20 日

亲爱的同志们：

为期 10 天的党代表大会，现在闭幕了，会议占去了我的全部时间。关于策略问题的讨论，我将另写报告，5 天后由下一个交通员带去。现在谈谈南方的形势和在此期间与孙中山的两次、与汪精卫的一次会晤。

由于开大会，我不能派其他同志去，只好等这些忙碌的日子过去。

一、南方的形势

南方的形势没有多大变化。许〔崇智〕将军现在正领导进攻惠州的战斗，这座城池迄未攻克。据我得到的最后消息，他曾败退至石龙附近，不过现在又把总部安扎在博罗。他写信说，未来 3 天之内可望攻克惠州。我们过去也常常收到这类消息。现在虎门炮台的大炮已运往博罗，这样，形势变得对许有利一些。昨日，孙中山又很乐观，今天他去博罗，也许是为了一起攻打惠州。遇军情紧急，他一般都亲赴前敌督师，

① 1923 年 5 月 1 日，苏联政府致电孙中山(由越飞自热海转)，表示苏联准备给予中国人民的解放运动提供包括专家和教官、物质和技术的援助——原译者注。

然而这次似乎稳操胜券了。这次进军(我已经报告过)也并不意味着与陈炯明战斗的结束,陈可以撤退至汕头。孙中山告诉我,一个月之内可将陈赶出汕头,这我们还要再看。

孙中山上星期去北部,他的部将杨希闵率兵进攻失利,一直退到英德。但后来沈鸿英又被击退,现双方在争夺韶关。我从军界得知,杨不甚可靠,想走自己的路,也就是说,要打回云南去,不过,这对他亦非易事,因为他在广西的两大对手已经联合起来。

闽督经上海去杭州,谋求与浙督安福系卢永祥和解,这个消息很重要。此间有人说,闽浙两督军想联合抗吴。这个消息若属实并达成和解,则孙中山不久后可望平定陈炯明。你们知道,这位浙江人与天津的段祺瑞关系密切,段正想利用目前局势在北京取利。

通往广西方面的西线没有特别情况。汪精卫博士来过这里,现已赴天津,他负有什么使命,我不得而知;肯定与张作霖采取的对北京的政策有关。廖仲恺给我解释道,如果张作霖现在与曹锟达成和解,这是很自然的。不过,孙中山的政策是阻止他们和解。我问:用什么办法?廖对我说,对此他无可奉告。孙中山昨天告诉我,"只要我不增兵,张作霖就不会打仗,因他担心第二次失败"。但是他也认为张作霖与曹锟和解没有指望。但他并未深说。廖仲恺经常提供肯定的消息。孙中山却几乎从来就没有肯定的消息。

孙中山认为,现在北京事态的发展并不重要。照他的看法,政局一时不会明朗化。一个月之后,他就能腾出手来,广东省将完全在他的控制之下。这一切看起来都再好不过了;30 天内可能会有很多变化。他在上一次北伐时答应,如很快夺回韶关,他就拨 20 万元。然而,许诺比拨款容易得多,钱的问题在这里一直是一个棘手的问题。

廖仲恺经常对我讲,钱的问题是他最大的忧虑,几乎唯一的忧虑,他一筹莫展。

关于南方的形势发展,听一听廖的见解是不无兴味的,他希望孙中山在南方失利;而胡汉民则认为,控制广东对整个事业没有什么价值。

我问过汪精卫,他这样斡旋于天津、奉天和杭州之间履行外交使命难道不感到厌倦,再者他的奔忙又有什么用处? 他回答说:"我自己也不知道。"这三位国民党的要员只爱干,因为他们唯孙中山之命是听。

二、与汪精卫的谈话

汪精卫和张继从奉天回来后未去天津与你晤谈,因为他们在〔中东〕铁路问题上没有得出什么结果,再者,从奉天派代表赴莫斯科一事,将由奉天与莫斯科之间直接解决。你们知道,张作霖曾表示,他完全同意达夫谦起草的方案,即管理委员会由 5 名中国人和苏联政府指定的 5 名俄国人组成。同时,由一名俄国人担任督办。张认为,这样一来,俄国人就实际上掌握了领导权。他不同意莫斯科提出的〔苏联〕7 : 3〔中国〕的要求,倒不是因为这个要求他绝对不能接受,而是因为他知道,吴佩孚已派王正廷到哈尔滨去调查张作霖在铁路问题上想达到什么目的。如果张作霖同意了,结果必引起吴佩孚反张作霖的宣传鼓动。因此,他不能让步。张已派代表团前往莫斯科,解释他的难处。廖仲恺和汪精卫同意我的看法,认为只有张、吴交战,张才会接受俄国的要求。

三、与孙中山的两次谈话

因为孙中山长时间在石龙,我和廖仲恺遂于〔6 月〕3 日前去访他。我曾电告孙,我开了一次不能令人满意的会议。孙中山在全神贯注地研究:"我能不能征服陈炯明并保住地盘"这个问题。他只关心军事形势。我去他那里,批评国民党拍给外交使团的那份关于临城事件的电报。电报要求撤回对北京政府的承认,从而为中国人民组成一个"好政府"创造机会。这是一封中国国民党的电报,不言而喻,其内容与孙中山回广州前在香港发表的讲话一样坏。孙不谈他是否同意伍朝枢(现任广州外交部长)在上海炮制的这份电报。伍不是党员! 后来我向孙谈了改组国民党和政治宣传的必要性问题。这次的回答是:在解决广东问题之后,我们就能着手进行。我建议他尽快派代表到莫斯科,他未置可否。相反,他声明,现在南方迫切需要财政援助。显然,他最感兴趣的是这一点。现在已经过去 14 天了,我不愿意重复所有那些令人不快的、他在进退维谷的处境中说过的话。然而,我比以前更加坚定地认为,如果不进行党的改组,就不能给予援助,无论如何不能支持在广东的战争。关于这个问题,我在 6 月 5 日已经发了电报,但迄今不知电报是否已到。

在石龙,孙中山再次产生奢望:如果有可能,他要挺进江西。在这之后,张作霖就会进攻吴佩孚。于是他就可能作为一个胜利者进入北京。我太熟悉这种手法了,我太熟悉这种腔调了。我冷静地发问,如果没有一个现代的强大的政党,他们将在北京干什么。这个问题当然得不到回答。现在他已经回到广州,并且和廖仲恺谈过话,认为如果没有一个政党,把北京的领导权夺到手也属徒劳。也就是说,党的改组又成为绝对必要的了,而且他想立即开始这项工作。他对李大钊说了同样的话,李是通过廖仲恺被引见的。张继终于回电报,说他不能去俄国。但无人了解他何以这样决定。孙中山告诉李大钊说,等解决了广东问题之后,他应该亲自前去,预计在一个月之后,他就要……

昨天我访孙,指出,鉴于目前北京的危机,必须往上海一行,必须设法抓住反对北庭运动的领导权。但是他说,这并不重要。他想在两个月之后去俄国,再由莫斯科前往柏林。现在,他的伟大抱负是:"我们的主义和德国的技术。"他想借助这个口号,"在 5 年之内"建立新中国。当我对斯汀尼斯[①]和列宁结合起来的可能性表示怀疑时,他解释说,除了斯汀尼斯外,还有别人。"日本的维新需要 50 年,我们将在 5 年内实现。"我建议他留在中国,派一位象廖仲恺或汪精卫这样的亲信去莫斯科。随后他请我通知你们,他想在 3 周以后派汪精卫和我去莫斯科,而他自己在两个月之后也要去。汪精卫试图争取蔡元培博士来参加这一工作。我在这个问题上满足了他的要求。

我认为,3 周以后是否真正能有某人成行去莫斯科,还很难说。不

---

① 胡果·斯汀尼斯(1870—1924),德国垄断资本巨头——原注。

过我想强调指出,能否改组国民党,使之发展成为一个革命的政党,在很大程度上取决于中国同志的合作,他们在两年前为时过早地组织了个"共产党"。正如孙中山抱有幻想一样,共产国际东方部也同样抱有幻想,都希望中国不久会发展起一个群众性的共产主义政党。感谢上帝,中国的领导同志陈独秀、李大钊在年轻的瞿秋白同志帮助下,在代表大会上取得了一致意见,大家想在国民党内引导这个政党去执行国民革命的政策。瞿秋白曾在俄国学习过两年,他是这里最优秀的马克思主义者。经过很长时间的讨论,才作出这个参加国民党的决定,因为共产国际东方部的幻想家们得到了少数"论据"!对于国民党的革命发展来说,会上通过的策略是很重要的,因为我想,只有象陈独秀这样的人物才能通过在国民党内部展开宣传去促进国民党的新生。

关于罗斯塔通讯社的事情,我还一无所知。自从 5 月 31 日以来,我一直在等待消息,但是毫无音讯。应该在今后两周内作出决定:或者把罗斯塔通讯社关闭,或者任命另一位代表,因为我必须在 7 月 15 日之前踏上归途。务必使共产国际执行委员会坚信所采取的策略是正确的,朝鲜的事件不能重演。关于罗斯塔的事,请立即电告,因事关重要,不容拖延。

致以共产主义敬礼!

《共产国际、联共(布)与中国革命文献资料选辑》(1917—1925),第 415—420 页

马林致越飞和达夫谦的信

广州,1923 年 7 月 18 日

致东京越飞/北京达夫谦同志

续 7 月 13 日信——关于孙中山的地位

亲爱的同志们:

今天我先同廖仲恺首长谈话,后又与孙中山谈话。廖告诉我,收到一份电报,汪精卫通知说,达夫谦让爱内德报告说,(他想由东京经符拉迪沃斯托克和奉天,然后去北京,)若能得到一个外交官应得的礼

遇,他将在奉天拜访张作霖。他(达夫谦)①问,汪精卫或张继是否想来奉天。但是汪精卫在电报中说,他去没有什么用处,因为他在那里将一无所获,张作霖已经表示不同意他插手铁路问题。孙中山业已决定,不让汪精卫去,但是认为应该往奉天拍一份电报,建议张作霖按达夫谦所希望的那样接见他。

此外,廖仲恺昨天还受孙中山的委托,询问能否专门成立一个由5名中国人组成的小组,对西伯利亚华裔乡镇的人员结构进行调查,以便判断由这些人组建军事组织的可能性问题。5个中国人当中有4个国民党党员,但是没有一个是有名的。我问孙中山,他这样做有何意图,他本人是否认识这些人,因为廖仲恺告诉我,他对这些人没有把握。孙与廖的话相同,这已经是在为他的北方计划做的一种准备了。他对这5个国民党员的召集人说,不许向张作霖透露关于这个计划的任何情况。我向孙中山指出,他可以做得更好些,第一,不要派这么多人,第二,只让有名的领导人去同赤塔当局的官员会谈。总参谋长蒋介石将军已去上海休假,据廖仲恺说,他不再回来,因为他对继续参加广东无休止的军事行动已感厌倦。5月12日的电报已提到这个蒋介石。我提议派他到赤塔。这已不可能了,因此整个事情暂时搁置下来。

现在广东的形势是这样的:北部的沈鸿英部已被打退至江西;曾在那里为孙中山打过仗的杨希闵将军留在北部,虽然早已报道过,他将派兵到东线进攻一直为陈炯明盘踞的惠州。香港(英文)报纸报道,孙中山在攻克韶关之后没有履行支付20万元的诺言,因此滇军军官很不满意。在西线,敌对的桂军被驱逐到梧州;魏邦平将军得到两艘小战舰的支持,攻克粤桂边界线上的梧州指日可待。

主要的问题是东部的局势。陈炯明亲自率领军队进驻惠州:可是他的一位将领还在汕头,处于部分来自闽南的军队的威胁之中。对惠州的总进攻业已发动。早该如此了。但是人们向我解释,首先,要把从

---

① 括号里这句话在手稿里没有,是从内容完全一样的打字稿里译出的——原译者注。

虎门运去的大炮布入阵地(不能期望有太大的效果);第二,由于财政拮据,孙中山要集结军队极端困难。因此不能预言,许〔崇智〕将军是否终将开赴惠州。据说,陈炯明军队也有困难。因东线长时间沉寂,遂有许多传闻再起,说陈炯明和孙中山将媾和,然而双方提出的要求却相距甚远。① 这当然不是说,不能实现和解。无论如何,究竟陈炯明是否能守住惠州,未来几天将见分晓。

　　孙中山可望控制广州,把握大多了,因为他的对手没有得到北方的援助,尤其因为英国和香港政府不再那样强烈反对他。《京报》有一篇论及在这方面英国政策巨大变化的文章称,可以认为,自 1912 年以来,伦敦政府首次对孙中山怀有友好感情。文章提出的事实没有充分的说服力。但是我不得不说,在俄国可能提供援助的问题上,孙中山现在的情况与两个月以前可谓今非昔比了。当时他打电报(我保存了他的手稿)②说,莫斯科的决定使他感到大有希望。对于一个政党来说,这些决定至关重要,但对一个已在广东立足并能驾驭局势的统治者来说,并不那么重要。如果越飞认为,他已为孙中山做了很多事情,那么,他总是忘记,孙中山虽然能如此轻易地在广东耗费这 200 万元,然而他在广东的地位与其说取决于这一点,莫如说取决于港英当局对他的评价。《密勒氏评论报》上对孙中山进行猛烈抨击,7 月 7 日那一期上说,孙中山本人在一次答记者问时声明:"如果外交使团和中国人民选他(孙中山)当总统,他的整个计划就实现了。"我当然立即追问此事。《密勒氏评论报》是东方最好的周报。虽然没有说 6 月 21 日采访孙的人是谁,但是谁也不能故作镇静,仿佛什么事都没有发生。巴登·鲍维尔③利

---

　　① 以下半句不可辨认。可勉强译为:恐怕比为了北萨哈林岛到底要支付 1 亿 5 千万还是 10 亿的差距还大——原译者注。

　　② 指孙中山接到越飞 1923 年 5 月 1 日电报后于 5 月 12 日致越飞的回电——原译者注。

　　③ 美国报人,即约翰·本泽明·鲍维尔,第一次大战后来华,任上海《密勒氏评论报》编辑。后接密勒为该报主笔(1922—1941 年 12 月)。太平洋战争爆发后,他因同情中国人民抗日而被日军逮捕,狱中受尽非刑,1942 年被遣送回国,1947 年故于华盛顿——原译者注。

用这种说法为干涉主义做宣传。无疑,他已把他在评论中写的内容告知美国。因此,孙中山亲自出面声明是至关重要的。我首先找廖仲恺谈,在这类事情上他总是充当中介人。他认为,孙不会说这种话,相反,孙对美联社的安德逊说,如果英美采取联合行动,中国将不得不公开接近俄国。但是对于这一点,我还没有把握。尤其是我还不知道,谁在 6 月 21 日采访孙,但是后来我得到消息说,伍朝枢将宣布,《密勒氏评论报》的报道失实。直至此刻,我们仍等待着消息。因为很难接近孙中山去讨论这类问题,这意味着批评他的政策。

这一点再次清楚地表现在我最后一次谈话里。孙用汉语与廖仲恺谈论一份关于钱的电报,但是他突然用英语说:象陈独秀那样在他的周报[①]上批评国民党的事再也不许发生。如果他的批评里有支持一个比国民党更好的第三个党的语气,我一定开除他。如果我能自由地把共产党人开除出国民党,我就可以不接受财政援助。他说得很激动。在这种时候,象廖仲恺和胡汉民这样的人都悄悄地溜走了,一个个噤若寒蝉。给我的印象是,廖仲恺成了他自己的影子。我为陈独秀辩护,并声明,有几篇批评国民党消极被动的文章出自我的手笔。但是我也说,援助问题与共产党人能否留在国民党内毫无关系。我感到必须这样说,至少应该以口头形式分说清楚。我们(指陈独秀和我)认为,孙中山的行为是由于香港报纸批评中国共产党的宣言[②]而引起的。这个党第一次为欧洲报界所评论。报纸要求孙中山禁止这类挑衅性出版物在广州印制。也许英国领事杰弥逊已经跟他的好友伍朝枢谈过了。陈独秀的报刊登载〔对国民党的〕批评,持续时间太长了,不能认为这个老头子仅仅因此而反对陈独秀。

你们看见,孙中山更希望留在广东,而不乐意同我们接近。现在,

---

① 　《向导》周报这个时期内发表的这类文章有:《羞见国民的中国国民党》(春木〔张太雷〕,第 29 期);《北京政变与各派系》(和森,第 31、32 期)等——原译者注。

② 　即这年 7 月"中共中央第二次对于时局的主张"——原译者注。

我对他毫无办法。你们随时可以通过上海找到他。我们的中央委员会感到,不能寄希望于通过健忘的孙中山改变态度去把国民党的宣传推上新的轨道。为了开展群众工作,我们的人也不能总在广州束手以待。现在的问题是,不能为了孙氏王朝控制广东再把 200 万元塞进南方将领们的腰包,最好是用 21000 万元①帮助为数不多的共产党人从事国民党的宣传,看看他们在这方面会有什么作为。现在,我从汪精卫和廖仲恺那里听到达夫谦的未来计划。与孙中山的联系现在通过俄国驻上海办事处进行。在这种情况下,当然绝对没有必要把我留在这里处理同包括孙中山在内的外交联系。关于共产国际执行委员会的工作,共产国际执行委员会可根据我送去的情报决定是否需要派人前来。但是,无论如何,请回答我本月发出的电报,况且,不该让我总这样滞留此地,不管我打多少电报,你们还是照老样办事:只寄新闻简报,而不给我一分一文生活费用。给我新闻简报表明你们知道我在这里,即使一个老共产党员,也需要钱维持生活。致以

共产主义敬礼!

H. 马林(签字)

我将于 26 日或 27 日去上海,希望在一周内安排我的下一步行程。但这取决于是否能最终答复我的多次请求。为什么我们不能痛快地、比较迅速地解决这桩事情?

《共产国际、联共(布)与中国革命文献资料选辑》(1917—1925),第 420—424 页

马林致廖仲恺的信

广州,1923 年 7 月 21 日

亲爱的廖仲恺同志:

值此准备离华之际,想同你谈谈我对国民党的印象。因为:一、对国民党和国民革命运动未来的发展会有所补益;二、我和你一向关系最

---

① 此数字可能有误,估计应为 21000 元——原译者注。

好,确信你是国民党内对改善该党状况能真正有所作为的少数几个人之一。

我要十分坦率地向你陈述我的意见,只有这样,此信才能产生作用。

从〔1921 年〕11 月 21 日起我开始接触国民党领导人,力图了解这个党的整个组织和工作体系。如果你能看到我 1922 年 6 月回莫斯科后发表在《共产国际》杂志上的文章①,那你会了解,我对国民党的地位和发展前景曾有相当好的印象。海员罢工事件及国民党对罢工的支持,对我当时的看法产生了很大影响。

我从事社会主义运动达 20 余年,从事东方国家的工作也已有 10年。俄国十月革命爆发时,我正在爪哇组织革命群众运动反对荷兰殖民政府和反对剥削爪哇人民。我以为俄国革命对整个东方具有重大意义,有必要把东方的革命民族运动和劳农共和国联系起来。

作为反对资本主义的世界革命机构,第三国际于 1919 年成立伊始就认识到殖民地和半殖民地国家革命民族运动的重要性。1920 年召开的共产国际第二次代表大会特别重视殖民地问题,随后,讨论中近东问题的巴库会议和讨论远东问题的伊尔库茨克会议②均突出了这个问题。1922 年召开的共产国际第四次代表大会对东方各国革命工作的成果作了比较,并制定了新的提纲以指导实际工作。一旦你能摆脱繁重而收效不大的省长职务,读一读这些大会和会议的记录,你将清楚地看到,在共产国际眼中,附属国的民族主义斗争对于世界革命的意义并不亚于西方国家工人和贫苦农民反对资本主义的革命斗争。你也将了解为什么东方国家的共产党人会明确提出"反对本国封建分子和外国帝国主义者合谋统治"的口号而参加民族革命运动。这个口号(很清

---

①　《共产国际》杂志俄文版 1922 年 9 月 13 日出刊第 22 期登载了马林的《中国南方的国民革命运动》一文——原译者注。

②　指 1921 年 11 月在伊尔库茨克举行的远东人民代表大会预备会议——原译者注。

楚)纯粹是民族主义性质的口号。在东方各国的经济发展尚未造成明显的阶级分化的情况下,为上述目标而奋斗的共产党人都可成为真正革命的民族主义政党中的优秀分子,中国也完全属于这种情况。基于这个原因,我建议并促成中国共产党人参加了国民党,通过这种方法使他们有可能参加实际活动,也吸引同情共产党的青年靠近国民党。

现在,当我开始批评国民党时(你也可以在我给你的那篇《前锋》杂志上署名孙铎的关于中国国民运动的文章中见到),我要着重指出的是那种认为我的思想方法不是中国人的思想方法的论调,它看来似乎有理,实际并无真正的价值。我敢肯定,例如胡汉民就会用这种论调来反对你的思想。8年前,我在爪哇也听到过同样的指责,说我的思想方法不是"爪哇的思想方法"。经济发展情况的不同使各国的思想也不同。对于不同国家的经济情况作一番比较之后,就有可能对各国国民运动和民族主义政党的策略作出判断。我知道,传统的力量是强大的。将来和现在,正如现在和过去一样联接在一起。然而,我认为我下面所说的内容基本反映了客观实际情况。

Ⅰ.中国经济状况的落后,决定了辛亥革命的失败,虽然建立了"民国",却保留了封建阶级对中国社会的统治。

Ⅱ.那时,外国对中国的控制弱于今天,革命者很自然地认为不用触动外国在中国的势力,就有可能建立一个新中国,由中国人自己决定中国的一切事务。

Ⅲ.经济情况如此落后,政治生活尚未发展,这就很容易理解急进知识分子和他们的拥护者(华侨中的资产阶级分子)为什么只靠军队推翻清王朝而未进行更多的政治宣传,也很容易理解为什么军事势力在新的民国中获得了控制权,而外国势力对巩固军阀的统治起了很大作用。

Ⅳ.第一次革命行动纯属秘密行动,其组织也就很自然地采取了符合于家长制传统的个人领导方式,这种个人领导方式延续至今,对党的发展极为不利。

Ⅴ.辛亥革命后,现代工业和交通运输业在中国某些地区得到了发展,然而与此同时,外国帝国主义在中国的势力也变得日益强大。

Ⅵ.这些变化本应使国民党产生新的思想,但是国民党的体制,国民党从不召开代表大会或代表会议,以及它政治宣传工作的薄弱等都不利于党的新策略思想的产生和发展。

Ⅶ.事实上,虽然国民党的三民主义是革命的,然而在实际行动上却日益封建主义化。虽然党纲规定党应采取新的斗争形式,动员资产阶级、知识分子、农民和工人参加国民运动,但实际上党只依靠军阀,依靠那些和他们在华北的敌人毫无区别的军阀。

Ⅷ.烽火连绵迫使党不断向封建军阀和外国帝国主义妥协。而这种策略的结果则是党完全忽视了政治教育和鼓动工作。由于同样的原因,国民党对许多重大问题(例如世界大战,1919年五四运动,华盛顿会议召开时的运动,对京汉路大罢工的大屠杀,抵制日货运动)采取了既不领导也不参与的态度。党没有成为国民运动的领导者,却与各封建军阀为伍。

Ⅸ.急进知识分子所进行的努力,如戴在《星期评论》和另几位在《建设》杂志方面的工作,由于以下三个原因而夭折:1.把这些人误用去搞封建冒险;2.家长制观念代替了党的纪律;3.特殊的义气,从而把讲义气置于主义和公众生活之上。

Ⅹ.国民党难以控制某些地区,从这个事实上可以清楚看到国民党组织体制上的缺陷和策略错误的不良后果。违犯党义的现象司空见惯;贪婪的军官将公共财产窃为己有;借贷政策把自然资料置于外国帝国主义控制之下;苦力的遭遇有如奴隶;某些公民权利被取消。在对列强的关系方面,革命的国民党人想靠外国的帮助和干预求得生存。利用北方的土匪提出不承认北方政府的要求,虽然同时南方土匪也会以同样理由对待南方的领导人。这样做产生的不良后果是,国民党今天的所作所为使其领导人的辉煌历史大为失色,也败坏了那些为主义而献身者的声誉。

XI. 国民党内的急进分子应回答:他们是否还将继续把精力和声望用于那些与党义格格不入的活动上。对这个问题的回答只有一个:当务之急是立即改变党的方向和着手党的改组,在几个月内为革命的政治宣传做好准备。目前形势对开展政治宣传特别有利。

XII. 为实现上述任务,必须清除服从个人和朋友义气的旧观念。真正的革命者决不做违背革命信念的事情。

亲爱的廖同志,我十分理解你的困难处境。我不同意那种说我的思想方法不是中国式的"论调"。我认为友谊决不能建立在服从的基础上,友谊只应是平等相待的。我要指出的一点,是国民党目前的状况正把党员驱向两个极端。我看到,有一些难能可贵的人,如张继,虽为政界所不可须臾离开,但他们消失了,另一些人因不信任国民党领导转而反对国民党,成为反动分子和背叛者,如陈炯明。

当然,这两种人都是错误的。但是,如果明明看到事态正朝错误方向发展并常有违背党义之事发生,却还去盲目追随,则肯定也是错误的。我认为现在是为那些识时务的党员寻找第三种可能性的时候了。这就是拒绝履行那些违背党义的义务,担负起改组党的任务,进入政治宣传的领域。时机已经成熟,长期等待决非上策。

考虑到眼下没有可能让我如愿以偿地参与国民党的改组和宣传工作,我很快将离此赴莫斯科。我希望同你保持联系,并希望当形势有所改善即国民党组织清除了封建主义和家长制传统以后,当党的策略有了改变之后,我能再有机会来此参加工作。关于党的策略,只要领导人相信单纯依靠军事行动和军队将领(采取与他们在北方的武人相同的封建方式),就可能建立一个新中国,那么,党的前途就肯定是暗淡的。新中国,一个真正独立的共和国的诞生,只能依靠一个强大的、具有坚定革命信念和远见卓识的党员组成的现代化政党的不懈的革命斗争。致以

最诚挚的问候

你的 S.

《共产国际、联共(布)与中国革命文献资料选辑》(1917—1925),第428—433页

4.孙逸仙博士访问团访苏

巴拉诺夫斯基关于国民党代表团拜会
鲁祖塔克情况的书面报告
莫斯科,1923年9月7日

关于中国孙逸仙博士代表团拜会鲁祖塔克同志情况的书面报告

今天,9月2日,俄共中央书记鲁祖塔克同志接见了孙逸仙的代表团,代表团团长蒋介石发表下述声明:

"我们是被派到莫斯科来的国民党代表,来这里的目的主要是要了解以其中央委员会为代表的俄国共产党,听取对我们在中国南方的工作的一些建议并互相通报情况。"

鲁祖塔克同志回答说,他受俄共中央委托欢迎代表团来访,因为他认为,国民党按其精神与俄共(布)非常接近。此外,还有另一些重要情况在使中国的劳动群众同苏联接近。无论在中国还是在俄国,两国人民都主要从事农业生产;苏联的领土有几千俄里与中国的边界毗连,因此苏联人民同中国劳动人民发生联系是很自然的。遗憾的是,中苏两国劳动人民之间没有任何接触,这有碍于加强这种自然的联系。代表团的到来是向这个方向迈出的第一步。

蒋介石同意鲁祖塔克同志的看法,他补充说,国民党一向认为,苏联共产党是自己的姐妹党。今天,代表团希望听到对俄国革命的一些最重要阶段、对革命时期所犯的错误以及对共产党在革命进程中的作用和意义的简单介绍。因为俄国革命的经验教训可能对国民党在中国的工作很有教益。

鲁祖塔克同志作了持续两个小时的详细报告,主要谈到俄国革命

的最重要方面,说明了实行新经济政策的原因、共产党的民族政策、发展工业和组建红军的措施等。

在回答了一系列问题之后,鲁祖塔克同志提议把一些细节问题和协调国民党同俄共中央的行动问题交给由代表团和共产国际代表组成的专门委员会去讨论。此外,鲁祖塔克同志还指出,为了双方的利益,最好有一名国民党代表常驻莫斯科。

蒋介石以代表团名义感谢鲁祖塔克同志盛情的同志式接待,以及在交谈中得到的重要通报。代表团不反对成立委员会和国民党代表常驻莫斯科,同时对鲁祖塔克同志的建议表示感谢。谈话到此结束。

中国问题代顾问　巴拉诺夫斯基

《共产国际、联共(布)与中国革命文献资料选辑》(1917—1925),第282—283页

巴拉诺夫斯基关于国民党代表团拜会斯克良斯基和加米涅夫情况的书面报告

莫斯科,1923 年 9 月 10 日

昨天,9 月 9 日,孙逸仙军事代表团于下午 3 时在革命军事委员会驻地受到斯克良斯基同志和总司令加米涅夫同志的接见。孙逸仙代表团全体成员出席:代表团团长蒋介石将军,第二位代表沈定一,第三位代表王和第四位代表张太雷,张是中国共青团中央委员。

斯克良斯基同志就孙逸仙博士的军队占领大城市长沙向代表团表示祝贺。他说,我们为国民党而高兴,因为我们把它视为战友。在双方互致问候几分钟之后,代表团向斯克良斯基同志提出了以下要求:

(1)代表团希望革命军事委员会尽量向中国南方多派人,去按红军的模式训练中国军队。

(2)代表团希望革命军事委员会向孙逸仙的代表提供了解红军的机会。

(3)代表团请求共同讨论中国的军事作战计划。

对第一个问题斯克良斯基同志回答说:

　　已向中国南方派去一些人,需要等一等,看南方军队怎样使用已经抵达的同志。革命军事委员会并没有多少了解中国并懂得汉语的干部,因此尽管有这种愿望,苏联也不可能向中国南方派出大量军事指挥员。斯克良斯基同志认为,鉴于苏联人学习汉语困难,最好是为中国人成立专门的军事学校。要做到这一点较容易,因为有一些中国人在苏联的学校里学习,如东方民族共产主义大学(那里约有 30 名中国学员)以及其他学校。

　　通过交换意见双方提出以下具体看法:

　　(1)革命军事委员会和孙逸仙军事代表团认为在俄国境内为中国人成立军事学校是可取的,这个问题首先应同外交人民委员部协商。

　　应该成立两所军事学校:一所高级军校,为懂些俄语的指挥人员(不低于营级)而设,这种学校能培训 30 人左右,校址设在彼得格勒或莫斯科。另一所是中级军校,可建在靠近中国的地方,在海参崴或在伊尔库茨克,招收约 500 名未受过多少军事训练的中国学员。在往上述学校选送学员时,地方当局必须考察被选人员的政治信仰,严格把关,以便给学校选送忠实可靠的人。中国学员在上述学校学习期间,应开展强有力的政治工作,因为据代表团说,在军队中,甚至在高级指挥人员当中,还有完全不识字的人。

　　最后,斯克良斯基同志指出,这些情况,有关部门将向他们作出通报。学员数量问题将取决于革命军事委员会为此能拿出多少资金。

　　(2)关于代表团了解红军的问题,斯克良斯基同志认为是完全可以接受的,同时他指出,苏联军事学校管理总部主任彼得罗夫斯基同志将向来宾们介绍他们感兴趣的红军的各方面生活。

　　(3)代表团说,他们拥有孙逸仙授予的全权,奉命就中国作战计划问题同革命军事委员会进行谈判。斯克良斯基同志和加米涅夫同志提出一些问题,得知孙逸仙几乎没有任何军事工业。在广州有华南唯一的一个可以进行生产的兵工厂。火药厂在去年陈炯明将军叛乱时被炸毁。因此火药和其它爆炸物不得不从国外进口。但是由于在距广州

40 里的地方有英国的要塞香港,英国人阻止向广州运输军事物资。这是南方军队长时期装备不足的原因。至于孙逸仙军队的士气和构成也非常低下。据代表团成员说,士兵完全没有革命精神,因此总司令部对士兵能否被敌人收买没有把握。即便孙逸仙的现代化军队占领北京,因士兵不可靠和外国人(主要是英国人和美国人)的敌对行动,也不得不退出来。强大的英国要塞香港的存在对孙逸仙军队的后方——广州始终是个威胁。所以,一旦南方军队开始向北方胜利挺进,英国人就会立即通过被收买的附近几个省的督军在后方策划暴动,就像去年陈炯明将军那样。此外,外国人在长江还拥有大型内河舰队,这在很大程度上也妨碍孙逸仙军队从长江流域一带向北方推进。南方军队一开始接近这个地区,英国和美国的炮艇就会立刻开始阻止过江。这样一来,控制着香港和连着长江的上海这两大基地,并拥有大量资金可用来行贿的外国人决不会让南方军队有机会彻底打败得到大多数外国帝国主义者支持的吴佩孚。

鉴于上述考虑,南方军队总参谋部和国民党在代表团动身来莫斯科前夕决定,把战场转移到中国另一个地区,即西北地区。为此目的才派出了本代表团。在其任务中也有同革命军事委员会协商新的作战计划问题,代表团请求革命军事委员会就此问题提出建议。

在持续两个小时的会见中,孙逸仙的总司令蒋介石将军向斯克良斯基同志和加米涅夫同志讲述了这个计划,其要点如下:

实际上目前属于孙逸仙的只有一个广东省。但其影响已扩大到邻近的几个省,即广西、云南、贵州、湖南、江西和四川。在这些省孙逸仙博士有很多拥护者,他们服从广州的指挥。孙逸仙的军队有 6 万人。

吴佩孚的大本营设在洛阳,他实际上只控制着中国很小的地区,即湖北、河南和安徽省,而他的同盟者曹锟则控制着直隶和山东省。曹锟和吴佩孚拥有 8 万士兵,张作霖也有同样数目的军队,他控制着东北三个省。新的作战任务是:

去年在陕西省被吴佩孚击溃的游击队,现在可以加以整顿,并从南方调一部分军队去加强它,在陕西成立对付吴佩孚的兵团。

在库伦以南邻近蒙中边界地区建立一支孙逸仙的新军。由招募来的居住在蒙古、满洲和中国交界地区的中国人,以及从满洲西部招募来的一部分中国人组成。在这里按照红军的模式和样子组建军队。从这里,也就是从蒙古南部发起第二纵队的进攻。中国中部地区现有的所谓"土匪"(即不久前在津浦线上扣留外国人火车的那些人),可以用来进行反对吴佩孚和曹锟的游击活动,炸毁铁路路基、桥梁、列车等等。在吴佩孚军队中和在工人、农民中间开展宣传工作。

这就是孙逸仙制订的新计划的主要方面。其特点是在新的地区开展军事行动,并按照我们的方式重新组建中国军队。

斯克良斯基同志和加米涅夫同志听完代表团的说明后,建议在研究了战役的一切细节、目前的军队部署、未来作战地区的政治状况等等之后,用书面形式阐明这项计划。

这次谈话于晚 7 时结束。

中国问题顾问　巴拉诺夫斯基

《共产国际、联共(布)与中国革命文献资料选辑》(1917—1925),第 284—288 页

孙中山复加拉罕函(摘录)
1923 年 9 月 17 日

以下绝密。几星期前,我给列宁、契切林(原文如此)和托洛茨基同志发了同样的信,介绍我的参谋长和密使蒋介石将军。我派他去莫斯科讨论我在那里的朋友可以通过什么途径和方法帮助我在国内的工作。特别是蒋将军要和贵国政府及军事专家一起提出一项由我的军队在北京西北及以远地区进行军事行动的建议。兹授予蒋将军全权代表我行事。

《中苏国家关系史资料汇编》(1917—1924),第 680 页

卢果夫斯基给外交人民委员部远东部主任的书面报告

莫斯科,1923 年 9 月 17 日

绝密。

昨天,9 月 16 日,我陪同中国代表团成员访问了驻扎在斯巴斯军营的第 144 步兵团。

关于这次访问问题我事先已同穆拉洛夫同志和他在这个问题上的全权代表达什凯维奇同志说好,达什凯维奇又按商定的预先通知了该团政委和团长,说有中国共青团团员来访。上级指示,不举行欢迎仪式,访问尽量秘密进行。

蒋介石将军本来打算穿他现在穿的全套军装去访问该团。根据我的建议他换上了便装。

该团没有举行欢迎仪式。我们找到政委和团长以后,就到团部去了,在那里把代表团成员向副团长、总务主任和负责的支部书记作了介绍。该团不久前刚刚演习归来,所以营房还在修缮,生活尚未进入正轨。不过这个团还是进行了整理。按照我的计划参观了一切。任务是介绍该团的生活起居和组织情况,简略说明纪律和同志关系、学习情况、同工农的亲密关系,以及那些形成红军战斗力的因素。代表团成员未参观武器库,我也没有介绍特别秘密的资料。

代表团参观了连队、营房、红角、号令、修理部、医务室、俱乐部、图书室、机枪小队、什物仓库(军服)、厨房、面包房、俄共支部。代表团成员品尝了红军战士的食品,了解了每周的食谱,并对丰盛可口的食物以及各种各样的菜肴表示赞赏。

蒋介石将军主要关心军事组织、行政管理机构和技术装备方面的情况。代表团的第二负责人则关心政治工作、日常生活和纪律问题。其余人表现得有些漠不关心,但对团里的朴素生活、坚强的组织和相互关系也说了许多夸奖和感到惊讶的话。

由于蒋介石将军的一再要求,在访问结束时根据我的安排举行了士兵大会,有一两个营的红军战士约 400 人出席。大会是在该团的演出厅举行的,以乐队和全体与会者演讲《国际歌》开始。蒋介石将军第一个讲话,代表团一成员把汉语译成英语,我又从英语译成俄语。当然,翻译时作了某些修改,使之变成了共产国际或青年共产国际成员的比较正式的讲话,因为蒋介石将军的讲话具有某种坦诚直率的特点。

原讲话内容大致如下:

"还在远东的时候,我们就听说,红军是世界上的一支最勇敢、最强大的军队。远东所有被压迫民族都这样说。今天我有幸访问你们,访问光荣的红军的一个光荣的团,并亲眼看到了你们的强大和这种强大的秘密,这就是与人民的团结一致。从西伯利亚来这里时,我就在各处看到了这种团结,看到了你们的强大,现在对我来说已经很清楚了。

"红军战士和指挥员们! 你们战胜了你们国内的帝国主义和资本主义,但你们还没有消灭世界的资本主义和帝国主义。你们要准备同他们决战,因为你们要在其它民族的帮助下完成这一事业。请记住,每一个战士的义务就是牺牲。要时刻准备为你们的事业去牺牲,这就是胜利的保证。

"我们是革命者,是革命的国民党党员,我们是军人,我们是战士。我们也准备在同帝国主义和资本主义的斗争中牺牲。

"我们来这里学习并与你们联合起来。当我们回到中国人民那里时,要激发他们的战斗力,战胜中国北方的军事势力,之后我们将向你们,红军战士们,伸出我们友好的同盟者之手,以便共同战斗。我再次表达我的喜悦之情,因为我看到了你们,看到了你们的生活。我深深地感谢你们友好的欢迎和接待,感谢你们向我们介绍了一切。我想再次到你们这里来。请允许我向你们所代表的红军致敬。"

蒋介石的讲话不时被经久不息的掌声、〔乐队〕演奏的《国际歌》乐声打断。讲话结束时,全体与会者兴奋地高呼"乌啦"。蒋介石将军讲话时情绪很高、也很激动,看来,他讲话时充满着强烈而诚挚的感情。他在结束讲话时几乎是在吼,他的双手在颤抖。

战士们对他作出了热烈的答谢,但政委和团长却有点一本正经,这之后会议闭幕,全体与会者高唱《国际歌》,最后以高呼"乌啦"结束。代表团成员离开时,战士们把他们抬起来,轻轻地摇摆,一直抬到汽车前。

红军战士的情绪很高,表现出真诚与热情。当时的场面激动人心,令人兴奋。代表团成员在离开时再一次感谢大家的接待。据我观察,代表团成员,特别是蒋介石,非常激动和兴奋。他们非常活跃,整个回来的路上都在谈论红军的"精神"、它的"热情",〔据他们说〕这是他们在其它任何一支军队中都没有见到过的。蒋介石请翻译告诉我,他的印象非常好,他为红军的"精神"所感染。他说,他们所有人——指挥员和红军战士——并不是首长与部下,而像是农民兄弟(farmers)。访问该团时,代表团成员将自己的名片给了团长和政委。这些名片存在团政委处。根据蒋介石将军的要求,他在一张纸上用中文写下了自己访问的印象。这张纸没有翻译,存在政委处。蒋介石坦率,彬彬有礼,有些客气,但很真诚地表达了自己的感情和印象,他喜欢作总结。代表团的另一个成员……沉默不语,很有洞察力,笔记本不离手,他提出的问题总是最重要的和需要郑重回答的。那位翻译……肤浅,只关心表面现象。代表团成员,特别是蒋介石,在军人当中有点直言不讳,也不采取足够的防范措施。他们遵循的习惯和提出的问题说明他们是军人。

军事院校管理总局秘书　　卢果夫斯基

《共产国际、联共(布)与中国革命文献资料选辑》(1917—1925),第290—293 页

巴拉诺夫斯基关于国民党代表团访问 "红罗莎"工厂的书面报告

莫斯科,1923 年 10 月 27 日

昨天,10 月 26 日,下午 3 时孙逸仙代表团一行 3 人——第 2 位代表沈、王和张太雷访问了"红罗莎"丝织厂,代表团抵达时,厂长出来迎接,并同副厂长和最高国民经济委员会的代表一起作了介绍。代表团参观了丝织品生产和所有厂房以后,还给中国同志们看了幼儿园、工人

俱乐部、剧场等。大约晚上8时参观工厂结束,陪同代表团的工人建议中国同志在"红罗莎"工人大会上发表讲话。代表团非常乐意地接受了这个建议。大会主席宣布刚刚参观了工厂的中国工人代表讲话。大会非常热烈地欢迎中国客人。全场热烈鼓掌。之后沈发表了讲话。他的讲话持续约5分钟,由我译成俄语,其内容如下:

"亲爱的俄国同志们!刚才我们有幸参观了你们的工厂,并对苏维埃俄国无产阶级在很短的时间内所取得的巨大成就确信不疑。在来莫斯科以前,我们就听说你们在进行巨大的创造性工作。但我们从未料到你们在重建国家的事业中取得了如此巨大的成就。通过你们工厂的例子,我们可以判断苏维埃俄国工业的全面进步。我们希望中国工人在不久的将来也能够以俄国工人为榜样夺得工厂。在俄国所看到的一切,更加鼓舞了我们为中国革命而斗争的力量。我们希望这次革命很快就实现。"

沈的讲话和大会主席高呼"中国革命万岁"受到工人们的热情欢迎,然后大家齐声高唱《国际歌》。半小时之后,代表团离开了工厂。

从谈话中得知,此行给代表团留下非常良好的印象。中国人一直称赞工厂的清洁、工人的纪律性和幼儿园的完美布置,等等。

星期一,即29日,预定参观原钦德尔工厂,电灯泡厂,特廖赫戈尔普罗霍罗夫工厂。

巴拉诺夫斯基

《共产国际、联共(布)与中国革命文献资料选辑》(1917—1925),第305—306页

巴拉诺夫斯基关于国民党代表团拜会斯克良斯基和
加米涅夫情况的书面报告
莫斯科,1923年11月13日

关于孙逸仙代表团拜会斯克良斯基同志和
总司令加米涅夫同志的书面报告

昨天,星期日,下午3时苏联革命军事委员会副主席斯克良斯基同

志和总司令加米涅夫同志接见了孙逸仙代表团。

孙逸仙代表团方面出席的有：团长蒋介石、王、张太雷和不久前从伦敦来到这里的孙逸仙驻英国非正式代表邵。

首先斯克良斯基同志感谢代表团转达的孙的追随者们向十月革命六周年的祝贺。然后在进行了一般的问候之后，斯克良斯基同志转入具体地讨论孙的追随者提出的作战计划。他的谈话内容如下：

苏联革命军事委员会在收到来自中国的全面通报之后，详细地讨论了所提的方案并得出以下结论：目前，孙逸仙和国民党应该集中全力在中国做好政治工作，因为不然的话，在现有条件下的一切军事行动都将注定要失败。斯克良斯基同志举出俄国革命的例子。俄国革命的完成不仅是十月起义的结果，而且是通过俄国共产党长期坚持不懈的工作做了准备的。国民党在中国首先也应该做同样的工作。所以党应该首先全力搞宣传工作，办报纸、杂志，搞选举运动，等等。政治准备问题现在对中国来说是最重要的。当然，也不应该忘记军事工作，但是只有在完成了大量的政治工作，准备好那些将大大减轻军事工作负担的内部因素以后，才能够着手进行大规模的作战行动。斯克良斯基同志举出俄国国内战争的例子。当时共产党不仅把自己的力量派往前线，而且派到敌后，在那里通过顽强的和危险的工作来削弱敌人。当红军占领某个城市时，受到了人民的热烈欢迎，有时人民已经武装起来并准备加入红军队伍。国民党也同样应该在中国无产阶级中间做准备工作。

蒋介石在致答辞时指出，国民党的政治工作遇到了来自外国帝国主义者方面的巨大阻力，他们千方百计反对中国人的革命活动。宣传工作主要应该在大工业中心进行，但在这里也遇到了很大的阻力。警察捣毁所有革命组织，残酷地镇压革命者。在这种情况下做工作特别困难。

蒋介石还说，孙逸仙同越飞同志会见后，国民党加强了自己的政治活动，但党认为同时也有必要开展军事活动。蒋介石指出在俄国和中国进行革命运动的条件不同。据他说，在俄国，共产党只有一个敌人，这就是沙皇政府,而在中国,情况则不同,地球上所有国家的帝国主义者都反对中国的革命者。在这种情况下,中国的工作遇到了极大的困难。所以在那里采取军事行动是必要的。

斯克良斯基同志在回答蒋介石时,再一次分析了俄国革命的过程,他强调指出了对群众的政治工作在革命运动中所具有的重大意义。因此,国民党首先应该把自己的全部注意力用在对工农的工作上。他说,帝国主义者的反对是很自然的。俄国革命者在十月革命前同沙皇制度作斗争时,也处在同样的条件之下。尽管条件艰苦,国民党也应该在群众中做革命工作。否则它的任何一项任务都不能得到较好的解决。接近群众,同群众在一起,这就是中国革命党的口号。所以,斯克良斯基同志认为,有必要在近几年只做政治工作。军事行动的时机只有当内部条件很有利的时候才可能出现。发起你们方案中所说的军事行动,就是事先注定要失败的冒险。在做政治工作的同时,也可以进行军事准备。为此,革命军事委员会认为可以派中国同志到苏联军事学校学习。总参谋部学院可以接收 3—7 人,军事学校可以接收 30—50 人。在选拔派往俄国的同志时,必须遵循以下条件:首先必须是那些完全忠于党、经过仔细挑选的人。斯克良斯基同志特别注意这一点。已有军龄、不低于团级或营级的指挥员,可以派到学院学习。派往军事学校学习的也需要有一定的军事素养。不要追求派出人员的数量,而要注意他们的质量,主要是对革命和对工人阶级的忠诚。最好少派一些,但要派真正的革命者,而不是胆小鬼或叛徒。

蒋介石建议依靠孙逸仙的代表在北京同加拉罕谈判之后要在广州开办的学校增加派出人员数量。

斯克良斯基同志指出,开始需要进行一次试验。如果成立所设想的 50 人班收到了良好的效果,那么革命军事委员会不反对增加派出人员。随后,斯克良斯基同志向代表团提出一个问题,问他们对红军的印象如何。孙的追随者感谢革命军事委员会允许他们参观军队,并且指出,红军战士们的纪律性和文化水平使他们感到惊讶。用他们的话说,我们的军队是世界上现有军队中最强大的,因为苏联军队依靠的是广大人民群众。

斯克良斯基同志表示同意他们的看法,并说军队与人民的这种团结应当是国民党在组建自己的革命军队时所面临的重要任务之一。

最后,孙的追随者告诉斯克良斯基同志,他们打算11月22日离开莫斯科,希望再一次会见加米涅夫同志和斯克良斯基同志。此外,他们还转交了给托洛茨基同志的信。斯克良斯基同志答应,托洛茨基同志痊愈后将立即接见代表团。5时30分会见结束。

在回什塔特的路上,我问青年共产国际执委会委员张太雷,第二次拜访革命军事委员会给他和代表团留下了什么印象。张太雷回答说,他事先预料到了斯克良斯基同志作出的答复。据他说,代表团对俄国的访问和革命军事委员会提出的建议对本党将具有极其重要的意义。首先,正如提出的方案中所说,提出新的军事行动的军事集团的影响将大大削弱。在学习了苏联的经验之后,本代表团应该同意革命军事委员会提出的意见。俄国共产党所进行的大量政治工作,无意中使他们不得不相信,在采取军事行动之前应该进行大量的政治准备。在这方面,代表团对俄国的访问不是没有收获的。

张太雷所作的评价无疑是正确的。即使从外部表情上推断,代表团也没有对革命军事委员会的答复感到吃惊。他们从提交计划到同斯克良斯基同志的第二次会见时所处的那种神经紧张状态很快就消失了。还在星期六,即11月10日,由于神经紧张、过度劳累等原因蒋介石一再要求送他去疗养院休养两周。可是有趣的是,蒋介石一走出斯克良斯基的办公室,就对我说,不要张罗疗养院、医生等事了,因为他自我感觉好多了。由此可见,中国人对同斯克良斯基同志的会见是满意的。

巴拉诺夫斯基

《共产国际、联共(布)与中国革命文献资料选辑》(1917—1925),第309—313页

有国民党代表团参加的共产国际执行委员会会议速记记录

莫斯科,1923 年 11 月 26 日

共产国际执行委员会会议

蒋先生(王先生翻译):

国民党代表团是奉国民党领袖孙逸仙之命派出的,目的是在这里,在莫斯科这个世界革命的中心,同共产国际的同志们进行坦诚的讨论。

今天,国民党肩负着在中国进行革命工作的责任,这是进行世界革命工作的一部分。中国的革命政党,即国民党是世界的革命因素之一。共产国际代表着全世界无产阶级的利益,它也有领导革命运动的责任,特别是领导那些遭受资本主义和帝国主义压迫的国家的革命运动的责任。中国受外国列强即资本主义和帝国主义利益的沉重压迫,共产国际应该特别注意中国的革命,并向中国的革命政党提出坦率的建议。

至于中国的政治和经济形势,我们通过维经斯基同志已就此问题提出一份(书面)报告。我相信,你们都已经看了,所以今天我们不讨论报告的内容,而只讨论未写进报告的问题。

三民主义,即孙逸仙的民族主义、民权主义和民生主义,应当成为中国革命的政治口号。报告中已对这些主义作了解释,你们可以自己看。所以在这里没有必要对它们进行详细审议。我们认为,第三个主义即民生主义是通向共产主义的第一步。我们认为,对于中国革命来说,目前最好的政策是,作为第一步,使用"(争取)独立的中国"、"人民政府"、"民族主义"、"民权主义"之类政治口号。作为第二步,我们将根据共产主义的原则做一些事情。

有两个原因使我们在目前不能开始进行无产阶级革命。一是大多数中国人民不识字,所以在人民中开展宣传工作异常困难。何况如果我们在共产主义口号下开展宣传工作,那么在目前,我们还不能合法地从事这些工作,而不得不秘密地进行。鉴于这种情况,我们很难完成这项工作。第二个原因是,大多数中国人民属于小农阶级、小资产阶级。

如果今天我们使用共产主义口号,就会造成小土地所有者和小资

产者对这些口号的错误理解。这种利益冲突会使他们加入反对派阵营，他们可能跟随中国军阀反对我们，这就会使中国革命不可能取得成功。所以目前我们的纲领是旨在联合中国人民的所有人士，以便借助于统一战线来取得革命的巨大成功。

所以今天中国革命工作的政治口号不应该是共产主义口号，而应该是"（建立）独立的中国"和"人民政府"口号，一旦我们取得了第一阶段的胜利，我们就可以进行合法的宣传共产主义原则的工作。

如果我们使用"（建立）独立的中国"和"人民政府"之类政治性口号，而不是共产主义的口号，那么中国革命的成功将会容易得多。

其第一个原因是30年前开始革命时，孙逸仙博士就使用三民主义作为革命的口号。因此，大部分中国人民在很大程度上都了解三民主义，如果我们继续使用这些口号，我们就较容易取得成功。另一个原因是，由于我们长期使用三民主义口号，中国军阀不特别注意这类宣传工作。他们对三民主义不像对共产主义口号下的宣传工作那样给予很多的注意。还有一个原因是小农阶级和小资产阶级不会在革命运动中反对我们，我们可以把他们作为我们革命力量中的因素。

现在我们来谈谈我们党的世界革命构想问题。我们认为，世界革命的主要基地在俄国。至于俄国本身，当然它有许多敌人，但它在几年中已取得了革命的成功。然而，在俄国的西部战线，仍然有诸如德国和波兰这样一些处于资本主义控制之下的国家。如果德国革命不取得胜利，那么俄国的西部战线不会安全。我们应该反对资本主义列强在这条战线上的干涉行动，必须让俄国同志帮助德国革命取得成功。

在俄国的东部战线有中国，它还处于资本主义和帝国主义的影响之下。自然，如果中国革命不能取得成功，资本主义和帝国主义列强就会在中国取得胜利，进而他们就会进犯俄国的远东，即西伯利亚。如果他们在那里进犯，那么这对俄国来说是有危险的。

华盛顿会议期间，四个资本主义大国，即英国、美国、法国和日本宣称它们愿意开发远东。外国资本主义列强必然利用中国的军阀作为其在中国夺取强有力地位的工具,以便进行有效的剥削。国民党建议,俄国、德国(当然是在德国革命取得成功之后)和中国(在中国革命取得成功之后)组成三大国联盟来同世界资本主义势力作斗争。借助于德国人民的科学知识、中国革命的成功、俄国同志的革命精神和该国的农产品,我们将能轻而易举地取得世界革命的成功,我们将能推翻全世界的资本主义制度。我们认为,共产国际的同志们应该帮助德国的革命,以使它尽可能提前取得巨大的胜利。同时我们也希望,共产国际对远东,特别是对中国革命予以特别的注意。

可能外国同志认为,中国革命很难取得成功,而实际上,如果我们根据三民主义口号开展革命工作,那么在中国取得成功是很容易的。我们认为,在中国革命第一阶段,也就是中国民族主义革命进行三五年之后,我们就能取得成功,而一旦取得成功,我们就开始进行第二阶段,即在共产主义口号下开展宣传工作。我们认为,那时中国人民将更容易实现共产主义。我们的报告到此结束,请共产国际的同志们对其进行非常认真的讨论,并就中国革命的问题给我们提出建议。

问题

科拉罗夫同志:既然报告中很少提到中国的资产阶级,那么是哪个阶级剥削小土地所有者和小资产阶级,再有在这些小私有者中产生不满情绪的原因是什么?

蒋先生:小土地所有者和小资产阶级对当兵的人不满,这些人纪律性很差,掠夺小资产阶级,结果在中国内战频仍。

再就是土匪,在某种程度上他们也是当兵的人。此外,还有同外国资本家的激烈竞争,中国的小资产阶级无法与他们竞争,所以它也受外国资本家的压迫。

蔡特金同志[1]:

蒋先生:至于第一个问题,没有任何一个家族不享有特权。至于第

---

① 记录稿中没有这段发言——原译者注。

二个问题,小私有者害怕压迫,主要是来自官僚机构和官员们的压迫。

科拉罗夫同志:人们对现行的土地占有制度是否有什么不满? 例如,这些小土地所有者对通过中间人征税是否不满? 因为这些中间人强迫小土地所有者为他们由此而得到的收入支付各种费用。

蒋先生:在中国土地税并不很重,而且也没有增加。虽然可能引起一些不满,但是并不大。

斯图尔特同志:向谁租赁土地? 谁是地主? 如果税不高,那么地租高吗?

蒋先生:地租问题是另一回事。最高的地租达土地总产量的80%。这就是说,租地的人有时必须把80%缴纳给地主。

斯图尔特同志:第一,他们说,没有大土地所有者,但是有地主,这些地主能够规定地租为80%,如果没有大土地所有者,那么能规定地租为80%的土地所有者是些什么人?

蒋先生:小土地所有者向佃户收取地租,最高达80%,最低50%。佃户不纳税,而地主纳税。地主纳税额是所收地租的1/12。

阿姆特尔同志:您对国民党党员数量是怎样估计的,工人和农民在其中占多大成分?

蒋先生:党员总数为60万,其中约1/3是工人和农民。

阿姆特尔同志:您是根据什么计算的,您根据什么说国民党党员有60万,而其中1/3是工人和农民?

蒋先生:在我们的上海总部有党员名册。

斯图尔特同志:如果在60万党员中有1/3是工人和农民,那么其余2/3是什么人,他们在哪里?

蒋先生:另2/3包括知识分子、商人、士兵以及华侨。

罗季诺斯同志:中国有多少个资产阶级政党,每个党的党员人数是多少?

蒋先生:目前在中国没有纯粹的资产阶级政党,但是现在我们准备建立一个。其他的不能称为政党,而是派别。这些派别由一些卖身求荣的旧官吏和官僚组成。

斯图尔特同志：您在书面报告中说国民党支持中国的罢工，您给了汉口罢工以什么样的实际支持？这种支持的性质是什么？

蒋先生：我们给了财政上的，以及组织上的帮助。工会在京汉铁路罢工中起了积极作用，而汉口的一些工会的会员是国民党员。

季诺维也夫同志（莱茵施坦同志翻译）：现在我们结束提问题，研究这个问题的委员会应该继续开会，同国民党代表团共同进行讨论，以便作出明确的决议。决议草案已经准备好，提出了一些修改意见。同（国民党）代表团讨论问题的委员会应该就此问题拿出决议的最后文本。

至于共产国际，它确实对中国的解放运动和解放斗争有极大的兴趣并特别关注。国民党领袖孙逸仙的名字在世界各国，特别是俄国的革命工人当中相当熟悉，很有声望。共产国际已经花了许多时间探讨诸如民族独立、被压迫民族的解放等这些重要问题，对于殖民地问题也花了不少时间。三年前在第二次代表大会期间，共产国际已经花了很多时间和精力，更加详细地研究了这两个民族解放问题和一些民族问题。

共产国际曾要求中国共产党人成为国民党的一部分并同他们一起工作。但是出现一些困难，这是很自然的。我们希望国民党做工作，把共产党成员和国民党另一部分成员之间可能发生的困难和误解减少到最低限度。例如，在无产阶级发动的时候，在中国工人罢工的时候，国民党应该始终站在工人一边，应该始终积极支持工人的斗争，这样，摩擦和误解就会减少到最低限度，以致消除。但是支持应该真正是认真的和积极的。

我不知道，我得到的消息是否确实，有人对我说，好象在今晚我们已经讨论过的那次罢工时期，即汉口罢工时期，国民党的支持不是应有的那样强而有力。国民党方面的冷淡态度使人感到很失望。自然这引起了一些摩擦。我希望，国民党注意这一点，以便在工人的所有冲突和发动中,党的支持真正是坚决有力的,不至于给埋怨和摩擦带来口实。

不错,中国的无产阶级运动还很年轻。同时这个运动也是非常重要的,值得国民党给予应有的同情和支持,而我们根据其它国家的经验知道,工人阶级是一个非常重要的阶级,我们可以怀着坚定的信心注视它未来的发展和成长。

至于国民党的三个口号,我们知道,这些口号不是共产主义的口号。然而我们也承认,这些口号反映了处于开始阶段的争取国家解放的运动,但这些口号应当更具体、更明确。例如,民族主义口号在很大程度上取决于对它怎样理解,民族主义意味着什么。人们已经把它理解为争取中国独立的强大的运动,但同时它又应该这样来实行,不为新的资本家阶级、新的资产阶级在中国的兴起提供可能。它不应用中国资本家阶级的统治去取代外国帝国主义的统治。另一方面,正确地运用民族主义也不应该是为中国那一部分占主导地位的居民争取独立开展运动和压迫中国国内其它民族。民族主义不应该导致建立中国一部分居民对另一部分居民的霸权地位。它无论如何不应该导致对生活在中国境内的各民族的压迫。

至于民权主义,我认为,同志们都知道,民权主义在欧洲已经成了反动的口号,民权主义不赞成革命。与此同时,共产国际知道,中国的运动还不够发展,在中国民权主义也许还是一个进步的口号。然而,它能否成为这样一个进步的口号,主要看它能在多大程度上保障居民中的劳动群众有可能捍卫自己的权利,并把自己的事业推向前进。只有在这种情况下,中国运动中的民权主义才真正是一个进步的因素,而不像在欧洲国家那样成为一个反动的因素。

至于民生主义,在这个问题上未必有必要进行详细的讨论。如果把它理解为致力于把劳动群众,如耕种土地的庄稼人从赋税重负和其它这类引起抱怨和不满的压迫下解放出来,那么对它也不可能有反对意见。当然这完全不是真正的社会主义,但如果它被这样来运用的话,那么它有可能导致真正的社会主义目标的发展。

最后我想说,我们清楚地知道,孙逸仙领导的党的胜利将是世界上的重大事件。它将对各国工人的斗争产生影响,而在这方面也将对在共产国际领导下的全世界革命工人阶级的斗争产生影响。这个组织是为争取中国的自由、解放和独立而斗争的人民的天然朋友和盟友。因此,联合起来的力量必将大大推进全世界劳动人民的解放事业。

蒋先生:我们原则上同意季诺维也夫的讲话,但是我们想强调一点。我们不是为资产阶级而进行革命工作的。这就是我们的立场。目前我们希望,小资产阶级(和我们)建立反对资本主义和帝国主义的统一战线。但是我们并不为它的利益而斗争。

至于继续开会,很遗憾,我们已经决定下个星期四回国,而如果你们有时间,我们当然愿意在星期四以前参加一些会议。如果这不可能,那么我们可以组织另一个代表团到这里来,同你们就中国革命问题进行下一次详细讨论。我们相信,共产国际和国民党之间的关系随着时间的推移将会越来越密切。

季诺维也夫同志:当然,共产国际并不认为国民党是资产阶级的政党或资本主义的政党。否则我们就不会同这样的党打任何交道。我们认为,国民党是人民的政党,它代表那些为争取自己的独立而斗争的民族力量。在这个意义上,即从历史的角度来看,我们认为,国民党也是革命的政党。在中国,共产党人(现在还不是)①一个强有力的因素,然而,全世界的共产主义运动已经是一个很强大的因素,各国的革命工人正以极大的兴趣和同情关注着国民党,因为他们把这个党看作是人民群众争取摆脱资本主义实现自己独立的力量的体现。如果我们不得不提到某些问题,例如国民党应当更积极和更坚决地给予工人斗争以支持,那么我们这样做是为了帮助国民党避免将来发生误解和摩擦。这就是为什么我们不得不提到这些问题,我们希望它将按照这些愿望去做。

---

① 这句话是按意思加进去的,因为第21页右下角被撕掉了——原译者注。

至于取得什么实际的成果，如果同志们能够呆到星期四，我们将有足够的时间来结束我们的工作，因为这里已经有决议草案。甚至明天或星期四以前的任何时候都能结束这项工作，我建议由布哈林、科拉罗夫、库西宁、阿姆特尔和维经斯基同志组成的委员会来着手进行工作，也许明天他们就能结束。

蒋先生：我们希望，共产国际将派一些有影响的同志来中国，仔细研究中国的局势，他们也将领导我们并就中国革命的问题给我们提出建议。

季诺维也夫同志：共产国际将尽可能按照这一建议去做，并向中国派一位负责的代表。现在我们请代表团回国后转达共产国际对中国国民党，特别是孙逸仙同志的热烈的兄弟般的问候。

《共产国际、联共（布）与中国革命文献资料选辑》（1917—1925），第330—338页

巴拉诺夫斯基关于国民党代表团拜访
托洛茨基情况的书面报告
莫斯科，1923年11月27日

今天，11月27日，下午3时托洛茨基同志接见了由蒋介石、沈、张太雷、王和邵（孙驻欧洲的非正式代表）组成的孙逸仙代表团。

在通常的致欢迎辞之后，托洛茨基同志说，他早就想会见代表团，但由于生病，以前未能这样做①。现在他很高兴，健康状况使他有可能同苏联的朋友——孙逸仙的代表们交谈。

孙的代表们说，他们来到托洛茨基同志这里，是为了听取他对国民党在中国的工作的建议。

托洛茨基同志指出，他难以给代表团提出什么建议，但是他可以就

---

① 托洛茨基当时确实生病，起先不打算会见代表团。他在1923年11月3日给契切林的回信中写道："我认为会见已同斯克良斯基同志和总司令见过面的中国将军是不合适的。如果有实际问题，可以再组织一次中国代表团和斯克良斯基同志的会见。"（全宗325，目录1，卷宗415，第9页）——原译者注。

中国的局势和国民党在解放运动中应起的作用谈谈自己真诚的看法。在持续45分钟的谈话中,托洛茨基同志分析了中国的局势,他提出的最主要论点如下:

只要孙逸仙只从事军事行动,他在中国工人、农民、手工业者和小商人的眼里,就会同北方的军阀张作霖和吴佩孚别无二致。众所周知,北方的军阀得到外国人的支持。所以,如果我们给予孙逸仙以军事援助,那么中国的社会舆论就会这样来评价形势:张作霖是日本的代理人,吴佩孚是美国和英国的代理人,而孙逸仙是苏俄的代理人。在这种情况下,革命运动就不可能取得成功。解放运动需要有另外一些方式。首先,需要有广大人民群众的长期的坚持不懈的政治准备,这就是说,国民党的绝大部分注意力应当放到宣传工作上。托洛茨基同志说,一份好的报纸,胜于一个不好的师团。在目前条件下,一个严肃的政治纲领比一个不好的军团具有更大的意义。我们并不拒绝给予军事援助,但在目前的军事力量战略对比的情况下,不可能向孙的军队提供这种援助。而代之我们将为中国革命者学习军事敞开我们的学校,在这方面,我们将履行不久前革命军事委员会作出的那些承诺。

托洛茨基同志归纳自己的谈话说:

国民党应当立即坚决地、急剧地改变自己的政治方向盘。目前,它应该把全部注意力集中在政治工作上来,把军事活动降到必要的最低限度。你们的军事工作不应当超过政治活动的1/20,无论如何不要超过1/10。

根据最新消息,孙逸仙在广州的军事处境很危急。如果孙被迫放弃广州,在我们看来这根本不意味着他遭到了失败。这只是证明我们关于需要有另外一些争取中国人民民族解放的斗争方式的观点是正确的。只有当孙逸仙把军事活动置于一旁的时候,他才能够真正得到广大人民群众的同情。最后,托洛茨基同志说,在现时的条件下,对国民党来说,与其保留自己组织得不好的军队,不如在敌人的队伍中拥有支持者。

　　托洛茨基同志的所有指示归结到一点,是让孙逸仙和国民党尽快放弃军事冒险,把全部注意力转到中国的政治工作上来。他以并非一下子成为斗争的胜利者的俄国共产党为例指出:在 25 年间,俄共不得不经受长期的磨炼。国民党必须抛弃速胜的幻想。需要做耐心细致的、坚持不懈的、有条不紊的工作。如果党履行了所有这些条件,毫无疑问,辉煌的未来将属于国民党。在这一斗争中,中国的国民革命党可以指望得到苏联的援助。国民党和孙逸仙应该转向北方,因为在那里有对共同采取行动更有利的条件。在从政治上使广大群众做好对解放运动的准备的同时,正如在提交给革命军事委员会的备忘录中所指出的那样,国民党可以从自己国家的本土而不是蒙古发起军事行动。

　　代表团团长蒋介石将军简要地答复了托洛茨基同志。他指出了政治活动的困难,因为各国帝国主义者残暴地压制一切革命宣传。托洛茨基同志说,在目前的条件下,政治宣传必须适合于具体情况,也就是说在报刊上只能发表那些根据新闻检查条件可以发表的东西,但又不能忘记利用告示和传单宣传自己的观点,也就是说应该有合法的工作和地下的工作。

　　蒋介石在同托洛茨基告别时说,他赞同托洛茨基所说的意见,还说党将努力贯彻俄国同志的意见。他表示希望在不久的将来,解放了的中国将成为俄罗斯和德国苏维埃社会主义共和国的一员。

　　下午四时,孙的代表团离开了革命军事委员会。

巴拉诺夫斯基

《共产国际、联共(布)与中国革命文献资料选辑》(1917—1925),第 339—341 页

共产国际执行委员会主席团关于中国民族解放运动和
国民党问题的决议
莫斯科,1923 年 11 月 28 日

　　1.民族政党国民党所领导的中国解放运动,目前已经历着建立组织和集聚力量的阶段。国民党曾酝酿和发动推翻满清王朝的辛亥革

命,但未能把这个反对封建主义的斗争进行到底,这主要是因为,这个党没有吸收城乡广大劳动群众参加斗争,而把自己的计划寄托在能在军事上战胜那些已成为世界帝国主义工具的国内反动势力上。

2.共产国际主席团满意地指出,以孙逸仙博士为首的国民党革命派已认识到必须接近劳动群众,必须通过广泛的宣传和组织工作同他们保持最密切的联系,从而巩固和扩大中国革命运动的基础;同时相信,从国民党建党起就奉为该党基础的三民主义——民族主义、民权主义和民生主义,将通过下述解释,表明国民党是一个符合时代精神的民族政党。

3.民族主义,就是国民党依靠国内广大的农民、工人、知识分子和工商业者各阶层,为反对世界帝国主义及其走卒、为争取中国独立而斗争。对于上述每一个阶层来说,民族主义的含义是,既要消灭外国帝国主义的压迫,也要消灭本国军阀制度的压迫。

如果对于工商业资产阶级来说,民族主义意味着更好地发展国家的生产,那么,对于国内各劳动阶层来说,民族主义就不能不意味着消灭封建专制的压迫,就不能不意味着,不仅要消灭外国资本的残酷剥削,而且也要消灭本国资本的残酷剥削。

对于中国广大人民群众来说,在民族主义口号下进行斗争的全部含义是,既要摆脱帝国主义的压迫,也要不致遭受本国资产阶级的压迫。

国民党应当实际上表明,在那些由于进行民族斗争而削弱了帝国主义的地方,群众能够立即顺利地发展和巩固自己的组织,以便进一步进行斗争。国民党只有通过增强、支持和组织国内各个劳动人民阶层来放手发动全国的力量,才可以向群众表明,这个民族主义体现的是健康的反帝运动的概念。只要国民党能深入地联系中国群众,就能保证取得国家的真正民族独立。

这个主义的另一方面应当是,中国民族运动同受中国帝国主义压迫的各少数民族的革命运动进行合作。国民党在宣布中国境内各民族一律平等的原则时应当记住,由于中国官方的多年压迫,这些少数民族甚至对国民党的宣言也持怀疑态度。因此,国民党不要忙于同这些少数民族建立某种组织上的合作形式,而应暂时只限于进行宣传鼓动工作,随着中国国内革命运动的顺利发展,再建立组织上的联系。国民党应公开提出国内各民族自决的原则,以便在反对外国帝国主义、本国封建主义和军阀制度的中国革命取得胜利以后,这个原则能体现在由以前的中华帝国各民族组成的自由的中华联邦共和国上。

4. 国民党的第二个主义——民权主义,不能当作一般"天赋人权"看待,必须看作是当前中国实行的一条革命原则。

这里必须考虑到,在资产阶级社会的条件下,民权主义可能蜕变为压迫劳动群众的制度和工具。因此,国民党在向群众灌输民权主义的原则和解释其含义时,应使其有利于中国劳动群众,即只有那些真正拥护反帝斗争纲领的分子和组织才能广泛享有这些权利和自由,而决不使那些在中国帮助外国帝国主义者或其走狗(中国军阀)的分子和组织享有这些自由。

5. 民生主义,如果解释为把外国工厂、企业、银行、铁路和水路交通收归国有,那它才会对群众具有革命化的意义,才能在群众中得到广泛的反响。

至于中国的民族工业,国有化原则在现在也可适用于它,因为这将有助于进一步发展国家的生产力。民生主义也不能解释为国家实行土地国有化。必须向渴望土地的广大农民群众说明,应当把土地直接分给在这块土地上耕种的劳动者,消灭不从事耕作的大土地占有者和许多中小土地占有者的制度,因为他们一部分人经营商业,一部分人担任国家官吏,他们以现金地租和实物税来盘剥农民。国家还应当减轻农民的赋税负担,应当大力帮助农民解决灌溉,由人口稠密地区向人口稀少地区移民,开发荒地等问题。

6. 当前,中国工人阶级是全国各地区(北起满洲,南至南方各省和帝国主义者盘踞的港埠)在经济上和政治上利益一致的唯一的阶级,因而必然会在统一国家和争取中国独立的反帝运动中,起到自己的一份重大作用。

共产国际相信,革命政党国民党将更多地考虑中国工人运动日益发展的情况,为了加强全国的解放运动,将放手发动工人阶级的力量,全力支持它的经济组织及其阶级的政治组织——中国共产党。

7. 就自己方面而论,共产国际曾经而且还将指示中国共产党、工人阶级和劳动农民,必须全力支持国民党,因为它所进行的反对外国帝国主义和本国封建主义的斗争,将有助于工人阶级的解放、成长和壮大,因为它将在使用土地和管理国家方面,把农民从封建专制的条件下解放出来。

8. 国民党应当把全国的解放运动建立在广大人民群众支持的基础上,尽力利用在华的帝国主义者的内部矛盾,使之有利于争取独立的斗争,同时还应当理解,必须同工农国家苏联建立统一战线,以反对帝国主义者及其在华势力,必须使中国的解放运动同日本的工农革命运动和朝鲜的民族解放运动发生接触和建立联系。

共产国际执行委员会总书记　科拉罗夫

《共产国际、联共(布)与中国革命文献资料选辑》(1917—1925),第 342—345 页

巴拉诺夫斯基关于孙逸仙代表团访俄情况的书面报告
莫斯科,1923 年 12 月 5 日

日期　9 月

2 日　代表团抵达莫斯科。

5 日　拜访契切林同志。

7 日　同俄共中央书记鲁祖塔克同志谈话。

9 日　第一次拜访斯克良斯基和加米涅夫同志,孙的代表提议在蒙古建立军事基地并详细讨论这个方案。

14—17 日　了解红军,访问第 144 步兵团、军事院校和空军。

20—30 日　访问彼得格勒和喀琅施塔得,参观海军和军事院校。

10 月

1 日 从彼得格勒返回莫斯科。

3 日 向契切林、托洛茨基和斯克良斯基同志递交中国军事行动草案。

23 日 代表团团长蒋介石致函契切林同志,对给予的物质援助和对中蒙关系的说明表示感谢。

25—28 日、30 日 访问莫斯科的工厂。

11 月

11 日 会见斯克良斯基和加米涅夫同志,革命军事委员会答复,通过为中国革命者学习军事成立学校的方案。

16 日 拜访加里宁同志。

23 日 会见卢那察尔斯基同志。

26 日 共产国际执委会同孙的代表团举行会议。

27 日 会见托洛茨基同志。最后一次拜访契切林同志。

28 日 外交人民委员部宴会。

共产国际执委会主席团通过关于中国民族解放运动和国民党问题的决议。

29 日 代表团离开莫斯科。

巴拉诺夫斯基

《共产国际、联共(布)与中国革命文献资料选辑》(1917—1925),第 345—346 页

蒋介石《我的游俄观感》①

十二年八月五日,我在上海,奉国父的命令,约会苏俄代表马林,筹

---

① 本节摘自蒋介石 1956 年底发表的《苏俄在中国》一书,当时蒋写作此书的目的是以"反共抗俄"为旗帜,争取西方特别是美国的支持与援助,以维护其政权的统治,因此,在回溯其 1923 年访苏经历时不免打上很浓重的时代烙印。但作为访苏代表团团长,这是蒋本人留下的唯一有关此次经历的详细记录,因此特辑选于此,供参考。

组孙逸仙博士代表团,赴俄报聘,并考察其军事、政治和党务。十六日,我率同沈定一、王登云、张太雷等,由上海启程。二十五日从满洲里入俄境,九月二日到莫斯科。至十一月二十九日启程回国,十二月十五日回到上海。我就把这三个多月旅行、考察和会谈所得的资料和印象,写成《游俄报告书》,寄奉国父。这时候,国父屡次催我回广州亲自详报,十三年一月十六日,我到广州,即向国父再作口头的说明。

在这三个月的期间,我们曾对苏俄党务、军事和政治各方面,考察其组织,参观其设备,并听取其负责者对于实况的说明。其党务方面,我们考察俄国共产党中央党部,由其政治局秘书罗素达克(Rudzutak)说明俄国革命的经过,及其当时建党的情形。我们又参加共产国际执行委员会的会议,我在会议时,说明中国国民党以三民主义为革命的最高目标,自信其在两三年内必有成功的把握,并指出共产国际对于中国革命的实际情形及实际工作,还有隔膜,希望其国际共党干部多到中国来考察。当我回国的前夕,乃接到他共产国际对我中国国民党的决议文,观其论调,对中国国民革命没有真切的认识,而其对中国社会,强分阶级,讲求斗争,他对付革命友人的策略,反而比他对付革命敌人的策略为更多,殊不胜其慨叹。

军事方面,我们在莫斯科考察红军及其各兵种各级学校与军队党部的组织。我们在彼得格勒,考察海军大学等各级学校,并参观克隆斯达军港(Kronstadt)及其舰队。我的印象是他在莫斯科的陆军学校和部队,组织严密,军容整齐,而其在彼得格勒的海军学校和舰队,却是精神颓唐,士气消沉。两年前,克隆斯达军港曾以海军军士为中心,发生革命,反对布尔雪维克的专制独裁,和战时共产主义的残暴措施。这一革命不久即归失败。当我们到彼得格勒考察时,其地方当局和海军官员对此亦讳莫如深,但是我从当地军民的精神上,还是看得出其创痛的痕迹。

政治方面,我们访问其政府的部会,考察其村苏维埃、市苏维埃,并参加莫斯科苏维埃大会。我参观他各级苏维埃讨论与决议等情形,并与其党政要员谈话之间,无形中察觉其各部分,无论在社会中间,或是俄共中间的斗争,正是公开的与非公开的进行;而且更认识了苏维埃政治制度乃是专制和恐怖的组织,与我们中国国民党的三民主义的政治制度,是根本不能相容的。关于此点,如我不亲自访俄,决不是在国内时想像所能及的。

俄共的领导者,对于我们代表团的参观和考察,无论其党政军各方面,到处都表示热烈欢迎,并恳切接待。但是我和他们商谈中俄之间的问题,而涉及其苏俄利害有关的时候,他们的态度便立刻转变了。我访问苏俄,正是加拉罕发表其对华废除不平等条约的宣言之后,他到中国来与北京政府谈判新约的期间。十二年一月二十六日共同宣言中,越飞亦声明苏俄"决无在外蒙古实施其帝国主义政策或使其与中国分立之意"。但是我与苏俄党政负责者,谈到外蒙古问题,立即发现他们对于外蒙古,绝对没有放弃其侵略的野心。这一点不只使我感到十分失望,而亦是使我充分了解其苏俄所谓援助中国独立自由的诚意所在。当我到莫斯科的时候,列宁病重,陷入沉迷状态,不能晤面。我会晤了苏俄党政及军事负责诸人,他们说到苏俄的国家政策和革命战略,都是遵守列宁所指示的路线。我在莫斯科期间,与托洛斯基相谈最多,而且我认托洛斯基的言行亦最为爽直。我在离开莫斯科以前,最后与托氏告别的一次谈话时,他与我讨论亚洲各国革命问题,提到了日本、越南、印度与土耳其。他又特别提起其在德国与波兰革命失败的经过情形,加以分析;最后再谈到援助我们中国国民革命的问题。托洛斯基托我回国要口头报告我们国父的一点,就是:他们苏俄自一九二〇年对波兰战争结束以后,列宁对于世界革命政策,有了新的指示,就是其对殖民地半殖民地反资本帝国主义的革命战争,应在道义与物质上予以尽量援助,但不复使用其正式军队直接参战,以避免其在各国革命期间,再对苏俄引起民族有关的问题。所以他又郑重的说:"苏俄对中国国民革命的援助,除了不能用军队直接援助之外,其他武器与经济等需要,都当尽力所能,积极援助。"他并且代表列宁对我国父致敬。他这一段话,使我特别注意。

在苏俄党政各方负责诸人之中,其对我国父表示敬重及对中国国民革命表示诚意合作的,除加密热夫、齐采林是俄罗斯人之外,大抵是犹太人为多,他们都是在帝俄时代亡命欧洲,至一九一七年革命才回俄国的。这一点引起了我特别注意。我以为托洛斯基、季诺维也夫、拉迪克与越飞等,比较关切中国国民党与俄国共产党的合作。可是越飞自中国回俄之后,已经失意了。我并且注意到当时列宁卧病如此沉重,而其俄共党内,以托洛斯基为首要的国际派与史达林所领导的国内组织派,暗斗如此激烈,我就非常忧虑他们这样斗争,必于列宁逝世之后,对于中俄合作的关系,更将发生严重的影响。综括我在俄考察三个月所得的印象,乃使我在无形之中,发生一种感觉,就是俄共政权如一旦臻于强固时,其帝俄沙皇时代的政治野心之复活,并非不可能,则其对于我们中华民国和国民革命的后患,将不堪设想。至于共党在当时对我们中国国民党所使用的分化、隔离、制造斗争等各种手段,更是看得十分清楚。只就其在我们访俄代表团内组织而言,本团四人之中,三人都是国民党员。只有张太雷一人是共产分子。访问团一到俄国,他就施展其分化工作,把沈定一诱到他一边,与我们对立起来。于是代表团各种计划、考察工作、对俄交涉,以及一切意见和主张,都不能一致。由俄回国之后,共党以访俄代表团内部意见纷歧为借口,来抵销我们对苏俄的真相。

考察所得的报告书

我在报告书里,陈述此次考察所得的印象。并向国父面陈我对于国共合作的意见。十三年三月十四日由奉化致廖仲恺先生函,也把我的意见,坦率说明,并将这一函件,同时抄送各常务委员,以补充我游俄报告的意见。

"尚有一言欲直告于兄者,即对俄党问题是也。对此问题,应有事实与主义之别,吾人不能因其主义之信仰,而乃置事实于不顾。以弟观察,俄党殊无诚意可言。即弟对兄言'俄人之言只有三分可信'者,亦以兄过信俄人而不能尽扫兄之兴趣也。至其对孙先生个人致崇仰之意者,非俄国共产党而乃国际共产党中之党员也。而我国党员之在俄国者,对于孙先生惟有诋毁与怀疑而已。俄党对中国之唯一方针,乃在造成中国共产党为其正统,决不信吾党可与之始终合作,以互策成功者也。至其对中国之政策,在满蒙回藏诸部皆将为其苏维埃之一,而对中国本部,未始无染指之意。凡事不能自立而专求于人,其能有成者,决无此理。国人程度卑下,自居如此,而欲他人替天行道,奉如神明,天下宁有是理? 彼之所谓国际主义与世界革命者,皆不外凯撒之帝国主义,不过改易名称,使人迷惑于其间而已。"

我们了解,国父当时联俄容共的政策,乃是为求中国革命力量的集中和意志的统一,如果中共愿为国民革命努力,那我们尽可把中共这一分力量纳入本党领导之下。至于当时革命的形势,我们要为国民革命建立一个根据地,只有广州是最为理想的所在。但是广州,乃为英法旧殖民地主义的势力控制之下的商业都市。我们中国国民党在这里集结革命力量,建立革命政府,要从这里出师北伐,求得国家的统一与独立,必须争取国际上的援助和同情。然而西方列强若不是与我们革命政府为敌,就是对我们国民革命袖手旁观,更无仗义援手的国家可觅。适于此时,俄国共党初得政权,以联合西方无产阶级革命和扶助东方民族独立为号召。我们国民革命得到他这一消息,无异认为是中国革命的福音来临,几乎视为人类的救星。故对于他的援助,自是竭诚欢迎而并不有所致疑。国父联俄政策的决定,当然这是一个重要的关键。在我未往苏俄之前,乃是十分相信俄共对我们国民革命的援助,是出于平等待我的至诚,而绝无私心恶意的。但是我一到苏俄考察的结果,使我的理想和信心完全消失。我断定了本党联俄容共的政策,虽可对抗西方殖民地主义于一时,决不能达到国家独立自由的目的;更感觉苏俄所谓"世界革命"的策略与目的,比西方殖民地主义,对于东方民族独立运动,更是危险。

我回到广州报告之后,国父认为我对于中俄将来的关系,未免顾虑过甚,更不适于当时革命现实的环境。国父深信并言此时只有使中国共党分子能在本党领导之下,受本党统一指挥,才可防制其制造阶级斗争,来妨碍我国民革命进行。如我们北伐军事一旦胜利,三民主义就可如期实行。到那时候,纵使共党要想破坏我们国民革命,亦势所不能了。何况苏俄对中国革命,只承认本党为唯一领导革命的政党,并力劝其共产党员加入本党,服从领导,而又不否认中国并无实行其共产主义的可能呢? 故仍坚持其联俄容共的决策。但是我又在本党第一次代表大会期间,发现共党分子挟俄自重的一切言行,和本党党员盲从共产主义的迷惘心理,深以本党不能达成国父所赋予的任务为忧。于是代表大会闭会以后,我力辞陆军军官学校校长,并将筹备处交给廖仲恺,而离粤归乡;直至当年四月,复感于国父函电的催促不已,重责我革命党员,应以服从命令为天职,而坚不准辞;复派戴季陶同志来奉化,转达其准许我不闻党政,专办军校的要求相约,我乃重返广州,接受黄埔军校校长的任命。

《先总统蒋公思想言论总集》第九卷,第27—32 页

5. 鲍罗廷来华与国民党改组和联俄容共方针的确定

俄共(布)中央政治局会议第 21 号记录(摘录)

莫斯科,1923 年 8 月 2 日

出席:

政治局委员:加米涅夫、斯大林和李可夫同志。

政治局候补委员:鲁祖塔克同志。

俄共中央委员:安德烈耶夫、索柯里尼柯夫、拉狄克、皮达可夫、奥尔忠尼启泽和克维林等同志。

中央监察委员会主席团委员:古比雪夫和雅罗斯拉夫斯基同志。

1923 年 7 月 31 日通过电话征询政治局委员们的意见

斯大林同志建议任命鲍罗廷同志为孙逸仙的政治顾问。

（1）任命鲍罗廷同志为孙逸仙的政治顾问，建议他星期四与加拉汉同志一起赴任。

（2）责成鲍罗廷同志在与孙逸仙的工作中遵循中国民族解放运动的利益，决不要迷恋于在中国培植共产主义的目的。

（3）责成鲍罗廷同志与苏联驻北京的全权代表协调自己的工作，并通过后者同莫斯科进行书信往来。

（4）责成鲍罗廷同志定期向莫斯科送交工作报告（尽可能每月一次）。

中央书记　斯大林

《共产国际、联共（布）与中国革命文献资料选辑》（1917—1925），第265—266页

加拉罕致孙中山的信

北京，1923年9月8日

孙中山博士：

请您接受我最衷心的问候，并深深地感谢您在俄国争取独立和自由的斗争中经受严重考验的时期所表示的友谊。苏维埃社会主义共和国联盟由于真诚希望实现我们两国的共同利益，并且不顾敌视这种关系的帝国主义势力的反抗而使这些利益建立在巩固的、不可动摇的基础上，所以派我到贵国来。

我们深信，苏维埃社会主义共和国联盟和中国一定能紧密地团结起来，以迫使帝国主义者放弃把我们两国看作只配充当受奴役和高利贷剥削的殖民地的看法。我认识到横在这条道路上的那些困难，但是，贵国同胞到处一致对我所表示的极大同情和真诚接待，使我重新充满信心。

亲爱的博士，您是新俄国的老朋友，我在实现我们两国人民之间建立最紧密关系的伟大任务的事业中指望得到您的帮助。这种友好关系是我们两国人民自由及和平发展的保证。

加拉罕

中国人民解放军政治学院党史教研室编：《中共党史参考资料》第二册，1979年版，第557—558页

孙中山复加拉罕电

1923 年 9 月 16 日

苏维埃社会主义共和国联合全权代表加拉罕君鉴：阁下对余与新俄友谊之尊重，使余深为感激。中俄两国之真实利益，使双方采取一种共同政策，俾吾人得与列强平等相处，及脱离国际帝国主义之政治、经济的压迫。余断言，一切对于贵国所持意见之批评，均不足阻余与贵国拥护此种实〔际〕利益。阁下抵华，备受同情与欢迎，因而越信实现中俄亲善之可能，此言诚是。余深信中国国民诚挚的希冀贵代表团之成功，尤以对于正式承认苏维埃政府，是有诚恳的愿望。但阁下最大之困难，即与彼不独完全不能代表民意、且已失去国家政府的外貌之政治团体进行磋商，彼辈之外交政策，实际上仰列强之鼻息，远甚于根据独立自主的中国之利益。北京招待阁下时，阁下已得中国阿谀外人之好例。彼请阁下以美国为模范，而阁下则驳之以"俄国永不追随美国；更决不签署于某一牒文，若临城为通牒者；俄国决不要求治外法权及强迫订约，在中国组织司法、行政机关；凡损及中国主权之种种利益，俄国均愿放弃；俄国对于中俄关系已建设绝对平等之原则"等语，可谓切当之（致）〔至〕。余代表中国国民，对于阁下向此北京主人的伶俐仆役，训以深堪志念的政治现实论，谨致赞扬与感谢之忱。孙逸仙。

《孙中山全集》第 8 卷，第 216—217 页

孙中山致加拉罕函

1923 年 9 月 17 日

亲爱的加拉罕同志：

我必须证实您的非常宝贵的通知已收到了，这个通知是我正在前方与军事领导人举行会议的时候转给我的。这就是我延迟到昨天才发出回电的原因。现随信附上电报副本作为说明。

我未必需要表明，您可以期望我能够给予您的帮助，以使您在中国的目前使命得到进展。然而，您会发现和北京集团的谈判是非常困难

的,北京集团在其同俄国的关系事实上执行的是使馆区的命令。王正廷在祝词中要您仿效美国的榜样,就表明左右他同您进行谈判的势力的所在。

我毫不怀疑,北京政府一定会力求把正式承认苏维埃政府的条件,同美国和其它资本主义列强承认曹锟所领导的任何一个新的行政当局的条件联系起来。

如果您发现没有希望在不损害中国人民的主权、并使新俄国和其他列强处于国际平等的条件下和北京谈判,您也许会明白,到广州与我现在组织的新政府进行谈判是适合时宜的,以免空手回莫斯科。资本主义列强将试图通过北京和利用北京使苏维埃俄国遭受一次新的外交失败。但是,请您时刻注意,我已经准备并且现在就可能粉碎任何使您和您的政府蒙受侮辱的企图。

您的非常真诚的孙逸仙

《孙中山全集》第 8 卷,第 218—219 页

加拉罕致孙中山函①

1923 年 9 月 23 日

亲爱的孙博士:

莫斯科长期以来一直强烈地感受到我们的政府在广州缺少一个常驻的、负责的代表。随着鲍罗廷的被任命,我们已经朝这个方向迈出了重要的一步。鲍罗廷同志是在俄国革命运动中工作很多年的我们党的一位老党员。请您不仅把鲍罗廷同志看做是政府的代表,而且也把他看做是我个人的代表,您可以象同我谈话一样,坦率地同他交谈。您可以相信他所说的一切,就象我亲自告诉您的一样。他熟悉整个形势,而且在他动身去南方之前,我们进行了一次长谈。他将向您转达我的想

---

① 鲍罗廷于 1923 年 9 月到达北京,加拉罕通过这封信向孙中山推荐了鲍罗廷。鲍罗廷于 10 月 6 日到达广州,将加拉罕信交给了孙中山——原编者注。

法、愿望和感受。

　　希望鲍罗廷同志到达广州之后,将会更快地推动形势的发展,将会使形势发展大大地超过到目前为止所能达到的速度,这一速度是我所深感遗憾的,衷心祝愿您的事业成功,我向您致以友好的问候。

您的加拉罕(签字)

　　又及:我非常感谢您的电报,它鼓舞我对于我们在中国的共同事业具有巨大信心。

中国革命博物馆编:《党史研究资料》1983 年第 2 期

加拉罕给鲍罗廷的信
北京,1923 年 10 月 6 日

敬爱的米哈伊尔·马尔科维奇:

　　您从上海寄来的信收到了,很高兴您同上海人一起制订的计划同我们北京的想法完全一致。我将期待着得到您关于这一计划实施情况的进一步消息。您或许在中国的短暂逗留期间,已经掌握了一个简单的真理,即中国人非常乐于讨论和制订各种计划,但是,实行这些计划却极其缓慢。因此必须经常地监督每一个步骤,使他们保持高度紧张状态,而不要指望他们自己去理解和去完成所有应该做的事情。所有这些都很简单,但我一天比一天越来越相信有必要经常把他们掌握在手中,否则什么事情都会被束之高阁。

关于通讯社

　　国民党人早就说要成立通讯社。达夫谦告诉我,他答应每月给他们 300 元的经费,但眼下未再谈此事。其实在拟定的所有机构和工作的计划中,通讯社应当占有突出的地位。因为办报纸而没有自己的信息机构向这些报纸提供消息,这意味着事情只做了一半。此外,这样的通讯社也是我们自己所需要的。您知道,我们给北京的报刊提供材料很容易,而且我们的所有材料几乎不作任何删节地被各种倾向的报纸刊用。如果我们有可能把我们的消息分发给各省的报刊,那么这将意

味着我们不仅影响北京的社会舆论,而且也影响中国其它地方的社会
舆论。我们始终需要记住:北京只是一个小岛,北京还不是中国。所
以,我请求您密切注意成立通讯社的事,首先要推动他们成立通讯社,
而且在北京,当然他们可以指望得到我们的帮助,在这里我们将对他们
实行经常的监督并使之处于我们的领导之下。

关于孙的信

孙 9 月 17 日的信我已收到。您拆开了这封信并了解了它的内容,
做得很好。至于信的第一部分,他谈到我同北京的谈判,以及我在这里
可能遇到的困难。关于这些我没有什么要对您说的,因为我已经在北
京同您相当详细地谈了这方面的情况。您向张继和陈独秀指出,必须
迫使民族主义分子公开地、有组织地,我要说经常地,本着陈独秀同您
谈的精神表明态度,这是完全正确的。

至于孙逸仙关于在广东进行谈判的建议,我希望您能找到一种相
当委婉的方式,向他说明提出这个问题"为时尚早"。但同时您要"严
肃地"同他谈一谈,他想如何防止出现"利用北京使苏维埃俄国遭受新
的外交失败"(我逐字引用他信中的话)的可能性。

至于他的信的第二部分,谈到他的代表的莫斯科之行,我认为,您
应当请他向您详细介绍一下他的计划,并委婉地指出,在莫斯科没有我
参加未必能作出什么决定,或许莫斯科想让我在北京解决他们所提出
的问题。莫斯科肯定会很认真地关切地听取他的代表的意见,但未必
能作出什么最后决定。从以前的通信中您可以了解到孙的从北方进军
的空想计划。

所以,如果他再次重提这个计划,您要向他说明,这个计划不可能
立即实施。另一方面,您要经常强调,在决定实施任何一项重大计划之
前,我们应当竭力巩固自己在中国的地位,特别是巩固自己在满洲的地
位,要解决中东铁路问题。我不再多谈这个问题,因为你很清楚应该谈
什么和怎么谈。

在北京的谈判

在这里,事情有些复杂化了,因为王博士不知是出于他本人意志还是迫于外交使团的压力,已开始摇摆并在日前居心不良地试图挑动我召开正式会议。他骗我未成,但是现在在他要尽欺骗勾当之后,我开始更加怀疑他的建议,这些建议您是知道的。此外,还发现那份通过第三者向我提出的原则性协议草案,他不准备向我正式提出。他为我起草了一个十分厚颜无耻的提案,这个提案我甚至都不能讨论。可见,已经不是我们所预期的那种诚实的游戏,而是耍出了一种最无诚意的把戏。我现在还未决定,是否公开向他和向北京〔政府〕发动攻势,因为在这些日子里或许中间人还要奔波一阵,力求"协调一下"他们所说的误会。但无论如何,我都会把事态的进一步发展通报给您。

如果来得及,我将给孙逸仙写封短信。如果您未收到要转交的信,那就请您向他解释一下,我来不及给他写信,对此我非常抱歉,下一次信使去他会收到复信。

致共产主义的敬礼!

《共产国际、联共(布)与中国革命文献资料选辑》(1917—1925),第293—296 页

鲍罗廷对觉悟社记者谈话

1923 年 10 月 18 日

《商报》载 19 日粤讯云,俄国代表鲍罗庭氏来粤,考察中国政治、社会、经济状况,日昨觉悟社记者趋访鲍氏,询以对于中国内情之观察,鲍氏发挥尽致,极中肯要,兹译述如下:

(记者问)先生来华,对于中国社会之观察如何?(鲍氏答)外人初到中国,别个外人常告之曰,中国人其所处境遇,及其习惯心理等,极难了解。余(俄代表称)非此等之外国考察家,余在中国居住 20 年,岂尚自认不知中国者。余相信此是一种阴险及有时不自觉之宣传,以使全世界之人,相信中国国情确如是不同于别国,及确如是退步,须急由先进国为之开化。藉此为外人在华所做之种种恶事之辩护,及为领事裁

判权,外国法庭,租界,管理关税,自命保护中国主权,及其领土完全等等之辩护。在中国之外国报章上,毁谤中国之爱国要人,使无数外国走狗,得遂其欲望机会,以轻蔑中国国民,而待之如次级之民族。此即所谓"文明国开化退步国"之责任。唯余则不见中国与世界各国政治上经济上在同一之发展程度上有如何之差别,即有差别,亦不过属于外部之物而已。同一事情,别国大行之,似有正当之组织,在中国则小行之,似无组织,其方法或较旧式而已。即指吞款谓或贿赂者而言,此无他,亦不外文明国人所谓经纪费,但无庄严之事务所及告白招牌而已。余在华曾遇许多政治军人,新闻记者,科学家,律师,工党首领,工人,女子,彼等亦如世界别国各兄弟姊妹,具同一之贤愚善恶。余敢说中国较以开化中国为任务之各国,尤有理想之主义。其所以然者,非中国有异于人,亦因彼为一被压迫之国家,国民正为谋国家独立,脱离千古未闻之外国掠夺而奋斗也。

(问)先生对于中国政治之观察如何?(答)中国在纷乱之状态中,已十二年矣,凡视中国为许多消费人,天生成文明国消纳不知所用之货物之市场者,此种观念余极感不当,此余所当说出者也。且一大国民,欲图谋方法以适合别国经商之需要,实非易易,况彼复不能自由以自救耶,试观历史,美国殖民地革命,须经若干年而后终止,法国革命,又经许久而完成其历史上之工夫,凡社会政治之大受变动,需经许多时日而后完成,国民运动亦须许久而后能自定其所运动之如何进行与如何贯彻目的,中国现已有一种势力,为将来引导其国民运动以至于完全成功者,此势力为何,即中国国民党。此最后余所满意者也。该党现尚未自觉其自己之力量,及未组织完备,以完成其历史的职务,但吾人深信其不久即能自觉,必能组织完备。盖吾人一想该党有如是伟大之领袖,如孙中山先生其人便知之也。孙先生之经验,将能供给彼党之所缺乏,其所缺乏者何,军事精神,及国民的组织者二是也。中国国民党主义之精神,正在勃兴奋斗,一有军事精神,及国民组织,则国民党主义之精神,将更为之增势。

（问）俄为劳农先进国，革命已成功，中国劳工事业在萌芽，其发展方法应如何？（答）俄人因革命之故，各阶级牺牲甚大。但此奋斗之重任，均落在工人身上。今日吾人（指俄人）之所以能成功者，皆因工人当内乱时在战壕作战或节衣缩食以供给军队，而使俄罗斯团体坚固也。劳农革命成功，乃能造成俄国民现在如是发展之境遇，此境遇之结果，即令大多数人有最大之幸福。各国劳工，皆正在奋斗，以求获此幸福境遇，但现已得之者，惟俄罗斯而已。故全世界无数工人，皆视俄国工人为劳工奋斗之先锋。至于中国之劳工运动，余信其发展之最要条件，在与国民为中国统一自由独立之奋斗联合，如俄之工人一般。中国劳工，必须自造发展必要之境遇，但此境遇须待国民党所引导之国民之奋斗之成功，而后能实现，中国一日不脱离半殖民地之状况，劳工即百无达其目的之希望云云。

《向导》第 45 期，《文明国开化退步国》，1923 年 11 月 9 日

孙中山给鲍罗廷委任状

1923 年 10 月 18 日

委任鲍罗庭为国民党组织教练员。此状。

孙文

中华民国十二年十月十八日

《孙中山全集》第 8 卷，第 300 页

契切林给季诺维也夫的信

莫斯科，1923 年 11 月 1 日

致季诺维也夫同志。

抄送斯大林、托洛茨基和加米涅夫同志。

敬爱的同志：

从加拉罕同志最近的信中您可以得知，国民党已彻底涣散。许多卖身求荣的显贵们都自称是国民党党员。现在都是徒有虚名。实际上

孙逸仙依靠的是忠实于他本人的个人和团体。因此加拉罕同志指出，必须改组整个党。这是一个很大的问题，是中国最重要的政治问题之一。好象当时成立了一个有拉狄克同志参加的委员会，以便作出这方面的各种指示。能否让一个同志，比如对东方问题有点儿研究的布哈林同志，取代拉狄克同志进入这个委员会？也需要让维经斯基同志加入这个委员会。您认为库西宁同志也适合吗？如果片山潜同志在这里，则要利用他。

据加拉罕同志说，孙逸仙的拥护者对我们同北京政府的谈判极为不安，认为我们让他们听天由命。加拉罕说，在这里对孙逸仙的参谋长应该表示出亲热，但结果却相反。除了我之外，同他见面的只有斯克良斯基同志。如果恢复上面提到的委员会，它就能安排几次有孙逸仙参谋长及其随行人员参加的会议。参谋长神经过敏到极点，他认为我们完全不把他放在眼里。

致共产主义的敬礼！

（契切林）

《共产国际、联共（布）与中国革命文献资料选辑》（1917—1925），第307—308页

托洛茨基给契切林和斯大林的信
莫斯科，1923 年 11 月 2 日

绝密。

致契切林同志。

抄送斯大林同志。

从加拉罕同志的信中可以看出，中国的事情在继续恶化。资金都用在纯偶然性的军事举措上。没有任何党，没有任何认真的宣传工作。其实，在中国政治生活不明朗的情况下，稍加组织和集中的国民党具有决定意义。

另一方面，加拉罕同志坚持派两名优秀的飞行员和五名参加过国内战争的总参谋部军官。我认为，我们现在不能让任何一个严肃的军

人脱离实际,况且在中国没有政治组织的情况下,我们的一些军人会显得无能为力。

我认为,应该极其果断地和坚决地向孙逸仙和他的代表们灌输这样一种思想,即现在他们面临着一个很长的准备的时期;军事计划以及向我们提出的纯军事要求,要推迟到欧洲局势明朗和中国完成某些政治准备工作之后。

我赞成契切林同志关于在莫斯科成立中国委员会的想法,以便使这个委员会真正地,也就是说不是在口头上,而是在实际上确保中国国内工作发生急剧转变,即把 99% 的注意力从大的联合行动上转移到在现有军队中从政治上组织居民的工作上。

《共产国际、联共(布)与中国革命文献资料选辑》(1917—1925),第 308—309 页

中国国民党改组宣言①
1923 年 11 月 25 日

吾党组织,自革命同盟会以至中国国民党,由秘密的团体而为公开的政党,其历史上之经过垂二十年。其奋斗之生涯,落落大者,见于辛亥三月广州之役,同年十月武汉之役,癸丑以往倒袁诸役,丙辰以往护法诸役。党之精英,以个人或团体为主义而捐生命者,不可胜算,当之者摧,撄之者折。其志行之坚,牺牲之大,国中无二。然综十数年已往之成绩而计效程功,不得不自认为失败。满清鼎革,继有袁氏,洪宪堕废,乃生无数专制一方之小朝廷。军阀横行,政客流毒,党人附逆,议员卖身,有如深山蔓草,烧而益生,黄河浊波,激而益溜,使国人遂疑革命不足以致治,吾民族不足以有为。此则目前情形无可为讳者也。

窃以中国今日政治不修,经济破产,瓦解土崩之势已兆,贫困剥削之病已深。欲起沉疴,必赖乎有主义,有组织,有训练之政治团体,本其历史的使命,依民众之热望,为之指导奋斗,而达其所抱政治上之目的。

---

① 此宣言由孙中山任命的国民党临时中央执行委员会起草——原编者注。

否则民众蠕蠕,不知所向,惟有陷为军阀之牛马,外国经济的帝国主义之牺牲而已。国中政党,言之可羞:暮楚朝秦,宗旨靡定,权利是猎,臣妾可为。凡此派流,不足齿数。而吾党本其三民主义而奋斗者历有年所,中间虽迭更称号,然宗旨主义未尝或离;顾其所以久而不能成功者,则以组织未备,训练未周之故。夫意志不明,运用不灵,虽有大军,无以取胜。吾党有见于此,本其自知之明,自决之勇,发为改组之宣言,以示其必要。先由总理委任九人,组织临时中央执行委员会,以始其事;行将召集海内外全党代表会议,以资讨论。关于党纲章程之草定,务求主义详明,政策切实,而符民众所渴望。而于组织训练之点,则务使上下逮通,有指臂之用;分子淘汰,去恶留良。吾党奋斗之成功,将系乎此,愿与同志共勉之!

《国民党周刊》第 1 期,1923 年 11 月 25 日

孙中山在广州大本营对国民党员的演说(节略)

1923 年 11 月 25 日

(前略)

从前何以不从事于有组织、有系统、有纪律的奋斗? 因为未有模范,未有先例之故。现在一位好朋友鲍君,是从俄国来的。俄国革命之发动迟我国六年,而俄国经一度之革命,即能贯彻他等之主义,且自革命以后,革命政府日趋巩固。同是革命,何以俄国能成功,而中国不能成功? 盖俄国革命之能成功,全由于党员之奋斗。一方面党员奋斗,一方面又有兵力帮助,故能成功。吾等欲革命成功,要学俄国的方法组织及训练,方有成功的希望。但有许多人以为俄国是过激党执政,吾等学俄国,岂不是学过激党? 殊不知俄国当革命未发动之初,诚不免有许多过激的思想发生,盖俄国革命党首领多是具有丰富之学识与高深之理想,故立论之间操之过激者,实在难免。但我国人做事,不专尚理想,多是以事实为依据,如行路然,于择其可通行者而后行之。但俄国当革命之时,国内有许多党并立,如社会民主党、民主革命党等,而皆不能成

功,今日成功者是共产党。共产党之所以成功,在其能合乎俄国大多数人心,所以俄国人民莫不赞成他,拥护他。鲍君初来时即对我说,俄国革命经过六年间之奋斗,诚不一其道。而今日回头一看,最合乎俄国人民心理者,莫如民族主义。俄国人民受列强之束缚,异常痛苦。俄国人民所受欧洲大战之痛苦,完全是受列强强迫的。俄国皇帝之动摇,就是因为与列强一致参加大战,所以人民莫不反对他,故起而革俄皇之命。但革命后,民主革命党执政,柯伦斯基政府仍然与列强一致继续对德战争,而共产党早已反对战争,早已提出与德单独讲和的议案,至是大得俄国民心。俄国人民皆不愿做列强的奴隶,于是共产党与俄国人民主张一致,所以共产党得告厥成功。

共产党革命成功之后,因取消外债,故惹起列强激烈的反对,英、美、法、日本等国均起而攻击之。当时俄国是八面受敌,列强的兵已攻至圣彼得堡,其危险程度实比之前数日的广州更甚。而俄国之所以能抵抗此强敌者,全靠乎俄国人民与党员之奋斗,故能排除外力,造成独立的国家,不再做列强的奴隶,并能排除列强经济的侵略。至今日回头一看,六年间的奋斗,无非为脱离列强的束缚而奋斗,即无非为民族主义而奋斗。俄国革命,原本只有民权主义、民生主义,而无民族主义。但其在六年间奋斗,皆是为民族主义而奋斗。若是,与吾党之三民主义,实在暗相符合。至有人谓为过激,则又有说。盖当革命时,非采激烈手段,一定不能成功;今日之俄国,秩序已经回复,何尝有过激之举发生? 此不足虑者也。

吾党与他们所主张皆是三民主义,主义既是相同,但吾党尚未有良好方法,所以仍迟迟不能成功。他们气魄厚,学问深,故能想出良好方法。吾等想革命成功,一定要学他。吾等在革命未成功之前,既是人自为战,今后应该结合团体而战,为有纪律的奋斗。因为要学他的方法,所以我请鲍君做吾党的训练员,使之训练吾党同志。鲍君办党极有经验,望各同志牺牲自己的成见,诚意去学他的方法。今日各区分部之成立,时间虽甚短,而据各位同志之报告,成绩已大有可观。若继此以往,吾党终有最后胜利之一日。鲍君对我说，如能假以六个月时间，可以将广州市变成吾党最巩固的地盘。不独广州市如此，在一年间或二年间将此革命精神普遍于全国，则我国革命成功虽迟于俄国，而终是成功。吾党要从今日学起，一定可以成功。

我记得前在伦敦时候，有俄国革命党问我："中国革命，几年成功方能满足？"我当时极为审虑，然后答他，谓中国革命三十年成功，便尔满足。他反谓未有如此之快。原本我说三十年是极让步的，我于是反问他，俄国革命如何？他谓俄国革命如百年成功，亦甚满足。但要从今日奋斗起，不然，应该一百年成功者，将来或不止一百年。他如此说，足见俄人魄力之雄厚。我每次革命失败逃至海外时，无不极力寻新同志。我记得一次到旧金山，有一位青年对我说，极佩服我每次失败，毫不灰心，而且精神更强。但我是相信革命事业要三十年成功者，如二三次之失败算得什么，何至令我灰心！但我谓三十年成功，他便佩服我，而俄人谓成功待之百年，更足令我佩服。

俄国与中国皆是大国，将来成功亦必一样。吾等要从今日起，大家固结团体，以团体而奋斗，不专尚个人的奋斗；要靠党员的成功，不专靠军队的成功。望各同志要本此等精神、此等力量而进行。

《孙中山全集》第 8 卷，第 436—439 页

孙中山批邓泽如等的上书①

1923 年 11 月 29 日

交邓泽如，照所批，约各人会齐细心研究，如尚有不明白者，可于星期日再来问明。

---

① 11 月 29 日，国民党右派分子邓泽如、林直勉等十一人以国民党广东支部的名义上书孙中山，对苏联支持中国国民党改组的动机表示怀疑，指控中国共产党人参加国民党是"施其阴谋"。孙中山即作此批示。但邓泽如等在孙中山批示后仍进行反共活动。本批示开头一段写于邓泽如等上书的信封，其余各段写于邓泽如等上书各段上方空白处——原编者注。

此稿①为我请鲍罗廷所起,我加审定,原为英文,廖仲恺译之为汉文。陈独秀并未与闻其事,切不可疑神疑鬼。

俄国革命之所以能成功,我革命之所以不成功,则各党员至今仍不明三民主义之过也。质而言之,民生主义与共产主义实无别也。

俄国革命之初不过行民权、民生二主义而已,及后与列强奋斗六年,乃始知其用力之最大者,实为对于民族主义。

此乃中国少年学生自以为是及一时崇拜俄国革命过当之态度,其所以竭力排挤而疵毁吾党者,初欲包揽俄国交际,并欲阻止俄国不与吾党往来,而彼得以独得俄助而自树一帜与吾党争衡也。乃俄国之革命党皆属有党政经验之人,不为此等少年所(遇)〔遏〕,且窥破彼等伎俩,于是大不以彼为然,故为我纠正之,且要彼等必参加国民党与我一致动作,否则当绝之,且又为我晓喻之谓民族主义者正适时之良药,并非过去之遗物,故彼等亦多觉悟而参加吾党。俄国欲与中国合作者只有与吾党合作,何有于陈独秀?陈如不服从吾党,我亦必弃之。

我国革命向为各国所不乐闻,故尝助反对我者以扑灭吾党,故资本国家断无表同情于我党,所望为同情只有俄国及受屈之国家及受屈之人民耳。此次俄人与我联络,非陈独秀之意也,乃俄国自动也,若我因疑陈独秀而连及俄国,是正中陈独秀之计,而助之得志矣。

民权主义发端于选举,若因噎废食,岂不自反对其主义乎?若怕流弊,则当人人竭力奋斗,不可放弃责任,严为监视,如察悉有弊端,立为指出。以后我每两礼拜与各人会集一次,如遇有问题可公共解决之。

因一人所见有限,故不得不付之公举,亦自觉所委任常有不当之处,故不得不改革。

不能以彼往时反对吾人,而绝其向善之路。

种种方法,有不善者自当随时改良,方期进步。吾党自革命以后,

---

① 此稿:指中国国民党党纲、党章等草案。邓泽如等的上书中说:"探闻俄人替我党订定之政纲政策,全为陈独秀之共产党所议定。"——原编者注。

则日日退步，必有其故，则不图进步改良也。

《孙中山全集》第 8 卷，第 458—459 页

契切林给季诺维也夫的信

莫斯科，1923 年 12 月 5 日

机密。

致季诺维也夫同志。

送斯大林、托洛茨基、加米涅夫、维经斯基诸同志以及外交人民委员部部务委员会成员。

敬爱的同志：

我曾同维经斯基同志谈过几次，并给您写过信，说明有必要在共产国际执委会下面成立一个委员会来观察与国民党的关系，而且可以理解，没有人反对成立这个委员会。最后，它应该开始运作，因为将会出现一些实际问题。一旦作出这个决定这些问题就应由这个委员会来加以讨论。11 月 30 日加拉罕同志给我们发来密码电报，要求就孙逸仙请求提供 10000 支步枪、10 挺机枪、10 门轻型火炮和弹药以及装备两个师的电话器材等问题紧急给予答复。加拉罕同志建议减少数量，但不超过二分之一，特别是步枪和机枪。根据加拉罕同志的意见，应该给予孙逸仙一点支持，以使他能够坚持下去。

政治局始终坚持认为，涉及我们对孙逸仙的态度的问题，不应该单独研究，而应该全面地同中国总的前景联系起来研究。这就是为什么我会觉得，如果存在拟议中的委员会，把加拉罕同志的建议交由它来讨论，那是最好不过的了。但是，必须注意到加拉罕同志要求紧急给予答复。

致共产主义的敬礼！

契切林

《共产国际、联共(布)与中国革命文献资料选辑》(1917—1925)，第 347—348 页

孙中山在广州大本营对国民党党员的演说
1923 年 12 月 9 日

各位同志：

此次本党改组，想以后用党义战胜，用党员奋斗。吾党经过十余年来，或胜或败，已历许多次数。就以胜败成绩观察之，则军队战胜为不可靠，必须党人战胜乃为可靠，此点党员须首先明白。吾党当革命未成功以前，皆用党员来奋斗，绝少用军队来奋斗。至于武昌一役，虽属军队奋斗之大胜利，然此次成功，乃由党员以党义奋斗之结果，感动军队而来。不幸武昌成功之后，党员即停止奋斗，以至此十二年来吾党用军队奋斗多，用党员奋斗少，即或有之，亦属讨袁失败之短时期间。

吾党此次改组，乃以苏俄为模范，企图根本的革命成功，改用党员协同军队来奋斗。俄国以此能抵抗列强之侵迫，其时正当俄国革命初成功，而俄党人竟能战胜之，其原因则由党员能为主义的奋斗。吾人由反对俄国各报纸所得之事实，则英兵由北冰洋上陆时，俄兵不加抵抗，自行引退，留下种种印刷品，询问其何故来打俄国——列强既与德国和好，何以今再有征俄之举。各国兵士当时以为往俄与德兵战，不知为与俄民战也。以此质诸上官，上官无词以对，兵士遂即行引退，或激成兵变。此全由俄党员不仅能感化本国人，而且能以主义感化外兵。日本兵队之开往西伯利亚，亦同被感动。此俄党人为主义奋斗的结果。

吾党历年来革命奋斗工夫，尚未周密，以故屡遭失败。吾党革命未成功以前，党人多肯奋斗，及成功后则遽行停止，转而全靠军队来奋斗。今由俄国观之，则党人奋斗始能为最后之成功。今日有民国之名，而仍然失败者，何以故？则由于党人不为主义奋斗之故。我党为国中唯一之革命党，如党员希望革命真成功，即须奋斗，否则无成功之望。从前党员出外宣传，发挥主义，非常踊跃；至成功后，以为此等事乃无效力之所为，须握军权乃算奋斗，这个观念实在错误。今日由俄国革命成功观察之，我们当知军队革命成功非成功，党人革命成功乃真成功。以前吾人所不知的，现在可以明白了。

　　然从今日现象考察：吾党党员中热心的人出而握军权，未尝无人；但谋私利者亦假称热心，争握军权。不知军队是拼命杀人的事业。今之手握一万数千兵者，以利结合，鲜有以主义感化其部下者。就现在情形观之，凡兵士临阵，有赏则能克敌破城，无之则不能。或有不赏亦打仗者，则因地盘苦瘠，须占领较富裕的地盘而已。可知军队奋斗，系为升官发财起见，非如昔日党员专为主义的奋斗也。故欲靠今日之军队单独以达革命之成功，则希望甚微；必定将现在将士升官发财、自私自利的思想化除，引他到远大的志愿，乃能有望。故党员今日第一级工夫，要先设法感化在西南政府旗下的军队，完全变为革命党员，一致为三民主义牺牲，而不为升官发财而牺牲。如此，则军队、党员便可成互助之奋斗，而革命之成功指日可期矣。

　　然军队之奋斗，必素有多少之练习；乃党员则毫无练习，此党员之缺点也。若党员欲运用其能力，出而感化他人，亦犹之军人上阵战争，必须明白其枪炮之效力及其用法。故党员必须明白三民主义、五权宪法之内容如何，然后用之出而宣传，始生效力，始能感化他人也。枪炮能有效力者，因其能杀人，故大军一到，敌人即服。三民主义、五权宪法则与之相反，其效力为生人。革命主义既以生人为最终之目的，故必须周知敌人之情形，尤须明瞭士农工商之状况。对待此类人们，非可杀之也，实须生之。如何方可以生之，则须知其痛苦所在，提出方法，敷陈主义，乃能克敌致果。此乃无敌之雄师，无人能抗之者，在乎我党能善用之否耳。如遇农，则说之以解脱困苦的方法，则农必悦服。遇工、遇商、遇士各种人们亦然。然用何方法，用何力量，走何道路，则须知三民主义、五权宪法非对于已往及将来，乃对于现在造成良好国家。

　　建国方法有二：一曰军队之力量；二曰主义之力量。我党前时无兵力，今始稍有之。然吾党兵力，常居于弱的地位，而敌则常居于强的地位。前为吾党大敌的满洲政府，兵力强于我，而我能推翻之。以后袁世凯、冯国璋等，我亦能推翻之。今目前之敌人，则为曹锟、吴佩孚，试问能打倒之否？照历史上观察，则必能之，只时间的问题而已。惟靠军队打倒曹吴,革命亦未能算成功。试问满洲、袁、冯倒后,革命能成功否?由此推之,则前途极为危险。今后首当将企望以军队谋革命成功的观念打破,因为军队无暇受宣传感化,即热心者带兵,亦为环境所同化,久而久之,变为图私罔利之人。故军队数年来未能成为革命军,这是一个大原因。

无识者以为军队战胜,便是革命成功,而不知实系观察错误。革命是救人的事,战争则为杀人的事;军队奋斗是出而杀人,党员奋斗是出而救人。然革命须用军队之故,乃以之为手段,以杀人为救人。杀人为军队之事,救人乃党人之事。十余年前,用军队破除障碍,推翻满洲政府,这是军队用得适当。惟推倒满政府之后,即须救人,此乃党员所应有事,所谓责无旁贷的。乃竟不负此责,其高尚者则宣言不问政事,坏者则只知升官发财。今则愈弄愈坏,革命名词失其尊严神圣,其咎实在于革命党人不去做革命奋斗工夫。

今次之改组,则欲党员个个从新再去做革命奋斗工夫。但做革命奋斗工夫,必须有方法,而方法必从训练而来。古人云:"不教民战,是为弃之。"这句话是很对的。党人为主义奋斗亦然。然必须自己先受训练,然后出而能感化他人。现在吾党即欲实行训练党员,使之出而奋斗。以前党员无训练,故奋斗成绩甚微。杀人之事,尚须操练,则救人之事,更非训练不可。

吾党员奋斗之武器,则三民主义、五权宪法是也。诸位皆赞成此次改组者,试问于三民主义、五权宪法已有心得否? 打倒曹吴亦不能作为吾党成功,因吾党主义,非只推倒一二军阀便算了事的。必须党员人人能奋斗,主义能实行,然后乃得为真成功也。此则纯然倚靠宣传之力。军队以枪炮出而宣传,党员则以主义出而宣传,其革命相同,而其成功则不同。因革命成功,非能专靠杀人,尤须靠救人。然救人必须全国人能自救;全国人能自救,必须多数人明白人生道理。

吾党人以华侨为多。试问何以有华侨? 则因内地生活不足,乃谋生活于海外。就香港出口计之,前二十年每年往南洋者,多至四五十万人,现在必有加而无减。此等出外谋生者,多由他人借给船费,就是卖身为"猪仔"。落船后已觉不快,登岸后更不快,至派往园口矿山做工后,更觉痛苦非常。询其何以来此受苦,则言内地生路已绝。以每年四十万出口计之,回国的不足四万,是十人有九人死于海外,并骸骨亦不能回国。此等人是最苦的。幸遇有亲友,以资赎回,救出苦海;然赎不胜赎,且所救者只一二人。我革命党救人,则谋全数救之,不但华侨,且及全国。各位均知南洋群岛前时均一片荒土,我中国人为之辟草莱,垦荒地,谋生活;虽间有致富者,然极少数。我国荒地、矿山甚多,乃竟地利不辟,其原因则由无良好政府,不能(不)〔有〕所为。今革命方法,乃救全体人民,组织良好政府。惟必须多数人先明白主义,了解此方法,乃能全救之。故今先打倒陈逆,得回惠、潮、梅之地,使全省统一,进而全国统一,再进而实行主义,乃能救之。

十二年前,军力成功,不能实行主义,以至人民痛苦愈甚。不知者方归咎于革命党,试问革命党能受之否?然事实则确令人饱受痛苦。前之强盗甚少,今则强盗遍地,皆由党人失于奋斗,致此结果。奋斗救人之方法如何?即以广东言之,三千万人须一半能明白我党主义,能受我党感化,方能达我党目的。故我党人能起而救人,首须明白主义,明白社会状况,然后人民乃能接受我党主义也。譬之军人提枪射击,若命中,其人必死,否则亦伤。今党员出而宣传主义,能入人心,则其人必受多少感动。然有感动〔有〕不感动者,何以故?其不受感动者,则由于其人有障碍。譬之射击时,其人立于一大石之后,则虽命中,亦不死伤。若其人有障碍,则所言必不入,故必须随时考察各个人之情况。因凡人类皆有其主义。以发财而论,则人人皆欲之。我党人之救人,亦属发财主义;但常人则欲个人发财,我党则欲人人发财而已。今日私人发财者,无险不冒。就以南洋"猪仔"而论,其冒险性较军队为强大;军队死亡,反不如"猪仔"死亡之多,而人之甘心为个人发财者,乃乐而为之。此发财主义实与我党主义无背;所不同者,乃我欲人人发财,彼则谋个人发财而已。损人利己,乃能发财成功者,我党人不为也。我党须人人发财,始为成功。故须向各界人士说明,如君欲真发财,必人人发财,乃可达真发财目的。因此必须组织良好政府,人人明白本此主义以组织政府,乃可达到人人发财之目的。

古代草莽英雄,出而革命,所凭者威力,顺之者生,逆之者死,此乃"化家为国"之革命。我党则不然,乃根本民意而革命,实为"化国为家"之革命。今我国已成割据局面,如单靠我革命党军力统一之,实不可望。因革命党兵力甚弱,以军力论,则必属于非革命党者成功。然我党之必成功,则又若可操左券者,何也?则革命力量,譬之山上之大石,不动则已,若一引动,则必转落至山脚而后止。故革命力一引动,则不可止。俄革命六年成功,而我则十二年尚未成功,何以故?则由于我党组织之方法不善,前此因无可仿效。法国革命八十年成功,美国革命血战八年而始得独立,因均无一定成功之方法;惟今俄国有之,殊可为我党师法。各党人个个能实行为主义奋斗,不汲汲于握军权,但监督之使为己用而已。且俄之成功,亦不全靠军力,实靠宣传。我党兵力虽弱于人,惟主义则高尚于人,久为国人所信仰。苟我党员能尽其聪明能力,说之使明,则当无不受其感化者。大众能想出良法,使多数人明瞭三民主义、五权宪法,则可不待军力革命,而亦告成功。俄国军队能感化外兵;而今日为我敌者,只本国兵而已,又何至不能感化之耶?且在前广州新军一役、武昌一役,是其明证。故我党不用此力则已,一引用之,则曹吴之兵必如前清新军例,而我党可事半功倍矣。为此之故,我党须每日均学习宣传方法,时时训练,训练纯熟,然后能战胜一切。今滇军以善战称,由于彼军士每日三操两讲,无日或闲者也。

我党主义,乃合各个人所期望而集成者,乃企图人人发财,非企望损人利己而发财者也。彼英、法、美等国人民之生活程度优于吾人者,则以有良好政府之故。彼政府常为人民谋幸福,有灾害则为之防,有利益则为之图,故人民能家给人足。今我党人若能日日出而讲演主义,其有不入者,则考其有何故障。今定于每两星期来此学习一次,而此两星期须将做过之工夫,报告于我。由下一星期起,订一种问题,互相研究,以便答听者的问话。搜集材料,如军队打仗然,打过后须补充子弹,今党员出外宣传,亦当如之。每两星期到此补充材料,则宣传事业自易着手。三民主义、五权宪法,本为吾之所倡始、所发明,其解释须一依我之解释,然后方不至误解误讲。此处可称为诸位的兵工厂,我可以尽力供给材料,为宣传于军士的武器。

《孙中山全集》第 8 卷,第 500—506 页

鲍罗廷关于华南形势的札记

北京,1923 年 12 月 10 日①

前言

为了避免在香港逗留,我于 1923 年 9 月 29 日从上海启程乘坐一艘小轮船直驶广州,但在途中遇到台风,要是我们不是在台湾的岩岛上得救的话,那么笔者就会遭受与我们船上送命的那 200 只绵羊同样的命运。

我于 10 月 6 日才到达广州。因此,孙逸仙的代表魏秘书和喻育之将军接连三天来迎接我,毫不怀疑我乘小轮船从上海到广州走了这么多天,这并不奇怪。我对他们解释说,我不愿意向英国人申请签证,所以没有乘大轮船去香港。

与他们一起吃完早饭后,我详细询问了广州的情况,我把加拉罕给孙逸仙的介绍信交给了他们,几个小时之后,我已在孙的大本营里②被介绍给孙本人。

---

① 日期是根据文件发出的日期注明的——原注。

② 孙逸仙的大本营是一个戒备森严的小克里姆林宫。陪同我的秘书和将军,在大门入口处“戴上了”自己的通行证,类似于五角星青铜奖章。每个角象征五权中的一种基本权力:立法、行政和司法,还有两个是孙从中国历史上借用来的,即考试和监察(根据前者,所有政府官员从最低级到最高级,包括总统在内都必须经过考试才能从事本职工作,后者是一种监督他们行为的制度)。警卫在所有入口和出口处站岗,每当有人通过,都敬礼(鲍罗廷注)——原注。

孙逸仙在我看来同片山潜惊人地相像,只是年轻些,更有精神、精力更充沛。

他非常热情地接待了我,让我在他身边坐下,默默地打量了我几秒钟。

我向他转达了莫斯科和全权代表加拉罕同志的问候,并表达了加拉罕同志在合适的时机同他会见的愿望,之后我扼要地向他说明我来广州的目的,并向他提出了几个与国内局势有关的问题,特别是与广东局势有关的问题。然后他向我询问了俄国的情况,他主要关心我们的军事和工业情况。我回答了他的问题,有意为在我所希望的话题上的进一步交谈打下基础。例如,我向他讲了我们军队的情况,主要是让他注意我们的政治工作,那是我们取得胜利的主要因素。当我详细地向他描述这方面的工作时,他立即说:"这项工作我们没有,我们应该有。"

这时他的私人秘书陈友仁(见评语)①走了进来,他几天之前被任命为航空工业负责人。孙把陈介绍给我,他很快就积极地加入了谈话。

首先他抱怨缺乏必要的航空装备,特别是在弄到发动机方面遇到困难。他把这些困难归咎于孙所管理的地区实际上受到了外国列强的封锁。谈到履行中国同这些列强签订的条约问题,列强则认为孙也有这个责任,但与此同时,鉴于他们无论从法律上还是从事实上都不承认孙的政府,所以也根本不找他算账。陈友仁说:"他们认定我们负有各种义务,而没有任何权利。外国人征收捐税,用来抵偿中国政府过去承担的债务,多余的部分交给北京独裁者。这种税收在广州每年达1200万元左右。但孙的政府不能从中得到分文,当孙有一天想把海关控制在自己手里时,英国人则把海关迁到沙面(外国租界),在那里它可以在炮舰的保护下更平安地行使自己的职能。此外,他们还把外国列强互相承担的义务(向中国输入军火)用到孙的政府头上,并且不得不采

---

① 评语没有找到——原编者注。

取走私的办法。"这时孙逸仙好像是为自己作辩解似地指出,暂时他还要待在广州,他身后有英国殖民地(香港),他根本无法同帝国主义进行任何斗争,因为帝国主义已把他的手脚束缚起来了。他提出这样一个观点:如果他能够在中国中部或蒙古建立根据地,那么他就能够很自由地对帝国主义采取行动。

至于中国中部,一切都取决于他的军队能在多大程度上顺利地向北挺进。他还期待着他的代表在莫斯科谈判的结果。显然,他对这次谈判寄予厚望,而蒙古根据地对他更具有吸引力。

他说:"蒙古具有更大的优越性,这首先是因为我在北方比在南方有更多的信徒。"在北方,他没有敌人,而在南方,敌人很多。他认为,只能这样。在南方,他是在一方面有外国封锁,而另一方面有无数条战线的情况下领导着政府工作,他不得不采取一些不仅可能引起人民的仇视而且也可能引起某些朋友的仇视的措施。

相反,在蒙古,身后有友好的俄国,他可以实行"更公开和更坚定的政策"。

现在他认为必须把广东控制在自己手中,就这需要扩大和巩固军队。为此他需要援助,他估计,这种援助可以通过海参崴向他提供。可以利用不经香港的海参崴——广州航线。但利用海参崴——广州航线还需要某种表面上的理由,这很容易做到,因为广州需要建筑材料、鱼、大豆、鹿角等。所有这些都可以运到这里来交换中国产品。这条航线可以立即建立他所急需的同俄国的直接联系。有的装备,绝对不能没有,而由于封锁又无法弄到,但可以从海参崴提供。例如他指出,他那里有飞机制造厂,但是没有发动机。他还说,只要他留在广州,同俄国的直接联系是绝对需要的。志愿船队的轮船在海参崴和广州之间哪怕每月航行一次,就可以为他建立这种必要的联系。

在以后的相当长时间的谈话中,这个问题基本上再没有涉及。他焦急地等待着答复。

我在广州碰到了什么

广州的情况我认为是这样:孙逸仙同最忠于他的国民党人都在忙于前线上的事情。在广州有以邓泽如为首的国民党分部。邓是一位年事已高的保守的新加坡商人,但他本人忠于孙。据他自己称,党在广州分部有党员3万,其中缴纳党费者达6000。国民党改组时,党员重新进行了登记,从登记结果看,这些数字不符合实际。登记者共计约有3000,看来,完全代表了广州的国民党。从这次重新登记中还发现,党同党员没有任何联系,没有在他们当中散发书刊,没有举行会议,没有说明孙在各个战线上的斗争目标,特别是同陈炯明的斗争目标。国民党作为一支有组织的力量已经完全不存在。

广东人民对孙的政府持强烈反对态度。广州的工人加上手工业者共有35万人。孙从上海回来时,他们曾热烈欢迎他,现在他们对他的政府的命运漠不关心,对其胜败根本不感兴趣。城市小资产阶级,因前线时胜时败和敌军经常进犯而深受无政府状态之苦,一听到令人胆颤心惊的消息,要么关闭自己的店铺,要么藏身于外国列强的旗子之下。苦力们一批批被抓走,送往前线,强制劳动,因此城市里的交通工具明显不足。这种现象又损害了商业。滥征捐税引起了更多的误解和仇视,而没有给国库增加收入。至于农民,他们把孙同陈的斗争看作是只降临到他们头上的一种不幸。他们不再纳税,不再把粮食卖给军队,最终拿起武器在某个地方从后面袭击部队。

对所有这一切孙都未予注意。他甚至也不关心要在报界对一些事件作出某种说明。报纸上每天都刊登相互矛盾的前线捷报,而对失败只字不提,要么很突然地压到人民头上。仔细阅读这些报纸就会发现,好像敌人在本着使广州本来就混乱的气氛更添混乱的思想指导着报界。孙甚至从来都没有看过这些报纸,更不要说对中国其它地方或国外发生的事情的关心了。他把所有时间都花在同无数个将军的谈话上,这些将军各自为战,没有总指挥部。

如果所有这一切再加上陈炯明也是作为国民党的一员出现的,那么就会清楚,在人民的头脑中对同一个党的两个成员之间的战争,该会产生什么样的混乱。

广州的共产党和社会主义青年团组织的状况也不好。前者大约有50人,其中9人在孙逸仙大本营的宣传委员会工作,而其余的人分散在各工会组织、学校,等等。社会主义青年团有150人,主要是青年学生。这两个组织已萎靡不振,因为他们脱离群众性的工人运动,而工人已成立了联合10万多会员的200多个工会组织。共产党中央委员会的代表谭平山是中国共产主义运动最有头脑和最积极的领袖之一,他全力以赴地投入到孙的宣传委员会工作中,但是这项工作与工人、农民和城市小资产阶级的日常生活的共同之处很少。主要是编写和出版某种理论题材的小册子,虽然这些小册子的名称具有宣传鼓动性,例如《农民和革命》、《工人和革命》、《士兵和革命》,等等。至于共产党的整个组织,那么它只是阅读这些小册子并尽可能地在群众中散发。但就是这些小册子也很少送给农民,也根本到不了军队中。

如果不算在孙的宣传委员会中的9名共产党员的工作,在共产党和国民党两个组织之间也不存在任何实际联系。共产党最近一次代表大会关于同国民党合作的决议,在广州没有遇到任何反对。此外,几乎所有共产党员都像社会主义青年团团员一样,都乐意在国民党中工作,如果实际上有这种可能的话。他们意识到在参加国民党之前,应该改组它和重建它。他们与前来这里的同志,例如同马林等人曾不止一次地试图争取国民党人,主要是孙本人同意进行改组,但都没有结果。国民党人由于本报告所说的原因而没有听他们的。因此,共产党代表大会的上述决议还是一纸空文。

随着时间的推移,在许多同志那里,包括在前来这里的同志,以致某些俄国同志那里,形成了一种信念,即只要孙留在广州,只要他完全醉心于军事"冒险"(这些军事"冒险",由于有无数敌对将军的参与——这些将军无论如何也猜不出是为了什么样的美好理想在进行斗争——他们听起来有点某种史诗的味道),总之,只要孙和优秀的国民党人不放弃广州,不迁往上海,那就不能想象会有什么真正的国民党工作,这是毫不奇怪的。这里同志们忘记了,尽管孙曾不止一次地去过上海,但改组国民党的工作没有取得一点进展。

改组国民党的准备工作

这就是我到广州时面临的形势。还在北京和上海时,就从同共产党人和国民党人的交谈中弄清楚,如果国民党不领导中国国民革命运动,这个运动就不会是什么现实的东西,但是现在这个样子的国民党又不能担起这个运动的领导工作。为了起到这个作用,它必须进行改组。现在它既没有纲领,也没有章程,没有任何组织机构。它偶尔发布由孙签署的诸如民族主义、民权主义、民生主义等一般性题目的宣言,根本不涉及当前的事件,不对它们作出解释,也不利用这些事件来发展和巩固党。这些宣言作为趣闻被刊登在几家报纸上,然后国民党又沉睡一年又一年。国民党的这种状况一方面导致许多出身于小资产阶级的国民党员为其自私的目的利用"国民党"这个曾受欢迎的名称,另一方面导致忠诚的国民革命分子完全失去了信心,而南方最优秀的国民党人对群众组织失去信心后,完全投身于军事工作,而在军事工作中,事物发展逻辑本身使他们变得更像所谓的军阀,在人民群众看来,不知道这些军阀在为什么打仗。

进一步了解情况后发现,在改组国民党这件事上正是上述两种人在起主要作用。原来,问题根本不在于他们对国民革命运动的群众性组织感到失望,而在于他们对改组还没有认识,还没有达到理解有组织的国民党的重要性和必要性的高度。这些人的领袖,即孙逸仙本人在兜售与某种党性精神相抵触的思想,根据他的理论,人民应该知道,他孙逸仙是在为全国的幸福而斗争,所以应该追随他。诚然,反动军阀妨碍人民追随自己的伟大导师,但他根本不认为反动军阀是独特的中国封建制度的武装残余。不过这是一种可以用武力加以克服的阻力。他指望自己的学生们绝对地、无条件地服从他。这里不仅有我们欧洲意义上的英雄和群氓的理论,这里还有某种开明的古波斯的总督遗风。

当然,实际上从所有这一切中只能得出,伟大导师仍然求诸于那些即使不是大部分时间也是经常地与他共事的军阀的帮助,而这些将军与他共事是因为可以从前线这样或那样一些胜利中捞到好处。正像有一天在一次谈话中我对他所说,孙博士不是从广东随便哪个山头上宣传自己的思想的,任何一个真正的宣传者都是会这样做的。他呆在广州,在他的周围,一方面有真正听从他的学生,另一方面又有一些大骗子和投机钻营者,以及沽名钓誉的贪婪的将军。城市状况令可敬的英国和美国的资产者以及传教士感到羞愧,因为在任何地方,"恶习"都没有像在广州这样公开泛滥。妓院和赌场完全公开地出现在所有街道上,以致在无数条河流和水道上及外国租界沙面岛上。向妓院和赌场征税要比向商人征税容易得多。实际上斗争的全部重负都落在最贫困的居民身上。富人把自己的巨额资金存在外国银行里,而贫民却被洗劫一空,还要被抓去,进行强制性劳动。

孙清楚地了解这一切,他根本无意把这一切归罪于自己的理论,而是归因于在他看来这样一个可悲的事实,即在中国还没有足够的追随他并帮助他实现全国幸福的好学生,虽然如上面所指出的,有时,他本人也希望摆脱这种环境,迁到蒙古某个地方,在那里他可以依靠俄国作为后方,在还没有为自己树敌之前,一切重新做起。

不管怎么说,孙和上面所指出的国民党人,虽然都具有小资产阶级的动摇性和理论与实践相背离的种种毛病,但在目前和很长时期内他们还是能够领导中国国民革命运动的唯一代表,对此不应有任何怀疑。我正是从这种观点来观察问题的。我两个月来的全部工作就在于使他们相信,迄今为止他们所采取的斗争方式是无益的,必须加以根本改变。当然,这一切我是谨慎行事的,是力所能及地、有分寸地进行的。我具体地向他们建议,根据确切阐明的纲领和党章来着手改组国民党。此外,我还向他们建议开始改组整个军队,为此成立军官学校和造就一些政工干部。为了吸引群众支持国民党,我建议他们首先在广东本地进行一定的改革,在劳动立法方面进行改革,调整土地关系和改善小资产阶级状况(见报告第×页)①。

　　早在孙和政府成员为我来广州而举行的一些宴会上,我就开始阐述自己的观点。这些宴会通常都变成了真正的会议,不是互致一些客气的话,而是就大家感兴趣的问题发表长篇讲话。在这里什么都讲:关于俄国革命的历史,关于我们取得胜利的原因,关于我们的军队,关于军队中的政治工作,关于帝国主义国家、殖民地和半殖民地国家。大家在这里提出许许多多的问题,既有关于俄国经验的,也有关于中国经验的。用餐本身不再起什么作用,主要的是,人们聚集起来听听前来这里的人的讲话,交流一下自己的经验。我要说,正是在这些宴会上为国民党改组的工作奠定了基础。诚然,孙只是亲自参加了第一次宴会,但是我同他在一周中要个别交谈几次,向他阐明同样的思想。开始时他试图将谈话转到军事问题上,竭力使我相信,最好他在这条战线上有这样的军队,而在另一条战线上有那样的军队。有时他还提出要根据某些战役的结局来改组国民党的问题,他设想在这些战役之后组织一次向北京的远征。有一次他邀请我同他一起去视察,保卫着通往广州的要道的炮台,这次视察进行了两天。我们住在他的快艇上,常常坐在甲板上长谈。他平静地听我说话,有时突然望着某座山头或谷地说:"我将在这儿建一座军火库,而在那儿建一些甚至英国军舰也不敢接近的防御工事。"他还阐述了广州周围的一些防御工事计划,为了实现这些计划将不仅需要中国的所有资金,而且还需要全世界的资金。这种状况丝毫也没有使他感到难为情。视察炮台以后,我们又顺流而下视察了他所看中的那个谷地,他设想在那里建造一座大型军火库,但我们还没有靠近这个地方就遭到了土匪的袭击。快艇上的一名水手被一枪打死,我们自己为躲避子弹不得不钻入一个底舱隐藏起来。我多少有点喜欢发生这种情况,这是我曾对他说过的必须在农民中做工作的最好例证,因为发生的袭击来自农民,他们手执武器在保卫自己的稻田。在

————————
① 此处页码未标明——原译者注。

回来的路上,他没有再说那些倾注了个人心血的计划。几天之后他任命我为改组国民党的顾问和指导员。

制订党纲和党章工作开始了。最显要的国民党人开始经常开会,讨论与改组有关的所有问题,最积极参加这项工作的有广东省省长廖仲恺,孙博士的儿子广州市市长孙科,广东省公共安全委员吴,后者在工作中表现出特别的热情。

孙本人也积极参加工作。他只是提出了国民党改组临时执委会成员名单,并任命我为组织教练员,同时责成我们大家着手工作。从报告中可以看出我为吸引孙积极工作而准备采取的进一步措施。在这里我要指出,再过几周,由于对改组工作和与此有关的实际工作进行了讨论,他将不得不把战线联合在一起,让一位优秀的将军①统一指挥,而由于改组在各个方面开始显露出好处,孙也乐意接受积极参加党务工作的建议,主持会议、审查纲领、章程,等等。

现在广州所有 12 个区的区委会都在行使职能,出版党的周报②,1月中旬打算召开国民党的全国代表大会,孙任主席的临时执行委员会配合国民党在全国范围的改组工作得很有劲头。为了贯彻与改组党有关的决议,在上海成立了一个由最著名的国民党员组成的委员会,廖仲恺甚至同意把省长职务交给自己的助手,以便亲自(当然是在孙的同意下)去上海推行广东的经验。

从谭平山同志提出的报告中可以看出③,改组国民党的工作使广州的共产党员人心振奋,为他们提供了他们早就向往的工作。应该为他们说句公道话,广州的共产党员为改组国民党做了大量的工作。

12 月 1 日我回到上海。我将与廖一起在这里组织工作。顺便说一句,廖还带来了孙给上海国民党人的信,孙在信中谈到苏联给中国国

---

① 1923 年 11 月 14 日孙逸仙任命杨希闵为云南、广西联军总司令——原译者注。

② 指 1923—1924 年在广州出版的《国民党周刊》——原译者注。

③ 报告没有公布——原译者注。

民革命运动的帮助，并要求国民党人服从我的指示和领导。我们决定不让国民党人看这封信，而仅向三四位最可靠的国民党人宣读。

现在，在广州呆了两个月之后，首先我确信，让广东控制在孙逸仙手中，从实现我们力求在中国推行的那些计划的角度来看和首先从改组国民党的角度来看，都是极端重要的。

从最近两个月来已经做的工作中可以看出，广东不论在改组国民党方面，还是在一般地发展国民革命运动方面，都能够成为我们整个工作的中心。任何一个省都不可能像广东那样成为国民党的领导和发展中心。在一些省，国民党的活动是不合法的，例如在直隶，而在另一些省，人们之所以容忍国民党，是因为它不经常显露自己。只有在广东和特别是在广州，可以建立这样的中心，因为国民党在这里是执政党。各种政党、派别和团体都在利用治外法权建立自己工作的基地。如果不算国民党几位显要大人物，就像孙在上海时唯一不能在这些租界为自己找到栖身之地的党就是国民党，孙在上海就发生了这种情况。但是只要国民党发展壮大并以一支团结的力量出现，这种局面就会结束。从这个角度来看，广东掌握在国民党手中具有特殊的意义，失去它就意味着失去唯一的工作基地。如果这样，那么支持孙现在正在为控制广东而进行的斗争的问题就是我们计划的一部分，就必须与国民党改组问题和整个国民革命运动问题同时解决。这个问题能否像孙逸仙建议的那样解决，必须立即加以研究和决定。这里所说的不是西北计划问题，也不是蒙古问题，而是经过海参崴提供援助的问题。

在我离开广州前夕，收到加拉罕同志的一份电报，要求弄清孙一旦在广东站稳脚跟时所需援助的规模。我已经同孙和我们的军事专家一起进行了这项工作，我理解电报的意思是，问题已经得到积极的解决。

应该指出，这封电报恰好是在孙已经积极投入国民党改组工作之后收到的，它给孙造成的印象是：我们将不限于仅仅提供文化帮助，即表现为提出应该怎样组织中国的国民革命运动的建议的帮助。同时，我们也将不限于为这项工作提供资金帮助。这封电报似乎强调，我们的着眼点是组织国民革命运动,成立军事学校,为军队提供政治工作干部等项工作,而如果为了这些工作,还需要巩固前线,那么在力所能及的范围内,我们在这方面也不会拒绝。

孙的任务

目前摆在孙面前的任务是什么呢?

(1)继续在全国范围内进行在广州业已开始的国民党的改组工作。为此他必须立即在中国的各大中心城市创办报纸。党的第一份报纸已经在广州创刊,刊载有纲领、章程和改组宣言的第一期已经问世,并附在本报告之后。第二份报纸应在上海创刊。在这方面已经预先采取了具体步骤,第一期可望在最近两周内出版。上海组织是为在中国中部地区开展工作而设立的临时执委会的分部。这个分部已经由临时执委会任命并得到孙的批准。为了组建这个分部和安排它近期的工作,执委会经孙同意派廖仲恺去上海。为此目的中共中央委员、国民党改组临时执委会三位书记之一的谭平山同志也来到上海。我曾亲自同上海分部的两位成员,也就是张继和汪精卫谈过话,分部由于某些成员不在尚未开会,这些人应在近日内来上海。顺便说一句,他们当中应该来的还有戴,他是一位老资格的国民党员,中国出色的新闻记者。上海分部的一项主要工作就是在中国中部筹备出席国民党全国代表大会代表的选举工作,这次代表大会应于 1 月中旬在广州召开。在上海成立中央新闻社,以便为所有的中国报纸提供新闻和具有国民党精神的文章。宣言已经制订,它可以作为所有敌对党派临时协议的基础。这是从宣传目的出发预先采取的措施。宣言分析了中国当前的局势和从自己方面即以国民党名义提出的摆脱当前无政府状态的某种出路的现有方案,提出了一项为绝大多数中国人民所接受的行动纲领。这个宣言旨在向中国群众证明,相互争斗的集团即使以最起码的哪怕只能使中国的悲惨境况有所缓解的行动纲领为基础,也都不能联合起来。这个宣言应该成为正在改组的国民党的一种鼓动和宣传手段,从而使它有可能把中国民众吸引到自己方面来。

（2）坚守广东并不是为了像迄今为止所做的那样，是要在某些战线上取得军事上的胜利，始终幻想组织一次对北京的远征，而是为了使广东作为向全中国发展和推进国民革命运动的根据地。为此，首先必须根据政府在社会劳工法、调整土地关系等方面的具体措施，做工人、农民和小资产阶级的宣传说服工作，同时要缓解无地、少地和村社农民的处境等等。换句话说，要在广东建立这样一种社会基础，它能证明孙的政府存在的合理性并使它能够提出全民族的任务。

（3）改组现在共有5万到10万人的军队，使它完全服从国民党的领导。为此孙必须创立几所军事学校，同时重视培养政治工作人员。在这方面已经做了一些工作。11月25日，孙主持下的国民党临时执委会最终接受了这里提出的在广州创建第一所军事学校的方案。建校的原则是以营为单位。这所学校区别于同类学校的地方是它名副其实地设立了政治部。蒋将军被任命为校长，他是孙在莫斯科的代表，现正在回广州途中。任命广东省省长廖仲恺为政治委员。校址已经选定，最近将一切准备就绪，学校将开始运转。学校开支预计每月1.5—2.5万元，这取决于是否接受我们关于每个营设3个连的提议，还是孙本人提议的6个连。

正像在另一个地方已经指出的那样，孙逸仙的军队现在是在杨希闵将军的统一指挥之下。尽管这位将军是国民党员，但这里附上的有关他的鉴定表明，未必可以把他看作是特别可靠的。但是注意到孙和国民党临时执委会在积极着手在广东群众中做党的工作，政府在制订旨在改善工人、农民和中间阶层的处境的措施，以及孙过去和现在都准备把政治工作人员派往军队，所有这些将会消除杨希闵将军的危险，更牢固地保持住军队同孙的联系。由此看来，我们能够通过海参崴给予孙提供的一切援助都将有助于他加强自己对军队的控制。

《共产国际、联共（布）与中国革命文献资料选辑》(1917—1925)，第364—377页

鲍罗廷关于国民党一大的笔记

1924 年

1 月 23 日白天,孙中山派来一名信差请我到他那儿去。他在代表大会秘书处等我。他的头一个问题是:取消国民党宣言,而用他为在全国代表大会上即将成立的全国性政府拟定的纲领来代替宣言是否好些。右派对这个纲领没有什么可反对的了,反之,他们会欢迎这个纲领,把它当作是摆脱在国民党宣言草案中提出的那些可恶的问题的最好途径。在纲领中宣布,政府准备满足人民关于衣、食、住、行这四项基本要求。政府准备保卫人民的利益,但在纲领中却只字未提什么是"人民",通过什么途径才能达到这一切,为在中国实现这个乌托邦,应当创造何种条件。因此中国的、海外的小资产阶级的国民党人当然乐于接受这个纲领,那些在海外的资产阶级化的国民党人现在感到忧心忡忡的是,党会赞成反对帝国主义,这一来他们就会被从东南亚撵走。

这就产生了一个问题:为何他们不干脆退出国民党?那样至少可以不搅乱民族解放斗争。不,他们说怎么能退出已经加入了二十年的国民党。这就是不"尊重元老"了。实际上在这种"尊重元老"下面隐藏着某些自私自利的目的。问题在于,形形色色的狡猾的家伙、政治投机者正以国民党的名义作幌子,在侨居海外的华人中间为"争取独立的斗争"募集巨款。光在加拿大就有一万华人(主要是工人)支持国民党。事实上这些经费中只有很少一部分用在中国革命斗争的需要上。国民党的全部进款都落入了那些狡猾家伙的腰包。暂时还可以去掠夺海外华人,又不冒什么风险,也就是说国民党对帝国主义者暂时没有任何危险(因而后者毫不反对国民党),这些狡猾的家伙就心满意足了。但从国民党在其行动纲领中明确宣布他得为中国的民族独立而斗争之日起,海外国民党冒险家轻而易举的生财之道必将告终。

由此就可以明白,为什么出席全国代表大会的海外国民党人(不是群众,而是他们的领导人——官僚,以及商人、地主)抓住了宣读过的政府纲领不放。他们做了力所能及的一切,以便使孙中山放弃宣言草案并用该纲领代替之。他们每天晚上都聚在一起。他们经常从后门跑到孙中山那里,竭力用通过宣言会产生的极危险后果来恐吓他。他们的朋友们从海外给孙中山打来电报,表示担心国民党落入布尔什维克手中,如此等等。他们甚至得以在害怕分裂的左派国民党人中制造混乱。这种混乱状态已经使很重要的一点从宣言中删去了,该点谈到要将大土地所有者的土地收归国有,等等。这是为了达到表面的统一对右派作出的让步。右派对自己在土地问题上的胜利颇为得意,他们又毫不松懈地"工作",目的在于废弃国民党的宣言草案。

担心得到了证实,孙中山因奉行旧的和极有害的"尊重元老"的路线,换句话说,与加入党二十年、并在每次集会时都向他的肖像鞠躬的人们友好的路线,他尽力避免摩擦,同意撤消宣言草案,提出政府的纲领。

情况是危急的。取消宣言草案,就意味着召集全国代表大会是毫无益处的,国民党无谓的漂亮空话依旧统治着党。

自然,我对孙中山向我提出的问题回答说,我认为用纲领代替宣言是不能容许的。一般说来,要使孙中山改变主意是困难的。他在自己的纲领中不是从国民革命运动的具体任务出发的,而是从这个运动一百年后的远景出发的。我对孙中山说,纲领需要完成,它应当公布,但无论如何它不应和全国代表大会的宣言混淆起来,因为在宣言中第一次多多少少明确地谈到了党的直接任务,以及党如何理解自己的政治原则。我认为,如果说政府纲领本身不能带来什么好处,那它自然也不会有什么害处。但是,如果国民党宣言被全国代表大会所通过,那么它就将成为以真正革命的国民党为首的中国国民革命运动发展的基础。乌托邦的政府纲领是没有实际意义的,而宣言回答了与中国命运攸关的问题,因此,它必将成为运动指导性的和决定性的文件……

在谈话中我列举了各种各样的理由。经过长时间的交谈后,孙中山决定通过宣言,同时也公布政府纲领。

还有一个重要情况,也是我们谈话的议题,这件事促使孙中山作出这个决定。事情是这样的,在一些报纸上刊载了孙中山与美国大使舒尔曼的谈话。后者同孙中山谈了三个小时,而他所公布的只是有利于美国干涉中国事务的部分,其余均密而不宣。孙中山向舒尔曼表示,即便他不得不同列强各国作战,他也将用武力取得关税。舒尔曼答应对于友好地解决向广州政府转交关余的问题提供帮助,只要将关余用于改善内河航行和改善航道,而不是用于军事需要。孙中山表示赞同,但他责备了舒尔曼乃至列强对待中国的不公正态度。孙中山说,"列强拒绝承认按权力属于我们的东西,同我及我的政府进行斗争,同时,他们不是按照华盛顿会议的决议以自己的干涉裁减督军的军队,反而支持督军。"他对舒尔曼说,如果所有督军都裁减军队,只保留维持秩序的警察,在这种条件下他准备参加讨论现状的华盛顿圆桌会议。舒尔曼大使只公布了全部谈话的一些片断,这些片断给人的印象是,仿佛孙中山为了裁减督军的军队,赞同外国人干涉中国事务。

孙中山问:"您认为,以我的名义发表声明会给人什么印象?应当做些什么来补救现状?"

对此我回答说,如果现在他沉默,那就意味着承认以他的名义发表的关于外国人干涉等项的声明,因而任何一个中国爱国者都不会原谅他的这一声明。即使把干涉理解为由中国的敌人帝国主义者来裁减督军的军队,这也是对人民的背叛。而如果声明是断章取义的、歪曲了他同舒尔曼谈话的意思——我相信声明是这样的——那就应当立即辟谣。在全国代表大会上的演说可以成为辟谣的一种形式,在演说中可以明白清楚地阐述与帝国主义者对中国内部事务的一切干涉作斗争的问题,同他们的一切特权和专有权作斗争的问题,关于废除以武力强加给中国的一切不平等条约的问题,等等。在这种场合,孙中山有极好的机会消除关于他同外国人妥协和拥护外国对中国进行干涉的一切臆测。这样的演说将在全世界发表,到那时美国大使舒尔曼利用孙中山的名字来为帝国主义对中国进行勒索的企图将遭到可耻的失败。

我一次又一次地问孙中山:他关于中国人民可能从美国、英国或日本得到某种帮助的幻想还将抱多久？难道他等待这种帮助不是已经太久了吗？现在还不该对充满幻想和失败的过去进行总结并转到新的道路上来吗？

我对孙中山说，目前您要拿定主意，是在被压迫的中国和其他被压迫国家同帝国主义世界两者之间进行调和呢，还是为争取正义者的权利而斗争。假如我不是在现在同您谈话，而是在世界大战和俄国革命胜利之前交谈，那么您可能把为被压迫国家的权利进行的斗争想象为是沦落在海外某地、只是幻想同帝国主义作战的幻想家小团体进行的斗争。目前所谈的是世界规模的革命运动。一亿五千万苏联人在支持您，现在沦为半殖民地的德国的人民在支持您，刚刚获得独立，但在帝国主义对世界其余各国取得胜利的情况下毫无使自己免受毁灭的保障的土耳其在支持您。伊朗、印度以及亚洲其他各国的人民都会感到您是为被压迫民族的事业斗争的战士。一句话，您当前要作出决定：您是与全世界民族革命运动一道前进呢，还是依旧去说服舒尔曼，使他相信他对待中国的态度是不公正的，甚至盼望他或者其他类似美国的国家的代表们对中国事务进行干涉？

孙中山点着头，还作着其他赞同的表示。我们谈话结束后，他和我握了握手，走下楼去，回到主席座位上。他代表委员会关于国民党宣言的报告作得极好，并成功地主持了热烈的讨论。全国代表大会赞同宣言草案。孙中山第一个投票表示赞成。

摘自亚·伊·切列潘诺夫：《中国国民革命军的北伐——一个驻华军事顾问的札记》，中国社会科学出版社，1981 年，第 70—74 页

加拉罕致孙中山电

1924 年 1 月 15 日

今日为国民党全国代表大会开会之期，兹以诚挚之意，庆祝我公与大会之成功。予深信国民党之事业在公指导之下，实为中国人民之民族解放运动的最好希望。苏俄对于中国人民为民族自由与独立之勇猛

奋斗表示其友爱之同情,并致其同情与希望于我公。公须知凡被世界帝国主义所压迫者,皆吾人之兄弟,凡为人民争自由者,皆吾人之同志,盖皆在一共同之奋斗中也。予兹致意于友爱之中国人民,愿凡为革命奋斗者,皆能坚毅从事。中国人民之民族自由与独立万岁!中国人民之先锋国民党万岁!国民党之首领孙逸仙先生万岁!中俄人民之亲善万岁!世界被压迫各民族之解放与联合万岁!加拉罕。北京。一九二四年一月十五日。

上海《民国日报》1924 年 1 月 28 日

中国之现状及国民党改组问题①

1924 年 1 月 20 日

现在的问题,是国民党改组问题。我们自办同盟会以来,有很大的力量表现出来,就是把满洲政府推倒。但推倒之后,官僚之流毒日益加甚,破坏虽成功,建设上却一点没有尽〔力〕。这十三年来,政治上、社会上种种黑暗腐败比前清更甚,人民困苦日甚一日。故多数反革命派即以此为口实而攻击革命党,谓只有破坏能力,而无建设能力。此种话我们革命党虽不肯承认,然事实上确是如此。这都是因为我们破坏后没有机会来建设,我们秉政时的南京政府只得三个月。到了北京政府的时候,政权都归于反革命党手内,此后革命党在政治上就没有建设的机会。不仅如此,且至于逃亡海外,在自己领土之内不能立足。自民国成立后,政权皆操之反革命派手内,故虽革命党对于政治上、社会上做了种种的破坏,而苦于无机会以建设。故从各方面看来,中国自革命后并无进步,反为退步。但此并非革命党之初心,今人民皆以此归咎于革命党,我党亦不能不受。在满洲未倒、革命未成功以前,革命党之奋斗,在宣传其主义于全国之人民,故人民均急希望革命之能成功,视革命二字为神圣;成功后不能如其所期,顿使失望。此种事实,谁负其责?革

---

① 此文系孙中山在国民党一大上的演讲——原编者注。

572 中华民国时期外交文献汇编1911—1949·第四卷

命党不能不负其责。人民以各种痛苦归咎于我们,我们实难辞其责,要皆由于所用方法不对。

今回想革命未成功以前,党人牺牲性命,为国效力,艰难冒险,努力奋斗,故能成功。武昌起义,全国响应,民国以成。而反对革命之人,均变为赞成革命之人。此辈之数目,多于革命党何啻数十倍,故其力量大于革命党。乃此辈反革命派——即旧官僚——一方参加革命党,一方反破坏革命党,故把革命事业弄坏,实因我们方法不善。若有办法、有团体来防范之,用对待满清之方法对待之,则反革命派当无所施其伎俩。俄国有个革命同志曾对我言,谓中国反革命派之聪明本事,俄国反革命派实望尘莫及。俄之反革命派之为官僚与知识阶级,当革命党发难时,均相率逃诸外国,故俄国革命党能成功。而中国的反革命派聪明绝顶,不仅不逃避,反来加入,卒至破坏革命事业。而革命党人流离转徙,几至消灭,到了今日,只西南数省为一片干净土,余均为反革命派所得。由此观之,革命党有力量推倒满清,使反对者投于革命党之旗帜下,然何以革命不能成功?皆由于方法未善之过,使反革命派能乘隙以入,施其破坏而不觉,虽至失败,尚不知其所以失败的缘由。若当时有办法、有团体,先事防范,继续努力奋斗下去,建设起来,则只需三年之时期,其效果已颇有可观,决不至如今日之一无成绩。中国革命六年后,俄国才有革命。俄国革命党不仅把世界最大威权之帝国主义推翻,且进而解决世界经济政治诸问题。这种革命,真是彻底的成功,皆因其方法良好之故。方才俄国朋友对我所说的话,乃是旁观者清,当局的人尚设想不到。但俄之反革命派,并非真正不如中国反革命派之聪明厉害,且百倍过之;特俄国之革命党之聪明厉害,又百倍过于彼辈耳。中国之革命党经验不多,遂令反对派得尽其技,没有俄国那种好方法以防范反革命派,使其不能从中破坏。故俄国虽迟我六年革命而已成功,我虽早六年革命而仍失败。

此次改组,就是从今天起,重新做过。古人有言:"以前种种譬如昨日死,以后种种譬如今日生。"由今日起,将十三年前种种可宝贵最难得的教训和经验来办以后的事,以前有种种力量来创设民国,以后便有种种力量改造政府。由今天起,按照办法条理,合全国而为一,群策群力,努力而行,则将来成功必定更大。此即为今后之第一大希望。此次改组,即本此意。改组之能成功与否,全凭各同志之能否负责联络与努力奋斗而定之。若能如此,则中国事业大有可为。我国人民身受十三年的痛苦,吾党此次应在最短时期内解放之,将国家障碍完全消灭。此次改组,各种办法已由临时中央执行委员会筹备许久,今提出《中国国民党宣言案》,请秘书长将原文朗读。

这个宣言,系此次大会之精神生命。此宣言发表后,应大家同负责任。诸君系本党各省代表,宣言通过后,须要负责回各省报告宣传。此宣言将国民党之精神、主义、政纲完全发表,并应使之实现。此宣言今后即可管束吾人之一切举动,故须详细审慎研究。大家通过后,不能随意改变,都应遵守,完全达到目的,才算大功告成。

《孙中山全集》第 9 卷,第 99—101 页

孙中山复加拉罕电

1924 年 1 月 24 日

北京全俄苏维埃代表加拉罕君:尊电致祝全国国民党代表大会,情词恳挚,不胜感谢。本会目的在继续辛亥革命事业以底于完成,使中国脱除军阀与夫帝国主义之压迫以遂其再造。夫以积弱而分裂之中国而自然之富甲于天下,实为亚洲之巴尔干,十年之内或以此故而肇启世界之纷争。故为保障亚洲及世界之和平计,其最善及唯一之方,惟有速图中国之统一及解放。本会深信全世界之自由民族,必将予以同情,而俄国人民来此先声,尤为吾人所感激。中俄两国人民行将共同提挈,以进于自由正义之途。文谨代表国民党全国代表大会致敬于邻友全俄苏维埃。孙文。

上海《民国日报》1924 年 2 月 8 日

孙中山关于列宁逝世的演说①

1924 年 1 月 25 日

方才得俄代表报告，俄国行政首领列宁先生已于前日去世。国民党的同志们当然非常哀悼，应该乘此次大会时，正式表决去一电报，以表哀忱。未表决之前，有几句话与诸君先说一下。

大家都知道，俄国革命在中国之后，而成功却在中国之前，其奇功伟绩，真是世界革命史上前所未有。其所以能至此的缘故，实全由其首领列宁先生个人之奋斗，及条理与组织之完善。故其为人，由革命观察点看起来，是一个革命之大成功者，是一个革命中之圣人，是一个革命中最好的模范。彼今已逝世，我们对之有何种感想和何种教训？我觉得于中国的革命党有很大的教训。什么教训呢？就是大家应把党基巩固起来，成为一有组织的、有力量的机关，和俄国的革命党一样。此次大会之目的也是在此。现在俄国的首领列宁先生去世了，于俄国和国际上会生出什么影响来，我相信是决没有的。因为列宁先生之思想魄力、奋斗精神，一生的工夫全结晶在党中。他的身体虽不在，他的精神却仍在。此即为我们最大之教训。

本总理为三民主义之首创人，亦即中国革命党之发起人。我们的革命虽有几次成功，但均是军事奋斗的成功，革命事业并没有完成，就是因为党之本身不巩固的缘故。所以党中的党员，均不守党中的命令，各自为政，既没有盲从一致信服的旧道德，又没有活泼于自由中的新思想。二次失败，逃亡至日本的时候，我就想设法改组，但未成功。因为那时各同志均极灰心，以为我们已得政权尚且归于失败，此后中国实不能再讲革命。我费了很多的时间和唇舌，其结果亦只是"中国即要革命，亦应在二十年以后"。那时我没有法子，只得我一个人肩起这革命的担子，从新组织一个中华革命党。凡入党的

---

① 列宁于 1 月 21 日在莫斯科逝世。1 月 25 日上午，孙中山获悉后，即在中国国民党第一次全国代表大会上作此演说——原编者注。

人,须完全服从我一个人,其理由即是鉴于前次失败,也是因为当时国内的新思想尚未发达,非由我一人督率起来,不易为力。到现在已经十年了,诸同志都已习惯了,有人以此次由总理制改为委员制,觉得不大妥当。但须知彼一时,此一时。当前回大家灰心的时候,我没有法子,只得一人起来担负革命的责任。现在有很多有新思想的青年出来了,人民的程度也增高起来了,没有人觉得中国的革命应在二十年以后了。我们从事革命的事业,国民只以为太慢,不以为太快了。故此次改组,即把本党团结起来,使力量加大,使革命容易成功,以迎合全国国民的心理。

从前在日本虽想改组,未能成功,就是因为没有办法。现在有俄国的方法以为模范,虽不能完全仿效其办法,也应仿效其精神,才能学得其成功。本党此次改组,就是本总理把个人负担的革命重大责任,分之众人,希望大家起来奋斗,使本党不要因为本总理个人而有所兴废,如列宁先生之于俄国革命党一样。这是本总理的最大希望。

现在提出用本大会名义致电莫斯科,对列宁先生之死表示哀忱案,请大家表决。至于各行政机关,已由政府通令下旗三日。本会亦应休会三日。此三日内,每日下午本总理均在此演述民族主义。此讲题,从前曾对高师学生演过一次,再有两三次,即可从大体讲之。若详细的讲演,非长久时间不可。今乘此机会,尽三天之内摘要把他讲完,诸位回去后,即可以之为宣传的资料。其余民权主义与民生主义,目前没有时间来讲,将来讲后再刊为单行本寄与诸位。

现在请俄国代表鲍尔登先生讲列宁先生之为人,请伍朝枢君翻译。俟讲完后,我们再来表决本问题。

哀悼列宁提案①

1924 年 1 月 25 日

现提议用大会全体名义发一电报哀悼列宁先生,并延会三日。电文如下:

中华民国十三年一月廿五日,中国国民党全国代表大会致北京苏俄代表加拉罕君:本日国民党全国代表大会通过下列决议案,请转贵党本部及贵政府:列宁同志为新俄之创造人。此时本大会之目的为统一全国,在民治之下,增进国民之幸福,则其事业正为本大会之精神。本大会特休会三日以志哀悼。中国国民党全国代表大会。

《孙中山全集》第 9 卷,第 138 页

孙中山致加拉罕电

1924 年 1 月 25 日

当伟大的列宁离开苏俄朝气蓬勃的生活之际,我请求您向您的政府代达我的深切的哀悼。然而他的名字和对他的纪念将永世长存,人们将继续珍视他那种造成最高度的政治家和有创造力的领袖的英雄品质。他的著作也将永存,因为他的著作是建立在一定会掌握和统治未来人类的思想和希望的这样的社会观念上的。

孙逸仙

《孙中山全集》第 9 卷,第 138—139 页

孙中山与日人某君的谈话节略②

1924 年 2 月

(一)俄之赤化运动决不深入中日

---

① 1 月 25 日,孙中山以会议主席身份向中国国民党第一次全国代表大会提出此案——原编者注。

② 据《研究中山先生的史料与史学》载:此谈话时间为 1924 年 2 月某日,地点在广州河南士敏土厂大元帅府——原编者注。

问:闻阁下近顷接近俄国,欲藉其援助,以起统一运动。窃以为俄国之赤化运动,如波及中国国内,岂非危险之甚乎?

答:俄国与中国,今为对等之国家。彼对于不平等条约,有共同之目的,诚为中国之友邦,其援助中国也,乃当然之事。中国之与提携也,亦不能不谓当然。俄国以赤化英国为目的,其计划在先对于印度及其殖民地为赤化运动。其援助广东也,在强行赤化运动于广东之敌之香港,然后再赤化印度及缅甸方面也。以广东为根据地之俄国赤化运动,非以中国国内为目的,系以香港及印度为目标。我辈之不阻止俄国之赤化运动者,在已知此种实情故也。若夫中国国民之赤化,未必是可恐之事。何则?盖中国国民三千年来有再三再四之赤化经验,业已带有消毒性之共产思想之社会的赤化。一时纵见中国国民之雷同,然终难求续,不难察知也。若夫香港及印度之赤化,纵英国官宪死力抵抗,亦渐次得向其目的地进行也,可谓无疑。夫俄国之赤化印度,与其由陆上侵入,不如由海上侵入为得策。故俄国拟以广东为根据,由香港侵入安南、新加坡及南洋各地。更由缅甸方面向印度本部为赤化的潜入。至于中国国内之赤化,一面必受中国国内之资本家、智识阶级及军人社会之反对;他面必为日本所嫌厌,故俄国当不至深入也。俄国之大目的在印度,对于中国及日本,既欲维持友邦之关系,当不至继续赤化运动也,固不俟论。(下略)

《孙中山全集》第 9 卷,第 531—532 页

孙中山致契切林函

1924 年 2 月 16 日

亲爱的奇契林同志:

谨向您表示感谢,感谢您在一九二三年十二月四日写给我的一封很有意味的信。您说得完全对,我党的基本目的是要掀起中国人民的强大运动,一个革命的、建设性的运动,为了达到这个目的必须进行组织和宣传。我们正在朝着这个方向努力奋斗;我们希望将来在中国作

出你们党在建立新的国家观念和新的管理制度方面所曾在俄国做过的一切。

由于这种缘故,我们需要忠告和帮助,并且希望从您和其他同志们那里获得这种忠告和帮助。

我热烈地祝贺你们的外交在使唐宁街在法律上承认你们政府这件事情上所获得的卓越胜利。毫无疑问,为了获得这个胜利的果实,还需要作许多努力。但是,你们对克松主义的胜利无疑会引向其他的外交胜利。

列宁同志的逝世引起我深切的悲痛。但是,幸而你们党的工作是奠定在广泛的基础上,因而,我们伟大的同志的逝世不致影响你们坚强的手所创建的大厦。

我欢迎您所提出的关于我们今后继续保持接触的主张。这不仅对于我们彼此间交换意见是必要的,而且对于我们在世界的斗争中能作的共同努力也是必要的。

敬祝您的政府继续获得成就。

谨致以兄弟的敬礼。

孙逸仙

一九二四年二月十六日于广州

原载苏联《国际生活》杂志,1955 年第 10 期,转引自《人民日报》1955 年 11

月 14 日《没有发表过的孙逸仙的文件》

孙中山与《东方通信》记者的谈话

1924 年 3 月 13 日

北京政府承认劳农俄国,与英、义等国之承认无异,非吾人所得而干与。但与吾等主义政策合一,其亲密关系一如兄弟之劳农俄国,其承认范围日见扩大,吾人殊表欢迎。又,俄国政府与吾等既有兄弟之关系,似无再求互为形式的承认之必要。

【记者问:波耳比引等俄人在广东之活动,有无抵触北京政府提出

之中止赤化宣传条项？】

　　俄国政府派加拉罕驻北京，派波耳比引驻广东为正式代表，固认北京政府与广东政府为对立者也。中止赤化宣传，仅限于北京政府势力范围内，在广东自无抵触之可言。

《孙中山全集》第 9 卷，第 593 页

鲍罗廷致孙中山电
1924 年 3 月 14 日后

　　孙中山先生鉴：英意两国未承认苏俄之前，驻京俄代表要求首先恢复中俄两国之外交，然后开会讨论，解决中俄悬案各种问题。迨此等强国承认苏俄之后，驻京俄代表本可乘时利用本国巩固之机，对北京政府交涉，取不退让之态度，此为意中之事。但事实不然，由该代表反退让一步，其最要之点，以首先解决开会前总纲，以为将来会议时之根据，然后恢复两国外交。因此加拉罕与北京政府之代表详细讨论，于本月十四日完成两国代表同签之协定。此协定签字后，而北京内阁否决之，且否认其代表之签字为有效。北京内阁否认之协定，是为何等内容，即包含中国国民党之外交政策，取消前俄与中国所立侵夺中国主权之各种条约，取消租界及领事裁判权，承认中国在蒙古之主权，决定中国同有监管中东铁路之权，至中国有财力能赎回时，则完全归为中国所有，并退回庚子赔款，移作教育之用，主张新条约为将来双方保绝对平等。此种协定，如得诸其他帝国，则中国人须牺牲几许血，若干财，方能得之，中国国民党亦须大经营方能取得此协定所列之权利。此种协定，北京内阁否决之，必不因此协定不利于中国也明甚，然则此种协定，果为伊谁之利而否决之乎？此协定系本诸中国国民党一月二十三日在广州大会议决定之外交政策，而为中国民族主义之一大胜利也。革命进行中之俄国，已与邻邦之争自由者互相携手，中国得此，可谋脱离半殖民地之第一步。此协定经俄国提出，而北京内阁竟拒绝之。该协定原文，另由邮寄呈阅，任何内阁称为一国之代表机关，有无却受充足之理由，乞

明察以判之。先生之民族主义,恐为此种不利于国之行为所阻碍,此为重要之事,尚希贵民党加之意焉。鲍罗廷叩。

北京《晨报》1924 年 4 月 9 日

孙中山致加拉罕函

1924 年 9 月 12 日

亲爱的加拉罕同志:

　　明晨我将赴韶关,但走前还想致短函告知您,我完全同意您在七月十一日来信中对当今中国局势的极为英明的估价。

　　您从我本月一日发布的宣言和作为《广州报》的附录于本月八日发表的我关于庚子议定书的谈话(我把这两个文件给您随信附上)可以看出,现在已经是在中国与世界帝国主义公开斗争的时候了。在这场斗争中,我愿得到贵国这个伟大国家的友谊与支援,俾可帮助中国摆脱帝国主义的强力控制,恢复我国在政治和经济上的独立。

　　近期内我将修书一封向您详述情况。暂时就此搁笔。请接受我兄弟般的问候和最良好的祝愿,望您身体健康。

您忠实的孙中山(签名)
一九二四年九月十二日
《孙中山全集》第 11 卷,第 45—46 页

孙中山欢迎苏俄军舰祝词[①]

1924 年 10 月 8 日

　　中华民国十三年十月八日,为苏维埃联邦共和国军舰抵粤之期。苏维埃联邦共和国与中华民国关系最为密切。且苏维埃联邦共和国以推翻强暴帝国主义,解除弱小民族压迫为使命;本大元帅夙持三民主

---

　　① 苏俄巡洋舰"沃罗夫斯基"号于十月七日驶抵黄埔港,运来了广州大本营所定购的枪炮弹药一批。这是孙中山在韶关写给该号舰长的祝词,由何应钦宣读——原编者注。

义,亦为中国革命、世界革命而奋斗。现在贵司令率舰远来,定使两国邦交愈加亲睦,彼此互相提挈,力排障碍,共跻大同。岂惟两国之福,亦世界之幸也。

敬祝苏维埃联邦共和国万岁!

中华民国大元帅孙文敬祝

上海《民国日报》1924 年 10 月 19 日

聘任鲍罗廷职务状

1924 年 10 月 11 日

大元帅令

聘任鲍罗庭为革命委员会顾问,遇本会长缺席时得有表决权。此状。

会长　孙文

中华民国十三年十月十一日

《孙中山全集》第 11 卷,第 172 页

庆祝十月革命七周年纪念宣言

1924 年 11 月 7 日

一九一七年的苏俄今日是革命大告成功之日,于今已是七年了。我们在国民革命的进程中,对此友邦的光荣纪念日,深感有重大之意义,为此意义,我们承认有庆祝之必要。

十月革命之成功,不独是苏俄革命的成功,并且是国际革命的开幕,不独是苏俄民族的解放,并且是国际民族的解放起点。俄国以前的革命,只有一种,就是政治革命,政治革命,革来革去,不过变一变政体之形式,口头上名为争自由,争独立,其实是为帝国主义者所欺骗。无论是法国革命、美国革命都是如此,最时髦的"德谟克拉西",何尝不是为少数资本家说法。直到俄国革命以后,才有一种革命,就是经济革命,把旧经济组织完全拆台,实行集产政策,发达国家的大企业,使无产

者也解除经济之压迫。这种经济革命是普遍的,为全民利益的,和从前政治革命为少数人的、偏枯的,大相悬绝,这是人类真正的平等表现。因此之故,我们要纪念苏俄革命成功,这是庆祝之第一个意义。

俄国未革命之前,国际间只有两种国家,就是压迫人的国家和被人压迫之国家,前者是帝国主义的列强,后者是失了独立能力的弱小民族。直到俄国革命之后,才多一种国家,就是不压迫人也不被人压迫的国家,自己民族解放了,还不安乐,竟抱"己欲立而立人"之宏愿,来扶助弱小民族。要扶助弱小民族了,就公然的反对国际帝国主义。事实告诉我们,土耳其的独立,他的凯末尔将军,得到苏俄不少的帮助。前月俄人仗义执言,在莫斯科举行"制止侵略中国"大会,揭露各国帝国主义在华的假面具,这是何等爽快,何种热肠的现象。他们已经看破,如果要扶助中国,首先须消灭在中国之各国资本主义,这是国民革命必由之路。因此之故,我们要纪念苏俄革命成功,这是庆祝之第二个意义。

任何民族、任何阶级,对于真正的自由平等与独立之要求,都是一致的。所以我们都应该同情于庆祝苏俄革命成功的纪念,并且应该联合战线,向压迫人的国家攻击,以实现国际革命之成功。

上海《民国日报》,《广州庆祝十月革命盛况》,1924年11月14日

孙中山在广州庆祝十月革命节的演说

1924年11月7日

今日系俄国革命成功纪念日,我们大家来庆祝俄国革命成功。中国人为什么要庆祝俄国成功? 俄国革命与中国有何关系?

我们要知道,中国自与外国通商以来,同外国立了种种不平等条约,将中国主权、领土送与外国。所以,中国与外人订立通商条约之日,即中国亡国之日。此等通商条约即系我们卖身契约。今日中国地位是半殖民地的地位,所有中国地方都为外国的殖民地,中国人民都成为外人的奴隶。但自俄国革命以来,俄政府即将旧时沙皇所订立的一切不平等条约及权利都归还中国。俄国革命成功以后,反乎以前帝国主义

的政策,实行平民政策,退回从前侵略所得的权利,系一件破天荒的事。所以,俄国革命成功就是中国得到生机之一日,俄国革命成功可为中国革命之模范。所以,我们今日来庆祝俄国革命成功实在有两意义:第一,庆祝俄国革命成功可以救中国之危亡;第二,庆祝俄国革命成功可以为将来中国革命之模范。有此两意义,所以,我们今日要代表中国国民用极诚恳意思来纪念俄国革命成功。

上海《民国日报》,《广州庆祝苏俄革命纪念》,1924 年 11 月 14 日

孙中山在与长崎记者的谈话中谈与俄亲善

1924 年 11 月 23 日

(上略)

问:外间宣传广东政府同俄国亲善,将来中国制度有改变没有呢?

答:中国革命的目的和俄国相同,俄国革命的目的也是和中国相同,中国同俄国革命都是走一条路。所以中国同俄国不只是亲善,照革命的关系,实在是一家。至于说到国家制度,中国有中国的制度,俄国有俄国的制度;因为中国同俄国的国情彼此向来不相同,所以制度也不能相同。

问:中国将来的制度是怎么样呢?

答:中国将来是三民主义和五权宪法的制度,可惜日本人还没有留心。

问:吴佩孚近来用兵,听说背后有英国援助,然否?

答:确有此事。

中山先生又曰:日本维新是中国革命的第一步,中国革命是日本维新的第二步。中国革命同日本维新实在是一个意义。可惜日本人维新之后得到了强盛,反忘却了中国革命之失败,所以中日感情日趋疏远。近来俄国革命成功,还不忘中国革命之失败,所以中国国民同俄国国民,因革命之奋斗,日加亲善。

《孙中山全集》第 11 卷,第 365 页

孙中山致苏俄遗书①

1925 年 3 月 11 日

苏维埃社会主义共和国大联合中央执行委员会亲爱的同志：

我在此身患不治之症，我的心念此时转向于你们，转向于我党及我国的将来。

你们是自由的共和国大联合之首领。此自由的共和国大联合，是不朽的列宁遗与被压迫民族的世界之真遗产。帝国主义下的难民，将藉此以保卫其自由，从以古代奴役战争偏私为基础之国际制度中谋解放。

我遗下的是国民党。我希望国民党在完成其由帝国主义制度解放中国及其他被侵略国之历史的工作中，与你们合力共作。命运使我必须放下我未竟之业，移交与彼谨守国民党主义与教训而组织我真正同志之人。故我已嘱咐国民党进行民族革命运动之工作，俾中国可免帝国主义加诸中国的半殖民地状况之羁缚。为达到此项目的起见，我已命国民党长此继续与你们提携。我深信，你们政府亦必继续前此予我国之援助。

亲爱的同志，当此与你们诀别之际，我愿表示我热烈的希望，希望不久即将破晓，斯时苏联以良友及盟国而欣迎强盛独立之中国，两国在争世界被压迫民族自由之大战中，携手并进，以取得胜利。

谨以兄弟之谊，祝你们平安！

孙逸仙　一九二五年三月十一日（签字）

杭州《向导周报》第 108 期，1925 年 3 月 28 日

---

①　原稿为英文，孙中山于三月十一日签字——原编者注。

（二）反帝外交政策的确立

说明：1924年1月，国民党"一大"在广州召开，大会上，联俄、容共正式成为国民党的方针政策，在苏俄、共产国际与新成立的共产党的帮助与推动下，南方政府对外正式确立了以废除帝国主义在华特权和不平等条约为主旨的反帝政策，从而将大革命推向了一个新的高潮。

1. "一大"后国民政府关于废除帝国主义在华特权和不平等条约的宣言与主张

孙中山关于建立反帝联合战线宣言①
1924年1月6日

世界弱小民族听者、兄弟、姊妹：

我等同在弱小民族之中，我等当共同奋斗，反抗帝国主义国家之掠夺与压迫。帝国主义国家形成帝国主义联合战线，不但为压制中国自由运动及国民运动而奋斗，亦不但为压制亚洲弱小民族自由运动及国民运动而奋斗，且亦为压迫世界弱小民族自由运动及国民运动而奋斗。帝国主义之英、美、法、日、意，各皆坚心毅力与中国少部分著名的封建督军、破产的官僚、投机的政客此三种人形成中国之军阀政客，买卖中国矣。彼等又助力反革命派完成地方封建政治矣。彼等又将把持革命政府所应有之关余，束缚革命政府手足，使不能为人民谋利益、反抗军阀而奋斗矣。彼等又以前所以压迫汝等之方法压迫中国之革命派矣。彼等又接济杀工人、杀学生、杀代表、封报馆及不利于民之事无所不为

---

① 原文未署日期。按北京《晨报》1924年1月8日《形成反帝国主义联合战线》云"孙文……复于前日发表宣言"而推断，今据此酌定时间——原编者注。

之北京政府,以金钱枪械延长中国内乱之生命矣。彼等又口头和平,实则暗里挑战矣。彼等又将"亲善"之假面具打得粉碎矣。彼等又伸出野心之手矣。彼等又掠夺矣。

广州政府现正与帝国主义国家相见。非以和平态度,而以剧烈态度。美、英、日、法、意之战舰已驻广州省河,武装示威,汝等为中国正义而奋斗之时期已到矣!

起!起!速起!形成反帝国主义联合战线!

《孙中山全集》第 9 卷,第 23—24 页

国民党一大宣言中关于对外政策的阐述

1924 年 1 月 23 日

(一)一切不平等条约,如外人租借地、领事裁判权、外人管理关税权以及外人在中国境内行使一切政治的权力侵害中国主权者,皆当取消,重订双方平等、互尊主权之条约。

(二)凡自愿放弃一切特权之国家,及愿废止破坏中国主权之条约者,中国皆将认为最惠国。

(三)中国与列强所订其他条约有损中国之利益者,须重新审定,务以不害双方主权为原则。

(四)中国所借外债,当在使中国政治上、实业上不受损失之范围内,保证并偿还之。

(五)庚子赔款,当完全划作教育经费。

(六)中国境内不负责任之政府,如贿选、僭窃之北京政府,其所借外债,非以增进人民之幸福,乃为维持军阀之地位,俾得行使贿买,侵吞盗用。此等债款,中国人民不负偿还之责任。

(七)召集各省职业团体(银行界、商会等)、社会团体(教育机关等)组织会议,筹备偿还外债之方法,以求脱离因困顿于债务而陷于国际的半殖民地之地位。

《孙中山全集》第 9 卷,第 122—123 页

国民党中央执行委员会"九七"国耻纪念宣言

1924 年 9 月 7 日

什么叫做"九七"国耻纪念日？

因为这一日是辛丑和约签字的一日。

辛丑和约签字何以是国耻纪念呢？

试看看辛丑和约的内容。他的内容，无一不是丧权辱国的条件，其尤重大的，是下列几个条件：

（一）中国允付赔款海关银四万万五千万两于各国。

（二）各国在北京划定公使馆境界，在公使馆境界内完全由公使管理。为保护公使馆，各国得设置护卫兵。

（三）中国政府要将大沽炮台，及有碍北京至海滨间交通之各炮台一律削平。

（四）中国政府承认各国占领黄村、廊坊、杨村、天津、军粮城、塘沽、芦台、唐山、昌黎、滦州、秦皇岛、山海关等处，以保北京至海滨无断绝交通之虞。

以上四项，第一项，使我中国人民负担屈辱的赔款，不但物质上此重大负担，至今未能清偿，成为中国民穷财尽之原因，而精神上使我中国人民的人格，至今未能昭雪。第二项，不但使北京丧失一部分之土地主权，而且各国得驻兵于北京。第三项，使北京至海滨间，中国不得为军事防御之设备，各国可以随时进兵，直达北京，如入无人之境。第四项，则北京附近一带要地，完全在各国控制之下。有了第三、四各项，所以辛丑以后，北京便低头受制于各国，没有一些抵抗的力量。所以北京政府中人，对于各国，宛如牛犊，听人穿鼻；媚外不知耻，卖国亦无所顾忌。唉！你说是国耻不是！你说是应该纪念不是！

有人说道："辛丑条约由于庚子八国联军入京，而八国联军入京由于义和团事件。"这话不错，只是我要问的，义和团事件何以发生呢？

中国自有历史以来，以和平为民族之特性。有时不幸遇着他民族的侵略,方不得已而抵抗。例如殷以前的荤粥,周之猃狁,汉之匈奴,都因为他无故扰边,才出兵征伐。又如东晋之五胡,北宋之女真,或则分裂中国,或则将中国抢去了大半,才要合中国人来驱除他。又如南宋末之蒙古,明末之满洲,并吞中国,才要合中国人来光复。我们根据历史,可以确确实实的说:如果别人不欺负中国,中国决不欺负别人的。再拿一个例来说,印度和中国之交通,自东汉时代已经开始,彼此以和平相往来,做学问思想的交换。彼此何等互相钦敬,互相爱慕,何尝有些微的冲突。更可以证明中国的民族是和平的,不是空言,是可以将历史的事实来说明白的。然则义和团事件何以发生呢?

我们要答这一问,先要知道现时所谓列强,他对于美洲的红人是怎样?对于非洲的黑人是怎样?对于澳洲的棕色人是怎样?对于亚洲的印度人是怎样?世界上五大洲之土地,被他改换了三大洲有半的颜色,五大人种,被他剪灭或奴隶了三大人种有半。我们想想,中国能在例外吗?能得他格外的矜恕,格外的礼遇吗?自从鸦片战争以来,我们的藩属安南、缅甸等等,次第被他割去,我们的海口胶州湾、旅顺、大连、威海卫、广州湾、九龙、香港等等,次第被他抢去,各省势力范围,次第被他划定。到了前清光绪二十四年的时候,瓜分中国的论调,可谓到了极盛的时代了。怎怪得两年之后,便发生义和团事件呢!

以上所说,还单指政治上武力上的侵略,至于经济上财政上的侵略,还要利害十倍,以至万倍。自从鸦片战争以来,强迫中国定了种种不平等的条约,领事裁判权啊、租借地啊、税关权啊,已筑了经济上财政上侵略的基础。于是大发挥其对于殖民地之策略,将中国作成他的商场,源源不绝的销售商品,一方面又将中国的土地出产及人民劳力,来满足他掠夺原料,榨取劳力的欲望。这样绝人生计,灭人种族的政策,在美、非、澳诸洲,都是百发百中的,不怕中国会逃到哪里去。那时候的中国人民,虽然没有明白透了他的灭种政策,只是生计的压迫,一日紧似一日,不由得不害怕,不由得不着急。这也是义和团事件发生的重要原因啊!除了以上两般之外,还有宗教的侵略。他们用政治力、经济力来耗夺中国人的物质还不算，又用宗教来耗夺中国人的精神。一般神甫、牧师，倚仗着他们的国力，包庇教民，干与词讼，欺压吃教以外的人，无所不至，受其虐者，忍心刺骨。这也是义和团事件发生的重要原因啊！如此说来，我们对于"义和团事件何以发生"的一问，可以无疑无二的答道："是因为帝国主义逼着他发生的！"我们也承认义和团观察既有错误，方法更为笨劣。须知我们所反对的，不是外国，是外国的帝国主义。外国之持帝国主义者，固是我们的敌人，外国之不持帝国主义，或已抛弃帝国主义者，便是我们的朋友。怎好不分别清楚，笼统的说排外呢！所以说他观察错误。帝国主义者的势力，岂是舞大刀、练拳头所能打破的，所以说他方法笨劣。他还有个极大的错误，想依靠满人来驱逐洋人，贸贸然的揭起"扶清灭洋"的旗帜，遂致为满洲所利用，徒然牺牲了无数的精神物质，却唤不起国民的自觉，真是一件可痛的事情。这些地方，我们不为义和团掩饰的。

然而拿义和团的人格，与庚子、辛丑以后一班媚外的巧宦和卖国的奸贼比较起来，真是天渊之隔。可怪他们还笑义和团野蛮。哼！义和团若是野蛮，他们连猴子也赶不上。

庚子、辛丑以后，中国人的脾气，被帝国主义者认识清楚了些。知道一味的强硬手段，还不济事，必须用些柔和方法，才能将爱和平讲礼貌的中国人压伏得住。所以政治上武力上的侵略便放松了些，经济上财政上的侵略却加紧起来。从前对于中国官吏，是一味的恃蛮逞强，如今不然了，留心的寻着一个傀儡，颠之倒之，无不如意。既不必生气，又用不着费力，真是得心应手。皇太极说得好："朕得洪承畴，犹水母之得虾。"这个秘诀，竟被帝国主义抄了去。从前只用这方法对于中国官吏，渐渐的竟适用于一般社会了。说也奇怪，义和团起，倒唤醒了中国无数热血之人，而共管说起，竟会大家都不甚理会。看见了中国人如此的麻木，不能不惊讶帝国主义者的大成功。十三年以来，帝国主义者对于中国有一件鲠心的事，便是中国忽然成了中华民国，有一班革命党，要实行他的主义，将中华民国造成在世界上独立自由的地位。帝国主义者对之，自然是眼中钉、肉中刺了。这个原因，说来却甚简单：帝国主义者，要将中国来做他们的殖民地，革命党要将中国造成在世界上独立自由的地位，这不是和他利益正正冲突么？他如何容得过。所以立定主意，利用中国一般官僚武人来做他的傀儡，对付革命党。试看看有民国二年袁世凯和革命党作战，便有五国银行团的大借款，有民国六年的冯国璋和革命党作战，便有日本的大借款，近年有曹锟、吴佩孚和革命党作战，便有无数零星杂凑的大小借款。现时国民革命的口号是"打倒军阀，打倒帝国主义"，其实拆穿西洋镜，军阀便是帝国主义的傀儡，帝国主义便是军阀的牵线。十三年来，自袁世凯以至曹锟、吴佩孚，先后傀儡登场，一个傀儡扑了下去，又一个傀儡蠢了起来。傀儡所以如此层出不穷，是有人在后台牵线的缘故。

以上所说，都是辛丑条约的前因后果。有了以前种种，才会发生辛丑条约，发生了辛丑条约，才会有以后种种。我们今日纪念国耻，并不是痛定思痛，乃是在痛愈深创愈巨的时候，追究痛创的来源。我们今日纪念国耻，并不是专从过去着想，乃是从现在及将来着想。所以纪念国耻的目的，在于昭雪国耻。不然，那就不是国耻纪念会，简直是国耻追悼会了。这还有什么意义呢！

我们既然要雪国耻，则有千万要注意的两件事：一、是认清对象。如今站在我们面前，压在我们头上的，是帝国主义。以上所说，已极明白。二、是慎选方法。帝国主义的势力，如今还是不可向迩。我们要打倒帝国主义，必须有全盘的计划准备，决不是轻举妄动，所可以奏效，也不是侥幸尝试，所可以成功。要达到打倒帝国主义的目的，至少限度，我们必须针锋相对，确立一种主义，并严定实行主义的步骤，纠合大多数的人民，团结一个牢不可破的团体，方才能将打倒帝国主义的责任负荷起来。不然，中国人民依然一盘散沙似的，只有永远地给帝国主义之践踏，还能说什么打倒帝国主义呢！

因此，我们不能不介绍中国国民党的主义与政纲于大多数的同胞。这是雪耻的唯一方法。我们努力于雪耻，才不辜负今日的国耻纪念。

中国国民党中央执行委员会

《孙中山集外集》,第 530—534 页

孙中山与外国记者的谈话

1924 年 9 月上旬

【孙中山认为,庚子议定书是世界帝国主义的一部大宪章。这份议定书使中国陷入比殖民地还要恶劣的处境。】庚子议定书让帝国主义把一大笔款额拿到手中。他们用这些钱,就象用一把铁钳紧紧控制着我国的政治和经济命脉。这样,就使我国人民争取统一和自治的任何努力都归于无效。在这种情况下,外交团则毋容置辩地证明,凡有涉及剥削中国的问题之处,帝国主义现存的内部矛盾立即就被忘却了,外交团最坚决地实施他们的共同利益。

议定书的真正目的是要奴役中国,而不是惩罚清代统治者。

帝国主义不仅是中国达到民族独立的主要障碍,同时又是反革命势力最强大的部分。

帝国主义列强必须放弃他们应得的那份庚子赔款,否则中国就要象苏联一样采取行动。因苏联已为中国做出了一个国家应怎样摆脱外国威胁和不公平待遇的榜样。

【孙中山在谈到中国能成功地解决民族问题的那些力量和因素时强调说】在这场运动中,产业工人阶级应当发挥领导作用。但是,帝国主义列强坚持低税率,只要他们掌握着中国海关,中国产业工人阶级就软弱无力。【孙中山还对农民和知识阶级寄予希望】

【关于靠帝国主义利润发财致富的外国商号的代理人,孙中山认为这些人是国家的痼疾,因为他们只想让中国继续停留在半殖民地状态。】

《孙中山全集》第 11 卷,第 40—41 页

中国国民党北伐宣言

1924年9月18日

国民革命之目的，在造成独立自由之国家，以拥护国家及民众之利益。辛亥之役，推倒君主专制政体暨满州征服阶级，本已得所藉手，以从事于目的之贯彻。假使吾党当时能根据于国家及民众之利益，以肃清反革命势力，则十三年来政治根本当已确定，国民经济、教育莘莘诸端当已积极进行。革命之目的纵未能完全达到，然不失正鹄，以日跻于光明，则有断然者。

原夫反革命之发生，实继承专制时代之思想，对内牺牲民众利益，对外牺牲国家利益，以保持其过去时代之地位。观于袁世凯之称帝，张勋之复辟，冯国璋、徐世昌之毁法，曹（琨）〔锟〕、吴佩孚之窃位盗国，十三年来连属不绝，可知其分子虽有新陈代谢，而其传统思想则始终如一。此等反革命之恶势力，以北京为巢窟，而流毒被于各省。间有号称为革命分子，而其根本思想初非根据于国家及民众之利益者，则往往志操不定，受其吸引，与之同腐，以酿成今日分崩离析之局。此其可为太息痛恨者矣！

反革命之恶势所以存在，实由帝国主义卵翼之使然。证之民国二年之际，袁世凯将欲摧残革命党以遂其帝制自为之欲，则有五国银行团大借款于此时成立，以二万万五千万元供其战费。自是厥后，历冯国璋、徐世昌诸人，凡一度用兵于国内以摧残异己，则必有一度之大借款以资其挥霍。及乎最近曹锟、吴佩孚加兵于东南，则久悬不决之金佛郎案即决定成立。由此种种，可知十三年来之战祸，直接受自军阀，间接受自帝国主义，明明白白，无可疑者。

今者，浙江友军为反抗曹（琨）〔锟〕、吴佩孚而战，奉天亦将出于同样之决心与行动，革命政府已下明令出师北向，与天下共讨曹（琨）〔锟〕、吴佩孚诸贼。于此有当郑重为国民告且为友军告者：此战之目的不在覆灭曹吴，尤在曹吴覆灭之后永无同样继起之人，以持续反对革命之恶势；换言之，此战之目的不仅在推倒军阀，尤在推倒军阀所赖以生存之帝国主义。盖必如是，然后反革命之根株乃得永绝，中国乃能脱离次殖民地之地位，以造成自由独立之国家也。

中国国民党之最终目的在于三民主义，本党之职任即为实行主义而奋斗。故敢谨告于国民及友军曰：吾人颠覆军阀之后，必将要求现时必需之各种具体条件之实现，以为实行最终目的三民主义之初步。此次爆发之国内战争，本党因反对军阀而参加之，其职任首在战胜之后，以革命政府之权力扫荡反革命之恶势力，使人民得解放而谋自治；尤在对外代表国家利益，要求从新审订一切不平等之条约，即取消此等条约中所定之一切特权，而重订双方平等互尊主权之条约，以消灭帝国主义在中国之势力。盖必先令中国出此不平等之国际地位，然后下列之具体目的方有实现之可能也。

（一）中国蹈于国际平等地位以后，国民经济及一切生产力方得充分发展。

（二）实业之发展，使农村经济得以改良，而劳动农民之生计有改善之可能。

（三）生产力之充分发展，使工人阶级之生活状况，得因其团结力之增长而有改善之机会。

（四）农工业之发达，使人民之购买力增加，商业始有繁盛之动机。

（五）文化及教育等问题，至此方不落于空谈。彼经济之发展使知识能力之需要日增，而国家富力之增殖，可使文化事业及教育之经费易于筹措；一切知识阶级之失学问题、失业问题，方有解决之端绪。

（六）中国之法律，更因不平等条约之废除，而能普及于全国领土，实行于一切租界，然后阴谋破坏之反革命势力无所凭藉。

凡此一切，当能造成巩固之经济基础，以统一全国，实现真正之民权制度，以谋平民群众之幸福。故国民处此战争之时，尤宜急起而反抗军阀，求此最少限度之政纲实现，以为实行三民主义之第一步。

十三年九月十八日

《孙中山全集》第11卷，第75—78页

孙中山北上宣言

1924 年 11 月 10 日

本年九月十八日,本党对于出师北伐之目的曾有宣言,其主要之意义,以为国民革命之目的,在造成独立自由之国家,以拥护国家及民众之利益。此种目的,与帝国主义欲使中国永为其殖民地者,绝对不能相容。故辛亥之役,吾人虽能推倒满洲政府,曾不须臾,帝国主义者已勾结军阀,以与国民革命为敌,务有以阻止国民革命目的之进行。十三年来,军阀本身有新陈代谢,而其性质作用,则自袁世凯以至曹锟、吴佩孚,如出一辙。故北伐之目的,不仅在覆灭曹吴,尤在曹吴覆灭之后,永无同样继起之人,换言之,北伐之目的,不仅在推倒军阀,尤在推倒军阀所赖以生存之帝国主义。盖必如是,然后国民革命之目的,乃得以扫除障碍之故而活泼进行也。

国民革命之目的,在造成独立自由之国家,以拥护国家及民族之利益,其内容为何,本党第一次全国代表大会宣言已详述之。盖以民族、民权、民生三民主义为基本,而因应时势,列举救济方法,以为最少限度之政纲。语其大要,对外政策:一方在取消一切不平等之条约及特权;一方在变更外债之性质,使列强不能利用此种外债,以致中国坐困于次殖民地之地位。对内政策:在划分中央与省之权限,使国家统一与省自治,各遂其发达而不相妨碍,同时确定县为自治单位,以深植民权之基础;且当以全力保障人民之自由,辅助农工实业团体之发达,谋经济教育状况之改善。盖对外政策果得实现,则帝国主义在中国之势力归于消灭,国家之独立自由可保,对内政策果得实现,则军阀不致死灰复燃,民治之基础莫能摇动。此敢信于中国之现状,实为对症之良药也。北伐目的宣言,根据此旨,且为之说明其顺序:(一)中国跻于国际平等地位以后,国民经济及一切生产,方得充分发展。(二)实业之发展,使农村经济得以改良,而劳动农民之生计有改善之可能。(三)生产力之充分发展,使工人阶级之生活状况,得因团结力之增长,有改善之机会。(四)农工业之发达,使人民之购买力增加,商业始有繁盛之动机。

（五）文化及教育等问题，至此方不落于空谈。以经济之发展，使知识能力之需要日增，而国家富力之增殖，可使文化事业及教育之经费易于筹措，一切知识阶级之失业问题、失学问题，方有解决之端绪。（六）中国之法律，更因不平等条约之废除，而能普及于全国领土，一切租界皆已废除，然后阴谋破坏之反革命势力无所凭借。以上诸端，凡属国民，不别其为实业家，为农民，为工人，为学界，皆无不感其切要，而共同奋斗以蕲其实现者也。

国民革命之目的，其内容具如此。十三年来，帝国主义与军阀互相勾结，以为其进行之障碍，遂使此等关系民国存亡国民生死之荦荦诸端，无繇实现。为谋目的之达到，不得不从事于障碍之扫除，此北伐之举所以不容已也。

自北伐目的宣布以后，本党旗帜下之军队在广东者，次第集中北江，以入江西。而本党复从种种方面指示国民以帝国主义所援助之军阀，虽怀挟其武力统一之梦想，而其失败终为不能免之事实。今者吴佩孚之失败，足以证明本党判断之不谬矣。

军阀所挟持之武力，得帝国主义之援助而增其数量，此自袁世凯以来已然；然当其盛时，虽有帝国主义为之羽翼，及其败也，帝国主义亦无以救之。此其故安在？二年东南之役，袁世凯用兵，无往不利，三、四年间，叛迹渐著，人心渐去，及反对帝制之兵起，终至众叛亲离，一蹶不振。七年以来，吴佩孚用兵亦无往不利，骄气所中，以为可以力征经营天下，至不恤与民众为敌，屠杀工人学生，以摧残革命之进行，及人心已去，终至于一败涂地而后已，犹于败亡之余，致电北京公使团，请求加以援助，其始终甘为帝国主义之傀儡，而不能了解历史的教训如此。由斯以言，帝国主义之援助，终不敌国民之觉悟。

帝国主义惟能乘吾国民之未觉悟以求逞，军阀亦惟能乘吾国民之未觉悟以得志于一时，卒之未有不为国民觉悟所屈服者。愿我友军将士暨吾同志，于劳苦功高之余，一念及之也！

吾人于此，更可以得一证明：凡武力与帝国主义结合者无不败，反之，与国民结合以速国民革命之进行者无不胜。今日以后，当划一国民革命之新时代，使武力与帝国主义结合之现象，永绝迹于国内，其代之而兴之现象，第一步使武力与国民相结合，第二步使武力为国民之武力，国民革命，必于此时乃告厥成功。今日者国民之武力，固尚无可言，而武力与国民相结合，则端倪已见。吾人于此，不得不努力以期此结合之确实而有进步。

欲使武力与国民深相结合，其所由之途径有二：

其一，使时局之发展能适应于国民之需要。盖必如此，然后时局发展之利益归于国民，一扫从前各派势力瓜分利益，及垄断权利之罪恶。

其二，使国民能自选择其需要。盖必如是，然后国民之需要，乃得充分表现，一扫从前各派包揽把持隔绝群众之罪恶。

以上二者，为国民革命之新时代与旧时代之鸿沟划然。盖旧时代之武力，为帝国主义所利用，新时代之武力，则用以拥护国民利益而扫除其障碍者也。

本党根据以上理论，对于时局，主张召集国民会议，以谋中国之统一与建设；而在国民会议召集以前，主张先召集一预备会议，决定国民会议之基础条件及召集日期，选举方法等事。

预备会议，以左列团体之代表组织之：

一、现代实业团体，二、商会，三、教育会，四、大学，五、各省学生联合会，六、工会，七、农会，八、共同反对曹吴各军，九、政党。

以上各团体之代表，由各团体之机关派出之，人数宜少，以期得迅速召集。

国民会议之组织，其团体代表与预备会议同，惟其代表须由各团体之团员直接选举，人数当较预备会议为多。全国各军，皆得以同一方法选举代表，以列席于国民会议。于会议以前，所有各省的政治犯完全赦免，并保障各地方之团体及人民有选举之自由，有提出议案及宣传讨论之自由。

本党致力国民革命，于今三十余年。以今日国内之环境而论，本党之主张，虽自信为救济中国之良药，然欲得国民之了解，亦大非易事。惟本党深信国民自决，为国民革命之要道。本党所主张之国民会议实现之后，本党将以第一次全国代表大会宣言所列举之政纲，提出国民会议，期得国民彻底的明了与赞助。

　　本党于此，敢以热诚告于国民曰：国民之命运，在于国民之自决，本党若能得国民之援助，则中国之独立自由统一诸目的，必能依于奋斗而完全达到。凡我国民，盍兴乎来。

中华民国十三年十一月十日

中国国民党总理孙文

中国国民党党史史料编纂委员会：《总理全书》之六，宣言，1955年台北版，第104—112页

孙中山在上海与欢迎者的谈话①

1924年11月17日

　　予对于时局意见，并国民党政策，于广东出发时业以宣言书发表，现无赘言之必要。惟《字林西报》社说中，曾有拒绝予入租界之主张，外人发此言论，不胜骇异。上海为中国领土，吾人为主人，彼等不过为吾人之宾客，宾客对于主人，固无拒绝主人入内之权利。如租界当局果阻余入租界，则吾人对此不能不有出以断然手段之觉悟。现时中国已达撤废一切外国租界之时期，吾人为贯彻此目的不惜为最大之努力。中国国民已不能再坐视外国侨民在中国领土内肆其跳梁跋扈也。

《孙中山全集》第11卷，第319页

---

　　①　11月17日，孙中山抵达上海。这是他对前来欢迎的上海党部的同志，冯玉祥、段祺瑞的代表以及新闻记者的谈话——原编者注。

孙中山与康通一的谈话①

1924 年 11 月 17 日

康:先询政见如何?

孙:已详《宣言》。余之意见甚希冀新闻界评判。

康:先生对于时局亦乐观否?

孙:此在国民之努力如何,国民不努力自无希望,而指导国民者惟言论界。故言论界若专以营业为目的,国民自难进步,国事亦无可为。中国内乱实受外力支配,吴佩孚退入长江,亦必由在长江有势力范围之英国招之使来。国民必宜一致反对帝国主义,使外国能自改变其政策。如英国国民亦不少有理性者,本不愿欺侮我国民,然我国民若受侮而缄默,则彼等亦何能为助?

《孙中山全集》第 11 卷,第 320—321 页

孙中山在上海寓所招待新闻记者的演说中谈废除不平等条约(节略)

1924 年 11 月 19 日

(以上省略)

就第二点说,是对外问题。中国从和外国通商以来,便立了许多条约,那些条约中所载的极不平等。现在中国已失去国际上的平等自由,已经不是一个完全独立的国家。一般人都说是一个半殖民地,依我看,中国还赶不上半殖民地! 好比高丽是日本的殖民地,菲利宾是美国的殖民地,中国若是半殖民地,照道理上讲起来,中国比较高丽、安南和菲利宾所受待遇当然好些。但事实上是怎样呢? 高丽做日本的殖民地,

①　这是孙中山 17 日在上海法租界莫利爱路寓所与上海《申报》记者康通一作三分钟的谈话。同日上午 10 时,孙曾与《国闻》、《东南》两报记者谈及赴津行期,曰:"现尚未定,大概须视北方政局变化如何,以决迟早。如政局仍纷纷乱,则拟速行;倘政局渐告平静,则固不妨稍缓。"因内容简短,故附于此——原编者注。

高丽所奉承的主人只有一个日本;日本做高丽的主人,所得到的权利固然是很大,但是所尽的义务也不少。如果高丽有了水旱天灾,日本设尽种种方法去赈济,常常费到几百万,日本人都自以为是应该做的事。至于美国之待菲利宾,不但是急时赈济灾害,平时并且费很多的人工、金钱,办理教育、交通和一切善政。中国平时要改良社会,急时要赈济水旱天灾,有什么人来尽义务呢?只有几位传教的慈善家,本悲天悯人的心理来救济,如果费了几十万,便到处宣传,视为莫大的功德。而且高丽和菲利宾所奉承的主人都只有一国的人,做奴隶的要得到一国主人的欢心,当然很容易。中国现在所奉承的主人有十几国,如果专得英国人的欢心,美国、日本和其他各国人便不喜欢;若是专得日本和美国人的欢心,英国和其他各国人便不喜欢。正是俗话所说:"顺得姑来失嫂意。"要得到众主人的欢心,是很艰难的。

今日《大陆报》上发表了一篇论文,叫做《条约神圣》。这篇论文所以发表的原因,大概是由于我在吴淞登岸的时候,有一位日本新闻记者见我说:"英国想抵制先生在上海登岸。"我说:"上海是我们中国的领土,我是这个领土的主人,他们都是客人。主人行使职权,在这个领土之内,想要怎么样便可以怎么样。我登岸之后,住在租界之内,只要不犯租界中的普通条例,无论什么政治运动我都可以做。"那位日本记者昨日发表了我的这言论,所以该报今日便有这篇论文。大家知道,不平等的条约是什么东西呢?就是我们的卖身契!我这次到北京去,讲到对外问题,一定要主张废除中外一切不平等条约,收回海关、租界和领事裁判权。

废除国际间的不平等条约,东亚有两国已经行过了的,一个是日本,一个是暹罗。东亚只有两个完全独立的国家,就是日本、暹罗。日本、暹罗之所以能够完全独立,就是由于废除从前和外国所立的不平等条约。日本废除条约,是用兵威;暹罗国小,没有大武力,废除条约,是用公理向各国力争。所以国际间强大国家束缚弱小国家的不平等条约,是可以废除的,不是不能废除的,只看我们所用废除的方法是怎么样罢了。我们常常笑高丽、安南是亡国奴,他们都只有一国的主人,做一国的亡国奴;我们和许多国家立了不平等的条约,有十几个主人,做十几国的亡国奴。最近新发生了一个俄国,自动的废除了中俄一切不平等的条约,交回俄国从前在中国所得的特别权利,放弃主人的地位,不认我们是奴隶,认我们是朋友。除了俄国之外,还有德国、奥国也废除从前在中国所立的不平等条约,交回一切特别权利。德国、奥国都是欧战打败了的国家。那些欧战打胜了的国家,见得打败了的国家还可以放弃中国的特别权利,为什么打胜了的国家不可放弃呢?他们因为研究到这个问题,自己问良心不过,所以便主张把从前束缚中国的不平等条约,要放松一点;因为研究放松条约的办法,所以才有华盛顿会议。但是他们一面会议,主张放松条约;又一面说中国常常内乱,不能随便实行,总是口头上的主张。外人在口头上放松束缚中国的条约,不是从今日起的。譬如庚子年北京起了义和团之后,各国联军打到北京,赶走中国政府,逼成城下之盟,外国人在北京为所欲为,立了许多不平等的条约。当时英国是世界上头一个强国,国内极文明,有许多人看到各国在中国太野蛮,太对中国不住,便出来讲公道话,主张要把英国所占的特别权利送回中国。英国政府在当时也赞成这种主张,但是又附带了一个条件,必须各国一致退回在中国所占的特别权利,然后英国才可以实行。所以英国一方面赞成那种公道的主张,又一方面使许多小国像西班牙、葡萄牙来反对。弄到结果,彼此推诿,至今不能实行。这还是二十年以前的事。外国人在二十年以前便有了这种动机,我们不争,他们自己自然是不管。中国一般普通人的心理,以为外国人废除不平等的条约,必须要中国有力量;如果中国一日没有力量,那些旧约便一日不能废除。这个道理,殊不尽然。要问外国能不能废除旧条约,就问我们有没有决心去力争。如果大家决心去力争,那些条约便可以废除。好象最近的华盛顿会议,外国人便主张放松;从前的凯马约契,外国人也主张实行,我们中国人都是不争,都是不要。假若全国国民一致要求,这种目的一定是可以达得到的。

　　中国现在祸乱的根本，就是在军阀和那援助军阀的帝国。我们这次来解决中国问题，在国民会议席上，第一点就要打破军阀，第二点就要打破援助军阀的帝国。打破了这两个东西，中国才可以和平统一，才可以长治久安。军阀的祸害是人人所深知的。至于帝国主义的祸害，在中国更是一言难尽。

　　譬如就通商而论，这本是两利的事，但是中外通商，每年进口货极多，出口货极少，进出口货总是不能抵销。据最近的海关报告，进口货要超过出口货五万万，这就是中国损失了五万万。换言之，就是中国由于通商，每年对于外国要进贡五万万。就我们所住的租界而论，租界是什么人的主权呢？都是归外国人管理的。中国人住在租界之内，每日纳税、买货以及缴种种保护费，又是多少钱呢？再就货物在中国内地销行的情形而论，外国货物入口，先抽百分之五的海关税，再运入内地，抽百分之二点五的厘金；抽过了百分之七点五之后的外国货物，无论运到什么地方去卖，都不必再抽税，都可以畅销。如果有中国货物由上海运到四川重庆去卖，先在上海要抽百分之五的海关税，以后经过镇江、南京、芜湖、安庆、九江、汉口、沙市、宜昌、夔府等处，总有十多处厘金关卡。每经过一个关卡，就要抽一次的厘金。总算起来，经过这些关卡，商家该当纳多少税呢？中国商人因为要免除这种重税，所以许多商人便请一个外国人出面运货，说是外国的货物，每批货物只抽百分之七〔点〕五的税便可以了事。中国商人请外国人保护货物的这种举动，好比是请保镖一样。外国压迫中国，除利用经济势力来直接干涉以外，另外更用种种方法，间接来吸收中国人的钱。不过中国最大批的损失，还是进口货的五万万。我们受这样大的损失，在外国人美其名说是通商；就事实上论起来，何异强夺豪取！

　　更就洋布洋纱而论，当欧战的时候，本是中国商人最赚钱的生意。当时之所以赚钱，是由于洋货不能入口，没有洋货来竞争。我这次进吴淞口的时候，沿途看见纱厂布厂的烟筒，多是不出烟，我便奇怪起来，问那些由上海来接我的人。他们都说那些工厂在这几年中极亏本，早已停工。亏本的原因，是由于和洋纱洋布相竞争，在上海所做的布和纱都不能赚钱。当这个时候，假若海关是归我们中国人管理，我们便可以把进口的洋布洋纱抽重税；如果在中国所织的布每匹是值五元的，我们加抽洋布的税，便要弄到他每匹的价钱要高过五元，至少也要和中国布的价钱一样，然后中国布才可以同洋布相竞争。这种抽税的方法，是保护税法，是用来保护本国货物的。中国现在因为受国外压迫，不能行这种保护税法，所以上海纺出来的纱、织出来的布，便不能和洋布洋纱相竞争，便要亏本，纱厂便因此停工。工厂停工，工人自然是失业。当布纱生意极盛的时代，这种工厂在上海之内的工人至少有十万人，这十万人现在因为停工失业，谋生无路，总有多少是饿死的。那些饿死的工人，就是间接受了不平等条约和国际经济压迫的影响。

中国当革命之初，外国人不知道内情，以为中国人忽然知道共和，必然是程度很高，不可轻视，所以赞成中国统一。后来查得内情，知道中国的官僚军阀都是爱钱，不顾国家，所以便帮助军阀，借钱给军阀。军阀有了多钱，于是摧残民气，无恶不作。象袁世凯借到了大批外债，便杀革命党，做皇帝。吴佩孚借到了大批外债，便专用武力，压服民众。吴佩孚这次在山海关打败仗以后，退到天津，本是穷途末路，国民军本可以一网打尽，战事本可以结束。但是有某国人对吴佩孚说："长江是我们的势力，如果你再退到那里，我们帮助你，你还是很有希望。"所以吴佩孚才再退回长江。我说这些话，不是空造的，的确是有证据的。大家不信，只看前几个月某国人在香港的言论，大吹特吹，说"陈廉伯是华盛顿"，"广州不久便有法西斯蒂的政府发生"。他们总是在新闻纸上挑战，要商团打政府，说商团如果不打政府，政府便马上实行共产。最近更助陈廉伯在香港发行两百万元的债票，由他们的银行担保。像这种种举动，无非要延长中国内乱，他们才可以从中取利。像这样的帝国主义还不打倒，不但在北帮助吴佩孚，在南帮助陈廉伯，就是吴佩孚、陈廉伯以外的人都可帮助，中国的祸乱便永远没有止境。外国人初次打败中国、和中国通商以后，以为中国很野蛮，没有用处，想自己来瓜分中国。及遇义和团之变，中国人竟用肉体和外国相斗，外国虽用长枪大炮打败了中国，但是见得中国的民气还不可侮，以为外国就是一时用武力瓜分了中国，以后还不容易管理中国。所以现在便改变方针，想用中国人来瓜分中国，譬如在南方便利用陈廉伯，在北方便利用吴佩孚。

　　我们这次解决中国问题，为求一劳永逸起见，便同时断绝这两个祸根。这两个祸根，一个是军阀，一个是帝国主义。这两个东西和我们人民的福利是永远不能并立的。军阀现在已经被我们打破了，所残留的只有帝国主义。要打破帝国主义，便要全国一致，在国民会议中去解决。诸君既是新闻记者，是国民发言的领袖，就一定要提倡国民会议。国民会议开得成，中国的乱事便可以终止；若是开不成，以后还要更乱，大乱便更无穷期。中国每次有大乱，我总是首当其冲。譬如从前的袁世凯，现在的吴佩孚，都是身拥雄兵、气盖一时的人，我总是身先国民，与他们对抗。这次推倒了吴佩孚，我也放弃两年的经营，只身往北方去，以为和平统一的先导。我这次往北方去，所主张的办法，一定是和他们的利益相冲突，大家可以料得我很有危险。但是我为救全国同胞、求和平统一，开国民会议去冒这种危险，大家做国民的人便应该做我的后盾。中国以后之能不能够统一，能不能够和平统一，就在这个国民会议能不能够开成。所以中国前途的一线生机，就在此一举。如果这个会议能够开得成，得一个圆满结果，真是和平统一，全国人民便可以享共和的幸福，我的三民主义便可以实行，中国便可以造成一个民有、民治、民享的国家。造成了这种国家，就是全国人民子子孙孙万世的幸福。我因为要担负这种责任，所以才主张国民会议。我今天招待诸位新闻记者，就是要借这个机会，请诸君分担这个责任，来赞成国民会议，鼓吹国民会议。

《孙中山全集》第 11 卷，第 336—341 页

中国国民党对于时局宣言

1925 年 5 月 22 日

去年十一月十三日本党总理孙先生北行之际,以开国民会议及废除不平等条约宣告天下。盖开国民会议,在以国民革命之大任还付于国民全体。废除不平等条约,不但使帝国主义无所逞于中国,尤使依赖帝国主义以为生存之军阀,失其寄生之所。此正为国民革命第一重要工作。总理北行之际,揭此二义,固在唤起国民负荷革命之大任,而对于北京临时执政有无诚意与本党合作,亦以此为试验之资。盖总理固尝明白宣言,此战目的不仅在覆灭曹、吴,尤在曹、吴覆灭之后,永无同样继起之人。又尝明白宣言,此战目的不仅在推倒军阀,尤在推倒军阀所赖以生存之帝国主义。北京临时执政于民国九年秋间直皖战争失败以后,其所持言论对于军阀与帝国主义勾结为患之国内现象,虽似已有所觉悟,而坐言起行,不能不属望于就任临时执政之时。总理既怀与人为善之诚,躬自北行,与之商决国事,倘使北京临时执政肯以诚意与本党合作,接受总理所提倡之开国民会议及废除不平等条约两大原则,本党敢信,不但中国之政治的统一早已实现,而国民革命进步,亦必以一日千里之势克底于成。无如总理方提倡废除不平等条约,而北京临时执政则甘受驻京外交团之钓饵,以尊重不平等条约为承认临时执政之交换条件,置国民对于不平等条约之解放要求于不顾,且不恤以之为个人地位之牺牲。总理方提倡开国民会议,而北京临时执政则以善后会议为号召,虽经总理竭诚开导,但期于善后会议中能容纳人民职业团体代表,俾人民得于会议中表现意思,贯彻主张,则不恤舍弃预备会议之名称,以赞同善后会议。而北京临时执政悍然不顾,仅置不完备之人民职业团体代表于专门委员之列,不予以表决权。结果人民对于善后会议,竟无权参与,惟听少数军阀政客自由处分。凡此二者,与总理北行之目的大相刺谬。本党认北京临时执政仍不外蹈袭历来北洋军阀之蹊径,与国民利益相背驰,而惟知依附帝国主义以求生存,决无与本党携手进行国民革命之可能。故决议本党党员不参加善后会议,且警告北京临时执政，勿再以善后会议制造国民代表会议，以重罪恶。而北京临时执政则于善后会议闭幕之后，仍从事于在国民代表会议之进行，且于此期间肆意与帝国主义相勾结，最近于北京学生举行国耻纪念之际，嗾使警察横加干涉，多所杀伤，其以帝国主义之鹰犬自居，尤有目共见。其他断送权利之事，尤不胜枚举。本党至此不得不郑重宣言：本党与北京临时执政之合作已完全绝望。此后本党惟有竭其能力为国民革命而奋斗。至于奋斗之第一目标，在根据总理遗嘱开国民会议及废除不平等条约，须于最短期间促其实现。而奋斗之方法，总理于遗嘱中亦已明示，须唤起民众及联合世界上以平等待我之民族共同奋斗。盖今日中国之民众在帝国主义与军阀两重压迫之下，而尤以农夫、工人所受压迫为尤甚。为解除此等压迫及恢复国民权利计，不得不一致结合全国民众，应认识本党之使命在为民众利益而努力，相与奋起以集于三民主义旗帜之下，以完成国民革命之工作。至于现在世界上以平等待我之民族，惟苏联始克当此称。去岁本党对于中俄协定已表示此意见。苏联一方取消历来中俄间所缔结之不平等条约，重订双方平等互尊主权之条约，一方扶助中国民众从事于废除一切不平等条约之运动。苏联既以其革命之力打破前俄帝国之帝国主义，复联合世界上被压迫之民族共同打破一切之帝国主义。总理遗嘱所指世界上以平等待我之民族，证之总理临终致苏联中央执行委员会书，可以灼见而无疑。本党对于革命先进之苏联乐与携手，为打破一切帝国主义之工作，以完成国民革命。至于其他各国苟以平等待我者，则我必以亲善报之。盖惟平等，乃可言亲善；不平等，则无亲善之可言也。于此尚有言者，中国之内乱，由依赖帝国主义以为生存之军阀所造成。本党前此已历举为国民告。军阀之大者，把持中央政柄，藉统一之名义，以迷惑国人，军阀之小者，割据地方，藉联省自治之名义，以迷惑国人。其名义虽不同，其为造成内乱则一。本党向持根本解决之旨，对于把持中央之大军阀，从事挞伐；其割据地方之小军阀，有敢凭陵自恣及窥伺革命政府根据地，受帝国主义之嗾使，以图倡乱者，本党必联合国民痛击之，毋使得逞。盖凡有为国民革命之梗者,则必为本党所不容,所无俟烦言者也。本党根据总理遗嘱,对于时局决定进行方针如此。谨此宣言。中国国民党第三次中央执行委员会全体会议。

中华民国十四年五月二十二日

《中华民国史档案资料汇编》第四辑(上),第118—120页

中国国民党中央执行委员会宣言

1925年6月28日

自帝国主义侵入中国以来,以种种不平等条约束缚中国,使失其平等、独立、自由。本党不忍中国之沦于次殖民地,故倡导国民革命,以与帝国主义者奋斗,而废除不平等条约即为奋斗之第一目标。本党总理孙先生毕生努力于此,去岁北上,即以废除不平等条约,为与北京临时执政合作条件。盖深知废除不平等条约,必须国民革命之努力已能建设统一全国之政府,然后得见之实行,故对于北京临时执政不能不以此合作条件为严重之提出。无如北京临时执政方热中于外交团之承认,至不恤以尊重不平等条约为交换,以致先总理不能与之合作,以谋全国统一之进行,而废除不平等条约之主张,亦为之搁置,此可为太息痛恨者。自先总理逝世之后,帝国主义者益肆无忌惮,遂有五月三十日上海之惨杀事件,而青岛、九江、汉口相类事件亦络绎而至。本党鉴于时局,谋申先总理未竟之志,故于六月二十二日发表宣言,主张全体国民应一致督责北京临时执政,迅速宣布取消不平等条约,仿照前年中俄协定之例,另与各国重订双方平等互尊主权之条约。翌日而广州沙面惨杀事件复作,其惨酷情形,较之上海等处更有过之,愈足证明废除不平等条约为刻不容缓。乃顷见北京临时执政于二十五日致北京外交团之通牒,以修正条约为请。自表面言之,北京临时执政似已知废除不平等条约为国民革命运动大势所趋,不能复抗,故不得不降心相从,而按之实际,则大谬不然。盖我国之请求各国同意于修改条约屡矣。民国八年,在巴黎和会曾一度提出,遭和会之拒绝。民国十年,在华盛顿会议又为

一度提出,遭会议之延宕。不特于不平等条约之根本废除毫无效果,即枝节问题之关税增加会议,亦延宕至今。前事俱在,所谓请求修改,结果如何,不难逆睹。北京临时执政之出此,宁不知与虎谋皮,为事至愚,特有见于废除不平等条约为国民一致之主张,故迫而出此下策。一方似顺从民意,实则延宕国民革命之进行,一方似改革外交方针,实则为帝国主义者谋回旋之余地,对于废除不平等条约之主张,不复敢公然违反,而惟以支吾脱卸之伎俩使消失于无形。其胆则怯,其谋则诈。惟废除与请求修改截然二事,国民必不致为此似是而非之举动所惑,则北京临时执政之出此,正与从前满清政府欲以伪立宪抵制革命同一心劳日拙而已。本党兹再郑重宣言,对于不平等条约应宣布废除,不应以请求修改为搪塞之具。凡我国民,鉴于目前境遇,灼然于帝国主义之穷凶极恶,中国人民所受痛深创巨,宜一致拥护本党所主张,务使即时实现。或者以为条约为双方同意所缔结,非双方同意不能变更,不知所谓不平等条约,皆从前满洲政府及民国以后之军阀政府所缔结,何尝得中国人民之同意。且南京、天津、北京诸条约为一切不平等条约之中坚枢纽。南京条约成立于一八四二年,天津条约成立于一八五八年,北京条约成立于一八六○年,距今远者已八十余年,近者亦六十余年,时移势易,岂能至今日而仍适用。考之国际历史,凡成立条约必以事实不变为默认要素,倘缔约国情状有根本上之变更,则可取消前约。例如一八一八年俄国取消柏林条约第五十九款,一九○八年奥匈国取消柏林条约第二十五款,布尔加利亚国取消柏林条约第一款,是已废除条约,在国际上已有成例。况我国所受不平等条约之束缚,较之以上所述,其关系重大,不啻倍蓰,我国民岂能长此忍受。我国以受不平等条约束缚之故,至于政治上、经济上均陷于次殖民地之境遇,则努力于解除此等束缚,实为我国民对于国家应尽之义务。同时亦为对于世界应得之权利,若不知以自决解除束缚,而惟仰首以待帝国主义者之加以宽释,古人有言:俟河之清,人寿几何。愿我国民深念此言,毋以北京临时执政府有请求修改条约之通牒,而宽其督责,致废除不平等条约之进行,又受顿挫。中国民族解放之机,悉系于此。特此宣言。中国国民党中央执行委员会。

中华民国十四年六月二十八日

《陆海军大元帅大本营公报》,1925 年第 14 号

胡汉民致波拉①函

1925 年

读美报所载阁下宣言,知对于以最短时间交回在华外人自治法权,及尊重华人有领土完全及国家主权之政策二事,表示赞成。披诵之余,心注无已。阁下主持公道,于华人分所应得之冀望,复表同情,至深感佩。独于普通外人意见以为于吾人所要请者,未成事实之先,应付以条件一语,余窃未以为然。外国人士似每怀恐惧之心,以为外人自治法权取消后,中国法院现行诉讼手续,或不能合彼等得公平之处理。而不知在华各国外人,其国家之曾将不平等条约,易为以正义与性尊为基础之条约者,对于中国法律,不闻有怨怼之声,及极欣然以处于中国法治权之下也。吾人对于中国法律及诉讼,必须完全改良后,治外法权及领事裁判权方可废除之意见,认为根本错误。盖如此则吾人终无进步之希望。因治外法权与领事裁判权及种种不平等条约,正须对中国各方面之落后负其责任。吾人落后之原因必须首先除去,其理甚明。矧治外法权与领事裁判权之特权之不能保护外人,远甚不及中国人民对无所凭藉而只靠互助与友谊之外人之责任心。关于此点,广州近月之例证甚为重要。中国人民被沙面当局惨杀后,享有治外法权与领事裁判权之外人完全绝迹于广州市上。彼等不愿信托自己于中国政府保护之下。而在中国不享受治外法权之外国人民,广州市上自由行走,照常营业,绝无被中国人民干涉与留难之事。中国人民自知对外人有保护之责,并十分优待之。然此时上海之外人虽有租界之保护,反不免有外人

---

① 时为美国参议员。

被暗杀之事，此可证予言之不谬矣。又近世司法制度，并非机械式之程序，与经济及政治之发展，有密切之关系，美国之司法，系在革命后而始长成，与美国经济及政治之发展一同发展。苟尔时有人告美国人民曰：政治权利之给与彼等，须在彼等能学习运用后。则试问美国人将何以对付？欲拒绝给与人民以政治权利，此专制政府之伎俩耳。说者谓在修改不平等条约之先，应召集会议。余于此说，亟应严加反抗。试问前此巴黎、华府两次会议，吾国所得结果若何？如美国无真诚决心以主持公道，徒欲藉会议以和缓现在一时危机计，则予无言矣。会议为帝国主义列强之迟延策略之最好例证，美国人士纵使诚心以表美意及同情，亦将难取信于华人，此甚可为惋惜者也。故求中国难题之适当解决，鄙意以为各外国仅发表一宣言，抛弃一切不平等条约而已。盖他国亦已有行之者矣。抑尤有言者，单纯撤销外人自治法权，殊不足使华人免于帝国主义者之压迫及蚕食。若为防止在华之纠纷及不洽意事，并为巩固各外国永久友善的关系计，亟应实行取消不平等条约，交回租界，及废止近百年来强迫亡清之腐败政府所订之不平允契约。吾人所求，谋画已久，固不自今日而起。犹忆此种修改问题，前经先后在巴黎会议及华府会议提出，只以当时人民未如现时之结合，故其决心未能充分表现耳。现时正为自由主义之政治家及领袖如阁下者，对中国能斩断一切奴隶中华民国及阻碍其和平的经济及政治发展之锁链，以表示友善之绝好机会也。阁下必明乎吾人所请取消不平等条约及交回租界之要求，为吾人正当之要求，绝对之必要。尚望阁下与美国人士继续表示同情，并予道义上之协助，期于吾人冀望成功之时。须知自由独立之中国，决不忘其真实朋友也。

《沙基痛史》，第216—218页

胡汉民致劳合·乔治①函

1925 年

径启者:六月廿九日,阁下晤美国联合报社,谈及中国目下之危机。鄙人对于尊论中数点,有不能已于言者。阁下谓英国白肤民族之意志,对于中国欲实行其民族理想,不能加以指摘。阁下警告英美,应以公平对待中国之要求。阅悉之下,至为欣慰。阁下所云中国之运动,乃向民族之解放与自由一途,并谓中国工人之情状,已激发他处工会之同情。足征阁下对于中国事情,深为洞悉。至于阁下忧虑东方将发生新险象,并惧华人仇视外人。鄙人敢断言,苟外人确实公平之亲善,则所谓新险象决无自而生。至臆断吾人仇视外人一节,全不确实。不观乎吾人与已取消不平等条约而另立公平互相尊重条约国家之体。故吾人要求取消不平允约章,交还租界及取消当日亡清所与订立之不平等约章,乃属分所应为之事也。吾人不解阁下之意,以为美国庚子赔款用于教育者,乃为扩张其欲望。岂以为中国应受帝国主义及不平等条约所压迫,垂百有余年,而不应唤起中国人之觉悟耶。中国国民党承认其领导中国民族运动,及唤醒人民民族之观念工作,盖此乃吾党之天职所应为者也。吾人所希望而满足者,诚如阁下所言,基督教与国家,当以公平与吾国相处。抑鄙人竭诚待答,欲阁下忠告帝国主义者,以正义对(回)〔国〕民族之手段,当以公正无畏为指归也。阁下刚毅之言论,中国人民认为系贵国保守党政府兵舰机关政策之判词,此为余深所感谢者也。

《沙基痛史》,第218—219页

胡汉民告世界各国人民书

1925 年 7 月 11 日

无论哪个留心远东时事的,必能察觉中国反对他现时国际地位的

---

① 时任英国国会议员。

民众运动已日益发展。然而,你们不免受人蒙蔽,致信为这种运动是因失意分子,受外来煽惑的影响而起。老实说,你们在这不仅对中国四万万人民幸福有关,并与你们政治、经济的利益有关之问题上,受人欺瞒过了,不知觉地渐渐地这问题将影响于世界和平,新的世界广的大惨剧又将重演于太平洋上。那时虽欲止其爆发,恐已不及。这问题是什么呢?就是中国人民已很痛苦地感觉到中国不是如日、俄、英、法、意、美等同样的独立国,甚至还不是一殖民地如印度、高丽一样受一国之统治,中国正是中山先生所称为公共殖民地,受庚子条款签字各国之统治。我们说统治,并没有一点言过其实之处。下述各种事实,可以完全证明。

自从鸦片战争以来,一个黑暗时期开始于中国。在这时期中列强以一联串的条约加之于中国。这些条约阻碍中国经济与政治的发展。我国人民的一部分觉悟分子,已了解这些条约为不平等的、非正义的与无人道的。列强利用这种在我国衰弱时加之于我们的条约,可管理中国的一切咽喉,使其无制裁进出口之可能。中国对于其关税税则丧失发言权。你们熟悉你们本国历史的,定能知道关税政策在你们工业的发达上占何等重要的地位。这是各国的一种特权。一国缺少这种特权,即不能视为独立国,并不能有有系统的经济发展。如果你们自己的人民,没有外人的允许,或受外国之代理人所订章程之制裁时,即不能出入自国的国境,你们对于你们的国家作何感想。然而这样状况正盛行于我国,无论何时,我们都有被关闭在我们自己的房屋之外,或其内的危险,因为我们大门上的锁钥是不在我们的手里。不仅此也,我们经济发展上的其他要塞,亦在列强手里。近代工业与交通的发展,全靠海口,海口可与世界市场相衔接。我们海口,所谓通商口岸,都操之列强之手。

上海是我们的商业所经由的主要出口,是完全在外人之手,上海在中国境内自成一国,不受中国法律而受外国法律之统治。在我们境内的这块外国土地内所有重要工业,都免于中国的征税,外人所办理的法庭,只顾他们自己的利益,不顾中国的利益。我们人民日夜为积累外人资本而劳苦。但是如在他们方面稍有抗议时,即被无情的枪炮所屠杀,有如古代罗马人屠杀外国奴隶一样。我们的财政同样受这些通商口岸的支配,因为我们的经济生命是在这些通商口岸,因此,财政的支配权,亦就天然在此等地方了。在中国滥发纸币,不顾我们的幸福,我们〔对〕这种特殊现象完全没有支配力。这种不堪的情况,不仅在上海存在,并在我国各地只要海船能到之地,都有这种情况。我们海面密布着范篱,以致中国在自己的国中,没有出入之路。

其次,就是你们所听见的割让领事裁判权、治外法权等等,无论哪本字典都能告诉你们这些字的字义。住在天津、奉天、北京、汉口等大城市的居民,从他们的日常的经验,都能知道这些割让治外法权等的真意义。我们在经济上、政治上道路偶有一步的前进,即有逾越外国管辖或受其管辖之虑。这割让权,从我国农村居民的莫大的后备队中吸收几十万廉价工人,到租借地的工厂中去做无抵抗的奴隶,受极残酷的剥削压迫,至绝对的屈服,还不惜以世界上最落后部分的军警以为惨杀之用。

在这同一租借地上,又把那从无人道的剥削我国人民来的金钱用之于所谓教育中国青年之事业,实则是使中国青年受恶化而堕落。因此他们可用之以进行他们剥削我国之可恨的计划,不管他们把这种教育说得怎样人道主义,其结果则极明白,即我国的一部分人民堕落为压迫的工具。

在这些同一租借地上,赖有治外法权之凭藉,成为我们内乱之策源地。军阀之所以能使中国扰乱分裂及造成不断的内乱,都发源于这些租借地,从租借地上他们获得援助与鼓励,一切反对我们自由与反对我们人民运动的阴谋,都孕育于此。在此种阴谋之背面,都有帝国主义者或其中国代理人。在自庚子条约强迫满清政府接收之后,满清政府已成为外国帝国主义之工具。满清既被自己人民所痛恨,遂想凭藉帝国主义或以列强互相抵制之政策,以图自存。正因其是如此,辛亥革命能给以制命之打击。但当其破裂后又有无数军阀之产生,他们互争列强之援助,如此袁世凯得列强金钱之援助,而能倡立洪宪。袁氏倒后,别的军阀又继之以起,他们没有一个能逃得出是帝国主义列强的工具,列强用之以维持其在中国之经济、政治统治之地位。一个军阀倒后,别一军阀代之以兴,即表示某一帝国主义国势力之减削,与又一帝国主义国之势力澎涨。军阀近年来在中国一般人民之心目中,已与帝国主义在中国之恶势力相结合。我们反对吴佩孚,因为我们确信他是受某帝国主义国指使的代理人。他是列强能维持他们的经济、政治的特权。吴佩孚推翻后,张作霖代之以统治中国北部、中部,其所以能执政权者,即因又一组的帝国主义国给援助与他之故。他现在仍执政权,继续忠心于其外国人主人,而忽视人民的愿望。他将与他的先辈同样的被人民所推倒。继之而起者,亦必如此结局。

这种情况对于普通的外国人似乎很难弄明白,但是对于我国的稍有头脑的人都已显然。我们确信这一种混乱是由中国不平等的国际地位所致,不平等条约存在一天,中国决不能使国内澄清。因此我们要求我们的国际地位,此后应改为与其他各国平等之地位,我们人民所要求的,就是他们要能在国际关系上与其他各国相平等,能有使主权之独立。这包涵着治外法权、经济特权的废除。这是属于单方面性质的。我们要求修订海关关税,使中国能为发展其经济起见,采取必要的经济政策,我们要求收回我们自己房屋的钥匙。

不平等条约的废除,立即可以斩除供养我们的一切祸根,而最先是我国政治、经济善后之根源。我国的军阀苟失其列强之凭藉,即将瓦解,于是人民才得建设真正民治主义之机会。我国疆土内外国政权的废除,可以终止一切外国军警枪杀我人民之无人道及野蛮之事件。这才能有造成中国与各国间有与一切民族有利之真正合作之可能,这才可以免除在华列强竞争之事。这种竞争再要延长数年,必将造成太平洋上新的世界大战。

世界各国人民不要受你们自国的少数帝国主义者的蒙蔽,中国不是由煽动者想激起反对外人的祸乱,中国民众的兴起,是因为他们有因受了一班无心肝的剥削者的委屈与不义所发生的深刻的感情,中国已不能再忍受这些委屈与不义。中国希望你们能主持公平,因为他确信,如果你们能知道事实的真相,你们决不让你们的政府在中国的万恶的政策继续一天。你们能与我们同声为正义之要求,这种要求对于我们是国家独立,而对于你们则绝无损害。对于你们非特无害,并对于你们的经济事业将有更盛之发展,世界的和平或不至于生危险。无论如何,我们不会被我国各大城市所经受的屠杀所能灭绝的。这种屠杀只能刺激我们,使我们努力进行对帝国主义的解放。至于所采何种方法,则虽有先见者,亦难预言。世界各国人民,我们请求你们主持正义,赞助我们废除不平等条约之恶魔之行动。

国民政府外交部长　胡汉民

中国广州

中华民国十四年七月十一日

中国第二历史档案馆藏:《国民政府公报》,1925 年第 2 号

胡汉民关于外交方针的演讲

1925 年 7 月 12 日

自五卅上海惨杀案起后,九江、汉口、青岛等地惨杀案继续发生,最近复有六月二十三号沙基惨杀一案。此等外交上重大事件,其所由来实非一朝一夕之故,盖因外国帝国主义之压力侵到中国已百数十年,近因吾民族对此已有相当之觉悟,接触密切而爆发愈加厉害。在昔日人民未有觉悟时期,外国人杀吾国人,或甚少人能知注意,而彼帝国主义者亦竟或觉得纵杀了吾国多少人,吾国人亦不应注意,此为世界何等可伤心之事。此次外人对我国人在各地均取同一手段,而吾国人亦同时表示同一之意见。实则以吾国人对于吾国地位,如先大元帅所云陷于次殖民地者,已有甚深之感觉。彼帝国主义者亦知其然,故特欲对此新兴而未成熟之民众结合,先加以猛烈的打击,此种状况,已明若观火。

故此外交问题,实绝非任何人所煽动,而为吾国全国民众悟觉,当中经帝国主义者一番挑战压迫后之必然的结果。故吾人不必问惨案发生之情形如何,而其原因与现象,总相一致,特广东惨杀情状为吾人所目见,则益觉其惨痛,而不平之感愈不可压抑耳。从政府外交上立场而论,亦既经提出严重抗议,责彼帝国主义者以五事:即(一)谢罪;(二)惩办犯罪官长;(三)撤去炮舰,此后仅准留回通信舰;(四)赔偿抚恤死伤者;(五)交还沙面管治权。但昨日始接到英领事转来北京公使复牒,其全文非常简单,大致谓全部文件业经收到,但认为此事不必加以考虑。至对于我方提出之条件,则全无答复。故外交部已决再行向彼徹告,究竟是否杀了人便算了事?是否对于杀人之结果与责任,可以全不理及?又是否以为此等重大案情,经过若干时间后,中国人即可以完全忘记?如或不然,而令致风潮更加扩大,不相安的状态愈益延长,则不特非中国之利益,恐亦非彼国之利益也。如犹以为此事不必考虑,不必讨论,则此案之无了结,或更引起其他不可知之事件,其责任均由彼负之,因再责彼再有切实之答复。但以上所述,皆不过外交形式上事。大家都知现代外交,实靠国民力量,万难希望单在樽俎折衷之间,能得意外之成绩。不过政府无论如何,固须负其外交上之责任耳。说到外交策略,在从前满清时代,多用其所谓以夷制夷之策,亦时或收相当之效。不过此种旧式外交,现时却用不着。何以故?盖此法于各国无一致联络利害。不然,相等之时或适用之,但毛病亦非常之大。以甲制乙,乙固受制,然甲则又随而大攫以去,宁非同于引虎招狼,如前清之拉拢俄德,迫日本交还辽东,其后胶州、旅顺即为拉拢之代价,岂不了却一问题,又生别一问题。现世外交方法则不如此,而转注重于国民外交,所谓国民外交者,不止中国一国之国民外交,乃世界各国之国民外交。如先大元帅所谓联合世界上以平等待我之民族,共同奋斗,即此义也。胡为不言国家而言民族?则以某一国之事实,多不是其国内全体人民之事。吾人尤须认定帝国主义不过其国政府少数人之野心,非全体人民之所同意也。政府以外仍有政党、人民团体与多数平民,亦反对帝国主义者,吾人即当与之联络。如是在纵剖方面言,吾人与凡以平等待我之国家联合,在横剖方面言,吾人与凡不赞成帝国主义之平民联合,双方并进,乃收最后之效。外交部第一次所发出之宣言,乃致各国人民者,亦以先与人民讲话,比与其政府为更好也。复以各国外交家向来惯用操纵中国政府当局伎俩,以从中取利,故现在不特南方之国民政府,彼不承认,即北方段执政之政府,彼亦未承认。此次徐树铮游历欧洲,各国亦仅承认其为代表私人资格而来,不曾算为正式的,盖彼即欲拿此为操纵之计,欲段氏入其彀中耳。彻底说罢,一国而自有其建国之能力,即可以成一政府,实可以无须他国之承认。若自己没有力量而希冀他人承认,已甚失计,而上了帝国主义者从中要挟的大当。故吾人当知此次外交,除政府交涉之外,更当举吾国人民之程度、之觉悟、之痛苦宣传于各国,使其了解。此不特于外交上当如此做,而报界于舆论上尤须于此点加意。凡一切表同情于我之民族,不为资本家军阀走狗者,吾人均可诉之以同情。此种工作效力之大,或出于吾人意料之外,亦未可定。即就现在而论,亦竟已发生效果。如英国工党两次来电,均表同情于中国民众,美国外交委员长波拉氏亦宣言,主张应抛弃治外法权,最近美参院且议决开一取消各国在华领事裁判权会议,皆足为证。总之,吾人对于列邦,除其政府以外,凡可以辅助吾人打破帝国主义者,均须利用之,此外交上宜采用之策略也。不过仍有须加留意者,此次美参议院之决议抛弃领事裁判权,闻有两事提出为先决条件:即(一)中国之民法刑法,究竟能否已如外国现行法律之修明及有系统之法院;(二)为中国须先有一人民共同信任之正式政府。此种话或系一面表示好意,以吾目下民气,激昂难遏,又看透中国人五分钟热度之惯性,故特为此缓和之计,亦未可料。此则不能不希望言论诸君加以严重批评,免又入他人之圈也。除上述外交问题以外,则尚有比外交更为重要者,即开国民会议一事,是在先帅遗嘱中,取消不平〔等〕条约与开国民会议两事,实合为一事。盖种种困难问题,皆须赖国民会议乃可解决,而外交问题尤然。盖一国外交原则,对外最忌分裂。此次惨案,虽有沪、浔、青、汉、粤各地之不同,而性质则一。各地止讲各地办法,止就各地单独解决,则必至未有结果。而吾国不一致的情形,便已发生,大犯吾国之利。故无论就原理或就事实论,均不可分也。独是就事实上观察则又殊不易合。如北京之段祺瑞,本以尊重不平等条约,始换得其外交上礼节往来之地位,则彼对于不平等条约之废除,有无真知确信,亦大可想见。吾人能靠此为吾人不能深信之官僚,替我解决外交大问题乎?设或一时又为外人所愚,则吾人此时退出乎?抑不退出乎?彼借题为其私人做工夫,至与吾人不妥协时,岂又将再行翻悔乎?由上言之,则于外交原则与国家利害上,对外皆不可分,然于实事上,却又不能强合,得毋已穷于术耶?是又不然。吾人正因其现在之不可合,乃不得不求一解决可以合之法,不得不建设一确实可以代表民意之机关,为解决各种重大问题之途径,于是国民会议尚矣。吾党昔曾宣言,吾人之目的不止在推倒曹吴,尤在使曹吴倒后,永无同样继起之人。但苟非使人民能真正有权,则军阀所施种种恶政,从何扫除?外交问题非使人民能切实监督,更何从能操胜算?故国民会议实为今日解决国事之唯一方法,非赖舆论界急起提倡不可。最后,更欲向诸君一谈经济抵抗问题。目下吾国人抵抗帝国主义之方略,异口同声无不谓当实行经济绝交,此确为外交上根本问题。但现在吾人所宜努力者,尤在乎要做到实行经济独立之一步。彼敌人亦正恃封锁交通之毒计,竭力压迫吾人,曾未稍示让步之意。谁胜谁败,端视此着。质言之,苟彼封锁之策不能逞,则彼必失败。反之,如封锁之策果足制我,则我必失败。故吾人制敌之谋,单靠消极的抵制,决为未足,必须群策群力,将向来优势经济压迫吾国国民生计之暴力,根本打消,使吾人能达于经济独立之境,然后乃可收最后之胜利。此层道理实不因外交问题而始然,实则吾粤三千万人朝斯夕斯,亦应以此事为第一目的。吾人不愿为他人之附庸国殖民地,即应努力于此一大事。不过因此次外交事件,益使吾人于此点之认识,更加明瞭而正确耳。归纳说来,吾人此次抵抗帝国主义之方略,即在国民会议及经济独立之两标语。至在此标语之下,应有如何工作,如何方法,端赖言论界为提倡指导,然后可使民众日趋于有规则有组织之健全运动,以促进国民革命之成功,措中国于平等独立自由之地位。一面要知国事之大难,而愈加奋斗;一面要知民众觉悟之机会已到,而不可忽略,则国民政府对于言论界诸君子一种至诚的希望也。

《革命文献》第 18 辑,第 118—122 页

中国国民党第二次全国代表大会宣言
1926 年 1 月

中华民国十三年一月,本党总理孙先生召集本党第一次全国代表大会开会于广州。大会一致决议,通过总理提出之宣言。其宣言内容,首在说明中国之现状,次为三民主义之解释,次为最少限度之政纲。自第一次代表大会闭会以来,本党同志,在总理指导之下,努力奋斗。总理更于此时,制定建国大纲,完成民权民族民生主义之讲演;更于挺身北上之际,发布开国民会议及废除不平等条约之宣言,而殿以最后之遗嘱。凡总理之所宣言者,必以力见之于行。本党同志,以总理之言为轨范,以总理之行为表坊,无问生死,以迄于今。第二次全国代表大会,深念总理之遗教,综核第一次代表大会以来之事实,确信总理所定之主义及政纲,实为今日中国之唯一生路。谨按诸世界现状,中国现状,及本党努力之经过,宣言如左。

第一　世界之现状

总理遗嘱有言:"余致力国民革命,凡四十年,其目的在求中国之自由平等。"国民革命之目的,在求中国之自由平等。孰使中国不自由不平等?曰不平等条约之束缚。孰使此不平等条约之束缚加于中国?曰帝国主义。故打倒帝国主义,实国民革命之第一工作。而打倒帝国主义之方法,总理于遗嘱中,亦已明告曰:"唤起民众,及联合世界上以平等待我之民族共同奋斗。"所谓以平等待我之民族,有已能以其自力,打倒帝国主义,自致于平等,同时以平等待我者,如苏俄是,有与我国在帝国主义压迫之下,期相与努力,以打倒帝国主义者,如一切殖民

地半殖民地之被压迫民族是。此等民族,对于平等之观念有二:(一)自求平等;(二)同时求他人之平等。合此二观念,故民族运动,与国际运动,实为相须。而民族主义,与国际革命主义,其内容实为一致。惟其如是,乃能与以不平等待我之帝国主义,作殊死战。本党既抱此目的,故对于苏俄,以诚意与之合作。虽受帝国主义者及其工具军阀、官僚、买办阶级、土豪之种种诬蔑,种种挑拨离间,而继续进行,初不因之少挠。至于一切殖民地半殖民地之被压迫民族,地位相若观念相同之故,其联合实出于自然。且其联合之程度,亦日以密切。请析言之如下:

欧战以后,世界地图,实表示一幅人类被奴隶之可怖的写真。如世界全面积等于一万三千四百万方基罗米突,则属于帝国主义及被管辖于帝国主义之殖民地,其面积等于九千万方基罗米突。如世界人口为十七万万五千万,则其中有十二万万五千万为帝国主义之牛马奴隶。英国为帝国主义之巨擘,其本国面积仅三十一万四千方基罗米突,而其殖民地之面积,则为约四千万方基罗米突,盖百三十倍于其本国面积矣。法国本国人口,仅三千九百万,而其殖民地人口,则为五千四百万,甚至渺乎其小之比利时,其本国人口仅七百万,而其殖民地人口则一千七百万。日本之殖民地人口,几与其本国人口相等。此犹专就殖民地而言耳,至于半殖民地,如中国、暹罗等尚不在内。帝国主义者以极少数之本国人民,而能驾驭大多数之殖民地人民,其工具有三:

一、高度发展的工商业,庞大的资本积聚。此等资本积聚,能供给帝国主义者以伟大之信用。

二、强大的海军及航空队,能使所有殖民地半殖民地之民族,虽蓄怨望,谋反抗,而卒不能脱离其势力范围之外。

三、强有力的宣传机关,若千百种之新闻杂志,若千百所之学校,若教会及戴面具的慈善事业,若无数受薰陶于统治殖民地人民的精神之官吏,皆足以为帝国主义之喉舌与爪牙。对于殖民地半殖民地之奴隶,不特有摧残的能力,而且有麻醉的作用。对于一切帝国主义者,不特能幂蔽其罪恶,且能使人相与歌功颂德之不暇。

　　为此三者,帝国主义之历史,乃能趋于发荣滋长。以极少数之人类,乃能强制大多数之人类,而使之屈服。然而欧战以后,帝国主义之基础,已被动摇,其所以使之动摇之条件如左:

　　一、帝国主义之最庞大者俄罗斯帝国,已归于覆灭。其结果使世界六分之一的土地,脱离帝国主义之区域。同时使世界上一切被压迫民族,在自求解放的奋斗中,得一先进者以为之指导,此为帝国主义之一大损失。德意志帝国,本亦为帝国主义之极猛烈者,而以战败的关系,受其他各个帝国主义者所排斥,而处于被抑服之地位。此亦为帝国主义之一大损失。盖不啻帝国主义家庭中之分子,因减少之故,而即于衰微也。

　　二、各帝国主义者中,以利害冲突而互相妒忌,互相排拒。英国对于法国之陆军与航空队,极端猜疑,乃于近东及欧洲大陆,为不断的暗斗。例如洛加拿协定,即英国所设之圈套,欲使德国入其玄中,而即利用德国以对抗苏俄,并于相当时机对抗法国。此等帝国主义互相冲突,适足陷于美国的经济帝国主义之陷井中而莫能自拔。而东亚帝国主义之日本,则又以美国在太平洋与在中国之经济势力之增涨,认为相逼太甚,谋以海陆军之势力,摧挫而覆灭之。凡此各个帝国主义者间之互相冲突,皆所以自暴其弱点也。

　　三、在欧战中,殖民地与半殖民地之工业骤形发展,其天然结果,适为工人阶级之发展。工人阶级已以可惊之速度,而成为国民革命中有力的成分,同时更于民族解放运动中,取得领导的地位。

　　四、为帝国主义巨擘的英国,其殖民地虽广大,而于经济上已与本国脱离。由是其加于殖民地与半殖民地之缧绁,亦更为严紧。法国本国之领土,被毁于欧战中之枪林炮雨,则欲尽其力所能至,刮削殖民地,以为之补偿。于是此两帝国主义者之殖民地之奴隶,如水益深,如火益热,乃不得不铤而走险,为不断的骚动与反抗。

　　五、一切殖民地与半殖民地的民族,已于继续的民族运动中,表示其自觉,此等自觉,苏俄与土耳其之独立革命,与以暗示,且与以模范。其最大之主义,即为苏俄与土耳其能以民族群众的势力,而打倒强有力的帝国主义之军队也。

六、在帝国主义之本国以内,因劳动群众之失业,生活程度,日以低落,货币日以跌价,不得不陷于贫穷之境遇,而货币跌价,且使中等阶级,失其储蓄之资。此种经济上惨淡与恐慌,足使阶级斗争,更形激烈。其结果必至于将大多数民众驱入革命的战线以内。而此大多数民众,又必同情于世界上一切被压迫的民族,愿与之合作,为解放而斗争也。

由此种种,可断定帝国主义之基础,已被动摇,其崩溃之期,必不在远。而世界上一切被压迫的民族及民众,联合奋斗,实足为其致命之伤。中国之国民革命,由中国言之,为中国民族之自求解放。由世界言之,为一大部分人类自求解放。故中国之国民革命,实为世界革命之一大部分。中国人民从事于国民革命,决非孤军转战,若苏俄,若世界上一切殖民地半殖民地的民族,若帝国主义本国内之被压迫民众,皆与中国之革命民众,立于同一战线者也。试错举事实如下:

美国之夏威夷、墨西哥、古巴等国,其共和制度,为美国所蹂躏,其城市为美国海军所占据,其国民为美国所摧残,其宪法为美国所修改以适合美国银行家的利益,其自决权被拒绝,其独立完全打销。此外尚有无数黑种人,为自命民主先进国所压迫所剥削所虐待。夫压力愈重,则反抗力愈大。故夏威夷之爱国团体,墨西哥之农工党,全美洲之反帝国主义大同盟,墨人之救国保种的组织,皆一致努力,以求某种族或民族的解放。

普通的观念,皆以为欧洲乃帝国主义的老巢,在此老巢中,必不至尚有被压迫的民族。按之实际,则殊不然。阿尔塞斯、罗伦,欧战以前,被德国帝国主义所压迫,欧战以后,被法国帝国主义所迫。四十五年以来,法国以阿尔塞斯、罗伦由祖国沦于异域,引为莫大之悲哀,其实则法国工业为阿尔塞斯、罗伦之煤铁而悲哀也。一九一八年以来阿尔塞斯、罗伦,重归于所谓祖国,以尝试法国帝国主义之压迫,乃较德国帝国主义之压迫为尤甚。前以二十万操法语之民族受德国民族主义之压迫，今则以一百万操德语之民族受法国狭隘的爱国主义之压迫。法国政府，在学校、在官厅、在法庭、在商业上，禁止土人之操土语。法国政府所派遣之官僚、宪兵、警察等，所在充满，为严厉之监视。青年被强迫而在殖民地的军队中服务，工人运动，遭遇最严酷的摧残。于是阿尔塞斯、罗伦之人民，因工人与农民的团体之指导，已宣言自主。

其在墨西托尼亚（Macedonia），有居民二百三十万，在其历史中，已以不断的奋斗，而求其民族之独立。乃凡尔赛条约，竟相与瓜分之。南斯拉夫（Jugoslavia）取其五，希腊取其四，布加利亚取其一。此等新兴之帝国主义，其对待墨西托尼亚，一如法国之对待阿尔塞斯、罗伦。对于所征服人民，务压抑之，或使之同化。此实为现在巴尔干半岛各国的共同政策。而此种政策，实受国际联盟所拥护。为是之故，墨西托尼亚之革命党人，已于联邦派指导之下，努力进行，以求实现其国家的独立，及为巴尔干半岛革命的联邦。

其在皮沙拉比亚（Bessarabia）、布哥维那（Bukovina）、西里西亚（Silesia）、克洛西亚（Croatia）诸地，其民族所受之待遇，与墨西托尼亚大略相同。故此等民族，已各准备其战斗能力，以求脱离奴隶之待遇。

其在斐洲，被压迫的民众，已由沉睡而即于猛醒。自地中海以至于好望角，反抗帝国主义之空气，弥漫于黑人及阿拉伯人的大陆。其民族革命运动之最显著者，为里夫（Rit）的战争，里夫民族，为数不及一百万，而能与世界上开拓殖民地最早的西班牙，及世界上陆军最强的法国，为勇猛的对抗。里夫民族革命运动之领袖，为阿白尔克里姆（Ab El Krim），以所部兵六万五千，击败西班牙兵十万。继以法国之陆军六万，及航空队、铁甲车队，统以最善战之将领，战争半年，法国之陆军，死者万人，而里夫民族，仍能于艰难危苦之中，支持其勇气。至于阿尔及利亚（Algeria）、埃及等，其反帝国主义之运动，亦随时勃发。经一度之屈服，复为一度之反抗，且其反抗之程度，更烈于前，帝国主义者，已知菲洲种人非复如曩日之易与矣。

　　其在亚洲,如波斯,在欧战以前,受英俄帝国主义双重的压迫。及俄国革命,波斯人民,已由俄国革命党人之手,解除俄帝国主义之羁绊,而受平等之待遇。波斯人民,受此刺激,更谋脱离英帝国主义之羁绊,使英帝国主义之工具波斯国王,碎于人民一击之下,而成立波斯民主的政府。如阿拉伯,其民族解放运动之思潮,已达于最高点,能以碎石击走波尔福勋爵(Lord Balfour)于巴勒士登(Pales Tine);最近更宣布政治的罢工,以表同情于叙利亚(Syria)同胞。如叙利亚,自去年七月二十四日以来,反抗法国帝国主义,法国之陆军,屡败于叙利亚爱国党人之手。其狼狈之态,不亚于在摩洛哥(Morocco),而其野蛮之行为,亦较在摩洛哥为烈。杀戮妇孺,纵火掳掠,无所不为。此等野蛮行为,实足使叙利亚人奋斗之志,益以坚决。国民政府已于最近成立,叙利亚之爱国运动,虽一时或不免为法国陆军优越的势力所屈服,然终信最后之胜利,必操于叙利亚爱国党人之手也。如土耳其,在一般帝国主义者中,久已视为无问题之捕获物。谥之以近东病夫,加之以压迫基督教徒之罪名,刀俎鱼肉,一惟所命,而近则以土耳其国民党之努力,及苏俄之扶助,且脱离帝国主义者之压迫,而成为自由独立的国家。最近土耳其国民政府,因英国抢夺莫塞尔(Mosul),集合国民军,并与苏俄成立更密切的同盟,以准备保护其领土及其政治的经济的主权。如荷属东印度,其国民革命的奋斗,已积极进行。荷兰帝国主义者对待土人,与英法同其残暴。土人所有学校及种种团体,皆被封闭。一切集会及示威运动,皆被禁止。教授、新闻记者,可以随意监禁。爱国党人,可以随意杀伤。一九二五年三月,荷兰警察,在爪哇枪击爱国党人一百有七人,伏尸枕藉。九月,复捕获爱国党人一百六十三人。此等残暴行为,适足使爪哇之国民党及农民,更坚固其团结力,及更增益其为国民革命而共同奋斗之决心与勇气而已,如印度自治党人,及共产党党人,正共同努力,以反抗英帝国主义。英帝国主义对之,虽以无人性之残暴,加以摧毁,而所谓不合作运动,经济的绝交,消极的不服从,进行如故。如菲律宾、安南、台湾、高丽,其民族革命之奋斗,或以公开,或以秘密,相与为不懈之

努力。此等奋斗,终必使帝国主义所施与之桎梏,归于粉碎,综合此等错举之事实,可得结论如下:

一、被压迫的民族,已开始觉悟其所处地位之不平等,已认识帝国主义在政治上、经济上之种种压制及掠夺,故民族革命运动,已普及于全世界。此等民族革命运动,有已与帝国主义直接发生武装的冲突者,如里夫民族及叙利亚民族是。有其武装的冲突,已得胜利,使其民族于帝国主义压迫之下,已得解放者,如土尔其是。而其中尤当注意者,凡在殖民地半殖民地的革命运动与帝国主义者直接冲突之过程中,有一种历史的事实,能促进此过程。此事实为何?即殖民地半殖民地因工业发达而产生之无产阶级是已。此阶级在民族革命运动中能以渐立前线,而为民族革命运动之指导者。

二、凡民族革命运动,欲求成功,必须有广大的民众参加。而农工民众,尤为必须。过去民族革命运动之失败,由于参加者限于知识阶级,故不能得广大之基础,与广大之势力。于现在及将来,为民族革命运动,必须以其意义普于田间与工厂,且必须使之组织于反抗帝国主义的奋斗中。

三、凡民族革命运动,必须明了共同之敌人为谁。对于共同之敌人,而共同奋斗,自助与互助,初无异致。所以世界上一切被压迫民族之革命运动,有联合战线之必要。

四、凡民族革命运动,必须排除狭隘的国家主义。此等狭隘的国家主义,常为帝国主义之诱因。纵使民族革命成功,亦徒成为新兴之帝国主义,故一切被压迫民族,相互之间,要求人以平等待我,同时亦要求我以平等待人。必如是,乃能联合世界上以平等待我之民族,共同奋斗。中国之国民革命,对于革命先进之苏俄,固共同奋斗,而对于一切被压迫之民族,亦共同奋斗。于此之时,彼此以平等相待,以期民族革命成功之后,同进于大同。

五、各个帝国主义者间之冲突,及帝国主义者本国内大多数人民之愤激与怨望,实为与世界上被压迫民族以推倒帝国主义完成民族独立之良好机会。凡从事于民族革命运动者,必须勿失此良好机会,务使一切革命的势力,皆得以集中,而活泼进行。

六、在民族革命运动进行中,必须看破帝国主义者的阴谋,及防止其一切包藏祸心的宣传。此等宣传,实含有挑拨离间之两种作用。帝国主义,为遮断其本国内大多数人民与东方被压迫民族联合,则倡黄祸之论,以为恐吓;为遮断东方被压迫民族中各阶级间之联合,则倡赤化共产之论,以为恐吓。此种恐吓手段,能使革命的势力,归于离散。故凡从事民族革命运动者,必当大声疾呼,以揭破其阴谋。同时益以诚意与帝国主义者本国内大多数被压迫人民及世界上被压迫民族,联合一致,向于共同敌人帝国主义者,猛烈进攻。

第二　中国之现状

如上所述,可知中国国民革命,实为世界革命之一大部分。其努力之目标,在打倒帝国主义。帝国主义所挟以为暴之工具,前以言之。然使中国以内,无为帝国主义之内应者,则帝国主义,亦无所施其技。试列举如下:

一、军阀:军阀之大者,藉口武力统一,把持中央。其小者,藉口联省自治,把持地方。其唯一目的,在掠夺国家及人民之利益。其唯一手段,在拥兵自卫。其所豢养之军队,不知有国家,不知有人民,只知为其受豢养之军阀而效死。顾其豢养之程度,乃至为微薄。军阀掠夺所得国家及人民之利益,只以自肥其身家,及分肥于同恶共济之将领,至于大多数之士兵,不过仰其所不屑之馂余。故大多数之兵士,其生活至为困苦。战时则驱之死地,平时则不免于饥寒。由于大多数士兵,遂被迫而为盗贼之举动,以自绝于人民。而为将领者,则以军阀为终极之目的,惟知以相斫求其大欲,中国之内,于是兵戈相寻,而莫知所届。

二、官僚:凡民主之国家,所谓官吏,本人民之公仆。其自身实为人民,于执行国家之政务及事务时,乃为官吏。而中国之官僚,则于士农工商之外,别成一阶级。其结果惟有助军阀为虐,以掠夺国家及人民之利益,以肥军阀,且藉以自肥。

三、买力阶级：帝国主义者如虎，而买办阶级则为之伥，帝国主义恃之，对于中国国民，得以择肥而噬。而买办阶级则于无数中国国民被噬后之残尸中，咕嘬其血肉，以咽其下流之欲望。

四、土豪：此为封建制度之余孽。其在乡村间，自为刀俎，而以人民为鱼肉。其为厉于人民，甚于盗贼。

以上四者，在帝国主义者之心目中，实为应用之工具。盖帝国主义者，欲使中国永为其次殖民地，则其所采之方法，莫大于阻遏中国之国民革命运动；而欲阻遏中国之国民革命运动，则其所采之方法，又莫大于遮断国民间之各阶级之联合，尤莫大于摧残农工阶级之发展。盖不如是，则不能分散国民革命之势力也。而买办阶级与土豪，其性质上实为摧残农工商各阶级之利器，故必利用之，以垄断中国经济之利益，同时即以窒塞中国国民革命之生机。顾经济上之势力，必得政治上之势力，为之辅助，然后能活泼无碍，以日即于繁荣。故又必收军阀官僚以为己用，使政治上之势力，归于掌握。所以军阀、官僚、买办、土豪之于帝国主义，实犹车之双轮，鸟之双翼。而军阀、官僚与买办、土豪，其生活之目的与条件，同为掠夺国家及人民之利益以自肥，于是四者之间，不期然而出于共同行动。帝国主义，得此工具，遂敢悍然破坏中国国民革命而无所惮。

征之民国元、二年间，五国银行团，不惜以二万万五千万之大借款，贷诸袁世凯，以助其驱除东南之革命党人。六、七年间，日本又不惜以三万万之参战借款、军械借款及种种借款，贷诸段祺瑞，以助其扫灭西南之护法军队。八、九年以后，欧战终了，各国恢复其远东势力，则又相与痛抑日本，助曹锟、吴佩孚，以推倒段祺瑞。其各种借款，为额之巨，至今尚未能知其确数。而曹锟、吴佩孚则亦以摧破广州革命政府，为效忠于帝国主义之表示。盖帝国主义者，由借款而得之利益，不特经济方面而已，于政治方面，尤获有种种特权。而其最大作用，则为助军阀以镇压国民革命也。前岁秋冬之间，直奉再战，其结果曹锟、吴佩孚推倒，而段祺瑞、张作霖崛起，要不外易英美帝国主义之傀儡，为日本国帝国主义之傀儡而已。帝国主义得军阀为之傀儡，对于中国，遂得为所欲为。军阀得为帝国主义之傀儡，则亦有恃无恐，虽获罪于人民，亦恬然不以为意。前岁冬间，段祺瑞不惜以尊重不平等条约，为各国承认临时执政之交换条件。去岁五卅以还，张作霖之军队，在天津、上海，极力摧残各界人民之爱国运动。而于工人运动，尤遏抑不遗余力。军阀之甘为帝国主义之鹰犬，以咋噬人民，阻碍国民革命之进行，有如此著。

　　大军阀之把持中央者，受帝国主义之卵翼，为之效命，如上所述。小军阀之把持地方者，论者或以为其地位势力，尚不足当帝国主义之一顾，故把持地方之小军阀，其殃民之罪状，虽视大军阀为甚，而卖国之罪状，似反从未减。顾按之实际，则殊不然。征之去岁夏间，唐继尧起兵，寇桂穷粤，语其内幕，乃在受日本帝国主义者之唆使，与法国帝国主义之怂恿。而十二年来，陈炯明等之得苟延残喘于东江，以为祸于广东，乃全恃帝国主义者为之后援。自去岁夏间以还，更公然以香港为其寇粤之大本营。运兵筹饷，皆以香港为策源地。北洋兵舰，集中于香港，以往来窥伺广东之沿海岸。复由香港输运军械，以接济南路诸贼。而陈炯明等更于海丰摧残农民运动，于汕头摧残工人爱国运动，务残害同胞，以取媚于帝国主义。呜呼！五卅以来，青岛、九江、上海、汉口、广州各处惨杀案相继而起，全国之爱国民众，方血肉狼藉于帝国主义枪刀之下，而陈炯明等乃忍心受其豢养，听其唆使，以危害国民革命运动。盖小军阀之末路，倒行逆施，久已枭獍之不若矣！

　　以上为各军阀与帝国主义勾结之现状。至于买办阶级，受帝国主义之颐指气使，以为厉于国民，其罪状亦擢发难数。大抵数年以来，北京之财政总长，几成为买办阶级之专利品。自王克敏以至李思浩，无非窃国币以纳诸外国银行，同时更以无数政治上、经济上之特权为之赂。至于各省巡阅使、督军之属，其盗国病民之所得，莫不由买办阶级，为之置业于租界，以为其赃污之保障。财政现状之紊乱，政治现状之污浊，实以此为一大原因。买办阶级之罪恶，深足为国民所唾弃。而为罪恶之尤著者，莫如十三年秋间广州沙面汇丰银行买办陈廉伯之作乱。陈廉伯始则藉英帝国主义之资助,而得自由贩运军械,组织商团,以谋反抗广州革命政府。继则受英帝国主义之袒护,以类似哀的美敦之通牒,恐吓广州革命政府。其始末,于总理致英国前首相麦克端努之电报中及宣言中已详之。及乎作乱失败,仍得安居香港,终日从事于破坏广州革命政府之行为,醵资助贼,扰乱地方,视为当然,曾不稍怪。盖中国自有买办阶级,而国民人格,几于扫地以尽矣。

在军阀与帝国主义勾结之现状中,官僚则骏奔以为军阀之给事者。在买办阶级受帝国主义之颐指气使之现状中,土豪则蚁附以为买办阶级之应声者。不宁惟是,买办阶级及土豪,平日于经济上既占优越之地位,洎乎得帝国主义者之媒介,以与军阀官僚勾结,则进而于政治上亦占优越之地位。试观全国,商埠表面,虽似趋于繁荣,而其内幕,则不免受帝国主义及附庸者之支配。至于村落,则其困穷之象,每况愈下。盖商业为所操纵,新兴工业为所扼制,农业、手工业为所摧毁,农民、工人之利益为所吞蚀,更无待言。民穷财尽,悉由于此。加之各个军阀间,其互相冲突,在原则上,无可幸免。或为扩张地盘而战,或为保障地盘而战,或迭相雄长,或以下征上,数年必战,甚至数月必战。其破裂之期,可以预测而逆臆。有如前岁秋间,江浙之战,直奉之战,去岁冬间,江浙直鲁辽东之战,所杀伤者,人民之生命;所荡析者,人民之财产。盖人民至是,已岌岌然不能保其生存,更无生活程度之可言矣。

中国之现状具如此,吾人苟一体认,可知今日之中国,其当前待决之问题,实为求一生路。然所谓生路者,果如何乎?关于此点,第一次大会宣言中,曾列举立宪派,联省自治派,和平会议派,商人政府派之各种主张,而指示其谬误。近更有所谓国家主义派者,以为今日欲救中国,但当如日本之维新即能自致于富强。为此说者,不惟未知日本维新之际,尚留封建制度之余毒,以为害于其人民,且已生帝国主义之厉阶,以为害于世界。且其于日本维新之际时代与环境之关系若何,亦忽焉不察。日本维新之际,帝国主义正如旭日初升。故日本之仿摹,出于不知其然而然。若夫今日,帝国主义已近末路,其自然崩溃之期,已可以推算而得,尤而效之,适见其惑而已。至于所谓良心救国派,所倡导者,为性善,为自由,陈义不为不高,然其除恶不勇,其纪律不严。一方坐视率兽食人者之猖獗,咨嗟扼腕,而不能恤。一方不能组织民众,既不能以纪律自绳,自亦不能以纪律绳人,遂使团体行动,散漫而无力,于此而欲求拨乱致治,亦徒见其幻想而已。凡此,皆坐不能体认中国之现状。故于求治之法,亦茫然莫知所措。吾人所指为中国之生路者则如下:

其一,对外当打倒帝国主义。其必要之手段:一曰联合世界革命之先进国;二曰联合世上一切被压迫之民族;三曰联合帝国主义者本国内大多数被压迫之人民。

其二,对内当打倒一切帝国主义之工具。首为军阀,次则官僚、买办、阶级、土豪。其必要之手段:一曰造成人民的军队;二曰造成廉洁的政府;三曰提倡保护国内新兴工业;四曰保障农工团体,扶助其发展。

凡此对内对外之必要手段,约而言之,即总理遗嘱所谓唤起民众及联合世界上以平等待我之民族共同奋斗也。于此中国之现状为症发药之救治,观于以上所列举之事实,可灼然而无疑。

第三 本党努力之经过

吾人既深信总理所定之主义及政纲,为中国之唯一生路,故于第一次大会闭会之后,即服从于总理指导之下,以努力而进行。吾人非不知当时所处之环境,至为恶劣,所挟持之势力,亦至为微弱。弹丸之广州,已为香港帝国主义者,纳诸掌握之内,而北洋军阀,如曹锟、吴佩孚等,复耽耽然欲灭此而朝食,不惜百计以求逞。陈炯明等跳梁于东江,邓本殷等负隅于南路,杨希闵、刘震寰等,更反侧于肘腋之下,吾人苟鲜明其主义及政纲,无异自树一的,以待此等敌人之共同进攻。况所谓官僚、买办阶级、土豪,正环绕于吾人前后左右,将以保护其不正当利益之故,而同心合力,务置吾人于死地。惟吾人则百无所畏,准备与之为殊死战。吾人于此四面包围之中,所艰难成立者,有中央及各级各地之党部,以宣传民众,组织民众。有陆军军官学校及党军,以造成与人民合作之军队,使进而为人民的军队。有各种工人的组织,及农民的组织,俾能保卫其利益,而发挥其能力。吾人曾与勾结北洋军阀之叛军战,曾与勾结帝国主义之商团战,其结果,此等敌人,不特不能困苦吾人,且使吾人益增长其气势,进而与北洋军阀曹锟、吴佩孚战,曹、吴推倒之后,总理挺身北上,以开国民会议,制军阀之死命;以废除不平等条约,制帝国主义之死命。事虽未成,而以身殉道之精神,已普及于全国民众,而深入其肺腑。去年五月三十日以后,青岛、上海、九江、汉口、广州等处之惨杀案,接踵而起。帝国主义穷凶极恶的面目,暴露无遗。而全国民众努力从事于国民革命之精神,已渐为世界所认识矣。最近北京民众之示威运动,又足以褫军阀之魄,使之与帝国主义勾结,非惟不能恃以为固,且适足以犯众怒而促其死亡。大河南北、大江南北及湖南、湖北间,农工民众,团体组织,日以坚固,能力日以发达,其参加国民革命运动,亦日以热烈。吾人更于此时作巩固广州之革命根据地,肃清一切反革命分子,扫除东江南路一切叛徒,建立与人民合作之政府,及与人民合作之军队,以坦白真挚之精神,为民众谋利益。同时领导民众,从事于国民革命,虽受帝国主义者及其工具之重重压迫,屹然不为之动摇。且决其覆灭之期,必不在远,最后之胜利,终属于吾人。此吾人于第一次大会闭会之后至于第二次大会开会之前,努力之经过,所可为国人告者也。

第四　结论

世界之现状,中国之现状,及本党努力经过,综合而观察之,可得结论如下:

总理所提出于第一次大会之宣言,对于三民主义之解释,及最少限度之政纲,实为中国之唯一生路。吾人于第一次大会闭会以后,所努力者,仅为扫除障碍,以准备主义及政纲之实行,不独主义之自身,未能实现,即最少限度之政纲,亦未能施之实际。故第二次大会,对于主义固当继续努力,以求贯彻;即对政纲,亦无所修改,惟期其得见诸施行。前呼宣言,有建国方略,其后复有建国大纲,及民族、民权、民生之讲演,暨开国民会议废除不平等条约宣言,以迄于总理临终之遗嘱。凡此皆总理披荆斩棘,为中国开此生路。吾人循此路以前进,若总理时时指导于吾人之前,使吾人之热诚,弥以兴奋,吾人之信念,弥以坚固,吾人惟有一致遵守总理之遗嘱,以奋斗不懈。吾人敢举此信念与热诚,以昭告于世界民众及全国民众之前,吾人愿献此身以为一切民众之前驱,为一切民众而效死,吾人尤知欲为民众有所尽力,则不可不巩固吾人之组织,扩大吾人之能力,以期能负荷吾人所欲尽之责任。第一次大会,已于党员之纪律及训练加以注意,第二次大会更将使此纪律益以森严,训练益以精密。凡为革命党人者,不可不忠实诚笃,勇于改过。党员之间,互相亲爱以互相扶助,互相攻错。盖不扶助不足以为亲爱,不攻错尤不足以为亲爱也。

若过而不改,则不能不以铁的纪律,加诸其身。盖对于党员姑息,即对于党为不忠也。吾人必努力使党员成为革命团体化,以期不负总理之指导,不负民众之期望。

吾人大呼以祝:

中国国民党万岁!

世界革命万岁!

《中华民国史档案资料汇编》第四辑(上),第343—358页

国民政府关于不接待调查法权外国委员来粤令

1926 年 4 月 10 日

中华民国国民政府令　第一七九号

令{外交部长胡汉民
司法行政委员会

为令饬事:国民政府唯一之职责在奉行先大元帅之遗嘱,其最先着手,即在废除不平等条约,领事裁判权当然收回,无须由外人调查。故对于此次调查法权外国委员来粤,决定不予接待。除分令外,合行令仰

该　部　　迅即转电　各埠交涉员　一体遵照。此令。
　　委员会　　　　　　各 级 法 庭

中华民国十五年四月十日

委员会议主席　汪兆铭

常务委员　汪兆铭

常务委员　胡汉民

常务委员　谭延闿

常务委员　伍朝枢

常务委员　古应芬

中国第二历史档案馆藏:《国民政府公报》,1926 年第 29 号

国民政府对外宣言

1926 年 4 月 22 日

中华民国国民政府对外宣言

比年以来,北京政府迭为军阀窃据,措施谬戾,显悖民意,为国民所深恶痛绝,久已无政府之实矣。自曹锟以贿选窃位总统,旋为军阀所驱逐,段祺瑞复仰军阀鼻息,竟假执政名义,窃处元首地位,以荼毒吾民。近以军阀互斗,喋血京畿,段祺瑞忽而逃匿,忽而恋位,此则并政府之名而亦丧失之。顾以名实交亡之北京政府,早已自绝于国民,而万恶之军阀,犹得挟为发号施令之资,屡演祸国殃民之举者,不过藉口北京政府为各国政府所承认。此其承认之结果,适足助长内争,此为历年来所不可掩之事实,我国民惩前毖后,所引为深虑者也。历年军阀之此起彼仆,不过以暴易暴,各国予以承认,不啻援助一派之军阀,以干涉我国内政而已。本政府遵照先帅遗嘱,主张召集国民会议解决纠纷,以求统一政府之实现。并查在民国元、二年之间,为时二十月无被承认之政府,而一切国际交涉,未尝有不便之感。故特郑重宣言:在国民会议未召集,统一政府未成立以前,任何军阀盘据北京,各国政府不应予以承认,免干涉我国内政,延长我国内争。尤望各国人民起而督促政府,俾毋蹈

前此之覆辙,庶几我国人民得起而打倒一切军阀,统一政府得以实现,人民得从事建设,岂惟中国之幸,抑亦可间接增进各民族间之和平幸福矣。

　　　　　　　中华民国国民政府委员会
　　　　　　　中华民国十五年四月廿二日

中国第二历史档案馆藏:《国民政府公报》,1926年第31号

中国国民党为国民革命军出师北伐宣言

1926年7月4日

　　中国人民之困苦至今日而极矣。以言农人,则血汗所获,尽供兵匪之掠夺,预征特捐,有加无已,终年辛苦,不得一饱,鬻田卖牛,浸成失业,此犹侥幸者也。至如直、鲁、豫、京兆等省区之农民,则兵匪所过,村里为墟;老弱死于沟壑,壮年多被俘虏;男为牛马,女被奸淫;其或能逃出虎口,幸保余生,亦不过皇皇如丧家之狗,不操下贱之业,即作他乡之鬼而已。以言工人,则终日劳作所获,仅能苟延性命,既无余资,又鲜保障,平时日日有失工之虞,灾患一至,不免沦于流氓之列;此时欲商无资,欲耕无地,不降为苦力,以逐渐消耗其生命,则直成饿殍而已矣。以言商民,则外被洋商售卖洋货、贩运土货之压迫,内受大小军阀土匪苛捐重税及明抢暗索之剥削,鲜能获什一之利,而频蒙亏本之灾;驯至小资生意不堪损失,倾家荡产,比比皆是。以言智识界,则教者恒以薪金久欠,徒忧哺啜,而不能传其智能;学者每以匪患兵灾,断绝资斧,而无以进其学业;加以百业凋敝,虽属聪明才智之士,难免旁皇失业之忧;至于直、鲁、豫各省,年年烽火,学校关闭,小学教员沦为苦力,青年学生多成饿殍,更无论矣。其他如各省军阀部下之军人,则多数本系农人、工人为求生计而投军者,然而投军之后,不但生计仍无所托,且为野心军阀驱而置诸死地;大好热血,不用靖国难、救人民,乃徒以受军阀豢养之故,反用以屠杀人民,为军阀争功名、求富贵,世间惨事,孰有过于此耶?至于经营工业之企业家,在从前固为社会上之富裕者,然至今日,则销

场不佳,利益全无,工厂停闭,成本呆滞,即或勉强开工营业,而困于苛税勒捐,无法支持,则不投降于军阀,即乞怜于洋商,不但事业已非我有,资本且丧失大半矣。

总而言之,居今日之中国,除少数军阀、官僚、买办、财阀之外,全国人民入则有老弱待哺之忧,出则无立业谋生之地,行则逢掳身丧命之变,居则罹举家冻馁之祸,灾害深于水火,困苦甚于倒悬。凡此皆帝国主义之侵略及卖国军阀之窃权之所致也。帝国主义在经济上之侵略,其剥削之巨,岁辄万万,数十年来未尝或息。迄今中国人民膏血已尽,仅存皮骨,彼为债主,我为债户;彼不劳而坐获,我终日充牛马;彼为经济的主人,而操命令指挥之全权;我为经济的奴隶,而居被驱使之地位。帝国主义在经济上剥削中国之不足,更在政治上利用万恶之卖国军阀,造成笔难尽述之罪恶。帝国主义者既使军阀窃取政权,又使军阀盗卖国家;既使军阀永演阋墙之争,令吾民受尽兵刀之苦,更嗾使军阀压迫革命运动,欲吾民永无自决之日;既使军阀式的政治发生土匪,更使土匪变成军阀。军阀生生不已,人民困苦无穷;以军阀为刀俎,以吾民为鱼肉。如此则无怪乎中国农民不能安于乡,工人不能安于市,商民不能安于行旅,智识家不能安于校舍,军阀下之军人恒辗转惨死于连年之内战,甚至经营工业之企业家亦惴惴不能一日安其生也。

帝国主义侵略之程度日益加深,军阀之暴虐日益加甚,则中国全国人民之困苦,自为日益加重。近者北方军阀混战经年,北京政府已不存在,我中国中部及北部人民,不但无好政府,而且亦无恶政府;不但无从减少既有之痛苦,亦且无法减轻新痛苦增加之速度。从此以往,指顾之间,不难使数千里土地变为荒墟,数万万人民化为虫沙,岂但政治的及经济的奴隶而已。本党丁此时机,熟察前因后果,深知中国人民困苦之根本原因,在帝国主义及其工具卖国军阀;深知目前中国之唯一需要,在建设统一政府。统一政府成立,则外足以抵抗帝国主义之恫吓压迫,内足以杜绝军阀之祸国殃民;统一政府不成立,则外祸益烈,内乱益甚,中国人民之困苦,亦将如水益深,如火益热,中国人民将无噍类矣。

本党从来主张用和平方法,建设统一政府,盖一则中华民国之政府应由中华人民自起而建设,一则以凋敝之民生不堪再经内乱之祸。故总理北上之时,即谆谆以开国民会议解决时局号召全国。孰知段贼于国民会议,阳诺而阴拒,而帝国主义者复煽动军阀,益肆凶焰。迄于今日,召集国民会议以谋和平统一之主张未能实现,而且卖国军阀吴佩孚得英帝国主义者之助,死灰复燃,竟欲效袁贼世凯之故智,大举外债,用以摧残国民独立自由之运动。帝国主义者复饵以关税增收之利益,与以金钱军械之接济,直接帮助吴贼,压迫中国国民革命,间接即所以谋永久掌握中国关税之权,而使中国经济生命陷于万劫不复之地。吴贼又见国民革命之势力日益扩张,卖国借款之狡计势难得逞,乃一面更倾其全力攻击国民革命根据之地,既勾结匪徒扰乱广东,又纠集党羽侵入湘省。本党至此,忍无可忍,乃不能不出于出师之一途矣。

本党敢郑重向全国民众宣言曰:中国人民一切困苦之总原因,在帝国主义者之侵略,及其工具卖国军阀之暴虐;中国人民之唯一的需要,在建设一人民的统一政府。而过去数年间之经验,已证明帝国主义者及卖国军阀实为和平统一之障碍,为革命势力之仇敌。故帝国主义者及卖国军阀之势力不被推翻,则不但统一政府之建设无希望,而中华民国唯一希望所系之革命根据地,且有被帝国主义者及卖国军阀联合进攻之虞。本党为实现中国人民之唯一的需要——统一政府之建设,——为巩固国民革命根据地,不能不出师以剿除卖国军阀之势力。本党为民请命,为国除奸,成败利钝,在所不顾,任何牺牲,在所不惜。本党惟知遵守总理所昭示之方略,尽本党应尽之天职;宗旨一定,死生以之。愿全国民众平日同情于本党之主义及政纲者,更移其平日同情之心,进而同情于本党之出师,赞助本党之出师,参加本党之作战,则军阀势力之推倒,将愈加迅速,统一政府之建设,将愈有保障,而国民革命之成功,亦愈将不远矣。

统一政府建设万岁!

国民革命成功万岁!

中国人民自由解放万岁！

中国国民革命军万岁！

中国人民解放军政治学院党史教研室编：《中共党史参考资料》第四册，

1979 年版，第 8—9 页

2. 参加反帝国际活动

熊光暄关于出席比京世界反帝国主义
及殖民地侵略大会报告书

1927 年 3 月 20 日

国民政府委员会钧鉴：

敬陈者，窃光暄前奉电令代表出席反抗侵略殖民地大联盟比京国际会议。所有准备赴会及编印宣传小册等情，业经四次呈报，计荷垂察。比京大会于二月九日开幕，十六日结束。兹将大会经过及各项议决暨大联盟之组织，呈报如次。比京大会结束业已月余，光暄以由比返德后，偶染时疾，卧病兼旬，未能及早报告，负罪良深，稽延之处，尚祈鉴谅。

熊光暄谨呈一六、三、二十

（甲）大会经过

（a）大会招待新闻记者情形

二月九日下午五时在 Palaris Egniand 举行，到者约二百五十余人，由比利时社会民主党左派之 Dr. Marlaue 致辞，说明大会之旨趣，并谓一九一八年休战时之和平宣言，尝博得全世界之同情，而尤其博得中国之同情。但当时此种和平主张均系纸上宣言，故不久即引起世界大多数民族之失望，同时又因被压迫民族已有觉悟之故，反帝运动亦有显著之进展。此次大会目的，在集中世界各民族运动之力量，并研究各民族共同工作之方法云云。

大联盟驻比书记 Gerard 报告大会筹备情形后，表示大联盟欢迎日本共产党代表片山潜、中国国民政府代表熊光暄、印度国民大会代表 Nehru、埃及代表 Hapy Ramadon Bey 诸氏参加大会。旋介绍其他各代表姓氏，并谓大会日程中有组织反帝运动永久机关及讲明帝国主义政策及其战争之危险诸点，请世界各国言论机关予以注意。

Nehru 代表印度庆祝大会之成功，并谓各民族代表相聚一堂，确实讨论一切，将使吾人反帝国主义之奋斗获得伟大之效果。印度国民大会素以力争民族独立为职志，今兹中国国民革命军之进展，吾人衷心欢迎之，并极力反对英政府派遣印度军队赴华。印度人民深信中国革命成功，为全世界被压迫民族独立运动之曙光。

光暄代表国民政府向大会致祝，并略述中国革命最近情形，复谓：参加大会各民族之敌人几尽为中国之敌人，参加大会各民族或为某一国之殖民地，或受某一帝国主义者之压迫，中国则为列强之殖民地，受国际帝国主义者压迫。故中国现在反对其压迫者，即反对各殖民地国家之压迫者，换言之，中国虽为中国之自由平等而奋斗，同时亦为各被压迫民族之自由平等而奋斗。故大会将加讨论之关于中国的问题，实与各被压迫民族有密切之关系，甚望各地代表加以注意。

Hapy Ramadon Bey 谓：埃及为反对英帝国主义及保障埃及人民权利而奋斗由来已久，一九一〇年在比京举行之埃及国民大会乃其明证，此次参加大会，盖亦所以谋尽其责任云。

高丽代表李克鲁谓：各地被压迫民族于其痛苦情形皆有对世界声诉之机会，惟日本帝国主义之残酷，则使高丽民族饱受痛苦而无从呼吁，职是之故，高丽民族对于大会前途尤抱无限希望。

安南代表 Van Jiac 谓：法人之驻防政策，侵略安南之独立，彼此次出席大会，希望大联盟于安南情形加以注意。

Richard Uaaru 代表美洲黑种工人大会谓：帝国主义为战争之母，并使人类文明时时受其祸害，今兹美洲黑人所受之痛苦已不忍述状，而黑人之解放，则当在帝国主义者根本打倒以后，故黑种工人对于此次大会之召集，抱有极大之希望。

法属非洲黑人大会代表 Lanire Scughor 陈说北非对于大会之希望,后德国 Goldsehuinds 继起发言谓:余从世界旅行归来尝有一种感想,以为世界所有之食料及宝藏实足以分配于全世界人类。使世界各民族间无侵略压迫之事,则人类之幸运为何如乎。余为经济学者,故主张世间一切财货须平均合理而分配之。今日得睹各民族代表相叙一堂,实余生平最快之事云云。Goldsehuinds 辞毕。主席乃宣布散会。

(b)第一次大会

二月十日晚八时在 Palais Egmonf 举行,是晚演说者有英国矿工会代表 Jareis、比国国会议员会代表 Magdeane、法国代表 Itculi Baebciese、中国国民党中央执行委员会代表廖焕星、印度国民大会代表 Nehru、日本共产党代表片山潜、墨西哥代表 JoseVsu Cancelog、英国独立工党代表 Brackway 诸氏。兹录各人演辞如次:

Itener Barleuse 谓出席此会之各代表即被压迫民族解放运动中之先锋,务须万分努力以达吾人所期望之目的。Barleuso 氏并尽量形容帝国主义者〔在〕中国、印度、麻络哥、叙里亚凶横残暴之情形及其预备向弱小民族积极进攻之野心。又谓:苏俄现为唯一之民族独立及社会和平国家,吾人极应友之云云。廖焕星谓:弱小民族与帝国主义者之冲突今日已达极点,帝国主义对吾人进攻不遗余力,吾人极应统一国际战线与之奋斗。帝国主义者知弱小民族被压迫阶级已开始合作,故不惜费无数金钱派遣重兵前往中国及尼卡拉瓜以扑灭各该地之革命运动。帝国主义者又知苏俄为世界唯一之无产阶级国家,且为唯一诚心援助弱小民族之国家,故殊恨之刺骨,大会现应注意各帝国主义者对苏俄之备战云云。

片山潜代表日本工人向大会致敬,并云此次大会表现弱小民族之意志,不惟必须与帝国主义者战争,且必须打倒帝国主义。弱小民族必须联络帝国主义国家之工人阶级,然后奋斗始有力量。中国为自由之争斗业已开始,其他殖民地半殖民地之被压迫民族亦应从速追随中国后之云云。

Beockueag 谓:英国工人阶级原以各种方法阻止英国出兵干涉。中国及苏俄各代表演说毕,已十二时,遂散会。

（c）第二次大会

十一日上午十时开会,Eda Fivmen 主席。

中国总工会代表陈权演说,谓:孙中山先生尝云:吾人欲打倒帝国主义者在中国之势力,当惟中国工农是赖。故国民党谨依中山先生指示之方法以实行革命。余信弱小民族与被压迫阶级实行大联合,实足以制国际帝国主义者之死命。中国民族已与苏俄有友谊之联合,同时帝国主义者深知中俄联合为反对国际帝国主义者最有力量之联合,故以全力谋破坏之,但中国民族今日已认清敌友,帝国主义者终不能破坏中俄之联合云云。

Geocy Dedebaur 讲述帝国主义政策及其在殖民地半殖民地之影响,并述帝国主义在中国、麻络哥、叙里亚大受打击之情形。最后谓:社会党改良派领袖麦唐纳、王德尔等惟政府之鼻息是仰,绝不顾及一九〇七年非殖民地会议之决议,致该会一切议案均成具文。又第二国际领袖每谓此次比京反英大会为共产党之傀儡,余愿一问在座之英工党左派领袖 Broekway 是否共产党,抑或共产党之傀儡云云。及谓弱小民族对于此点不可误会,应与大会通力合作,而大会亦应以全力阻止帝国主义者之侵略。吾人须知工人阶级之责任在以罢工为手段阻止帝国主义者对殖〔民地〕之压迫、战争,即吾人之口号,在此口号之下,无和平主义者立足之地。

（d）第三次大会

同日晚间举行,首由埃及民党代表演说,谓:此次大会虽非正式公开之会议,但实含有重大意义,因此会系代表各民族之真正意志,而尤其是代表各弱小民族反帝之真正意志,在此情状之下,吾人极愿有一真正之国际联盟出现。埃及人民要求自由、独立之心甚切,希各民族予以援助云云。

爪哇自由党代表谓:爪哇人民在荷兰资本主义蹂躏之下绝无集会、

出版、言论、罢工等自由之可言，且受荷人文化政策之影响，百分之九十五都不识字，若工人阶级则虽终日勤劳，而所得工资尚不足以苟延其生命。但爪哇人民反对其压迫者虽常失败而被拘捕、放逐甚至处死，惟决不因此稍退而放弃吾人要求独立自由之责任云云。

北非黑种工人大会代表 Seughor 谓：黑人为世界上被压迫之民族，自法人以殖民者之资格将其所谓文明以枪刺送往非洲后，黑人大受其赐。吾人反对帝图主义，同时即为反对资本主义。世界和平必须被压迫各民族获得自由后始得实现。英国少数派代表 Hafry Paelph 详言英国工人之经济地位状况之种种变更，并谓英国工人阶级愿与中国、印度工人阶级组织一永久不能破裂之统一战线，而用种种方法以阻止帝国主义之战争。帝国主义之末日，即资本主义之末日。俄国工农尝示吾人以打倒资本主义之方法，故吾人极应努力云云。

Ugana 代表美洲工农群众向大会致祝词，并详述美帝国主义者蹂躏墨西哥、尼卡拉瓜两国之情形。

南非洲工会代表 Calraiue 向大会致祝词，开会时主席团宣读英国矿工代表 Caok 及法国著作家 VictoryMargsierikes 庆贺大会开幕电文。Caok 来电大意：英帝国主义者对中国之武力干涉及资本主义者侵略之明证，希大会了解吾人极愿阻止英政府之横暴云云。

（e）第四次大会

十二日上午十时开会，Nehru 主席。

阿格利代表 Messali、土尼斯代表 Mussaph Chedeg、麻络哥代表 Achmod 先后演说法帝国主义者对待北非之残暴。Muss-apb Chedeg 以土尼斯人民党代表资格，希望大会对于前次反对英帝国主义而被拘之同志予以营救。Achmod 则谓：吾人欲打倒帝国主义，当以俄国革命为模范云。

德国 Goldsehuidy 教授谓：今日帝国主义者之殖民政策较之上古、中古之残酷有过之无不及，其方法更日新而月异。吾人欲打倒帝国主义，恢复人类天赋之自由，必须研究帝国主义者之殖民方法，而根本破坏之。今兹观于参加大会各地代表之踊跃,即知弱小民族渴望恢复自由之迫切,故大会应团结被压迫阶级及弱小民族共起打倒帝国主义。

(f)第五次大会

同日晚间举行,Moharamed Haifa 主席。

Edo Funsimen 氏演说,谓:余虽以个人资格出席大会,但深信余之意志,实可代表欧洲大部工人阶级。吾人若仅从事于革命议决,或议决后以转达工会,冀其实行,此殊无益。吾人应将本国工人阶级与殖民地民族联合成二战线,从事奋斗,而对于本国工人,解释殖民地民族与被压迫阶级之关系及其利害,尤为至要。现在资本主义者已联合成一战线压迫中国革命运动,吾人不特应反对此种资本主义之联合战线,而尤须反对白色资本主义与白色工人之联合战线,忆马克斯尝谓:中国将成一真正自由平等之共和国。吾人甚希望中国不成一法国式之假共和国,而成一苏俄式之真正共和国。在此意义之下,大会应转达各种工会一律援助中国革命。至援助方法,以直接行动为尚。然谓总〔罢〕工为援助中国革命之唯一有效方法,则亦未必。法人进占鲁尔流域之往事可为明证。是故吾人勿须吹牛。吾人现在之使命为宣传、组织、预备三种。

英国国会议员 Willkinson 演说谓:英国工党左派极愿援助中国,惟罢工能否实现,乃一问题。英国去年总罢工与矿工罢工之失败,固世人所周知者。惟无论如何,至万不得已时,罢工援助中国亦非预备不可。

Gunmed 代表南非黑人向大会致敬,并报告南非黑人在经济上、政治上所受之痛苦。又云能代表黑人之利益而受群众拥护者仅共产党云。

法国殖民地 Marsine Guadclanpe 代表谓:帝国主义者所给殖民地政治独立乃纸上之欺骗语。现在美国欲夺取 Man-scnique Guadecoapey 一带岛屿以为法国债款之一部,但吾人竭力反对此事。吾人既不欲听法人之宰割,亦不愿作美国之殖民地,吾人所要求者为完全之自由与独立云云。法国工人统一会左派代表 Herdet 谓:法国有二工会,但工人统一会真正代表工人向资本主义宣战者。当麻络哥战事发生〔之〕际，吾人尝罢工二十四小时以表示抗议，并在军队中、工人中宣传联合各国人民反对帝国主义。又谓：中国革命吾人将尽力援助之。吾人极赞成Finemem之主张，应将工人统一战线，但吾人并不与麦唐纳在一条战线，而与国际工会及工党中央之群众站在一条战线云云。

（g）第六次大会

十三日上午十时举行，Finemen主席。

法国国会议员Aebert Faurniet谓：此次反抗侵略殖民地大会为人类历史上最可纪念之一事，吾人愿组织极有力之群众以打倒资本主义。又谓：中国之奋斗为世界史上一大事件，因中国之奋斗虽为民族解放运动，然同时亦为社会解放运动也。

次由Praf Fhcador Dassing及美国工党代表Maned Garneg相继演说，前者由伦理点出发阐明民族应自决之真理，后者报告美国工人状况，均极得会众同情。安南自由党代表Dramang VouGiao报告安南工农之状况，并谓：安南之社会民主党政府Vote-me者与法政府狼狈为奸，压迫安南人民，禁止工人组织。末谓：中国现在之革命即为吾人之革命，吾人愿竭全力以援助之。

波斯革命共和党代表Achmed Assadofa及高丽代表VoingFu Ling报告波斯、高丽被压迫情形后，叙里亚革命党代表某氏继起演说，谓：德国欲打破叙里亚之统一战线，故尽力挑拨叙里亚民族内部之冲突，以收渔人之利，此外并用武力压迫叙里亚民族达马司哥之残杀，即叙里亚民气之表现及法帝国主义者之大耻辱也云云。

（h）第七次大会

同日晚间举行，仍由Finemen主席。

Geory lasburey谓：此次大会乃全世界被压迫民族觉悟之表现，中国革命乃被压迫的各民族、各阶级之革命，英国工人阶级甚愿援助之。中国工农不惟欲打倒帝国主义以期中国之民族自由，且欲打倒资本主义以求社会主义之实现。余尝谓：资本主义打倒之日，乃和平主义实现之时。大不列颠工人曾大呼云：中国有自决之权，撤回在华之海陆军，中国国民政府必须承认之，不平等条约必须废除，凡此皆吾人应做之事。中国西北军代表鹿钟麟同志讲演，谓：中国之问题已成世界问题，故中国之革命亦世界革命之一部分，吾人与帝国主义者军阀正在激战之中，新世界不久即可实现。余为军人，余之责任在保护工农。此次大会实加强余为弱小民族奋斗之力量，故余愿接受大会之命令而为被压迫民族阶级奋斗。余以为吾人之胜利已不远，而大联盟第二次大会可以讨论吾人之建设矣。中国国民党万岁！世界革命万岁！

第二国际书记 Beonra 谓：此大会在将来世界史上有重大之意义，被剥削各民族之代表齐集一堂，共同工作，至为可嘉。将来此种联合战线实现后，弱小民族及工人阶级之胜利当无疑也。最后主席团宣读孙夫人致大会庆祝电文及英国工党左派代表 Bcckety 宣读中英印联合战线议决文，并提议致电中国国民政府及印度国民大会勉其为弱小民族努力奋斗。是晚闭会后，中国代表团以国民政府及国民党中央执行委员会名义招待与会各地代表及新闻记者，由邵力子、鹿钟麟二同志报告国内最近军事政治状况。

(i)第八次大会

Calraine 代表教育者国际联合会谓：各殖民地民族在帝国主义者文化侵略政策之下，遂致大多数目不识丁，其少数得受普通教育者亦仅供帝国主义之利用，以为残害其同胞之工具。惟农工执政之苏俄则不然，当北京各大学经费无着相率罢教之际，加拉罕大使以俄国退回庚款接济各校，实其明证，吾人素以反帝为职志，今后更将努力教育吾人之学生，使成为革命之战士云云。

Saokes 代表伦敦工会报告伦敦各工团大会之结果谓：参加伦敦大会者有六百代表，五百〇三团体，其议决案中则有反对英国派兵赴华及要求在华英军撤退诸点，至不得已时，吾人且将以罢工为武器，而期上项主张之实现。又谓：在勿侵犯中国标语下之团体已遍及英伦全国云。

Holsne Stoekes 女士代表国际非战大会，谓：吾人反对战争与旧绅士派的和平主义不同,吾人以为惟阶级争斗,实为反对战争之惟一方法,并盼大会勿忘却妇女界之自由运动。

Mleher Lchuiney 表示国际反帝会对于此次大会之愿望,并宣读该会宣言。

陈权代表中国总工会谓:吾人之组织尚在幼稚时代,但无论何人,总不能谓吾人毫无经验、无阶级意识,近年中国各地之罢工,尤如上海、香港之罢工已证明吾人实为中国国民革命之主脑。Lausbewy 希望吾人基于国际社会主义之精神互相团结,余敢断言中国工人实未尝无此精神,当吾人须援助数十万工友之际,犹筹集巨款接济英国矿工,即中国劳动阶级精神之表现。吾人今后更将以全力从事于国际合作。惟反观西欧工人团体之活动,则使吾人发生无限的惊讶。第二国际及荷兰国际工会对于中国革命除发表几件空文的决议外,绝未表示其同情,而于上海工人之乞援且未以一语相报焉。

Migliole 代表意大利天主教人民党谓:法西斯谛政府及意国报界以为意政府派兵赴华,系为保护其在华利益及教士,而出于必要,实一欺人之谈。意大利在华原无若何的经济利益可言。其派兵赴华之真意,实为帮助英国攻击中国革命势力,冀得英人经济上之援助,以完成其侵略阿拉伯之计划云云。

(j)第九次大会

十四晚间举行,Finemen 主席。

Munegenbug 谓:此次大会之结果,实出吾人预期之外,代表证书审查委员会报告各地出席代表共百四十七人,此百四十七人者实八百万有组织的工人之代表,亦数千百万被压迫人类之代表也。帝国主义问题实为今日世界政治之中心问题。吾人之反对帝国主义运动已不若某派报纸之讥讽而待导演之撮合。吾人将以共同的困苦之驱迫而趋于一致。又谓:此次大会就一种意义言之,仅为未来的世界大会执行委员会已决定。反抗帝国主义、赞助民族独立之世界大联盟的组织大纲亦已拟定。吾人今日最大之任务为援助中国革命。大会执行委员会已一致决议,无论何国如以武力压迫中国,则全世界劳工团体誓以全力对付之。大会并已决定派 Nansen、Shaw 与 Bardrisse 三氏前往爪哇、苏门答腊之情形,本年六月并拟在中国汉口召集中印会议。又谓:吾人深信今后十年中,世界史之资料将以中国、印度及其他各要求独立之国家的发表而决定,且深信大联盟之基础十分稳固。

Cafoine 发言希望南非白种工人及有色种工人一致团结,并盼荷兰国际工会勿忘其组织之初意。最后法国代表 Boeriner 请与会各代表以全力企谋大会决议之实行,勿使纸上空谈。陈权发言对于大会决议表示满意,并谓中国工人将以全力谋大会主张之贯彻云。

(k)末次会议

Finemen 主席。

代表证书审查委员会报告审查结果,大会出席代表百四十七人,代表三十七国百三十四团体。次主席以各地代表提案付表决,计一致通过者七件,另有提案十九件未及付大会表决,移交执行委员会审议执行。次通过大联盟暂行章程。又次推举 Nehru(印度)、廖焕星(中国)、Seughor(非洲)、Mobanned Hatha(南洋群岛)、Loasbery(英国)、Manzenbug(德国)、Manseaue(比国)、Mawal Ugarte(南美)、Finemeca(荷兰)九人为执行委员,Giharti Bacdinar Bridgema 为候补执行委员。次议决致电荷兰政府要求特赦爪哇、苏门答腊各地被拘之独立运动者。次 Gerard 宣读大会宣言。当大会将闭时,印度国民大会会长来电:印度人民愿以全力与大联盟始终合作,并誓死反对英人以印度军队对华压迫。Calraiue 动议,将此电文抄寄 Saetlury 氏,大会一致通过。最后 Finemen 致闭会词,谓:此次大会之召集实有极大之意义,大联盟工作前途虽多阻碍,然而吾人打倒帝国主义之主张不久定可贯彻,在反对吾人者,以为大联盟乃一共产党之机关,余愿于此郑重声明:吾人不受任何党派之操纵与卵翼。同时并愿声明:使无俄国之革命,则今番大会亦不能成功也。Finemen 词毕,各地代表殿之以国际歌,而大会闭幕。

(乙)大会决议

大会经过情形已如上述,兹录最要议决案如左:

(a)中国代表团提出关于中国之议决案:(一)中国代表团请出席大会之各国代表转促其政府与中国国民政府发生合于正谊的关系,并请各国代表运动各方面承认中国国民政府为中国唯一的合法政府;(二)请大会致电各国政党竭力阻止各该国政府对于中国的干涉行为,并致电荷兰国际运输工人联合会,请勿从事于帮助帝国主义之工作,尤须拒绝英国军队及军火之输送,以阻止大战之爆发;(三)请大会要求英国自由党、工党及共产党立即以最严正之举动,迫令英政府撤退在华及正在赴华途中之军队,如英政府坚决维持其干涉政策时,并预备总罢工;(四)中国情形每因帝国主义者所豢养的新闻记者造谣之故,常使世人不能明了,中国代表团因特建议于大会,如大联盟有认为必要时,请派代表赴华考察英帝国主义在华之种种行为,并特别注意五卅、沙基、万县各事件;(五)中国代表团严重抗议帝国主义诬指苏俄煽起中国民族解放运动,并抗议帝国主义者因此而发生之对俄的示威行为。

(b)中、英、印三国代表提出关于中、英、印三国问题之议决案:签名于下之中、英、印三国代表,现经一致决定,所有一切在帝国主义统治下之劳工阶级必须实行下列工作:(一)对于一切民族解放运动,彼此俱应互相援助以期达到完全独立之目的;(二)对于压迫殖民地的任何方式,俱应加以反对;(三)反对一切用于保持其武力以压迫各弱小民族之海陆及航空军费;(四)务须宣布帝国主义之残毒于一切民众及军士;(五)务须攻击帝国主义而努力于阶级战争之实行。关于中国现今之局势,则更有下列之决定;(一)吾人要求现今在华之海陆军立即离开中国之水陆地界;(二)吾人认定有采直接行动之必要,利用罢工以妨碍军械、军需及军队之输送于中国或印度,或由印度以输送于中国;(三)所有为战争或预备战争而用之一切借款,吾人俱不承认;(四)在武力干涉或战争之情况下则必利用吾人所有之一切武器,以破坏或防止此种互相敌视之行为;(五)吾人要求无条件的承认国民政府,废除一切不平等条约及治外法权,并退还一切租借地;(六)关于中、英、印劳工运动之政治的及经济的利益,吾人皆须负有义务以统一战线而促其实现。(签名人从略)

(c)印度代表提出关于印度之议决案:大会以最诚挚之努力援助印度民族之独立运动,并以为印度脱离异族统治,乃世界民族独立运动史上至重大之一事。大会相信全世界劳工阶级与被压迫民族正与印度人民合作,并将以种种方法阻止输送军队于印度,以使英国在印度之驻防政策不能常此维持。大会更相信印度之民族运动以解放印度农工为目的,且此种运动常与各国民族解放运动相提携。

(d)各地工会代表提议团结全世界劳工组织案:
代表十七个工会七百九十六万二千工人之各地代表谨宣言:

愿以至诚与各被压迫民族合作,以助其复得自由。当此英帝国主义者逐日输送军队、军火、飞机赴华压迫中国革命势力之际,吾人以为足以为足以阻止英国侵略政策之唯一有效方法,厥为组织国际间统一战线以抵制之,并拒绝一切关于军事上的运输工作,或总罢工,庶几帝国主义之光焰可望扑灭。吾人鉴于战机之迫切,并为援助被压迫民族力争天赋之权利起见,以为国际工人团体之合作,实至重要。吾人因此以七百九十六万二千工人之名义,要求荷兰国际运输工人联合会及莫斯科红色工人国际暨其他各地工人团体作速集合,以组织一统一之工人国际工人团体,而使各种族之工人站立一条战线之上,以与帝国主义者奋斗。各地工人并须痛切觉悟帝国主义者所以能维持其统治者之威权,乃因工人团体涣散之故,吾人因此更要求各地工人团体立即泯除阶级、国界、种族之成见,互相团结。殖民地半殖民地之工人因为了解工人之权利,惟经坚苦之奋斗可以得之,同时资本帝国主义国家之工人亦应觉悟帝国主义一日存在则彼一日不能获得自由,故为彼等自身计,亦应联合殖民地半殖民地之工人,以向帝国主义者进攻也。

扑灭资本主义之侵略与帝国主义的压迫!
工人与被压迫民族之联合万岁!

国际工人统一团体万岁！

（e）大联盟组织大纲：（一）出席布鲁塞尔反抗帝国主义赞助民族独立大会之各机关各代表，议决创设一反抗帝国主义赞助民族独立之大联盟。（二）上项所称之大联盟，定名反抗帝国主义赞助民族独立大联盟。（三）凡反对资本主义者的及帝国主义者的权威而奋斗，并赞助民族自决、民族解放、人类平等、阶级平等之机关、政党、工会及个人均得加入反抗帝国主义赞助民族独立大联盟。（四）自本届大会闭会至下届大会召集止，为大联盟临时执行委员会之大会干事部，受大会委托草拟大联盟章程，并须将此项草案于下届大会开会前三个月送交加入大联盟之各机关、各政党、各工会讨论。（五）大联盟临时执行委员会之大会干事部，办理及主持大联盟一切事务。（六）大联盟临时执行委员会任命委员七人组织办事处，并定七人中之三人为书记。大联盟书记与办事处同受临时执行委员会之监督，并须于每届大会后改选之。大联盟临时执行委员会，鉴于中、印两国民族解放运动及反抗英帝国主义意义之重大，决定以中、印、英三国代表各一人为本届办事处书记，其他四人则以他国代表充之。（七）大联盟办事处地址之选择以适合民族解放运动，并办事不受阻碍之处所为标准。下届办事处地址暂定巴黎。（八）大联盟临时执行委员会及办事处受大会委托须力图各国反抗民族压迫运动之扩展，尤须注意于布鲁塞尔大会决议之宣传。（九）大联盟办事处须搜集帝国主义者在各国各地所施之侵略行为及压迫行为之结果，并将此类资料在各资本帝国主义国家讲演、陈列，以期各国民众之觉醒，而予被压迫各民族独立自由运动以有力之援助。（十）大联盟须在帝国主义之活动中心地，如拉丁亚美利加、中国、印度、南北美洲及埃及等处设立分办事处，以与大联盟协力从事于群众运动及群众组织之规划，分办事处须以与大联盟宗旨相同之人组织之。（十一）大联盟临时执行委员会及办事处初期的工作，以可望改组为分办事处之团体为基础而从事活动。大联盟临时执行委员会及办事处须尽力使各地分办事处及早成立，尤须注意于已成立团体之联络并促其早日加入大联盟。(十二)凡加入大联盟之团体均有协力辅助大联盟工作之义务,并须视其会员人数及经济状况,每年征纳会费于大联盟办事处。(十三)大联盟临时执行委员得增选分办事处代表,及加入大联盟之劳工团体之代表增加之。(十四)于民族独立运动被压迫而有激成战事之趋势时,或帝国主义国家以武力压迫民族独立运动时,大联盟临时执行委员会须审察时势,采取适当的手段予被压迫者以有力之援助。如遇非常危急之际,并须联络工会及政治团体暨国际工人团体等以促大规模的农工合作之实现。

(丙)大会宣言

集会于布鲁塞尔,反抗帝国主义,赞助民众独立大会之全世界被压迫民族及劳动阶级代表,为保障其根本之权利并期彼此之发展起见,特结为亲爱如兄弟之同盟。

资本帝国主义者百年以来残暴惨酷之侵略行为,当使千百万人物质上、道德上陷于困苦可怜之境地而为其牺牲,同时帝国主义者又为取得又保持其利益之故,时有血战爆发之危险,而世界民族间之和平遂不可望。此则人类历史之耻辱,吾人所不能再忍者。抑近百年来欧洲资本主义之发滋、荣长,常以亚、非、美三洲民族之血汗为营养,而现代资本主义国家所异常宝爱之物质的精神的文明之建设,更以奴隶人类、强迫工作、屠灭异族为必要。惟是资本帝国主义之侵略及压迫愈甚,则被压迫民族之反抗及奋斗亦愈力。近代美洲新兴各国半为欧人征服土人后之建设,半亦欧人土人共同之集合,究其原始,固不能不谓为与帝国主义有深切之关系。然而此等国家犹不堪其自利主义之母国的压迫而力谋自卫,甚至不惜以兵戎与其所谓母国者相见而谋独立。吾人于此足知帝国主义者彼此之仇恨冲突,实为促成民族独立之前提。任何帝国主义国家(例如十九世纪末叶之德意志、〔意〕大利),一旦国势隆盛,即视压迫殖民地民族为必要,一日不颠覆弱小民族,则一日以为犹非资本主义之大国。其颠覆弱小民族之方法,则以宗教侵略开其端,而干涉内政继之,务使被干涉者丧失独立主权,沦为奴隶,至最近而中古之封建制度及畜养奴隶制乃复见也。

当此资本主义国家鼎盛之秋，帝国主义之发达已臻极度。自十九世纪末叶以至二十世纪初期，世界弱小民族因帝国主义资本侵略之结果处于困迫呻吟之中，而世界之大遂为少数强国所分据。一九一四年之大战，盖列强争夺殖民地及势力范围并谋重新瓜分世界之战也。

此次大战虽流血两洲，然帝国主义终未因此消灭，各资本主义国家防制其殖民地独立之手段且益周密。英法殖民地人民为英法利益而战死者数十万人，亦未能使争夺殖民地之强国减少一二。法西斯蒂主义之意大利固已承袭德意志之地位，起而要求殖民地之占领，德意志一部分人民亦已忘却其在外力统治下之痛苦，而努力于经济的政治的势力之回复，以冀满足其侵略政策之欲望。抑就事实察之，在资本帝国主义下之现代经济制度，无殖民地利益已不能发展，而理论上，欧洲资本主义者在今日既无以使欧洲民众安居乐业，即不能不谋海外市场之获得与操纵，以期其货品之销售及资金之运用，尤为当然者。此战后资本主义发展之情形，亦少数强国之所谓特权阶级者，醉心于统治世界之真因也。虽然，大战之结果已明示资本帝国主义之自杀矣。大战之际，帝国主义者为时势所迫，诡言民族自决，以冀欺骗其殖民地民族，而求一时之苟安。然而战后经济之发展既使全世界人类渐感不安，帝国主义者民族自决之甘言又失其消灭殖民地民族奋斗决心之效果，于是亚、非、美三洲被压迫民族独立运动之潮流，奔腾澎湃，不可遏抑。中国、印度及南洋群岛、墨西哥、菲律滨各地要求独立之旗帜后先揭起，而反抗侵略压迫之仇恨及期求独立自由之愿望乃充满世界矣。

欧战而后，为民族独立运动放一异彩者厥为俄国革命之成功。俄前皇室本为帝国主义之结晶，经此革命而崇尚平等之平民的新国家遂以成立。自世界政治史上言之俄皇室之崩坏及苏俄联邦共和国之建设，盖全世界被压迫民族独立运动中之曙光也；今日世界各被压迫民族要求独立自由之决心，任何人不能摇撼而消灭之。亦惟愚鲁无伦之所谓绅士者流，尚信今日之文明可以常此不变，而世界前途将不能超脱欧美资本帝国主义之范围。不知现今亚、非、美三洲之民族运动已成一种世界运动,使其进而与帝国主义国家之平民阶级联合奋斗,实足造成世界之文明,而人类历史亦将开一纪元焉。夫就中国革命言之,其意义之重大,固远在欧洲历史上震动一时之许多重大事实之上,即印度民族之独立运动,又何尝不足以供世界史之纪录,而最近尼加拉瓜反帝运动,不期而得全世界同情的援助,尤足证明今日世界运动之趋势。此则吾人甚愿帝国主义者痛切感觉其谬误,而毅然放弃其侵略政策者耳。

抑被压迫者无坚苦之抵抗,则帝国主义者决不自动的放弃其利益。土耳其以全力整顿军备并迁都亚洲,盖所以防帝国主义之强盗行为而保其独立也。欧战告终仅数年耳,然殖民地战争已一见之于麻洛哥,再见之于叙利亚。英国虽受民族运动潮流之激荡,表面允许埃及独立,究之则英人凭恃兵力,摧残埃及民治之政策,未尝终止,其于苏丹尤锲而不舍。

帝国主义者于其侵略弱小民族之行为,惯以保持和平名之。最近荷兰政府压迫爪哇、苏门答腊各地独立党及英人炮击万县民众之惨剧,盖为帝国主义真面目之流露,而哇台尔将军且以扫射印度亚姆利沙群众有功得膺殊赏焉。

帝国主义者为防制革命之爆发及企图战后经济的重造之故,暂相苟安,而和平主义一语遂成欧美外交家之天宠。究之实际,则所谓和平主义者,惟帝国主义国家内部适用之,其于殖民地半殖民地固知以暴力相加,铁掌相向也。

在此伪和平主义之声浪中,最堪令人注意之事实,则世界战争之场已由欧洲移至太平洋岸是也。中国、墨西哥为太平洋两岸之宝藏,而帝国主义者所各欲据为己有者。今兹中墨两国与帝国主义之奋斗殆即将来大战前哨之接触乎。

英国外交界努力不断,决心以求之者,厥为列强对华一致出兵实现,意大利在华利益本不甚多,然经邱吉尔、墨索(黑)〔里〕尼两氏之会议,意大利遂名为保全其强国之体面计,愿与英国一致行动而派遣军舰赴华矣。

今日英国对于中国国民党及国民政府领导下之革命势力，实际上已经宣战。其所以与国民政府开始交涉者，盖鉴于国民革命运动叠次胜利，并惧列强联合对华之不能实现耳。吾人第观英人一方与国民政府交涉，一方派遣重兵赴华，一方更援助与革命势力为敌之张作霖之事实，而英人心理烛照无遗矣。不特此也，英政府对于英国劳动阶级反对派兵赴华之抗议，既置诸不理，而于道德上援助中国独立之苏俄，则大肆其恫吓。故自中国言，独立运动大有遭受摧折之危险，而自世界言，则英国正拟以新十字军对待苏俄也。

若夫太平洋东岸，则美墨风云亦殊紧急。顾理士、凯洛二氏所以未敢对墨宣战，而暂示退步者，徒以墨政府态度异常严正，及拉丁亚美利加各国咸抱不平，与美国一部分民主党人之反对耳。然而北美帝国主义者与欧洲帝国主义者视殖民地民族等于可供买卖之家畜，则固无异也。

现代人类已显分两部，一部乃占人数最多，大多数之被压迫者，现正为要求独立自由而奋斗，又一部则为少数之强有力者，若辈专恃不正之特权，以运用资本经营商业，垄断原料而博取特别利益。

欧战已停止矣。在欧洲第二次大战爆发，或此浓密之战云吹赴太平洋岸之前，帝国主义者在亚非及中美各洲之所为，初不异于作战，特形式上无战事可言耳。抑帝国主义者口中之和平主义声调虽高，要未能改变事实于万一。今日世界仍在战争状态中固极明显，而帝国主义者对于殖民地及半殖民地之压迫，终为战祸之导火线，尤不待言也。

出席布鲁塞尔大会之代表鉴于上述之情势，而有反抗帝国主义，赞助民族独立之联盟。吾人今大联盟之成立，敬告全世界被压迫民族及被压迫阶级，并要求全世界不以压迫他人为事，不赖压迫他人为生，痛恨奴隶人类，渴爱平等自由者加入大联盟，而予吾人以援助。今日世界被压迫阶级所最切望者，固为各国较进步的劳动阶级之辅助，然而农民及中产阶级与智识阶级亦须认明自身之利害及感受帝国主义者横征暴敛,如军费负担等等之痛苦而速谋自救也。

被压迫民族之解放,不特无害现代物质的及精神的文明之演进,且促使之放一空前的异彩。因此之故,吾人深信人类前途实操诸全世界被压迫民族及无产阶级之手。愿被压迫民族及被压迫阶级大家团结起来。

中国第二历史档案馆藏国民党中执会档案

刘骥致中央执行委员会电

1927 年 3 月 25 日

公鉴:顷接冯同志虞日电开:刘菊村同志转伦敦英国工党中央执行委员会伦斯伯力同志,我看了贵会的宣言,我觉得非常的满意。我去年在列宁城和你见面时间很短,我在苏联的日子很少和你见面,以后不久我就回国。但是回国之后,我实在是不能忘记这个苏联共和国,因为在这个苏联共和国里边,一个半殖民地的公民与一个大帝国的公民能够有彼此很痛快谈话的机会。现在我积极准备领导着国民联军去和中国革命的公敌决战,很诚恳的请求你将我这种意思宣告英国的民众。我们认识英国业经三年了,英国政府对我们的要求,我们是已经很明白。我们中国革命党的要求略举五点如下:(一)我们要求英国的军队和军舰立即离开中国。因为像从前庚子年那种时候,现在已经过去了。我们中国人倘是碰见你一定是表示很诚的敬意,但是如果碰见英国很多的海军,将来恐怕对他们的敬意就不如对你的。宣言实在增加英国的荣誉不少,这种的宣言比较英国政府的哀的美敦书效力是强得多呢。(二)英国的政府、商人和传教师不要干涉中国内部的事。因为中国的革命并没有这种干涉的必要,并且因干涉的缘故引起中国民众仇视英国恶感,如同革命时代的苏联仇视英国一般。这种情形对于英国实在没有什么利益,因为这种镇压他国革命而失败的经验,将来并且不能利用着去镇压自己的殖民地。(三)我们想叫每一个英国人都知道不平等条约的时候,现在已经过去了。因为中国民众现在不但觉悟种种条约的不平等,并且还觉悟努力国民革命。这种觉悟力量是很大的,所以我们希望英国不要教五万万中国人完全绝望呵。(四)我们要求英国和其他各国不要强迫式的输入中国所不需要的货物,并且不要压迫中国一定要用己国的行政人员和工程师,我们所买的货物是我们所需要的货物,抽税的重轻须以对于中国国民工业有无利益为标准。(五)我们要取缔种种反对中国国民革命的谣言。但是我们所要特别讲明的,就是我们并非是反对欧洲的文化,并非是排外主义。英国和其他各国的社会团体的分子,如若到中国来我们一定以亲兄弟的态度去欢迎他,并且领导各处去参观。我们所领导参观的地方,就是那些英国兵士所永远不能到的地方和一般近视眼的外交家所不到之处。所以我请你们代我们国民军革命的团体,庆祝一般有觉悟的英国人能够在现在紧急的时期,高声的呼,警告政府,使其自然觉悟,不干涉中国的自由,并且请你再代我们庆祝一切英国民众了解中国革命伟大的目的。致同志敬礼。冯玉祥。一九二七年三月七日。等语。特闻。刘骥叩。径。

中国第二历史档案馆藏国民党中央党部档案

国民党中央党部等欢宴国际工人代表团大会记录

1927 年 4 月 3 日

时间:十六年四月三日下午六时

地点:汉口华商总会

主席:孙　科

记录:张振翮

主席:同志们:今晚中央党部、国民政府欢迎国际工人代表团及新到几位同志。这几位代表团同志,这回代表英国革命工人、美国革命工人以及全世界的革命势力来到中国,是慰劳和援助我们中国革命的同志。所以我们欢迎的时候,不止是欢迎他们个人,同时也是欢迎全世界的同志。(鼓掌)也就是欢迎全世界革命势力来援助中国的革命!中国的革命,到今日已经到了一个很严重、也很危险的时期,在革命政府之下,一面是民众的力量尽量发展,一面是军事的发展陡然增高,革命发展已快到了成功的阶段了。但因为革命工作已快到了成功的阶段,我们的敌人——帝国主义者,也就想趁着这个时期作最后的挣扎,要尽力向我们进攻,企图消灭中国革命的势力。同时因为在我们革命的堡垒中,也有反动发生,我们的敌人——帝国主义者,便更得了巧妙的进攻的方法。原本帝国主义者,从前是不注意中国国民党的,三年前中国国民党,是被他们看不起的。他们以为中国的革命运动不过是少数激烈分子、少数智识阶级的运动,于他们帝国主义的利益,没有多大的关系。因为当时中国国民党在民众的基础,也还没有建筑坚固,所以被帝国主义看轻了。但是现在怎么样呢? 他们已经看见中国革命势力很伟大、很普遍的发展起来。帝国主义在中国的基础,已经日渐摇动,帝国主义者历来所享受的不平等条约的特殊利益,已经不能维持。因此他们之对付我们,以前不重视的现在一变而为十分注意了。他们第一步进攻的方法,是用军阀的势力来压迫我们,所以首先联络吴佩孚、孙传芳,最近又联络张作霖。现在这三个军阀中,已给我们打倒了二个,只剩下了张作霖。照现在的情势看来张作霖当然也是不能抵抗猛烈的革命高潮。国民革命一定成功很快了。于是帝国主义的进攻方式又为之一变。他们现在是想用分化革命势力的方法,来破坏我们,他们是要勾结革命队伍中游移的、不彻底的、有反动倾向的分子,来消灭革命的势力。这就是他们进攻我们的唯一方略。因此我们要认识在这时间,国际代表团来到,至少含有二个重大的意义:第一,令游移的分子认识中国革命就是世界革命的一部分,中国革命是不能脱离世界革命的。(鼓掌)中国革命的精神,必要联合起来,才能促革命的进行。(鼓掌)第二,领导中国革命的是以中国国民党中央执行委员会为唯一机关。(鼓掌)这个领导革命机关是与世界革命有密切关系的,(鼓掌)也是不能违背世界革命而去另辟革命途径的。(鼓掌)那些右倾的、游移的、不彻底的反动分子,以为中国革命不是与世界革命有关连的,在世界革命领导者——国际工人代表团——未到来以前,他们是有如此妄想的。

但是,现在世界革命领导者到来,可以使他们更明了中国革命是世界革命的一部分。更看清楚,中国革命的领导者是中国国民党,代表中国国民党是中央执行委员会,故违背中央的决议,不服中央的决议,就是反革命。(鼓掌)所以,国际工人代表团到此,不但表示同情于我们革命势力,并且令我们得到很深刻的印象,很热烈的奋发,更证明中国革命是世界革命重要的一部分。这都是此次国际工人代表团来到的最大涵义。他们的使命是要促进全世界革命成功。他们此次到中国来就是要使被压迫的民族,被压迫的阶级得到慰劳,得到援助,鼓励我们努力去进行革命。(鼓掌)我们中国革命既到了一个很严重也很危险的时期,我们的重大责任,就是要国内外各同志一致联合起来,反抗帝国主义,今晚此会,就是全世界革命同志,联合起来的表征。(鼓掌)在座不但有国际的同志们并有自广州来的同志们,此番欢宴,真可以说是革命同志大团结、大联合。我们现在要高呼:

打倒帝国主义!

打倒军阀!

肃清党内反动派!

国际工人代表团万岁!

国民革命成功万岁!

世界革命成功万岁!

汤姆:主席以及各位同志! 今日国际工人代表团,得到机会与诸同志相聚一堂,感觉非常荣幸! 我们知道中国国民党是最有组织的,无国民党的领导与组织,中国革命前途是不能平安的。我是代表国际工人并且是代表英国工人。(鼓掌)各同志! 今晚与其说照例普遍话或理论,究不如说点国际实在状况,及工人观念如何? 资本主义观念如何? 以及与世界革命关系又如何? 英国人口有五千万,内有一千六百万是工人,真正有组织的工人有六百万人,现在工人正在抵抗资本主义压迫,而资本家正在用压力从事于延长工作时间,减低工资。以前所谓"工会"现在尚有"合作社"运动,会员有五百万人,与工会会员一样多,在"工会"与"合作社",是代表八百万个家庭的。他们的运动是代表工人不满意于资本主义,而想在资本主义肘腋下求改善的。"工会"与"合作社"也是有党的组织的,也是有政治组织的。英国"工会"的政党组织,是对抗政府。他们只是想在资本主义求改善罢了。除此以外,有其他工人,明白的、坚决的来反抗资本制度,以及不满意于资本制度,不是在现代资本主义下求改善,是实行社会主义的。(鼓掌)在四十六年工会会员代表工会少数运动,是不满意在资本主义制度下求改善的,至少有——百万以上,是完全来消灭资本主义的。他们在各工会、分会,皆有此少数分子参加在内,极力宣传散布作谋增劳银、减少工作时间运动,现尚在奋斗中,是不在现代资本主义下谋改善的,是一定要消灭资本主义的。(鼓掌)现在大家很希望知道英国工人,在任何地方与时间,来帮助中国革命成功。英国不但能帮助中国并且刚才所说的少数(一百万工人)分子,在"工会"在"合作社"做工作,这一百万工人们,个个知道,个个觉悟,自早至晚,时时奋斗,不感危险,不怕政府,不怕政府的子弹,只知道奋斗,这一百万工人晓得帝国主义,就是资本主义,压迫我们的资本主义,就是压迫你们的帝国主义。(鼓掌)现在英国政府,自工人头上起,已经开始请律师替他们辩护了,"工会"和"合作社"的工人是无言的,但是这一百万工人,无论他们如何的辩护,是不成的,尤其是不怕他们的,必与之奋斗到底。压迫我们,压迫你们,在印度,在非洲,在中国,在(坎)〔加〕拿大,资本主义的压迫,这一百万工人,都是晓得的,各地被压迫民族都起来了,尤其是看见你们的奋斗,更觉得十分欢喜! 无限的同情!!(鼓掌)除"工会""合作社"以外,在英国有七百个工业区,有工人联合宣传,散布他们的工作,上面说的少数人运动,亦在此间。我是机器工会的一个会员,就是四十六年前弗里几地方工会,那个工会,就是伦敦的一部分,就是制造军火、军舰、大炮、鱼雷艇地方,就是这个工会工人在制造。但是而今,这些工人,都反对制造凶器来残杀你们,这不能说英国个个工人都知道,少数工人的确是知道的。他们正在准备反对本国政府,帮助中国革命得到机会,得到公理,少数工人运动,即此可为有力的证明。参加机器工会的工作,是少数人运动,因为要深入工人运动,所以也参加了"工会"与"合作社"。去年英国要武力干涉中国时,曾经召集工人开会,于是决定反对侵略中国委员会,即制手义,要求英国政府不准干涉中国。此种委员会不限一地有、直扩大到七百个工业区,自北至南,自东至西,日日工作反英。此即英国工人帮助中国革命工作,是不断的宣传,历数英帝国主义压迫中国之罪恶,宣传到大会,是不怕政府的。少数工人运动们,叫我们到中国来看看你们的革命,并且来看帝国主义如何侵略中国,那末,更彻底明了中国最近局势。他们是要我在最短期间回去,报告他们一切的情形,像现在帝国主义压迫侵略中国,他们一定是反对此种行为的,如果英国继续侵略中国,机器工人可以坚决的反对英国政府。现在是少数工人运动,同多数工人都是一致主张的,(鼓掌)我敢断定多数工人必可继续主张公道、主张正义、停工、停船、停止兵工厂来反对这种行为的。(鼓掌)现在工作是非常危险的,就是他们正在军队中做有系统工作。一百万少数运动人,是个个都觉悟、勇敢,日日在帮助中国革命。我们是穷人,是不值钱的人,虽然是要帮助中国革命,要反对英帝国主义,不是等你们请我们才来帮助,不请我们也是来帮助的。(鼓掌)因为我们的革命,就是帮助中国革命,帮助中国革命,就是拥护世界革命。(鼓掌)现在我们高呼:

打倒英帝国主义!

打倒一切帝国主义!

中国革命成功万岁!

中国国民党万岁!

中国革命民众起来!

世界革命民众起来!

白劳特:各位同志:今晚赴此宴会,非常引为荣幸!我是代表美国工人,他们是援助中国革命,使中国革命向前进、成功。(鼓掌)美国革命势力不多、不强,不象汤姆说的如英国之强之多,但是革命的精神与革命的决心,是帮助中国革命的,亦如英国的工人。(鼓掌)同时我要说一事是很有兴趣的,就是除美国革命工人以外,中美南美拉丁民族皆要起来革命,与中国革命性质深切同情,也组织反对英帝国主义侵略中国委员会来援助中国革命的。(鼓掌)美国帝国主义是世界上最危险的,因为美国是最富强,可也是她时时最危险的。她的政策有二:(1)门罗主义,是维持在美洲全利益,不许其他国家问鼎的。(2)开放门户政策,在东方对峙,以求他经济长足发展。门罗主义,是维持全美利益的,开放政策,是与英竞来压迫与剥削中国民族的。(鼓掌)在中美拉丁民族,他们尤其是反对美国此二种政策,所谓闭门的政策,是反对仇人进来的,所谓开门政策,是要侵略人家的。因此,中美人士都是从事反对此种政策运动的。(鼓掌)美国革命工人是赞助中美拉丁民族,也是反抗美国开与闭的政策,尤其是反对美国所谓开放门户政策,来侵略中国,他们是赞成中国革命,而十分同情中国革命的。所谓开欤?闭欤?名词虽然不同,一言以蔽之,皆是剥削世界上弱小民族,而维持帝国主义的权威。(鼓掌)我们国际工人代表团到中国来,特别是在中国革命胜利,军事胜利得尽量发展,当然这都是表现国民革命胜利,得到了沪宁克复消息,也就可以晓得克复北京、奉天,都在我们目前摆着。(鼓掌)现在全世界人们,都晓得帝国主义侵略中国,虽然帝国主义彼此间破裂了,但是帝国主义仍有破坏中国革命的冀图,在此过渡时期仍思破坏,欲利用中国军阀——帝国主义走狗——现在已经失败了,也许就要采直接武装干涉,那末,就是我们革命工人的责任到来,是要反抗其计,使不得逞的。(鼓掌)我们看现代帝国主义武装干涉计划已不能实现了,因为帝国主义下的工人们已在反对侵略中国了,但这不能叫帝国主义侵略中国就完全失败,尤其是美国,仍用她的全副财政、商业来侵略中国,破坏中国革命,故中国革命虽然在军事上告胜利了,仍须从事于经济上反对帝国主义之斗争。(鼓掌)我从中国革命成功看,是能获得胜利的事实是很多的,不必详为列举,现在稍为指出:就是世界大势,对中国革命是有利的,有苏联,同时有拉丁民族(中美),有印度等等革命势力皆春笋般怒苗,因为受了中国革命的影响,他们运动更激烈、更得到同情、更向前发展。(鼓掌)因世界形势对中国革命更有利益,即系帝国主义之危机,如英国受大罢工之教训,是能使英国害怕与发抖的,政府受罢工的影响,每日每时都受恐怖的,亦如中国革命能使英国发抖。(鼓掌)我们更相信中国革命成功,因为中国国内革命势力,已兴起了!研究中国形势,国民党是很细心的。在国民党领导之下,中国革命是一定会成功的,因为中山先生主义对中国革命是非常适宜的。(鼓掌)在现在尚有一焦点,就是帝国主义资本主义发展到了最高阶段,何以民主革命运动发生迟迟?中国、印度革命发生在帝国主义起危机的时候,那末,这种革命定会毁灭帝国主义,也就是毁灭资本主义之一阶段。(鼓掌)所以,我们来到中国,非常喜悦,就是代表世界革命工人阶级与中国革命联合起来,中国革命定会成功。回国时定当鼓励工友帮助中国革命成功,打倒帝国主义,实现世界革命。(鼓掌)

多理越:各位同志:今天兄弟能代表法国革命工人来站在中国国民党的面前,兄弟是非常荣幸的!中国革命是解放人类,是在世界历史上最重要的一部分。(鼓掌)我们国民革命在俄国国民革命成功以后世界上各国国民革命已经都快成功了!我们不但对中国国情、组织,期以革新,并且是对世界情势,也是要革新的。(鼓掌)也就因此缘故,所以世界分二种趋向:(一)向中国革命进攻。(二)帮助中国。帝国主义是要压迫中国的,所以他向中国革命进攻,另一种对现代世界秩序不满意,而欲捣毁另建设一世界,是同情于中国的,是帮助中国的。(鼓掌)现在世界上,无论任何人,对中国革命不能以为不闻不问的,应该仔细想来表明态度与意见。

世界革命是不能不管中国革命的,现在世界工人皆欲明了中国革命,因为就是他自己利益。(鼓掌)现在问题问帝国主义为何物?其如何来的?不外是压迫二种人:(一)西欧弱小民族,(二)东方弱小民族。帝国主义的历史与其构成兹分次述之:先是掠夺本国工人——无产阶级——养成强健力量,然后开始侵略殖民地、次殖民地,来剥削弱小民族,以取得利益。(鼓掌)我们知道帝国主义压迫阶级历史是很惨痛的! 翻开英国的历史,都可以知道的,七八十年,英国是在压迫本国工人,与现在压迫中国一丝无二! 据精确的调查,强迫幼年儿童做十四小时的长久工作。法国历史亦是如此,且较凶猛。在法国大革命时,残杀工人不知有多少次! 即如巴黎公社,杀死工人有三万人之多! 无论在英、在法,帝国主义的养成,皆由剥削工人而来,我们决不能与之妥协的。简单的说,就是将其打倒! (鼓掌)帝国主义不但压迫工人,掠夺工人,养成他的势力,并压迫其他殖民地,并同时要求本国工人亦来压迫殖民地、次殖民地、弱小民族。如法之占叙(里安)〔利亚〕、安南………所用枪枝、军火,不是由资产阶级得来,是(由)〔从〕农工阶级榨取而来,来压迫殖民地、弱小民族,其结果必致酿成一次、二次的大战。一九一四——九一八法国死去一千六百多万人,养成发展,如此斗争所损失者为无产阶级,为农人,此点,我们要看得清楚。仅开言痛苦,是不补于事实,唯一方法就是将恶制度取消,将帝国主义打倒,只有如此办法,才是我们唯一出路。(鼓掌)今日在座诸同志都是领导革命的领袖,用不着我来如何分析的讲,以及我来代想如何的出路,或者比我是更清楚的,不过我有简单结论,就是东方无产阶级与西方无产阶级的休戚相关。(鼓掌)非常欣喜你们的胜利,因能与我们联合起来就能世界革命成功,无论帝国主义之如何妥协,与如何解说,皆是不行的,并且你们抵抗越强,与我们联结是越坚固的。(鼓掌)现在须了解西方工人与无产阶级革命,与东方革命是走一条路的,是同一方向的,举例就可以明白了。在我未离开法国时,在报纸上看见省港工人受国民党指导罢工,结果损失英金十万镑,本国矿工罢工,损失英金也是十万镑,此种争斗是相同的,虽然是一在求解放,一在将矿权改组,思想是不同的,结果使英国荷包内损失了廿万金镑则一。无论是国民党革命向帝国主义进攻,与工人向资本主义进攻,而其使帝国主义消灭是无区别的。(鼓掌)所以现在如算一算帮助中国革命力量有多少? 即将帝国主义之无产阶级、工人加起来,就是帮助中国革命。这种算法是不对的。必须无产阶级与工人向本国资本主义进攻，就是真正的帮助中国革命。此点，我们是不要忘记了。（鼓掌）现在我们如将革命势力检查一下：（1）苏俄工人力量应算在内，是整个的帮助中国。（2）中国自己力量不久会成功的。（3）世界工人无不帮助中国革命的，不用说，最后胜利是属于我们的。现在高呼：

国民革命万岁！

世界革命成功万岁！！

徐谦：适才听见国际工人代表团诸同志讲话以后，都表示各国无产阶级工人力量皆来援助中国革命，英、美、法帝国主义皆在崩溃中，中国革命是一定可以操券打倒帝国主义胜利的。（鼓掌）他们热烈同情与勇气，是令我们深深地接受！这是我们应该欢迎的。同时也很惨痛的！就是我们在这里开会，日帝国主义正在惨杀我们的工人哪！各代表团中，尚无日本工人代表来暴露日帝国主义罪恶，（鼓掌）现在我们中国工人为日帝国主义惨杀而流血，是放在国际工人代表团诸同志的面前，所以我们革命能博得世界的同情，（鼓掌）就是断头绝脰，我们也是要奋斗的。（鼓掌）在东方最凶猛、最毒辣的帝国主义是日帝国主义者，（鼓掌）我们革命策略，将帝国主义同时打倒是不容易的。但是我们要知道：如打倒甲帝国主义者，而妥协乙帝国主义者是不可能的。（鼓掌）我们是为民众解放而革命，如何要遭帝国主义干涉与屠杀？（鼓掌）国际同志们已经在南京看见英帝国主义者兵舰的屠杀了！又在武汉今日得看见日本帝国主义者的屠杀了，我们民众无论得到国际援助与否，我们是要自己奋斗的，是要自己解放的。（鼓掌）我们今天可以明白，要是想同帝国主义妥协，无论任何帝国主义者，都是不可能的，不能想做那个梦的。（鼓掌）今天得到英、美、法同志来援助我们，将英、美、法帝国主义的阴谋和盘托出。如非革命者，必定要替本国辩护的，何肯把帝国主义罪状尽量暴露？可见工人无国界、有世界性的。我们对外应打倒帝国主义，同时对内也要肃清与帝国主义勾结的反动派。（鼓掌）现在我们高呼：

国际工人代表团万岁!

赤色职工万岁!

世界革命大本营苏联万岁!

世界革命成功万岁!

打倒帝国主义!

打倒军阀!

打倒反动派!

苏兆征:国际工人代表团各同志:兄弟今日在中央执行委员会国民政府欢宴席上,得与诸同志相见,觉得非常荣幸。今日中国之局面,是日形紧张的,即如南京英帝国主义阴谋埋藏地雷,勾结反革命派,嫁祸于中国民众。此种阴谋,非现在的、非偶然的,然自省港罢工后,帝国主义者时时刻刻想来消灭及分化革命势力,已是他们的故技了。(鼓掌)我们革命势力到汉口时,英、美人皆跑走,这是他们故意做出散布的阴谋,想嫁祸中国民众,用破坏、分化方法,武力干涉,经济封锁,以及收买反动分子。这些阴谋是他们常常使用,过去他们都失败了。省港罢工,他们曾经用过武力干涉,曾经用过炮舰政策,无论如何威吓,我们是不怕的,武装干涉、经济封锁也是无济于事。从前曾经用过二千万来收买陈炯明,也是不能成功的。去年省港罢工,用利诱政策,曾经对人说:要借钱给工人。工人是不用借钱的,其政策又失败。这都是政治团结,可以打倒帝国主义的,虽是帝国主义阴谋继续行使,我们是不怕的,希望中央执行委员会、国民政府与民众势力亲密的团结,帝国主义阴谋是失败的。兄弟简单所说如此。(鼓掌)

顾孟余:诸同志:今晚是我们中央执行委员会欢宴国际工人代表团诸同志,在诸同志未到中央之前,已经走过了好几省,他们都受了民众热烈的欢迎,现在中央欢迎诸同志的热烈,是较各处还加一倍的。诸同志未来到,我们引领盼望,既来到,我们非常的欣悦,这是甚么原故呢?第一因为我们所做与你们所做的是一件事。你们革命,我们也是革命,革命的人们相见一堂,自是高兴。第二,诸同志这番来到,使我们革命民众增加了万分勇气,他们可以看见中国革命不是单独行动的,是有全世界的被压迫的人们作后盾的。第三,你们来到中国,来到武汉,来到中央执行委员会以后,使帝国主义、军阀、反动派看见了恐慌惊惶。帝国主义、军阀反动派恐慌惊惶,便是我们的安慰。第四,中国革命还很幼稚,诸同志来自革命的先进国,有很长久的经验,所以中国革命幼稚、不完满的地方,你们可以指正。诸同志! 我们中国国民党不但要对内扫除封建残余势力,对外反抗帝国主义,并且国民党是一个社会主义的党,与世界革命之连锁,在历史上处处可以证明,所以中国革命成功,当然是与世界革命息息相关的。一九一一年中国的革命所以失败,固然有种种原因,那时的帝国主义正在极盛时代,所以可以一致对待中国,也是一个很大的原因。最近一九二五年革命,在现在虽是尚未成功,但是很有成功希望,原因多由于帝国主义者的破裂,因此可见世界革命发展,中国革命便易成功。我们现在对外口号是打倒英帝国主义,因为英帝国主义是最凶猛的。欧战之前,俄帝国主义其凶猛不亚于英,自世界大革命爆发后,情势大变,俄帝国主义变成了今日的苏联,为我们最可靠的良友。因为他们为世界革命而来帮助中国,所以我们的革命前途,很可希望成功,这又是中国革命与世界革命关系的明证。我们知道,国际工人是对于中国革命前途非常关心的,中国革命将得何种结果,揣测很多。去年社会民主党的人曾说:中国革命不久就会平息,一九二五年革命是与法国一八四八年革命同命运。此话是错误的。中国革命决不致像一八四八年法国革命,中国革命是在使民众获得政权,我们要知道国民革命是要使民众得到政治上的自由与经济上的平等的,并且又有世界无产阶级的帮助,这两种力量,决不会使中国革命成为法国一八四八年革命。诸同志! 你们的革命事业就是我们的革命事业,我们的胜利就是你们的胜利,你们的成功就是我〔们〕的成功。今晚相聚一堂,非常欣幸,特举杯庆祝西方被压迫民众与东方被压迫民族的联合。

　　并祝诸同志健康!

　　是晚,会场革命空气非常高涨,尤其是我们后进幼稚的革命同志得着世界革命领袖的指导与热烈的同情,使我们更加兴奋! 英、法、美三革命领袖,所讲皆娓娓动人,洞见中国革命症结,昭示我们。恨我笔拙,不识能形容当日情形万一否耶? 可是我环顾列座诸同志面目,一定个个都得着伟大深刻印象的。

振翱附识

中国第二历史档案馆藏国民党中执会档案

四、第一次北伐战争时期的外交事件及交涉

说明:1926 年 7 月 1 日,广州国民政府发表北伐宣言,9 月,国民革命军正式出师北伐,从此开始了第一次北伐战争。在联俄容共的大背景下,北伐除得到苏联军事、组织和经济等巨大的帮助,同时也得到了南方社会各阶层的大力支持,所到之处,势如破竹,迅速占领了直隶军阀盘踞的两湖地区,10 月 10 日,北伐军占领武汉。12 月,广州政府迁至武汉。

北伐前后,鉴于南方革命形势的发展和革命力量的日渐强大,以英、美为代表的帝国主义列强,为了避免遭受革命打击,纷纷发表声明,宣布对华实行新政策,以对革命政府的少许让步来换取摆脱反帝运动重点打击的地位。

以北伐战争为标志的国民革命运动,在沉重打击反动军阀统治的同时,对帝国主义在华势力也造成了巨大冲击。以国民运动为后盾,南方政府奉行"革命外交",取得了一定成果,其代表性成绩为汉口、九江英租界的收回。

然而,在国民革命的冲击下,在华列强为维护自身利益,虽在某些方面做出一定程度的让步,但并未放弃其武力干涉的政策,先后制造了多起大小不一的屠杀事件,企图恫吓革命。1926 年 10 月,英帝国主义制造了举世震惊的万县惨案;1927 年 4 月,驻汉口日租界的日军制造了"四三"惨案;1927 年 4 月,为干涉革命军占领南京,在长江上的英美炮舰炮轰下关,制造了死伤数十人的南京事件。对于帝国主义犯下的上述暴行,当时位于武汉的国民政府均作出严重交涉,要求惩凶赔偿,但后来由于国共分裂,宁汉分裂,革命形势急转直下,其中大部分交涉并未产生实质性结果。

本章主要资料来源：

中国第二历史档案馆藏北洋政府外交部档案、国民党中执会档案

高承元编：《广州武汉革命外交文献》，上海神州国光社，1930年

国民政府行政院秘书处：《国民政府行政文件集》，第2辑，1929年

洪钧培：《国民政府外交史》第1集，上海华通书局，1930年

郑自来、徐莉君编：《武汉临时联席会议资料选编》，武汉出版社，2004年

罗家伦主编：《革命文献》第14辑，台北，1956年

武汉地方志编纂委员会办公室编：《武汉国民政府史料》，武汉出版社，2005年

程道德等编：《中华民国外交史资料选编》（1919—1931），北京大学出版社，1985年

《广州民国日报》、《汉口民国日报》、《时事新报》、《申报》、《国闻周报》、《向导》。

（一）英美提出对华新政策

说明：1926年10月，随着北伐军占领并迁都武汉，国民革命运动扩展到长江流域这个英、美等帝国主义的传统势力范围，南方政府的实力与影响与日俱增，在此新情形下，英、美等西方列强不得不改变其一贯对南方政府的敌视态度，对南方政府转而采取一种软化政策。从1926年底开始，英、美先后发表所谓新的对华政策，借当时中国国内各界所关注的关税自主谈判，表示同情与体谅中国的国民运动，并开始主动寻求与南方政府的接触。

英国对华新政策备忘录①

1926 年 12 月 18 日

（一）近时以来，本政府视察中国时局，愁思焦虑日益增加，且深信此项思虑，于五年前在华府召集会议之有关各国政府，亦同有之。

彼时，各国政府审查中国当时情形，与中国代表公同协定，将以保持中国之完整与独立，及政治上经济上之发展，暨财政之修复，为后此政策之主旨。乃为筹给办理此项事宜之金款计，于此约定税则上准许某项附加征收，更允组织委员会考查治外法权之问题，以期于现行制度加以修正，以剔除流弊与积垢，及除去一切于中国主权无所必要之限制。

（二）不幸历时四载，关税会议并未召集，而其间时局大见恶化，国内战争纷迭起，以致北京政府威权渐至低减，殆及于无。

同时，广州有一强健国民政府，对于北京政府之自号其足以代表中国发言及缔结有效信约，加以明确驳正。此项国势瓦解，与国内战争及政府威权渐减之趋行，自关税会议聚集直至该会议交涉因无政府可与交涉终至停止之时，其增进之率，无时不如建瓴走丸，每下愈况。

（三）其间法权调查会，业已调查葳事，并已呈出其报告书。但于斯事亦感同上因中国瓦解之困难。

该报告书所建议，虽主张某项能予立即施行之改善计划；然必须先有具有能代表中国全部缔结信约之政府，方克充分付诸实行。

（四）每当此项一切国内战争时期内，本政府无不恒持避免与交战各党派对恃各政府之间加以何种干涉之态度。且虽见国内战争所生之紊乱，加以中外洪大商务所受之巨损，乃仍未尝肯与任何党派携手，及以何法干涉民间之喧讧。

按本政府所悉者，各国政府似亦系同取此项态度，且深信此态度，为现应操持及将来应行继续操持惟一正当之态度也。

---

① 即英国代理公使欧玛利于 12 月 18 日在北京外交使团会议上的提案。

（五）夫近日中国之时局，乃与各国缔结华会条约之时入其目者，适不相侔。在现今紊乱情况之下，虽以就地交涉及与地方政府商就协议，不无奏成些须之进步，然所经预指于华会规模较大之修改条约计划，各国未能与之进行。其关于侨华外人所处分际，一切尚在悬而未决之问题，亦系未能抵于解决矣。

惟中国政务上之瓦解，乃同时有具有大力期图中国于列邦间谋一平等地位之国民运动发生。而此项运动，若不待之以体贴及谅解，殊不符合各国对华之真意也。

（六）本政府于通盘局势慎加熟计后，对于缔结华会条约各国现应如何作为，将其妥慎周详成就之意见，陈述如下：本政府建议："由各该国政府发出宣言，叙述时局之主要事实，并声明：情愿将修改条约问题及其它尚悬未决之问题，俟华人自己立有政府时，即行与之交涉。且愿以符合华会精神而参合现时时局变更之处，加有发展及变通之一建设政策办理也。"

（七）本政府拟议：此项共同宣言，须释明其建设政策，意欲竭尽所能迎合中国国人合乎大理之想望，并废弃"中国经济政治非有外人监督不能发达"之意；及声明情愿于中国自定国税新则一经规定宣布时，即行承认其应有得享关税自主之权；更应特行力辨欲以何种外人之节制迫施于不甘承受之中国之嫌。一面声言望中国对于凡文明国家皆所固有尊重条约神圣之首要义务，毋稍懈怠。

惟虽有以上声言，各国却应承认中国修改条约索求之揆诸大理乃尚称公允，与处于现势之下缔结新约以代旧约之艰难；而各国相沿严守约权之习，亦应因之稍加变通也。际此或甚长期之时局混沌时代，按本政府之意，各国只能持静待态度，并以引致局势变化至于尽能适合时局实事之境为志，以致迨至可以实行修约之日，当能现出修改程途至少已有一部分业已妥为行过之象矣。是以废弃因微小事端提出难望奏效抗议之办法，而待遇有利益关系所关绝重之际，方始提出。乃彼时即由各国协合从事以保其获效，自为上策。每遇一案，即以审情度理办法，从事办理之。

且宣言之中,应表明各国对于无论处于何地之中国官厅,若有任何近情之主张,即使背于约权之严格解释,亦愿予以体谅之考核。惟中国官厅则须对于外人利益,予以公允宽厚待遇,以还报之。此项宣言之中,更应表明各国系持有不再俟候,亦不绝对以先见巩固中央政府之成立相要,而对中国即行力求保持和睦邦交之宗旨也。

(八)上开政策之大纲,本政府切望各国允为取纳,并以之援用于现局势之事实焉。

其以上第三段内提法权调查会报告书内之建议中,有某某主张,且有其它某某改善事项,该报告书内虽未论及,然总可谓归于与治外法权有关各事项范围以内者,即在现时局势之下,无须迁延,则有见诸实行之可能。

惟有一端尤为紧急者:本政府以为各国政府应行现即从事进行,即窃谓应行对于因关税会议未能履行各国对华五年前所应许税项之增加所造之恶果,力求挽转——即主张各国现即对于华会附加税,予以无条件之应允。

(九)于一九二二年二月六日在华会签订之关税税则条约内,各国应允中国准许关税某项之增加(俗称华会附加税),其用途与矩度,则听特别会议之裁决;而所谓特别会议者,乃于迁延将及四年之后,一九二五年十一月二十六日在北京聚集,今已大体上可谓绝对失败之关税特别会议是也。其所许之附加税,未曾允行;盖因中国委员团于三月十八日开会时,关于中国政府拟自行支配此项附加税入款用途期免疑虑之声明,未得各外国委员团认为满意。

(十)其所以然者,乃因彼等非得足保所得收入必由洋人监管,并其中大部分必须用以清还各无担保借款之条件,不肯予以允行耳。缘本政府始初根本上反对无担保借款之问题由关税会议条理之。并于一九二三年初间达致对华银行协团之各国机密节略内,开诚陈明矣。

盖本政府预知其足以攻破华会襄助中国经济政治之发展,将外人之监管施以宽解而实非加以紧严之本旨,又所有经于华会拟予退让各端,即以裨益中国为目的,则关税附加税款,应以类如建造铁路,暨社会经济上革新事项,于中国全部有不磨之益之生利事业,为主要用途;而其革新事项中,富于佳朕者,莫过于华会条约内特行预指之裁撤厘金也。

(十一)或谓:债务之整理,因系足以恢复中国之信用,故亦于中国为不磨之益。此论倘有力能实际控制全国之政府,固或亦能成立。惟于今日之中国言及债务之整理,无他,只足使何党掌握京师,即予该党以从事贷取,徒致遗害绝无生利之新借款能力而已。故无担保债务之整理,虽该债款内有本国人民与有直接利益关系者,然本政府亦反对以之作为关税会议目的之一。

(十二)至于将无担保债务之整理列入关税会议应理事件内,又有一弊,而遇各国承认中国关税自主之大理时,此弊即行显出焉。

盖在彼时,关税收入之管理问题,因之立即涌现,而成一紧急之问题矣。所主张将因自主而增加之税收,亦并归入外人之监管,本政府深抱虞虑。

当一九二一年时,各国对于华府会议所企谋之利济事业要求其妥为履行之担保,尚无足诧,而在一九二一年所能行者,迨至一九二六年,已无实行之可能。盖此时中国无论为财政之整理,或厘金之裁撤,皆不能忍外人监管权力之展拓矣。本政府以为中国既不甘受外人管理,而各国联合以图管理之,实与华会条约之精神及本政府迄今历久不变恒持之宗旨,完全相背也。

同时,本政府以为履行逾时如是之久之华会应许各节,系为万不可缺之事。故于本年五月二十八日为答复美政府关于本政府对关税会议之态度究系何若之访询,经备现特抄附之节略,主张由各国免为任何欲索担保或条件之举,而对于附加税课,即行准许征收也。

(十三)以上之主张,因会议之瓦解,各国对之未能出何动静;而本政府当发起主张之时,所经预料必至之时局变化,于是突然果行实现。

即经由粤省以藐弃约章，于该埠外洋贸易上加征某项税款。而于事实上实已果然撄得华会附加税矣。

按本政府虽为与各国保存态度上之一致起见，大与心违，业经对于所征新税勉行参与共提之抗议，然尚未视之为为应付现时局势正当无疑必应遵循之良策也。本政府甚惜于会议较初之秋，并未加力谆申其意旨，但以为虽已历次抗议，若转向仍由五月二十八日节略内所主张之其它项办法，亦非过迟。是以本政府力主由各国对于华会附加税，现即无条件准许其在中国各处实行征收。再如此办理，并希望藉使广州之现况，纳诸正轨也。

（十四）料本主张所或惹起之异议中，当以揆诸严格之论理，系为俨如姑容此项违反条约之现况，则为最重。惟此论对于时局之实事，未免过于茫然耳。

盖现时时局之纲领事实，一为条约之被大众认为颇有不合时情之处，一为华人欲求条约之修改，内感本国因分歧而失力，外忧得获列邦一致赞同之维艰。迩来变通一八五八年税则举动之竟见无效，即为此项难得各国赞同之最近例征矣。

本政府以条约之尊严，固认为绝要通理，乃信：欲保存此项要理，莫若体贴华人依理之索求，而将约权概加调和以符之。至抗议之提出，应限于固有责务上竟有欲为概行推却，及或攻击侨华洋人按理应享之绝要利益情事，而有此种情事，则应由各国协合从事，以使其抗议不至失于获效焉。

（十五）查九国条约第七条所规定，由缔约各国一律遵守完全坦白互相通知之义务。本政府向经一意照办，而欲保存各国态度之一致，亦曾未惜牺牲一己之固见。此次本政府将本政府以为将来之政策应归之大理陈述于各国政府者，亦即遵从上项保存态度一致之宗旨办理耳。决料各国政府定能同感本政府本华会条约精神对待中国之切愿也。而欲得此精神之妥见实现，莫若取行现行陈述考核之政策之意，并望各国政府予以赞同，是所切盼。

（十六）再，照本政府之意，此项新策，似以对于华会附加税立予无条件之准许，为企图付诸实行首先应行之步骤也。然尚恐或有致疑于此项附加税之准许，可于党派之中发生利此害彼之事，以致又加一促致国内之战争之由者，故特专用释明：既系无条件准许，则所收附加税进款，未必由各税务司解交上海之指定保管存款银行，乃凡关于附加进款若何支配储存各问题，均应由主管中国官厅自行解决之也。其各国政府对于华会附加税是否允肯予以无条件准许之处，本政府尚望尽早得获闻知也！

《东方杂志》第 24 卷第 3 号，第 105—107 页

凯洛格①关于对华政策的声明

1927 年 1 月 27 日

在目前对于中国情势正在议论纷纷的时候，我认为明白地说明国务院对于关税自主问题及放弃治外法权问题所取的态度，实为我应尽的职务。

美国一向希望中国团结独立和繁荣。它希望在我们对华条约中所规定的关税控制和治外法权尽早放弃。为了这个目的，美国于 1903 年的条约作了关于放弃治外法权的宣告，且又缔结了 1922 年 2 月 6 日的华盛顿条约，在约中规定于该约生效后三个月内召开一个关税会议。

自从华盛顿条约谈判以后，美国曾经准备，而且现在仍在准备着，与中国任何政府或任何能代表中国或代中国发言的代表谈判，不仅谈判华盛顿条约的二五附加税之实行，而且谈判关税控制之完全放弃，及恢复中国的完全关税自主。

不过，美国期望得到最惠国待遇，期望不致在关税或他种课税上有不利于美国及其国民，而不利于他国国民的差别待遇，不致因别国得到特权而受到差别待遇，并期望在华贸易机会均等的门户维持开放，而

---

① 时任美国国务卿。

且,更期望中国对美国侨民及其财产与权利提供一切的保障。

治外法权委员会的建议无须另订条约即能实行。美国准备即行实施此等建议,并准备一俟中国准备对美国侨民及其财产与权利予以法律及法院之保障时,即行谈判放弃治外法权。

美国愿意以最宽大的精神对待中国,这事由华盛顿条约缔结以来所发生的事实的简短历史可以证明。华盛顿条约系于 1925 年 7 月 7 日经签字国中最后批准的国家批准,同年 8 月 6 日在华盛顿互换批准书。在条约最后发生效力以前,中国政府于是年 6 月 24 日向各签字国送致文字相同的照会,要求修改现存条约。同年 7 月 1 日我即向我们驻北京公使发出训令,并将该项训令传达给其他各国政府。在这训令中我主张我们应该借此机会向中国人表明我们愿意考虑修改条约问题。我主张列强对举行中国关税特别会议之准备应加速进行,我并指陈,美国认为,特别关税会议在完成条约所要求的工作以后,应请其提供具体建议,根据此等建议可以拟出准许完全关税自主的方案。美国的代表赋有全权谈判一个承认中国关税自主的新约。同时,我主张指派委员会考察治外法权问题,这委员会应了解为赋有权力在报告中提出逐渐放弃治外法权的建议。在此以前,中国政府曾吁请美国运用其在有关列强方面的影响,促速召开关税会议及指派治外法权委员会,并促使各国政府授其代表以广泛权力,俾能考虑整个修约问题,并能对废除治外法权问题提出建议。这和美国的见解是相符合的。因此,美国及其他每一对华有关税条约的列强于 1925 年 9 月 4 日表示愿意任命代表出席关税会议。列强在一个业经公布的照会里通告中国,它们愿意考虑并商讨中国所提出关于修改关税条约的任何合理的提议,并声明它们愿意任命代表参加治外法权委员会,考虑整个治外法权问题,并愿意授权代表提出建议,俾使有关的政府能够考虑采取哪一种步骤——如或有此等步骤可供采取时——以期放弃治外法权。各国代表很快就派定了,中国关税会议遂于 1925 年 10 月 26 日开会。

会议开幕不久,美国代表团即于 1925 年 11 月 3 日提议:关税会立即准许对必需品征收 2.5% 的附加税,并且一俟必要的征税表预备好时,立即准许依照华盛顿条约规定征收对奢侈品最高 5% 的附加税。我们的代表并宣布,美国政府准备立即进行谈判实施 1922 年 2 月 6 日华盛顿条约其他条款所必要的协定。美国代表确认尊重中国关税自主的原则,并宣布准备立即谈判一个实施此项原则,并规定裁撤厘金,解除现行条约上的关税限制及实施中国国定关税定率条例的新条约。1925 年 11 月 19 日有中国代表参加的"关税会议临时办法委员会"一致通过下列的决议:

"本会议各国代表议决采用下列所拟关于关税自主一条,以便连同以后协订其他各项事件,加入本会议所签定之约:各缔约国(中国在外)兹承认中国享受关税自主之权利,允许解除各该国与中国间现行各条约中所包含之关税束缚,并允许中国国定关税定率条例于 1929 年 1 月 1 日发生效力。

"中国政府声明裁撤厘金与中国国定关税定率条例须同时实行,并声明于民国十八年 1 月 1 日即 1929 年 1 月 1 日须将裁厘切实办竣。"

从会议开始时起,我们的代表及技术顾问持续无间地和他国——包含中国在内——的代表及技术顾问通力合作,努力贯彻这个计划,——即:实施华盛顿条约所规定的附加税,并增加海关税率,俾在实行关税自主前,足够维持中国一切需要。直至 1926 年 4 月中为止,会议很有顺利结束的希望,令中国和其他各国都能满意。约在这个时候在会议上代表中国的政府被迫下野。不过,美国和列强的代表仍留在中国,希望继续谈判,且在 1926 年 7 月 3 日发表宣言如下:

"出席中国关税会议的列强代表今晨在荷兰公使馆集会,一致表示殷切希望,在最快期间,于中国政府代表能够恢复与外国代表商谈本会议各项问题时,进行本会议工作。"

美国政府当时和现在都准备继续谈判关于治外法权及关税的全盘问题,或由美国进行单独谈判。惟一的问题是和谁去谈判。我已经说过,假如中国能协议任命能代表本国的人民或当局的代表,我们准备谈判这样的一个新条约。不过,现行条约经过美国参议院批准,不能由总统废止,必须由与代表中国的人物谈判而嗣后经美国参议院批准的新约加以代替。

美国政府以同情的兴趣注视中国民族的觉醒,并且欢迎中国人民在改变政府制度上所获致之每一进步。

自1912年新政体建立以来,在所有这些困难的年月里,美国政府对所有互相争持、图谋控制中国的各党派间曾尽一切努力,保持极严谨的中立态度。不过,美国政府期待中国人民及其领袖们承认美国在华侨民的生命财产在这不应由他们负责的冲突期间有被保护的权利。倘若中国当局不能提供这种保护时,美国政府自然有保护其公民生命财产的基本义务。美国海军现在留驻中国水面,就是为了照顾到这种可能的需要。本政府愿意以最宽大的精神同中国办交涉。本政府在中国没有租界,并且绝不曾对中国表现任何帝国主义的态度。但美国政府希望美国人民得享有其他国家人民的同等机会,在中国居住并从事合法职业而不拥有特权、独占或特殊的利益或势力范围。

《中美关系资料汇编》第1辑,世界知识出版社,1957年,第472—475页

(二)收回汉口英租界

说明:收回汉口英租界,为北伐时期国民政府厉行"革命外交"所取得的重要成果。1926年10月北伐军攻占汉口后,英租界当局对革命政府采取敌视态度,引起群众不满。1927年1月1—3日武汉各界群众举行集会,庆祝北伐胜利和迁都武汉。1月3日下午,国民党中央政治学校宣传队在汉口英租界附近的江汉关前演说,演讲期间,停泊武汉长江上英国军舰上的大批英国水兵登岸寻衅干涉,强行驱赶群众,并当场用刺刀刺死群众一人,伤数十人,酿成"一三"惨案。案发当

晚,武汉国民政府外交部向英国驻汉口领事馆提出抗议,限令英国在24小时内撤走水兵,由中国政府派军队进驻英租界。次日,武汉工农商学等团体的代表举行联席会议,向武汉国民政府提出八项要求。其主要内容为:立即向英国领事馆提出严重抗议,要求英国政府赔偿损失;惩办肇事凶手。慑于国民革命的压力,英方被迫撤离租界。4日晚,国民革命军开入英租界,国民政府收回英租界管理权,并设立"汉口英租界临时管理委员会"。在革命群众的大力支持下,武汉国民政府其后与英国政府就收回英租界进行多轮外交谈判,面对当时中国、特别是南方国民政府控制范围内民众的反帝爱国运动的不断高涨,英国最终决定放弃汉口英租界。1927年2月19日,双方签订《中英关于中国收回汉口英租界的协定》,从法律上正式收回了汉口英租界。

1. 汉口"一三"惨案与强收英租界

英国驻粤领事致广州国民政府函
1926年11月19日

径启者:敝国驻汉口总领事近以该地之英国租界常被驻扎附近之南军闯进,特嘱本代总领事请求国民政府加以注意。该总领事称:南军通过租界(时或运送子弹),又武装卫兵站立汽车两旁来往租界等事,殊有违汉口租界章程。屡向汉口交涉员提出抗议,迄无效果。嗣于十一月九日具一节略投递汉口总司令部,冀其能以制止兵士之举动。不料该节略竟被退回,且得函复,称该地所有一切交涉事项应由湖北特派交涉员办理等语。兹将该原函及节略送呈贵部长察阅。尚希将此事转呈政治委员会严加考虑。按此次总司令部秘书处失礼之处,姑不论及。然其办法,实系否认条约付予英国领事直接与各省高级官员通信之权,此节希促政治委员会之注意。倘南军继续闯入英国租界,恐与租界警兵发生冲突,酿成国际严重案件也。再武装卫兵站立汽车两旁往来租界,此事断难容忍。惟南军倘必须经过租界,以指定到达地点通知驻汉口总领事,尚可通融准许;惟必有官长领带监视乃可照准,且须事前早为请求许可,以便通知租界巡捕局也。此事极为严重紧急。切望即将此意电知各关系军队机关为盼! 此颂

日祺!

壁约翰　启

十一月十九日

《广州武汉革命外交文献》,第37—38 页

广州国民政府复英国驻粤领事函

1926 年 11 月 27 日

　　径复者:兹接十一月十九日大函关于国民革命军通过汉口英租界一事,经已阅悉。当经转送政府考虑矣;俟有复示,再行奉告。惟有应预先声明者数事:一、汉口租界章程,本来系处于中国主权准许之下一种自治法规;主权者之行为,对于其所准许或曾经准许之法规,本来不生违法之问题。二、汉口国民革命军总司令本系中央军事机关,无权办理外交事件,在湖北地方高级外交官员,仅湖北交涉员足以当之。缘准前由,相应函复。贵总领事官,希为查照是荷! 顺颂

日祉!

此致

大英国驻广州总领事官

代外交部长陈友仁

十一月廿七日

《广州武汉革命外交文献》,第37 页

武汉临时联席会议第九次会议议事录(节略)

1927 年 1 月 3 日

英水兵枪杀听讲群众案

汉口市党部李国(瑄)〔暄〕同志报告:今日下午二时许,中央军事

政治学校学生宣传队,在一码头江(海)〔汉〕关附近演讲,群众听者甚众,英人调水兵多人前来干涉,解散群众。群众非常愤激,不肯后退,英兵即以刺刀乱刺,伤多人,死二人。群众亦以石子、扁担等物抵抗,并夺得枪械三支(一说二支)。死者初抬至市党部,后抬至他处,伤者送医院。群众以工人为多,工人以码头工人为多。现由市党部召集紧急会议,先征求联席会议之意见。

湖北全省总工会秘书长许白昊报告:今日下午三时许,正开工会代表大会,得报告,一码头英水兵与听讲之群众发生冲突,英水兵以刺刀杀人,重伤一人,此刻恐已死伤数人。群情愤激,现聚集至数千人,夺得枪一支。群众宣言如水兵不撤退,则群众亦不后退,恐将发生大冲突,请政府速设法制止。

主席:请副官长速派一人探视即来报告。

武汉洋务职员工会执行委员长屠宗根报告:今日三时许,讨论英美烟公司签字事宜后至一码头,见群众与水兵对峙,英兵杀伤吾群众数人,群众约有一二万人,以石子击英兵。当劝以不宜再有冲突,应报告政府,定有解决方法。现情形甚危,急请政府即刻设法。

总司令部政治部章伯钧报告:今日总政治部正在迁移之际,得紧急报告,即来汉口,先至总工会。据报告:今日演讲队甚多,英水兵搬机关枪上岸,群众即将英兵包围,但并无危险举动,惟小孩以石子掷英兵,英兵立以刺刀刺人,伤三人,一在腿上、一在头上、一在胸口。码头挑夫以扁担打伤一英兵脑后。现群众聚集至一二万人,呼声震天,各路口已入戒严状态,情形极为严重。总工会有意见二点嘱为转达:

一、请外交部即与英人严重交涉,撤退水兵;

二、由总政治部、总工会、商民协会、学生联合会等以旗帜宣告群众,请即解散,听候解决。另有附带报告,今晚庆祝提灯大会原定通过英租界,现决定不过英租界,以免发生冲突。现群众方面情形急迫,请政府速即决定办法。

武昌市长黄昌谷报告:今日汉口市长不在,与公安局张局长由武昌至汉口,在一码头上岸,见群众与英水兵发生冲突,即由公安局调武装警察开导群众,群众已向花楼、河街退去,不致发生暴动。

陈友仁同志:据报告:今日下午情形严重,现在如要求彼方撤退武装,我方撤退群众,未免示弱,应取比较强硬之态度办法,当再思想一下即可决定。

主席:应以保护租界名义,以军队包围租界,先使群众散退,不能以徒手之群众为牺牲。

鲍顾问:现在如派人对群众讲话,请他们散会,说二十四小时内有办法。这样说不知群众能听我们的话否?

公安局张局长报告:今日同黄市长由武昌过来,见群众与英兵冲突,群众以石子掷英兵,英兵以刺刀刺人,死一人、伤数人。当即上前与英兵交涉,请退至掩护线,并望我即报告政府,在我离开此地时间不准开枪,英兵已允。一面即群众退后,群众亦已退至三码头附近,又曾与英副领事交涉,其态度似甚恐慌。我说我去报告政府,我们政府必有办法。现在警察之力太单薄,应加派队伍。

鲍顾问:提议:一、应即派代表对群众说,联席会议闻英水兵之凶暴行为,极为义愤,我同胞一人被杀,数人被伤,人民对于此事之义愤,极为正当。但政府应有适当方法保护人民生命,在二十四小时内决定办法,防止以后再有此等〔残〕暴行为,为死者、伤者报仇雪耻,在政府未决定办法以前,望人民能离开租界,维持秩序,政府之办法决定后,即通知人民代表,并须在书面上签字。二、派警察多人站在群众与水兵中间。三、总工会派得力人员,帮助警察,站在警察与民众中间。四、外交部派有毅力之人员与英外交当局严重交涉,撤退武装水兵,保障秩序安全,否则,发生危险不负责任。

公安局长:除一码头外,尚有大智门电报局、华兴街等处,亦为华英交界之处,亦应注意。

于树德同志:明日应召集大会报告政府决定之办法。

主席:现在先请(工)〔公〕安局长、总工会代表对华〔群〕众宣布:政府即有代表前来,请群众退至一处,其地应为可以避免冲突,又可以讲话之地。

众推主席与蒋委员代表政府与人民讲话。

主席:以下列案文付表决:

"(1)本会推定徐谦、蒋作宾两同志向一码头群众作下述文字之公告:

中央执行委员国民政府委员临时联席会议,闻英水兵行凶之事,我同胞一人被杀,数人被伤,不胜义愤!政府必当采取适当方法,保护人民,在二十四小时内当可决定办法,防止以后再有此等之事发生及为人民报仇雪耻。在政府未决定办法时,望人民离开租界,以免危险。政府一经决定办法,立即通知人民,在新市场于一月四日午后七时宣布。

(2)外交部立即对英租界当局严重交涉,撤退武装水兵,保障秩序安全,并对英方切实声明,如不撤退水兵,政府不负保障英人安全责任。"

决议:通过。

《武汉临时联席会议资料选编》,第178—180页

武汉临时联席会议关于一三惨案的公告
1927 年 1 月 4 日

中央联席会议今晨(一月四日)发出公告,原文如下:"中央执行委员国民政府委员临时联席会议,闻英水兵行凶之事,我同胞一人被杀,数人被伤,政府同人,不胜愤激,政府必当采取适当方法,保护人民,在二十四小时内,当可决定办法,防止以后再有此等惨剧发生,及为人民报仇雪耻。在政府未决定办法时,希望人民离开租界,以免危险。政府一经决定办法,立即通知人民,于一月四日午后七时,在新市场正式宣布,特此公告。"(一月四日)

《向导》第183期

汉口公安局致陈友仁函

1927 年 1 月 4 日

公安局之报告：为呈报事，昨日下午二时，据职局警察第六署长戴维夏电话报称，中央军事政治学校宣传队在一码头中英交界地方演讲，民众聚集静听，秩序井然。乃英人无故调多数水兵登陆，密排武器示威，并干涉演讲。听讲民众，置之不理。讵英兵胆敢以刺刀杀伤数人，徒手民众因无力抵抗，请派警保护等语。局长此即派督察长饶仁华率领保安队驰往救护，并由电话通知武汉卫戍司令部及前敌总指挥部，速派队前往，协同维护。旋据第六署署长戴维夏呈报，英兵以刺刀刺伤民众祝香山、方汉山、李大生等，并呈缴英兵马枪一支，上冠刺刀，血迹甚多，随带同王庚书及受伤人祝香山到局。询据王庚书供称，适才经过该地，见英兵持枪刺伤数人，经众将枪夺下等语。复据保安队队长段海山、侦缉队队长李清澄报称，英兵又刺伤张义贵、明宿生等，局长并亲履该地与英人交涉，撤退英兵，令勿开枪激变，并劝导民众静候政府处理。幸双方允可，局长以事关外交，即亲赴南洋公司联席会议，报告经过情形，去后，接据督察长饶仁华报称，局长离开该地后，英兵又刺伤一人，不知姓名等情。据此，查此次英兵无故登陆，刺杀民众，幸未酿成巨变，嗣经局长交涉妥后，复以刺刀伤人，实属野蛮已极，除将枪刀存局待缴外，理合将英兵肇事情形，及已查明之受伤民众之姓名，缮单呈祈鉴核，恳向英领严重交涉，以重国权，而张公道。谨呈国民政府外交部部长陈。

《时事新报》1927 年 1 月 11 日

武汉各界联席会议对英斗争八项要求

1927 年 1 月 4 日

本日（四日）午间，农工商学各界在汉商会联席会议，决定对英兵惨杀案办法一致通过后，据汉口市公安局长张笃伦到场报告李之伤情，当派代表郑慧吾等四人赴医院为李大生剖诊证明人，同时并赴英界劝解民众,谓本日各界在商会联席会议,已决定对英办法。并立请政府向英领严重交涉,请民众均离开英界,静听解决。盖本日午后,民众有径往英界自由撤除原设之电网沙袋等戒备物者,英界巡捕于二时即未站岗,总工会纠察队一部分已奉命至英界维持,各代表到英界说明后,民众虽渐散去,但六时据报江汉关至英巡捕厅已由七军严重巡守,至三日英水兵行凶后,民众愤极时系由卫戍司令部先后派二十九团之一营,前来劝解,至九时余始行尽截,而沿江汉关至怡园间,英租界方面人行路满布该军之步哨,至四日拂晓始散去。中央临时联席会议三日晚,当推徐谦、蒋作宾代表向民众说明,政府当于二十四小时内决定对英办法,并准于四日下午七时在新市场正式宣布,请民众离开英界,以免危险。农工商学各界代表,并于四日午在汉口总商会开紧急联席会,由李国暄主席,当场决定对英办法八项,大致为:(一)请政府立向英领提出严重抗议;(二)令英领赔偿死伤同胞损失;(三)令英领将行凶水兵交我政府惩办;(四)撤(消)〔走〕驻汉英舰及英界沙袋电网;(五)撤销内河航权;(六)英领向我政府道歉;(七)英界巡捕缴械;(八)由政府管理英租界。同时推定周星棠、邹裝痕等十四代表,至南洋大楼,向政府提出,请政府据以向英领提出,严重交涉,限于七十二小时内圆满答复,如不答复或答复不圆满,即请政府:(一)封锁英界;(二)收回英界;(三)收回关税;(四)通知英政府不负在华英人治安责任。同时又决定五日下午二时,在济生三马路举行对英案示威大运动会,并组织武汉市民对英外交委员会,由总工、总商、省商、省学、商协、省党等十团体组织,为英案决裂后之总预备云。

《时事新报》1927 年 1 月 9 日

武汉临时联席会议第十次会议议事录(节略)

1927 年 1 月 5 日

陈党代表请续派纠察队案

主席:陈党代表来函,纠察队已撤退,惟仍有还防之必要。现已函知总工会派纠察队至英租界,受陈党代表指挥,同时令知陈党代表。

英捕房被打事件

主席:总工会刘少奇函报告:谓有很多市民把英捕房打了,死伤很多军警,不能维持,如何办法? 纠察是否可以维持? 请急办云云。当即亲往察看,见英捕房前面玻璃有被打破者,后面墙上打穿一洞,有英人二人在内,甚安全。印捕数人亦在内,表示欢迎群众,曾略有冲突,有轻伤,并无打死之事。证明刘之报告不确。

印捕留汉合作案

主席:印捕甘达辛来云:英人定今晚八时离汉,并令印捕同去。印捕意见恐英人带彼等至香港,编成军队打中国人,故不愿同去,特来接洽,愿留汉口为中国人工作。当答以盛意可感,如愿留此当为分配工作,此项印捕约五十人。

孙科同志:印捕已有此意,应留之帮助我们。

主席:以下列案文付表决:

“印度同志五十余人愿留汉合作,应留在汉口分配工作。”

决议:通过。

管理英租界案

陈友仁同志:报告英国妇女、小孩定今晚八时上船离汉,并欲将管理权交我们,我们应有准备。现在第一问题是全部管理,抑一部分由中国人管理一部分由外国人管理? 应即决定办法。

孙科同志:应组织临时管理委员会办理,由外交、财政、交通三部长各派一人,卫戍司令部派汉口办事处长,连同陈党代表,共五人合组一委员会负指挥之责。

于树德同志:该会主席应先决定。

主席:该会主席由外交部担任。

以下列案文付表决:

“组织一英租界临时管理委员会,由外交部长、交通部长、财政部长各派一人,卫戍司令派汉口办事处长及本会所派陈党代表为英租界临时管理委员，以外交部派出之委员为主席，主持英租界内一切公安、市政事宜。此项组织由外交部通知驻汉英总领事。"

决议：通过。

鲍顾问：应由外交部通告外侨，现在租界秩序平安，外侨应安心照常营业。

主席：以下列案文付表决：

"由外交部长发一布告，现在租界秩序平安，所有驻汉外侨均可安心照常营业。此布告须于十六年一月五日晚发出。"

决议：通过。

英租界欧战纪念碑被毁案

陈友仁同志：昨日下午，群众将英租界欧战纪念碑钢（练）〔链〕拆去，并大贴标语。现提议命令陈党代表即将纪念碑上标语撕去，以免起无谓之恶感。

蒋作宾同志：可由外交部长下命令，不必由联席会议下命令。

主席：不必发命令，通知即可。

孙科同志：通知总工会转知工人，此种小事情可以从宽办理。

主席：由秘书处通知陈党代表及总工会，将欧战纪念碑标语洗去。

对英委员会代表李午云、李立三报告

略谓：关于纠察队完全受陈党代表指挥，此纠察队须有政府命令方可撤退。再昨日各团体代表会议，议决政府提出对英条件，如三日内英政府无圆满答复，由民众自动总罢工，特未知政府对于此项主张是否赞同？请训示。

主席：纠察队有若干人？

李代表立三：有三大队，共约三百人。

主席：给养要多少？

李代表立三：每日每人约二毫，惟纠察队均为工人，工资亦一问题。

主席：工资约若干？

李代表立三：平均每人约十二元。

主席:以下列案文付表决:

"纠察队三百人在英租界执行职务期间,每日每人发给大洋五角。"

决议:通过。

鲍顾问:对于总罢工一事,暂时不宜实行。如租界能到我们手里,则罢工无异反对自己,如不能,届时再讨论。

主席:现在租界管理权要收回,我们提出之条件不必限三日内答复。

鲍顾问:我们要表示租界接收以后,秩序比从前更好,明日应恢复原状,工商照常作工营业。

主席:现英租界已由政府组织临时管理委员会准备接收,暂时不必罢工。

以下列案文付表决:

"函对英委员会说明情形,英租界现拟由政府组织委员会接管,暂时不宜罢工,并劝工人、商人明日恢复作工营业原状。"

决议:通过。

《武汉临时联席会议资料选编》,第189—192页

武汉举行三十万人示威大会
1927年1月6日

武汉市民对英示威大会,昨(五日)在济生三马路举行,参加者不下二三十万人,由市党部代表李国暄主席、总工会代表李立三指挥,当议决要案及通电如下,通电云:"全国各团体各报馆转全国人民公鉴:英帝国主义者之凶横暴动,以为全世界之公仇,近见国民政府北迁,革命势力高潮,对我革命民众,益加敌视,既纵使其商轮在团风撞沉我国商轮,淹死四百余人,复指挥其驻汉水兵,乘我民众欢欣鼓舞之时,冲入华界,惨杀我听讲之民众,死者伤者,狼藉道途,闻耗之余,全市震悼,本日农工商学各界市民一律罢市、罢工、罢课、罢业,在济生三马路举行反

英示威大会,追悼死难同胞,讨论对英办法,并经议决八项办法请求政府即刻向英领事提出,限其于七十二小时内有圆满之答复,否则自动封锁英界,实行对英总罢工,并请求政府为防止此后再有此类惨案发生,应立即自动收回英界,收回海关,撤销英人在华内地航行权,撤销英国在华领事裁判权,以杜后患,事关民族存亡,望全国同胞,一致声援,与英帝国主义者决一死战,国家前途实深利赖。武汉市民反英示威大会三十万人同叩。"附大会议决案如下:(一)请求政府立即实行下列事项:(甲)立即向英领提出严重抗议;(乙)英政府须负责赔偿此次同胞死伤之损失;(丙)英政府须立即将肇祸凶手,交国民政府依法惩办;(丁)英政府须立即撤退驻汉英舰及英界之沙包、电网等作战物;(戊)英政府须向国民政府道歉,并担保此后再不得有此类惨案发生;(己)英租界内华人应有集会、结社、言论、出版、游行、演讲之绝对自由;(庚)英界巡捕及义勇队须一律解除武装;(辛)英租界须由国民政府派军警管理。(二)如英领事对国民政府所提之条件无圆满答复,民众立即准备:(1)自动封锁英租界;(2)自动对英总罢工。(三)本日大会,通电全国全世界,宣布惨案真相。(四)本日大会一致议决,民众自即日起,实行严厉禁止买卖英国货。(五)国民政府对英态度,与民众完全一致,民众应一致团结,服从政府,谨守秩序,誓为政府后盾。(一月六日)

《时事新报》1927 年 1 月 11 日

湖北全省总工会第一次代表大会通电

1927 年 1 月 6 日

全国各报馆转各人民团体暨各界同胞均鉴:本月三日下午,我中央军事政治学校学生在汉口华英交界江汉关附近讲演,英帝国主义竟调水兵越界干涉,激起听众愤怒,该水兵竟敢公然行凶,枪杀爱国同胞三人,一人伤重当场毙命,其余二人命在旦夕,伤者不知其数。英帝国主义如此肆意横行,实属穷凶极恶!本代表大会闻此凶耗,群情愤激,痛哭呼号,追想去年"五卅"、"六十一"、"六二三"之大仇未复,万县之惨案的血迹未干,英帝国主义不但毫不敛迹,亦且变本加厉,屠杀我民众之暴行,层出不穷,长此以往,吾民真无活命之余地!为争得生存,为要求自由,本代表大会誓领导我全省有组织之三十万工人,与英帝国主义奋斗到底!兹经全体一致决议,提出下列条件:

(1)请政府自动收回英租界。

(2)在英租界未收回之前,要求英租界当局应即撤销电网、沙包及各军事上之准备,并绝对不得在租界内干涉言论、出版、集会、游行、讲演等自由。

(3)要求立即撤退在华军舰,以后租界内永远不得有外国武装军警驻扎,由公安局派警驻扎租界。

(4)要求赔偿死伤损失。

(5)要求英政府向我政府道歉,并担保以后不得有此等事件发生。

(6)要求凶手即移送我政府惩办。

为达到上列条件,准备最后斗争起见,本代表大会通过下列办法:

1)立即实行抵制英货,对英经济绝交。

2)准备封锁英租界及对英总罢工。

3)请政府立即严重交涉,本代表大会率三十万工友誓死为政府后盾。

4)请农工商学联合会,立即召集代表大会及市民大会,群起共同奋斗。

5)全省各工会全体工友,完全听从全省总工会命令,一致行动。

事关民族生存,全国人民,悉有切身利益,切望我农工商学各界同胞,一致奋起,以最大之努力,扑灭此人类公敌世界恶魔之英帝国主义,为死难同胞复仇,为全国同胞争生命之保障,临电不胜迫切之至。湖北全省总工会第一次代表大会叩。支。

《汉口民国日报》1927年1月6日

武汉国民政府接管英租界的经过

1927 年 1 月

三日午后水兵行凶后,政府据各机关报告,当晚即由外交部长陈友仁,亲赴英领署,向英领提出口头抗议,请其立即撤退水兵及义勇队,并解除水兵及义勇队之武装,由中国军警接防,否则不负责任。英领当辞以兹事须缓至二十四小时后,俟请示英公使,始有负责答复,陈乃辞出。嗣英领见英界形势,至晚犹甚严重,知非解除戒备,由中国军警接防,无法维持。因于四日晨,立将水兵及义勇队全部撤退,并将所设沙包、电网完全撤除,所有水兵及义勇队之武装,亦一律解除。时外交部秘书吴之椿,适晤英副领事,英副领告以撤退水兵及义勇队,请中国政府派兵接防。当经吴秘书与商定军队驻防地点,故英兵撤退后,江汉关一码头等处,即派有中国军警分别驻防。迨委员联席会议议决后,复于七时许,由卫戍司令部派兵三连,直入英界,由英领指定英捕房后之堆栈为驻在所,嗣又决于五日加派一连,共足一营之数,派一营长与一党代表(即陈群)驻英捕房办公。所有英租界治安,全由中国军队维持,军队由党代表指挥,党代表受外交部指挥,以便事权统一。英租界秩序,至是遂回复。惟英侨颇为惶恐,四日已纷上其驻汉英舰及商轮,预备全部离汉,所有汇丰银行及各洋行,亦均于五日起,完全停业,其银钱财物,纷运兵舰,妇孺则登德和轮,停泊江心,于六日晨离汉赴沪。英租界内英水兵等娱乐场所,均一变而为华兵之临时驻在地。英捕房及江汉关,均高悬党旗国旗。在五日前,界内颇有不安,中央临时联席会议特派党代表陈群五日出通告,力予维持。略云,现在英界内如发现有扰乱秩序,窃取或毁坏财物者,准由当事人扭送来本办公处(即英巡捕房),定予依法惩办。若遇紧急情形,应即派人来处面报,或用电话通知云云。同时租界及华界遍贴外交部部长陈友仁布告:“为布告事,照得一月三日英国水兵登陆,惨伤华人,民气激昂,众怒沸腾。英租界当局无法办理,当经本部长严重交涉,令其撤退水兵,并于昨日起由国民政府分派军警入界保护,始得维持秩序。本日中国国民党中央执行委员国民政府委员临时联席会议,议决设立汉口英租界临时管理委员会,实行主持英租界一切公安市政事宜。所有界内中外居民生命财产,概由国民政府完全保护。凡我民众务各协助政府,维持公共安宁秩序,为此布告,仰中外人士一体知悉,此布。"云云。至此项临时英租界管理委员会之组织,闻是日联席会议决定,其委员即由外、财、交三部各派一人,及武汉卫戍司令部汉口办事处长并临时联席会议党代表陈群五人充之。外交部对于此项委员会之组设,除遍出布告外,并已于五日夜间,据情正式照会英领事。至在英界维持秩序军警,先后派有公安局及两特别区,并模范区各拨警二十名,就原有岗位轮班服务,又令由公安局拨派保安队四十名,总工会纠察队三百名,卫戍司令部二十九团兵士一团,分段巡查。后因英界秩序完全恢复,故三百名纠察队已于七日完全撤退。讵英侨犹自疑心,未敢照常安居。外交部长陈友仁特于六日晚六时造访英领,声称我国民众运动,是反对英水兵暴行屠杀我革命民众,对英国侨民绝无仇视之意,不必自相惊扰。至总工会前虽有对英总罢工之警告,但总工会现在一切行动,确已具有模范之资格,不至任便实行总罢工。现在英租界既由国民政府接管,关于惨案交涉,政府已根据人民之请求,正在进行。在本案未得圆满解决以前,英侨之生命财产,由国民政府完全负保护安全之责云云,惟各租界谣言仍多,谓将实行收回法租界,致令寄居法界之美侨妇女,多抱不安,已认汉口各租界在最近时期,决非乐土,纷纷出走。六日一夜,乘吉和轮离汉赴沪者三十余人。陈友仁据报,当于晚间约美领事及重要美商到外交部谈话,历两小时之久,除郑重声言在汉美侨及各国人士,国民政府当始终予以切实之保护,请在座诸君敢会后互相转告各外人,各安各业,照常工作。陈并声言,现在英租界已完全归国民政府管理,今后英租界内各国人士之生命财产,当由国民政府负完全保护安全责任。七日,中央委员与国民政府委员开联席会议议决英租界临时管理委员会组织,改由外交、财政、交通三长组织之,以外长为主席委员,并议决电九江卫戍司令贺耀组转知农工商学各界,对英交涉由外长负责办理,民众运动应避免直接冲突。

同时由临时联席会议通电统辖各省,保护英人生命财产。另电鄂政务委员会通饬各县遵照。从七日午后起,英界处事件,即由管理委员会主席陈友仁负责。警务另组警务处,由公安局及一二特区拨警一百九十名,内武装七十名,派汉口市公安局饶督察长仁华为主任。所有军队、纠察队八日晨一律撤退。又另组秘书厅,在旧工部局秘书处办公。警务处在原捕房办公,七日午后,警务会议决警务处暂行规则三项:(一)不准群众在界停留及不守规则,其不服劝导者严惩。(二)不准以石击人,严防窃取物件。(三)凡外人一律保护,有殴击外人者,当场拘捕。至英界反英各标语已予洗除,今后当入于外交谈判时期矣。

湖北省党部第四次代表大会议决反英条件十二项
1927 年 1 月 6 日

血光社云,省党部第四次代表大会,六日上午开〔第〕五次大会,主席董必武,出席代表百二十六人,议程于下:

(四)中央联席会议,为反英运动请代表大会派一人参加中央联席会,帮助宣传,当推郭树勋同志。(五)对英运动委员会主席报告,为一三惨案反英运动筹备情形,当即议决如下:

(一)宣传大纲,(二)对外通电,(三)对英政府与驻汉英领下警告,(四)发宣言,(五)通电全国,(六)派员参加明日午后二时汉口市面反英运动大会,(七)组织对英经济绝交委员会,(八)代表回县一星期内须组成反英运动委员会,(九)代表回县须召集反英运动大会,宣传英帝国主义最近惨案一切情形,(十)省农协、商协、工协应加紧反英运动,(十一)代表回县组织农协、工协、商协加紧反英运动,(十二)督促国民政府对英严重交涉,大会通过明午后二时召集武昌市组织反英运动大会,游行至徐家棚,以示民众威勇。

武汉临时联席会议第十一次会议议事录(节略)

1927 年 1 月 7 日

接管英租界案

孙科同志:关于英租界事,昨与陈外交部长商议,赶紧成立委员会,先组织公安局,以卫戍司令部汉口办事处处长为临时主任。警察现有一百九十人,军队现有五百人,留二连纠察队,现亦有五百人,明日起留百人。委员会之组织法修改为:由交通、外交、财政三部长组织之,陈党代表俟明日委员会接收后解除责任。此组织系临时的,特提出讨论。

主席:以下列案文付表决:

"英租界管理委员会组织法修改为:由交通、外交、财政三部长组织之,以外交部长为主席委员。"

决议:通过。

《临时联席会议第十一次会议议事录》,载《武汉临时联席会议资料选编》,第 198 页

汉口临时管理委员会布告

1927 年 1 月 7 日

为布告事:案奉中国国民党中央执行委员会国民政府委员临时联席会议,令设立汉口英租界临时管理委员会,负责管理英租界一切公安事宜,并颁发关防一颗,文曰"汉口英租界临时管理委员会之印"等因,兹遵于一月七日就职,并启用关防,合行布告,仰中外人士一体知悉,此布。主席陈友仁,委员孙科、宋子文。十六年一月七日。

《广州民国日报》1927 年 1 月 24 日

武汉临时联席会议致广州政治会议分会电

1927 年 1 月 7 日

广州政治分会鉴:密。汉口英水兵事件发生后,已由临时会议派党代表指挥军队接管英租界,现已改派警察维持安全秩序,大局已趋稳定。惟广州民气激昂,闻此事必有大举示威运动,但宜避免直接冲突,

是为至要。中央执行委员国民政府委员临时联席会议。阳。

《临时联席会议第十一次会议议事录》,载《武汉临时联席会议资料选编》,

第 196 页

湖北省总工会第一次代表大会通告
1927 年 1 月 7 日 [1]

(农工社)湖北省总工会第一次代表大会,对此次英水兵上岸惨杀同胞案,通告工友应严守纪律,原文云:

为通告事,参照此次英帝国主义调水兵上岸惨杀同胞一案,业经本会代表大会,派代表请求政府严重交涉,业将英水兵撤退,至一切重大问题,政府已接受民众意见,负责办理。对于英租界秩序,并由政府派军警维持管理,我工友自应严守纪律,服从政府军警维持,以表示拥护国民政府之真诚态度,庶不致丧失国民政府信用,贻英帝国主义以口实,为此通告,仰各工会工友一体遵照,毋论中外各工厂工友,均须安心上工,不得三五成群,聚集英租界,发生纠纷,一切游行,须先报告本会许可,如英界有巡捕上街,不得施以殴打,并应先将情形报告本会,码头工友,尤不得在租界上叫闹。以上各项,最关重要,仰各工会通知各工友注意,毋得违抗,是为至要,特此通告。

《汉口民国日报》1927 年 1 月 7 日

国民党中央执行委员国民政府委员临时联席会通电
1927 年 1 月 8 日

设立汉口英租界临时管理委员会,管理市政。先是三日,武汉市民庆祝胜利,行近英租界,英人阻之,至伤我五人,群情愤激,拥入界内,英人不复能维持,乃商请我国军警保护,九江之英租界亦然,我政府恐人民轻动,再三电饬保护外人:

---

① 该日期为报纸登载的日期。

此次英水兵在汉口残杀同胞,经政府采用严厉有效之方针,派遣军警管理汉英租界,组织管理委员会,为收回英租界之基础。民众对政府之方针,亦一致拥护,上下一心,苟能步骤整齐,成功当不甚远。各省英人所设教会学校,依教育独立之原则,自当即谋收回,而在政府未定办法以前,实不宜有直接行动。至于各省英人之生命财产,均在政府保护之列,地方当局亦应妥为保护。盖吾所反对者,为整个的帝国主义,而非修怨于私人。此意务须剀切通告,俾众周知。并督饬各属一体照行,是为至要。中央执行委员国民政府委员临时联席会。齐。

重庆《商务日报》1927 年 1 月 16 日,转引自中国第二历史档案馆藏中华民国史史料长编稿,1927 年 1 月

国民革命军总司令部总政治部秘书处通电
1927 年 1 月 8 日[①]

本月三日,中央军事政治学校宣传队在江汉关演讲,以演讲者至为沉痛,听众非常激昂,遂引起英帝国主义者之忌妒,急调义勇团水兵上岸干涉,并架设机关枪示威,复追入华界,用刺刀杀死我同志四人,受伤者无数。当场夺得英军手枪一支,刺刀一柄。武汉人民,莫不愤激,乃组织武汉市民对英委员会,支日在总商会开会,到会各团体代表一致议决向政府提出八条:(一)请政府向英政府严重抗议;(二)英政府抚恤死伤同胞;(三)英政府须交出行凶水兵与政府严办;(四)撤(退)〔除〕英租界沙包及军事障碍;(五)英政府向中国政府正式道歉谢罪;(六)中国人民在英租界有绝对的自由权;(七)解除英捕武装;(八)派兵至英租界驻扎,保护中国人民。以上各条,英政府如不承认,请政府自动收回英租界,废除中英间不平等条约,并封锁英租界,限英政府在七十二小时内答复。旋经政府逐一接受,即派军警进驻英租界,捕房则由陈党代表管理。现在所有英租界内,所有原已设置之沙包、电网,一概除

---

① 此为报纸登载日期。

去,秩序照常安堵。惟英领令该国男女妇孺一律退驻军舰,此事在表面上,以英帝国主义有引咎让步之意,然英人奸滑性成,未始非以退为进之计。尚希一致努力,共倒此凶。国民革命军总司令部总政治部秘书处叩,鱼。

湖北省党部代表大会通电

1927 年 1 月 8 日

　　武昌中央执行委员,国民政府委员,汉口、广州、九江、长沙民国日报,上海商报转全国各人民团体,全国民众钧鉴:英帝国主义者历年在华凶残之屠杀,充分表现其野蛮兽性,自沪案、汉案、沙基案,以至当前之万案,同胞惨死者辄数千人,此种凶横之屠杀,无非欲镇压中国之民族革命运动,以遂其永久统治或掠夺中国之野心。近国民革命势力得到长足之发展,握得全国重心之武汉,英帝国主义之新旧走狗孙、吴二逆相继败亡,革命狂潮,益以高涨。处此严重情形之下,英帝国主义者,竟毫无顾忌,勾结奉张,借款五百万金磅,以谋南下,消灭我革命势力。本党出师北伐,乃为完成国民革命之使命。现在统一国内之障碍物厥为奉系军阀,打倒张作霖为本党刻下之目标。对于从〔重〕新勾结奉张之英帝国主义者,因不得不与以相当之打击。一月三日,中央军校宣传队在汉口中英交界地讲演,意在唤醒民众共同努力。乃英帝国主义者有意挑衅,乘隙进攻,飞调水兵登陆,干涉讲演,当杀死同胞三人,受创轻伤者五百余人,一场悲剧遂以演成。英帝国主义者悍然在青天白日旗下,行使其屠杀政策。本会誓本不妥协之革命精神,与英帝国主义者作殊死战,收回英租界,对英经济绝交,实行为死难同胞复仇!深望一致努力,坚持到底,以争得最后之胜利,国民革命前途幸甚。中国国民党湖北第四次省代表大会叩,鱼。

全国总工会宣言

1927 年 1 月 10 日[①]

年来因为革命势力的发展和中国民众的觉醒,世界的帝国主义,已经把他们压迫弱小民族的目标,集中到我们中国来了。帝国主义者尤其是英国,他们对于我国民众所施的压迫手段,也一天一天的厉害起来了。五卅惨案之碧血未干,而沙基之屠杀又起,未及一年,万县之数千同胞,又无辜死于英帝国主义的炮舰政策之下。今年一月三日英兵屠杀我汉口民众之事,又重映于吾人眼帘之前了。英帝国主义压迫我们民众的手段,是何等的凶暴残忍啊!但是我们并不因此而悲观,我们对于这一次汉口的屠杀事件,应该认识清楚:这是在革命势力的发展与帝国主义的崩溃当中,必然产生的现象。我们只有加紧整顿我们的军容,预备把帝国主义的寿命登诸鬼录。自从革命军出师北伐,把英帝国主义的工具孙传芳、吴佩孚打倒之后,英帝国主义在华的势力,早就消灭其大半了。革命势力与反革命的势力、帝国主义、军阀是两不相容的。英帝国主义因为见他们在华的势力根本起了动摇,他们早就发起恐慌来了,我们早料想到英帝国主义是必会来图报复,作一最后之尝试的,不过时间的久暂罢了。在最近这几个月中间,英帝国主义的动作,是来得何等的蹊跷呢?他一方面在暗地里拉拢孙、张军阀的联合,借巨款与张作霖,以图恢复他们的势力,想根本来扑灭中国的革命运动;一方面承认我们的二五附加税,用一种柔软的调和政策,极力的想来和缓革命势力的进攻。这些矛盾而又狠毒的地方,已经把他们要来进攻革命势力、摧残革命运动的阴谋,毕露无遗了。这一次汉口的大屠杀,就是他们这种阴谋的暴露,也就是革命势力与反革命势力斗争的一种表现吧。在这几年中间,英帝国主义者屠杀我同胞,已经至再至三了,这一回汉口的大屠杀,又是英帝国主义甘心造成出来的。我们经过了许多的大屠杀之后,我们民众不应该迟疑观望了,我们应该大家一致的起来,打

---

① 此为报纸登载时间。

倒英帝国主义这种凶残无耻的行为了。否则,我们四万万的同胞,势将无噍类矣。同胞们!我们对于此次汉口的大屠杀,不应该认为杀了我们几个同胞的一回事。这实是我们全民族莫大的耻辱啊!我们的耻辱已经受够了。这一次汉口大屠杀,是英帝国主义的最后挣扎,也是我们的耻辱快要湔雪的时代了,我们要一致起来,打倒这个一息仅存的英帝国主义,湔雪我们百数十年来的奇耻大辱。我们对于此案要向英帝国主义提出严重的抗议,赔偿死伤,交出这次屠杀我们同胞的凶手由我们政府惩办,要收回我们的租界,还要打倒英帝国主义在华的一切霸权。

《广州民国日报》1927 年 1 月 10 日

国民政府外交部通电

1927 年 1 月 11 日

广东外交部,汕头、长沙、宜昌、九江、福州、桂林、成都、重庆各交涉员鉴:自汉、浔英租界相继由我方实行管理后,外交形势,为之一变。英国代表准明日到汉,开始交涉,订正彼此间之关系。本部长曾经一再宣言保护外侨生命财产。兹当交涉之际,仰该交涉员通知该地军民官长,切实保护外侨生命财产,并通知该地各党部、工会、学生会,转告人民援助政府,对于该地各国教会,以及一切外人事业,勿加攻击,以免引起各国反感,致碍外交前途。国民政府外交部。真(十一)。印。

中国第二历史档案馆藏中华民国史史料长编稿,1927 年 1 月

陈友仁通电

1927 年 1 月 12 日

革命各省各军民长官、各政治机关、南昌总司令部转政治会议均鉴:本年一月三日,武汉民众因新年庆祝北伐胜利,游行宣传。迨至毗连英界处,英人严行阻止,复调水兵登陆,民众愈集,群情激愤,至与英军冲突,伤我民众五人,其二人伤势尤重。英界当局无法维持,经部长与英领严重交涉,始行撤退水兵。英工部局职员巡捕纷纷弃职逃避。

英领来部请求我国分设军警,入界保护,维持秩序。即日中央联席会议议决设立英租界临时管理委员会,以外交、财政、交通三部部长为委员,外交部部长为主席,于七日通告就职,管理界内一切公安市政事宜,秩序完全恢复,商民照常营业。九江英界亦仿照汉案办法管理。迭经部长剀切宣言,对于外侨生命财产完全保护,复向外国官商一再郑重声明,表示诚恳切实履行,业已宣示中外。世界各国对我政府保护侨民生命财产之设施,极为重视,不能稍有疏虞,致贻口实引起纠纷。现在英国代表已于昨日由北京到汉,今日到部开始交涉各项问题。用特电达,务须克日严令所属各县、各城军事、民事各官吏,一体遵照。对于外人生命财产,务须绝对周密慎重保护,不得有丝毫损害,并积极劝告民众,在此时间,毋再发生反教运动。如有逾轨行动,应即严行制止,免碍外交进行,而误革命前途。切祷切盼。外交部长陈友仁。文(十二)。印。

中国第二历史档案馆藏中华民国史史料长编稿,1927年1月

中国共产党为汉案宣言

1927年1月12日

全国工人农民及一切被压迫的民众:

英国水兵受长官命令一月三日在汉口英租界枪杀和平讲演的中国市民一事已经引起很重大的事变了。愤怒的民众对英国帝国主义这种进攻和屠杀已经决定相当办法对待,务使其永不会再发生了。武汉工商学群众大会通过一些要求,请国民政府向英国提出。这些要求,根本是在永久取消英国人屠杀并高压中国市民的那种侮辱中国人民之特权,这些要求无疑的是全中国广大民众的要求。这些要求表示中国工人及一切劳动民众反对外国帝国主义斗争已进展到一个新的阶段,亦即表示从一九二五年“五卅”英国人屠杀上海工人市民开始的中国民族运动进展到一个新的阶段。

英国帝国主义者在汉口企图于一月三日以挑拨手段惹起革命群众

的骚动，藉以为向国民政府进攻的张本，因此，假意退步，并迫国民政府来保护他们抵御群众的愤怒。国民政府很了解英国人挑拨手段的凶辣，因此，即刻采取各种办法，防止中国民众和英国人及其机关的冲突。国民政府赞助武汉民众的这种举动，即担负维持英租界治安责任，并建议英人撤退其武力，是唯一正确的。在英租界的英国武力本负屠杀中国民众责任的，此种武力之驻在不能保证再不会有挑拨手段发生。

英国帝国主义者对此是怎么一种见解呢？他们在愤怒的革命民众前面迫得接受国民政府的建议，但他们以为这种状况是暂时的。他们在中国和伦敦，经过政府官吏和报纸，公开宣称，他们所以接受国民政府以中国警察维持租界治安的建议，是因为他们此时在汉口没有充分的武力，故与国民政府妥协，俾得从容派遣兵舰入扬子江来。英国帝国主义者，不管由兰浦生口中怎样说出愿意开始对华的"新"政策，但事实上没有一分钟放弃其干涉中国的阴谋。差不多与兰浦生赴汉口与国民政府谈判同时，英国帝国主义者却在天津与张作霖、张宗昌、孙传芳一起准备进攻南方的大计划。谁也知道，英国帝国主义者是准备这计划的重要脚色，并继续站在北洋军阀背后，从政治上和物质上帮助他们。现布，英国帝国主义者，在其本国和全世界正在造成干涉中国的舆论。他们在汉口的挑拨手段，就成为他们对于中国解放运动疯狂的攻击之发端，并以此证明帮助北洋军阀武装进攻革命军和国民政府，是对的。

在中国的一切英国报纸，一切英国代表，以及一切大资产阶级报纸和半政府机关报纸的通信员，都制造无数虚伪的消息，仿佛以为：

（一）英国人及一切外国人，现在正处生命危险的情况底下，并举出他们所伪造的杀人越货等无稽事实来证明；

（二）汉口一月三、四日的骚乱是少数极左派的煽动家主持的，大多数民众甚至国民党都反对此种骚乱；

（三）在中国，人们准备向一切白种人作战，如拳匪之乱一样。

英国帝国主义者的阴谋是十分明显的。为在政治上准备干涉，他们必须在其本国建立联合战线，如有可能，又须立与其他帝国主义国家间建立联合战线。为着这个，必须把中国形容得像上面所说的一样。

全国民众们！帝国主义特别是英国干涉中国的危险，是没有一刻不恐吓我们的。现在这个危险扩大了，特别是在与最近联合一致的北洋军阀作战的前面。英国帝国主义者任何挑拨手段都做得出来，以帮助中国的反革命，如张作霖、张宗昌、孙传芳，并不惜以任何战争的恐怖，恢复其在全东方首先在中国所失去的威权。

他们现在正由阿马利与国民政府开"和平的"谈判，这种谈判乃是他延宕时间的阴谋，企图于此时期内在中国集合大势力，如有可能，并与其他帝国主义者建立联合战线。

唯一能够打破英国帝国主义者这种狡猾计划的，只有中国民众本身在本党和国民党领导下的反抗，全国民众对国民政府的拥护，以及中俄的联合。

本党号召全国工人、农民及一切被压迫的民众，在目前帝国主义者以英国为首直接危害中国革命这一危险的顷刻，赶紧站立起来，拥护国民政府，在群众会议中，在舆论中，在议决案中，公开表明对于国民政府的赞助，并要求英国人承认汉口一月五日群众大会所提出的条件。为取得保证一月三日的挑拨手段不至重演和英国帝国主义者不帮助北方进攻南方起见，我们起来要求撤退英国驻华海军，取消治外法权，收回英国租界，撤退一切帝国主义之驻华的军队。

全国民众们！中国革命已经开始，并继续下去了！革命的胜利应该是帝国主义的失败。胜利是靠民众帮助国民政府并自己努力的，而依靠在被压迫民众上面的国民政府也要坚持到底，不对英国帝国主义让步。

前进，向帝国主义和反革命作战！

本党同时并向西方无产阶级提议在各国举行抗议英国帝国主义者这种挑拨手段及其干涉中国的准备。

中国反帝国主义的民主革命万岁！

中国工农及一切被压迫民众联合万岁！

中俄联合万岁！

打倒英国及其他帝国主义！

中国共产党中央执行委员会

一九二七年一月十二日

《向导》第 183 期

武汉临时联席会议第十四次会议议事录（节略）

1927 年 1 月 17 日

外交部对英交涉收回租界问题

主席：报告省、市两党部，对于外交部停止反英运动之通告发生误会，特推代表陈述意见三点：

一、外交部须否认前次通告，至少须说明翻译之错误；

二、吴秘书不宜与人民接洽对英事件；

三、请外交部长派一代表参加省、市两党部之秘密对英委员会。

蒋作宾同志：市党部谓外交部长曾发表一对外宣言，做得甚好，此宣言未见过。

詹大悲同志：前次外交部布告，误会甚大，市党部每日有人前来质问，谓如政府真有此主张，人民甚不赞成。今日秘密对英委员会开会，希望外交部有一解释。

陈友仁同志：关于主席所举三点：第一点，外交部所发通告，在交涉时期请民众暂停反英运动，意思即希望民众避免危害外人生命财产之举动，与宣传运动无关，现拟另发通知详细说明。第二点，关于劳动纠纷事件，已命令本部秘书不加干预，某日纠察队包围海关为本席所见，即请纠察队暂退。此事本与外交部无关，外交部不过帮政府之忙，以后想请负责机关直接办理，外交部不再帮忙。第三点，外交部将派一人参与该会。

孙科同志：市党部所谓外交部之宣言，其实非宣言，乃外交部复英国人的一封信,外交部国民通讯社之通信有英文而无中文,应将译稿译为中文。

詹大悲同志:请将通讯稿交《民国日报》,即系英文亦可由《民国日报》翻译。

鲍顾问:关于第一点应认为满意,所说反英运动,非停止反英之宣传运动,乃停止危害外人生命财产之行动。现在租界已经接管,外人之生命财产自应声明保护,应根据外交部解释通知各机关。第二点,各部有关政策之宣言,应先交会议通过,并不专指此件。

主席:以下列案文付表决:

"临时联席会议应通告各机关,根据外交部长之声明,前次通告系翻译之误,'原意并非停止反英运动'乃指避免一切危害外人生命财产之行动。无论何部对外发布有关政策之布告,或公布宣言,必须先经临时联席会议通过。"

决议:通过。

彭泽民同志:报告海外华侨来电询问,关于汉口英租界事件者甚多,今日有一复电报告此案情形,由秘书长发出。

……

陈友仁同志:报告外交情形。外交上有一主要政策,即与外人交涉时,务避与帝国主义发生武装冲突,此意义至为明了。汉口英租界事件表面上似为例外,其实不然,因汉口事件发生时,英帝国主义不能与我发生冲突,现对英交涉即拟采不用武力冲突,而英租界管理权仍归我手。现东南军事既在发展,上海租界在外交上已成为重要问题。有一外国新闻记者问我,国民政府是否将以武力夺取租界? 若以国民政府将来必收回租界,因租界是我们的地方,但收回租界系由国民运动之结果,而非以武力夺取。在上海,如不取武装冲突,应发一适当之宣言。请大家讨论。

……

鲍顾问:关于外交政策,应将各方对于汉口事件之误会打消。今日应决定者,国民政府现在政策,并非以武力夺回租界,乃与列强讨论收回。汉口英租界之占领,乃根据英国政府及中国政府双方之谅解后,从英水兵刺伤中国人民之事实,欲避免严重冲突之结果,占领英租界,不但靠中国人民,并靠英国政府之行动。如英租界不至变为战斗区域,他们不必怕;如不把租界成为反革命之大本营,他们亦不必怕;如不把租界作为经济作战地,他们不必怕;如不于工人改良生活运动中借故挑拨,使发生流血之举,他们亦不必怕。我们一定要看清楚事实,我们知道我们的力量尚不够占领租界。汉口一三事件,乃英人自己造成之结果,使我们必须占领租界。政府应即将此政策宣布,特别是日本要使其明了,使知我们的政策,只在双方磋商之行动。对于英国方面亦应使之明了,此次占领英租界之经过。党对于此点似未注意,今后应使人明了:(一)此次一三事件,完全为英国保守政策之结果,应完全由他们负责。(二)他们既闯下此祸,自己不能维持,乃请求我们派兵保护,我们应其(应)〔请〕求才有派兵入租界之举。英国工党对此行动甚表示同情,在英国国会会议中已有此种表示。保守党自然愤怒,自由党则尚动摇中,尚未决定赞成或反对之态度。如我们能发表宣言,使英国工党对于此事更得有力之地位,故提议另由党发表对英工党宣言。

陈友仁同志:在宣言未送出前,应先送本会议通过。

蒋介石同志:外交部长与日本代表之谈话中,外债一项如何表示?

陈友仁同志:声明对于外债一项,未有确定之表示。

鲍顾问:应决定之点:一、租界问题,不用武力占据租界,乃系磋商政策,此次汉口事件乃因种种事实致有结果,并非要用武力,此政策是否可用? 二、对日是否应特别注意? 三、是否应由党对英工党发表宣言? 前两问题为外交而言,后一问题为党而言。

蒋介石同志:宣言中应注重租借地及治外法权两点。

主席:以下列案文付表决:

"推外交部长起草对外宣言,注重收回租借地及取消治外法权,并说明不用武力占据租界,只用磋商收回租界之政策。至汉口租界事件,乃系英人所自召,并非国民政府用武力收回。又对于日本应特别注意。"

决议:通过。

主席:党对英工党之宣言应推数人起草。

以下列案文付表决:

"推徐谦、孙科、陈友仁三同志同鲍顾问,起草本党对英工党宣言。"

决议:通过。

《武汉临时联席会议资料选编》,第 228—238 页

北京教育界致英国议会函

1927 年 1 月 17 日

北京国立各大学教职员代表联席会议,十七日致函英国国会议员,关于汉案事件,有所讨论。当场议决致函英国国会议员,声明汉口事变,应由英方负责。收回租界,为我国国民一致之主张,如英国果有谋世界和平之决心,应根据国际平等精神,取消在华一切不平等条约。该函已于昨日发出,兹录原文如下:

英国国会议员全体公鉴:关于汉案事件,中国北京国立各大学教职员代表联席会议议决下列宣言:本月三日英兵在汉口违约登岸,因此中国人民惨遭死伤,该地当局不得已派兵入租界,且负责保护外人生命财产,乃路透等通讯社有意遮盖真相,竭力挑拨中英间恶感。吾人为谋世界和平起见,谨向英国人民及世界全体人民郑重声明,此次事变应由当地英国指挥官完全负责,且收回租界本为中国人民全体一致之主张,则现时中国人管理下之汉口英租界,以后无论如何,不再放弃,诸君如果有谋世界和平之决心,当早了解中国民族之新觉悟,主张英国自动的取消一切根据不平等条约所得之权利,并立即停止一切违反国际平等精神之行动。

《汉口民国日报》1927 年 1 月 25 日

武汉各界对英委员会议决组织对英经济绝交会

1927 年 1 月 23 日

人民社消息:武汉各界对英委员会于昨日(二十三)午后一时在汉口总商会举行第六次联席会议,到会有汉口特别市党部李午云、詹大悲,商民协会李尧除,汉阳学联邹文翰,省农协邓友梅,商联余定九,省学联井廉泉,总工会李立三,汉口县党部张国藩,省党部卢玉成,汉口律师公会李治东,商联郑慧吾,汉口各团体联合会吴桂山,汉妇协何琪正,武昌慈善会项汉,汉口慈善会陈际山,法文退学会刘立经,邮务总工会邓铸容,汉学联萧同华,汉总商会石炼青,业主公会张信臣等二十余人。主席李立三,议事程序:(一)主席报告两星期内工作经过及现在应行积极各事,同时报告湖南、江西代表先后来汉慰唁"一三"被难及受伤工友情形。(二)组织对英经济绝交委员会,议决由汉商会、武昌商会、商协、汉阳商会、商协、全省总工会、汉口特别市党部、汉阳县党部、武汉学联会、武汉妇协等十四团体组织之。(三)组织财政委员会,议决由汉口商会、商协、武昌商会、商协、汉阳商协、湖北总工会、农工商学联合会、湖北省党部、汉口特别市党部、汉阳县党部、省农会十一团体组织之。(四)追悼"一三"、"一六"、团风、武穴被难诸同志一案,议决定于阴历十六年一月三日举行,地点汉口济生三马路。(五)召集人民请政府报告对英交涉经过,议决定于本月二十六日上午十二时假新市场召集武汉各团体代表大会,请武府外交部宣布对英交涉之经过。(六)临时动议:1.詹大悲提议(1)为本会致函政府即令汇丰、麦加利两银行从速照常贸易,以救武汉金融,同时禁止该两行现金出口;(2)请政府与安格联交涉,在最近期内得汇丰、麦加利存留中国海关赢余及中国贪官污吏所存之逆款,即时交出;(3)本会组织宣传委员会,负责宣传(口头或文字)本会对英交涉种种情形,俾民众对本会得相当之认识。议决照办。2.某君提议应请政府即令英工厂、海轮从速恢复原来状况,俾失业工人得以维持生活。议决与君第一案议案办理。3.郑慧吾提议组织武汉救济武汉失业工人委员会。议决俟得一种之款,或由各界募捐巨款,再行筹备进行,目前救济办法分二种:(1)由本会发出通电,向全国各界及海外同情于我们的团体募捐,捐款交国民政府各处设立之中央银行收汇;请政府创办工厂、铁路、马路,安插失业工人。散会时已六点钟矣。(秋)

《汉口民国日报》1927 年 1 月 24 日

中华全国学生联合总会致英国电

1927 年 1 月 25 日[①]

英京伦敦自由党、工党,并转英国民众钧鉴:中国民众,受帝国主义者不平等条约之束缚,已历八十余年,无日不在期求摆脱此种羁缚。同时帝国主义者对于中国民族之侵略剥削,又复有加无已,是以激成非常之反抗,为必然之结果,而非主观概念所能左右者也。一月三日汉口惨案之演成,即为中国民族欲求自决,而受英帝国主义者摧残之表现。徒以英政府危词耸听,淆乱是非,而各国民众,遂多为其所蒙蔽,而惨案真相,迄今未明。惨案之责任者——英政府,得以妄施狡计,使正义公道没而不伸。夫汉案发生之根本原因,为英政府对华不平等条约之结果,已如前述。况当日之情形,在事实上英政府为行凶之人,论理论事,英政府皆不能辞其咎。盖我国民众之示威巡行,秩序井然,毫无扰乱租界治安之举(指)〔止〕,而英政府之水兵,则武装登岸,强暴万状,严厉压迫,因是遂形成压迫者与被压迫者之冲突。结果中国民众死伤多人,事后我国政府为保护汉口英租界人民之安宁计,乃派遣警队前往维持秩序,各地民众,亦采取合理之手段,为反对英政府暴行之运动,此项举动,纯为民族自觉,争回应享权利之表现,绝对非如一般外人所揣测之排外行动,及为少数分子所酿成之事实。基于上项民族自觉之观念,在贵国政府未改变其侵略政策之时,中国民众为求生存起见,自当继续采取合理手段,厉行经济绝交,粉碎贵国在华之经济地位,以促贵国政府

① 此为报纸登载日期。

之反省。夫贵国在华商业之维持,为贵国民众之企图,不幸而至于形成上项现象,则贵国民众,虽欲求达此企图此不可得矣。盖中国民众为求生存起见,势不得不逼其出而毁灭此项之企图也。然欲改变此种形势,其动力则全在贵国政府之改善其对华政策。反之,若欲以炮舰政策求达到此企图,则为绝对不可能,而适足以表示其为妄想而已,敝会兹代表全中国学生,对贵国民众作诚挚之忠告,深盼贵国民众为本身利益计,起而遏阻贵国政府暴行之继续进展。且根本改变之,以求中英友谊之敦睦。不然,则贵国民众将受其最大损失。孰去孰从,贵国民众当能审择也。中华民国学生联合会总会。

《汉口民国日报》1927 年 1 月 25 日

2. 汉案发生后新闻界关于各国反应的报道

报载英国的反应

伦敦六日电:海军司令部布告云,第八驱逐舰佛洛蒂拉将带领海舰八艘,随大西洋舰队全副武装开赴远东,以备万一云。

又香港五日电:战舰芬迭克揩夫、加里士尔与威士哈特均于今日开赴汉口。

《汉口民国日报》1927 年 1 月 8 日

北京:外息,英舰八艘到汉,连原有者三艘并在途中之四艘,共十五艘,预备集中武汉,俟玛莱参赞到后,即行开始交涉。

东方社十日汉口电:英国逐驱舰八只十日来汉。北京英使馆参事官一行,今明可抵汉,英租界问题之交涉,将开始。

《申报》1927 年 1 月 12 日

路透社十四日伦敦电:伦敦人士对于中国大局之舆情,以为英国必须商诸他国,采行各种方法,以免发现于汉口之事件再见于上海。汉事确未有益于南方也。在华海陆司令已奉训令,向列强间对于上海问题现已确有商榷。伦敦负责方面,已考虑在华英人关于现局之意见。但内阁之对华会议,其重要未可侈谈过甚,所传内阁已决定上海防务之说,未可尽信也。但若暴民危害上海,则有关系之国际当道将尽力以保卫上海外人租界。英国不欲干涉中国内政,然不得不用其力所能及之方法,以保护英人生命财产。今晚接英参赞阿马利汉口来电报告一月三日与四日发生之事件,并从物质观念上述现有之形势,谓尚有英国平民一百七十人居于亚细亚煤油公司房屋内,而船只泊于江中,相距约百码。英人商务在停顿中,他国人亦仅有一部分之买卖云。

孟却斯德指导报社论,谓目前虽可望与南方议定切实办法,使汉口商业恢复,并餍满南人国家主义之感想。但南人所用以达此目的之方法,则莫能使人歆羡。盖用群众为外交工具,既非正当,亦非稳妥。英兵冷静而有纪律,乃克保全汉口大局。但若同样方法施诸上海,则结果必异。陈友仁应熟思之。惟上海情形纵异于他处,英政府未有不应守其同样主张之理由。此主张为何,即避免流血,并与握有地方管理权之任何中国当道协定可实行的办法是。此种主张现已行之有效矣。

《申报》1927 年 1 月 16 日

伦敦十五日电:据官场消息,政府关于因汉口事件而引起之租界管理问题,已有一种决议,即政府认定目前尚未到放弃租界管理权之时机,尤其上海租界不肯放松。最大之让步,亦不过许中国加入共同管理云。

《汉口民国日报》1927 年 1 月 17 日

拉格比十三日电:包含一指挥舰与两支队各含四驱逐舰之第八驱逐舰已准备开拔来华。战舰亚菲士与列第波德现停莫尔达,亦已奉令开拔,将于二三星期内由驱逐舰护送来华。如情形较好,则此驱逐舰到后,吴尔瑟与吴尔氏顿两舰,或将调回,但如需要时,此两舰亦留在中国云。

《汉口民国日报》1927 年 1 月 17 日

(北京通讯):自汉、浔两案相继发生后,使团方面,尤为注目。惟因中国政府维持得力,外侨生命财产未致危害。故其态度,甚为镇静,虽英使蓝浦森怂恿各国对华采取一致行动,无如各使鉴于中国民气非

庚子以前可比,惟不欲引起国际战争。英使以孤掌难鸣,遂亦取退让步
骤,一方面请示本国政府应付方针,一方面表示退步,冀取得列强同情,
然后出以强硬手腕。终因各国主张歧异,致其计划不行。昨(十日)午
英使赴荷使馆晤欧登科,请即召集会议。荷乃通知各使,今(十一)午
在荷使馆举行。闻意国赞成英使主张,以大队军舰开入长江流域,作示
威运动。比国亦是如斯主张。法则绝对不表同情,愿以调人地位,和平
解决。美则对英对华均无好恶可言,尚无若何表示。日则因东方贸易
关系,取观望态度。会议散后,各使回馆,电本国政府请示云云。

又日本报载称,汉口事件发生以来,英政府最近业已决定:(一)派
英使馆参赞何迈赴汉,要求南政府克日交还汉口、九江之英国租界;
(二)训令英国远东舰队全部集中南京;(三)训令香港总督派遣陆军到
沪实行警备租界;(四)届南方政府拒绝英国交还租界之要求时,英政
府决以武力实行其最后之决心。……

又日本报载:英使蓝浦森对于汉口事件,表面虽持冷静态度,而暗
中实甚活跃,一面早将汉口事件经过详细电报英国政府,一面立派使馆
书记官二员,赴汉实地调查,预为要求党政府交还英界之准备。同时奔
走各国使署,力谋各国对华外交上步骤之一致。并与驻沪英领事密电
往还,其第一步在防止党军势力侵入上海公共租界,暂借上海公共租界
为在华英侨之桃源,及为奉令陆续来华中英国海陆军之策源地。此节
业得法使之赞同,允与英国同取一致之行动。

又据东京电:英国驻日大使于九日往访日本币原外相,征求日本对
于汉口、九江事件之意见,要求与英国采取一致行动。接洽结果,币原
氏声称将来上海方面,如发生与汉、浔同样暴动时,日本当与英国同出
积极的行动云云。

《汉口民国日报》1927 年 1 月 19 日

路透社十八日伦敦电:昨日内阁会议决议,闻不改其在华政策。报
纸认为,政府将于必要时共同防卫上海。

路透社十八日伦敦电:路透社探悉,此间未接到报告中国各处发生

新事件之电信。英参赞阿马利仍在汉口设法进行,英国海陆军与飞行军之移动,乃为实行英政府保护生命财产之政策而起,决未可视为侵略行为。昨日内阁会议之决议,完全符合政府对华之原有政策,未有变更。驻华新使在伦敦起程之前,曾称英国对华政策有两种状态:一为以宽大之根据,设法谈判,以应付中国合法之国家志愿;一为尽力于必要时保护英人生命财产之决心。汉口关于租界之谈判,将以此为根据。众意南方志愿多可予以满意,但威吓暴行,则不能退让。

《申报》1927 年 1 月 20 日

（本社京讯）:自汉案发生后,汉口英租界业已由党军收回,秩序亦渐形回复。惟据外交界传说,英人对此,尚未肯即此放弃。现拟有两种步骤:第一种系用协商办法,英使馆头等参赞哇麦莱、汉文参赞台克满之赴汉,即系负有与陈友仁谈判之使命。如谈判不能得有结果,将采第二种步骤。所谓第二种步骤,即舍和平谈判,而出军力示威,以达夺回租界之企图。故一面哇麦莱等赴汉,而一面英海军司令亦同时派舰赴汉。闻此项舰队,共有十五艘,将分泊于汉口上下游,拟于谈判无效时,作示威行动。此讯确否,尚难断定。惟汉案前途,纠纷似正多也。（一月十四日）

《汉口民国日报》1927 年 1 月 20 日

路透社十八日伦敦电:司法大臣贺格今日在伦敦演说英国对华说帖,谓英政府愿就其所可能者,应合中国人民之合法志愿,此为对华之宽大政策。不幸此项提议,华人似未与以同样之精神接受之。说帖发表甫及数日,而汉口极不愉快之事件,业已发生,暴民竟攻击英租界矣。重大责任,集于当地英当道之身,彼等以勇智应付此责任,英兵撤退,而租界遂为暴民所据,致酿成极困难之形势。英人本可声明,非交还此租界,英人不愿与中国当道接洽。但英政府一面宣布汉口地位必须恢复,一面与中国当道交涉,以视是否以说帖为根据,谋取美满之办法,渠希望此议可被容纳,而汉口事件,可视为负责当道所不许有亦不愿有之事件。如此议果被容纳,则中国人民定知英人在要求中既非不慷慨,亦非无情理。但若不幸,华人气焰竟为汉口英人之容忍所激进,以为汉口事件尽可踵行于中国各处,或华人竟欲以武力而不以谈判收回各处租界,则英人不能不准备他种方法,如华人不能或不愿保护英人生命与财产,则在英政府观念上,英人在其合法居住之国内,有合法经营其事业之自由,设法以保护此自由,固英政府重要职务也。仅在上海一处约有英人万五千,而英人财产以亿兆计。如中国当道不允保护其生命与利益,则英政府有无论如何代价必自行保护此利益之责,此事显然有严重影响,渠固希望此可能性不致实现,但既有此可能性,渠觉责任所在,不得不对此问题有所论列云。

《申报》1927 年 1 月 20 日

人民社消息:英帝国主义者于"一三"惨案后,实行其经济封锁政策,暗示其在汉各银行商行停止营业,以为对华之威胁,因是华商存款于汇丰、麦加利者,不能提款,华商定货于英行者,不能交割,致营业停顿,大受损失。

《汉口民国日报》1927 年 1 月 23 日

人民社消息:英帝国主义者之封锁政策,使银行货栈营业停止,汉口商人直接间接所受失业甚巨。汉商会特致函英商,提出抗议情形已志昨报,兹觅得该函原文如次:径启者,旬日以来,贵国商轮行驶长江下游者,运货来汉仍用原船装回货栈,停止出货,商行停止收货,银行停止营业,以致华商对于进口货不能起,出口不能交,银行存款不能提,银行支票不能兑。查银行收受存款,全恃信用,今无故停止提起,信用何在。且货之买卖,均有契约,在昔我华商如不照约交货,即须赔偿损失,今贵国银行与商行置契约信用于不顾,致我国商人于营业上受若大之影响,多数商号纷纷来会请愿,兹特函达郑重声明,凡我商人直接所受之一切损失,皆须贵国商人负责赔偿,并希备案查照,迅予答复。此致英国商会会长。(秋)

《汉口民国日报》1927 年 1 月 24 日

路透社十九日伦敦电:中国拒绝和平提议时,则用种种必要力量,以保护英人在华利益之政策,为各报热切赞同。每日电闻外交记者谓,中国形势未可过事张皇,但其前途如何,须视中国对于英人提议谈判各种悬案之意旨如何待遇而定。英政府为事势所迫,以为英人居于中国,人数既多,且散住各处,欲保护之,以免攻击,势不得不集中英国兵力,俾可及时调用;但此兵力之用途,专以防卫为限。人勿谓英国现采行单独政策,须知英政府现正积极与列强之注意外人生命财产安全者,商榷□切云。每日电闻探悉,星期一日内阁开重要会议后,已发新训令致英使蓝浦森与英参赞阿马利。该报又谓阿马利将继续与陈友仁讨论,希望在长江上游与中部得一美满谅解。但前途不便遽作乐观。陈友仁等当知英国所可为之让步,终有限度也。其他太平洋大国决不致退缩。但若他国果不明其责任之重大,或不愿负此责任,则英国亦必担负其自己应尽之义务云。每日电闻社论,谓显明之真相,为南政府已放出非其力量所能为之魔鬼。但可欣幸者,英政府现似已看透此事矣云。晨报载称,国民党受莫斯科之操纵。又谓汉口距上海六百哩,于此相持,似属不智。但英政府欲保障其权利,保护在华之英人与利益,此为可慰之事。在此防卫中,英人应得其旧盟国日本之合作。日本当亦觉其权利之受危迫,与英人同。其他各国愿加入保障根本权利者,亦所欢迎。但无论他国如何,英国决无任沪撤去英兵之意。此为相逼而来之争,中国国民党适使愿意结交之人,变为非其所愿之仇敌耳。英国在列强中最无侵略中国土地之野心,俄国现驱粤人反抗英国,实欲置中国于其势力管辖下也云。每日快报载陈友仁之长电,加以评曰,陈友仁之议论为一事,但在今后之狂暴又为一事。陈等当知英人决不屈服强暴,故停止对英之强暴,乃谈判之必要先决条件云。

　　路透社二十日伦敦电:泰晤士报言政府之派军舰与水兵赴沪,不外保护其国人。而仍将竭力施用和缓方法,施行大度之谈判。如谈判之建议均遭拒绝,如自称代表中国之辈主张用武力驱逐吾人,则英人必在上海坚持,以为最后之计。上海可以防守。政府现正缜密准备,使防守事务得以安固,惟目下仍切望中国国家主义之代表能善用其智慧,乘机表示其政才,其选择全在彼等之手云云。

　　路透社二十日伦敦电:泰晤士报社论评论英政府在紧要时之勇敢

行为,谓英人不能久待中国内战之不定变迁,亦不能久待他国踌躇未决之计算。英国此种行为,不过施行英国政策之根本主义耳。换言之,一面宽大承认中国人民之合法志愿,一面保护英人是也。但众信英国对华政策不复仰鼻息于远东命运之迅速变化的潮流,因英政府现以两手置其政策于实行中也云。

《汉口民国日报》1927 年 1 月 25 日

路透社二十六日伦敦电:每日电闻引证许多史事,指斥陈友仁宣言之颠倒是非。谓陈友仁以根据经济平等谈判条约为言,然于英国所宣布之政策则置诸不谈。陈固自知就英国而言,渠乃向已开之门而推也。以文明的待遇施诸英人,此乃中国任何政府开始文明的谈判之一条件。就现有事实而言,陈友仁欲英人假定南政府有此待遇,或可有此待遇,则至少可谓为所欲过奢云。

《申报》1927 年 1 月 27 日

路透社二十六日伦敦电:司法次长殷斯基浦今日在狄浦顿演说,谓英国与中国人民关系之地位,不可不有适当之了解,第一、英人须知现受牵涉者为不列颠,而不仅为政府或在朝之一党,英人在华之困难,大都因剧烈内战之发作而来,华府会议已铺改造中外间关系之路。而英国准备以谈判解决新关系之意,已可由此会议见之。不幸中国军阀互争,致谈判莫能进行,人不能与风谈判,必俟诸风息之后,俟此日既到,英国定准备开始谈判。陈友仁已承认宁愿谈判,不愿战争。同时中国事势,未能使英国将其人民一万六千人,得中政府同意居留上海者,置诸保护之外。汉口英人以冷静忍耐之态度,应付汉口暴动,可谓守耶稣经中左颊被掴,复以右颊就之之训。英人不愿冲突或用武之明证,无过于此。现赴上海之一师,既非欲与中国任何党派合作,亦非保卫中国土地,更非保卫英租界,其赴华之唯一旨趣,在使英人男女老幼一万六千人不能退出者,得获安全耳,希望中国不久恢复而有稳固政府,能以代表中国人民,有此政府,则英国即完全准备谈判修改旧而不适用之条约,放弃治外法权之特惠,此种需要,英人固爽直承认之云。

《申报》1927 年 1 月 28 日

路透社三日伦敦电:泰晤士报社论,谓政府政策至为适宜,未有放弃谈判或保护之理云。每日电闻,谓陈友仁要求英国撤回军队,倏然而来,且亦稍晚。此乃抵制北京活动之举动。要知双方皆不能使英国变更初计云。晨邮报,谓陈友仁停止谈判,意在阻止英国集兵于中国。而英国集兵政策之适当有力,而助成和平,亦可由此知之。今宜对俄绝交,以报复俄国在华之攻击云。每日汇闻,谓英国对华提议,远大宽宏。汉口顿挫,未必绝望。但必须慎重考虑,此为迁就,且非一蹴所可成之事云。威斯明斯报谓,陈友仁不能强迫英国撤兵。但陈若能表示南政府有保护外人租界之愿意与能力,则英国当然不愿越俎代谋,或作非必要之耀兵云。每日新闻谓,如阿马利所拟之合同正式签定,则英兵当停止前进。或如有切实保证,南军不在距沪若干里之指定界线外,向上海进行,则英兵不应在上海登陆,但可驻于最近相当口岸,以待谈判云。每日捷报谓,英政府应暂停军事筹备,如此可得荣誉的和平云。

《申报》1927年2月6日

英外长张伯伦于一月二十九日在伯明翰演说:"英国对华方针,自去岁关会开幕以前,即以改变。当时英国惟一之愿望……并已准备抛弃其特权……吾人早经感觉有条约之必要,并希望中国统一政府早日成立,俾能开始修约交涉。……中国对于修约要求之原因有三端:(一)因外人领事裁判权,(二)关税束缚,(三)租界制度。英国对于上举三端,均愿予以变更。……但上述提议,不能使其立生效力,因中国尚在内乱之中。……吾人准备援助陈友仁及任何派之政治家以政治家妥协之态度,解决一切悬案。"

《申报》1927年2月6日

路透社四日伦敦电:财政部大臣邱吉斯今日在孟却斯德演说,谓渠不信中国事件有严重危险之虞。美国意思,从不欲在中国采行强占侵略与野心作用之政策。英国所求者,无非销售华人所需之货,并购回有益于己之货耳。英国认四万万华人为可能的主顾。英人绝不愿枪击主顾,亦绝不愿主顾枪击英人也。英国准备尽力以餍满华人之国家情感。但遇有暴民为虐,危及英人根据百年条约居住中国者之生命财产时,英国不欲维持其宝贵的名誉则已,否则不能不施行相当方法以自谋保卫也。政府如不仅为本党所拥护,且为多数国民所赞成,则以容忍、自尊之坚毅力,当可于今年内奏中国形势大为改良之成功云。

《申报》1927 年 2 月 6 日

路透社八日伦敦电:国会今日复开,英皇致训词,略谓英国对外关系继续友好。……中国内战不已,仇外随之发生,仇英尤甚,殊使人烦虑。英政府因汉口等处发生事变,故觉不得不派充分军队前赴远东,以保护英人与印人之生命。而防群众之暴行与武装之攻击,但希望和平解决此项困难。故政府已向中国当道提出办法,当可使中国与世界舆论,咸知英国人民有意欲屏除一切真正苦楚,以平等根据,更新中英条约,并置中英将来关于友谊好意之地位。政府愿维持不干涉中国内政之向来政策。

《申报》1927 年 2 月 10 日

路透社八日伦敦电:下院史丹莱今日动议请通过复英皇训词之答词,谓……至于中国事件,当英军出发以行警察职务时,时局为之一变。上海防军或能增上海英人之安全,亦或不能,渠意对方反动,未必利于英国。第一影响为北京与广州之抗议,如中国政府无论在北京或在广州,有意施行强逐中国英人之政策,则英国将有反动。其结果有非人所可逆睹者。故减轻上海英人危险之唯一方法,在进行谈判。协定现所考虑之办法,务使强暴绝对不能实现。奈何政府行火上加油之政策,渠不信适当办理中国形势,而竟不能签定汉口协议。如汉口协议签字,则上海英人所求之保障,孰有更善于此者乎? 其他各国对于人民安全之问题,对于英军在上海公共租界之登陆,有何见解,政府已接有此项公文否,政府曾设法向南军协议上海英人安全事否,政府派兵是否应驻华英代表之请,抑非驻华英代表之意,今日实在地位究应如何,请政府有以告之。如谈判可开,可认为危险已过,而召回军队否,请首相说明之。……首相包尔温答称,上海外人遇险时,全体退出之说,不成问题。此为极明显事。政府非确知上海附近不致为中国国民军战地后,不能谓上海欧日人之危险,业已过去也云。首相旋宣读内阁昨日通过之决议，文曰："政府政策应根据于下述考虑：即英军派往远东，目的正为保护在中国尤其在上海之英人生命。政府始终以此为政策。英军在沪登陆之时期、形式与人数问题，必视当地情形及政府所得当地英代表消息而定。如当地英代表认时局紧急，须立即在沪驻兵，则政府当照此行事。否则主队在香港准备。此次出兵，纯以保护英人生命为目的。故关于军队之行动，当然不能有与陈友仁或他人协定任何办法之问题。"

《申报》1927 年 2 月 10 日

英国今次开入中国之军队，已到有本哲白队、克洛西德队及窦汉队等，共二千六百八十余名，统已登陆，分驻沪埠各营房内。第三次续派来沪之大队印兵，系苏福克联队之印兵旅，由地中海开拔，向英印公司征用一万吨巨轮两艘，装此印兵一旅，直放来沪。第一船载得该旅官兵一千七百名，船名西尔第乃号，业于昨日上午八时到沪，九时半进口，当即驶进浦江，至华顺码头停靠。该印兵亦系决定长时间留沪者，故于抵沪后，至下午二时许，即在华顺码头上陆，向虹口方面而去。至于第二船中之印兵，数额闻亦相若，较第一船迟发一天，今晨亦可抵沪。今次所来之印兵，均系全武装兵士云。

字林报云：昨（十五）日运船塞哈拉号由印抵沪，船中载有本哲白第一联队之第四大队及第十四联队之第三大队。该船昨因雾泊于吴淞，所载军队将否登岸，今尚未悉，惟已在杨树浦布置驻所。寻常一旅共有四大队，今来沪之强西旅，为利于工作计，视此为多。近抵香港之苏福克队，为该旅之一部分，一二日内可抵沪。于是驻跑马总会之本哲白联队第二及第五大队，均将回香港原防，而专由强西旅任保护上海英人产业之责。该旅司令部，现设麦加利银行楼上，司令部军官则寓汇中旅馆。

大晚报云：印度汽船塞哈拉号，昨（十五）夜十一时驶抵吴淞，今（十六）晨七时泊于华顺码头。该船载本哲白联队之兵一千六百名，又军官四十六员及牲口等物。此为抵沪之第三批英兵，闻定星期五晨登岸。

大晚报云：今（十六）日据某要津消息，驻沪英兵今以四千名为限，由英赴华之兵，非大局有急变，均不来沪，将在香港或远东其他英国属地登岸。由印开出之苏福克队，一星期或十日内亦可到沪，此将为目下来沪英兵之最后一批。英兵之来沪，今明曰上海防军，故只扎营于英人之地产。若日后上海防军成国际性质，则始可驻扎工部局之地。极思非而特公园所筑能容千人之驻所，乃备国际防军之用，非供英兵者，将来是否用之，今尚未悉。

《申报》1927 年 2 月 17 日

译巴黎时报社论《中国政潮》

1927 年 1 月 19 日

此篇大意以中国近日政潮，英国内阁对之极为注意，伦敦报界议论纷起，大抵均抱悲观。现在英国海军之派赴中国洋面者，计有巡洋舰五艘，炮舰两艘，又大西洋第八队驱逐舰亦一并出发。是项决定，在英政府之用意，固非谓对于中国欲诉武力，惟对于地方发生暴动未始不可防范于未然。列强在华共有责任，自仍应采取观望态度为宜云云。

英国内阁于昨日特别召集开会，讨论中国事件。其会议时间历数小时之久。虽如何决定，外间尚无所闻，惟据伦敦各报透出消息，则英国对于中国今日之情形，殊觉未能乐观也。鲍尔文首相与内阁重要各阁员皆已群集英京，而海军总司令勃来齐敏亦翩然莅止，以便亲自调派各舰队前行出发，则时局之重要可以概见矣。

据各方所译之消息：英国驻北京公使蓝博森暨派赴汉口与南军接洽之英国使署参赞欧玛莱，日来叠有报告到英。据其所述殊觉不甚顺手，而欧参赞之意，且并直言极抱悲观态度。总而言之，汉口英国租界之交还问题，双方现正从事磋商，尚无定议。而该处今日之情形，似亦觉无甚变动。至于上海方面，在伦敦之推测，以为将来南方势力扩充，必当乘势占领，而该处之外国人生命财产，必受绝大之胁迫。现在此等情况，亦并未能稍见末减，可以断言也。英国政府之用意似已决定，不复以强暴之相加有所退让,其所取之政策自仍根据于去年十二月二十一日之提案,不能任人自为。观于增派海军之决定,计有巡洋舰五艘、炮舰两艘,并有大西洋第八队驱逐舰,一并出发,是其态度如何,亦可从兹想见矣。英国此后或当与其他列强协议合作,或因时势所必需单独决定办法,亦固自在意中。惟对于上海公共租界必欲维持其现状,不容有所变更,似为已定之方针也。

伦敦报界对于英政府之主张,一时议论纷纭,莫衷一是。惟吾人意见,以为一切论调,要亦不可趋于极端。现在中国情形固属最为紧急,凡属列强皆应各有保护本国人民生命财产之责,惟必谓各国人民今日之在上海者,已濒于危险之域,此等揣测,尚觉未能征信。何以言之,因南军之军事发展,是否果有时机足以占据上海,尚属疑问。即使不幸发生变故,上海租界仍演汉口之续,而该处地方情形,既极复杂,人民意见尤属纷歧,对于反对外国人之风潮,一经爆发,亦属不易挽救。是为英国计,与为其他列强计,英国所取之方针,但为防范地方之暴动则可,若必对于中国一定之势力范围,准备为武力之冲突,本报对于此节,已迭有论列,期期以为不可矣。

派遣重大海军驶入中国水面,此等决定,并非谓英国对华之政策业已根本解决,亦非谓英国对于中国国家主义欲以武力免除之也。在英政府之用意,固谓此等防患未然之方法,以道德上之压力,足以消弭愈趋愈坏之时局,不至陷入无可收拾之地位,非谓海军一点调集,将来一切发言,必须借重于炮声也。伦敦外交家关于应付中国事件,自近数月以来,颇为国中舆论所不容。故欲为免除重蹈覆辙起见,亦不得不有所决定。在英内阁方面言之,固谓多日之时势如此,不得不如此对付耳。殆所谓因时制宜,暂顾目前之办法,初非根本大计也。

准是而论,是凡具有责任之列强,就良心之解决,必须出于审慎观望之态度,尤无疑义。盖因今日对华之政策,其性质如何与其将来之趋势如何均觉无从断定也。军事之决定,不惟不足以消除久持不决南北之战争,即使意存偏袒,亦究莫明以何为宜,使此内争之局早告平息。

现在消息传来,对于中国国家主义运动,恢复权利之请求,南北双方之主张已趋一致。并闻张作霖上将军关于此节,已有与南方首领接洽之可能。即就南北之意见论之,亦以但使广州脱离莫斯科之关系,不复倾向过激,专以苏俄为后援,则一切妥协自属易易,中国将来之统一与独立未始不基于此。盖国家主义,固以主权完整为定义,脱离外国之羁绊与脱离苏俄之关系,其事固如同一辙也。

惟近日之消息,尚有一事关系至为重大,不可不加以注意者,则为据布鲁塞尔新闻,比国政府业已通知北京政府拟将比国在天津租界交还中国。是项主张,在比国利益方面言之,固属无关重要,惟在其他列强方面言之,是明明因比国不能与其他列强同趋一致,特开先例,使中国有所藉口,予以可乘之机。比国对于海牙法院之诉讼,既允停止进行,又欲尽弃条约赋予之特权,以期与中国另订新约。是项筹议,自属社会党理想之主张,与中国之心理也多所隔膜,究其结果,必至远出布鲁塞尔意料之外,樊特文德氏殆尚未见及此也。须知中国情形正极混乱,无政府之状况益见蔓延,为列强计,正应戮力同心,为道德上之结合,不应各自纷歧,授人以隙,况条约赋予之权利,正足为文明各国保障利益之资,于自内之政策,即就今日之时局而论,亦初无违悖,揆之法理与国际法之原则,均极正当,固无待于踌躇迁就,另有主张也。

中国第二历史档案馆藏北洋政府外交部档案

罗素反对英国出兵上海演说

1927 年 3 月 2 日

国闻通信社伦敦特别通信云:英哲罗素氏,于三月十二日在孟却斯特应解放中国委员会之请,在好兹华大厦演说,对于英国派兵至上海,攻击不遗余力。是日与会者,有七十六个公团所派之代表一百四十七人,听讲毕,全体通过一案,向中国革命军及农民,敬贺反抗帝国主义之成功,并祝国民政府最后能为中国人民争得自由幸福。又通过一案,至工党联合执行委员会请愿,反对出兵,要求工党在国会提案撤兵,并反对临时战费之通过，及推翻包尔温内阁。兹将演说大意记录如左：予爱和平，而又为中国好友。予于一九二〇年曾在中国多时，甚敬爱中国国民，而对于列强帝国主义者之侵略手段，则深不谓然。盖中国四万万人民，农人居多，薄产仅足供事畜，一遇凶岁，立成饿殍。中国各商埠或城市中纺织矿业工厂所雇之工人，不下二百万。中国相传之文化，无不根据于孔子学说，而孔子学说，不能解决今日之新问题也。故留学生以为中国舍旧谋新，方能向西欧求公理。吾人只以武力示中国人，行见中国人觉悟，与其向西欧列强资本家求公理，无宁自求武力之为愈耳。所谓不平等条约者，即管理中国海关之外国人，只受其各该本国法律之制裁，而不依从中国法律。今中国之爱国运动，绝非知识浅鄙之工人所能为，乃为深受欧化之新少年所引导。中国人仅有百分之五能读能写。今彼之国民主义者，即欲改良环境，为工人造福。故国民军所到之处，必为工人设法加薪，因而人皆愿南军能统一中国，而后工人方有解放之希望，为工人造福。此不仅为中国重要问题，且为全世界之重要问题。今西欧之资本家，已知不能去中国随心所欲矣。上海工厂林立，除中国自有者外，有英、美、日、法、意等国人之纺织厂。人皆知上海乃雇主之天堂，而工人之地狱也。盖上海之公共租界，其管理权全握外人之手，英人只有八千，而中国人多至八十万，在行政上反无置喙之余地，致工厂无法规。工人团结视为犯法。

英国人之在中国者，多属资本家，雇主自不与苦力争论。若工人与资本家冲突，则有英政府之武力为后盾，如今日之情形，固显而易见。但彼等迄今尚未知妄用武力，徒失利益也。上海之纺织厂，目前非占重要位置，不过发展甚速。英人咸以为有利可图，盖中国产棉丰而工资贱，若辈以为如此，且可抵制英国工人团体之活动。

英政府之所谓保护商业政策，徒以造成惨局。一九一五年欧战时，中国对外贸易，百分之五十属英货。一九二四年，仅得百分之四十。至一九二五年，即落至百分之二十六点五。此实于英人在上海及各地妄杀平民，而激成抵制英货之结果也。在中国之英人，常反对中国之爱国运动。英国报纸,亦从而诋毁之。并要求英国政府,派兵至彼相助强盗成性之军阀。苟此辈军阀,非暗得外人之力,中国人早已能打倒之,而咸归附于此代表民意之中国政府矣。

欧战时,日本对中国之行为,卑鄙不足道。华盛顿会议后,始翻然一变,不复与英国联盟,而提倡中日亲善。近英国猖狂日甚,苟此种激烈政策长此不改,则张伯伦之甘言必不见效。

谓中国人感谢此甘言,毋宁其容忍此武力。一九二一年在华盛顿会议中,巴尔福曾郑重声言,以威海卫交还中国,但至今未见实行。如斯安望中国人信此甘言乎?国民政府欲为中国在世界上获一平等公正之地位,与各国并立,绝无排外性情。至吾国之无知者,比以一九〇〇年之拳匪,比为当时愚民反对西欧科学而发生之蠢动。今日之情形,则大不相同。彼爱国运动之引导者,皆为饱受欧洲教育而酷爱西欧文化之新少年。彼等只欲得中国于西欧各国同等之地位。彼等与俄人友善,盖俄人独能以公道待之耳。

德奥之治外法权,已被取消。而俄人则自动交还租界,放弃一切权利。此种亲善诚意,自是使中国人对俄人生好感。英人计不出此,徒知恃强逞凶,且责中国人不与我友好,诚令人不解。使我外交部而稍研究人道,必得其益。

包尔温谬谓保守党注意在保护上海英人之生命,而工党则否。日前且谓工党深愿上海英人之惨死。实则英人八千,可于数分钟内尽登战舰上,绝无危险,不过彼等不克携其囊橐耳。

然英国政府所欲保护者,即在此囊橐,而远遣不幸之二万兵士。若以为如此而可保护英人生命,则为策之最下者。夫兵士与资本家之生命,本无轻重之别。而此次出兵之费,已达九十六万镑。以此巨款,在国内办理卫生事业,或不止救护八千人之生命也。由此可知,政府不愿以此救护英国人民之生命。吾欲政府尊重我等之生命,非迁居上海不可。然又不然,彼所保护者乃金钱,非生命也。亦非正当商人之金钱,乃投机家金钱也。若辈吸取工人血汗,反对工人团体,不遵工厂法规。

当英政府订定工厂法规时,始指定一童工委员会,当时发现许多怪异之事实,该地工部局乃提出取缔办法数则,而工人方面,无权与议也。国民政府所辖之地,必使工人之收入增加,各职员亦援例以求,此殊足令英国投机家损失骤加一倍。英国军队驻在中国,一旦与南军冲突,必成大祸。英报常谓南军已至何处,吾等何时可与南军对垒云云。若彼等此行专与南军一战者,而南军方面亦信此而不疑。苟英军与混入罢工队中之暴徒冲突,最为可虑。今英国各报,除工党报纸外,无不大事宣传。吾望工党政府,将来必须从严取缔,以期得知远东如中国及墨西哥一真实消息,而不徒恃外交界捏造之消息。

今政府继续用危险可畏之手段,挟其武力,从事残杀。苟工党政府不成立,汝子将陷于一九一四年之灾害。

罗素氏讲毕,有人问彼所言英国报纸,亦并指《孟却斯特报》否。氏答,系指伦敦各报。并谓英国撤兵,与威望无伤,盖威望在依正道而行耳。

《时事新报》1927 年 4 月 2 日

报载苏联的反应
1927 年

(莫斯科二十六日电)苏联政府公报,评论英国最近对华举动云,英国集中其海陆军于上海,显系欲完成其在长江各地之挑拨,以作其武力压迫国民政府之借口。英国在外交、军事方面已安排妥贴,并已取得美国之同意,或允守中立,故遂中止与中国人民自由运动敷衍,而准备作战。美国则始终掩饰其目的,以待侵略机会之成熟。所谓保卫上海者,不过为实行摧残中国自由运动之借辞。目前局面诚甚危险,但中国国民在其奋斗中,除自卫之力外,尚有全世界各国之真诚友人与强大之联盟者为其后援云。

《汉口民国日报》1927 年 2 月 10 日

(莫斯科二十九日电)第三国际执行委员会向全世界工人发出通

告,促其实行拥护中国革命,阻止英国出兵。内称英政府宣言调动全部军力,集中上海,不啻对世界无产阶级公开挑战。英国资产阶级欲以其压倒矿工之余威,乘胜挫灭中国革命,英国改良派领袖之方略,亦不外欲使中国革命失其自卫之力,使侵略者任意践踏。此种方略,原为世界资产者重要策划之一部。对华武力侵略之胜利,即法西斯派之世界的胜利,亦即资产阶级对世界各国无产阶级之新胜利,攻击中国,即为攻击无产阶级革命坚垒(苏联)之准备与试验。第三国际望世界各国工人,从速联合一致,合力拥护中国革命,协同阻止英国出兵,并须坚持撤退驻军,承认中国国民政府,逼迫改良派领袖,中止施其伎俩,号召全世界无产者团体,在"勿侵略中国"之旗帜下而奋斗云云。

(莫斯科同日又电)国际运输工人委员会已通告全世界海员水手,提议一致拒绝运输军队、军械至中国。声言英国侵略中国,实为引起世界杀戮事件之见端。通告中促各国海员反抗英国侵略,并特别责成英国海员坚决反对出兵云云。

《汉口民国日报》1927 年 2 月 10 日

报载美国的反应
1927 年

纽约晚报宣称:据华盛顿方面所表示,美国似不与英国在华取一致行动。此系一种外交上的策略。设使上海被中国人攻击,美国将毅然参加英方,捍卫上海。

美国:英、美两国在国际政治上到处有相互提携的趋势,所以英国竭力撺掇英美联合对华行动。在美国一部政客也有主张与英国取一致态度的,如上海自称美人所办的大陆报,就鼓吹英美共同出兵。可是美国比较开明分子,却都主张对华取不干涉政策。参院的波拉,众院的鲍尔多,都竭力主张改变对华外交。国务卿开洛最近所宣布的态度,也主张对华单独行动,并表示愿与中国正式政府订结新约;且郑重声明"须至中国政府不保护外人时方才出兵"。实际上美国十余年来对华外交,力取温和态度,因此博得中国的好感,使美国在华商业得以发展。美国一旦与英国一致行动,势必引得中国的反感,而使十余年来对华外交的成绩,全部废弃。我们料想以商业利益为本位的美国政府,不致有此种拙笨的行动。

《东方杂志》第24卷第3号

(本报上海八日专电)华盛顿七日电:柯理兰言,美政府派遣战舰海兵,仅属防范之计。派兵上岸,驻亚海军司令惠廉在上海坐镇,在中国之美舰共十九艘,在小吕宋三十五艘,且夕可达中国。

《汉口民国日报》1927年1月10日

路透社十日华盛顿电:海军部称,驻甘姆岛之美水兵三百人即将往上海。

路透社十日马尼剌电:水兵三百现奉命由甘姆赴上海,加厚韦廉斯司令之兵力。

路透社十一日马尼剌电:加维特海军人员得悉驻甘姆岛水兵一队现将乘军舰休伦号赴上海,该舰于七日即已抵此。加维特驻水兵一百三十二人,未接有出发训令。

《申报》1927年1月12日

路透社三日巴拿马电:美巡舰莱纳号,现偕立志门号、辛辛那狄号、马白尔海号三艘,今日赴火奴鲁奴候令,大约将往中国。

路透社一日华盛顿电:白宫消息,柯立芝总统预料美人不致有因华人骚扰而进出上海之必要。但美国军舰,现渐集于上海,以防意外事变。……

路透社三十一日纽约电:纽约晚邮报社论,大唱遇有战事英美必合作之说。谓在外交上,英美对华政策,或不相同,但在实际上,遇有共同危险时,此种差异,当可销灭。在沪美人,其数颇众。现渐迫近上海之华人,虽素为美国之友,但受赤党之训练,一听其计划,用其军械,奉苏俄之训令,纵上海被攻之祸可免,然赤化将遍及于中国,难保无毁外人工厂,攻外人室家之事。遇此共同危险,白人应如昔日并肩行事。血固浓于水也云云。

路透社四日华盛顿电:今日中国施公使正式询问美国派兵赴远东事,得悉美国非至美人生命确受危害时,无派兵登陆之意。海军部之活动,纯为戒备性质。施公使未有抗议,谓仅欲探询一切,俾可预料陈友仁或有抗议耳。

《申报》1927 年 2 月 6 日

报载日本的反应

1927 年

东方社二十四日东京电:币原外务大臣本日在上院本会议答添田寿一之质问曰,对华不干涉内政主义,与拥护我国正当之权利,系属两个问题,然两者并非互相反对者。余深信万一中国之事态竟至于波及我国家之存亡安危,日本仍当继续不干涉内政主义。而我国家之生存权,无论如何皆能拥护之也。即以国民军之行动而论,现在凡日侨所在之地,并无暴行等举动。国民政府在国民军势力所至之地,对于日侨,一体保护,且曾费相当之苦心。夫中国之事态,惟有待中国国民之自觉而已。至于与国际联盟加入国共促进共同动作,则当尽力避免之,且亦决非我国所希望。至北京日本公使馆迟迟不升格之故,则因北京政府平素常动摇而无宁日,难得可以实行之时期故也。

路透社二十四日东京电:海军省称,巡洋舰四艘今日将由佐世保开往上海,加入日本之中国舰队。

《申报》1927 年 1 月 25 日

电通社二十四日东京电:东京朝日新闻社说云:英国若不听日本忠告派兵赴华,排英运动必更形扩大。但日本此时宜以旁观态度注视今后形势云。时事新报云:美国亦必持旁观态度,不允出兵。

电通社二十六日东京电:币原外相答辩众议院之质问云,关于中国问题,日英间意见虽有差异,然于国交正无妨。现在世界各国无有干涉中国内之国。满洲特殊权利之存在,乃为当然之事,政府将来亦决努力保持。广东军中或有信奉共产主义者,广东军全体非共产主义。纵令广东军支配中国全部,中日两国共存共荣之事实当不能加以否认。至广东军对旅顺、大连之将来,采如何态度,则难预测。关于中国增征关税,须视今后形势,再采适宜之手段。

东方社二十六日东京电:英国大使齐里氏,近殆每日至外务省,与币原外相为重要之会见。据各报消息,大使关于上海之防备,求日本政府援助。近更因接本国政府训令,提议陆军共同出兵。币原外相答以日本观现在中国之情势,尚未如英国所见之迫切。即万一上海方面为扰动所波及时,侨沪外人之生命财产之保护,确信有列国陆战队登岸已十分充分。故今日殊无更行由日英两国派遣陆军之必要等语,婉辞谢绝其所提议。同时并谓为圆满解决中英间之纠纷计,英国此时于即开始军事行动一端,宁不加以慎重考虑之为愈乎云云。又外相二十五日在下院对于议员之质问陈述云:对于中国问题,因日英之见解有所不同,故予以为不致于日英之国交有所妨碍也。

路透社二十六日东京电:某要员讨论英国派兵赴华……积极保护上海之计划,非俟南军已占有南京及杭州,无实施之必要。故日政府目前不欲派陆军赴华。该员深信上海不致受危,英兵开到后,必觉无事可做。

《申报》1927 年 1 月 27 日

3. 收回汉口英租界的外交交涉

国民政府外交部通告
1927 年 1 月 10 日

通启者:自国民政府势力扩张至前英租界以来,时局上已是一种新形势。英国代表特由北京前来,准于明日到汉,开始交涉,订正彼此间之关系。本部长曾经一再宣言,切实保护外侨生命财产,此种保障,必须实践,以利外交上之进行。并宣示世界,俾知国民政府保护外侨之诚意。特函请贵处,转告人民,援助政府。在此与英国交涉期间,暂停一切反英与反教运动，以期外交政策得以贯彻。即希查照并转知为荷。

国民政府外交部通启　一月十日

《汉口民国日报》1927年1月11日

国民党汉口特别市党部告各界同胞书

1927年1月11日

各界同胞们！

各界民众以伟大的革命势力，与国民政府以敏捷的外交手腕，很迅速的收回了英租界。这不能不说是中国国民革命史上空前的胜利。但是，同胞们，我们的胜利还未得可靠的保障，而且离成功还有一万八千里之遥。所以现在用不着因同胞的惨死而悲凄，更用不着因仅有的胜利而乐观。现在正是要我们加紧努力的时候啊！

英代表阿马利氏准于今日到汉。我政府外交部已准备将汉、浔先后发生之惨案，向该英代表正式交涉。各界民众对此次交涉，当取一致的态度。

第一，各界民众当扩大、巩固而且统一革命民众的组织，力为政府外交后援。我们知道，我们革命民众组织尚未十分巩固而且未能完全统一。革命力量是存在革命民众的组织中，民众的组织不巩固、不统一，就是我们革命力量不能集中的表现。革命的力量不集中，怎能反抗最先进的英帝国主义？又怎能为政府后盾？这次对英交涉的胜利和失败，是国民革命前途的重要关键。如果民众的组织扩大，统一而又巩固了，对英交涉胜利了，就可以促成帝国主义与军阀之迅速的崩溃，与国民革命之早日完成。否则，交涉失败，将成国民革命进展上之重大打击，各界民众更沉沦于反动势力之下，那就不知何日才能得着解放了。所以，各界民众目前对英之重要任务，首在扩大统一而巩固民众之组织，力为政府声援，使彼英帝国主义者不得不屈服于革命势力之下。

第二，各界民众当严守秩序，作有组织的长期的奋斗，以唤起各国的同情与援助。我们应该明白，外国帝国主义间的冲突与各国革命运动之激烈。我们不要忘记庚子民众暴动所给与的教训,各界民众应与政府取一致的态度,不要妥协,不要暴动,期待政府交涉。造成经常的有秩序的反英空气,以证明民众要求解放之热烈与民众政治训练之程度,而取得各国的同情与世界被压迫阶级的援助。如此,不独国民革命的联合战线得以巩固,同时,更可"联合世界上以平等待我之民族,共同奋斗"。所以,各界同胞们要特别注意,在反英的紧张空气中,在政府外交部与英代表正式交涉的时候,一方面要坚持反英运动,为政府后援,一方面要严守秩序,以唤起各国的同情,而巩固革命的联合战线。

《汉口民国日报》1927 年 1 月 13 日

武汉国民政府对外宣言

1927 年 1 月 22 日

　　阅英国对华提案之内容,见其所据之论点,不外乎"因今日中国对于其自己之利益尚未能切实拥护",故英国及其他列强,为实行华会之精神计,不得不略事牺牲,互结信约,以保护中国领土之独立与完整,提倡中国政治经济之发达,整理中国之财政。此一论点,非所语于民族主义之中国也。今日民族主义之中国已臻强盛之域,且自知饶有能力以经济上之手段,实行其意志于中国境内,而与任何列强相抵抗。故目前待决之问题,非各国声言,"为适应中国合理之欲望计"。所欲赋与中国之事物,乃为民族主义之中国欲不背公道及正义,行将界与英国及其他列强者。盖英国及列强在华所实行之国际共管制度,今已成强弩之末。综观历史,凡以政治上之束缚加诸他民族者,必不能垂诸永久。列强在华之侵略政策,其将近末日也,复何疑哉!

　　上所云云,本政府实以谨慎出之,初非无的放矢也。列强在华之国际共管制度,即普通称为外国之帝国主义者,对于我国之经济上、司法上及政治上的主义,加以切实之限制,以致我国自南京条约签定以来,深受此一制度之桎梏,真正完全之自由独立,乃丧失靡遗。切实言之,谓英国于鸦片战事战胜吾国之后,即剥夺吾自由,按之史册,诚非虚语。

现代之英人，生于鸦片战争之后者，对其国家谲诈之行为，或已不复记忆，但民族主义之中国，至今创巨痛深，一息犹存，胡能淡焉若忘。民族主义之中国，即抱此见解。倘各国对此见解不能领会，则对目下风靡全国之民族主义之主要目的，必不能了解其意义也。

此主要目的维何？盖即恢复中国因战败而被英人剥夺之完全的自由是也；此目的深合乎公道与正义，故倘一日不能达到，则中国民族主义与英国帝国主义之间，必无妥协之可能。在昔中国民族主义方在酝酿，未达积极革命之时期，故中英关系表面上似甚和平，但此种和平，非真正永久之和平也。因武力战胜而得之和平，犹昙花一现，转瞬即逝。历史所载，班班可考。盖被克复之国家，一息尚存，断不能伈伈伣伣，与其战胜国相安无事。久必郁极思发，日夜淬厉，待相当之时期，勃然兴起，与其战胜国相周旋也。当去年五月三十日上海英人命令巡捕于中国地域内枪杀中国学生之日，民族主义之中国所待之时期，乃一旦莅止。厥后，自由解放之呼声及运动弥漫于全国。迨六月二十三日，广州外人复在沙面以机关枪屠杀中国学生及人民，此解放之运动，乃得列强有力之工具。工具维何？即南方国民党人所手铸之经济的武器也。自是厥后，中国人民之奋斗，继续发展，一日千里；盖国民豁然觉悟，为自由而奋斗，苟不能完全恢复其独立，必不肯中途而废，为天下笑也。

中国受国民党之指导及统治恢复自由之日，英国及其他列强无庸鳃鳃过虑，恐不得适当之保护也。（中略）吾侪所以要求自由平等，并不惜投艰赴险以求达目的者，盖倘中国人民不欲沦胥以亡，则建设一新国家为刻不容缓之事。倘此新国家须由中国人民自己努力以建设之者，则中国首先须有处理自己事务之权。换言之，即独立是已。

夫所谓新中国者何，盖必有一实际之政府，有统治全国之能力。其处理国政，征收租税，均视国家为人民之公器，而非偶然控制北京，头胸浑沌之狐群狗党之私产。新中国且当抱一理想，建一组织，一切皆以社会为前提；故有害社会之大憝者，均将按照法律典籍之定义，视为“不受法律保护之人”，并将加以相当之处分，而英国及他国投机之人民，尚有悍然不顾,为虎作伥者,吾人亦当以"国际土匪"视之,尽法严惩,不使幸免也。

在此新中国内产生之政府,既抱新见解,新政策,则为新政府也无疑。此新政府自当规划恢复国权之政策,而解决中外之争端。其政策一方在实施中国之主权,及维护国家重要之利益;而他方面仍将尊重外侨应得之公道的观念。关于此点,为一重要之事实,不容忽视者。盖当今之日,外人欲保护在华侨民之生命及财产,已非区区枪炮所能为功。盖民族主义之中国已备有经济的武器,其效力之酷烈,迥非外人发明任何军器所可伦比。英国尤应注意目前革命之局势,已使保护外人生命财产之权力,移转至于国民政府之手。此政府之权力得自握有大力之民众,能使在华外人之经济生机为之窒息者也。

虽然,国民政府之意见,以为欲脱离外人帝国主义之羁轭,初不须民族主义之中国与列强从事武力之战争。故国民政府深望以谈判及协议之手续,解决中国与列强间一切之问题。去秋美使来粤,本政府外交部长即以上述政策,明白相告,近新任驻华英使,日本代表,及美使代表先后来汉,外交部长复以同一政策,向之郑重声明。兹为证明本政府之政策,非徒托空言起见,特普告列国:本政府愿与单独任何列强,开始谈判讨论修改两国条约及其他附属之问题;但此项谈判,须根据经济平等之原则,及彼此主权互相尊重之权利。

今日汉口英租界之情形,已丕然一变。其事前之经过,报章所载者,滋足引起误会,本政府现严重声明:本政府对于汉口事件之处置,与上述之政策完全符合,外间所传称汉口事件系预先谋划布置,以强力夺回租界为目的,一似数华人之被刺戮,二人之负重伤,亦为计划之一部分者,其荒谬无稽,不得不辞而辟之也。

国民政府权力之展至英租界,初非纯粹由于中国军队得英当局之允许入驻租界也,尚有重大之原因在焉。盖一则英人擅召水兵上陆,其引起冲突,致中国爱国志士流血,乃必然之结果;二则英人对于当时之情形,发生无谓之恐惧,以致英工部局自行放弃其职权,英国妇孺相继离汉,国民政府乃不得不建设委员,以处理租界之行政也。

最后,国民政府欲以下列事实,促列强之注意:

(一)英人商业及他种利益之重心点,在长江流域及中国南部;而此等区域,则均受治于国民政府。

(二)长江以南之大部分区域,及北方国民军治下幅员广漠之地域,均受国民政府之管辖。

(三)倘在张作霖、张宗昌、孙传芳之区域内,举行公民投票,则大多数人民将投票赞成国民政府。

国民政府为中国惟一之政府,尚有其较大之原因在焉。盖国民政府代表豁然觉醒之中国之真实精神,为革命运动之工具,使之拓展势力及事业于国中者,外人之帝国主义对此运动情势所趋,虽欲不与之妥协,不可得也。国民政府为抱民族主义之人民所授权所拥护,列强与之修睦,初无危险之可言。盖中国之民族主义,为一不可磨灭之势力,现已异常强盛,如日方升,且必继续发展,历久弥强无疑义也。

中华民国十六年一月二十二日

《东方杂志》第 24 卷第 4 号,第 104—105 页

武汉临时联席会议第十九次会议议事录(节略)

1927 年 1 月 28 日

关于英租界事件案

主席:现在陈外交部长报告关于与英代表交涉英租界事件之经过情形。

陈友仁同志:与英代表阿马利会见过数次,兹报告大概情形。最初,英代表要求退回英租界,当答以不能办到,只可以新的形式根据谈商解决办法。经过多次之谈话,总其结果之意思,为另组一新市政委员会,略仿旧日、德租界之章程,华人四人、英人三人,主席属于华委员,自二月十五日起成立。此机关未成立以前,予英人一了结租界事务之机会,并准备办理移交。至所谓新市政机关,略仿旧日、德租界章程云者,

不过一种拟议,其实将来须由国民政府通过一种法律通知英使,现在在此很短之过渡时间中,予英人以一收束之机会。总之,现在英租界各物俱在,吾人之手中不过予以整理及了结之机会而已,刚才所报告者乃谈话之经过,尚未经签字也。

孙科同志:关于英租界问题,方才外交部长所报告之办法,在现在情势下可算为一较好之办法。盖英人方面,现在需要一转圜面子之办法,至二月十五日以后,即一切完全点交。照此办法,新机关之委员我方占四人,彼仅三人,权即在我方。且此机关仅为一议决机关,而且为暂时的,英人方面并希望吾人于最短时期内将汉口各国租界一律收回,俾将来统筹一一之办法也。

主席:此事件现在应否决议,抑俟至可签字时再决议?

孙科同志:以下一决议为好,即决定由外交部长依照今日所报告者,继续与英代表磋商。

主席:以下列案文付表决:

“关于收回汉口英租界事件,由外交部长依据今日在本会议之报告,继续与英代表磋商,以完成收回租界之手续。”

决议:通过。

《武汉临时联席会议资料选编》,第 297 页

张伯伦在伯明翰的演说(节录)

1927 年 1 月 29 日

夫英人在汉口租界安居乐业,为时已久。此次占领租界,实为一种暴乱不正当之袭击。且汉口之后,又继以九江之暴动。足见在目前革命时间,英人居于国民政府所属各地,殊无生命安全之保障。倘再有其他情事发生,恐将酿成流血之惨。又足见英国军队之在中国者,其力量薄弱,不足以保护英国之侨民也。

今国民军将入上海,其地英侨甚众。而英商历久经营之事业,其财产亦颇巨。设有相类之危险情事,影响颇为巨大。且在汉口、九江各

地,英人较少,危急之时,尚可退居上海。若在上海,英侨如是之众,虽欲迅速退避,势所不能。余非谓上海即将有杀人流血之事,余固甚望其绝无此事。但在汉案发生之后,为政府者,若对于上海侨民,听其自然,不预谋所以保护之道,固不能辞溺职之咎矣。

因是之故,吾人必须派遣军队,以防危险。而军队必有充分力量,乃能应付有余。政府为事先预防起见,已决定派兵前往上海。

[英]怀德著:《中国外交关系略史》,商务印书馆,1928年,第110—111页

武汉临时联席会议第二十次会议议事录(节略)

1927年1月31日

外交报告

主席:现请陈部长报告日内外交经过之情形。

陈友仁同志:关于汉口英租界问题与英代表阿马利自一月十二日起开始谈话,经过十余天对本问题已得有相当结果,本已可以签字,因最近英国一方与我们谈判,一方〔似〕陆续调水兵来沪。在此种情势下,如签字似系受其威迫而屈服者,故难;就军事、财政关系言,以从早签字为有利,而亦不能遽行之;同时人民亦将怀疑。本日与宋部长已在鲍顾问公馆商量过,均认为不应签字。根据此决定,对英发表一种宣言,大意以汉口英租界问题自一月十二日与英代表谈判以来,英国〔似〕陆续调集水兵来沪,至今未停止,英国方面表面之宣言无非设为保护英人生命财产起见,谓恐我们以兵力占领英租界,而日、美两国在沪公共租界亦有巨大之利益,但绝未如英国之所为。我国民政府对外宣言已明白表示,以协商方法解决外交事件,实已包含沪公共租界问题在内,并无以兵力占领之意。我政府此宣言发表以后,方以为英国调兵举动可以停止,至少亦能延缓,故暂未予理会,仍与英代表谈商。一月二十七日,英代表提出英国愿修改不平等条约之一部分,当答以此项提议不能满足,惟已有志于此则亦可以磋商,但愿英方勿与不能代表中国人民之机关磋商,且须避免威(赫)〔吓〕之情事,调兵举动绝非必要,不

免有示威与挑衅之意味,实与其宣言冲突,殊(之)〔乏〕协商之诚意。外交部得英国工党及工人之同情表示后,对汉口英租界问题继续与英代表磋商,现已可结束并签字,而英国陆续调兵来沪之举动乃继续不绝,同时得一重要军事及消息,英国对我有一种战略,政府对英此举,认为威迫之下不能签字,所以现在决定在英国此种威迫行动未停止以前,汉口协定不能签字。

孙科同志:一月二十七日,英方提出之文件为一种备忘录,大意为汉、浔两案得充(满)〔分〕解决后,且国民政府能解除谈判之外,不用其他方法变更英国租界,英国政府可以承认。国民政府及中国国民党,一切俱以宽大从事,承认新法院,放弃苍庭观审,承认国籍法,准备在华英国法庭内适用中国新法律,民、刑、诉讼法除外,在可能范围内,令在华英人缴纳中国合法租税。中国修订后之刑律施行时,在华各处之英国法庭即可以采用,及英国政府承认在华英国教会教师不能要求购买土地之权利,受中国法律之裁制等语。

陈友仁同志:刚才徐同志以英人向来勾结中国军阀压迫我们,如中止签字是否更令英人加紧做勾结军阀压迫我们之勾当,本人以为英人总是要勾结的,不过明暗之不同而已。现在,我方以不能签字之理由,公布出去,或者可以打消其阴谋,故似主张发表宣言。同时,英国调兵来沪之举,曾经要求日本一致行动,其驻日英使屡次〔不一次的〕要求日外部一致行动,日外部答以日本外交在保护日本人民,无义务保护沪公共租界,英、日显然不能一致,目下英国外交实在属于孤立地位。

主席:陈同志报告与英代表阿马利谈判经过,本已有结果可以签字,因英国调兵来沪有示威挑衅意味,此时如签字,一似我们屈服,故主张不签字,并发表其理由。至英人勾结军阀则向来如是,勾结他国则日本现已不受,即英国工党亦反对其行为,因此主张发表一宣言,以暴露其阴谋。惟于此有一问题,即前南昌来电,曾有此间如发表对英宣言,须先报告南昌方面,现在应否先电告南昌方面再发表?

孙科同志:陈部长云,对英代表之答复现已迟延两天,如明日再不答复,等南昌电复再办,恐太迟久了。

詹大悲同志:此事经过须向民众公表,且外面因好久未得外交公告,甚为悬念。

孙科同志:此问题关系很为重大,如不采取外交部长意思即须签字,而民众于此以为屈服而不能谅解;同时,英人方面亦见以为前此吾人何其勇往直前,今见彼方调兵来沪乃即签字,殊似屈服,我方如发表不签字理由,英工党见之当可增加其要求撤退英兵之力量,对内外似皆无不适当;至刚才主席提及要否先报告南昌中央政治会议再发表一层,本主席以为外交紧急,恐来不及,应可以不必。

主席:孙同志主张即发表对英宣言,不必先报告南昌方面,并以左列案文付表决:

"外交部发表对英宣言。"

决议:通过。

《武汉临时联席会议资料选编》,第 306—308 页

英国政府致武汉国民政府备忘录及其附件

1927 年 1 月 27 日

一、备忘录

苟汉口及九江之英租界问题得圆满之解决,而国民政府益能切实声明,除用谈判之手续外,不许以任何方式变更在华英租界及国际居留地,则英政府准备立即照附件所开办法,承认中国国民党对于英国大部分之要求。自英政府观之,此一步辄为英国宽宏大量之表示,亦英人对华所抱公平和善之确证也。一九二七年一月二十七日。

二、附件

(一)英政府准备承认中国之新式法院,为审断英人原告提起之诉讼之适当法院,并放弃英国代表在此种案件苍庭观审之权利。

(二)英政府准备承认一种合理的中国国籍法。

(三)英政府准备在可能之范围以内,于驻华英国法庭内适当用中

国之新式法典及商法(惟诉讼法及关于人的地位者除外)及其他正式颁布之附属法律。但此种法律,须为中国法院施行全中国人民均受其制裁者。

(四)英政府准备在可能之范围以内,使英国在华侨民,缴纳中国经常及合法之租税。但此项租税,须向全国人民征收,且由全国人民缴纳,非专为歧视英人而设者。

(五)倘中国修订后之刑律颁布实行,英政府准备立即考虑,将该律施行于英国驻华法庭之问题。

(六)英国政府准备按照各口岸之特别情形,讨论各英租界市政之修改,并缔结协定,使英租界与设立于汉口前租界内之特别区之行政相符合,或讨论协商,英租界与邻近他国租界,或现为华人所管理之前租界合并之问题,或讨论协商,将各租界区域内警务事宜,交中国当局办理之问题。

(七)英政府准备承认一种原则,即英国教士,此后不能要求在内地购买土地之权利。华教士须引中国法律为保护,而不能假条约为护符。教会、教育、医药各机关,须遵守中国政府颁布关于同样中国机关之法律或条例。

《国民政府外交史》第1集,第94—95页

武汉政府答复英国政府备忘录的声明
1927年2月

一、自一月十二日关于汉口将来地位之谈判开始以来,英国之武装军队,声势汹汹,向上海直逼而至。此种军事行动,据称其目的乃所以保护旅沪之侨民,倘中国军队欲占据上海租界之时,使英侨生命财产不受危害。但日本、美国在上海,亦有重要之利益,与英国同,曷不视武装军队集中上海为必要,此乃最有意味之事实也。

二、一月二十二日国民政府发表宣言,声明愿以谈判协商之手续,解决条约上及其它附属之问题,此种问题,当然包括上海公共租界将来

地位之问题。国民政府始终未尝拟以武力之手段,占据上海之公共租界也。

三、上述声明,国民政府希望能使来华之英国军队,完全停止其进行,或至少缓和其来势。故决意对此威吓挑衅之行为,不加注意,而关于汉口英租界之问题,亦照常进行磋议。

四、但一月二十九日,外交部长觉有正式提出抗议英国军队集中问题之必要。外交部长于答复一月二十七日欧玛利君提出关于修改某种英国权利之计划时,称该项计划,只能显示对于若干奴隶式条约之零星的修改,国民政府不能认为满意或充足。但亦愿视为国民政府及英国间各项事件圆满合理解决之基础,惟须附以条件:其一即为一切讨论与谈判,须完全脱离恫吓之空气,如今日英国集中军队所造成者。此种威胁之行动,不仅为非必要,实与中国之民族主义一种激烈之挑拨。外交部长复谓:上述答复虽其效力及于汉口英租界案件之谈判,但国民政府接英国劳工运动工业及政治方面之代表深表同情之来电,仍愿继续谈判。

五、此种谈判,除尚有各点仍须斟酌外,大致上业已结束,双方可签一协定。

六、但英国军队,继续在上海集中,且公然饰以中国远征队之名称。而国民政府,今又得英人将加入中国战事之传闻。在此种情形之下,国民政府不得不视英国集中军队之行动,为一种对于中国民族主义勒迫之行为。际此时期签订协定,是受威吓而答复也。此种答复,必非真实之意思表示,故所签之协定,亦决不能发生效力。

七、非俟此种胁迫之时期已过,国民政府对于汉口地方,通称英租界之中国地域将来地位之协定,不得不保留其签字。英政府倘能中断此种海陆军集中行动,对于民族主义之中国心理上之影响,则可立时终止此种胁迫之行动,或无论何时终止之。倘英国目的,果为与中国缔结和平之协定,一方面满足英国民众之愿望,一方面保持民族主义的中国之尊严,则未尝不可重建一种局面,使英国政府与国民政府解决汉口租界之问题,而于民族主义的中国,与抱商业政策之英国间,辟一国交之新时代也。

《国民政府外交史》第 1 集,第 96—98 页

英国工党和劳工团体对陈友仁宣言的复电及有关报导

1927 年 2 月

　　汉口通信云:英国工党及劳工各团体接到陈友仁一月二十二日之宣言后,于二十六日开会议决,表示诚意接受,且愿以精神为我援助。兹接其复电两通,录于下:

　　英国劳工运动代表联席会议致外交部电:中国外交部陈部长钧鉴:英国劳工运动及政治方面代表,于一九二七年一月二十六日通过下列之议案,阁下于此可以窥见同人等欲竭其棉薄,求得一确定之方法,使中国之地位立于完全的独立国家之基础上。同人等深信,阁下亦必尽力之所能及,以磋商得一种解决,且必先事预防种种不测事件,以免采取武力政策者假为口实。

　　(议决案)英国劳工运动各团体,对于英国政府以过事夸张之武力示威行为施诸国民政府,深致忧惜。此种行为,最能引起两国间嫌怨及仇视之感情。虽其最初用意在遏止乱萌,而结果每每适得其反。当吾国外交部方在采用一种磋商之政策,以承认中国政府之独立为前提,从事一种友谊的解决之时,然来此武力示威运动,实足使和平政策之进展大受挫折,且使吾国外交当局置此政策于高阁,而代以胁迫及挑衅之手段。劳工运动各团体所希望者,为对于中国之一种忍耐正直之和平谈判,而解除武力压迫之举动。当对于现下已失权威之各种条约之永远废止,为对于上项条约所间接或直接发生之种种事件之友谊的迅速解决。英国劳工运动各团体,并致其极诚意之同情于中国工人,而拥护其经济状况之增进,且希望中国工人能以坚决而和平之谈判,引导其国家脱离眼前之困难与危险,使确立于世界独立国之林,并能以自由意志订立种种之条约,登进其国民于幸福庄严之域。本决议案由代表下列团

体之联席会议,主席里格司,书记汉特逊签名,代表团体:(一)英国工会联合会,(二)英国工党,(三)国会工党议员。

《时事新报》1927 年 2 月 16 日

英国劳工援助中国自由联合会复外交部电:英国劳工援助中国自由联合会顷接国民政府之宣言,声明愿意以经济平等及互相尊重政治及领土权为根据,与任何列强单独谈判解决条约及其他附属之问题。本会阅诵之下,无任欢忻。本会渴望中英谈判,根据国民政府之提议,立即开始。麦克唐氏有言:"英国劳工运动,非特应与其自己政府接近,且须与陈友仁先生接近,并当立劝双方在用武力之前,先开谈判。"英政府之武装行动,本会严重反对。英国之劳工,当反对任何方武力之战争。现虽保守党与吾侪之主张冲突,吾侪在国会中及国会外,当竭力使以政府撤回在中国之武装军队及战舰。英国劳工会华尔伯利门签字。

《时事新报》1927 年 2 月 16 日

路透社二十九日伦敦电:工党领袖麦克唐纳尔,今夜在戴文特立演说,指保守党报纸误会工党对华政策。谓英人简单事业,在承认中国国家资格,并解脱英人目前所陷之地位,无须群众或武装之干涉云。麦氏对陈友仁发言曰:"尔国民党之要求,得吾人完全赞助;但尔若不能约束群众,则吾工党虽努力,亦不能阻止后患,或使尔国民党要求为人听从也。"麦氏又对英政府发言曰:"尔其应付事实,而以待遇日本之方法待遇中国,解除强迫的条约之纠纷。尔耶诞节说帖,固佳,尔一月二十三日之宣言尤佳云云。"

路透社三十一日伦敦电:麦克唐纳尔今日在太尔波特演说,抨击政府派兵赴华之行为。谓政府如以待遇日本之自由胸襟,继续与陈友仁谈判,则上海决无一人有生命之危险。渠抱乐观,以为各事皆渐趋入正轨。张伯伦在白汉明之演词,渠闻之欣然。下院反对党定可沿此方针,予以扶助。政府苟缘承认中国独立之边线,进行谈判,渠当率工党为其后援云。

路透社三日伦敦电:独立工党接到陈友仁长电,附致阿马利中止汉口谈判之文。今晨全国工党联合行政会代表工团总会总行政会、工党干事会及国会工党者，集议于伦敦，讨论陈友仁来电。未几麦克唐纳尔介绍联合行政会之代表希克斯、席特林与蓝斯堡三人，往见首相、外相。晤谈后，全国联合行政会复行集议，讨论片时，旋休会至明日。

《申报》1927年2月6日

路透社六日伦敦电：全国工党联合行政会，发起在爱尔白特厅开要求对华和平之大会，到者甚众。工党领袖麦克唐纳尔称，此会目的在设法解决中国问题，既无需群众，亦无需军队。渠确信汉口事件，不致复作。如英国须放弃旧条约下之各种特惠，则必以双方谈判与协定放弃之；而非可用武力。工党致电陈友仁，非志在与陈谈判，如果有此意，则工党似行动逾轨。但工党不过欲陈知工党之意见耳。工党去电使陈有继续谈判之可能。工党可告陈曰，如签定汉口契约，而声明上海无续加保证之必要，则英军即可折回云。

《申报》1927年2月8日

外交部长复英国劳工界电
1927年2月

敬复者：前接来电，敬悉。兹将国民政府之愿望为诸公一陈之，国民政府愿与英国和平谈判之问题，初不限于汉口英租界之问题，即其他民族主义之运动所视为必须解决之各项争端亦愿开始谈判。国民政府采此和平的外交政策，实有恃乎英国劳工界之将伯，故望英国劳工界约束政府中轻举妄动之徒，而足引起民族主义的中国对英痛恨之决议及行动，尤望能使英国避免之。

鄙人方竭力设法使汉口英租界问题得和平解决，一方顺应英人之希望，一方保持民族主义的中国之尊严（至中国民族主义与英帝国主义间之其他大体上重要问题暂且存而不论）。惟今日英国来华海陆军队集中上海，声势汹汹，如临大敌，为鸦片战争以来所未有。此战争空气倘能即行除去，则汉案交涉必可立时结束。

此种军事行动,其目的据称乃所以保护英人生命财产之安全,使万一中国军队欲以武力夺取上海公共租界之时,英人不受危害,倘此果为英国军队集中之目的者,一阅鄙人今日对谈判汉案之英代表发表之郑重声明,此种疑虑当可涣然冰释也。

但苟英国军队集中上海之举动,乃握英国政权者一种残酷心理之表现,则中国困窘英人工商业之工作必继续进行,直至英国工党受人民之委托,以和平及生产为目的之政治手腕,代替保守党之帝国主义及军事示威,而力挽英国在远东地位之衰颓时,始行终止也。

《国民政府行政文件集》第 2 辑,第 31—32 页

陈友仁在中央宣传会议第八次会议报告国民政府最近之外交
1927 年 2 月 9 日①

(中华社)最近中央宣传委员会,在南洋大楼开第八次会议。国民政府外交部长陈友仁,对于最近外交问题,有极重要之报告,兹详述如下:

(一)对英交涉情形　上次孙哲生同志曾报告国民政府对于英国派兵来华问题之态度及表示,现再报告之使其更加明了。我们反对英兵来华运动,已得英国全国工人团体及新西兰、澳洲等地工人之同情,自二月一日至八日,英国代表与国民政府外交部长曾作二次之会晤,昨天(七日)会见时,外交部长陈友仁告英代表以关于英兵来华之两个重要意见:(一)政治方面,在汉案正在交涉之中,英国派兵来华,以武力相恫吓,是为侮辱国民政府之尊严;(二)军事方面,浙江军事之进行日亟,军事当局,须要知道敌人究竟是一个还是两个,如其敌人仅仅只有一个孙传芳,战略是一个方式。如其除孙传芳之外,尚有英兵,则战略当为另一方式。所以军事当局要外交部长陈友仁报告英兵来上海之意

---

①　此件最早由国民党中央宣传委员会秘书处发表在 1927 年 2 月 10、11 日的《汉口民国日报》上,文件的日期是 2 月 9 日。

义,外交部长当然负责有向政府及军事当局报告之责任,英国代表,当即答复英国兵来上海之意义,只在于保护在上海英人之生命财产,陈友仁再告之,不论英兵来上海之意义如何,在事实上孙传芳的军队,是要保守上海的,英国军队也是要保守上海的。到北伐军进攻上海的时候,不论英国之本意如何,必成为与孙传芳联合一致之行动,这样是一个很严重的问题,因此陈部长又告以国民政府是坚持英兵不得集中上海。如英国不停止此项行动,国民政府是不能忍受威吓与侮辱,军警当局,也不能明了上海究竟有多少敌人。对于汉口英租界交涉,是不能签字的,交涉终至于没有结果。如其英国能停止派兵,则国民政府与军事当局,知道上海只有一个孙传芳是敌人,没有与英国军队接触之危机,如此则可以进行交涉。陈外长又声明对于英国出兵来上海借口理由,绝对否认,如其英国能以这些藉口作为出兵理由必定要有事实,这事实就是国民政府用有组织之军队,夺取上海租界,但是并没有事实,并且政府一再声明,外交部也屡次声明,不用此种手段收回上海以及其他各地的租界。至于防御,则上海过去之事实,防御扰乱之军队,证明他们很有力量,这种力量很够保护上海租界,并且有很多不会不足的,所以并用不到集中兵力于上海。八日早晨英国代表向外交部长陈友仁说:如其将汉案交涉签字,他可以负责请英政府将军队移往他处。外交部长即刻答复这种办法,绝对不可能。随又商议可用何种公式将军队移往他处,同时使上海英人生命财产之保障。对英交涉现时大约如此。据现在情形观察,可以使英兵撤退,英代表之口气,可允退止香港,外交部长反对之,因为(一)香港至上海仅两天的时间。(二)有捣乱北伐军后方之嫌疑,要其将来华之军队移退新加坡或退回本国。

(二)对日外交问题　对日外交情形,从各方面观察,日本近来之态度,比较尚好,事实上也是如此。日本为什么有这样态度,因为日本对经济上的原因,日本之对外贸易有百分之六十在中国,他为保存这百分之六十对华贸易中在国民政府治下的成份起见,必要在国民政府治下得到友意的市场。英国与日本不同,英国在中国所有的市场,仅占英国在世界所有市场百分之五，在这样的关系之下，日本改变他的态度。至于修改中日商约的事情，外交部长陈友仁，曾提出抗议，认北京政府非法的，不能代表中国的政府，日本当即声明日政府与北京政府之修改商约事件，并非正式交涉，不过是交换意见而已。与北京政府交换意见，不过是讨论中日商约，研究其内容，预备将这些讨论出来的内容，与能代表人民的正式政府签约，日本现在虽未能即刻停止与北京政府的交涉，这不过是日本顾其本国之面子关系，但也必将改正式交涉为交换意见，渐渐的消沉下去。为什么反对日本政府与北京政府交涉？因为国民政府迁到武昌以后，国民政府的地位，已经不同，不像在广州时被认为偏居的政府了。而北京政府，又是非法的，不能代表人民的政府，外国政府如与北京政府办理正式交涉，就是表示与国民政府立于敌对的地位。这种事件，在国际上是要被认为有伤友邦的交情的，日本方面对于上述之意见，又有些辩护，他的理由，是日本在北京有很多利益，不能不与北京政府交涉，陈部长答复日本说：只应当承认北京政府是偏居的地方政府，仅可与之交涉地方问题，至于国民政府自迁到武汉以后，已在事实上成为代表全国的正式政府，关于全国的事件，与国民政府办理交涉。

　　（三）对比外交问题　对比的外交问题，上月二十日比国驻京公使馆参议，为比使馆第二要人，到武汉见外交部长陈友仁，言及将与北京政府改订商约，并将天津比租界交还中国，陈部长当即告其注意三要点：一、北京政府不能代表全国，不能与外国政府订立关于全国之条约，故国民政府对于比政府与北京政府订立之新约，只能认为保留，国民政府并具有从新审查之权。二、北京政府为非法之政府，任何国不得与之订立正式条约，如有与之订立正式条约者，即系表明与国民政府立于敌对地位。三、中国与比利时，过去一无冲突与纠纷及任何伤感情之事，如〔与〕北京政府缔结条约，将引起华人之反感，对于比国在华商务及其他利权，将有不利。对比行动与对日行动，不能完全相同，日本在抗议之后，即声明非正式交涉而为讨论性质之交换意见行动，并声明与代表全国人民的政府订立条约。而比国不同,他是与北京政府正式交涉,因此对付之方法不能相同,陈部长对比使宣称,比如不改变其现在态度,将引起国人之反对,用反对帝国主义之手段,作对付比国之行动,时机已迫,请即表示。

(四)对美外交问题 二月六日星期日晨,美国领事见外交部长陈友仁,告陈谓奉美公使命令赍送公文与蒋总司令,并有同样之公文交外交部长,此项公文系美国外交部发出,令驻北京公使交汉口领事转交者,内容要意为请划上海为中立地带,大意如下:不幸上海发生乱事,上海居住之外人甚多,约三万人,美国人有四千,中外人士投资于该地者甚巨,华人亦有很多赖以谋生,如发生乱事,将使中外人士不幸,请将上海划出战争区域,作为中立地带。外交部长陈友仁因此项公文尚未提出政治会议,故未曾正式答复,仅告以个人意见,对于交付公文之方式与手续,国际上有相当之形式,现在不专交外交部,而另备一份送军事当局,实为不当,如不为两国邦交关系,对此项来文将置之不理,这种事件为一严重问题,其理由有二:(一)此种举动为侮辱国民政府之举动,将国民政府当作与北京政府一样。(二)与国民政府统一外交之行动相冲突,幸朱参谋长明了此种关系,接到公文后,即刻转交外交部,陈友仁部长告美领事云:国民政府是有力保护在华外人之生命财产的,不用任何国之干涉参加意见,到上海后,当然也能如此,如美国所主张划上海为中立区,不啻割上海交国际管理,使帝国主义国家继续占领土,此为不当之举动,国民政府不能赞成。

(五)关于本问题之决议 (甲)国民政府早已宣言将用协商方法收回租界不假武力,英方宣称国民政府将以有组织军队收回租界,全系不根之言。一三事件,并非中国用武力将英租界收回,而实为英方有组织水兵暴行所引起之结果。(乙)上海英兵应立即撤退,如不撤退,即表示其为暗助孙传芳与国民政府为敌,又英兵不能移驻至香港,必须撤至新加坡或距中国较远之英领地。(丙)美国主张将上海划成中立地带,此举无异割裂中国、共管上海,须一致反对。(丁)现在日比各国对中国军阀伪政府进行修约,愿我们应有下列二种认识:(一)与军阀政府讨论修约,无形中即抬高其地位,使人民觉得在外交上军阀政府与国民政府无多大差别,损失国民政府威信;(二)比国向军阀政府表示修约,退还天津比租界,为淆惑中国人心之行为,并拉拢观念不确定之民众,使回到军阀方面去,他们深知此种权利,目前虽表面让与军阀政府,将来仍不难用他种方法收回;(戊)反对日比与北京伪政府正式交涉讨论修约,国民政府是代表中国民众利益的政府,列国应向国民政府进行修约交涉;(己)帝国主义国家,不唯企图分裂中国南北,同时并有挑拨国民政府内部分裂阴谋,美国此次投递公文,企图破坏国民政府之统一外交,即其一例,应力加反对。

《广州民国日报》1927 年 2 月 26 日

武汉临时联席会议第二十二次会议议事录(节略)

1927 年 2 月 9 日

主席:现陈部长报告最近外交情形。

陈友仁:自从我们拒绝签字后,已与英代表会见三次,现又得有可预备签字之理由。第一次见面,本人云:英国此次增兵上海无非对国民政府示威。现在革命军正与孙传芳作战,孙集兵上海,英与孙同在一战线,我军攻沪,必与我军冲突,同时并诘以增兵究为何意?答云:为保护在沪英人之生命财产。其言殊无理由。当告以单就保护英侨言,则原有英兵已够。仅有一事可资借口,即所谓恐我们以武力取上海租界。是惟关于此点,国民政府已有明白宣言,不用武力取回租界矣,亦殊无所用恐惧也。英方要求先签字,后即将英兵调开。当答以办不到,必英方先将调集之兵改换方向,始能言及其他。昨天又有一度重要谈话,本人提出一议,可以与英交换保证,即英将兵调开,我们则重新声明以前之宣言。英代表答以当向其政府请示,约三日后当可答复。如此层可办到,则此次汉、浔租界案当可以了结。

《武汉临时联席会议资料选编》,第 323 页

陈友仁对英外长演说声明

1927 年 2 月 15 日

二月十日英国外交部长张伯伦君在下院演说之辞,国民政府业已知悉。张伯伦君所述关于英国武力在上海集中之原定计划之改变,国民政府视为一种让步,此项让步,足使汉口英租界区域之协定有趋于结束与签定之可能。但英国军队在上海之登陆(虽然此项军队之人数业已缩减,其目的亦已严格限定,有英国外交部长所述),实无法律之根据,国民政府对于此种英国军队在上海公共租界之登陆与驻扎,应提出抗议。

附:2 月 10 日英国外相张伯伦演说要旨

英国政府已预备接受陈友仁君代表国民政府所书面担保,对于租界及居留地之将来方针,并预备允许阿马利君签字,于汉口、九江租界之协定,及关乎租界协定之实施,以及中国人民在租界区域之权利等之书面担保。英国之出兵上海,或有人误会,以为英国之所为,除保护其侨民之生命利益外,且含有参加中国内争之意味,左袒于一方或地方之军事领袖,或其政府。英国政府为排除此种误会起见,敢明白宣言,彼对于暴徒之蠢动,军队之骚扰,或其他武力袭击时,固欲保留其权利,采取必要之手段,以保护其侨民之生命利益。但彼绝不计及思利军队以企图此种必要的保护以外之行动。即其所预备登陆之人数,亦仅以求达此目的所需者为限也。此项军队将驻扎于租界之内,除非有严重之事变发生,必不越租界范围而行动。卷入中国武人竞争之漩涡,而有所左右袒,实与英国政府之政策,甚相抵触。英国政府对于中国之内争,必继续维持其严格之中立。使上述各项协定,皆已签字,上述各项担保,皆已承受,则除自印度出发已在赴上海途中之军队,即将在沪埠登陆外(盖此乃英国政府据所闻知,为保护其侨民之生命计,所必要之手段),但其他队伍之调自地中海,以及英国本土者,将仅在香港集中。除非另有重大之意外危险,将不复往上海矣。

英下院关于中英问题的辩论

1927 年 2 月

中英交涉依然为此周间重要而可注意之事件。英兵来华仍行继续。惟英工党因陈友仁要求撤兵拒签汉案协定,颇受相当之刺激。故工党对英政府派兵一事乃表示严重之反对意味。在下院辩论,其激越为空前所未有。八日,英皇于国会开幕时致训词,对中国问题论之独详。略谓中国之内战绵延不绝,及其排外,而尤以连带及之排英运动为甚,实使人不胜杞忧。因汉口及其他地方所发生事件之结果,帝国政府觉得有遣送充分军队至远东,借以保护英、印侨民之必要,以防暴力及持械攻击。但朕甚愿将所发生之难关,得一和平解决办法等语。工党首领麦克唐氏,即于会议中为严重之质问。略谓派兵之举,第一影响乃使北京、广东一致抗议。如中国政府不论北京或广东,采用一种政策,驱逐英人出华,则其在英国反(动)〔响〕之大,将无人敢决定其结果。其唯一的减少在沪英侨危险之方法,乃在进行谈判,而得一种协定,设法使破坏之爆发绝对不可能。英政府反是,其行动类乎弄火。彼不信汉口协定,无法使之签字。如果签字,则为上海英人计,尚有较此更佳之保证乎。麦克唐氏对于各点质问:(一)关于各国保护彼国人民及英军上海上陆事,政府曾得何公文。(二)是否计划与粤派关于在沪英侨之安全,足以协商。(三)此次派兵是否出于在华英侨之请求,抑系与彼等所望相反。麦克唐氏要求鲍尔温宣言,如交涉能开,则军队中止。因所以派遣兵队之危机,业已过去。鲍尔温答辩,谓上海之各外人社会皆知危险之时撤退上海为不可能,在未证明上海附近将不作为中国国民党党军之战事根据地以前,不能谓对于在沪之欧人及日人之危险业已过去。彼又宣读阁议所通过之议决案如下:"政府之一般政策,根据下列之考虑:我军送往远东,以保护在华尤其在上海之英人生命。此乃政府之惟一的政策。至于此项军队,何时及如何态度与如何数目在上海登岸一层,显然系于该地之情形,及吾人所接受驻扎该处代表之消息如何。倘若彼等军队为一种紧急状态,需要立刻送往上海,则吾人将照办理。假使不然,则重要的旅团将在香港候命,而其余部队开往前去。盖军队出发,专以保护英侨生命为目的。"并谓英国不干涉中国内政,亦不袒护何方。自由党首领鲁易乔治,赞许政府政策,但主张英兵避免在沪登陆。此为八、九两日之事。十日,工党议员妥利维思,提出答复英皇演说之修正案,谓就广东政府而论,吾人乃与合理的人民交际。不幸吾人于输送军队以前,未能与合理的中国领袖得一协定,因此暂时破坏协商解决之机会,而增加在中国他处英人之危险。彼以为此乃一悲剧,因张伯仑氏已将至成功之时,而有此远征军。遂使吾人于再行解决以前,不能成功云云。张伯仑乃历述英国对华方针经过情形,并谓汉案已有办法,英兵输送之前,曾将北京公使、上海领事、驻沪领军总司令及俄马利者,乃皆劝告政府,谓在此多事之时,除驻华之军队以外,必须增加军队,以保护英人生命之安全。政府已预备承认关于租界之协定,且承认国民政府所保证不鼓励再用武力之言。然政府须保留必要的行动之权,以便在民众暴动或他项暴动之攻击时,保护英人生命。同时政府不将军队用于他项目的,并且只将必须之军队上陆。此种军队将驻扎于租界内,除极紧急时外,将不移向租界以外。工党修正案,终以三百二十票对一百十三票否决。

《国闻周报》第 4 卷第 6 期,1927 年 2 月 20 日

外交部宣布汉案交涉之经过

1927 年 2 月 16 日

二月十二日英方代表阿马利至外交部,将英国外交部长张伯伦氏在下院演说要旨交与陈部长。该演词大意谓:"英国政府已预备接受陈友仁君代表国民政府所书面担保,对于租界及居留地之将来方针,并预备阿马利君签字于汉口、九江租界之协定。至于英国之出兵上海,或有人误会以为含有参加中国内争之意味。故英国政府为排除此种误会起见,敢明白宣言:彼对于暴徒之蠢动,军队之骚扰,或其他武力袭击时,固欲保留其权利,采取必要之手段,以保护其侨民之生命利益。但彼绝不计及思利用军队,以企图此种必要的保护以外之行为。对于中

国之内争,必继续维持其严格之中立。使上述各项协定皆已签字,上述各项担保皆已承受,则除自印度出发已在赴上海途中之军队,即将在沪埠登陆外,其他队伍之调自地中海以及英国本土者,将仅在香港集中云。"昨日陈部长对英外长演说,向阿马利声明云:二月十日英国外交部长张伯伦君在下院演说之词,国民政府业已知悉。张伯伦君所述关于英国武力在上海集中之原定计划之改变,国民政府视为一种让步,此项让步,足使汉口英租界区域之协定有趋于结束与签订之可能。但英国军队在上海登陆(虽然此项军队之人数业已缩减,其目的亦已严格限定,有如英国外交部长所云),实无法律之根据,国民政府对于此种英国军队在上海公共租界之登陆与驻扎,应提出抗议。同时陈部长复声明,关于汉案之协议,乃根据汉口现在之新情形事实而定,故不能视为将来解决他处英租界或别国租界问题之前例云。

英代表谓,当将陈部长所声明各项,请示英政府办理。至关于汉口英租界之协定,外多揣测之词,其实该协议内容不外如下:

英国当局将按照土地章程,召集纳税人年会,于三月一日开会,届时英国市政机关即行解散,而租界区域内之行政事宜,将由华人之新市政机关接收办理。在华人之新市政机关于三月一日接收以前,租界内之警察、工务及卫生事宜,由主管之中国当局办理。

英国工部局一经解散,国民政府即当依据现有特别区市政办法,组织一特别中国市政机关,按照章程管理租界区域。此项章程,将由国民政府外交部长通知英国公使,在汉口五租界合并为一区域之办法未经磋商决定以前,此项章程继续有效。

《汉口民国日报》1927 年 2 月 16 日

中英关于中国收回汉口英租界的协定及换文
1927 年 2 月 19 日

英国当局将按照土地章程,召集纳税人年会,于三月一日开会。届时英国市政机关即行解散,而租界区域内之行政事宜,将由华人之新市政机关接收办理。在华人之新市政机关于三月十五日接收以前,租界内之警察、工务及卫生事宜,由主管之中国当局办理。英国工部局一经解散,国民政府即当依据现有"特别区"市政办法,组织一特别中国市政机关,按照章程管理租界区域。此项章程,由国民政府外交部长通知英国公使。在汉口五租界合并为一区域之办法未经磋商决定以前,此项章程继续有效。

国民政府外交部长陈友仁
英国驻华公使代表欧玛利

换文

（A）英国驻华公使代表欧玛利致陈部长函

敬启者:鄙人敬以至诚奉告左右。英国当道对于本日签订之汉口英租界区域协定,极愿尽其能力之所及,实践并保证该项协定之施行。英国当道并承认,在上述租界区域内之华人将与英国人民享受同等之权利。专此布达。敬颂

台绥

英国驻华公使代表欧玛利启
一九二七年二月十九日

（B）外交部长复英国驻华公使代表欧玛利函

谨启者:接奉台函,内述英国当道对于本日签订之汉口租界区域协定,极愿尽其能力之所及,实践并保证该项协定之施行。英国当道并承认,在上述租界区域内之华人将与英国人民享受同等之权利等因,敬谨领悉。鄙人敢掬至诚还告左右:在中国当道方面,亦极愿尽力所及,以实践并担保本协定之施行。且承认在新区域之行政下,对于英国之利益将不致有所歧视。专此奉复。敬颂

台绥

国民政府外交部长陈友仁启
民国十六年二月十九日

武汉国民政府对英国及其他各国之声明书
1927 年 2 月 19 日

国民政府据各方所得消息,觉得关于租界以及国际居留地之问题,国民政府有及时重新声明其政策之必要,俾得免除误会,并以预防无谓之恐慌。在一月二十二日之宣言中,国民政府曾经明白宣示其愿望,并其迅速之准备,将以谈判与协商之手段,解决国民政府与列强间之一切悬案。此次宣言,对于在华英、日、法、意、比诸国租界,与其他国际居留地之更改,当然适用,且将继续适用也。此项宣言之主要意思,盖谓国民政府所采之政策,不欲使用武力,且不允许利用武力,以实行更改任何或一切租界方面国际居留之地位。此项宣言中,尚有重要之点,国民政府所欲郑重声明者:凡在华租界以及国际居留地地位之改变,关系国家至为重大,以是除国民政府本身外,一切地方当局或其他之中国当道,皆不与有关系之列强对于上述事件有所谈判。

《国民政府外交史》第 1 集,第 103 页

欧玛利答复武汉国民政府声明的备忘录
1927 年 2 月 19 日

欧玛利君受有训令,命对于陈友仁君下列宣言,加以注意:"关于该项宣言之末段,欧玛利君得有训令,称英国政府碍难允诺不与中国任何部分之官吏磋商,关于在此等官吏事实上管理下之区域中之各项事件。""该项宣言,业已由交涉使署转达其他列强领事官吏矣。"

《国民政府外交史》第 1 集,第 103 页

收回汉口领事裁判权通告
1927 年 2 月 22 日

汉口交涉员昨通知各国领事,以后关于外人诉讼,不得再由领事审理,各侨商侵占请求,须向中国法院控诉,不许领事馆人员陪审。领事裁判权,由交涉署照会各领〔事〕撤废,嗣后外侨原告或被告诉讼案件,

均当由中国法院审理，领事不得出席陪审，外侨任何请求，须向中国法院诉控。外国律师，能否出庭辩护一节，现尚未定云。

《广州民国日报》1927 年 2 月 23 日

汉案谈判胜利及汉浔协定签字的相关报道
1927 年 2 月

　　汉案陈友仁、阿马利之谈判，自五日继续开始后，迄十四日止，已告终结。十四日晚陈、阿二人谈判达七小时之久，本拟签字。陈友仁坚持以沪港撤兵为先决问题，阿马利因须待考虑，遂致停顿。至所商妥协定内容，因历来双方守秘，无人能知。英外相张伯伦十日在下院宣布者，谓协定内租界办法，系将租界交与英工部局，然后再由英工部局仿旧德租界办法，正式交与中英市政董事会。此协定若签字，则在印度开沪已在途中之军队，将在沪登陆。其自地中海及英国遣派之军队将驻扎香港，且除非有所新发生或较大之危险，驻港军队将不开往上海。至关于租界之详细办法，据国闻社十五日汉口电，英当局当按照土地章程，召集纳税人年会，于三月一日开会，届时英市政机关即行解散，而租界内之行政事宜，将由华人之新市政机关接收办理。在华人之新市政机关于三月一日接收以前，界内之警察、工务及卫生事宜，由主管之中国当局办理。英工部局一经解散，国民政府当局即当依按现有特别区市政办法，组织一特别中国市政机关，按照章程管理租界区域。此项章程将由国民政府外交部长通知英公使，在汉口五租界合并为一区域之办法，未经磋商决定以前，此项章程继续有效。但陈友仁对张伯伦所谓签字后止兵在港，及印兵暂留沪之议，仍未满意。十四晚陈、阿谈判时，陈对阿曾提书面抗议。大致谓张伯伦虽说明英派兵来华，系完全保护侨民，绝无它意，并已允许撤退。但国民政府以情形近于恫吓，甚不满意。汉案再度停顿原因，不外此点。陈之先撤兵要求，在国人视之，实能博得许多同情。因签字后而撤兵，与撤兵后而签字，不仅面子问题，在外交上亦为不可让步之必要手段。但英兵来华，何等重视。一旦因汉案故，先行撤退,于英人面子,亦有甚大的影响。故英之不肯迁就于签字前撤退英兵,亦为当然之事实。双方对于此点,各不易让步。其困难之点,正自非小。惟谓汉案即因此而全然破裂,亦非确论。察双方之意,皆愿早日解决此案,以谋双方关系之增进,将来或商一折衷办法,以解决此争点。一般观察,本星期末,必可签字,或非尽虚想也。

《国闻周报》第 4 卷第 6 期,1927 年 2 月 20 日

汉案协定,前本可签字,实因英国增兵上海,致尔停顿,厥后陈部长坚持英国撤还赴沪英兵方可签订之议。最近两星期,阿马利与陈部长磋商此项问题,不下数次。自英外长发出宣言,声明地中海在运赴华英兵后在其他地点登岸后,阿马利复根据此点与陈部长讨论。陈部长认为如此,则协议或有签订之可能,经过情形,迭纪本报。昨日下午六时,阿马利复访陈部长,仍根据前议讨论,并承认上海印兵可能陆续撤退。陈部长认为圆满,即于七时在外交部会议室,双方签字协议。其经过情形,外部已拟具宣言,今日当可发表,举世属目之汉案,从此可告一段落矣。

《汉口民国日报》1927 年 2 月 20 日

汉口:阿马利十九日午后六时到外交部,谓奉英政府训令,对于陈外交部长十四日所提声明表示接受。双方遂将汉案协定文字阅看,七时正式签字。并互函承认切实协定之施行。(十七日下午六钟)

汉口:外交部对汉、浔案宣言,二十一日午后五时提出,中央联议通过,准二十一晚七时交各报发表,大致叙述汉、浔案交涉经过及解决情形。(二十一日下午八钟)

《申报》1927 年 2 月 27 日

陈友仁在国民党中央二届三中全会上的外交报告
1927 年 3 月 13 日

去年十二月九日,我们初到武汉时,就有英国新派驻华公使蓝浦生在汉口等候;而蓝浦生来中国的任务,是在调查国民政府情形去报告英

政府。友仁与蓝浦生曾作多次非正式谈话，交换意见，其目的在探测双方之意思。双方个人感想，颇为融洽。所讨论者为废除不平等条约，以及承认国民政府等问题。蓝之意思以为：此时国民政府尚未统一全国，故根本上对于修改不平等条约及承认国民政府，此时尚谈不到。友仁告以国民政府为目下代表全国之唯一政府，亦即全国民意所归之政府，且此时为革命时期，英政府当以远大眼光度量英国在远东之地位，国民政府现时所管辖之区域虽尚未及全国，但已统治大多数之省份，设在未统治之省份举行总投票，则该区域人民亦必赞成归向国民政府，毫无疑义。且英国在华之主要利益，实集中于国民政府统治下之南方及长江流域，故英政府欲于修改条约，为英自身利益计，应即时与国民政府着手谈判。英政府当知今日之中国正当革命时期，非寻常之时期可比，英政府倘能以远大眼光观察英国在华之各种问题，实于英国有利。若英国政府与国民政府谈判关于全国之问题，即不能同时与北京政府交涉此项问题，国民政府对于此点，极为重视云云。此种非正式谈话，蓝浦生氏颇为所动。蓝浦生临时时谓：不久再来，或将派遣驻北京公使馆参赞阿马利来汉继续谈论。蓝浦生氏离汉未久，外交部收到十二月十八日英政府对于所谓华盛顿会议之附加税之宣言，此种宣言，系表示英政府对华之政策，尚未更改。该宣言中，除列强向来惯用之口头亲善而外，其主要目的在以实践所谓华盛顿会议之附加税为名，予北方军阀以获得大宗军费之机会；若北方政府在当时竟以此种宣言之故，获得海关之增加，即可以此种增加之税抵押数千万之巨款，以充军费，来与国民政府作战。因当时全国海关之收入尚有百分之六十在与国民政府为敌之北方军阀手中，故此项宣言，实为反抗国民政府援助军阀之一种手段。不过英政府对于国民政府势力之不可侮，已有一种认识，如该宣言中述及："北京政府之威权缩减，几等于零；同时南方之广州，则有一强有力之政府，显然否认北京政府对外代表中国之权，或以中国国家之名义缔结约章。"又云："在此政治纠纷中有一强盛之民族运动相伴而起，其目的在谋中国在世界上之平等。"此等论调，实可以代表现在全世界对于中国民族运动与国民政府之意见。但所谓华盛顿附加税之实行，必须各国一致赞同，然后始能开始征收。当时微闻美国有赞同之意，即经友仁致电美国外交部提出警告之声明。

其后汉案发生，对英外交形势一时变为紧张。汉案起因，实因民众于一月三日下午继续庆祝北伐胜利及政府迁鄂，在海关附近演说，英水兵登陆与民众冲突。中国方面伤五人，内重伤两人；英兵方面伤四五人。民众与英兵相持，晚间，民众愈聚愈多，形势紧张，友仁召英总领事至外交部，告以英人若不检束，则民众将使英租界成为无价值之物，并令其从速撤退水兵。一月四日早，英水兵尽数撤退，河干由少数华兵与警察维持；惟民众拥入租界者为数愈多，英工部局亦不能维持秩序，英总领事请求外部派兵入租界保护。当晚由卫戍司令部派兵入界。五日，英租界巡捕及其他公务人员已逃避一空，租界顿呈混乱状态，势非即时成立管理机关不可，是晚由临时法院联席会议决议，组织英租界临时管理委员会，主持英租界内一切公安市政事宜，并由外交部布告外人安心营业，保护外人生命财产。六日秩序逐渐恢复。惟九江英租界忽然发生事变，因是日九江英水兵与码头工人冲突，伤码头工人二人，民众愤激，英炮舰鸣空炮二响示威，愈激动民众忿怒，风潮遂至扩大；英领事及其他官吏无法维持秩序，相率逃避他去，匿居船上。于是九江案件，遂继汉案而起。

汉浔案交涉之经过

汉浔案既起，驻北京英公使遣其参赞阿马利来汉交涉，一月十二日来访，作初次之谈话，英代表要求退还汉口英租界，恢复以前状态；友仁当告以如此办法，必致引起较现在更险恶之局势，现在双方之交涉，只可以现在之新状况为根据，不能以以前之状况为根据。关于此点，英代表不能否认，遂由双方以此种新形势为根据，即以国民政府因三日事变发生实行管理英租界为根据，继续进行磋商，前后凡十六次。一月二十二日，国民政府发表宣言，一方面答复英政府十二月十八日之宣言，一方面对于汉案为明了之表示，其中关于汉案云：国民政府之意见以为欲脱离外人帝国主义之羁轭,初不须民族主义之中国与列强从事武力之战争,故国民政府深望以谈判及协议之手续,解决中国与列强间一切之问题。去秋美使来粤,本政府外交部长即以上述政策明白相告,新任驻华英使、日本代表及美使代表先后来汉,外交部长复以同一政策向之郑重声明。

兹为证明本政府之政策非徒托空言起见,特普告列国:本政府愿单独与任何列强开始谈判,讨论修改两国条约及其他附属之问题;但此项谈判,须根据经济平等之原则及彼此主权互相尊重之权利。

今日汉口英租界之情形,已丕然一变,其事前之经过,报张所载者滋足引起误会,本政府现严重声明:本政府对于汉口事件之处置与上述之政策,完全符合;外间所传称汉口事件系先谋划布置,以强力夺回租界为目的,一似数华人之被刺戮、二人之负重伤,亦为计划之一部分,其荒谬无稽,不得不辞而辟之也。

国民政府权力之展至英租界,初非纯粹由于中国军队得英当局之允许入驻租界也,尚有重大之原因在焉:盖一则英人擅召水兵上陆,其引起冲突,致中国爱国志士之流血,乃必然之结果,二则英人对于当时之情形,发生无谓之恐惧,以致英工部局自行放弃其职权,英国妇孺相继离汉,国民政府乃不得不建设委员会,以处理租界之行政也。

汉口案件不仅国民政府对于英国政府关于汉口租界之一种交涉,而为:(一)中国民族运动与英帝国主义之冲突;(二)国民政府与其他国政府之关系,亦将因此而生影响。汉浔案之解决,小之为汉浔案两租界之收回,大之为取消不平等条约全体之初步,亦即为中国国民革命在对外关系上之初步工作。故一月二十二日国民政府所发表之宣言,不仅为对于英国政府十二月十八日宣言之答复,与对于汉案之一种表示,而实为中国民族运动对于世界之一种正式宣言也。

国民政府宣言云:"吾侪所以要求自由平等,且不惜投艰赴险以求达目的者,盖中国人民不欲沦胥于亡,则建设一新国家为刻不容缓之事,倘此新国家须由中国人民自己努力以建设之者,则中国首先须有处理自己事务之权,换言之即独立是已。"又云:"此主要目的为何? 盖即恢复中国因战败被英人剥夺之完全的自由是也。"独立自由,即该宣言中之主要意思也。

汉案之于中国民族运动有重大之关系,凡同情于此运动之世界民众,莫不了解;而英国之劳动界对于国民政府在汉案上所占之地位,尤为极力援助。盖已与其他表同情之世界民众,一同认识汉案重大与深远之意义也。故英国劳工运动代表有电致友仁云:"英国劳工运动工业及政治方面代表,于一九二七年一月二十二日通过下列之议案,阁下于此可以窥见同人等欲竭其棉薄,求得一确定方法,使中国之地位立于完全的独立国家之基础上……英国劳工运动并致其极诚意之同情于中国工人,而拥护其经济状况之增进,且希望中国工人能以坚决和平之谈判,引导其国家脱离眼前之困难与危险,使确立于世界独立国之林,并能以自由意志定立种种条约,登进其国于幸福庄严之域。"又接英国援中国自由劳工会电文云:"顷接国民政府宣言,声明愿意以经济平等及互相尊重及领土主权为根据,与任何列强单独谈判,解决条约及其他附属之问题。本会阅诵之下,无任欢迎。"故汉案所以能得世界民众之同情者,正以其为中国民族运动途径上所必经之程序也。

汉案磋商,于一月底即已就绪。不意英国政府自本国及印度调集大宗军队,以上海为集中之目的地;其时我军右翼正向江浙进攻,军事紧急,英国此项军队究竟其意何任? 实予我军以重大之怀疑。且汉案交涉,甫将就绪,而英国大兵压境,形同威迫,苟于此时签字,实为国民政府之威严所不许。故友仁拒绝签字,并向英代表声明:苟非英国政府将此项军队改其方向,使趋于非中国之境域,则友仁绝不签字。同时复于答复英国劳工界电文内将此意重行声明云,敝人乃竭力设法使汉口英租界得和平解决,一方顺应英人之希望,一方保持民族主义的中国之尊严;惟今日英国来华海陆军队集中上海,声势汹汹,如临大敌,为鸦片战争以来所未有,此战争空气倘立即除去,则汉案交涉即可立时结束。自此以后,双方交涉,暂告停顿。

英政府备忘录及其附件

汉口案件交涉甫将就绪,尚未签字,英代表交到政府之备忘录一件,并附件七条,声言苟汉浔案件能得圆满解决,而国民政府更能切实声明除用谈判之手续外,不用任何方式变更在华英租界及国际居留地,则英政府准备立时与国民政府开始谈判。此项附件同时并以同样之备忘录与附件,致送于北京政府。友仁当即向英代表声明:此种提议,仅能显示对于中国奴隶式条约之零星修改,国民政府不能认为满意或充足;但在两种情形之下,国民政府可以讨论此种条件,作为中英间各种问题圆满合理解决之基础:(甲)凡属于全国性质之各种问题,英国政府只能与国民政府谈判,不能与其他任何地方政府谈判。(乙)一切谈判皆须脱离威吓之空气,如英国集中军队于上海所造成者。

二月中旬,英代表声称:调遣来华军队大部分将不集中于上海,而改向香港进发。友仁认此种声明使汉案交涉有签字之可能,但大多数英国军队虽已改变方向,而仍有少数军队已经在上海登陆。除一面仍向英国抗议上海英国少数军队已经登陆,认为与条约抵触外,一面准备签字,乃于二月十九日午后七时在外部与英代表签字收回汉口英租界之协定,并同时声明此种协定不得为将来收回中国其他租界(九江英租界除外)之前例。

收回汉口英租界协定之内容

依此协定之规定,国民政府于本年三月十五日设立新市政机关,以管理汉口前英租界,并由国民政府参酌汉口第一特别区管理法,制定管理规则,此种规则现已由国民政府颁布。依据此种规则应设市政局,由外交部呈准国民政府选派局长,并设董事会;以局长为董事长,另加中国董事三人,英国董事三人,组织董事会,以管理市政事宜。若两方董事投票相等时,则取决于董事长。故市内管理大权操于中国之手。且此项协定与章程,亦属临时性质,一俟汉口法、日两租界收回后,即行作废。此种解决本不足以满民族运动之希望,但为应付现在之局势起见,不得已暂作一种结果,以待将来完美之解决。

九江案件

九江案件之起因,与其性质与汉案相同。故当时双方认定汉案解决之后,九江案件即可照抄汉案协定之公式。二月十九日汉案既经签字,二十日遂与英国代表签定关于收回九江英租界之协定,双方认可汉口英租界协定办法适用于九江英租界。九江英租界在扰乱中,曾有多数英国商民因少数不负责任之军队抢劫,蒙受损失,故协定中规定:凡直接损失若系出自国民政府官吏之行动,或由于重大之疏忽者,国民政府将担任赔偿。嗣经详细调查,允以四万元给与英国作为赔偿,由英担保:若有盈余仍行退还国民政府。复经友仁与英代表继续磋商,英代表允许变更收回九江英租界之原来协定,而将九江英租界于本年三月十五日无条件的交还国民政府。

关于日本之外交

去年十二月中旬,日本政府代表佐分利来汉与友仁为非正式之谈话,意在探测国民政府对于日本之外交政策,双方曾为多次之接谈。友仁告以更正不平等条约为国民政府目下外交之主要目的,其中如租界、治外法权、关税等项,俱为目前所必须立即从事更正,俾合于平等之原则;此种条约之更正实属有利于日本,如日本之交还租界,则得由国民政府颁一统一租界法律,以管理之。治外法权之取消,亦为现时之急务,不能候至将来。若关税税则尤与日本之经济生活有重要之关系,因日本在华之商务,占其全国中对外贸易之重要部分,中国将来之关税政策与日本之关系,较之他国尤为密切。双方谈话意见,颇为融洽,日本方面对于国民政府之态度,尚属良好,故自国民政府莅汉以来,与日本并未发生如何之纠纷也。

关于对美国之外交

国民政府莅汉未久,即有美国驻北京公使馆参赞迈尔来见友仁,探问国民政府之外交政策。友仁告以更正不平等条约,并缔结以平等为原则之新约以代替之,为国民政府外交政策之主要目的,国民政府愿与各国单独磋商以达到此目的。美国对于国民政府态度,尚属良好。但美政府于二月中曾为一次之错误,即美政府向各国提议划上海为中立区域。除此种提议根本错误以外,又以致送此项提议之照会交总司令,在外交上为手续上之谬误。当经友仁告美国总领事,若非顾念两国之邦交,则必退还此照会,并告以上海为中国之重要地方,划为中立区域,无异宰割中国之重要肢体。经此番抗议以后,想美国政府以后不致有同样的错误发生也。

关于对比国之外交

一月二十日,驻北京比国使馆参赞来汉见友仁谓:驻北京之比国公使已与北京政府开始交涉修改中比商约,发出交还天津租界之宣言。经友仁告以左列三事:

(甲)北京政府无代表全国之能力与权威,不能缔结任何有关于全国权利与义务之条约,假若比国政府与北京政府缔结任何条约,国民政府保留审查此项条约之权利。

(乙)国民政府认北京政府为非法之机关,无论何国若与北京政府开始修改条约,即以援助非法与反抗民族运动之机关论。

(丙)中国之民族运动,虽未与比国发生特种争执,但比国政府此种行为,恐必致使民族主义之中国人民对于比国在中国之利益,采取歧视之行动。

结论

友仁对于外交之感想,有不能已于言者,请为陈之:此次汉案,自英国人视之,其国际声望上所受之打击,为百年来所未有;国民政府非但能与英国避免武装之冲突,且以磋商之手段获得比较有利之结果:(一)由于民众之同心协力,一致对外,使全世界皆知此为民众一致之意思,故外交进行得有极强之后盾。(二)由于民众方面极力援助政府,谨守秩序,对于外人生命财产予以充分之保护,使外交上不致发生意外之纠纷,并不致牵入别国,以为外交进行之障碍。(三)此次对英外交之所以能获得较有利益之结果者,实缘外国皆知国民政府为党的政府,立于国民政府之背后者,有一伟大强固之国民党,代表风靡全国之民族运动。吾党之外交政策因国民政府之实施,已使中国之国际地位与威望立于甚高之地位,使中国今日之国际荣誉为百年以来所未曾有,是皆全体民众藉党之领导,以一心一德之意志与一致步骤,方能达到。此种荣誉与威望,将随本党之整理巩固,继长增高,与日俱永。吾人今日须专意巩固党之基础,则废除不平等条约之全体,必可以实现于不远之将来也。

《广州武汉革命外交文献》,第148—161页

一三　惨案经过纪要

（一）肇事前之情形

自去年国民革命军占领武汉后,汉口民气激昂,英租界当道于一码头、二道街等处安置电网,堆积沙袋,派义勇队武装戒备,阅时甚久,并未撤消。今年元旦日起,武汉民众因国民革命北伐成功,特行空前之热烈庆祝,游行演讲,盛极一时。英租界方面亦于元旦日起派出义勇队严重戒备。一、二两日,尚幸相安无事,安然过去。

（二）肇事时之状态

汉商会召集各团体代表开联席紧急会议,讨论对付办法,计到全省商联会、武汉商会、总工会、各团体联合会、省市党部、妇女协会、商民协会等团体代表七百余人,公推李国煊主席。讨论结束,决定向政府请愿交涉八条件:（一）立即向英领事提出严重抗议。（二）英政府须负责赔偿此次同胞死伤之损失。（三）英政府须立将肇祸凶手交中央政府依法惩办。（四）英政府须立即撤退驻汉英舰及英界之沙包、电网等作战物。（五）英政府须向中国政府道歉。（六）英租界内华人须有集会、结社、游行、演讲之绝对自由。（七）英租界巡捕及义勇队须一律解除武装。（八）英租界须由中央政府派军警管理。条件议决后,当推代表十四人前往国民政府请愿,由政府委员孙科亲出接见,对所提八条件允许全部接收,分别办理。各代表兴辞而出,复至汉商会议决五条办法:（一）提出交涉八条,须限英领事于二十四小时内圆满答复,否则人民

自由封锁英租界,并对英实行总罢工。(二)定于五日午后二时在济生路开对英示威大会。(三)组织对英经济绝交委员会。(四)组织武汉市民对英委员会。(五)通电全世界报告本案真相。议决后,即率全体代表转至新市场,候政府委员宣示对此案之办法。

五日午后二时,各界举行各团体游行大示威。是日正午十二时,农工商学各界罢工、罢市、罢课,全体参加。午后一时即陆续集于济生路,共二十余万人。二时开会,公推汉口市党部代表李国煊为主席,总工会代表李立三为总指挥。主席宣告开会宗旨后,党部代表相继演说,最后提出议案八条(见前)及通电,经众通过,宣布散会出发游行。三时余出发,经过英租界,由军警及工会纠察队分别维持,秩序井然。五时许由租界折回友益街而散。当民众游行英界之前,时正午后二时,英捕房前有苦力民众多人,与英捕房之华捕,因言语冲突,致起争斗,幸经军警派队维持,将巡捕与民众隔开,民众渐散去。当局以游行市民行将经过租界,恐再发生事故,特令军警及纠察队于英租界二道街、太平街各街口分别堵截,无论何人不得阑入,仅留一码头及河街一带为群众通过之地。故是日游行英租界者不下十余万人,而秩序甚佳,所有军警堵截之地,直至六日晨始复原状云。

国民政府方面

惨案发生后,政府一面派外交部长陈友仁向英领严重交涉,一面召集中央委员、国民政府委员临时联席会议,于四日晨发布临时公告,安定民心(公告文录后)。

接收英租界。外交部长向英领提出抗议后,英领初尚犹豫,嗣见民众之奋激,政府抗议之严厉,不得不表示退让。因于四日晨立将水兵及义勇队全部撤退,并解除武装,所有沙包、电网亦同时一律撤除,并允由中国政府派遣军警前往接防。政府当令卫戍司令部、公安局分派军警至江汉关一码头等处驻扎。午后,政府联席会议议决派兵实行接防英租界,因复于七时许,由卫戍司令部派兵三连,整队鸣号,全副武装,直入英租界,驻扎于英捕房后面之堆栈内,实行接防英租界地面,并决于五日加派一连，共足一营之数，派营长一人，党代表一人，在英捕房内设立办公处。全队受党代表之指挥，党代表受外交部之指挥，以便事权统一。五日午后，国民政府复开中央委员、政府委员临时联席会议，讨论处理办法，当决组织临时管理委员会，实行管理英租界。兹录其决议案如下：（一）组织英租界临时管理委员会，主持英租界内一切公安事宜，其委员为外交部、交通部、财政部各派一人，及卫戍司令部汉口办事处长，本会所派之代表陈群等五人组成。（二）此惨剧发生，民众异常愤激，驻汉外侨在空气紧张中不无惶惑，特决定由外交部长发一通告，略称租界秩序现已平复，外侨尽可安心照常营业。议决后，当日即实行接管英租界，所有英捕房、工部局等机关完全停止办公，印捕、华捕亦一律撤岗，暂收容于英捕房内。英界治安由中国军警维持，并于英捕房内设立英租界临时管理委员会，高悬青天白日旗帜。英捕除自散者外，其余愿受委员会之指挥者，仍令照常供职，惟将其帽上标识易为青天白日徽章。国民政府派驻英界内之军队，为第十师廿九团一营，警察为特别一、二区及模范区各拨二十名，共六十名，均受管理委员会之指挥。管理委员会于六日成立，当晚即经开会，召集各团体代表会议，讨论英租界内一切公安、市政事宜，决由军警实行扫除界内之流氓及反动派，以免时起纠纷。所有工会派驻界内之纠察队，原为临时维持秩序，现界内秩序回复，该队遂决于七日一律撤退。嗣后界内公安，由军队负责主持。

徐、孙、蒋诸人之演说。四日午后八时许，政府委员徐谦、孙科、蒋作宾同莅新市场，在大舞台开会当众报告。首由总工会代表李立三报告本案详情。次徐谦报告联席会议接收各团体提出八条，决与人民一致。业开联席会议议决，派兵实行接防英租界及英捕房，并谓政府决取强硬办法，以慰人民期望。惟在此办理期内，希望人民受政府指挥，严守秩序，勿自由动作云云。再次孙科演说：英人迭次惨杀同胞，足见帝国主义者之凶横，国民革命最后之目的，在打倒帝国主义而废除不平等条约，收回租界为打倒帝国主义必经之权序。十余年来，革命之所以未成功者,因有租界为反革命之巢穴,为帝国主义进攻我国之大本营,现在非扫除其巢穴与大本营,不克成功。政府决于此次派兵接驻英租界,以为收回租界初步。此种处置有二理由:(一)在保护华人生命财产。(二)在保护外侨生命财产。希望全体人民拥护国民政府此项策略,早日成功云云。又次蒋作宾演说:关于此次英人残杀同胞案,政府现在交涉进行中,惟人民须努力地团结,严守纪律,如有意见,直向政府陈述,政府无不尽量容纳云云。

时已十时余,遂散会。散会后由各团体原推代表十二人,偕往南洋大楼,与联席会议筹商一切进行方法,推徐谦主席。首由外交部秘书吴之椿报告交涉往来,次党代表陈群报告派兵接驻英租界情形,再次徐谦报告各团〔体〕提出八条,有已办理者,有正进行者,政府必酌量缓(念)〔急〕情形逐一实行。最后决定由卫戍司令部、公安局于五日会衔布告,说明派兵驻防英界之用意,并劝人民严守秩序以作政府之后盾。时已十一时半,乃散会。

当局保护侨商维持秩序。旅汉英侨在此空气紧张中,异常惶恐,纷纷上英舰、英商轮。英租界江面计泊有英舰三艘、怡和商轮二艘、太古商轮一艘,均满载英人,惟英总副领事及领署人员,尚居留英领署内。武汉当局特于五日晚颁发布告:“为布告事,照得一月三日,英国水兵登陆,惨伤华人,民气激昂,众怒沸腾,英租界当局无法办理,当经本部长严重交涉,令其撤退水兵,并于昨日起,由国民政府分派军警入界保护,始得维持秩序。本日中国国民党中央执行委员、国民政府委员联席会议,议决设立汉口英租界临时管理委员会,实行主持英租界一切公安、市政事宜。所有界内中外居民生命财产,概由国民政府完全保护。凡我民众,务各协助政府,维持公共安宁秩序,为此布告。仰中外人士一体知悉。”六日外交部长陈友仁特亲往英领署(方)〔访〕英领事,说明设立临时管理委员会之经过,并声明嗣后英侨一切安宁,由该委员会负责维持。英领颇表谢意,惟旅汉英侨仍极惊惶,其妇孺纷上英舰及怡和、太古两公司商船,均停泊江心,候英领命令,离汉赴沪。其男子则经英领完全收容于日租界下之亚细亚洋油栈内。旅汉美侨妇孺亦现惶恐之状,多有登英商轮预备离汉者。国民政府以英租界已经接管,竭力以维持界内治安为急务,颁发布告,劝导民众,兹将各项布告转录于下:(一)中央临时联席会议指派党代表陈群布告云:在英租界内,所有总工会纠察队、卫戍司令队及汉口警察三项武装同志,均归本人指挥,严密维持秩序,保护中外人民生命财产。现在英租界秩序平安,所有驻汉外侨均可安心照常营业。此后英租界内一切公安、市政事宜,由政府设法办理,望各同胞暂时不宜罢工,即时恢复原状,特此布告。(二)武汉卫戍司令部布告云:照得本月三日,各界民众在汉口举行庆祝演讲游行,以英兵登陆禁阻,致与民众发生冲突。迭经过政府派员交涉,并由本部派队维持,现在英兵自有正当解决,凡我民众务望静候处理,切勿再有举动,另起纠纷。至侨汉外人,宜各安生业,(自)〔勿〕再无故自扰,是为至要,切切此布。司令陈铭枢。(三)湖北总工会通告云:为通告事,案照此次英国帝国主义调水兵上岸,惨杀同胞一案,业经本会代表大会派(兵)〔员〕请求政府严重交涉,业经英水兵撤退。至一切重大问题,政府已接受人民意见,负责办理。对于英租界秩序,并由政府派军警维持管理。我工友们应严守纪律,服从政府军警维持,以表示拥护国民政府之真诚态度,庶不致丧失国民政府信用,贻英帝国主义以口实。为此通告,仰各工会工友一体遵照。无论中外各工厂工友,均须安心上工,不得三五成群,聚集英租界发生纠纷。一切游行,须先报告本会许可。如英租界前巡捕上街,不得施以殴打,并应先将情形报告本会,码头工友尤不得在租界上叫闹。以上各项最关重要,仰各工会通知各工友注意,毋得违抗,是为至要,特此通告。

附国民政府四日晨发布之临时公告:中央执行委员、国民政府委员临时联席会议闻英水兵行凶之事,我同胞一人被杀,数人被伤,政府同人不胜愤激。政府必当采取适当方法,保护人民,在二十四小时内,当可决定办法,防阻以后再有此等惨剧发生,及为人民报仇雪耻。在政府未决定办法时,希望人民离开租界,以免危险。政府一经决定办法,立即通知人民,于一月四日午后七时在新市场正式宣布,特此公告。

附公安局之呈报。为呈报事:昨日下午二时,据职局警察第六署〔署〕长戴维夏电话报称,中央军事政治宣传队在一码头中、租交界地方演讲,民众聚集静听,秩序井然。乃英人无故调多数水兵登陆,密排武器示威,并干涉演讲,听讲民众置之不理,讵英兵胆敢以刺刀伤数人。徒手民众因无力抵抗,请派警保护等语。局长此即派督察长饶仁华率领保队驰往救护,并以电话通知武汉卫戍司令部及前敌指挥部,速派队前往协同维护。旋据第六署署长戴维夏报告:英兵以刺刀伤民众祝香山、方汉山、李大生等,并呈缴英马枪一枝,上冠刺刀,血迹甚多,随带同王庚堂及受伤人祝香山到局询问。据王庚堂供称:适才经过该地,一见英兵持枪刺伤数人,经众将枪夺下等语。复据保安队队长段海山、侦缉长李清登报告:英兵又刺伤张义贵、明宿生等前来,局长并亲履该地与英人交涉,撤退英兵,令勿开枪激变,并劝导民众静候政府处理。幸双方允可。局长以事关外交,即亲赴南洋公司联席会议,报告经过情形。去后,接据督察长饶仁华报称:局长离开该地后,英兵又刺伤一人,不知姓名各等情。据此,查此次英兵无故登陆,刺伤民众,幸未酿成巨变。嗣经局长交涉妥后,复以刺刀伤人,实属野蛮已极,除将刺刀存局待缴外,理合将英兵肇事情形,及已查明之受伤人民姓缮单呈请鉴核,恳向英领严重交涉,以重国权而张公道,谨呈国民政府外交部长陈。

(A)英国当局与侨民

(一)暂时之退让。英租界当自三日惨案发生后,见中国民气沸腾,不可抑制,故暂允中国国民政府之请,撤退租界一切特别防卫,改由国民政府派军警维持。

(二)英国调兵舰赴汉。十日九时,英国威海卫第二舰队兵舰鱼雷共二十七艘奉令调汉。十二日英蓝使电令汉口英舰队司令官,英国在华兵舰十五艘,应集中汉口、九江一带,如南方政府强迫收回租界,英舰当一致为示威运动。

(三)英租界侨民状况。英租界临时管理委员会成立后,关于界内秩序及外侨生命财产,竭力保护,原派驻界内之军队及工会纠察队,完全撤退,由委员会直辖之公安处警察负维持治安之责,秩序甚佳。英侨除妇孺离汉者外,其余避居英舰及亚细亚油栈者,旋亦陆续外出。惟其重要商人,以此案尚在交涉中,仍不免稍存惶惑之心,故曾在某洋行开会一次,决议在交涉未解决前,未得生命财产保障,暂不开市,以故汇丰、麦加利等银行及各洋行,率未复业。英租界江面,计泊有军舰六艘:(一)比号、(二)马克罗利号、(三)乌尔史登号、(四)乌得那克号、(五)飞克托力号、(六)史哈特号。此外尚有商轮五艘,计怡和公司之联和、瑞和、公和三轮,太古公司之洞庭等二轮,均泊江心,盖预备运送英侨离汉者也。

(四)交涉之经过。(A)初步谈判。汉案既起,驻北京英使遣其参赞阿马利来汉交涉。一月十二日,访问外交部部长陈友仁,作初次之谈话。英代表要求退还汉口英租界,恢复以前状态。陈部长当告以如此办法,必致引起较现在更险恶之局势,现在双方之交涉只可以现在之新状况为根据,不能以以前之状况为根据。关于此点,英代表不能否认,遂由双方以此种新形势为根据,即以国民政府因三日事变发生实行管理英租界为根据,继续进行磋商,前后凡十六次。

一月二十二日,国民政府发表宣言,一方面答复英政府十二月十八日之宣言,一方面对于汉案为明瞭之表示。其中关于汉案云:国民政府之意见,以为欲脱离外人帝国主义之羁轭,初不须民族主义之中国与列强从事武力之战争,故国民政府深望以谈判及协议之手续,解决中国与列强间之一切问题。去秋美使来粤,本政府外交部长即以上述政策明白相告。新任驻华英使、日本代表及美使代表,先后来汉,外交部长复以同一政策,向之郑重声明:

"兹为证明本政府之政策,非徒托空言起见,特普告列国:本政府愿单独与任何列强开始谈判,讨论修改两国条约及其他附属之问题。但此(限)〔项〕谈判须根据经济平等之原则,及彼此主权互相尊重之权利。今日汉口英租界之情形,已丕然一变,其事前之经过,报章所载者滋足引起误会,本政府现严重声明:本政府对于汉口事件之处置,与上述之政策完全符合,外间所传汉口事件系先谋划布置,以强力夺回租界为目的,一似数华人之被刺戮,二人之负重伤,亦为计划之一部分者。其荒谬无稽,不得不辞而辟〔之〕也。"

"国民政府权力之展至英租界,初非纯粹由于中国军队得英当局之允许,入驻租界也。尚有重大之原因在焉,盖一则英人擅召水兵登陆,其引起冲突,致中国爱国志士之流血,乃必然之结果。二则英人对于当时之情形,发生无谓之恐惧,以故英工部局自行放弃其职权,英国妇孺相继离汉,国民政府乃不得不建设委员会,以处理租界之行政也。"

汉口案件,不仅为国民政府对英国政府关于汉口租界之一种交涉,而为(一)中国民族运动与英帝国主义之冲突;(二)国民政府与其他国政府之关系,亦将因此而生影响。汉案之解决,小之为汉浔两租界之收回,大之为取消不平等条约全体之初步,亦即为中国国民革命在对外关系上之初步工作,故一月二十二日国民政府所发表之宣言,不仅为对于英国政府十二月十八日宣言之答复,与对于汉案之一种表示,而实为中国民族运动对于世界之一种正式宣言也。国民政府宣言云:"吾侪所以要求自由平等,且不惜投艰赴险,以求达目的者,盖中国人民不欲沦胥于亡,则建设一新国家为刻不容缓之事,倘此新国家须由中国人民自己努力以建设之者,则中国首先须(由)〔有〕处理自己事务之权,换言之即独立是也。"又云:"此主要目的维何,盖即恢复中国因战败被英人剥夺之完全自由是也。"独立自由,即该宣言中之主要意思也。

汉案之于中国民族运动有重大关系,凡同情于此运动之世界民众,莫不了解,而英国之劳动界,对于国民政府在汉案上所占之地位,尤为极力援助,盖已与其他同情之世界民众一同认识汉案重大与深远之意义也。故英国劳工运动代表,有电外交陈部长:"英国劳工运动工业及政治方面代表于一九二七年一月二十二日,通过下列之议案:阁下于此,可以窥见同人等欲竭其棉薄求得一确定之方法,使中国地位立于完全国家之基础上……英国劳工运动,并致其极诚意之同情于中国工人,而拥护其经济状况之增进。且希望中国工人能以坚决和平之谈判,引导其国家脱离眼前之困难与危险,确立于世界独立国之林,并能以自由意志订立种种条约,登进其国民于幸福庄严之域。"又接英国援助中国自由劳工会电文云:"顷接国民政府宣言,声明愿意以经济平等及相互尊重领土之主权为根据,与任何列强单独谈判,解决条约及其他附属之问题。本会阅诵之下,无任欢忭。"故汉案所以能得世界民众之同情者,正以其为中国民族运动途径上所必经之权序也。

汉案磋商,于一月底已就绪,不意英国政府自本国及印度调集大宗军队,以上海为集中之目的地;其时我军右翼正向江浙进攻,军事紧急,英国此项军队究竟其意何在? 实予我军以重大之怀疑,且汉案交涉甫将就绪,而英国大兵压境,形同威迫,苟于此时签字,实为国民政府之威严所不许。故陈部长拒绝签字,并向英代表声明,苟非英国政府将此项军队改其方向,使趋于非中国之境域,则我方决不签字;同时复于签复英国劳工界电文内,将此意重行声明云:"鄙人方竭力设法使汉口英租界得和平解决,一方顺应英人之希望,一方维持民族主义的中国之尊严。惟今日英国来华海陆军队集中上海,声势汹汹,如临大敌,为鸦片战争以来所未有。此政治空气倘能立即除去,则汉案交涉即可立时结果。"自此以后,双方交涉暂告停顿。

(B)英政府备忘录及其附件

汉口案件交涉甫将就绪,尚未签字,英代表交到英政府备忘录一件,并附件七条,声言苟汉浔案件能得圆满解决,而国民政府更能切实声明,除用谈判之手续外,不用任何方式,变更在华英租界及国际居留地,则英政府准备即时与国民政府开始谈判此项条件。

同时并以同样之备忘录附件,致送于北京政府。陈部长当即向英代表声明,此种提议仅能显示对于中国奴隶式条约之零星修改,国民政府不能认为满意或充足,但在两种情形之下,国民政府可以讨论此种条件,作为中英间各种问题圆满合理解决之基础:(甲)凡属于全国性质之各种问题,英国政府只能与国民政府谈判,不能与其他任何地方政府谈判。(乙)一切谈判皆须脱离威吓之空气,如英国集中军队于上海所造成者。

二月中旬,英代表声称,调遣来华军队之大部分,将不集中上海,而改向香港进发。陈部长认此种声明,使汉案交涉有签字之可能,但大多数英国军队虽已改变方向,而仍有少数军队已经在上海登陆,除一面仍向英国抗议,上海英国少数军队已经登陆,认为与条约抵触外,一面准备签字,乃于二月十九日午后七时,在外部与英代表签定收回汉口英租界之协定,并同时声明,此种协定不得为将来收回中国界内其他租界(九江英租界除外)之前例。

(C)收回汉口英租界协定之内容

依此协定之规定,国民政府本年三月十五日,设立新市政机关,以管理汉口英租界,并由国民政府参酌汉口第一特别区管理法,制定管理规则,此种规则,已由国民政府颁布。依据此种规则,应设市政局,由外交部呈准国民政府选派局长,并设董事会,以局长为董事长,另加中国董事三人,英国董事三人,组织董事会,以管理市政事宜。若两方董事投票相等时,则取决于董事长,故市内管理大权,操于中国之手。且此项协定与章程,亦属临时性质,一俟汉口法、日两租界收回后,概行作废之。

国民党党史馆档案:汉 13540.2 号,转引自武汉地方志编纂委员会办公室

编:《武汉国民政府史料》,武汉出版社,2005 年,第 73—77 页

附:北京政府外交部关于收回汉口租界与英等国使节往来电 (1927 年 1 月—2 月)

外交部收驻英陈代办电

1927 年 1 月 18 日

外交部:探悉昨日英阁议结果,对华事仍主镇静,惟对于强暴行为,

不能屈伏。现派巡洋舰五艘赴华,系免英侨恐慌起见,并无武力对付之意。至防护上海问题,又详加讨论云。泰晤士报所载略同。城。十八日。

中国第二历史档案馆藏北洋政府外交部档案

外交部收驻英陈代办电

1927 年 1 月 19 日

外交部:据泰晤士报载:英政府数次开会决定,愿与无论何方之中国负责当局讨论修改条约及租界管理事项,如 Omalley 在汉口,即可提出管理汉口英界之具体办法,英政府之让步,系适用于中国全部,而非止特别一区。又载法政府主张防卫上海,然不愿用武力政策。城。十九日。

中国第二历史档案馆藏北洋政府外交部档案

外交部收驻比王公使电

1927 年 1 月 19 日

北京外交部总长钧鉴:英连日增派舰队赴华,意中有不用宣战格式,而实行作战举动。外侮如此,中立即为自戕。拟请我总长先向英使严行抗议,或劝阻英舰勿驶入长江及聚集中国海面,至少亦可免再演万县惨剧。如能乘机向诸帅建议,息争对外,共组统一政府,则我总理不朽之功,国人更将永矢弗谖矣。景岐。十九日。

中国第二历史档案馆藏北洋政府外交部档案

外交部致驻英陈代办电

1927 年 1 月 22 日

十三日、十八日电悉。报载英国对华举动,路透电所载亦详。究竟英派舰队来华,并为种种军事准备,是否仅对南方示威,抑有用武决心,希向英外部询问,一面挽妥人探查该政府真意电复,以资应付。外交部。二十二日。

外交部致驻和比各公使电
1927 年 1 月 22 日

十九日电悉。近日英国举动,是否仅对南方示威,抑有用武决心,已电陈代办向英政府询问,并探查其真意所在。和、比政府看法如何?倘竟演成冲突,其范围至何限度? 各国究持若何态度,希密向和、比外部探查一切电复,以资应付。外交部。二十二日。

外交部致驻日法美各公使电
1927 年 1 月 22 日

近英因汉口事件,迭派舰队及飞机、养病船等来华,种种举动,殊堪注意。是否仅对南方示威,抑有用武决心,已电陈代办探查英政府真意,尚未据复。驻在国政府对于英国举动如何看法,倘竟发生冲突,其范围至何限度,各国究持若何态度,希密向外部及军政两界探询一切电复,以资应付。外交部。二十二日。

外交部收驻日汪公使电
1927 年 1 月 24 日

外交部:二十二日电悉。英向长江增舰派兵,此间观察,专为保护英侨,并无战意。至日政府,始终持不干涉主义,十八日币原在国会演说可证,想已入览。惟上海租界如有扰乱,列国当共同防御,日本亦须加入。此层请先生注意。特复。荣。二十四日。

外交部收驻法陈公使电

1927 年 1 月 24 日

外交部鉴：二十二日电悉。我国目下事件，苏俄因历年在欧举动，志不得逞，利用我国抨击所谓帝国主义之列强，苏俄唯一目的，即我国与列强决裂，始能达其目的。英国深悉底蕴，故对于汉口事件，极力避免决裂。一因筹备未周，不为戎首，一因投鼠忌器，恐堕术中，然在华侨商生命财产，亦不能坐视无救。此所以迭派舰队，外为示威，于不得已时，恐亦不免出以武力。法政府态度，仍守不干涉我国内政主义。报界舆论，并无强硬之鼓吹，对于英国举动，亦不加以反对之品评。军政各界目下尚镇静观望。但上海租界如有发生事变，恐有关系各国势必合力抵抗。再，近闻苏俄政府令军官四百余员赶习华语，限六个月速成。并闻。箓。二十四日。

中国第二历史档案馆藏北洋政府外交部档案

外交部收驻英陈代办电

1927 年 1 月 24 日

外交部鉴：二十二日电悉。顷晤东方股长，询问派舰来华事，据答纯为预防起见，并无用武决心。惟英人在华利益甚大，势不能轻易抛弃，深愿无强暴行为发生，俾不致诉诸武力耳云云。又另托人探查，亦同此意。城。二十四日。

中国第二历史档案馆藏北洋政府外交部档案

外交部收驻和王公使电

1927 年 1 月 24 日

外交部鉴：二十二日电悉。顷往详谈，据彼观察，如局势不再恶化，用武尚无决心。范围一层，北方外人未有损失，自无问题。并闻和舰一艘，俟日本送葬礼毕，亦将驶往上海，叽诘以何必如此，彼称如无变化，即当离开云云。孙领事事允函拓殖部转爪督。再经费事，迭电计达。

切盼速复。圻。二十四日。

外交部收驻美施公使电

1927 年 1 月 25 日

开洛（Kellogg）云英国并未向其谈及遣发英兵及战舰至中国之事，彼亦未尝对英言。两国同时出兵，乃不约而同之事。美国兵力只用以保护美侨之生命财产，遇有其他外侨来避难时，亦必加以援助。美国对于中国其意只在和平，并未与任何列强协商防守上海之事。或者威廉氏（Williams）曾对驻在上海之各国海军司令等有谈及此事，但迄未接到该氏关于此种事件之报告。肇基。二十五日。

外交部收驻比王公使电

1927 年 1 月 26 日

外交部：二十二日电悉。英派舰已达七十五艘，计海军万人，陆军一万六千，尚在续派。昨同比外部某要人私谈，据云：英此时虽说是保护租界，而大军所至，变化宁有逆料。询以比外相前在议院声明，如有主张武力干涉中国者，比必不参与，即他国想亦如此，此种看法，昭然不变。答称：俟请示外相再复云云。但恐外相之言，亦不过堂皇官话，难得要领，特又私访顷由伦敦归来之新下野某有力政治家，交识极久，开诚畅谈。据告英决派兵周旋华境，悉本国主要军队中抽调，再加如许舰队，岂为白走一遭，又岂仅为保护区区上海租界。英若占据南方一部，日本宁肯不在北方下手，法、美继起，恐有瓜分之祸。为中国计，南北本无不解之仇，此时宜速泯内争，合组统一政府，抱一致政事，协力对外，时机已熟，稍缓恐将糜烂等语。查英政府实际动员事前几经重要会议，并向反对党领袖解释，内情虽密，然其用武决心人所共见。如此兵力，断非寻常局部保护，片面示威。不幸竟演冲突，有何范围可守，沿海岛屿港湾,无在不可占据。列强伺隙,惟利是图,此时甘言难弭后患。报载法似已与英同谋,亦添派军舰,危急如此,再事阋墙,受外人分割,历史上无论何方人物,均负莫大责任。拟请中央政府速决大计,协商群帅,顺天保民,互助解决纷纠,一致对外,一面抗议英军入华,或急诉国际联盟,以求公决。是否有当,敬候钧裁。景岐。二十六日。

中国第二历史档案馆藏北洋政府外交部档案

外交部收南京孙传芳电

1927 年 1 月 29 日

北京国务总理、外交总长均鉴:近自汉口租界事件发生,屡闻英国有加派海陆军队运入我国消息。兹据江海关监督电,以驻沪英领事面称:为维持上海英国租界治安,由轮运来兵士,随船带有军械,计日抵沪,请函税务司放行等语,前来请示,计已经达台端。芳以上海商埠为我国领土主权所在,租界不过根据条约所有,侨商生命财产之有我国军警负责保护,迭经切实声明。该国岂可藉口汉埠局部事端,侵我主权,徒使人民惊骇。误会果生,应请迅向驻京英公使严重抗议,以重邦交,而全国体。至于汉口租界问题,应俟和平解决。除已电饬江苏交涉员就近向驻沪英领事抗议外,特电奉陈,不胜迫切之至。孙传芳。艳。

中国第二历史档案馆藏北洋政府外交部档案

外交部收南京孙传芳电

1927 年 1 月 29 日

北京各使馆,各院部、各省区、各领事馆,各军民长官,各交涉机关、各法团,各报馆均鉴:近因汉口租界事件,英国侨商惊疑迁徙,国内有识人士,已深抱憾。连日传闻英国将陆续派海陆军运到我国,报纸遍载,误会繁滋。传芳窃以英国为世界文明先进邻交,素主和平,与我国近数十年辑睦有加,汉口租界事件纯为局部问题,必不致谈及武力。顷据江海关监督电呈驻沪英领事面称:为维持上海英国租界治安,由轮运来兵士,带有军械,请函税务司放行等语。查上海本为我国惟一之商埠,租界属于条约关系,地方纯系中国领土,全埠治安,我国军警完全负责维持,所有外侨生命财产当切实保障,均经郑重声明。英国此次运兵来沪,碍及我国主权,复启人民疑惧之心,揆之事理,不惟易惹纠纷,抑且不增利益。在英国如以和平意见樽俎周旋,宜有圆满解决之效果。谋国交邻之道,何去何从,除已电饬江苏特派交涉员向驻沪英领事抗议,并电请中央政府向驻京英公使严重抗议外,剀切电达,伫候明教。孙传芳。艳。

中国第二历史档案馆藏北洋政府外交部档案

外交部收驻比王公使电
1927 年 1 月 31 日

外交部鉴:二十六日电计达。二十二号比外部答称:外相言比国无派兵之举。英国局势如何,不便置词。各国态度,刻多观望。询以西、葡派舰,是否与英合作,彼谓:该两国派兵无多,或仅为保护本国人生命财产起见云云。日来比报露出即政府不派兵,国民亦将组织义勇队赴华,如成事实,本馆如有应取态度,请电示遵行。景岐。二十一日。

中国第二历史档案馆藏北洋政府外交部档案

外交部致各省区军长官电
1927 年 2 月 1 日

英派陆海军来华事,顷由本部照会英使,略称:此次英国派兵来华,虽经英外部及英使称系保护英侨暨上海租界,中国政府以英不先征求同意,认为超越寻常行动,与华府会议尊重中国主权,并愿将在华军队撤退之议决,及国际联合会盟约第十条所载尊重保持各会员〔国〕之领土完全及政治独立,以防外来之侵犯等语之精神相背,且中国人民维护国家主权之观念近甚发达,恐因之引起重大误会。若为防护上海租界,该处并无危险,中国军警确能维护治安,忽增多数外军,易滋纠葛,中国不能负责,请转达英政府撤回来华军队等语。同时并电驻英代办照送英外部。特电接洽。外交部。东。

外交部收驻英陈代办电

1927 年 2 月 1 日

外交部鉴:抗议派兵事。三十一日电敬悉。昨晤英外部,今日公布,并探该部意见。据云事关外、海、陆各部及其他阁员,须相互接洽,俟商定后,始达英使,并复本馆,容再电陈。安格联免职事,亦遵电非正式说明,彼方颇为歉意,无他表示。城。一日。

外交部收日内瓦朱代表电

1927 年 2 月 2 日

外交部:英国派兵赴华,虽藉口保侨,难保不酿成战衅。国际舆论,动魄惊心。应否照盟约第十条、第十一条有所准备,对报界如何宣传,候电示遵。乞酌汇办事处维持费,俾全体面。莘。二日。

外交部收驻仰光领事电

1927 年 2 月 3 日

外交部崇鉴:英兵来华,印度公民反对甚烈,有愿为华人牺牲生命等情。最近中英交涉如何,纷纷来询。再,馆员无米为炊,统乞电示。鑫。叩。

外交部收济宁褚玉璞电

1927 年 2 月 3 日

外交部勋鉴:东电敬悉。查中英邦交素称和睦,乃以汉案局部问题,竟尔引兵东渡,逼我边陲,似此侵权背义,不独国际例法之所不许,尤为华府新约之所不容。贵部照会拒绝,理直气壮,凡我袍泽,定表同情。尚祈坚持到底,誓死力争,玉璞不敏,愿作后盾。特布区区,诸希亮察。褚玉璞。江。印。

中国第二历史档案馆藏北洋政府外交部档案

外交部收驻英陈代办电

1927 年 2 月 3 日

外交部:报载英兵有改赴香港、威海卫之说,当赴英外部探询,并表示威海卫问题未决,为中英邦交计,英兵不宜前往。据云:此议尚未决定,明日阁议当将此意转达。又云政府已有新训令电阿参赞遵照接洽,期可继续谈判,以免军队冲突,并谓派兵系因南方乱事,故不能不与党军协商。城。三日。

中国第二历史档案馆藏北洋政府外交部档案

外交部收驻美施公使电

1927 年 2 月 3 日

北京外交部鉴:今日报载伦敦消息:在中国海面及其附近,美国现增加其海军及军舰。此间报纸亦载有美国增加海军于东方之事。

今日会见开洛,彼云:美国兵力纯为保护之用。基告开洛,一月十日彼对基言,威廉陈乘旗船直由小吕宋出发外,并未加带其他军舰。

一月二十四日再见开洛,述及二十二日部电,并询其美国增加海军之意旨。彼云在太平洋岸并未增加海军。嗣提及一月十日彼所言,除旗船外,并未加带其他军舰来华,等语。彼云:此语诚有之。

今日基告格鲁云:一月二十四日曾问开洛,是否同意与威伯一见,请其将致威廉司令最近之训令相告,开洛答云彼将予基一节略,现特为此来见。格鲁云,此节略彼将询之开洛,但彼不敢臆断关于将来军舰之行动,开洛果能允许见告。基因重述当时与开洛会谈情形,彼云:其时彼不在座。肇基。三日。

中国第二历史档案馆藏北洋政府外交部档案

外交部收驻法陈公使电
1927 年 2 月 4 日

外交部:二十二日电询我国时局法政府态度一节,业于二十四日电复。法政府虽宣言仍守中立主义,然对于防护在华利益与英一致,颇生疑义。此所以二十四日电内所称:有关系各国势必合力抵抗二语,系隐指法国而言。连日各方刺探,终觉法政府态度不能明了,遂于本月一日用篆个人名义,在巴黎时报上发表宣言一篇。大致谓:美日态度极为光明,甚愿法政府亦将其所持态度明白表示等语。四日巴黎时报论说内有派遣舰队到华为预防侨民生命财产乃列强应尽之义务,不能视同违犯中国主权等语。其余论调亦足以证明于必不得已时法国将与英取同一态度,特闻。篆。四日。

中国第二历史档案馆藏北洋政府外交部档案

外交部收驻美施公使电
1927 年 2 月 8 日

北京外交部鉴:上星期六驻美英国大使告余,彼将访开洛,通知英国赞成上海提案,并请余力劝各方容纳此议。答以非俟列强撤退赴华海、陆各军,并表示诚意协商,余不愿从中斡旋等语。观此则美国提案仅先通知伦敦,并未候复。惟星期一(二月七日)报载开洛在会议中称,本案除顾理治总统外,并未与商。再密陈者,若部中不从速汇款,余思惟有闭馆而已。基。八日。

中国第二历史档案馆藏北洋政府外交部档案

外交部致驻美施公使电

1927 年 2 月 8 日

三日电悉。顷美使向南北军总司令提出建议,因上海公共租界外侨众多,为贸易中心,亟应维持治安。向来各国政策不使该租界干(与)〔预〕党争,且不为何党利用。并奉美政府令:请华军总司令注意,立将上海租界划出战区,俾外侨得享适当保护,并愿就该租界将来处置,开正当会议行友谊及合法之谈判等语。查美政府既向南北两方提出建议,复于小吕宋集中舰队,究竟真意安在,是否与英预有接洽,采一致行动,统希设法探明电复。外交部。八日。

中国第二历史档案馆藏北洋政府外交部档案

外交部致南京孙传芳电

1927 年 2 月 8 日

美使称:奉政府令,向安国军总司令及党军建议,大致以上海公共租界为贸易中心,外侨众多,亟应维持治安,请南北军总司令注意,立将上海租界划出战区,俾外侨得享适当保护等语。该件闻已由驻美领抄送尊处,未审确否,尊处如何答复,伫盼电复。外交部。庚。

中国第二历史档案馆藏北洋政府外交部档案

外交部收陕州刘镇华等电

1927 年 2 月 9 日

各部院、各省区军民长官、各领事,各交涉员,各法团、各报馆鉴,全国父老昆弟钧鉴:顷接孙馨帅艳电、外交部东电,惊悉英国以局部问题,藉口维持上海英国租界治安,派遣陆海军来华,骇愤同深。查各国在华有租借地,实为丧失治外法权及不平等条约之最大污点。此次汉浔收回英界,按之独立国之主权及国际平等之精神,并无违反,乃英国竟派舰来华之举。此等特殊动作,侵犯我领土,妨碍我国权。此可忍,孰不可忍。我全国上下蒙此奇辱大耻,誓当破釜沉舟,一致反抗,不达到目的不止。英国素重邦交,酷爱和平,当能容纳全国真正民意,立时撤退。否则,再接再厉坚持到底。尚祈全国同胞努力进行,用作后盾,并请外交当局尊重民意,竭力交涉,至为祷祝。刘镇华、张治公、柴云陞、王振、贾济川、梅发魁、武衍周、何梦庚、张得胜、姜明玉、万选才、李万如、徐邠云、刘世杰、金焘同叩。佳。

中国第二历史档案馆藏北洋政府外交部档案

外交部收南京孙传芳电

1927 年 2 月 10 日

外交部顾总长鉴:庚电敬悉。上海为江苏境内通商巨埠,租界外治安,苏省军民长官负有维持之责,自当以军警之力担任保护,战事所不能及,无有特别声明划出战区之必要。党军扰乱秩序,纯属暴徒行动,与党派战争不同,并无列于交涉之价值,各国外交团体无得受其恫喝欺诳。现上海租界决不致有危险发生,传芳可负完全责任。特复,即希察照转复为荷。孙传芳。蒸。

中国第二历史档案馆藏北洋政府外交部档案

外交部收日内瓦朱代表电

1927 年 2 月 10 日

外交部鉴:英政府已将对华提案附说明书送国际联合会秘书长转达会员国,历述南方排英举动及派兵保侨之由来,仍望英兵无到沪必要。英国行动与盟约文字精神相离。此问题关系华会各约,此非国际联合会所能帮同解决。倘有可以交会调停之机会,英政府亦乐从云云。我国如何对付,应否将大部对英派兵抗议送会发表,候电示遵。再,办事处莘无款维持,电费亦无着,乞汇小款济急。莘。十日。

中国第二历史档案馆藏北洋政府外交部档案

外交部收驻英陈代办电

1927 年 2 月 11 日

外交部:昨日英外相在下议院演说,略谓:阿参事已与汉口当局接洽妥协,汉口英租界仍交还英人,再由租界纳税人选举参事会正式接收。九江租界亦照此办理。俟该协定签字后,倘上海情势和缓,所有由英国及地中海派之舰队,即不再由香港前进云。城。十一日。

中国第二历史档案馆藏北洋政府外交部档案

外交部收日内瓦朱代表电

1927 年 2 月 11 日

外交部电敬悉。抗议派兵文通告会员国绝无窒碍,惟英政府说明书语多偏袒,应否先行声明保留驳正权,俟大部接到全文时核办。急候电复。莘。十一日。

中国第二历史档案馆藏北洋政府外交部档案

外交部收驻英陈代办电

1927 年 2 月 18 日

外交部鉴:抗议派兵事,十四日电计达,连日催询。顷准英外部正式答复,仍以汉浔事为藉口,派兵系保护英侨,并无干涉侵略之意。全文想由英使送达,另钞邮寄。城。十八日。

中国第二历史档案馆藏北洋政府外交部档案

外交部致南京孙传芳电

1927 年 2 月 19 日

删电悉。美使建议上海划出战区事,此间拟暂不答复。特复。外交部。皓。

中国第二历史档案馆藏北洋政府外交部档案

外交部收驻比王公使电

1927 年 2 月 23 日

外交部：顷接可靠消息，英国添派兵三万赴华。谨闻。景岐。二十三日。

中国第二历史档案馆藏北洋政府外交部档案

4. 英国外交部关于收回汉口租界事件档案选译①

（1）英方关于汉口"一三"事件的报告

葛福②致兰普森

1927 年 2 月 10 日

一个附件（共 2 份）

先生：我怀着崇敬的心情向您报告汉口英租界工部局总董贝尔（G. C. Burn）先生的关于 1 月 3 日和 4 日汉口事件的报告。鉴于贝尔先生已于 1 月 5 日去了上海，巴顿先生留下来，他搜集整理了这次南方政府接收租界的骚乱的资料。

我也向帝国扬子江舰队司令提交了同样的报告，他的意见如下：

"关于贝尔先生的话，我没有什么意见，因为我一直呆在'蜜蜂'号上接收电话或者其他渠道来的信息。"

他的意见看起来是对的，我也赞同他极力避免受艾利斯上尉的影响，有一次他对我说过这件事。我告诉他要尽量保持克制，除非我认为有绝对必要开枪时再下命令。

对贝尔先生的报告，我还有一点要补充，就是贝尔提到我对中国军

---

① 本节档案资料选译均转引自武汉地方志编纂委员会办公室编：《武汉国民政府史料》，武汉出版社，2005 年，第 449—479 页，各条资料译文出处恕不一一注明。

② 时任英国驻汉口总领事。

官保持敬意是不准确的。

报告中提到我通过电话向驻扎在义勇队总部保持秩序的中国军官表达敬意,他认为我们在通电话时我的态度极度不友好,我认为我的态度很恰当。

我同意海军少将的意见,认为贝尔先生的意见是正确的,但同少将一样,我那时也被围困在办公室里,并非是目击者。

必须记住,贝尔先生属于住在中国的典型的英国商人,他什么也不忘记,但更糟的是,什么也弄不明白。在我看来,贝尔整个报告未能认识到最近五年或两年中国局势已发生了巨大变化。

他对于中国人的态度,可以从一个典型例子中看出,他对允许中国人使用江滩小路这件棘手问题的态度跟我的态度不一致,他说工部局董事会的人是被我强令的。在这点上,他碰巧说得非常正确。

长期以来,未经国家法规或工部局市政条例明文规定,而仅凭一道下达给租界巡捕房的命令——江滩靠江边的小路就不准中国人行走,而专门留作外国人使用。这一规定在当地租界和俄租界里边适用。租界被移交到中国人手中后,对中国人的一切歧视便自然而然地停止了。中国当局曾多次催促我们在英租界采用相同的政策。董事会里部分董事同意取消限制,但以贝尔先生为首的一二个顽固分子坚决拒绝考虑修改现有规定。

然而,南方人来后,这一问题变得尖锐起来。我们警方曾先后两次因阻止中国人走那条小路而同一群中国人发生冲突,其中一次还发生了扔石头的事情,几乎造成骚乱。此后,我向总董提出此事,对他说,如果警方因执行没有法律公正的职能而受到攻击便要求少将派兵支持的话,我认为这样做是没有道理的。我进一步指出,如果董事会这种做法的不合法性被揭穿,他们可能会遭到非法拘捕。这些呈词起了作用,不久,对中国人使用小路的限制取消了。

阁下,

我有幸成为

您最驯服、最谦卑的仆从。

<h3 align="center">贝尔致上海英国总领事</h3>

元旦,开始了游行示威。星期六,人群开始聚集在河街尽头海关大楼附近,星期天也如此。

星期天上午,接近中午时,大约80—100名穿着制服的中国士兵闯入汉口俱乐部广场,他们尽其所能地表现他们对体面行为的蔑视。显然,他们被派到那儿的目的是激怒外国人。最后,他们奉命离开,离开时,他们充满敌意。据说,虽然表面上这些士兵没有武装,但其中一些人带有手枪。他们离开俱乐部广场后朝警察局走去,聚集在那儿,直到巡逻的海军陆战队碰巧路过时,才匆忙地离开。整个事情大约历时半个钟头。星期天,一架海陆两用飞机在租界上空飞旋,丢下反对外国人的传单。许多传单都撒到英国军舰"蜜蜂"号上。周末,又有一些反对英国人的集会,而且其中一两个颇为盛大。

本月3号,星期一。国民政府(K. W. T)当局指定新年的头三天为官员的假日,而海关星期一上午仍在办公。群众得知后,似乎非常气愤,哨兵竭力不让人进入海关大楼,引起了几次小冲突。人群聚集起来,煽动者们乘机发表激烈的演讲,声言反对英国人,反对帝国主义。也有人说人群中有一些俄国人,但我不敢说我亲眼见过。

最后,人群被煽动起来,他们开始向一小队海军陆战队的卫兵扔石头。我们采取了防范措施,将几位海军陆战队队员撤到了沙袋街垒口。到2时30分,人群里已增加了很多人,他们使尽浑身解数迫使海军陆战队士兵要么开枪,要么撤退。3点钟之前,我来到现场,看见大约20—25名海军陆战队士兵横列在公路上,由都伯里上尉指挥。此外,还有英国工部局的马歇尔(Marshall)先生,几个巡警,一些临时警察和几个锡克教教徒。

我在那里停留了一会儿,见人群不大可能离散,便问马歇尔先生他能否与葛福先生取得联系。马歇尔先生说他已同葛福先生联系过了,而葛福先生已同中国外交部(C. F. A)取得联系,要求他们派中国军队迫使那群人回到中国人的区域,并将其解散。这支部队能否及时到达,并没有确定的消息。3 点钟左右,我开车到领事馆,遇到葛福先生。他正站在领事馆花园外的小路上观看另一个小型集会。这个集会由一个穿制服的煽动分子主持,他正展示着某种写有标语的横幅。集会在特二区和英租界的交界处举行,参加的人很少,听的情绪也不怎么激动。我要补充说明,这个小会就在领事馆外的沙袋那边,那时,街垒正由一小队海军特遣队员守卫着。

我问葛福先生,派遣军队一事,他是否已从外交部得到满意的答复。他说,他只能说外交部已经派了部队。我强调说,海关大楼那边形势非常严峻,如果中方不立即着手处理,将可能造成严重后果。葛福先生显得很焦急,但他说领事馆对面似乎比较安静,也没什么危险。他使我觉得他认为我们中某些人易于惊慌。然而,接到马歇尔先生的报告后,他立即同外交部联系,而且,他愿意再一次不辞辛劳。应我的要求,葛福先生向中方当局再次发出紧急电报,要求他们派军队来海关大楼(应该注意我不能确定葛福先生最初要求援助的请求是向外交部提出的,还是向负责维持租界附近秩序的警察局局长提出的)。

葛福先生当着我的面又拍了一封电报给那位局长。当我等在那儿看会有什么答复时,英国救火车从领事馆旁经过,开往海关大楼附近,准备必要时用水龙管向人群喷水。然而,我要说明,虽然做好了一切准备,这一防卫方式并未采用,因为这似乎不可能起到很大作用。而且,倘若那群人猛烈冲撞起来,还有可能失去这辆救火车。

几分钟后,警察局局长答复说,他正在派兵。我于是回到骚乱现场,向负责人报告我的所作所为。那里的情形已经更糟,人群已向海军陆战队靠得很近,他们猛烈地掷石头,因此需要下令士兵上好刺刀。然而,海军陆战队移到了街垒离海关办公大楼间相当于三分之一的位置。那群人又掷石头,海军陆战队士兵只得逐步撤退。此时,我得知,负责的军官已接到海军少将的指令,如果绝对需要,他有权开火。于是,我去怡和洋行打电话通知葛福先生,中国部队尚未到达,而我了解到海军少将已授权海军在必要时开火。葛福先生说,他已尽一切努力使中方派出部队,除了等待其到来之外,我们不可能有其他作为。他进一步说,他真诚地希望不诉诸武力,倘若出现这种情况少将将负全部责任。

我又来到路上,站在那儿看了一会儿情况:同马歇尔先生商量之后,我决定回到英国工部局,设法与中方警察局局长(编者注:即张笃伦)取得联系。当时的时间大约是4点钟。过了一会儿,电话接通了,中方说将马上派一支部队来。几分钟后,工部局的翻译打电话给租界交涉员,请他在这件事上给予支持。交涉员回答说,他也一直在想方设法同中方警察局局长取得联系,而且已派助手去调查在这件事上他能做什么。大约十分钟后,我让李翻译再打电话给中方警察局局长,问部队是否已经出发,回答说他们正要出发。

带着这一消息,我回到河街,再次向负责人作报告。大约在那时,艾利斯(Lieutenabt Ellis)上尉告诉我,如果形势不迅速好转,他将下令开火。他觉得他的部下已再也不能忍受被人用石头攻击了。那时,他右眼下的伤口处鲜血直流。马歇尔和我都表示赞同,但要求他尽力忍耐。就在那时,人群发起了侧翼进攻,他们沿着前滩行进,向河街上我们的人猛掷石头。为了驱散这群人,海军士兵、锡克教警察和临时警察被派到前滩。此间,几个水兵不知怎么被隔离了出来,自然,他们特别受到暴民的进攻。为了自卫,他们不得不使用刺刀。救援队伍到达之前,已有两三个人遭到毒打,其中一个水兵的脑袋、手臂和腿都受了重伤,他已不能行走,也不能自如地移动。我便开车送他到天主堂医院。到了那儿,我们发现已经有一个水兵躺在手术台上,斯基耐(Skinner)医生在给他敷扎伤口。几分钟后又来了一个水兵。我想他是被人群中的某个人用刺刀给刺伤的,此人在水兵倒下时,夺取了他的步枪。

随后,我又回到河街,在怡和街的拐角处遇到廉·布鲁森(Lyon-Brosn)医生,他正送艾利斯上尉去医院敷扎脸上的伤口。情况没有好转,我决定去义勇队总部查明那里的情况。我除了记得义勇队早已准备好,其他一小批队员被派到租界其他地方防守街垒外,其他问题都记不清了。

　　我当时就决定同"蜜蜂"号上的少将联系。当我到达时,发现葛福先生正同少将先生在一起,我向少将先生简短地介绍了当时的情况后,便同葛福先生一起回到了事件发生地的岸上。

　　正在那时,十几名中国警察赶到了,但他们也起不了多大作用,一些人还在扔石头,但事态或许没有以前那么严重了。我又到怡和洋行给工部局办公室打了个电话,问翻译是否有中国警察局局长的消息。他告诉我已派出了很多警察,并且会继续派一些。我告诉他要想办法促使他们快点到达,否则我们就不得不开枪了。

　　直到晚上6时30分,一队士兵到达河街时,事态没有大的变化。但这时人群越来越大,已经要涌到沙袋前了,中国士兵仅仅阻止他们前进到沙袋街垒。我们的指挥官("Magnolia"号舰长)正试图使我们士兵回到原来布防位置。

　　一个义勇队的翻译试图做到这一点,但用处不大,我再次回到义勇队总部去召集其他人。这个新来的翻译被派去后,我留在总部和刚从医院包扎回来的艾利斯上尉谈话。

　　又有很多骚乱的谣言传来,为此,艾利斯上尉给"蜜蜂"号发电,要求派更多的士兵上岸。不久"蜜蜂"号回答说他是否愿意向美国海军求援。这里我要求补充一点,在我和少将先生谈话时,少将先生告诉我他早晨从美国海军舰队豪(Halgh)司令得知,司令先生没有理由派兵上岸保护英租界,但可以派兵上岸保护美国侨民生命财产。卡梅伦少将告诉我,他已提请豪先生注意,现有的兵力难以保持秩序。美国舰队司令同意他的看法,表示如果包括美国人的生命财产受到威胁时,他要派一小队士兵上岸。

　　艾利斯上尉从"蜜蜂"号上得知这一消息后,征求我的意见,包括艾利斯在内,我们的意见是希望美军上岸的时机已经成熟。不久,我就得知,已有50名美军士兵已上岸,并在汇丰银行前布防。

　　大约晚上7点45分,义勇队告诉我,我们的人已从河街撤回到怡和街,中国警察局局长保证驱散这些暴民。我急忙赶到河街,想看看情况到底怎么样。看来中国警察局局长强调租界交涉员必须同意撤退至怡和街口,他则负责清理海关大楼前的秩序。协议迅速达成,大约半小时后,江滩秩序有所恢复,我们的人和中国士兵间有 30—40 码的距离。中国警察局长认为明天早晨 9 点钟需举行一个会议,讨论一些事情。

接下又发生了更可怕的事情,各种工会组织庆祝新年的提灯游行队伍进入了租界。我要说的是,中国当局曾向英方建议过这样的事情在湖北街可能会发生(葛福先生曾向我说,陈友仁先生曾表示不会再发生)。可是,中英间的约定被抛之脑后,宝顺街、湖北街和太平街歆生路[编者注:今为江汉路,一条路两段名称不同,上段为歆生路,下段为太平街]、界限街那里未遇到什么阻碍,游行队伍就进入了租界。在 9 号地区,游行队伍转向湖北街,然后又朝阜昌街走去,而在那里执勤的是英国志愿队(义勇队)。人群已有数千人之多,它们宣称可以到租界的任何地方去。幸好中国警察局的负责人试图劝说他们退回到华、英界间边界上。经过一番争论,中方警察局负责人告诉我们他不能劝说他们退出,并建议我们同意让游行队伍沿湖南街通过,到达湖北街。游行队伍随即前进,在我们的人的陪伴下,从湖南街到太平街,未发生什么事情。

大约 11 点钟,我又回到义勇队总部,此时事情平静了许多,美国军队可以回到他们的舰上去了(美国人一直都未离开过银行大厦,但其指挥官坐在义勇队总部里等候指示)。

11 点 30 分左右,我开车送艾利斯上尉到河街,以便他能回到"蜜蜂"号上去。回家途中,我去海关大楼旁的街垒。在那儿,我发现中国部队撤走后,一群苦力正忙着毁坏沙袋路障。在这之前,我们的海军陆战队和海军部队已经撤离,但留下一小队海军士兵继续在河街巡逻。我立即回到总部,报告苦力破坏沙袋的情况,并电告汇丰银行,请求派一支部队驱散苦力。随后,我开车返回。同时,翰德里(Hardly)上校和布朗(Lieut Lion-Brown)中尉一起开车,亲自视察那儿的形势。他们比我先几分钟到达。我们看见海军巡逻兵已抵达,所有的苦力都不见了。此时,路障受到的破坏并不很大。翰德里上校指示必须尽可能地重建路障。我知道,指示已落实了。之后,我回了家。

前面提到的会议如期召开。到会的有海军少将卡梅伦、海军船长休斯、中方警察局局长、巡捕房警长和作为租界工部局总董的我也出席了会议,此外还有助理秘书乔治先生和工部局翻译员约翰·伊特森(John Eatson)先生。

整个会议在十分友好的气氛中进行。中方警察局局长说前天下午部队的拖延是多方面的原因造成的,那天是公休日,他本人去了武昌,因而联系起来有些困难。中国人首先问我们是否愿意将部队撤离河街,因为他们在场只会刺激暴民使用暴力;只要我们的军队不出现,他那一方保证维持租界外围的秩序。卡梅伦少将强调,中方指挥官必须有把握能对付可能汇集的任何人群。对此,中国人回答说,我们不必担忧。中国人申明,只要他们维持租界周围的和平,我们的部队就没有在那儿的任何必要了。卡梅伦少将说,那是显然的,但提醒中国人,他们星期一花了 4 小时才集中足够的兵力去应付形势。中方回答说,他们已采取了一切必需的预防措施,以后不会再出现任何类似的拖延。因此,我们同意,中方绝对担保不让人群汇集在海关大楼周围,或租界周边其他任何危险地点,卡梅伦少将撤退所有军队;但双方必须协定,如果发现中国军队不能控制群众,我们的军队就立即登陆。我们向中国人说明了这一决定,他们同意。

离开会议之前,中方警察局局长要求我们拆掉所有的路障,他认为这些设施无济于事,相反,只会对群众捣乱起促进作用。这里,我要说明,外交部曾经一两次要求葛福先生拆掉路障,但海军当局和总领事一直都不同意。自 9 月初以来,这些路障,至少其中的大多数,一直以某种构形设置在那儿。

会后,我开车送卡梅伦少将到领事馆,然后去海关大楼那边看形势如何。我吃惊地发现,一群苦力又在破坏那里的沙袋路障。这里我要说明,星期一下午,暴民已毁坏了横穿在此沙袋路障前 20 码处堤岸的带刺蛇腹形铁丝网,并拿走了一部分。发现街巷遭到更大的破坏,我立即打电话给葛福先生,叫他通知那时正坐在他办公室里的海军少将。葛福先生说,既然中国人已承诺使群众保持秩序,我们暂时以不管此事为宜。

租界逐渐挤满了看热闹的中国人。据我所见,他们当时非常有秩序。12 时 30 分,我发现太平街、洞庭街一端尽头的路障也被中国苦力给毁坏了。我同英工部局取得联系,他们说已经要求中方警察局局长出面制止这一行为了。一刻钟后,在街垒被严重毁坏以前,苦力在中国官员的要求下离开。

2 时,到租界里看热闹的中国人越来越多,其中大部分人好像正朝英工部局大楼走去。我看见一些小男孩在嘲笑和侮辱一个下了班的锡克教警察,他当时正路过我在洞庭街的办公室。我又同英工部局取得联系,得知一群人正挡在路当中,但中国人正派人去将其解散。半小时后,我接到工部局马歇尔先生的消息,外面的人群已乱起来,且掷起了石头。此时,我得知一两个中国官员已到达现场。虽然其说明了应付人群的意图,但要调集充足的兵力以造成影响,他们似乎有困难。不久,我又从工部局得知,情况变得更糟。我于是告诉他们,如果可能的话,我将到领事馆去请葛福先生采取行动。这期间,我还了解到卡梅伦少将因未接到总领事的指示而拒绝派兵。

从办公室出来时,我被人叫住。他建议我不要到路上去,以免被人看见,因为河街上人很多,他们已扬言要杀掉出现在街上的每一个英国人。对此,办公室里我的中国职员也坚决要求我暂时不要离开房屋。因此,我写了张便条给葛福先生,简短地介绍了我通过电话从工部局了解到的一切情况,并建议,倘若采取行动,只要有可能就立即派海军登陆。过了一会儿,信差回来,他显得非常焦虑,他说已把我的便条送给葛福先生。在回办公室的途中,他看见河街上的人群向一个英国人猛掷石头,并把他打得焦头烂额,那人躲进汇丰银行才免于一死。

　　由于没有收到葛福先生的回复,我打电话去问他是否接到我的便条。他说接到了,但认为,那时派海军是不可取的,因为他们只会导致大量伤亡。对此,我毫不犹豫地表示同意,因为那时暴民非常多,且情绪非常激昂,令人生畏。葛福先生又说,在这种情况下,唯一的办法是让中国人履行他们关于清理租界的承诺,但此举是否能奏效,我们没有信心。虽然,据我所知,尚未造成重大损失。下午 6 点左右,我回到我在洞庭街的公寓,通过电话与工部局董事会的一些官员们保持联系。9 点 30 分左右(时间不确定),我打电话给义勇队总部,得知已决定在房屋里驻扎中国士兵。我向克罗佛德(Lieut Clawford)上尉问及此事。他说他们已同少将取得联系,并接到指示:在中国军官到达时,向他致敬。过了几分钟,乔治先生(助理秘书)从工部局办公室打电话批准上述安排,并通知中国负责军官正由马歇尔陪同到工部局办公室去。当时我认为,我们打算使这支中国军队驻留下来以应付租界各处可能出现的突发事件。在当时的情况下,这是非常实际的。

　　过了一段时间,我又同义勇队总部联系,得知少将下令总部的人离开房屋,但离开前,须将所有的武器、设备、弹药搬到"蜜蜂"号上去,他们照做了。但我想,直到星期三凌晨两点钟左右才完成。

　　星期三上午 7 点左右,马歇尔先生从他的住处打电话给我,说河街又被一群暴民控制。他们在毁坏其所能触及到的任何一样东西。马歇尔先生说他试图同葛福先生取得联系,但未做到。他要我尽力同领事馆建立某种联系。我试图找一个可信任的中国人,但却找不到。后来,马歇尔先生又打电话给我,说他已经同葛福先生取得联系,以使他再发一封电报给中国官员,要求他们以更大努力来建立秩序。他还说,那时他已不能离开他的住所,因为有一大群人很显然在等他出去。

　　我于是去办公室,通过不久前安装的私人内部互通电话系统,在马歇尔的住所、英工部局和我自己的办公室间举行一个三方谈话。此时,一些中国军官被安置在我们警监的私人办公室里,我们自己的警官和 P. W. D. 的官员坐在工部局里。P. W. D. 的官员和除了警监罗之外的所有巡警,都说他们认为他们的生命处境非常危险。因此,他们提议,所有的人都离开工部局。主要反对意见是:如果丢弃工部局,就会失去我们仅存的同少将之间的电话联系。我们打电话向葛福先生说明了这一情况,他同意我的看法,虽然我们非常不愿意失去同"蜜蜂"号的电话联系,但我们不能指望警官们冒被屠杀的危险。

一时没有新情况出现。12点时,我得知尤金·陈[编者注:即陈友仁]先生正派他的秘书吴先生去工部局讨论此事,因为坐在其他办公室的军官们拒绝在未得到上级许可的情况下接管工部局。因葛福先生不能离开领事馆,我便同他商定,派胡旗森(Hutchison)先生去。他比我晚几分钟到那儿。

警察局长罗先生努力说服我让他留下,但其他警官,其中两个有妻子,坚决认为应该离开,而且不同意离开时罗不随同。经过一番讨论,我们决定唯一的办法是每一个人都离开工部局,然后锁上门。中国人说他们不需要那间房,吴先生笑我们对警官安全所表示的担忧。负责军官几次亲自担保他们不会受到任何伤害。这时,中国人请求去掉屋外的招牌,由于形势所迫,我们只得摘掉了。工部局于是上了锁,警官和P.W.D.的人上楼到各自的住处。

中国人又说很有必要取下那时正在英工部局大楼上空飘扬的旗帜。胡旗森先生同他们讨论了此事。根据我所记得的情况,他们没有达成明确的协议,但几分钟后,旗帜被取了下来,并送给了我们。我想,这是工部局里我们自己的苦力做的。

上午,有人问我怎么安排锡克教警察,当然,他们尚在值勤。我说,为安全起见,应派他们上船。但是,罗先生告诉我,锡克教警察说,他们希望留在警察局总部,他许可了。同时,我们让我们自己的中国籍警察戴上红、白、蓝三色颈带,并发给他们带有民族主义者徽章的白色带子别在其警帽前。然后,一个中国官员把他们叫到围场,显然这个中国官员是政治部的,他发表了一个非常激烈的反英演说。演说时,工部局董事杜百里先生、领事馆的胡旗森先生、英工部局助理秘书乔治先生以及我都在场。

大约下午 1 点钟,鉴于似乎再没什么事情要做,我们决定尽力离去。此时,外面的人群已形成很大规模,且极其吵闹。负责军官一度保证我们上路时绝对安全,但后来,他要求我们等候更多的军队到来。不久,外面的军官被派去取一辆他们官员的汽车,我们就是坐在那辆汽车里,由两名中国高级军官陪同离开的。

为首的那个军官和胡旗森、乔治先生以及我坐在汽车里,军官手持手枪,汽车将我们送到各自的寓所。沿途中,除偶尔从暴民中传来嚎叫外,没有发生特别的意外。

上午,租界内的各条路已被纠察队控制,他们装备着普通的长竿。午饭后,我不能离开我的房子。但是我了解到工部局大楼里遭到严重骚扰,有人闯进了罗先生的房间,把里面的家具砸得稀烂;其他的房间和办公室也未能幸免。我还得知,工部局的门也被撞开,里面的物件被偷的偷,砸的砸。然而,对于这些,我并未亲见,是我从电话得到的报告中了解的,纠察队正逐渐恢复对暴民的控制。事实上,同那些装备步枪和刺刀的士兵相比,他们的努力似乎更有效。

下午,马歇尔先生告诉我,他打算带其家属到轮船上去;妇女和小孩撤离英租界的准备工作正在进行。我又了解到,马歇尔先生打算陪同其家人一起离开。同葛福先生商量之后,我决定也这样做。可以说,那时我从多方面得知,暴民们已将一些人指定为特别注意的对象,包括马歇尔、罗、哈柏(Harper)和我。于是,我依照少将的指示,决定收拾几样东西上船,或者呆在那儿,或者去上海。

我了解到,一些人上船后没遇到太多麻烦,而另一些人却碰上了很大的困难。就我自己而言,我在 6 点 30 分时得以搭载一位美国朋友的汽车。

我并不愿意离开汉口,轮船快要启动时我改变了主意,决定接受邀请至少多留一天,暂宿法租界一个朋友的家里。法租界比较安静。

我们上了汽车,到邮局附近第一个拐角时,一支配戴刺刀的卫兵队和一些纠察队员拦住我们,不让我们过去。我于是拿出我作为驻汉口挪威副总领事的名片,我们才被允许通过。

此间,我的朋友听说我是受"特别注意"的英国官员之一,便改变了带我们去他家的打算,坚决要求我们到"波扬德"号轮船上去,我们照做了。

这里,我的亲身观察便结束了,虽然有些零乱,但就我的记忆所及,比较完整地叙述了1月5日(星期三)夜晚以前所发生的事情。

我认为,毫无疑问,中国人会抓住我们撤走武装队伍的机会取得对租界的控制,而且也许不仅补充说他们没有忘记将他们这一暂时的胜利告知中国民众。英工部局大楼、领事馆,事实上租界几乎每一座建筑的外面,都贴上了中文标语,宣布他们的胜利。一种普遍的说法是,星期三晚上10时他们要挨家挨户搜查,任何一个英国人都要被杀掉。这是否真的会发生,很难说。但无疑暴民们的情绪十分激烈,若有人领导,他们是做得出来的。

此时,"接管租界"被四处宣扬,因而是一个骗局。在我们看来,"接管"纯粹是迫于形势而已。一旦租界被他们以那种方式接管,不冒双方都大量牺牲的严重危险,要收回租界是不可能的。我想,正是出于这种考虑,当局者、总领事和少将,才决定让事态顺其自然。

一些有名望的英国人走后留下的东西被迅速捣毁了,租界里的每一个人都感到震惊,深表愤慨。由于别人的失信,义勇队总部的大多数人都极端愤怒,他们曾宁愿当场战斗到底。但在那种情势下,这肯定起不到作用。当然,这些人可能没有全面权衡,在屈辱的环境中,这也许是很自然的。

根据我所了解的情况,中国的商人阶级将盼望英国人重新取得租界,因为他们无疑很感激英工部局统治下所维持的治安环境。

最后几天,苦力分子变得非常凶暴。事实上,两个月以来,南方人来后许多工会的建立(我想有200多个),促使他们如此。外国人为避免冲突所做的每一让步,都被看作同情被压迫的中国人的民族主义者们的胜利,并被广泛宣扬。警方取消对中国人使用江滩小路的限制就是一例。取消限制给许多外国人(特别是小孩)造成了很大的困苦,因这条路是外国人娱乐的主要场所。从此,小路便挤满了中国人,其他的人几乎无法使用。事实上最初几天里,很多人只是用路而已,而且其他中国人不幸的是,他们并不认为这是我方的友好行为,相反,他们认为这是"胜利"(并竟然在中国报刊上发表了这一观点),是英方软弱的表现。我个人曾强烈反对放弃那条小路,但在这件事上,工部局董事会的人受到葛福先生的强令。

前几个月,发生了很多南方士兵违反工部局章程事件(几乎每天几起)。应工部局董事会的要求,葛福先生曾多次向外交部提出抗议,他们偶尔作了些解释并表歉意,但却从未完全制止过。

我忘了指出,《每日邮报》的记者珀斯福 · 琪利甫斯(Percivd hilips)爵士目睹了许多星期一的情景。我听说,他后来将其写了篇描述寄往伦敦,特意强调海军陆战队士兵和水兵们所表现出的高尚的行为和克制。

如前所说,这只是关于我个人见闻的私人报告,我无意将其作为官方的声明。

我忘了提及,1 月 3 日星期一晚上 10 点到 10 点 30 分,葛福先生在领事馆通知我们,他已接到外交部(我想)的电文,建议撤退所有英国武装队伍(我想一部分仍布置在街垒),因为情势已恢复了平静。电文还指出,这些部队在街道上出现只会激起更多的反感。不久,租界交涉员打电话给领事馆,显然是为了告知类似的消息。但其所做的一切表明,他对不能使中国部队在那天下午及早出现感到遗憾。根据我所记得的情况,那天晚上,所有的纠察队都从街垒撤退,仅留下少数海军士兵和(或)海军陆战队士兵。

译自英国国家档案馆藏 FO371/12435　31956

葛福致张伯伦

1927 年 2 月 23 日收到

第 8 号档案

阁下：

我很荣幸地向您传送第 1 号公文的副本,这份公文是我今天发给在北京的公使先生的,记录了这个港口最近发生的暴乱,以及中国当局取得汉口英租界控制权的方式。

我很荣幸地为你做这些。

H·葛福

附件 1

总领事葛福发给公使,北京

汉口　1927.1.7

阁下：

我很荣幸地请您审阅我们第 3、4、5、6、7 号电报,它们记录下了导致中国军队占领英租界的一系列事件。

1 月 1—3 日是庆祝武昌国民政府建立的指定节日。1 日相当平静地过去了,2 日发生了一些不平静的事件,3 日在租界里发生了真正的冲突。我立刻在我的第 5 号电报中附上了从《楚报》(Central China Post)(英国)和《汉口先驱报》(Hankow Herald)(美国)上摘录的概要。前者描述了 2 日发生的不平静事件,后者生动准确地叙述了 3 日发生的事件。在那一时刻,每一个能到达的人都到达那里,他们不停歇地连续值勤 6 小时以上,他们在非常时刻表现出的自律是值得我们普遍称赞的。石头、瓦块掷向他们,他们大多严重地受伤了,需要送往医院接受临时治疗。暴民们估计他们不敢开枪,并称第一声枪响将成为他们屠杀外国人的信号。这个威胁绝非虚言,这是一个普遍的看法,我和海军少将均持此议。哈德雷(Handley)司令是"蒙古利亚"号的长官,在他认为必要时有权下令开枪,虽然他有很多理由下令开枪,但他全力克制住了。在这件事上,我和副领事哈奇逊(Hutchison),他曾和哈德雷并肩作战 3 小时,都认为做得非常正确。如果我们开枪了,将会发生一次可怕的屠杀,南方政府也将卷入其中,他们的一部分军队傍晚把暴民和我们的人隔开。我们疲劳的为数不多的军队尽最大可能也只能疏散租界中的一部分英国人,而租界外的英国臣民要比租界里的多。这样的话,就像那些上游的口岸一样,他们将被置于一种难以想像的境地。

4 号早晨,海军少将会见了中国和平委员会委员及工部局董事长及秘书,安排中国警察担任以海关大楼为界的租界边界的防护任务,我们负责的是租界内的防卫。委员会确实派遣了一些警察,但事实证明他们全无用处。其后,我看到海军少将,并告诉他陈(友仁)认为海军陆战队在河岸的出现对人群起了刺激作用(见我的第 3 号电报)。经过认真的考虑后,海军少将说他可以把军队安顿在船上,在那儿他们可以随时听候调遣,但这需要一天左右的时间来进行安排,在这期间,他们将被限制在中国人的视线之外。

现在是中午,刚才有一大群暴民冲进了租界,当他们经过时,毁坏了路障,没有进行其他的破坏,但如果不开枪是不可能阻止他们的,这是毋庸置疑的。

下午,形势变得更严重了,一大群人在巡捕房外举行有敌意的示威。我反复地要求中国当局派遣军队,但是他们直到晚上 8 点才来,这时局势已变得容易控制了。义勇队被撤离,他们的武器和装备交给了"蜜蜂"号。

一个令人不安的夜晚过去了。接着发生了一些小事件,第二天早晨,大多数军队已撤离,愤怒的人群仍在巡捕房外,在那儿有一些中国官员和外国巡捕,后者抵抗了一段时间后,最后被要求离开了岗位。其后,工部局董事会董事在首脑办公室集中,并交出了它的权力,不是交给市政官员而是交给了中国军官。后来发生的事在我们第 7 号电报中详细报告了。

自从那以后租界就处在中国军队和纠察队员的掌管之下,那些纠察队员因几件抢劫案,而成为指责的对象。但是,正如我在今天发出的第 8 号电报中描述的,陈已答应明天早晨把他们撤离。

　　我完全相信这一连串的事件是南方政府默认的。如果不是有组织的话,他们的目的是迫使我们请求他们的武力援助来处理这种我们无法控制的局势。我同样相信,与海军少将一样,我们做了在那种情况下唯一可能做的事,诉诸武力将带来不可想象的后果。

　　我很怀疑,面对着不断增长的民族自觉意识和被公众情绪感染着的政府,像目前这样保持租界现状可能吗? 当然,我们可以继续拥有它们,只要给予足够多的军队,但这样做对我们有什么好处呢? 中国人可以用罢工、抵制、警戒以及停止供应食物来使我们的生存变得不可能。他们正在使用的这些手段是十分有效的。我预计,租界存在的最大理由,我们的商业,将在全国范围内受到遏制。

　　我很抱歉,写这篇报告延迟了这么长时间,但这些天来,我所有的时间都被电话和会见占据着,而且,我们所有人员每天为处理电报要工作到半夜。

　　我正将这份公文的副本及附件传送给国务大臣。

　　我很荣幸地这样做。

H·葛福

附件 2

汉口的新年暴乱

摘自《楚报》

　　新年假日里,武汉爆发了一场反对外国,尤其是反英的运动。周六和周日,在英租界发生了几起事件,以昨天的情况最为严重。在周六和周日,海军陆战队不得不出动以维持秩序并防止暴动的发生。周日上午,这些保护者只在危险的时候才出现。10 时左右,一队被认为是为配合侵入汉口俱乐部的南方士兵,人数大约在 80—100 人左右,在汉口俱乐部院内散开并开始采摘花朵。然后,一声令下,他们前行至与英租界巡捕房相对的路上。在那儿他们表现出侵略性的、愤怒的行动,一些人甚至拔出了手枪。在这个危急的时刻,一队海军陆战队员出现在拐弯处,士兵们没有继续等在那儿看将要发生什么,而是以最快的速度离开了。这件事极好地说明了武力是对付这种情况所需要的全部。

昨天中午,英租界成为煽动者的中心话题,他们到处蛊惑煽动民众冲进租界区。海军陆战队又出动了,但是当他们登陆时,人群已壮大了。1点钟的时候,义勇队被发动起来,把所有的路障竖起来。人群在海关大楼外,他们得知纠察队员不允许人们进去谈判,人群逐渐增多。下午,他们变得具有威胁性了,许多石头扔了进去,大多数是被煽动了的小男孩干的。在那些煽动者中,有一些俄国人在后面。

此时,我们向中国官员提出抗议,指出如果他们希望避免一场严重的冲突,他们就必须立刻采取行动,否则,英国人将自己进行防卫,处理这次事件。尽管提出了这种抗议,直到1小时后,才有大约20名卫兵在5点半左右被派出去试图镇压这次暴动。

这时,河街尽头的用沙包垒起的路障上发生了严重的冲突,这群暴民在被赶回去之前已通过了铁丝网障碍。这些暴民在返回铁丝网后,又从前滩发起了侧攻。一场艰苦的战斗发生了。当水兵驱赶中国暴民回去时,一名水兵滑倒了,他的枪立刻被抢走,并刺在了他的腿上,另两名士兵的头盔掉了,这些苦力用手中的木棍猛击他们的头部。这3名士兵不得不被送往医院,后二人生还希望已不大。一名海军军官和两名临时警察也被石块击伤。

有一点是不能不强调指出的,海军分遣队表现出了非凡的忍耐力。暴民们一次又一次靠近这些租界的守卫者,并用石块猛烈地袭击他们。他们可以尽其所能地回击,但他们没有采取任何报复性手段。6点过后,只留下一小队士兵守卫前滩,其余士兵退回沙包路障之后。这时,从大智门方向处发生了一次意料之外的冲突,所有邻近地区的卫兵担起了双倍的防御任务。

从下午5点开始,局势发展到了极度紧张的时候,人群夹在中国宪兵和英国卫兵之间,大量的石块击向英国水兵和海军陆战队员。如果后者被迫开火的话,就意味着中间的一些中国宪兵将遭到伤亡。此时英国海军的忍耐力量是无法用言语来表现的。6点半,由中国警方首脑和其他官员率领的一大群士兵的出现,给这件事带来了转机。他们对英国人说,如果英国人同意后退一个街区,他们将保证骚乱会平息。然后,英国军队后退到怡和街,作为回应,中国民众退回到海关大楼。一队中国士兵散布在口岸边界上,其余的士兵开始驱散人群。8点钟,中国民众已全部消失,英方的防卫部队也全被召回。

这被认为是整个事件的结束,但当河街上所有事情正在进行时,一支庆祝新年的游行队伍沿着马路列队前行。当我们得知两个纠察队员已悄悄地走近并打开了铁丝网时,第一个反应是他们试图从阜昌街穿过英租界。游行队伍紧跟在纠察队员后,防卫部队中每一个可能可到达的人都赶到了现场阻止队伍通过。又一个棘手的情况出现了,幸运的是,中国警方首领被带到了现场。起初,当他对人群讲话时,他得到的答复是因为英方杀死了他们的人,所以他们试图进入英租界。但是,他还是成功地使他们的心情得到缓解,道路被游行的队伍挤得满满的,以至于无法后退。所以,安排游行继续前进到湖南街,从那儿回到太平街,中国警方和纠察队员密切注意人群并防止一切可能发生的骚乱。这样结束了这个令人激动的一天。这时,我们了解到今天上午9时,中国官员和英租界当局已就防御措施上的合作事宜进行了一场谈判。

附件3

摘自《汉口先驱报》

数以千计的苦力,在学生演讲的煽动下,在英租界发起了冲突。

一场骚乱,昨天中午发生在海关大楼前的英属口岸。其代价是一名德国人的生命,及三名英国士兵被送往医院,此外还有大量的海军士兵和临时警察受伤。这件发生在昨天下午几个小时里的骚乱已威胁到英租界的安全。

昨天12点钟到1点30分,在这一个小时的时间里,人群无比愤怒并不断尖叫,巡捕孤立无援,人群向租界前进时,石头和瓦块不断地掷向他们。许多临时警察受了伤,特别是 Mustard 公司的史密斯(H. E.

Smith)先生的脸被瓦块严重击伤。

　　海军被要求前去帮助防守租界,水兵和海军陆战队员登陆了,前去援助警方和临时警察。义勇队由总部动员,但没有编入现役。

　　瑞德(J. J. Reed)被 15 到 20 个挥舞着竹棒的苦力围攻,被打晕。夏洛克在瑞德被打得不省人事倒地时,前去帮他。一苦力抢过瑞德的枪,并把刺刀刺进夏洛克的大腿,使夏洛克倒地。汉特(F. H. Hunt)是另一个受害者,他被暴徒打晕了,他们头盔被打掉了,头部遭到了猛烈的打击。这三个人被送往天主教会医院,在那里他们受到了照顾。

　　还有大量的伤员在义勇队总部接受治疗,在整个事件中,没有一支枪装上了子弹,也没有使用一把刺刀。士兵被命令不许伤害中国人,在执行这些命令的时候受到严重的伤害。他们手中拿着枪驱赶人群,却遭到了木棍的挥打和瓦块石头的袭击,好不容易才把数以千计的愤怒的人群赶到了河街上的障碍物之外。

　　这时,人群后面的一些苦力把盘绕在路两边的铁丝网拆开并搬走,封锁道路已不可能了。一小队水兵、海军陆战队员和警察还在继续抵抗暴民,他们面对着敌我力量的悬殊,他们是真正的英雄。

　　登陆的海军陆战队员和水兵的行为特值得一提,他们的勇气是超人的,他们的自制力应赢得高度的评价和赞扬。在下午 1 点至 4 点的时间里,军官们好几次要下达开火的命令以使租界免于被侵占,并使守卫租界的人免于危险的境地,但那种会招致一排排暴民死亡,因此立刻驱散人群的命令一直没有下达。如果不是这些最冷静、最有经验的人担任防卫任务,今天早上河街将横尸遍地,死伤无数。

　　最后,最大的危险过后,下午 5 点 30 分,中国士兵出现在现场,几名政府官员对人群喊话。在他们的努力下虽然人群还没有散开,但人群安静了下来,秩序也恢复了。最后,中方当局要求英国人把他们的军队后退一个街区,他们将保证人群离开。当英国海军回退一个街区后,人群开始散去,到晚上 8 时,口岸恢复了平静。

　　位于前德租界的咪也洋行的伯明斯特(M. E. Burmeister)经理,昨天下午在歆生路上被挥动着刀子的苦力砍了数刀,现在在万国医院里生死未卜。

伯明斯特先生昨天下午出门去拜访了住在华界的 Melotto 医院的克莱德大夫,回家的时候,7 点钟后在歆生路上遭到一群人的袭击。伯明斯特先生是一个德国人,当他沿着歆生路走时,突然传来"杀外国人"的叫喊,几分钟内一群暴徒用刀砍了他 36 刀,他从头到脚满是鲜血。

他爬到了湖南街上最近的一个由英国登陆部队筑起的路障旁,被立刻送往万国医院,并被马上送进了手术室,由温特(Wendt)大夫治疗。他的身上挨了 36 刀,是否能活着还是一个问题。

译自英国国家档案馆藏 F1722/67/10

(2)英国政府的反应及外交交涉

阿马利致英国驻北京公使馆
1927 年 1 月 14 日

明码 阿马利先生(汉口)

1927 年元月 14 日

1927 年元月 14 日下午 7 时 30 分发出

1927 年元月 16 日上午 11 时到达

寄给北京第 3 号

1. 下文解释主张用武力解决此地局势的总的看法。

2. 广州人不愿恢复我们在元月 2 日对租界实行的控制,陈在元月 2 日的会谈中向我表明了这一点。在任何时候,海军少将及其 250 名可用兵力可能不发射一发子弹,就能恢复对租界的控制。然而,为防止上周事件的立即重演和使租界警察重新卷入,必须在相当长的时间给予能抵抗军队的群众的武力以强有力的支持。为此,海军少将请求得到约 1400 名人员,加上输入的劳力和有关登陆士兵的食品,或请求调动南京的巡洋舰。有人认为,与其他大国的合作是不可能的。

3. 如果占据租界,在整个南方控制区将会导致联合抵制和中止供给食物,我们也将不断面对极端主义者组织的挑衅,这迟早会迫使我们向中国人开火。这种局势可能迫使我们同南方政府开战,不开战的话,我认为不可能封锁长江和珠江。如果开战了,我预言:很难向世界满意地解释战争的主要动机,并且要想由温和主义者安全地驱逐俄国人和消灭极端主义者则更难。万一发生战争,北方民众会强烈反对我们,北方当局无疑会同我们合作,借机进攻南方。但不管事态如何发展,这样的联盟将会遭到世人的指责。在另一方面,武力保护租界和南方人的联合抵制,可能会持续数月甚至数年而不导致战争,从而无限期地拖延了同国民党和解的所有机会。

4. 在我看来,在任何情况下,我们的成功都依赖于道德而非物质因素,依赖于这儿及国内、外公众的观点。从这点看,我认为直到我们比在英国政策备忘录中所显示的更明确地准备同中国修订条约,我们才会足够强大。

这个政策备忘录受这里民族主义者的轻视。

5. 动用武力的理由是,由于中国当局借助群众的作用没收我们的租界使我们失去威望,这就需要采取引人注目的抵抗。对此,没有好的答案,但伴随着重新获得租界而来的是对峙、联合抵制或战争,这样一个来之不易的胜利是建立威望的途径吗?我后面要讨论的关于用和平方式解决而有望取得最佳的威望是颇令人怀疑的。

6. 如果这儿不使用武力,上海的内外安全将受到严重威胁,我主张竭尽全力在这儿进行大的冒险。但由于在中国陆军人员较少,上海出现劳工及其他麻烦,从汉口调动兵力是下策之举,我并不抨击在中国全面使用武力,相反,我认为用得太迟了。但我们应选择有利的时间和其他条件使用武力,而不是在许多条件不利的情况下,在此时此地冒险。

7. 用武力重新占领租界或在租界驻军都将要协商一个试验性的解决方法。在这种情况下,我们必须提前弄清楚在尝试什么,外交部的电报对此并不清楚。我们不能在此时此地尝试极端民族主义者目标的实现对英国贸易的影响,他们的目的是完全不容许外国的任何特权。我们不想检验南方政府实施中国法律的愿望和能力,法律的实施将破坏恐吓和警戒系统,陈向我吹嘘说这是他们的主要武器。上周,他如此宣称,而且霍将军向奥略登先生证实,南方政府的行为(最近的骚乱和其他事件)充分证明了他们既不愿意也无足够能力加强法治,相反还会削弱这个系统。现在唯一值得尝试的是,(除了不妥协)带着良好的愿望和不导致同他们进行最为艰难的可能的讨价还价的情况下,在汉口原英国租界制度下英国的贸易是否能繁荣。这样就能公开而又公正地让国民党对英国居民和贸易负责,我们把调解过分地强加于他们,他们将提前公开地谴责我们,使调解不能令人满意而且把责任推给我们。

8.会见英国商人或陈之前,我考虑之后,得出结论,如果尝试这种可能,必须提供:(1)租界的警察完全由中国控制;(2)租界的管理由多数中国人掌握,因而英对管理的影响最终只在于提出建议。事实上,所有活动,特别是金融贸易方面的管理,只有经英国人认可之后方能执行,并接受英国人的批评。

事实上,为把汉口的全部外国租界最终合并成在市政府管理之下的单一的自治区,应把特区管理(即前俄国租界)体制引进英国的租界地区。这就无法掩盖英国将放弃租界这个事实。

9.1月11日,我先会见了英国租界工部局董事会,后又会见了著名商人。他们对未来没有清楚的认识,但他们说不知道在目前形势下,要恢复以前的状态,他们将做什么。他们在没有驻军的情况下,不能考虑恢复工部局或以前的警察力量,他们在前段中试验地提过建议。1月12日,我请问陈如何平息群众及政府对英国居民的难以容忍的局面。他表明:第一,南方政府将通过联合抵制阻止恢复到原状;第二,他希望将来同英国合作管理。他随后解释说,为了建立一个包括全部租界、特区和特别管理区(前德国租界)的自治区,这意味着在特区管理方式上增加英国代表临时委员会(参见我上次的电报)。

10. 下面的考虑至关重要：

租界和殖民地体制最初应该正视：（1）英国居民的居住和商业行为在外国控制区内；（2）直到中国政府的有效保护到达之前，任何必要的时候，要有海军的保护，但是现在：（ⅰ）在控制区外有许多居民，因而存在危机；（ⅱ）南方政府公开宣布同群众一起活动。今天，旧体制已经废除。任何新的体制必须倾向于放弃租界。我相信目前在上海，我们必须倾向于驻军。对于天津我还拿不准，其他外国控制区就相对地不重要。

11. 我因而主张同陈讨论第八段考虑过的调解的可能性，到目前为止，我只有听听他的意见。对该电报的完满答复可能会有太久的拖延，我这方面长期无行动的做法可能很危险。因而，在这种情况下，我将于1月8日寻求与他的会谈，并慢慢地朝着上面建议的讨论进行，除非在收到全面指示前，你或外交部告诉我不要采取任何行动。

12. 我担心所提的主张很难实现您重树威望的心愿，我对他能产生持久的良好的效果表示怀疑，但我找不到更合乎需要的办法。如果我的电报使您感到冗长，我请您记住我们是在一种特殊环境的压力下工作的。

台克曼同意这份电报。

抄送外交部，东京、上海、香港、广州领事馆并亲手交给总司令和九江。

注：这份电报在中国延误。

译自英国国家档案馆藏 FO371/12431　31932

英国外交部致兰普森
1927年1月

作为昨日内阁会议的结果，兰普森先生对我们昨晚发向中国和其他地方的电报有关的三点仍怀有疑虑，或者关于这三点有必要从这儿发出进一步的指示。

1. 保卫租界

关于上海，我认为我们的立场已经非常清楚地表明了。

关于广州，下面是我们的立场：布里南（Brennan）先生在他5号电报里已经要求指示，这些指示在1月15日的1号电报中呈送给他了。关于保卫上海这个问题，内阁决定将需要修改这些指示，参谋长们正在考虑新的指示。兰普森先生和布里南先生将从我们发往巴黎的而其已向他们重述这一内容的14号电报中获悉这一情况。还有一点，克里乌（Lord Crewe）勋爵得知，这些指示将通过合适的途径传送给法国政府，我们没有授权给兰普森先生就这一问题同他的法国同僚进行会谈，也许这样也不妨。

关于天津，我们在1月17日39号电报中已经告诉了兰普森先生，天津应该主要由日本管辖。这是他对我们1月13日的25号电报中由参谋长提出的观点所作的补充部分的全部内容，观点如下："在天津，军队只够在公众骚乱时维持秩序，如果受到有组织的大批中国武力袭击的话，军队将陷入极度危险之中，在任何严重情况下，军队是否能保持同在北京的公使馆联络是值得怀疑的。如果出现严重困境，只能从日本得到有威胁力量的援军。由于天津不能从水路到达，我们的海军不可能配合。在迦米逊先生发往北京的2号电报中，作为111号电报从北京向我们转述，他说虽然他认为北方当局几乎不可能付诸武力，除非他得到特别指示，他是不准备放弃天津的。正好兰普森先生很正确地认为我们发出的25号电报只是为了得到情况而不是作为一项指示，内阁关于上海的决定基本缓和了局势，关于保卫天津的指示应该同这里的军事当局磋商再草拟出来，并且送给兰普森先生。"

现在汉口和九江几乎没有出现问题。我们目前没有占领它们，我们从巴顿先生那里了解到，总司令在视察这些地方之前所提出的观点是：在目前低水位季节海军不可能收复汉口。但是我们不知道是否自从总司令视察汉口以来，他已经修正了他的观点，但这几乎是不可能的。

2. 关于上海问题致日本人的呈述和兰普森先生同他的日本同僚就这一问题的会谈。

我们于 1 月 15 日所发出的 7 号电报(在内阁就上海作出决定之前发出的)和 1 月 17 日所发出的 10 号电报(由于作出决定而发出的)中含有我们就这一问题发给东京的两项指示。在这两封电报发出的前些时候,我们发出的 25 号电报中含这里的参谋长的就保卫租界和上海问题提出的建议,陆军武官和海军军官被授权就此电报所提出的想法同日本参谋人员进行会谈。他们得知这里的海军和陆军当局很愿意将他们关于保卫上海租界的纯海军和陆军方面的观点和应该作出的让步的观点告诉日本参谋人员。我认为这意味着他们被授权,例如,被授权告知日本人,鉴于日本一接到通知就可以单独提供大批兵力,日本人有其优势。我们认为军事防御力量应该是国际军事力量,并且由一位日本军官指挥。当然,他们无权直接求助于日本人带头保卫上海,然而这个问题同日本政府商量的指示已在上面提到的 2 号电报中给了约翰·特利先生。我们在这些指示中说的是:他应该告诉日本政府,对上海我们准备采取坚决的立场,是否抵抗暴民或者民族主义军队? 告诉他们我们建议马上派遣援军,而且弄清日本政府是否准备在保卫上海时同我们合作? 并且建议上海局势一旦需要援军,他们应该派遣援军。然而他未得到明确的答复,特别是就我们发出的 25 号电报提出的想法同日本政府商谈。也可以表明他可以按照我们发往北京的 25 号电报的主要内容和发给他的 10 号电报采取行动。

此事的合意之处更为重要,因为兰普森先生在他 1 月 15 日发给我们的 96 号电报中,很正确地指出,他不能把我们 25 号电报看作是给他的指示,并且问我们是否希望他不仅仅就将 4000 人组成的分遣部队派往上海这一问题,而且就在中国进行总合作的更大的问题同他的日本同僚开始进行会谈? 如果是这样的话,他是否按照我们的 25 号电报所提出的想法来做,到目前为止所接受的权力只是就我们作为指示在 10 号电报中发给约翰·特利先生的同一想法同他的日本同僚会谈。有可能他脑子里清楚我们要他做的是什么,我自己认为他应该清楚,虽然这样的指示在正面临着每隔几天就变化的局势下显然很难发布,但他是一个坚持按照已削减了并且不含水分的指示办事的人。

3. 给阿马利先生关于汉口谈判的指示。

这由两个部分组成:(1)关于租界的谈判;(2)关于修改条约的谈判。

关于(1),我们的 12 号电报已授权给阿马利先生,此事已向北京重述过,他有权就他发往北京的 3 号电报中第八段所提出的想法同陈(友仁)展开讨论。我们的最初意图是在授权给阿马利先生行使职权之前等待兰普森先生的指教,但昨天的内阁决定,主要是:(ⅰ)给民族主义政党成员表示了慷慨的提议;(ⅱ)保卫英国人在上海的生命安全和利益采取必要的措施,而且向民族主义政府清楚地说明我们不向武力和暴民的暴力行为屈服;(ⅲ)告诉华盛顿条约强国什么是我们的政策,这就完全改变了局势,并且要授权阿马利先生立即着手应付。已接收到了兰普森先生对阿马利先生的计划的指教,它们对计划不是很赞成,我们也许应感谢兰普森先生向他解释我们发现有必要用这种方式劝阻他——的确别无选择。

关于修改条约,我们的意图也是:阿马利先生被授权继续行动之前,兰普森先生关于我们的提议的意见应该被接受和被考虑。事实上,里面含有我们关于那里谈判指示的原文的 35 号和 36 号电报清楚地表明有人首先等着兰普森先生的卓见。

第二段是这样开始的:"服从你有可能必须提出的任何观点和服从你的关于适当地开始已计划好的谈判的时间和方式的总看法,尤其根据上海目前的局势,阿马利先生有可能向陈先生解释我们已准备好实现我们所有这些计划以换取在汉口和九江最近所发生事件的完全赔偿和对未来有充分的把握,等等。"我们发给阿马利先生的已向北京重述过的关于条约修改的 12 号电报没有特别授权给他马上直接实现条约的修改计划,它只说如果他就这些问题同陈进行讨论时,他发现陈采取这样的态度,他自己将做些事情。相反这封电报对此问题未作决定,如果他愿意的话,他行动之前等待兰普森先生的指教。然而,阿马利先生将收到我们发往巴黎、华盛顿、东京和罗马的环程电报。在此电报中我们告诉了四大条约强国,我们打算在汉口和上海要做的事情。在这封电报中,除了别的以外,还向我们的代表指示说:〔编者注:原文内容缺〕

我们对阿马利先生谈判的想法如下:阿马利先生可以表明我们继汉口和九江事件满意解决后,我们希望有友好的关系,并且征求陈先生对这样解决问题的建议。如果陈证明是温顺的,阿马利先生就会对他的诚意和完成自己的任务的能力感到有信心,他会简要地表明我们准备作出非常慷慨大方的单方面让步,服从他们所作出不试图干涉和逐渐损害我们在上海地位的充分和明确的保证。如果在这一点上达成满意的协议,阿马利先生就会解释我们准备通过适当的途径同陈一起审查进一步修改条约的问题,这些问题可能既需要强国之间的初步磋商,也需要为问题的解决而体现在新的条约中。关于这些问题的指示目前正在考虑之中。

然而,如果陈在这个阶段完全不理智和不温顺的话,阿马利先生可以凭借已经发给他的指示,有权告诉陈这是有限度的,超过这个限度,英国政府将不会被驱使的;超过这个限度,即使通过继续会谈也不会有任何收获。结果他当然会将失败的全部责任推到陈的身上,即使英国政府一方有调和和友好的态度,那只好让他去承担英国政府认为有必要采取的行动的后果。

这里和上段里提到的电报里的指示应该首先被看作是我们在12月18日的备忘录里所阐明的政策的发展,其次被看作是履行保卫英国人生命安全的誓言。因此这应该作为一个单一的整体来考虑而且尽可能地使之生效。所以在最后阶段宁愿不将我在2号电报中发布给阿马利先生的指示进行修改,而且我……〔编者注:原文缺〕号电报中已授权给你,所以你不必再推迟向你的同僚转达此事。

译自英国国家档案馆藏 FO371/12399　32044

汉口的局势

1927 年 1 月

重述发往北京的 3 号电报,电报为了安定汉口局势提出了关于运用武力的总看法。陈(友仁)已经说得很清楚,广州人不愿意将租界的管制权还给英国人,选择用武力重新占领它来议订试验解决的方法。解释所打算的试验性质并且建议同陈讨论如在这封电报(东京、上海、香港重述,发往广州和总司令,并且寄九江一份)中概述的商定管制计划的可能性。

1927 年 1 月 4 日

译自英国国家档案馆藏 FO371/12431　31932

我总认为向上海派遣一个师是受这样一个事实所支配,它就是我们要弄清楚尤金·陈是否真正不温顺并且坚持通过武力而不是谈判来获取修改同中国的条约。因此,我们在派遣这样一个军事力量的问题上,要一直等到我们弄清楚了陈的看法才作最后的决定。如果陈同我进行和平而不是在暴力的威胁下谈判,我们唯一能做的是授权阿马利继续就那些想法进行会谈,我们准备用最自由的方式来履行我们在备忘录中所作出的诺言。因此,阿马利和陈越早进行会谈就越好,因为我们向上海派一个师的决定在很大程度上要就他汉口谈判的结果而定。

如果我们被迫在上海采取行动,我们应该尽一切努力同其他的强国,特别是日本联合起来。作为预备步骤,我们可以秘密地告诉日本、美国、法国和意大利,我们为了修改我们的条约同民族主义者谈判,但我们不准备向暴力让步。我们愿意向谈判作出让步,因此,我们征求他们的意见,并且欢迎他们为了实行这个政策而希望作出的任何建议。

WJ

1927 年 1 月 17 日

阿马利先生反对任何企图用武力重新占领并驻防汉口英国租界的理由是很有说服力的,唯一支持用武力收回租界的理由是似乎通过武力失去了租界,我们必须通过武力收回以便恢复我们的威望。阿马利先生的电报中的 3、4、5 段表明,如果不是为了恢复我们的威望,为了这样的目的并且在这种情况下而运用武力会导致僵持和最终失败。阿马利先生所提出的选择是他应同陈谈判达成妥协,妥协的内容如下:

1. 租界的警察将完全由中国管制。

2. 行政机关大多数职位由中国人任职。

3. 英国国民在行政机关内有其代表,但是他们的影响将受到限制,只能提出建议及他们将全面了解特别是财政方面的一切活动。

4. 英国租界合并于汉口市区前,应实行和此前一直存在的前俄国和德国租界的法规一样的法规。(葛福先生已经告诉我们这个法规体现了市政的实质,正如我们所理解的那样,也就是说纳税人选举地方议会议员,纳税人每年开会批准账目;由议会认可预算案和控制财政,并且由一位外国审计员来审计账目。)

英国租界的前工部局和汉口的英国居民显然支持阿马利先生提出的方针,而且这一方针同我们的条约修改电报(回答北京 8 号电报)中所提出的方针是完全一致的,正好已经提交了该方针的草案。因此,除非还没有向我们提出充分的理由,我们应该认准他的做法。这些理由也许是 S·巴顿(Barton)先生提出的,他希望就第六段提出他的看法,他可能会争辩说如果陈通过暴民的暴力行为而成功获得汉口租界的实际转让,他将被鼓动为达到同样目的在上海也运用暴民的暴力行为。

1. 通过武力重新占领。

2. 谈判解决。

在 94 号北京电报中所含的巴顿先生的观点提出了第三条选择,也就是说拒绝在汉口谈判达到问题的解决,将问题完全搁置不管而且在上海通过武力反对陈。总的看来,我认为阿马利先生为解决汉口问题的建议更可取,但我们必须注意这是阿马利先生计划的一个重要部分,当我们在汉口谈判解决问题时,我们必须准备派兵驻防上海。

就提出的想法向阿马利先生发去赞成行动的电报。

1927 年 1 月 17 日

译自英国国家档案馆藏 FO376/67/10

英国外交部致阿马利

1927 年 1 月 17 日

刻不容缓

你发往北京的 3 号电报

我同意你就你电报中第 8 段提出的想法同陈展开讨论,以解决问题的建议。

我已经在我的 7 号电报(在 36 号电报中向北京重述我的电报)中,已经给你关于我们将准备向陈或其他任何中国官方所要作的各种让步的详细条目。这些具有放弃条约权利的性质的让步,我们有权控制在任何时候或者没有事先进行条约谈判而作出这样的让步。这些让步本身或者除了对一项新条约所要求的那样进一步考虑其他的要点。这些让步如此慷慨大方,所以它们能被看作是合理和调和精神的预示,而不能被看作别的东西,有了这种精神,陛下政府会生机盎然的。

如果你就这些问题同陈开展讨论,发现他在任何讨论的要点上采取绝对不温顺或者不妥协的态度,或者发现他企图通过暴民的暴力行为或武装力量的威胁,在我们尚未准备好时,迫使我们作出让步的时候,你有权坦率地告诉他,陛下政府将尽一切努力用尽可能开放和友好的方式同他见面,但有一个限度,一旦超过他们没有准备的限度,你将别无选择,只是突然彻底中断同他谈判,陛下政府将采取他们认为必要的措施。

重述给北京 44 号,将我 35 号和第 36 号电报向东京、上海、广州、香港和总司令重述。

阿马利致兰普森
1927 年 1 月 29 日

紧急电报。

英方 1 月 27 日的备忘录和附件提供的只是一个由一些对中国的奴役性等条约零散的修订。国民政府不会认为这个修订本是令人满意而充分的,他们准备考虑和讨论的条款,是在广泛地理性地解决国民政府和英国政府之间分歧的基础上概括出来的。

提出:(a)有关租界、各国的租借地和国家的独立身份及其所含意义问题的条款,不能与当地的或其他的中国政权讨论,因为他们不能代表中国的国民,也不能控制它的领导机关。

(b)谈判和协商应在没有威胁的气氛中进行,这种威胁与现在英国军事力量的集结有关,它不仅是不必要的,而且对中国民族主义是很强的煽动。

我国政府请国民政府把我们的提议看作是一种公平的愿意修好的精神,他们将因此而被赋予活力。但在英国的武装力量制造了一系列的争端,并导致了战争气氛和战争恐惧症,要在这一点上达到一致是不容易的。

阿马利致兰普森
1927 年 2 月 15 日

阿马利先生问候北京的公使阁下,很荣幸传送 2 月 14 日与陈友仁会见的记录副本、协议副本和准备署名(但还未署名)的协议和声明。汉口.1927.2.15.

附件 1

陈先生、吴先生、阿马利先生和台克曼先生之间的会谈记录。

陈先生首先打开话题,说他的政府不能接受张伯伦先生作出的关于上海集结军队的声明,并把它作一个令人满意的保证,他们仅仅是对它加以注意,但他准备立刻在协议上署名。接着,他读了他们关注的张伯伦先生的声明(副本附后,见附录1),并补充说一旦把允许英国军队集结上海这一对最初计划的修改包括在租借地协议内的话,中国政府就会对任何在上海登陆的英国军队提出抗议。陈解释说,当他们抗议上海出现的任何英军时,只使用提出抗议的方式来捍卫这一点利益,这是因为英方的外交权利只限于在上海拥有警察武装,而且军队的出现在任何条约和国际法中都被认为是不合法的。他希望能把租界协议问题和上海问题分开,所以他们只限于提出公开的抗议。他还针对阿马利个人的报告,说他们起初试图在宣言上加上一句话:国民政府保留处理国民革命军占领上海地区后,与英国军队正面冲突引发的新的问题的权利。这一部分已被删去,因为他希望尽可能地避免上海问题成为一个敏感问题。所以,他准备马上签署这份有少数词语改动的协议。他接着读了以下准备签署的文件:汉口租界协议开头一句中用"英国政府适当的权利"代替了"B.M.C",而且修改了法规,应该向英国大臣汇报的规定而代之以双方分别签字(见附录2)。九江租界协议中,在"国民政府"前插入"当事机关"(见附录3);他的一封给英国大臣关于法规的信(见附录4),关于协议的履行的文字没有变更;一个关于汉口租界协议不是其他地区的先例的声明(见附录5)和除了在第3段中插入"policy"一词及在第4段中加上国民政府可以独立地与外国势力协商有关租界的问题以外,国民政府正在对租界和殖民地的意图与一开始的保证书是一致的声明(见附录6)。

阿马利指出了这份最后声明与一开始的保证书在措辞上是不同的。

陈说在本质上两者无区别。但是对于作为交换提出的原保证书中的一部分,我们已无法满足他们了,所以他们的原保证书也不能用原来的词句提出了。在回答阿马利的问题时,陈承认声明中各条款的生效应该与最后一段的措辞用意联系起来。他不同意最后一段文字使第三段文字无效;大国势力与其他中国政府或当地政权协商租借地和殖民地问题时,最后应取决于国民政府的重新审查,同时审查的情况将按照事情本身的是非曲直而定,这份声明只不过是对已发布的声明的进一步解释。阿马利要求陈同意第 3 段的法律效力应建立在第 4 段措辞的基础上,但是陈没有给予更明确的反应。然后,当这个问题被再次涉及时,陈说他准备删去最后一段中的"根本的(essentic)"一词,以避免阿马利强加给它的解释;如果外国势力和当地政府协商上海问题,国民政府将进攻殖民区。在声明中他们并没有诸如此类的意思。

阿马利在研究了文件后说,他对国民政府采用的方式感到遗憾,他似乎把为解决租界问题和其他问题而进行的努力都推向了绝路。

陈说,不对由英国国务大臣作的关于承认外国势力拥有向中国派驻军队的权力的声明提出抗议。这个声明是任何中国政府都不可能接受的。陈又解释了他的立场。他简要地重述了由于我们的批准向上海派驻军队的声明而使原保证书中止的原因。并提议现在应回到上海问题之前的那个由他提出的问题上来,把汉口租界协议问题从上海问题中分离出来;国民政府一开始因为英军集结上海而拒绝签订租界协议;他们现在对那问题的解决很满意,准备签署协议,把保证书的问题暂时搁置一边。这就是他在签署协议后宣读他们关于租借地和殖民地等问题的声明的意图。为澄清他们的立场,他只是事先把这些通知了阿马利先生,而和我们交换的保证书问题被暂时搁置一旁,声明被提交给了所有有关的外国势力。

阿马利说国民政府正在明显地是想拒绝给出保证书上的保证,想把保证书搁置一边是很难的。

陈说用精确的用语提出的书面保证只是双方的交换保证书中的一部分,而我们已不能承担我们的那一部分了。我们的声明还不能完全令他们满意,他提议丢开保证书这个问题,签署协议并宣读他们的声明。关于交换特别保证书问题,如果事后有必要,可以单独提出。

阿马利提出,谁将决定什么样的武装力量对保护外国人的生命和财产安全及维持上海的秩序是必须的?如果警察武装不足,陈认为应采取什么措施呢?国民政府是不是要求拥有决定什么武力是必须的权力？他们是不是要剥夺外国人拥有的决定什么武装力量是必须的权力？如果公共租界工部局告诉领事给他们的武装力量不够用,怎样要求增援部队在短时间里从码头的船上赶到？

在谈论这些要求的过程中,陈说外国人在上海只拥有警察武装的权力,而派遣军队则是一个很严重的问题。公共租界工部局是决定何种武装为必需的适合的权威机关。但是在这件事中,是英国政府做出派遣军队的决定的,而英国政府还声称公共租界工部局是一个国际性机关。陈没有回答阿马利提出的一些问题,但一再坚持说没有任何国际法和和约规定英国有向上海派驻军队的权力。这是公共租界工部局的决定之一。如果在紧急情况下,他们不能使警察力量增长到足够数量并要求领事馆给予援助时,他只能说,各国势力必须一起协商决定采取何种方式和方法。阿马利追问,如果在紧急情况下,各国还是认为军队登陆是不合法的,该怎么办？陈说事实将保留即他们在条约下没有权力决定怎么做,但他说他将不会视而不见并一味坚持那个观点。

会谈转向了协议,陈说上海问题已部分清楚了,他在解释了协议中少数的修改后,已准备马上签署协议了。

阿马利说如果陈作了某些改动,他也必须同样做一些改动。对他而言,在汉口协议中插入一段明确的声明:即"the B. M. C"将恢复权力是必须的。陈说他将对此类提议重新研究。为回答阿马利的问题,他坚决地说在每个方面,新的用词的意义和旧的用词的是相同的。

阿马利说他相信陈了解,保证书的问题阻止了英国方面修改条约的提议取得任何进展。会议中陈说其他事可以以后再提,在签订租界协议上已有足够多的困难了,这件事可以以后再讨论。话题又回到协议的用词上,阿马利提出,汉口协议中最后一段中的"negotiated(协商)"一词的准确含义是什么？是否可以理解为英国政府将是这种协商中的一方？陈作了肯定的回答。

还讨论了一些关于租界的细节问题,陈同意英工部局中的雇员在工部局解散时有付清他们工资的权利,至于那些没有被新管理局雇佣的人,应预先给予三个月的工资。陈同意英工部局两周内在名义上恢复权力。他没有正面回答关于在工部局建筑上升英国国旗的问题,而是暗示不升旗会更好。他既不否认也不承认我们有升英国国旗的权力。这是一个问题。当他说 B.M.C 有升英国国旗的权力,也就是说他希望这样做是不需要的。

在执行秘书是否为英国人的问题上,他说他认为这个问题可以放心地交给董事会处理,他相信董事会将做出最好的安排。

最后,阿马利在走之前说他恐怕他们所做的一切都是白费,问题的解决现在是不可能的。

随后,陈派他的秘书吴说,他恐怕他没有把他在声明之一(见附录6)的意思说得很明白,而且要求我们从最后一段中删去开头的一句:"作为这个宣言的一个根本条件。"

E. T.

1927. 2. 14.

译自英国国家档案馆藏 FO3629/67/10

台克曼的报告

1927 年 3 月 20 日

1.英国汉口租界的骚乱发生于 1 月 3 日、4 日及 5 日,1 月 6 日阿马利参赞先生和陛下政府代表团中国事务秘书台克曼先生依照陛下政府公使发出的指示,离开北京前往汉口,就尽快处理当前局势提出报告并提出建议。阿马利先生还经由兰普森爵士授权,代表他负责处理汉口的局势,并作为他的代表与国民政府交涉。代表团经由浦口、南京日夜兼程,于 1 月 11 日急速赶赴汉口,并于 1 月 14 日发出电文,提出一份详尽的报告及对局势的评估。报告建议开启谈判以达到一项解决方案,其基点是将租界的行政当局从现行的英国租界市政管理局转变为一个中英联合市政局,做法依循在相邻的前俄国租界建立的行政当局,以待将来汉口的五个租界及前租界合并成为一个按照某种类似体制运作的市政区域。这一体制事实上涉及将租界的行政权力交由中国政府控制，与此同时，通过赋予纳税人，不论是中国纳税人还是外国纳税人，对市政立法和征税的控制权而保障纳税人的权益，并通过会同中国市政管理局一并工作的中英委员会而保证英国人社区在市政行政管理中享有其发言权。1月19日，我们收到陛下政府的授权电文，授权依照上述指导思想与国民政府展开谈判。

2. 与国民政府外交部部长陈友仁先生的首次会谈于1月12日举行。在首开谈判的交谈中，陈先生解释了为什么在其政府看来，不可能在面对其民众情绪的情况下恢复租界的原有状况。他竭尽所能举出种种理由（诚然并非能说服人的理由），试图证明在占领租界这个问题上，其政府是被时局弄到落得成了受害者；一种全新的局面已经形成，英国人必须要么接受在租界的行政管理上与中方合作，要么就会发现他们陷入了死胡同。陈先生并且回溯起上个月陛下政府公使前往汉口的行程中他与公使的谈话，强调指出其政府的意愿，希望在英国与国民政府之间重新建立良好关系，并在谋求解决汉口租界的事情上有一个好的开端。他形象地作了一个比方，把英国租界比做英国制造的机器的一个贵重部件，对之中国人很想让它原封不动，装置在中国的土地上，他们希望看到它能从英国人转交到中国人手里。为了解决好租界的事情以作为与英国政府达成真正谅解的基础，其政府方面的诚意已有了最诚恳的表现：对于只要是在国民政府控制下的所有各省省府，均已专门发出指令，要求他们劝阻并停止表达反英情绪的示威。回过头议及租界协议的具体问题，陈先生坚称，面对公众的情绪，在既存现状（由3名中国人组成的"英国租界临时行政当局"）基础上求得解决是绝对要遵循的，并说在他的心目中对将来已有了轮廓，即依照相邻的前俄国租界的市政行政模式建立某种类型的中英联合行政当局，诚然在某些方面其做法会更时兴、更进步，像"集团代表制"之类做法，如广州的中方市政管理之情形。

3. 1月18日，阿马利先生再次会晤陈先生，以保持与他的接触并维持局势的平静及未决状态,以便等待收到来自陛下政府的指示。陈先生抓住这个机会下大力气解释其政府的政策,极力要打消他谓之的奇异的想法,即一项马基雅弗利式的图谋已在策划之中,图谋夺取英国租界,或者国民政府有意夺占其他外国租界或上海的国际居留地。他继而再次解释当地的局势是如何地为 1 月 3 日、4 日和 5 日的事件所改变,以及要想把局势回复到租界的原有状况是如何地行不通。他一再提到,已向国民政府控制下的各省省府发出通电,指示各地停止反英鼓动并对英国人及其他外国人的生命及财产给予保护。他的目的是要在英国人和国民政府之间造成一种新的气氛,但是如果他们现在就将租界交还由英国人全权控制,则面对着公众的愤怒,要想维持这样的气氛实属不可能。更有甚者,这可能会危及国民政府的稳定乃至使其倒台。他的政府会尽力去做,但是他不能不说明一点,即在任何情况下他们都不可以对自己的人民开枪。对目前局势的现状必须去面对,但通过双方理智的妥协,障碍还是有可能被克服的,绝不可让"面子"的考虑作梗挡道,阻碍如此重要的一个问题得到解决。解决好这一问题可以而且必定成为一种基础,由此英国与国民政府之间便能形成一种更好的关系并达到真正谅解。

4. 由于尚未得到指示,阿马利先生在这些首开谈判的会谈中仅限于向陈先生强调局势的严重性,以及因民众暴动夺取租界而加诸我们头上侮辱的严重性质,并坚持第一件要做的事是将租界交还英国控制,而有关其未来地位的解决则可以经由双方友好谈判来实现。

5. 其间,我们收到由兰普森爵士及外交部发出的指示,与国民政府外交部长的实质性谈判乃于 1 月 21 日展开。会谈中阿马利先生首先即以海军增援一事为例提醒陈先生,英国政府既然决心不在任何哪一派别的中国人的武力和暴乱政策面前放弃英国的攸关利益,则就会有实在的行动;继而,针对陈先生代表其政府所表达的在中英两国人民之间建立一种新的更好的关系,以及以解决租界问题为契机作为达成这一新的谅解之基础的意愿,他代表陛下政府作出对等回应。故而,英国政府准备接受汉口目前的局势,以之作为对国民政府一再作出的声明。在国民政府治理之下英国人的生命和财产将会是安全的,是可信性及其做到这一点之能力的一种考验;而一旦将租界至少在名义上交还英国人控制从而加诸我们头上的侮辱得以洗清,陛下政府即准备通过谈判就租界未来地位问题寻求达成一项公正而平等的解决,也就是按照如陈先生本人已表明为中国人所希望的那种中英合作模式之类做法的某种解决。

6. 至此,国民政府的心态是既担忧而又虚张声势,这就如同一个学童,明知道自己犯下了大错,却决计既不悔过又不去提请受惩罚,但又为其所犯之错的后果而忐忑不安,忧虑不止。现在,依照显露出来的情况,他们得知其冒犯将得到宽待,只要他们今后对租界的管理行为检点,他们将被允许保有他们已经得到手的东西。陈先生以中国人一向的做法努力试图在讨价还价中占到更多好处,在表示对我们的友好姿态之后,又以相当华丽的说词提出其大胆的想法,大胆到堪称与英国政治家之为事传统的最高境地不相上下:陛下政府应完全地、无条件地将租界交与国民政府控制,而维持法律和秩序以及保护英国人的生命和财产的责任也就放心地、稳妥地落到了实处。然而,当我们贸然提醒他,我们拿出的提议其整个基础在于陛下政府认可了由他自己所提出的原则,即租界的行政管理应交与一个依照在邻近的前俄国租界所建立的行政当局之模式而行事的中英市政当局;我们无权按别的移交条件讨论此问题,即便讨论了也属无用时,陈先生则一下子再次转回到现实议题,要求我们就协议文本拟写出一个我们方面的更为详尽的提议。拟写该提议的工作我们是按以下所述来进行的:

7. 英国行政当局应立即予以恢复职能。诚然租界的警务要留予中国当局,而后,英国租界工部局将着手处理停当准备向一个新机构移交权力的事项。该机构还要能够代表纳税人,但却基于中英联合治理而予组建,以等待所有的租界最终合并成为一个市政区域。在这样的新的安排之下,最终控制权及其责任将落在中国人手中,这是依照陛下政府之考验国民政府是否言而有信的政策而行事。英国工部局之恢复职权是必须要做到的,不仅仅是为了保全我们的"面子",也是为了让英国行政当局能够妥当处理其事务,并做到租界权力移交时它已处于谈判达成的协议所规定的运作状态之下而运作良好,从而移交时不会出现职权中断。我们还解释说,作为其作出这些新安排之决断性的表现,陛下政府事实上现正推行的不过是其就租界未来地位而得出的政策,这一政策是他们早在1月3日、4日和5日的不幸事件发生之前即予决定的。

8.陈先生显然对我们的提议是有了印象,答应要立即将此提议提交给政府委员会,并让我们等待一两天听其答复。诚然他强调,只要是英国工部局恢复职权,不论采取哪种形式,他向其人民交代都会遇到难题。

9.1月23日谈判继续进行,会谈中陈先生开首即交给阿马利先生一份由国民政府发布、签署日期为2月22日的《政策宣言》文本[见(1)]。该宣言系对12月18日英国之备忘录所作答复,该文以很大篇幅陈述了国民政府的怨愤,强调国民政府准备通过谈判达成协议来解决其与列强之间所有遗留的问题,并就租界的事情提出了国民政府的见解。会谈继而转向其他事情,也就是国民政府对海关税务司征收华盛顿附加税的反对立场,以及他们反对任何一个列强国家就涉及全国的问题与北京政府进行谈判,并专门提到日前有报道说比利时还有日本所进行的条约修订谈判(本报告未就与陈先生所讨论到的这样一些其他问题作出说明,有关说明归并到了租界谈判及同类事项的一份汇总报告)。最后,陈先生把谈话引导到绕过租界谈判,提出他特别想知道我们在一个问题上的态度:如果我们能够承诺英国将不把汉口租界问题的协议作为一种先例而援用到解决北方的类似问题,也就是说与张作霖元帅的事情,则就租界问题达成解决将会容易得多;国民政府是中国的唯一政府,唯一一方能解决这一类全国性的问题。我们对此作评(与此同时争取时间来考虑对他的问题该如何回答),说他的态度看似不太合理，为他表述为国民情绪的心态没有道理只限于南方才有。如果就改进汉口租界的未来地位能在这里达成一项协议，就应当可以预料在北方的国民情绪也会呼号而要求采取类似的收回主权举措；陈先生的意思是否是说我们不管在什么情况下都应当不顾一切地拒绝满足它们？若是我们就我们的条约权利作出某种让步而能够去满足中国人的民族主义激情，按陈先生的意思是否是说我们现在不该这样做而要等到中国统一之后？到这个时候，我们已准备好能够回答陈先生前面提的问题，我们非常肯定地说：陛下政府无论如何都不会按其所想的做法捆住自己的手脚，而必须保有完全的行动自由；另一方面，对北方抑或是对南方给予"承认"的问题则是无从谈起的。

10. 陈先生解释说，他的意思丝毫不是要提出什么要求，他只不过提出这样一个问题以便能有一种更好的谈判气氛，他继而又转回到租界的事情。政府委员会已在原则上接受我们的提议，但在细节上存在难点，尤为突出的是英国行政当局恢复职权的问题。对他所言我们回复说，同意就恢复职权期间把公共工程依旧交由中国人管理的可能性给予考虑，这样做的主要意图还是为了让英国工部局能好好处理停当其事务。转到协议最后文本的问题，陈先生说道，政府委员会极强烈反对依据与一个列强国家达成外交协议来建立新的市政当局，而是宁愿由他们自己的立法机构以立法来成立新的行政当局。鉴于已明瞭这一点一直是中国人的一个碰不得之处，我们表示，将新的市政规章作为国民政府的立法（以事先业已私下征得我们同意的做法）而予以颁行，对此我们并不反对。诚然须得以函件正式知照我们这些规章在一定期限内，比如说十年保持有效，因为该规章将成其为我们据以交出租界行政管理权力的依据，故必须对于保护英国人的既得利益作出某种保证而指明它们至少某一明定的年限之内持续有效。

11. 次日即 1 月 24 日举行的会谈中，陈先生又想出了一套辩解的理由，说道为了越过与英国工部局恢复职权相关联的难题，我们应当跳过这一阶段而立即进入到探讨建立一个新的临时行政当局。他提议加派两名英国人成员进入目前的临时委员会,这样一来,该委员会就将由两名中国人成员和两名英国人成员组成,并由一名中国人担当主席。该临时机构将在一段过渡时间内负责管理租界,在此期间我们将就英国与国民政府之间所有悬而未决的问题,包括租界未来地位问题而求得解决。他不仅仅在让其民众接受恢复英国工部局职权的原则问题上遇到极大的难题,而且也担心依照在前俄国及前德国租界实行的行政体制做法而达成的最终协议不会让国民政府满意。不过,如果能与我们达成一项总体解决的协议,将前面说的包容其中,应该说还可以通得过。陈先生继而搬出一大套说词,辩说何以英国应在这样的时机拿出其政治家风度而与国民政府达成一项根本性的协议。等到有了一个代表全中国的政府问世的时候,话虽然可以这么说,但我们该要想一想到民族领导地位的问题,这一地位是落到了进步而有活力的国民党一方,而不可能落到中国的没落阶级一方。中国的国家统一是不可能被分割的,只能够有一个中国政府;而他们就是这个政府,因为从长远来看只有他们能够说了话算数,要知道全国的民意在他们一边,也唯独在他们一边。在租界事件的结果是出了一个租界问题,这可以成为历史的一个转折点,就看英国与国民政府之间能否以此为契机而达成协议。为了不制造难题,在目前他姑且把"承认"的问题搁置一旁,英国政府可以将这一问题留待一项总体协议得以达成之后再作出决定。除此之外,还有另一个而且非常有说服力的理由,足以说明为什么我们不可以浪费时间而应就一项总体协议抓紧展开谈判。陈先生接着提到有许多报道,是关于英国海军、还有陆军的备战以及向中国派遣增援部队,不仅是舰只而且还有兵力增援。且不论我们的初衷为何,中国只能认为所有这些活动都是为了准备战争,而不可能有别种看法。这会在上海促发我们忧心忡忡极欲避免的那种冲突,英国的海陆军战争机器业已启动,这造成了一种好战的气氛。

12. 阿马利先生在作答时,解释了致使陈先生之立即就一项总体协议展开谈判的提议成其为不可行的理由。遵循陛下政府在中国北方与南方之间恪守完全的不偏不倚和中立之立场,其确定的政策是目前我们不可以就全国性的问题与任何一方达成正式的协议。12 月 18 日的备忘录对此政策作了说明,该文件慎重表示,不考虑与任何中国政府进行正式的条约修改谈判的主意,认为这在目前时期是不可实行的,替代做法是由我们单方面地宣布放弃我们多项条约权利中的某一些,以在一定程度实现条约的修订。要想说服陛下政府改变其目前时期的政策而依照陈先生所提示的做法,这在任何情况下都是完全没有谈判余地的。租界的事情毫无疑问属于刻不容缓应予处理,如果视其解决作为引致讨论其他问题的一座桥梁,这自然更好,而我们自始就是这样看待的。我们还向陈先生指出,他之坚持自己的立场其意思可以解说为,他是想用租界的事情作为一种杠杆,以迫使陛下政府在其与国民政府讨论中比之其目前所拿定的主意走得更快、走得更远。如果他给人造成的印象即是如此,则这是最不幸的了。事实上,到我们后来就 12 月 18 日备忘录进行讨论时,陈先生就会发现该文件所传递的意思比陈先生看来意识到了的要多出许多。

13. 陈先生就此又再次回到现实谈判,并解释说他并没有提出要求,只不过说了说其想法。我们再度解释说,在谋求就租界的事情取得解决时,我们是打算基于 12 月 18 日备忘录来就条约修改方面能做些什么而与对方进行商谈的。此后,双方的谈话转向手头待处理的事情。

14. 在就陈先生面对其公众所处的困难处境作了相当多的谈论之后,我们重申我方的提议,其梗要如下:

第一阶段,英国工部局应予恢复职权。纳税人年度大会应予召集,以表决当年的政务拨款并处理停当英国市政当局的事务。在此之后,对英国的工部局予以解散,并将租界的行政权力交由一个新的中方市政当局接手,时间是在 3 月底之前。在英国工部局恢复职权之过渡时期,它将把租界的警务以及公共工程管理权力委交现已在任的中国当局。

第二阶段,一个依照在前德国租界行政当局之做法的联合行政当局将予以建立。由中国（国民）政府颁布的市政条规应予知照我方，同时应发表一项声明，申明该条规将在比如说十年内有效，或者有效至经谈判达成一种新的安排，按照此一安排将把5个汉口租界及前租界合并成为按一个特别宪章组建的行政区划，此亦陈先生声言系国民政府之意向的做法。

15. 陈先生称，他将研究这些提议，并将其提交政府委员会。

16. 在1月26日举行的下一次会议中，陈先生再度强调在英国工部局恢复职权问题上他的难处，并提出说，作为新的联合行政当局建立起来之前过渡时期的一种替代性安排，可建立一个含三名英国人成员和三名中国人成员并由一名英国人出任主席的混合委员会。随后双方有一段长时间的争议，在这个过程中我们坚持自己的主张，即英国工部局的职权必须以某种方式予以恢复。继而会谈转入到第二阶段议题，即未来的联合体制。陈先生再度提出无条件交出权力的问题，据以作为支持的还是老一套辩说，诸如大度的姿态，宽宏大量的政治家风度等等。我们的回答则是再度说明，我们得到授权就英国租界行政权力移交给一个中方市政当局展开谈判，其基础是依照在前俄国以及前德国租界作出的安排，建立一个中方享有最终控制权的联合行政当局。我们说，我们可以在原则上立即接受前德国租界的条规，但条件是对之应有某些修改以使之与我们双方相互提出的要求相协调。自然，这其中包括是设立一个中英委员会而不是中外委员会。另一条件则是确保该条规应在十年内有效，或者其有效期直至经谈判将5个租界予以合并之时。

17. 至此有必要简短插入关于前德国和前俄国租界地位的解释说明。中国人在大战期间收回了青岛和汉口的前德国租界，此后数年里，北京的国际外交使团向中国政府施加压力，要求在这些区域建立行政管理上的模范市政体，让外国居住者在其中享有足够的发言权。中国政府以其一贯的支吾搪塞和消极设置障碍来对抗这样的提议，策动乃是从未打算顺从于外国人之要求的北京内务部。最后，在国际外交使团与中国政府谈判数年而无果之后，先是美国政府，很快又有荷兰政府退出谈判。退出的理由是这件事属于一项内政事务外国无权干涉，谈判于是不了了之未得结果。到1922年底，当港口城市青岛由日本交还中国，日本人试图达成某种安排以使外国人在青岛之市政行政管理中有其发言权却未能获得成功，更促使中国政府对授予外国人在市政事务中享有任何特殊发言权的主张持更强硬的反对态度。然而在此期间，汉口的事态有了变化。首先，中国人收回了俄国租界，并出于他们自己的意愿而允许俄租界市政行政管理依旧，唯按照原有俄国条规，系由俄国领事起的作用现由一位中方官员代替，且该条规给予纳税人在该区域市政政府中享有明确规定的发言权。继而，更晚近在1926年，英国人和其他外国居住者以拒绝交纳市政税费作为杠杆并得到领事使团的支持，与地方当局谈判要求在前德国租界建立某种类似市政体制而达到了目的；这一结果之达成并没有正式告知北京政府及其惯于作梗的内务部，而尽管该条规是被冠以临时性且并未实际付诸实行，但毕竟有过这么回事而成了取得地方认可的一个先例。前德国租界之条规比之在前俄国租界实行的条规成其为有大改进的版本，与纳税人对市政立法和征税行使控制权相关的所有各点之主旨，该条规均予包括，而这正是国际外交使团花了好多年想要争取得到而未获成功的。因为这一缘由，我们将其作为自己提议的范本供拟在英国租界设立的新体制援用。

18. 经我们作出解释，将我们的谈判基于任何别的基点之上都是无从谈起的，陈先生便停止了其关于无条件交出权力的说辞，而前德国租界之条规的文本则在备置之中以供双方研究。中国人方面并未试图把相较不那么令人满意的前俄国租界之条规提出来供讨论。研究条规用了一些时间，诚然，这之中未达成任何决定性的结论。陈先生指出，他恐怕对条文要有许多修改，不过他坚持说这些修改都可说是字面上的而不关乎实质。经过一番讨论，我们同意如果让条规保持有效直到5个租界实行合并而不去提及有效年限，也是可以的。我们之所以认可这一点,是因为我们自始就觉得 5 个租界区域合并而为一个市政区域实则不可避免,也是完全可取的事态发展。鉴于在 5 个租界之中有 3 个现存有中外市政行政当局,我们觉得这将会使我们、法国人以及日本人处于一种强有力的地位,以为合并为一的区域争取到一种类似体制。到最后,陈先生说他将更仔细地研究条规,并将尽快告知我们他就这件事作出的决定。会谈过程中,我们把市政债券问题作为一件大事放在心里,故我们明确声言,新成立的联合行政当局须正式承接英国市政当局的财政债务,对此陈先生很爽快地表示赞成。

　　19. 次日即 1 月 27 日举行的会谈是继续研究条规,其间我们还知照陈先生一份文件,扼要说明我们关于一项协议的提议,即关于恢复英国工部局的职权以便处理停当其事务及依照有待双方认同的条规而组建一个联合市政当局。在我们的提议中还包括若干从属事项,诸如承接英国工部局的财政债务,联合政务会其第一年中成员的任命,相关于滨江临街设施的安全保障及对租界不动产,包括租界滨江地段不动产的征税,采用英国市政条规,以及在九江达成类似解决的相关安排,该地所受损失的赔款偿付等。对条规所作的研究使我们碰到了土地所有权以及皇家租用地的问题,这是此前未曾接触过的。陈先生看来似乎忽略了这些问题,我们则采取暂时将其搁置一旁。会谈中有过一些或大或小的争论并就次要细节加以讨论。此后轮到对拟召集的年度纳税人大会之权力作出规定的条文,我们乃坐下来给予认真研究。陈先生对此一条提出了强烈的反对意见,对往下就投票人资格作出规定的条文他也是如此。他声称这些安排其意味更像是一个股份公司而不像是一个市政当局,并说按照这些条文,将永久性地赋予英国土地拥有者和纳税人以在租界区域行政管理上的支配性影响。经过长时间的讨论和争议,陈先生逐渐放弃了其大部分反对意见,双方决定研究一下以什么办法来重新拟写关于年度纳税人大会的条文,以使之成其为依陈先生的观点看来不至于有那么多可反对的。在会谈的过程中,陈先生无异议地接受有关现有滨江临街设施(趸船泊地等等)的安排应照旧而不予改变的原则。

20. 这一天关于租界谈判的讨论就此结束。奥马利先生依照新近收到的指令,将备忘录[附于本文,见(2)]之文本交给陈先生。备忘录陈述了英国政府为充实其12月18日备忘录而提出的提议之要点,其主旨是指出,经由我们方面放弃某些条约权利而不是另行谈判一项新条约,对条约予以修订可能达到的限度。我们谈道,我们准备实施这些提议并与国民政府一道慎重地拟定出其实施细则,但条件是:(a)汉口和九江的租界问题应予以解决;(b)国民政府应作出保证。他们不赞成采取除经由谈判之外的别的方式而改变租界和居留地的地位。

21. 陈先生回复是:关于(a)点,正如他一再指出的那样,他的政府是太期盼达成一项协议了,诚然,不管有没有被知照这份文件他们可说都会是这样的。关于(b)点,在其1月22日的宣言[见(1)]中,他已明确声言,他的政府希望通过谈判解决所有悬而未决的问题。阿马利先生提及他前来汉口之使命的情况,最初他是作为兰普森爵士的代表前来接手继续进行由陛下政府公使本人于12月开启的商讨;而后,汉口起的麻烦造成干扰并改变了局势,但如果我们现在能够就租界问题达成协议从而消除其造成的障碍,则我们有希望能够在本备忘录的基点上就涉及范围更广的事情展开商谈。陈先生回复说,他不能够不说实话;中国人民所想要的则要多得多,而不仅仅限于本备忘录所开列的事项。诚然,他理解作出提议的用意,并将研究文件的内容。

22. 谈判于1月29日继续进行。开始之时陈先生交给阿马利先生一份声明[附于本文,见(3)],系对1月27日英国备忘录的答复。在这份声明中陈先生声称,他代表其政府准备接受英国的提议,虽则提议尚有不足之处,以作为英国与国民政府之间商讨一项全面协议的基础,但条件是:(a)就诸如租界及居留地未来地位之类全国性问题,除了与国民政府商谈之外不得与任何其他中国当局谈判;(b)商谈应当在一种不带有威胁恐吓的气氛中进行,而英国军队在上海集结则构成这种威胁。陈先生继而解说道,该备忘录所提出的主张在一般情况下本来会致使租界谈判陷入僵局;国民政府收到了来自英国工党的充满深切同情的表态,换由工党提出来他们乐于顺从,可是同样的事项,在任何以武力集结相恐吓面前他们不会予以认同。这样说来,陈先生还是准备次日继续按照我们所提议草案的总的原则来就租界问题的协议拟出文本,如有可能甚至签署该协议,为的是使这件事能够就此不再挡道成为障碍,从而双方能够不迟疑地着手考虑其他更重要的悬而未决问题。

23. 随后进行了长时间的探讨,其结果是租界协议最终形成。房地产保有权及皇室租用地的问题再度凸现出来,对此我们明确无误地告知对方我们无权讨论这件事情。在陈先生方面,很明显看得出他希望尽快达成协议,故同意在目前阶段谈判中不触及这些问题。重新起草市政规章的工作在下午继续进行,一直到晚间很晚的时候,很多时间用于会同陈先生的儿子(此人跟他父亲一样,系出生于英国而成为英国臣民,在完成在英国的留学并取得律师资格之后,他最近刚从英国返回中国)进行这项工作。中方谈判人员表现出他们是能干的,有条不紊,能通融的。由于作为我们的辛劳工作,协议的最后文本最终出来了,我们提出的所有要求都得以写进了条规,我们看过后觉得满意。次日早晨,对草案文本作了某些次要的修改,双方同意将于当日下午实际签署文件。然而,就在我们商定的时间将至之时,陈先生派他的秘书传来一个信息,意思是说他收到了由其政府的某些成员发来的电文,乃至使他不得不对协议予以进一步审视。这样一来,在当天签署协议无论如何也是不可能的了。

24. 从1月最后几天的情况来看,很明显,陈先生在经过此前两三个星期的讨价还价之后,急切想要尽快达成一项协议,越少拖延越好;而且从此后的事态可看出,他是急于想赶在反对力量阻止他成事之前尽快签署协议,好让事情能够定夺。在当天及其后一天,关于最后时刻出现的障碍他未进一步的解释,但到了2月1日,陈先生邀请我们再次与之会见。在这次双方会晤中,他开首说道,在他即将宣读一份声明之前他想先讲几句。自始他就说得再清楚不过,他的政府真切地希望就租界的事情达成一项友善的解决,由于这一原因他们特别避而不提种种技术问题,如"承认"之类的问题,为的就是不要使谈判陷入僵局;然而不幸的是,有些事是他们所无法加以控制的,而这样的事干预进来导致事情陷入停顿。他继而开始宣读声明[附于本文,见(4)]并将文本交给阿马利先生。声明的意思是说,他的政府不可能在英国于上海集结军力而形成威胁之下批准签订租界协议。他还附加以口头说明来对声明作出补充:两天之前本来是要签署协议的,其所以在最后时刻被推迟,原因是收到事关重大的军事情报,系与英国在中国的战争行动计划有关(注:依据随后的事态发展,看似可能的是,陈先生之所谓"事关重大的军事情报"系与我们占领上海国际居留地之外防守阵地的计划相关)。国民政府军队右翼正在推动非常重大的军事行动,其针对的军事目标是上海地区,也就是说要将孙传芳驱逐出去并占领扬子江出海口。孙正在集结其军队以对抗国民政府军队,而英国人却也正在做同样的事情,在上海集中了他们以前从未向中国派出过的最大的英国兵力。中国人民想要知道所有这一切意味着什么,是意味着国民政府军队所面对的敌人仅仅是中国的敌对势力?抑或意味着他们还必须考虑到与一支英国军队起冲突。如果不是出于纯军事方面考虑,他的政府还不至于非得要把这件事看得如此严重,可是正在不断发展的军事行动事态是非同小可的头等大事情,他们就不能够不听取其军事当局和专家的看法和建议。他说他必须重申他们方面达成协议的意愿,但是只有重新创造出一种和平的气氛才谈得上立即签订协议。

25. 阿马利先生花了相当气力来说明我们军事计划的防御性质。这支军队纯粹是一支防守性的部队,其唯一目的在于保护居留地的人身生命和财产安全,以及维持居留地的现状直到经由谈判而达成其地位改变。英国政府对于此前汉口和九江所发生的事情表示关切是很自然的,而英国在上海有其更大的利益,所以即便是出于防范,他们除了采取必要的步骤别无其他选择。阿马利先生继而就陈先生准备作出的保证向他询问保证的性质。

26. 陈先生说道,他可以当即作出最坚实可信的保证,其政府的意图不是要以武力占领上海的居留地,或者以谈判以外的其他手段而达成改变其地位。在他刚刚宣读过的声明中就已声言,国民政府军队不会凭武力攻占居留地,他还可以将声明的意思说得更为明确,这里面没有隐含任何别的意思。被问到其确切的意图,陈先生答复,他可以就上海的国际居留地现状维持问题给予我们以最充分的保证,其现状保证可以维持到经由谈判再作定论的时候,如果我们当下就可以"再造和平的气氛"(经由停止我们在上海集中兵力),则租界协定立即就可予签订。鉴于阿马利先生提出询问,在那样的情况下该协定是否能够按现在已拟就的文本予以签订? 陈先生回答说我们正好可以利用因出现这一障碍而得以有再作考虑的时间,对土地留置权及皇室租用地的问题再作研究。他已花了很多时间来考虑这件事,这看来似乎是对他个人的一次严峻考验,因为他恐怕自己因为未提出陛下政府之土地留置权的问题,将致使自己在其人民面前落得被指责为两面派的下场。而且这件事还关系到对中国在租界的土地占用构成限制,仅仅一个土地留置的问题弄不好就会搞得他成了一个完全言行不一的人。诚然,他可以绝对肯定地说,尚未解决的实质性问题也就只这么一个土地问题了。

27. 阿马利先生用了每一可能想到的说辞来试图说服陈先生缔结协议,然而陈先生不为所动,一而再地说,只有我们大力协助再造出和平的气氛他才能签约,在双方互不信任和居心不善的心理支配下签订协议比之没有这样的协议更糟。

28. 经过 2 月 1 日的双方会谈,租界谈判陷于了一种僵局。摆脱这一僵局的唯一出路,看来在于我们能否使陈先生相信,英国陈兵上海之目的除了对抗暴民骚乱及打了败仗的军队溃逃而入以保护外国人居留地之外别无其他;也在于他能按照我们之所要求对我们作出保证,而有了此一保证他所谋求的"和平的气氛"才能得以再造。故而在此后的几天,阿马利先生追迫他,要求他对于其能作出的保证之确切性质给予说明,且专门提到在国民党政府宣布其不以武力占领居留地之意图时一定要用上"赞成"一词。我们对陈先生解释道,这也就是说其政府仅仅承担自己不使用武力还不够,他们还必须进一步承担不"赞成"使用武力,如此就能够将发生在汉口那样的以暴民暴动而间接使用武力也包括在内。2月7日,陈先生向阿马利先生送交了一份方案文本,供就此保证问题举行商讨。陈先生准备好的公文,其措辞"国民政府将不使用武力,或者赞成使用武力以达到改变租界及国际居留地的地位之目的"。关于他想要陛下政府反过来作出的保证,借此和平的气氛能得以再造而协议得以签署,其性质又是若何? 对此他解释道:平常在上海集结的各国兵力已足以应付除非是由国民政府军队发起进攻之外的任何别种动乱。他说他可以绝对保证国民政府军队无意做任何这一类的事情,其军事当局所想要得到的保证,是在在上海与孙传芳作战时他们不会陷入同时还要与部署在居留地之外的英国军队相对敌的局面,而能够在这一点上满足他们要求的保证,唯一在于能够明示在那里他们不会遇到英国军队而无仗可开。经长时间的讨论,阿马利先生很明确地声言,在任何情况下陛下政府绝不会以任何方式在向上海派出军队以应对任何可能发生的危急情况的问题上限制自己的行动自由。陈先生则因其已准备接受业已登上上海土地的军队之陈兵当地,便试探性地提出陛下政府是否可以承担"在目前时期"不会增派更多部队?阿马利先生指出,如果陈先生签订了租界协议并按所要求的那样作出保证,就造成了一种新的局势,从而陛下政府会发觉已无必要像他们当初之所打算派出那样多的军队,所以能达到这样结果的最好做法就是他应当立即签约。然而,陈先生反复说他的军事当局就问题的军事属性所作出的决定他必须予以接受,而按其军事当局的意见,在他们可以确定在上海之外与孙的部队作战的同时不会也得面对英国军队之前,他们不能够同意签署协议。这样陈先生提出(此亦是该日他邀约阿马利先生与之会晤的目的),协定的签订和双方换文就上海之事相互作出保证应同时进行。讨论直到次日仍在进行,这时阿马利先生再次把事情说得很明白,即在任何情况下陛下政府都不打算在增派军队问题上事先就限制其自己的行动自由,其作出的决定只能是依事态发展而定。经双方对事情的每一方面再次予以认真讨论,疑点一一得以解决。而后,阿马利先生答应将谈判情况上报给陛下政府公使。陈先生的新提议如下:(a)英国政府应当宣布,派前往上海的英国军队其目的唯一在于保护外国人居留地的生命和财产安全。且除非出现紧急情况,为达到这一保护生命和财产之目的业已部署到位的外国部队不堪重负,乃予之以增援成其为必要,否则实际仍在路途中的增援力量将不会在中国土地上登陆。(b)国民政府应宣布不使用武力和不赞成使用武力以达到改变租界和居留地之地位;双方这样相互作出保证,而换文则与协议的签署同时进行。

29. 陈先生之所以拒不肯于 1 月 29 日缔结协定并提出上述提议以求得难题解决,其真正原因想必一定是想要投机。似乎没有理由怀疑,陈先生及其大多数同僚自始就是急切地想要就租界的事情与陛下政府达成协议的。但很可能极端派势力在这整个过程中一直在活动,试图阻止英国与国民政府修好关系,而英国向上海派遣军队则给了这些极端势力一个机会去重新煽动反英情绪并打断租界谈判。现已知在谈判开启的时候国民政府曾向处于其控制下的各省省府发出指示、或者不如说是劝诫,要求各地停止反英鼓动。到后来当英军在上海登陆的问题成为与国民党人之间的一个争议问题,国民党中代表极端派势力的劳工组织头目发出相反的命令,指示全面重整旗鼓举行反英示威。在这样的情况下,是否要缔结租界协定以迈出英国与国民党之间重新建立良好关系的第一步,成了据信总的来说得到军方支持的温和派与由劳工方面所支持的极端势力之间的一个争论点。然而情况似乎是,决定 1 月 29 日不签约的最后决定要归因于军方势力的反对立场,其所以如此是因为国民政府军事当局心目中起了疑虑,他们对前往上海的英国军队的真实意图有疑心。也就是说,他们被引导而认为英国军队可能不仅仅是被用来保护国际居留地,而是也会被用来阻止国民政府军队驱逐孙传芳并取代他而成为控制相邻地区的中国当局。

30. 陈先生关于双方相互作出保证与签订协议同时进行的提议已予电告陛下政府,其结果是外交大臣于 2 月 10 日在下院作了一项宣布,其宣布的内容是:陛下政府准备接受陈先生就租界和居留地之未来所作出的保证并批准缔结租界协定;在保留英国出于保护英国利益之目的视情势所需采取必要措施之权利的同时,陛下政府从未想到将派往上海的军队用于除上述保护之外的其他目的,且派出的兵员人数以达到这一目的之所需为限;军队将驻扎外国人居留地之内,除非出现重大紧急事态否则不会调遣至其外部;陛下政府将继续在中国的内战中恪守严格的中立;以及如果协议得以签订且得到有关保证,目前阶段将只派遣构成上海防卫力量之三个旅中的第一旅前往上海。2 月 12 日,阿马利先生将上述演说之梗要[见(5)]文本知照陈先生,以作为陛下政府对其提议的答复,并敦请陈先生作出保证以作回应进而签订协议。陈先生阅读了这文本,就已经登陆和将要登陆的部队人数作了询问。对于外交大臣在有关相互保证的所有事情都最后敲定之前就作了这一公开演说(该演说业已经由无线电新闻予以公布),他表示感到意外和遗憾。诚然,他承诺将研究这文本,希望在其中能看到当前所面临的难题得以解决。阿马利先生明白无误地指出,由于陛下政府方面已作了这一公开的政策宣申,这件事至此已不再经由他来处理,故而除了等待陈先生就签订还是不签订协议作出决定之外,他不可能再有所为了。

31. 情况看来是在此后两天,就奥斯汀·张伯伦爵士关于上海的英国军队所作出的宣申是否已做到令他们可以接受的程度,从而使之可以缔结租界协议一事,在国民政府各派之间发生了一场尖锐的内部争斗。当时有关俄国首席顾问在这些争论中所扮演的角色的报道是相互矛盾的,但或许要提到(因值得一提),其时身在汉口且与国民政府所有成员都有极为密切接触的《曼彻斯特卫报》特派记者得以确认,由于这样或那样的原因,这位俄国顾问是赞成签约的。顾全"面子"的考虑毫无疑问是起着重要作用,而在反对与陛下政府缔结任何协议的力量中极端派势力的作用似乎依旧是决定性的。然而,军方的意见看来是说可以签约,而最终经协商得出的结论以温和派意见占了上风。2月14日陈先生将其政府的如下意向知照我方:他们不能够将我们的宣申作为按照原来所构想的双方相互换文作出保证的一部分而予接受,因为那样做牵涉到他们在原则上接受英国军队可以堂而皇之在上海登陆,而作为原则问题这是任何一个中国政府都不可能不予抗议而听之任之的。另一方面,我们的宣申已在一定程度达到他们的要求,乃使之可以去缔结因国民政府反对英国在上海集结兵力而被搁置起来的租界协议。故而,他们注意到奥斯汀·张伯伦爵士作的宣布,而就英军登陆提出一项抗议,同时着手签订协议。以这样的方式,签订协议就可以与互相保证问题相脱钩,而这两者是被搞得搅混在一起了。如有必要,作出保证的事可以往后推迟,而同时我们可以把业已被搁置得太久的签订协议的事继续往下做。陈先生进而说,在签订协议之后他将发布两项宣言,都是针对各国而发。其中一项将声称关于汉口租界的协议不得被认为是处理其他地方外国租界未来地位的先例,另一项则重申国民政府通过谈判和达成协议的办法解决其与列强之间所有悬而未决的问题的意愿,并宣布国民政府的政策不是以使用武力和赞同使用武力来达到改变外国租界和居留地的地位,并加上说这些租界和居留地地位的改变属于涉及全国的事情,只能够与国民政府而不得与任何地方中国当局谈判。这后一项声明包含我们要求得到的保证,即关于维持租界现状直到经由谈判达成改变的保证,但这一保证经遣词而在意思上被弱化:用的是"政策"一词而不是"意向"一词(也就是说,"国民政府的政策是不使用武力"而不是"国民党政府之意愿是不使用武力")。在提请陈先生注意到这一点的时候,他确定无疑地称其意思依旧是一样的,又解释说原措辞的保证本属于双方相互保证的一部分,但我们在相互保证上并没有照着做而达到其要求,故而不可能按原定措辞一模一样地作出保证。陈先生继而去做协议文本及所附文件拟写上的事以供双方签署,其间有某些小的改动,诚然变动系形式上而非实质的。

32. 阿马利先生解释道,陈先生在相互保证问题上的新态度以及由他再度在协议文本上作的改动,致使有必要再一次向陛下政府公使上报以求指示。在随后进行的会谈中,双方就权力作了一些讨论。一方面是英国政府派军队在上海登陆之权,另一方面是国民政府就他们这样做提出问题之权。除了谈及上海之实际层面的事(在居留地外围地区发生战斗的危险性,打了败仗的士兵溃逃而入,对曾发生在汉口的事件之重演的忧虑,等等),我们争议道,鉴于居留地处于外国控制之下,轮不到中国政府来评判,究竟多少数量的军队是保护外国人的生命及财产以及在其边界内维持法律和秩序所必需的。另一方面陈先生则争辩说,外国仅仅有权在居留地维持一支警察部队;作为一个国际机构的市工部局才是正当权力当局,可以就这支警察力量需要增强到何种程度作出决定。然而目前的情况是,口口声声声称居留地属于国际控制之下的英国政府,却把是否要派遣英国军队的决定权抓在自己手里。陈先生承认就眼下来说,他的议论纯属理论性的,因为实际情况是他的政府至今尚未能控制上海地区。他暗示这即在一定程度上说明了,为什么在目前这个时候他们决定只满足于发表一项正式抗议,一旦他们的军队逼近上海且他们已经取而代之顶替孙传芳及其同盟者即在相邻区域当权的中国当局奉系军阀,则他们就会在国人的关注目光之下负起争取英军部队撤离的责任,而被迫将在这一问题上采取强硬的立场。诚然在目前阶段,从国民政府军队的军事行动受到的关联来考虑,他们满足于我们作出的英军部队没有插手边界外事务之动机的声明,故而他们准备以发表一项抗议而同时签订租界协议为满足。

33. 下一次会谈于5天之后2月19日举行。在这期间由陛下政府发出的关于签订协议和其他相关事项的指示业已收到。双方会谈之开首,阿马利先生知照陈先生,指示业已收到,他现在准备着手签订协定,诚然这要基于取得明确谅解:陛下政府注意到了陈先生作的保证和宣言,对此作出回复而宣称,他们不可能承诺不论在中国任何地方,绝不与当地实际行使事实上权力之当局的中国官员就当地出现的问题而举行谈判。阿马利先生继而提及上海的局势,在当地出现了军事事态发展(攻破孙传芳的阵地),这再度令陛下政府为居留地的安全而感到不安;并告知陈先生,根据陛下政府的指示,有可能会采取某些进一步的举措,明确地说就是陛下政府可能会发觉在不久的将来确有必要向上海增派更多军队,且将在严重紧急事态业已发生的情况下将这些军队中的一部分部署到居留地实际边界以外的地方。这一通报即是一份备忘录的内容;该备忘录递交给了陈先生。

34.陈先生阅读了这份文件,他拉长了脸,探问文件的公布能否推迟到协议签订之后。阿马利先生回答,他不反对这样做。他自觉有义务立即将该文件知照陈先生,为的是不想让对方对我们方面的诚信有什么疑虑。陈先生对此表示赞赏,但认为文件的正式知照若能暂时搁置到协议签订之后则更好。他再三说道,对英国在上海集结兵力他的政府非得要有震惊的表示不可,不过眼下他们最想要知道的是其全部含义是什么,在签订协议之际这里面有没有对他们施加胁迫的意思。很好,他们能够接受我们的解释并平和地表示将对此提出一项正式抗议而不作更多计较。他们要等待逼近上海而跟我们论究这件事成为其肩负责任的时候,到那时他们就须得要有极强硬的态度。

35.租界协议于是就这样得以签订,双方也交换了其他的文件[见(6)]。

36.在协议的事情处理毕之后,阿马利先生发布了关于增援英军在上海登陆的备忘录[见(7)]。陈先生将此一事态定性为最为不幸的事态发展,以相当篇幅谈到上海问题对公众情绪激起的反响,在挑惹中国民众方面此举发生的影响之大,甚至是迄今为止国民政府的宣传未能达到过的,故而使得他设法压制眼下因此事而引发的新一轮反英情绪陷入极大困难。然而,租界协定既刚刚得以签订,他们会去做一切可能做到的以确保谈判能有一个真正令人满意的结局,乃为英国与国民政府之间能有一种新的、更好的关系奠定基础。一周以后2月26日,陈先生递交给我们对这一备忘录的答复,采取的是一项声明的形式,再次提出其政府对英国陈兵上海的抗议，并警告陛下政府此事对中英关系造成的后果［见（8）］。在采取这一步骤时，陈先生暗示在目前时期他的举动实属是要走走形式，且除非是我们想要公布我们的知照及他作的答复，则按照他的意思就不要公布。会谈就此结束。

37. 对于2月19日签订的就汉口英租界问题达成的协议，至此可将其精神予以简述。协议正文规定英国市政当局应于3月15日予以解散，租界的行政管理交由一个依照特别市政条例新建的中方市政当局接手。该市政条例应予知照陛下政府公使，并保持其有效直到就5个汉口租界及前租界合并成为一个统一市政区域而进行的谈判作出相关安排为止。双方达成明确谅解（在2月14日的会晤中达成），英国政府将成为参与这一谈判的一方（还有依然保有其租界的法国和日本政府）。自然，协议的实质部分是包含在市政规章之中，规章规定建立一个中英市政管理当局，做法遵循一种可谓之大陆的而非英国的模式——也就是说，租界区域的行政应由一个中方执行局来掌握。另附设一个中英委员会于其下，赋予监察之权力，系由纳税人选举产生，对纳税人则还同时赋予了对市政立法和征税的控制权。故而，执行局主要官员的任命须得到委员会的批准，且委员会被置于一种对市政财政实施有效制衡的地位，并赋予"讨论管理和行政的所有问题并作出决定"的权力，所有的财务票证则须经由一名中国人和一名英国人之两名评议员连署。参加拟予召集的纳税人年度大会的纳税人则被赋予征税、通过预算进行表决的权力，以及对"相关于区域内的公共工程及卫生的事务以及影响到区域的妥善及有效行政的其他事务"给予审查并作出决定的权力。关于现有滨江临街设施权利，对财产的征税，以及由新的市政当局承担原当局的财政债务等事项，则另行作出保障性安排。总的来说，英国在租界的既得利益及权力从字面上看已得到足够的保护，同时适应了将租界的行政由英国转交中国控制的要求，即按照由奥斯汀·张伯伦爵士1月19日演说所体现的英国提议条件，就英国租界问题与中方达成安排，"以找到某种做法将行政权力交给中方与此同时确保英国人社区在市政事务中享有某种发言权"。

38. 剩下来有待报告的,即是九江问题。与汉口协定同时签订的一份协议规定,将依照类似做法就九江租界问题达成一项解决办法,并且规定国民政府将对于因其政府机构的行为或者蓄意放纵而导致的英国臣民在九江蒙受的所有直接损失(与汉口的情况不同,九江发生的骚乱还伴随有大量的抢劫)给予赔偿。鉴于九江租界仅有很小一块地盘,长久以来陛下政府公使馆认为与其说是一笔财产,不如说是一个累赘。因此在汉口设立一个中英联合市政当局的同时,也照样在九江设立一个同类机构,此举是否值得?我们是否可以不这样做?因一段时间以来我们一直想要从这一负担中脱身,又何苦将这一负担永久化?这看来都是非常值得我们考虑的,故而作出的决定是,向对方提出无条件地将九江租界的行政权力交与中国当局。这样一来,这个港口的地位就类似于一般的未设租界的条约港口,如宜昌、烟台和福州,但条件是要对跟租界相关的英国既得利益给予必要的保障。就九江而言这仅限于滨江临街设施,而且还须得中国人方面也表现出同样的意愿,即希望取得"全面清场式"的解决。另外他们还得要对等于我们的良好意愿,答应以一次性付款了结所受损失的赔付。还应该提到的是,在谈判刚开始之时,陈先生即在提到九江发生的抢劫时声言,其政府理所当然要对"他们确实应该为之负责的任何损失"支付赔偿。

39. 由于事先即私下里确知基于这样做法的提议会为国民政府所乐于接受,阿马利先生便将它提交陈先生面前,向其提出可供选择的做法:要么以此为基点达成"全面清场式"的解决,要么严格地履行协议规定的条款,即跟在汉口一样建立一个联合市政当局,并就索赔展开联合调查进而就此问题进行商讨。我们解释说,我们打算表现出"宽宏大量及政治家风度"(且使用陈先生如此热衷使用的言词),将九江的租界委交给国民政府由其全权控制,但要让我们觉得采取如此有胆识的一步不无道理,我们要求中国方面也应当作出相应的姿态,迅即拿出一笔足够数目的金额一次性交付以解决损失赔付而不搞斤斤计较,讨价还价,则我们就看到了他们方面的这一姿态,英国当局会对索赔要求作出认真仔细的审核,将赔款付给每一索赔者个人,所余金额则将返还给国民政府。我们还特别向他们指出,如果这样爽快地解决问题将给人以一种好印象,而且这种好印象会特别深刻。因为事实上不管是英国人还是其他外国人的索赔要求,得到承认的也罢,未得承认的也罢,多年来一概未能得到北京政府的赔偿。在外国人社区撤离到兵舰之后,由士兵及暴民实施的抢劫和恣意破坏所致的损失,据估计金额在二万美元至四万美元之间,故而我们提出四万美元之数,因我们已向他们说明若有余款将予返回。

40. 为达成以此为基点的解决而展开的谈判持续了一两周,遇到的严重难题限于两点:(a)一次性支付赔款的金额;(b)如何处置英国市政区域的公共财产的问题。问题(a)因陈先生最终还是同意按四万美元的数目计而得以解决,诚然他也花了大气力辩说一番,力图想要把数目砍下来。问题(b)则成其为一个大难点。我们的主张是,鉴于英国市政当局并无债务(诸如债券之类)要转由中方承担,因而就没有理由要求其资产也应予让渡,该资产系一栋市政建筑物(内含一个娱乐大厅,主要用于交谊娱乐之用途)。应依循的正当做法,是对其债务和资产予以清算继而处理停当其事务,从而让该区域的行政管理在搞得清清白白的情况下交还中方。故而此前即有提议,在英国市政当局解散之前将其资产转让给一家当地的俱乐部,用于交谊、娱乐之目的及提升当地社区生活的福利设施。另一方面可就市政大楼的另一部分、即原用作警局总部及市政办公处所的地方另行作出安排,将它交由当地中国当局作公共目的之用途而无须交付费用。在陈先生方面,他认为市政大楼之得来系出于收费和征税,故此乃公共财产,不得以这种方式转变而为私人财产,而是应当将它交给行政当局;且鉴于在汉口事实上业已是这样做的(在汉口市政资产连同以该资产作质押的市政债务一并转交给了新设立的联合市政当局),我们理所当然也要在九江照样做;若是必需的便利设施得要经由向交谊俱乐部租借,这将会置中国当局于一种不可容忍的有失尊严的地位,故而这套做法必须倒过来,财产应当交给中国当局,再由中国当局依照俱乐部作交际用之所需而租借给俱乐部。虽然这一问题在九江的事情中重要性不是很大,但我们认为放弃我们所主张的原则是不可取的,所以我们坚持自己的立场,向他们解释说,将租界区域的行政权力交由中方控制,对此陛下政府握有授予权,可是将英国和外国纳税人的财产转让与人却另是一回事,其授予权是在英国和外国纳税人手中。最终这个问题的解决是将有争议的财产转让给正受让该财产的当地俱乐部。陈先生所以接受这一解决办法,一则因摆在他面前的是既存事实,二则阿马利先生离开汉口的日期逼近。解决此问题的协议,双方的函件换文[见(9)]有收录。

41. 自汉口租界协议签订之日2月19日,至英国工部局预定解散之日3月15日,有很多与处理停当英国市政当局的事务和准备向新的行政当局作移交相关的具体事情要做。这件事交给了受任实施的英国市政委员会,由该工部局与负责租界警务和公共工程的中方临时委员会协同工作,其主要工作归纳起来如下:

(a)就新的行政当局承担英国市政当局的财政债务,也就是债券问题作出安排,以及就作为这些债务的担保物的市政财产,也就是建筑物向新的行政当局移交作出安排。

(b)将尚未履行完成的合同向新的行政当局移交。

(c)为新的行政当局所继续聘用的市政当局工作人员的到期应付报酬,以及在某些情况下还有其年金的支付。

(d)细小事项,严格地说是应由新的联合工部局作出决定的一些事,如涉及英国人的学校、锡克教教堂以及英国米字旗俱乐部之未来的一些事,等等。

(e)就征税税率及当年的预算作出安排,以便于行政管理不因移交而发生中断,且新的行政当局无必要在刚刚接手行使职权时就得要立即召集纳税人大会。

这些具体事情中的大部分落到了委员会中法界人士肩上,他们与中方临时委员会及外交部的代表协同工作而成事;归因于双方均表现出良好的意愿,所有有待解决的事项都得以调停得令人满意。原先大体上由市政税入和资产担保的债券,转登为对于市政不动产的专项收费,而后这些不动产即在明确了新的行政当局须付此项费用的条件下正式转让给新行政当局,新行政当局则承担债券到期时履行该债务,未履行完成的合同也依样转由新行政当局接手。到3月15日,依照租界协议的条款规定,英国市政区域的纳税人年度大会召开,大会通过了多项决议,涉及对英国轮船公司所持有的沿江临街设施许可证的重新认定,批准向退休的文职人员和警官发放年金(按照此前已与中国当局商定的安排),表决当年纳税税率以做到与协同中方委员会共同制定的粗略预算相持平,以及批准向新行政当局转让市政资产。与此同时,国民政府为新的市政局任命了一位局长,英国和中国当局则分别为新的联合委员会指定了三名英方委员和三名中方委员。次日3月16日,随着国民政府颁布新的中国市政条规及英国当局发布王室条规以为英国臣民之守则,新行政当局就此成立。

1927年3月20日

艾利克·台克曼

译自英国国家档案馆藏 FO4291/67/10

(三)收回九江英租界

说明:九江英租界的收回,与汉口英租界具有异曲同工之效。在汉案发生的同时,英帝国主义在九江也进行武装挑衅。1月6日,英国水兵为破坏九江码头工人罢工,开炮轰击群众,造成死伤多人。"浔案"发生后,愤怒的九江民众占领了英租界。武汉国民政府派员接收租界,并于10日成立了"九江英租界临时管理委员会"。此后,武汉国民政府与英方就收回九江租界与英方举行谈判,1927年2月20日,武汉国民政府外交部长陈友仁与英方代表欧玛利签订《收回九江英租界之协定》。3月15日,武汉国民政府正式收回九江英租界。

1. 浔案发生及九江英租界的接管

贺耀组①致总司令部呈文
1927年1月7日

贺耀组师长昨将派兵维持英租界秩序经过情形,呈报总司令部云:窃职师自收复九江后,即行遣派本军部宪兵,于租界四周日夜梭巡,以资防范,以值此大敌当前之时,诚恐发生意外,致使军事受其影响。嗣见英租界内堆积沙袋、铁网,并有英兵持枪守护道口,并在界内往来梭巡,如临大敌。当派职部秘书范融往英领事馆,与该领事鄂克登交涉,劝其将沙袋、铁网等物撤去,并将英兵撤退,以免民众误会,发生反抗。当据该领事声称:须与英兵舰长磋商,再行答复。又谓:闻租界内工人将有罢工之举,上年租界被毁,往事可鉴,不得不预为防范等语。未几,太古、怡和、日清三公司工人要求增加工资,实行罢工,并闻汉口租界内水兵均已撤退。职一面饬令政治部会同工会,参预工人代表,与太古、怡和、日清三公司代表谈判,从中调停,一面致书英领事,劝其援照汉口之例,速将水兵撤退,免致激成事端。旋据该领事函称:汉口英界驻有常备兵,加以巡捕及义勇队,设备较浔地为严密,九江租界内巡捕过少,不能不借水兵以为补助,现界内发现工人之纠察队甚多,又不许食物送入界内,且近日浔地发现激烈排英标语,本领事虽欲遵命撤退一切守备,此时尚不甚妥等语。继而怡和、太古与工人代表会议停顿,大有决裂之象。在此时期中,又传来汉口租界收回之信,英领事来函要求,请派代表磋商办法,当派秘书范融前往,提出援照汉口办法将水兵、巡捕一律撤去,由我师派兵维持界内秩序之提议。英领事当答复界内现尚

---

① 时任九江卫戍司令。

安谧,俟有必要时,再请贵师设法维持。当日交涉,殊无结果,突于六日午后四时,闻江边发炮声两响,当据宪兵报告:江边被殴伤工人纠察员吴直山一名,炮系英舰所放等语。闻信后,除即派队往赴江岸准备外,复派秘书范融前往调查,旋又亲赴租界察看真象,并至医院亲见被伤工人。据云:英兵亦曾加入,以枪底击其背部等语。确查得英舰发炮原因,系由一外人雇华工将行李由租界搬上轮船,为罢工之纠察员吴直山所阻,遂至互相殴击,殴伤吴直山一名,当即昏去,受伤甚重,此即抬赴医院医治。当时情形,财政部宋部长之所目击也。职旋赴该领事馆严加质问,私人斗殴亦属细故,何得任意施行舰炮,致犯众怒。该领事回称,所放之炮系属信炮,因见群众聚集攻击租界,因以告警,并非有意开衅。再,英兵并未加入殴击等语。职因问该领事能否维持界内治安,倘不能维持,请将水兵、巡捕一律撤去,由我师派兵入界维持,以免再发生意外之事。当据该领事复称:俟必要时,再为讨论。职因两国并未断绝邦交,不便相强,因无结果而散。翌日午前十一时,英领事忽派人来部,请求派兵入界维持。除一面允其请求,派兵入界维持外,一面复派秘书范融前往,与该领事严重交涉,非将水兵一律撤尽,退回兵舰,及正式请求我师入界维持秩序,我师绝不能负此重大之责任。该领事初仅肯以口头之语作为暂时请求,再四交涉,始得其正式请求之公函一件,由该秘书携回。内开:敬启者,兹因风潮日形紧张,大有不可收拾之势,本领事业经定意携外侨退上兵舰,再行将本埠情形报告本国政府。至本租界之屋宇产业,则请贵师长负完全责任,以后如有何项损失,只得以贵师长是问,用特函恳贵师长,请即饬人前来,将各项屋宇封锁。是所祷盼等语。旋即复该领事函云:此次为劳工问题,发生今日事端,殊属缺憾。贵领事既将率民侨退上兵舰,亟请敝师派兵入界维持秩序,治安所系,义岂容辞,惟屋宇内之器具什物,应请贵领事馆转饬各该屋主派人看守。倘有人擅自闯入,可报告当地长官指挥,以便惩办。至在敝师未行使租界内治安职权以前,所有一切,不能负责。理合声明等语。复由秘书范融将复信带赴英舰,当面交涉,遂于是日下午四时半,正式接收租界,并派职部第三团团长龙宪驻扎界内,担任警卫职务。次日,即与总政治部邓主任、九江关周监督雍能、各友军长官、地方各团体,在职部开联席会议,讨论善后办法,共同议决由周监督向英领事提出抗议,并函催税务司回署供职;一面又组织九江市民对英行动委员会,处理租界一切事务。现在周监督业将抗议提出,嗣后交涉情形,当由该监督呈报。惟职师开拔在即,所有租界警卫职务,应请钧座另行委员接替。兹将此次职师接收九江租界各缘由,备文呈报,伏乞鉴核备案。

重庆《商务日报》1927年2月11日,转引自中国第二历史档案馆藏中华民国史史料长编稿,1927年1月

武汉临时联席会议第十一次会议议事录(节略)

1927年1月7日

财政部长宋子文同志报告

(前略)前日至九江,适发生民众与英人冲突之事。原因起于税务司之妻带行李上船,纠察队阻止之,与海关冲突,一工人受重伤,海关亦有一人受伤。工人多人拥入英租界,英人预备开炮,陆战队登岸,谣传将有俄人二十人来九江,且欲烧英租界。当群众愤激时,我即出演说汉案政府自有办法,望民众暂退,民众乃退去。现提议电贺耀组师长转总工会及其他民众,反英运动应避免直接冲突。

主席:以下列案文付表决:

"电贺师长转九江总工会、商、学各界,对英交涉由外交部长负责办理,民众反英运动应避。"

决议:通过。

于树德同志:应派兵入九江英租界,与汉口同样办理。

主席:由外交部长设法办理。

以下列案文付表决:

"由外交部长设法仿照汉口办法,派兵接管九江英租界。"

决议:通过。

《武汉临时联席会议资料选编》,第 199 页

中央军事学校学生通电
1927 年 1 月 10 日

　　九江总工会转各团体、各报馆钧鉴:慨自我国民革命军进展至长江流域以来,英帝国主义在华势力根本摇动,彼英帝国主义者,不惟不应时势要求,自动的取消中英间一切不平等条约,且竟执迷不悟,更肆其炮舰屠杀政策,以鱼肉我民众。元月三日之汉口惨案未了,元月六日之九江惨案继之。暴戾恣睢,莫此为甚。此种残酷之征服手段,决不可使滋长于二十世纪之中,望江西民众继起奋争,誓必打倒英帝国主义,而获得最后胜利。敝校同人当努力为民众后盾。特此电达,即希鉴察是荷。中央军事政治学校全体学生叩。庚。

《汉口民国日报》1927 年 1 月 10 日

九江市民对英外交行动委员会公电
1927 年 1 月 11 日

　　九江来电:申报转各报馆、各团体均鉴:英帝国主义本其在上海、沙面、武汉之余威,又无端大炮轰击,惊扰我九江市面,惨杀我九江工友,全市民众,愤懑填膺。该英人自知公理难违,随迁入军舰对我戒备仍严。租界秩序一时混乱,现由民众各团体联合组织九江市民对英外交行动委员会,业于九日成立,代表人民,力争外交胜利,维护租界治安。为此,通电全国同胞,对新九江惨案,群起力争,以彰公理,而保国权。现英人虽离租界,秩序井然,谨此电闻。

《申报》1927 年 1 月 11 日

九江英租界临时管理委员会致英国领事函
1927 年 1 月 11 日

径启者,案奉国民政府外交部令开:兹设立九江英租界临时管理委员会;又奉外交部令开:兹委派赵畸、周雍能为九江英租界临时管理委员会委员等因,奉此,遵即于本月十日在租界旧巡捕房,将委员会组织成立。召集原有巡捕,照常办理租界内应办各事,并商同就地军警,保护界内中外人民安全。现秩序如常,所有原住外侨,大可返其故居。相应函达贵领事,请烦查照为荷。顺颂

日祉

委员赵畸、周雍能

一月十一日

《汉口民国日报》1927 年 1 月 16 日

报界关于浔案发生及接管英租界经过的报道
1927 年 1 月—2 月

人民社消息:英帝国主义最近屠杀我同胞,致引起我同胞之激烈反抗,现已将其所架之电网、沙包、机关枪撤去,外间遂以其态度渐趋和缓,不料今日上午十时,汉口特别市党部接九江独立第二师政治部主任胡曜来电报告,英人又在九江枪杀工人一名,残暴之行为,较前尤甚,业由市党部致电胡君询问详情后,再决对付办法。兹将两电录后:

电一　湖北省党部,汉口特别市党部,湖北农工商学联合会转各报馆钧鉴:

本日午后三时许,英人枪杀九江工人一名于中国地界,此间群情愤激,秩序紊乱,详情续电奉闻,胡曜叩。鱼(六日)。

电二　九江探送独立第二师政治部主任胡曜同志转九江市党部诸同志钧鉴:

鱼电悉,英人枪杀工人,究系何因,立盼电复详情。中国国民党汉

口特别市党部叩。虞（七日）。

《汉口民国日报》1927 年 1 月 8 日

国闻社九江通信云：记者本日由南昌赴九江，南浔火车，自牛行开行，时间第一次为上午十时，本日挂专车，迟开一小时，至九江已钟鸣四下，街市商店，完全关闭，行人往来，如怒潮汹涌，兵士皆荷枪实弹，巡逡綦严。记者睹此情况，甚为惊讶，及过租界，见栅栏门已封锁，门外军警密布，断绝交通。心知系与租界发生交涉。至旅馆安顿行李后，特出外访询，得悉在一小时前，有一工人，为外人用手枪击伤，工人群起救护，遂与外兵冲突，外舰从旁发炮示威，共发二响，因未实弹，尚未演成若何惨剧，驻浔军警，闻风一齐出队弹压，商民亦大动公愤，相与罢市，以谋应付。九江军政当局除向外领提出抗议外，并电南昌国民军总司令部，严重交涉。将来交涉能至若何地步，尚难预料。此系工人与外兵冲突经过情形。至其原因，系为工人要求增加工资问题，迄今未能解决，一星期以来，凡太古、怡和各轮至浔时，以工人罢工，无法上下货物。本日外人使令外舰水手，搬运家具，为罢工工人阻止，及至发生此项冲突云。（一月六日）

七日九江续信云，九江工人，被外兵击伤，兹经确实调查，受伤工人为伍宜山，已送医院医治，因当时情形混乱，究竟此外有无死伤，尚无从明晰。今日租界外人住宅，皆门关紧闭，所有四围之沙袋、木桩、带刺铁丝等，前此设备之障碍物，皆由工人拆毁。革命军亦携枪出入无阻，江海关与工务司门前遍贴打倒帝国主义，驱逐英兵登陆，反对英帝国炮舰政策，为被难同志伍宜山报仇等传单。租界上人众拥挤，颇形混乱。英兵舰有两艘，停泊太古码头外。工人方面，程度甚不齐，一切言语行动，多出于感情用事，将来如无相当之人出而纠正指导，此等风潮果能发展至若何地步，实殊不可逆料也。

《时事新报》1927 年 1 月 11 日

南昌云：顷得九江报告，关于九江惨案之原本及九江现状叙述颇详，发志于后：

（一）码头工人罢工之起源。九江码头工人，平日对于日清、怡和、太古三公司之待遇极为不满,此次工会成立后,工人感觉自身力量,即欲改良待遇,乃向三公司提出要求。正在交涉中,适英租界巡捕因不肯解除我军一军官武器,被英捕房革除,激成罢工,于是码头工人因援助华捕,乃实行罢工。

(二)英界华捕罢工之解决。自巡捕罢工后,英领事要求贺耀组师长设法解决,贺师长派一副官范某率宪兵一连,前往巡捕房,强迫华捕复工,华捕无条件屈伏,致引起各民众团体之愤慨,群起向贺师长请愿,贺师长亦知理屈,由政治部及宪兵队政治指导员向民众团体道歉,其事遂寝。

(三)日清码头罢工之解决。华捕罢工解决后,各民众团体及行政机关,乃从事于调解日清码头工潮,由调解人召集双方开联席会议,日人无诚意解决,所派代表一切条件,俱无负责答复,各公团异常愤慨,于是以裁地位不顾商方同意与否,议决若干条以为解决之标准。工人即乘机发表宣言拥护此议案,遂将工人与日清公司之争,变而为各团体各机关与日清公司之交涉,日清公司知如此非计,乃将原拟稍加修改,即行承认,此码头工潮,遂告一段落。

(四)日清码头工潮解决后,各团体继续调解怡和、太古两码头工潮。其时值汉案发生,英人纷纷登舰,本月初六日下午,海关外人雇一工人搬运行李登舰,为一罢工纠察所阻,工人与纠察,始而口角,继而斗殴,英水兵加入,将纠察击昏在地,此消息传遍市面后,租界外市民数万,怒不可当,欲行闯入租界,英舰乃鸣炮两声。据云:系信炮,群众闻炮声,益为愤怒,形势非常严重。迨独立二师旅兵至,始将租界阻守,界内仍由英水兵维持,当晚英人及水兵完全登舰,七日上午由独立二师第三团入驻英租界,维持一切,市面流民,乘火打劫,迄今租界内被劫者近三十家,劫掠最甚者有八家,室内衣物被弃满地,箱柜全空,七日下午邓主任率宪兵一排至,由宪兵入驻租界巡查,秩序渐复。

(五)接收租界后之情形。自将英租界接收后,由九江交涉员周雍能,外交部特派员赵畸,各团体共同组织临时保管委员会,保管租界内一切物件,并由各团体组织对英行动委员会专司对英一切问题,一致对英,交涉仍出汉外交部一并进行,此地未单独提出交涉,租界内秩序如常,惟稍嫌冷淡耳。

(六)九江现状。九江民众运动,较南昌为佳,市面无纠察队游行,工潮亦不若南昌。此次汉案发生,商会参加及其运动,颇为努力,各阶级联合战线,较以前进步。并不若南昌所传若何严厉,惟罢工工人近千人,给养一节,异常困难。此为急待解决之问题,其他工农商学妇女各种运动,尚无轨外情事发现云。

《时事新报》1927 年 2 月 14 日

英兵自在九江施行屠杀后,即经革命军入租界维持秩序,并组织英租界管理委员会,该委员会现设在英工务局内,至英领事则已逃上英舰。至租界秩序现已完全恢复,日、美、法各国在租界之人士,均由管理委员会发给护照,在租界自由出入。如租界内之各处公共牌示地方,均贴满各种革命口号标语,平素阴森有鬼气之英租界,一时充满革命空气。管理委员会并已在租界内贴出中英文布告,知照外侨及各色人等,照常居住,毋自惊扰,其文如下:

"一、案奉国民政府外交部命令,组织委员会,管理九江英租界,所有界内治安及外人生命财产,均由本委员会会同负责军警,切实保护,合行布告界内各外侨,一体知悉,此布。二、案奉国民政府外交部命令保护外人生命财产等因,合行布告旅居牯岭外侨,一体知悉。务各安居落业,毋自惊疑,切切此布。"

又独立第二师师长已将派兵维持英租界秩序经过情形,呈报总司令部,并录如下:(电文此处略,同电见前)。

《广州民国日报》1927 年 1 月 24 日

电通社十五日上海消息,九江交涉使周雍能,被任为租界管理委员长,在工部局内假军队之手,维持租界秩序,禁止一般华人出入,日、美、法等国人,则给发护照,日常品之购买,尚不感何等困难。英国领事馆由中国兵监视,领事则上军舰,租界内外均极平静。对英人以外之外国人,尚无恶感,惟收回租界、驱逐税务司、禁止英兵登岸等标语传单,租界内触目皆是。军警态度,较前傲慢。惟闻蒋介石以此次举动,颇欠稳当,令各方不可再出过激举动,致酿巨变。革命军主力集中浙江,贺程交代完竣,贺将出发赴浙,至国民政府之财政、交通机关,仍决定暂设武昌,军事机关则移南昌。

《申报》1927 年 1 月 16 日

九江总工会通电
1927 年 1 月 16 日

　　敬启者:日前,太古、怡和、日清各码头工友因生活问题,向各公司提出加薪条件。日清公司当即应允,独英帝国主义所办怡和、太古两公司坚决拒绝。于是工友为促其觉悟起见,乃宣布罢工,至今将近一月,不惟不能解决,竟有本月六日演出惨殴工友一案发生,还有数千工友因罢工而生活绝源。现各工友要求本会设法救济,敝会职责所在,岂容坐视。旋经外交行动委员会指示解决第一步,首在募捐。然虽有本埠市党部、学联会、妇女会等团体从事募捐,但范围狭小,杯水车薪,务祈钧部奋发募捐,使罢工工友等得有圆满解决,不致半途而厥全功。是为至盼! 九江总工会启。元月十六日。

《汉口民国日报》1927 年 1 月 23 日

九江市党部通电
1927 年 1 月 16 日①

　　(衔略)自英帝国主义订不平等条约以来,我国同胞辗转于帝国主义者铁蹄之下,求生莫能,求死不得。五卅以后,更复在万县施其炮舰政策,惨毙五万余人,近在黄冈,又复故意撞沉我国小轮,死亡亦不下数百。种种残酷行为,擢发难数。近日本部怡和、太古码头工友,因要求增加工资,不但不能得彼帝国主义者之同情,忽于一月六日纠集水兵,

---

　　①　此为报纸登载日期。

惨杀工友,同时英舰并鸣炮威吓,一时全市秩序大乱。幸我国军警出面维持,秩序得以恢复。呜呼,覆巢之下,必无完卵。凡我同胞,若不急起援助,彼英帝国主义更将横行无忌矣。临电不胜迫切之至。九江市党部叩,庚。

《汉口民国日报》1927 年 1 月 16 日

独立第二师政治部通电
1927 年 1 月 19 日

汉口民国日报馆鉴:九江罢工纠察吴直山,在怡和码头趸船跳板上巡视,适水手刘某,挑税务司署洋人行李上船,该纠察以刘某破坏罢工,向前阻止,外人即以手棒乱击,复招水兵围攻,脑后背部,均受重伤,兵舰即举炮示威,时群情愤激,秩序几乱。敝部与贺师长及宋部长一面劝散民众,一面将受伤人送医院诊治。至七日午前十时,英兵及英侨悉搬于英舰上,英界秩序,经已派兵维持。惟是英人杀我人民,辱我国体,汉口之后,继以九江,凡有血气之人,无不痛心。除电请国民政府严重交涉外,特此电达,请极力唤起群众,一致声讨,以达打倒英帝国主义之目的。独立第二师政治部叩。虞。

《汉口民国日报》1927 年 1 月 19 日

九江对英外交行动委员会会宣言
1927 年 1 月 21 日

中国不幸,内有军阀及一切反革命派之对民众肆行压迫屠杀,剥削榨取,外有帝国主义——尤其是英帝国主义的政治、经济及文化侵略,结果使社会呈不安之象,民众有倒悬之危,加以外货充斥,货源外溢,因之人民生计愈益困难,而尤以工人为最甚,他们有的每天做十二时以上的工作,虽榨尽血汗,还是终日不得一饱,所以不得不有罢工自卫的举动,这次九江码头工人的罢工自然也是出于不得已的,他们饔飧不继的生活,简直是牛马的生活,非人的生活,所以前月下旬九江日清、太古、怡和三公司码头工人，为维持生计起见，不得已向各该公司提出要求。日清公司当即采纳，独太古、怡和两公司坚决拒绝，希望继续施行剥削中国工人的伎俩，于是码头工人为促其觉悟起见，则宣布罢工，不料于本月六日，竟有九江税务司职员硬令雇工搬行李上船，借此挑衅，码头工人李大生等以其破坏罢工，遂上前干涉，而英舰水兵突于此时上岸，围殴工人，拳脚交加，致重伤工人数名，又任意开炮，意欲效轰击万县之故事，这种野蛮无理的行为，乃竟出自自号文明国者之手，不惜将其平日亲善的假面具完全丢下，实可浩叹。彼狡猾的英人自知理屈，遂一面断绝租界交通，以便掩护一切杀人的证据，一面嗾英国妇孺登船，以便嫁祸我方，其阴谋狡计灼灼可见。幸我方应付得法，一面向英领事提出抗议，严重交涉，一方面派兵保护租界，以维持前英水兵所扰乱的秩序，始未酿成事端。查码头工人，这次提出要求，直接受生计压迫所致，间接实是英帝国主义八十年来侵略压迫屠杀的结果，彼英人宜如何憬然觉悟，毅然容纳码头工人的正当要求，以自赎过去的罪恶，今乃不独不知出此，且公然嗾使走狗破坏罢工，惨杀工友，至于开炮示威，断绝交通，扰乱秩序，状其余事，此而可忍，孰不可忍。再者，这次惨案，从表面看来，似乎仅仅是偶然发生的事实，实则英人处心积虑酝酿已非一日，系英人故意酿成这次事端，实有三大阴谋：

（一）这次九江惨案不发生于前，而独发生于汉口惨案之后，所以这次九江惨案实于汉口惨案有连带关系，也可以说是九江英帝国主义者对汉口英帝国主义者的一种声援和响应，其故设圈套，有意挑衅，于此可见。

（二）罢工若久不解决，罢工工人的生计必难以支持，而少数不良的工人及民众日将谓居在中间地位的政府调解不得力，使民众和政府间无形中发生纠纷及恶感，所以英人这次横暴的行为，其第二目的实为延长罢工，以挑拨民众和政府间的感情。

（三）帝国主义自从失了孙、吴两个工具，使他在长江一带的势力大受打击后，遂又扶持张作霖做他的走狗，他除助张逆五百万镑借款及在天津引渡本党同志不惜违反公法外,当此张、孙、吴等军阀联合向革命势力进攻的时候,又在汉口、九江一带任意屠杀,死伤者以数百计,意图扰乱国民革命军的军心,扰乱赣、鄂诸省的革命新根据地。英人在九江、汉口一带的行为的残暴既如上所述,其居心叵测,阴谋诡计又如此,所以九江的事件决不是仅仅内部的问题,也不是九江一市江西一省的问题,而是全国的问题。我们对于这个问题,决不能用一种割肉补疮的方法来救济,我们所要求的是一种根本总解决。这个总解决是什么呢,便是废除中英间一切不平等条约,禁止英兵舰在中国的内河航行权,收回租界。换一句话说,就是打倒英帝国主义。至于道歉、赔偿,当然是不待言的。但我们要总解决,非全国民众联合起来共同奋斗不可,非站在国民党指导之下,(由)〔用〕革命的力量,打倒英帝国主义的走狗,统一全中国不可,非一日奋斗到底,不达目的不止不可。此外尚有两点,应(为)〔向〕国内外被压迫民众〔报〕告的:

第一,罢工风潮和这次九江惨案是两件事,不能并为一谈,便是将来罢工问题解决,而九江惨案尚未完全解决时,我们还是要进行反英帝国主义的工作的,便是九江惨案已解决,而汉口以及其他各地惨案尚未解决时,我们依旧要进行我们反英运动的,便是各地惨案都已完全解决时,我们为预防将来再发生惨案起见,我们的工作还是不能停止的。

第二,我们反英是反对英帝国主义,并且应该打倒的。但我们并不是反对和打倒英帝国主义的任何个人,因为这不是个人的问题,而是革命势力与反革命势力消长的问题。所以我们反英运动,并不是仇视一切英人,当然更不是仇视一切外人,外人凡非帝国主义的一切英人,都可以安心罢。

《汉口民国日报》1927 年 1 月 21 日

九江市民外交行动第五次会议通讯

1927 年 1 月 21 日

(九江通讯)市民外交行动委员会,昨日(二十号)下午一时开第五次委员会议。届时出席者林祖涵、郑呈祜、罗李舒、毕剑森、吴九思、彭江、金浩如、郑福源、严润生、饶柳门等，由林祖涵主席，恭读遗嘱毕，旋报告昨日面晤蒋总司令，谈及国民政府外交近况。现在英国代表也业已到汉，向我外交部开始交涉，谓须我国先交还租界，其余条件可长计议。我外交部长陈友仁，谓欧美文明各国，均没有此不平等的租界，我民众因受不平等的压迫，致与贵国时发生交涉，今中英急谋亲善起见，租界权理应交还。英代表无词可措，只谓待电呈英政府核办云。似此英帝国主义实势穷力竭，但我民众还须继续反英运动，并须将反英帝国主义宣传品多寄英国工党，唤起同情，以为后盾，则英帝国主义者内而民众涣散，外而国际不洽（因日美等国不与英国一致），对我交涉自然让步，租界权定可收回。主席又报告蒋总司令对九江罢工工友生活费，政府定拨款救济，工友们无须焦急。旋讨论各项事件，并通过组织大纲（详说）及议决调查股迅将本埠惨案及罢工问题经过的情形，造表呈报政府，以为外交根据云。

《汉口民国日报》1927 年 1 月 28 日

南昌市民反英帝国主义大同盟援助汉浔惨案委员会反英运动宣传大纲

1927 年 2 月 20 日

（一）英帝国主义是中国唯一的死敌

在资本主义发达到二十世纪的初年，全人类五分之四以上的人，已成为最少数资本家的奴隶。各国资产阶级因为生产的过剩和紊乱，早已预备强大的武力，以争夺殖民地。

我们知道，资本主义到了将要崩溃而发展到帝国主义的时代，为争夺商品市场、原料市场而使用侵略政策，这是一种回光返照的现象，他的气焰越旺盛，足以证明他离开死期越加迫近。

帝国主义的罪恶，是没有言语可以形容的。他们自身——帝国主义与帝国主义之间，一方面因为互相竞争而剧烈的冲突和战争，陷全世界人类于流血地狱之中;一方面则同样用绝端残酷的强盗政策去劫掠压迫弱小的国家,使一些弱小民族都入于万劫不复的境地。

英帝国主义是帝国主义的巨擘,是帝国主义最凶暴横蛮的一个。他占有全世界五分之一的领土,他的航权和舰队,已经达到所有的海洋。他对于全世界的无产阶级和弱小民族拼命的剥削和宰割,以维持他的生命。尤其是对于中国,侵略更加利害,因为中国是帝国主义者所瞩目的东方唯一的市场。

所以英帝国主义是中国唯一的死敌。被压迫的中国民众,若要求自身解放,便应该抱定反抗的决心,努力去从事反英的工作。

(二)英帝国主义侵略中国的历史

在历史上看起来,英帝国主义是武力强迫中国订立不平等条约的第一个。一八四零年的中英鸦片战争,是因为中国不许英国输入鸦片,英国硬要输入而爆发的。战争的结果,就是与英国订立了南京条约。条约的内容,只是将香港永远割让与英国,五口通商,赔银二千一百万元,协定关税值百抽一,于是,舶来品压倒了中国的手工业生产品,机器工业征服了中国家庭手工业,于是民不聊生的现象一天一天的加甚了。

英帝国主义的贪心是没有止境的,一八五七年又勾结法国,联合对中国挑战,结果遂又订了天津条约,以后英法联军进逼北京,又强迫订了北京条约。这两个条约的内容,就是开汉口、天津等处为商埠,割九龙与英国,赔款,规定抽税办法,中英人民诉讼由地方官与领事会审,准其传教,有领事裁判权等等。

中国自与英帝国主义订南京条约立了卖身契后,各帝国主义便都垂涎,群起效尤,不平等的条约的约束,中国完全陷入不能动弹的境地。始作俑者是谁呢,便是最横蛮残暴的英帝国主义。

中英订立的不平等条约,此后便接二连三。如烟台条约,中英缅甸条约,中英藏印条约,中英缅甸续约,中英北京协约,中英印藏续约等,其内容当然都是开辟租界,割地,有内河航行权,赔款等等,于是英帝国主义凭藉几张不平等条约为护符,在中国更加横行无忌,为所欲为了!

(三)英帝国主义侵略中国所取的途径

由以上种种,我们可以看出,八十余年来帝国主义尤其是英帝国主义对于中国的穷凶极恶,不是一件偶然的事情,而是不平等条约唯一的保障的。

但是,中国民众因为处于帝国主义,尤其是英帝国主义的重重压迫与剥削之下,客观环境自然会促成一种反抗运动,轰轰烈烈的中国民族解放运动便爆发起来。这种运动的发生,使帝国主义起了意外的恐慌,于是想尽方法,或软或硬来压抑中国民族运动的高潮,其中自然尤其是英帝国主义。

自国民革命军出师以来,不到四月而湘、鄂、赣、闽完全底定,豫、浙亦在积极进展之中,坐镇长江的英帝国主义所豢养的走狗吴、孙两大军阀,先后被革命军打倒,使英帝国主义在长江流域的优越势力,根本发生动摇,这时候不由得英帝国主义不起更大的恐慌。

英帝国主义很明显的认识,国民政府是代表民众利益的,国民政府始终一贯的领导民众从事国民革命运动。过去的拥护罢工,封锁香港,是他亲自领教过的。所以他必须竭力压迫中国的国民革命运动,尤其是企图破坏国民革命的大本营的国民政府,方能遂他侵略剥削的阴谋。

他侵略中国所取的途径,不外下列三种:

(甲)扶植军阀。扶植军阀延长中国内乱,抵抗革命势力,以维持并且增进其在华利益,这是英帝国主义始终不移的政策。这个政策确也曾收得很大的效果。他能使吴、张由世仇而至联合,共同来对国民政府和西北国民军。国民政府出师以后,香港政府以二百万借助吴佩孚,并接济枪支无数,将克武汉时,英舰公然援助吴佩孚炮击革命军。吴佩孚塌台以后,他又明目张胆的帮助孙传芳与革命军对抗。最近他又勾引奉鲁军阀,援助奉鲁军南下,以二百万镑军火接济奉军,希图恢复长江固有的权利,从新造成从前的反动局面。

(乙)武力政策。英帝国主义对华的另一政策,便是武力屠杀。他曾嗾使吴佩孚屠杀京汉路工人,嗾使孙传芳杀死工人领袖,嗾使段祺瑞屠杀北京革命民众，同时他又亲自出马，从"五卅"到"一三"，始终是继续不断的行使这个政策。这种直接和间接的屠杀，其意义是：第一，给中国民众以直接的打击和损失；第二，发扬大英帝国主义的权威，藉以稳固其在华权利；第三，使一班懦弱的群众畏怯，引起社会上的纷扰和恐怖。

（丙）造谣离间。英帝国主义想巩固其在华权利，自然必须竭力去消灭革命势力，但是消灭革命势力，不是一件容易的事。狡猾的英帝国主义便异想天开的想出一个更卑劣的毒计，他以挑拨造谣的鬼蜮伎俩，诬革命势力为赤化为共产，并蒙蔽一班盲目的民众，离间并且分散各阶级革命民众的联合战线，他方可以放胆行使其经济的政治的文化的侵略。

（四）英帝国主义对于中国民族的横蛮举动

帝国主义对于侵略中国和镇压中国的民众运动是一致的，其中自然尤其是先进的英帝国主义。几年来全国被帝国主义压迫的民族之普遍的觉醒，更促起了帝国主义的杀机，"五卅"的大屠杀，便是帝国主义要满足其兽性的整个表现。

中国自从鸦片战争起，八十年来，完全是一部帝国主义宰割中国民族的血书。"五卅"的大流血，不过更明显的表示出帝国主义尤其是英帝国主义只准中国人永远做万劫不复的奴隶而已。

因为"五卅"的大屠杀，而引起中国民族更强烈的反抗运动。英帝国主义梦想以武力压服这些反抗运动，接着便是沙基、汉口、九江、重庆、青岛等屠杀。

自革命军攻克武汉，动摇了他的长江流域的优越地位，他的惶恐自不待言。他想以彻头彻尾的铁血政策，来镇压我们革命的高潮。

他在革命策源地的广东，竟派水兵登岸，占领码头，并拘捕罢工纠察队。在万县，英舰竟以十二门大炮、野战炮、硫磺弹向我民众尽量轰击，我民众死伤至五千余人之多。在梧州，英舰竟举行二十四小时以上的封锁，并上岸捕人，在丰都，英轮〔撞沉〕木船二只，溺死我国兵民四人,在云阳,英舰撞沉我国木船二只,溺死我国人六十五名,在天津,引渡国民党员,想指使奉张概行屠杀,在团风,英轮故意向神电轮冲驶,乘客四百余人全行淹毙,获救者仅有二十余人,一月三日,汉口举行总庆祝会之时,英水兵无端用刺刀杀我到会民众,死伤数十人,一月六日,在九江破坏罢工,杀死罢工工友数人,一月二十四日,又在上海屠杀我罢工的电车工友。这些野蛮惨酷的事实,真是纪不胜纪。

最近英帝国主义知道国民政府的势力已经不可厚侮,故巧言令色,发表对华宣言,主张根据华府会议,予中国以充分发展政治经济的机会,绝无干涉中国主权的态度,以应付目前中国的新局面,以缓和中国主义的笑里藏刀,口蜜腹剑的假亲善的态度,只能是想把中国民众永远供他做压迫剥削的牺牲品。

根据各方面的消息,英政府现已调遣舰队三十五艘,水陆军万数千人来华,集中上海,并分驻长江一带,我们即使依据不平等条约来说,英国在上海也只有置警之权,并无驻军之权。英帝国主义这种举动,实在是横蛮到了不可言说。

星星之火,可以燎原,英帝国主义的对华增兵,我们认定这是日前一个最严重的问题。我们要揭穿的是,英帝国主义对华的态度,始终也没有改变。他一面唱着亲善的高调,一面拼命派舰增兵,这个事实,恰恰证明了他的阴险与卑劣,他与中国革命势力是永不能两立的。他的调舰派兵的无端举动,其居心就是梦想以武力扑灭中国的一切革命势力,尤其想推翻革命势力大本营的国民政府。

(五)英帝国主义之危机

但是,英帝国主义自身是危机四伏的,这些潜伏的危机,是促成他覆灭的致命伤。现在就政治、经济两方面来观察,作一个简单的分析。

一、经济的恐慌与资本输出之减少。英国经济恐慌,是自欧战后开始膨涨的。因为当欧洲大战时,英国战费的来源,一是向国内人民募借,计英金已达三,八〇〇,〇〇〇,〇〇〇镑之巨,截至本年四月一日止,本息共计英金六,六七一,九一五,七九四磅了,其人民担负之重可以概见。二是向国外借取（大部都来自美国），据英美债务整理案之最后结果，英国须付美国款项，共计英金二，一〇〇，〇〇〇，〇〇〇镑，合美金一〇，〇〇〇，〇〇〇，〇〇〇元，定六十二年还清，则每日须付美金五〇〇，〇〇〇元，这种惊人的巨项，已足使英国成为无法解决的僵局，然而资本的输出与美国相比较，更使英国发抖了。据去年九个月内，英国资本输出之统计，美国则为四，三〇〇，〇〇〇，〇〇〇金元，英国则为八，〇〇〇，〇〇〇，〇〇〇元，由此可知英帝国主义的穷，是与日而俱的。

二、工业之衰落与失业工人的恐慌。英国的工商业，早已一年不及一年了，自一九二六年五月煤矿总同盟罢工，直延至年终解决，国内生产，能力减却百分之一五，国家损失达三五〇，〇〇〇，〇〇〇金镑以上。使世界最大煤炭输出国一变而大量购入，计是年煤产约计一二五，〇〇〇，〇〇〇吨，一九二五年为二四七，〇〇〇，〇〇〇吨，一九一三年为二八七，〇〇〇，〇〇〇吨，同时更影响到钢铁、棉花等均大减少，单是铁路运输一项，损失达计三〇，〇〇〇，〇〇〇镑，其工商业衰颓，可以想见。更据英国商务局的报告，可知其入口额超过出口额的程度之可惊。一九二五年九月的报告，入口九七，九二五，〇三四镑，出口六〇，七三四，八六八镑，与同年八月相较，则入口增加了六，〇〇〇，〇〇〇镑，出口则减少九〇〇，〇〇〇镑，与前年相比较则相差更远，今年更不如去年了。省港罢工坚持至一年之久，也损失一，〇〇〇，〇〇〇元之谱。此外，国内工人失业的数量也逐渐增加，一九二六年四月，英国失业工人已减至九十八万二千人，至罢工半月以后，忽增至一百六十一万三千人，及至今年一月十日止，尚有失业工人一百四十三万二千人。英政府已经无力救济，这是英国当前最无法解决的难题。

三、政党之分歧与工人阶级之左倾。英帝国政府之基础，完全建筑于贵族及资产阶级的利益之上。议会里是保守党、自由党、工党，百年前工商业发展的结果，成立了保守党，比较进步的主张工商业自由竞争的是自由党,工党是新兴代表英国工人利益的政党。工人起来斗争,工党的地位也增高了。虽然保守党复兴,起来代替工党执掌政权,但现在已根深蒂固的成立了赞助工人与反对工人的两条战线。最近英国工人已接收苏联职工联合中央理事会的"决不屈服,誓必推翻资本主义"的赠言,并且得到苏联与各国革命团体的实际援助,已一天一天的向左走,跑上革命的路上去。这是英帝国主义的根本危机。

四、殖民地民族的觉悟。英帝国主义的殖民地遍于全球,所谓英国国旗永见朝日,是一句真实的骄矜的话。但是殖民地民族处于他的经济征服与武力征服之下,现在已经觉悟过来了。爱尔兰的独立运动,埃及之屡起反叛,印度革命的爆发,都已给了英帝国主义以一个甚大的打击。加拿大、澳大利亚、南非洲各民族,也都觉悟过来了,一步步与英帝国主义反对而离开。

五、国际间的利害冲突。国际帝国主义间的利害冲突是始终无法避免的。最近因冲突之增剧,使英国已经立于孤立无援的地位。英国与法国,为争欧洲大陆的霸业,已经成了不共戴天之仇,与美国表面上虽是和睦,但因南美洲,罗马尼亚,波斯,土耳其等处的石油争端,与竞争中国市场,已经无法可以妥协,与日本因为新加坡海港问题,及最近在中国势力的竞争,更以发生了明显的裂痕。

六、苏俄之反帝国主义运动。苏俄的努力于世界无产阶级和被压迫民族的利益而奋斗,更是英帝国主义的当头棒。苏俄与全世界无产阶级和被压迫民族联合战线,必然会消灭帝国主义的。那末,巨擘的英帝国主义,当然在被消灭中的首席。

(六)我们今后应有的努力

综合上面的理论和事实,可以得到下列的结论。

英帝国主义是国际帝国主义的最先进者,他对于中国是穷凶极恶的,而他之所以敢于穷凶极恶,是以不平等条约为保障,所以英帝国主义是中国唯一的敌人,也是全世界无产阶级和被压迫民族的共同敌人,我们要打倒帝国主义,必须从打倒英帝国主义起始。现在全世界的无产阶级和被压迫民族已经起来,英帝国主义是必然要崩溃的。

我们目前最紧要的工作是:民众自身赶快组织起来,扩大革命的联合战线,集中革命的力量,为国民政府外交后盾。一面对英厉行经济绝交,积极拥护并且帮助革命军去打倒英帝国主义所扶持的北方军阀。站在党的旗帜下,努力从事国民革命的工作,以达到废除不平等条约,打倒帝国主义,为最大多数群众谋利益的目的。

(七)我们的口号

我们的口号是:

1. 反对英帝国主义的野蛮屠杀政策!

2. 为五卅死难同胞复仇!

3. 为沙基死难同胞复仇!

4. 为万县死难同胞复仇!

5. 为神电轮死难同胞复仇!

6. 为天津本党同志复仇!

7. 为一三死难同胞复仇!

8. 撤退英国舰队及海陆军!

9. 收回全国英租界!

10. 收回海关自主权!

11. 撤消英人在华领事裁判权!

12. 取消中英间一切不平等条约!

13. 厉行对英经济绝交!

14. 全国民众团结起来!

15. 打倒英帝国主义扶植的北方军阀!

16. 民众誓为国民政府外交后盾!

17. 打倒英帝国主义!

18. 完成国民革命!

19. 中国民族解放万岁!

20. 全世界被压迫民族解放万岁!

　　　南昌反英帝国主义大同盟援助汉浔惨案委员会印发

原件为单行本,藏江西省革命历史展览馆,转引自:《江西党史资料》第12
辑,第83—90页

2. 收回九江英租界的外交交涉

浔案协定签字的相关报道

1927年2月—3月

　　北京　使团息,阿马利到浔后,将见贺耀组,并与周雍能商浔案细
目后,即行入京,报告英使,再回汉口。台克满亦将回京(二十六日下
午二钟)。

　　汉口　浔案协定,陈友仁、阿马利二十晚在外部签字。协定内容,
根据汉案解决办法,租界交还华人,按照特别区管理。

　　汉口　外部对汉浔案宣言,二十一日午后五时提出中央联议通过,
准二十一晚七时交各报发表,大致叙述汉浔案交涉经过及解决情形
(二十一日下午八钟)。

　　汉口　浔案协定原文,关于汉口租界所订之协定,将即时同样适用
于九江租界。在最近九江骚扰中,英国侨民若受有直接损失,系出自国
民政府官吏之行为或由其重大之疏忽者,国民政府将担任赔偿(二十
二日下午三钟)。

　　汉口　阿马利十九日午后六时到外部,谓奉英政府训令,对于陈外
部长十四日所提声明,表示接受。双方遂将汉案协定文字阅看,七时正
式签字,并互函承认切实协定之施行(二十日下午六钟)。

　　汉口　汉浔案协定及交涉中一切公文,外部二十一晚公布(二十
二日下午三钟)。

《申报》1927年2月27日

　　汉口五日通讯:浔案协定,其原则本系根据汉案解决办法,自英代

表阿马利赴浔视察返汉后，继续与外交部长陈友仁协商九江英租界区域地位之改更，其决定与汉口英租界地位变更情形微有不同，其内容昨晚外交部已公布如下："按照上月二十日所签定之九江英租界协定，九江英租界区域将来地位，本当援汉口英租界协定同样办理，现经双方继续讨论之结果，已决定由英国政府将九江工部局章程悉行取消，并自三月十五日起，将九江英租界区域行政事宜，无条件移交国民政府，并由国民政府给银四万元，以赔偿最近九江骚乱中英国人民所受抢劫等之损失。但约定因各避免审查个人赔偿要求之迟缓及费用起见，英国当局应负责清理有关系的英国人民赔偿之要求。其清理办法，将受国民政府之严密检查，且赔偿损失，只见以二月二十日协定所规定之直接损失，系出自国民政府官吏之行动或由重大疏忽者为限，并约定赔偿，要求之本例及其他有关之文件，国民政府代表有视察之权，该款清理赔偿之后，倘尚有所余，当由英国政府退还国民政府。"

《申报》1927 年 3 月 7 日

中英关于中国收回九江英租界的协定
1927 年 2 月 20 日

关于汉口英租界所订之协定，将即时同样适用于九江英租界。在最近九江之骚乱中，英国侨民若受有直接损失，凡系出自国民政府官吏之行动或由于其重大之疏忽者，国民政府将担任赔偿。

国民政府外交部长陈友仁
英国驻华公使代表欧玛利

《国民政府外交史》第 1 集，第 102 页

中英关于变更九江英租界协定的换文
1927 年 3 月 2 日

英国公使代表阿玛利来函

陈部长钧鉴：

敬启者,关于上月二十日签字之九江英租界协定,经双方赓续讨论之结果,并为决定九江租界区域之将来地位起见,鄙人应致函左右,声明英国政府决定将英工部局章程悉行取销,并自三月十五号起,将九江租界区域行政事宜,无条件的移交国民政府办理。特此布达。即颂
台绥

英国公使代表阿玛利谨启
一九二七年三月二日

外交部长复函

阿玛利代表阁下:

兹接本日大函,内称关于上月二十日签字之九江英租界协定,经双方赓续讨论之结果,并为决定九江租界区域将来之地位起见,英国政府愿将英工部局章程悉行取销,并自三月十五日起将九江租界区域内行政事宜,无条件的移交国民政府办理等因,业经知悉。此复。顺颂
台绥

外交部长陈友仁启
一九二七年三月二日

《国民政府外交史》第 1 集,第 104—105 页

中英关于武汉国民政府赔偿九江英侨损失的来往函件
1927 年 3 月 2 日

外交部长致英国公使代表函

阿玛利代表阁下:

敬启者,兹遵照二月廿日双方签字之协定,特附上银额四万元之支票一纸,以清偿最近九江骚扰中,英国人民所受之损失。但须约定,因为避免会同审查个人赔偿要求之迟缓及费用起见,英国当局应负责清理有关系的英国人民之赔偿要求。其清理办法,将受本方面之严密审查,且赔偿损失,只以二月二十日协定所规定之直接损失为限。并须约定:赔偿要求之副本及其他有关系之文件,国民政府之代表,有请求察

视之权。该项清理赔偿要求之后,倘有所余,当由英国政府退还国民政府。特此奉达。即颂

台绥

外交部长陈友仁启

三月二日

英公使代表阿玛利复函

陈部长钧鉴:

敬复者,顷接大函,并附下银额四万元之支票一纸,业经收到。兹特奉告左右:英国政府代表有关于英国人民接受此项支票,以清偿最近九江骚扰中,英国人所受之损失。因为避免会同审查个人赔偿要求之迟缓及费用起见,英国政府当负责清理有关系的英国人民之赔偿要求。其清理办法将受贵国方面之严密审查。赔偿损失,绝对只以二月二十日协定所规定之直接损失为限。英国政府并承认赔偿要求之副本及其他有关系之文件,国民政府代表有视察之权。该款清理赔偿要求之后,倘尚有所余,英国政府当退还国民政府。特此布复。即颂

台绥

英国公使代表阿玛利启

三月二日

《国民政府外交史》第 1 集,第 105—106 页

关于九江河岸码头地位执照之函件

1927 年 3 月 2 日

外交部长致英国公使代表函

阿玛利先生阁下:

敬启者,关于解决九江英租界将来地位,本日双方互换之函件,鄙人特奉告左右。主管之中国当局,将正式认可英国当局所业经发出之河岸码头地位之执照,仍以十年为期,在中国当局奉正式认可之前,该项执照亦照常有效。此达。即颂

台绥

陈友仁启

三月二日

英使署书记台克满复函

陈部长钧鉴：

敬复者，刻接尊处日昨致阿玛利君之大札，关于解决九江英租界将来地位，日昨互换之函件，称主管之中国当局将正式认可英国当局所业经发出河岸码头地位之执照，仍以十年为期，在中国当局未正式认可之前，该项执照亦照常有效等因。业经知悉，专此布复，即颂

台绥

英使署书记台克满启

三月三日

《国民政府外交史》第1集，第106—107页

中央政治会议通过浔案协定文件

1927年3月4日

中央政治会议四日通过浔案协定文件，所需款项四万元饬财部拨给，外部提出汉口英界改第三特别区市政章程通过。

浔案协定签字后，阿马利赴浔视察返汉后，继续商定，由英政府将九江英工部局章程悉行取消，并自三月十五日起，将九江租界区域行政事宜，无条件移交国民政府，另由国民政府给银四万元，清偿最近九江骚扰中英国人民所受抢劫等之损失（汉口五日电）。

《申报》1927年3月9日

（四）"四三"惨案

说明：1927年4月3日，日本在汉口制造了10人死亡、8人重伤、

数十人轻伤的"四三"惨案。这是国民革命进入高潮时帝国主义在汉口制造的一起空前血案,惨案在当时激起了社会各界的强烈反响,对当时时局也产生了较大的影响。

1."四三"惨案的发生

汉口四三案经过纪要

一、肇事原因。四月三日午后四时,人力车夫刘丙戌,即刘炳喜,引空车至日租界燮昌小路,突有日本水兵两名,硬欲共乘其车,丙戌以违背警章不允。该水兵一人将其空车踢翻,一人即抽刺刀猛刺其胸倒地,血流如注,当时晕绝。路人见状,义愤难遏,大呼日兵杀人,集者渐众。除凶手中之一人,由日租界巡捕长姜柄瀛、十二号巡捕徐立常扭送日警署,交副署长小川要之助看管外,(除)〔余〕一凶手逃入日本小学校内潜匿,由日警署部长鹭山赶入,未知如何下落。

二、群情激昂。日租界附近及华景街一带市民闻此惨剧,无不愤激,咸驰赴肇事地点援助,不期而集者数千人。大新街及新新街口长田里一带之群众,人山人海,激昂情形几不能以言语形容,当场曾擒获日水兵六名,□□者四名,由总工会解送卫戍司令部。嗣询知与本案无关,即行交还领署。

三、屠杀经过。日水兵行凶后,即有其同伴前往江岸报告日兵舰,当征调大批水兵登陆。其时群众愈集愈多,自大新街口沿长田里以迄日领馆,满街尽是群众。日领馆驻军乃开枪轰击,立毙群众一人,伤数人。群众徒手,只得后退。日兵跟踪追袭至长田里日本会所(俗称东洋庙)。群众以前途阻塞,未能再行后退,日水兵遂集东洋庙凭楼架枪,如临大敌。彼时总工会纠察队五十余人亦到,在东洋庙前列队劝告群众,暂时退后。正宣说间,东洋庙楼上日水兵竟开枪一排,又击毙二人,伤数人。纠察队及群众乃分列两旁借避弹击。乃日水兵又复开枪,幸群众已分开,未致伤人。日水兵见此次开枪未曾命中,复第三次开枪,分开射击,又毙群众二人(内中有第八军士兵一名),伤者无数。其时已至六时,适有一部日兵自铁路外球场返日本租界,行至三元里口,闻租界方面起冲突,又各掏出手枪,向当街行人射击,死伤亦甚。

四、死伤调查

四三惨案伤毙民众表

姓名	职业	遇害地点	附记
张泽义	八军教导师兵士	本愿寺侧	相片附,已经夏口市法院验断
熊四元	美最时堆栈工人	同仁会医院前	相片附,同上
江心海	洋务工会会员	大正街	相片附,同上
李寿堂	人力车夫	本愿寺侧	相片附
无名	码头工人	本愿寺侧	已经夏口市法院验断
刘亨惠	人力车夫	同仁会医院前	相片附,已经夏口市法院验断
杨海清	公安局保安队队士	大正街	已经夏口市法院验断
无名	工人	日本警察署前	陈适、张善孚二同志证明书附
无名	工人	日本警察署前	同上
刘志元	下太古码头工人	铁路孔	枪穿左腿骨碎,送同仁医院切断治疗,延至4月17日,卒因伤重死于同仁医院

四三惨案重伤民众表

姓名	年龄	籍贯	职业	受伤地点	伤状	就诊医院	附注
陈海子	二十一	应城	桥口烟厂工人	同仁会医院侧	枪穿胸部	天主堂	相片附
夏国桢	二十五	黄陂	负贩〔商贩〕	小巷口	枪穿左右肘部	天主堂	相片附
王秋生	十三	孝感	卖油果	三元里茶馆内	枪穿左右肩胛	天主堂	相片附
周勇伢	十九	黄陂	农夫	铁路孔	枪穿右膊	同仁	相片附
刘丙戌	四十二	应城	车夫	燮昌小路	刺刀伤胸部	博爱	即刘炳喜
喻学工	十七	汉阳	辅德中学学生	铁路孔	枪穿腰部	校医	辅路中学证明附
杨文藻	二十四	夏口	车夫	铁路孔	枪伤肩部	湖北	

五、军警维持。肇事后外交部得报,即征调第一、二、三特别区警察六十名由保安队长刘仁义统率驰往维持,并派黄昌谷前往日本领事馆,指挥保安队兼声明保护。同时卫戍司令部(忌)〔急〕派第八军队伍四百余赴特别区与日租界交界处,协同维持,至第一、二、三特别区之日人及中国街市内之日人商店、工厂一律加以保护。

六、故意示威。长田里一带群众午后七时余,因纠察队及军警之维持与解说,群众已陆续散走,秩序完全恢复。乃日本水兵仍故意示威,凡日租界之隘口,满布大炮、机关枪、电网等,且有大队水兵荷枪露刃,江面兵舰复放探海灯射照岸上,如临阵战。晚九时五十五分,兵舰复鸣枪响示威。

七、外部交涉。外交部得此恶耗,除派黄昌谷调警察暂维秩序外,并派秘书吴之椿会同黄昌谷驰赴日领馆交涉,抗议水兵登陆,要求立即撤退水兵,并声明国民政府保护日人一切安全,倘日水兵仍在陆上示威激起民众愤慨,生出事端,须由日本方面负完全责任。现闻外部正在调查详情,预备正式交涉云。

> 国民党党史馆档案:汉 13548.6 号,转引自武汉地方志编纂委员会办公室
> 编:《武汉国民政府史料》,第 82—84 页

陈廷璧、张善孚、谢冠生[①]呈中政会函
1927 年 4 月 12 日

……中央政治委员会第九次会议议决案:关于外交部长报告四三惨案,由司法、外交两部及湖北总工会组织调查委员会,负责调查本案,死伤人数,等因。当由司法部指派陈廷璧、外交部指派谢冠生、总工会指派张善孚三人为本会调查委员会。廷璧等即于翌日(九日)在外交部集会,当推廷璧为主席,依据各方报告,分赴各该受伤人就诊各医院

---

① 陈廷璧,时为国民政府司法部委员;张善孚,时为总工会委员;谢冠生,时为外交部委员。

详细调查,并赴夏口市法院调阅检验本案死亡各尸身验断书,汉口市公安局摄取死亡尸体照片,当晚已告一小结束。恐有遗漏,并在中央、民国、楚光等六家报纸登一紧要通告,请有关本案各证人于十日八时赴湖北总工会分别报告,届时廷璧等三人先赴该会讨论办法。开会结果,实查得本案被日水兵枪伤死者九人,重伤八人。内刘志元一名左腿骨碎,业经同仁医院将其伤腿锯断,已成废疾。其陈海子枪穿腿部,夏国(珍)〔桢〕枪穿左右肘,王秋生枪穿左右肩胛,周勇伢枪穿右膊。杨文藻枪透肩部,虽不致死,确系减衰肢能不任工作;而喻学工枪洞腰腹,经该辅德中学校医诊治得法,创口渐合,然神经错乱,将成废人。此外刘丙戌一名右侧胸部刺刀伤横二寸,广四寸一分,深一寸,创病沉重,恐有生命之虞。其他市民、学生受伤后,匆促之间分散各地,或尚不止此,俟调查有着容再补呈。兹谨就各方报告有案可稽者,调查所得之结果如此。据住居日租界市民等佥称:日人自本政府收回英租界后,对于我国民众时有挑衅之事。当惨案发生前三数日内,侨汉日人租有重赀之家及为妇孺等辈,均搬入军舰,似早已有所准备。适四月三日午后半四时,车夫刘丙戌即刘炳喜引空车至日租界夑昌小路,突有日水兵两名硬欲共乘其车。丙戌以违背警章不允,该水兵一人将其空车踢翻,一人即抽刺刀猛刺其胸,倒地血流(加)〔如〕注,登时晕绝。群众见状,义愤难遏,大呼日兵杀人。集者渐众,除凶手中之一人由日租界副巡捕长姜柄瀛、十二号巡捕徐立常扭送日警署,交副署长小川要之助看管外,余一凶手逃往日本小学校内潜匿,由日警署部长鹭山赶入,未知如何下落。当时因日水兵陆续赶到,形势汹涌,群众冒死徒手擒获日水兵六名,并嫌疑者四名。其余日人分赴日领署及军舰报告,日水兵大队蜂拥登岸,从大新街、新新街及江岸各口均布满,初放步枪,继放机关枪,群众闻枪奔避。该日兵等越界追杀,其日界侨商、军警,凡有手枪、猎枪者,亦争先出门射击。故被杀之地不止一处,枪声亦至六时半始息。兹死伤地点论,如刘丙戌系在夑昌小路被杀;熊四元、刘亨惠之身死,陈海子之中枪,均在同仁医院侧;张泽义、李寿堂及不知姓名之一等身死,均在本愿寺侧;杨海清、江心海之身死,在大正街;王秋生中枪,在华界三元里茶馆内;刘志元即刘之元、周勇伢、喻学工、杨文藻等中枪,均在华界铁路孔。地点不一,相距甚远,而三元里、铁路孔均在日界范围以外,该日人如非故意挑衅,蔑视中国国权,何至越境杀人? 对于徒手民众,何致开枪射击,时间何以许久? 此皆证明其确非登时误会者可比。除将本惨案死伤各民众就调查所得者分别填具简表、摄取影片、写具证明书随文附呈外,所有奉命调查本案伤亡各节理合会同呈报钧会鉴核,至为公便。谨呈

中央政治委员会

　　　附呈:四三惨案伤毙民众表一件;

　　四三惨案受伤民众表一件;

　　四三惨案伤亡民众相片十张;

　　日租界副巡捕长姜柄瀛证明书一件;

　　日租界十二号巡捕徐立常证明书一件;

　　湖北全省总工会张善孚证明书一件;

　　汉口市公安局二分署署员陈适证明书一件;

　　辅德中学校证明书一件。

　　　国民党党史馆档案:汉 13034 号,转引自武汉地方志编纂委员会办公室编:
　　　《武汉国民政府史料》,第 82—84 页

高尾[①]致币原喜重郎报告(节录)

1927 年 4 月 15 日

汉口四三事件

一、事件发生前的有关情况

二、总领事对该事件采取的措施

三、四三事件的发生及经过

---

　① 　时为日本驻汉口总领事。

四、陆战队的登陆

五、租界收容在汉日侨的情况

六、租界外居住者随身行李索回情况

七、日侨撤回内地的情况

八、受害情况

三、事件的发生及经过

事件发生的原因尚在调查之中,真相不详。据当馆警察署对目击者进行的情况了解及海军军方的报告,情况大致如下:

四月三日下午四点左右,两名水兵一人手拿樱花,一人手举小鸟从日本租界妻鹤后门附近经过,这时呆在附近的五六个中国小孩朝他们背后扔石块,并一个劲儿地嘲笑奚落他们。水兵对其不逊的态度无比愤怒,屡屡回过头去跟他们对抗。这时一个二十五岁左右的中国年轻人从横道上窜了出来跟他们打斗起来。见此情景,附近的人力车夫、苦力等群众一拥而上,他们拳打脚踢,施行暴力。在厮打中,一个中国人受伤流血倒在地上,寡不敌众的水兵慌忙逃离现场。为求生,一名水兵安全地逃到舰上,一名跑进了附近一家日本人开的餐馆浪华食堂。怒气冲冲的群众冲到浪华食堂门前,打碎食堂的玻璃窗。看见他们马上就要闯了进来,正在用餐的其他两三名水兵冲到门口,手挥晒衣竿进行自我防卫。群众见此大怒,在煽动者的操纵下开始对浪华食堂进行破坏性的掠夺。在隔壁山吉饭店吃饭的水兵也遭到株连,一部分群众同时还袭击了菊水、汉口《日新闻》报社、竹酒家等处。情况发生后,首先是田中副领事,赤司警部受命赶到现场。为解救被包围的一名水兵,平息群众的骚乱,他苦心周旋,四处奔波。而群众到处宣扬说是日本兵杀了中国人,人心被激怒,一名暴徒打碎浪华食堂的玻璃窗,丧心病狂地闯入店内猛打乱抢,对附近的日侨也不放过,横不讲理地施加暴力。田中副领事手下的数名日侨遭到群众的穷追猛打,害得他们四处躲藏。他们越打气焰越嚣张,租界内到处都〔是〕蜂拥而至的群众。在街上他们对无辜的水兵和日侨施加暴力,还闯入家宅恣意破坏掠夺。一时间,租界内全遭摧残,陷入无警戒状态。日侨的生命财产完全失去保护,若不尽早采取自卫,后果将不堪设想。在这种情况下,总领事和前任舰长反复商议后断然决定采取自卫行动,派陆战队上岸驱逐租界内的群众。果然,这一措施奏效,租界恢复了安宁。

另外,对于事件发生原因中国方另有一种传说,说是两名水兵在大正电气公司附近坐人力车,他们嫌车走得慢,没按他们的要求行走,愤然大怒,把车拖了十五步。当他们欲弃车而去时,被车夫强索车费,发生口角,最后水兵拔出刺刀将该车夫刺死。附近的群众见此情景无比气愤,由此引发了暴力行动。真相是否如此值得怀疑,特此附上仅供参考。

四、陆战队的登陆

随着事态的扩大,陆战队的登陆势在必行。总领事与停泊在汉的前任指挥官安宅舰长进行协商后,四月三日下午五点多钟,将在港的安宅、嵯峨、比良、浦风警备舰各舰的几乎所有的人员约一百二十名(其中六名为准士官以上人员)全部派出,登陆上岸(因为当日各舰允许半舷上岸,在舰人员不过全员的半数),在总领事馆前马路上集合。下午五点十分左右时,暴民在三名暴徒的引导下,以几个儿童打头按指挥者的意图,合着哨声巧妙的指挥,打着红旗喊着口号径直冲到明治小学门前。这时指挥官冈野少佐下达命令,陆战队队员首先装填了空弹,约一个小队的人员朝马路散开。见此,群众稍稍退缩,不敢前进。接着枪响,群众马上分成两部分后退,一部分由山崎街朝北,一部分由南退去。走南小路西行的群众,他们闯入平和街附近的租界,对日侨的家宅进行破坏掠夺,在路上不知所措的日侨也被他们抓打。冈野少佐终于下令两挺机关枪向地面进行威胁性射击(发射子弹九十发)。这时一个日侨和四名中国人受伤,暴民弃之而逃,途经平和街时,他们袭击了两三家日侨商店,破坏了本愿寺的围墙后离开租界。

一方面,在中队长小别当大尉的率领下,别动队冒着群集在大正街广场附近的暴徒砖瓦石块的袭击,朝海军会所前进。当到达租界外铁路附近时,铁路上投掷来的石块如暴雨一般,情况相当危险,因此发出了五发威胁弹,驱散了暴民,好不容易到达海军会所。对此,我们及时向附近的在汉日侨通报了紧急情况,把他们集中到会所。同时我们把登陆的约一百三十多名官兵及大部分附近的在汉日侨也集中到租界内的警备部。陆战队的全部人员约二百二十名(内含准士官以上的八名),以冈野少佐为指挥,以大正会馆为本部,对租界进行警备,禁止一般通行,以高度戒严状态维持治安。为了防止大正电厂工人的逃离,各舰派出机关兵作为陆战队的一部分进行警备,保证照明。另外召集义勇队员、义勇消防队员及在家的军人到各部署,从事租界内食品的搬运及其他的杂务工作,以备紧急之用。

当我陆战队驱逐租界内的暴徒,恢复治安,正秩序井然地进行防备部署时,武汉卫戍司令唐生智将其部下第八军一营部署在租界外与平和街相邻的第一特别区,防止暴徒从租界外部再次袭击。我们知道中国军队素来缺少节制,出自恐怕与我陆战队接触会产生误会造成两军冲突的顾虑,总领事在外交部秘书吴之椿、第三特别区局长黄昌谷及唐生智来馆之际,列举中国军队的不稳举动,促使对方进行反省。中国方也为了避免两军的冲突,派唐生智指挥的最优秀的第三十五军第三师第九团团长钟光仁率部下一营替换了四日早上品行不好的军队,我们通力合作才使租界内外的治安得以维持。

五、租界收容在汉日侨的情况

我们凭借陆战队的力量恢复维持租界的秩序和治安,一方面我们将已集中在租界内的妇女儿童用日清、三井、三菱等的小蒸汽船直接送到停在总领事馆门前的大福丸、大亨丸、武陵丸、御日丸上避难。然后,又设法将居住在租界外的日侨全部收容到租界里来,责令馆员、警察官在义勇队、消防队、休假军人的援助下从三日下午开始着手收容工作。另一方面与中国方进行严肃交涉,要求他们保证我们撤退的安全。次日四号上午直至五点之前的这段时间里,我们将铁路外、日本公园附近、法租界、第二、第三特区支那街的几乎所有的人全部收容。四日下午二时又将租界相邻的支那街、三元里的日侨三十五人、二时四十八分又有八人收容。五日上午九时半之前将剩余的人员全部收容。另外，居住在第一特区的日侨中，税关人员五户十三名于四日上午四时四十分，同仁医院有关人员中除开自愿留下的一部分外，于五日上午零时三十分之前全部收容。

对桥口泰安纺织公司内的日侨，总领事馆早已向经营者授意，尽量以不声张的方式将妇女儿童逐渐向租界、向内地撤退。经营者也作了周密安排，在事件突发前，实际不少人已向内地撤回或滞留在租界内。所以，事件发生当时虽然居住、留在工厂里的有六十九名，但并未出现异常情况，工厂照常生产。因为职工担心工厂倒闭会造成失业，所以工作热情还很高，他们甚至安置纠察队监视日侨的进出。在这种情况下，根据以往的经验，如果按通常方式撤退，会使三千中国工人产生动摇，造成事态的恶化，产生更大的纠纷。因此，总领事经过慎重考虑，通过与陈友仁的恳谈，决定让外交部出面与泰安工会商谈。我方以支付停业期间职工工资为条件，作为临时停业得到工会的认可。然后又向外交部、公安局、总工会支付了半天的工资，这才把日侨撤到备好的小蒸汽船上（为了监视船员，我方派出几名警察官和义勇队队员及中国方的警察八名护送）。到四月七日上午四时，六十九名日侨及个人行李全部安全收容到租界。

如上所述，在实施将居住在租界外的日侨收容到租界内的措施过程中没有出现任何事故，九日下午七时将最后一名滞留在旧英租界的妇女收容，此项工作得以全部结束。

六、租界外居住者随身行李索回情况

由于事件发生的突然，作为总领事馆我们首先是确保在汉日侨的生命安全，财产在次。事件发生的当晚，我们采取的手段是尽早将在汉日侨集中到租界内及船舶上来。所以租界外的避难者们几乎都是空手只身而来，因而一时缺乏日常的必需品、寝具。说实话，几天过去，生活

极其不便,渴求得到物品的补给可想而知,不少在汉日侨都向总领事馆提出回去取行李。当然,这都是情理之中的事,所以五日田中在与外交部进行其他事情的交涉时,顺便对行李的索回和保护方法等问题进行了协商。据察知,由于洋务总工会、全省总工会担心因我们的回撤会造成许多人的失业,所以他们有阻止日侨的回撤和扣留下行李以作日后救济工人资金之用的意向,因此为什么在我们搬行李时总会受到一些妨碍就不难想象。在这种情况下,非常关键的是要让外交部出面说服总工会,不要纠察队的工人们再作出什么非法妨碍行为。对这一点外交部非常理解,一方面他们很有诚意地极力与总工会接洽,一方面报告军事委员会采取保护措施。军事委员会还为行李的搬运颁发了执照,七号下午送到了总领事馆。我们即刻通知了在汉日侨,安排好行李的搬运。可是在搬运的过程中,除一两台汽车还算顺利外,其他均受到纠察队、无赖汉、工人的阻止,根本无法进行搬运。居住在铁路外的行李更是困难。尽管我们已直接与警备队钟队长进行了交涉,谈妥此事,但同样受到纠察队、农民协会的阻碍。这就是说,在工会、农协、纠察队、工人那儿,中国当局而且是最具绝对权威的军事委员会的执照、专门负责警备的团长的命令都不起任何作用。在这样的情况之下,我们不得不采取自卫行动。但考虑到这样一来,也许会将事态搞的更糟,甚至招致不可收拾的后果,所以再次与外交部及军事负责人唐生智进行了严肃的谈判。通过谈判他们认识到问题的严重性,七日晚,向总工会发出严重警告,取缔了工人纠察队的行动。这样,在第二天八号才将一切障碍排除,顺利地将租界外的行李搬回,使日侨的不便有所缓解,情绪得以安定。

七、日侨撤回内地的情况

随着汉口局势的恶化,我们预料到将会有重大事态发生。三月二十九日总领事与停泊在汉的前任舰长进行商谈,认为有必要尽可能早地将居住在租界外的,特别是泰安纺织厂的妇女儿童在不引起外界注意的前提下把想回国的都送回去。因此我们一方面命日清汽船将南洋丸号船暂停在本馆门前,另一方面把租界外居住者的代表召集到领事馆来,向他们讲明时局变化情况,劝告他们在自愿的前提下尽快撤回内地。通过我们做工作,到第二天三十号已有一百三十名回撤的妇女儿童登船,南洋丸由滨风舰护航起锚。

四月四日,总领事在与民团方面人士、海军方面进行协商之后,对在汉日侨中的妇女儿童作为命令、对一部分男子作为劝告,要求他们撤回内地。回撤船襄阳丸号、大福丸号在护航舰浦风号的护卫下离开汉口驶向上海。这些回撤日侨他们有无旅费都无妨,汉口至上海、上海至内地(上海总领事馆安排的是"コレア丸"往返长崎)船票全免。对贫困者我们还通过民团以贷款的方式一名支付二十五圆费用。我们还考虑到日子一长,食粮的供给、卫生方面都会出现问题,滞留在汉已毫无意义,应该清理在汉的男子,要他们尽可能尽早撤回国内去。四月九日我们与民团方面、海军方面协商之后,决定将一部分男子撤回。大利丸号、大贞丸号(为长沙避难民专用船)作为回送船,第十号驱逐舰作为护卫舰十一日上午九点出发驶向上海。回撤人员的船费,汉口至上海段免费,上海至内地段由本人支付。对于贫困者由民团贷款支付,大人四十四圆(换算为四十元)、小孩二十二圆。

回撤的人数及其他见另页。

八、受害情况

(一)在汉日侨的受害情况

1. 怀疑妇女一名遇害。传说她因产褥卧床,暴徒闯入时受到惊吓引起心脏麻痹致死;但医生诊断证明书上诊断的是产褥热。

2. 遭到暴民毒打的二十二名。他们都是或在租界内的街上、或在日侨住宅内、或在租界外道路上行走时遭到暴民无故的殴打。身上有打伤,除一名伤稍重外其他都是轻伤,一般几天后都得以痊愈。

3. 日侨四名、水兵六名遭殴打后被纠察队、工人绑架到总工会,后又送到武汉卫成司令部,本领事馆通过交涉才得以由外交部送回。

4. 上述的这些受害者都与本事件毫无关系,只是不幸被杀气腾腾的暴民碰上，他们见一个打一个，这样才被牵扯进来。事件发生当夜我们进行了调查，发现我们这些不知去向的人都是被抓到总工会监禁了起来（查明传说一名水兵被杀后丢到江中一事并非事实）。当夜在总工会代表来访之际，田中副领事提出要求给予保护的要求。之后作为重大事件，本官也屡屡口头向外交部提出交涉，火急商讨交还方式。对此，中国方面给予了充分的谅解，答应了我们的要求。五日晚上十一点钟时分，派交涉员带领十几名保卫（担心水兵在中途会遭暴民的袭击）由总领事馆出发前去迎接。冈村书记官办的交接（用日清小蒸汽船由六名义勇队队员及警察官护送），接着六名水兵在八日上午零时左右也以同样的方式回到总领事馆。据我们对以上受害者的调查，了解到他们虽然遭到无故的殴打、受了种种迫害并被抓到总工会，但在总工会他们受到一定的保护，被送到武汉卫戍司令部后更是得到充分的保护和照顾。

5. 财产的受损情况。据大崎副领事统计，共计有六十名受损，金额大约四十一万三千五百三十六圆。当然这些都只是根据本人申报计算出来的数字，还未进行核实，其中可能有些虚报。不少受害者都属于本租界中产阶级以下的阶层，就算他们房屋的一部分或内部设备被破坏，门窗、家具甚至全部家产被破坏，被抢走，实际上的金额并不会太多。

6. 三井洋行仓库的烧毁。烧毁原因不明。事件发生当夜，确实有众多暴民闯入院内破坏了仓库内的器物、药品等。药品中有不少易燃品，但是也有人说并不一定是这些药品造成的。

（二）中国方面的受害情况

中国方面的受害情况暂且不详，目前正展开多方面的调查。对开枪造成的中国方的死伤情况，中国的报纸、新闻传单上报道的死伤数十名实属夸张，事实上只死了两三个人，有五六人受伤。

中国国家图书馆藏日本驻汉口总领馆档案，转引自武汉地方志编纂委员会

办公室编：《武汉国民政府史料》，第85—88页

2."四三"惨案的外交交涉

鲍罗廷在武汉中央政治委员会第九次会议上的讲话(节略)
1927 年 4 月 5 日

从前各国联合起来反对国民政府的,是英国当领袖,现在是美国了。据北京的消息,美国的公使,比任何国公使的态度都还要激烈。在他设想,不但现在要反对中国,将来一定还要反对日本。换一句话说,就是欧美各国,要联合起来压迫亚洲各国的民族独立运动。在这种状况之下,最适宜的,莫过于中日联合起来,反对英美的联合。但日本也是一个帝国主义者,要如何使得中日谅解,实在是很困难。日本人现在是徘徊歧路,一方面是同英美联合,一方面是同中国携手。他们正在那里审查考虑,不知道何所适从。也许他们想:同中国携手,经济上要受损失;也许他们想:同英美联合,军事上要失败。所以我们要解释给他们听:加入英美方面,目前虽然有利,将来总是讨不着好的;加入中国方面,使他的合法经济决不得受损失,就是中国强了,也决不得同帝国主义者一样。再可更进一步对他们讲,同中国联合,不但不会危害及它的合法经济,而且可以使得它的生产,格外发达。我们可以看得出,从柏林到莫斯科,从莫斯科到日本,从日本到此地,这一条路有结合之可能,可以和英美对抗。所以本席的结论,是请陈部长有对日的宣言,要根据平等的原则,磋商一切。

《武汉中央政治委员会第九次会议速记录》,转引自蒋永敬著:《鲍罗廷与
武汉政权》,台北传记文学出版社,1972 年,第 147 页

刘少奇在武汉中央执行委员会常务委员会
第六次扩大会议上的报告(节略)
1927 年 4 月 8 日

今日情形:下午三时,日水兵更加增多,与中国界接近,沙包越堆越

多,直到中日交界为止,与民众相隔咫尺。

日界电线,自行割断,用意不得而知。

失业问题:日本所有工厂皆停闭,计工厂工人、码头工人、洋务工人,失业有一万四千九百四十一人。此问题甚大,其工厂皆不给工钱,或有契约,而不履行,有债务者,皆行潜逃。现日人之机器、货物、衣服、行李,皆不令其搬出。码头工人停工一日,即无以为生,亟应救济。日纱厂有二千八百工人,由日领向外交部允许,工钱可以照发。如能履行,此等工人,不成问题。惟其他尚有一万一千四百人是有问题的。曾与陈友仁同志谈话,据云已交政治委员会办理。现请:(一)中央对日提出抗议;(二)拨款救济工人;(三)日人已走,可否将所存货物约值一百五十万暂时保留,如不解决,则实行扣货;(四)日人工厂虽是停工,但原料、机器皆有,可否由中央及各团体令继续开工? 如募捐以每人日须三角计,月须十万八千元救济费。

工人纠察队与前次对英不同,对英仅有一日纷乱,现在自三日起至今已有四日,且形势日趋严重。纠察队服务,究至何日底止? 如住房、食料,皆未预备,支持长久时间,殊觉困难。现在应否撤回? 且纠察队立于民众与日人之间,万一冲突,即首当其冲。

《武汉中央执行委员会常务委员会第六次扩大会议速记录》,转引自蒋永
敬著:《鲍罗廷与武汉政权》,第143—144页

陈友仁在武汉中央政治委员会临时
紧急会议上的讲话(节略)

1927 年 4 月 9 日

日本总领事说,国民政府的真正意思,他们完全明瞭。关于日界华工失业问题,他说:假使日本复工,总工会同洋务工会是否可以担保他们的生命安全? ……(他)并听见要在五一节把日本所有的产业,完全没收的风说。在这种情形下,日本实在有很大的恐惧,因此不能回复他们的经济生活。

宣言书的大意,约分六点:(一)日本从前虽然也是行的侵略政策,但现在有放弃这种政策的趋势;(二)同佐芬利谈话的结果,知道中日现有谅解之可能;(三)在中日未真正谅解之前,认日本为友邦;(四)由南京事件可以证明日本有为中国友邦之诚意;(五)虽然有日租界事件的发生,但国民政府并没有改变态度;(六)将来如有事件发生,有随时解决之必要。

发出的时间,很是一个疑问。鲍顾问以为应当发。本席则认为日本对我们现在是很不客气。在此时发出,似乎不大妥当;不过,迟早是要发出的。鲍顾问尚未看见这个宣言,因为本席以为他今天是要来的,所以没有送去他看。

《武汉中央政治委员会临时紧急会议速记录》1927 年 4 月 9 日,转引自蒋
永敬著:《鲍罗廷与武汉政权》,第 148 页

汪精卫在国民党中央政治委员会第十五次会议上的发言
1927 年 4 月 25 日

汪精卫:上次由政治委员会主席团召集的国共两党联席谈话会,已在南洋大楼举行,鲍顾问、鲁依代表同共产党的陈独秀、张国焘、瞿秋白都到了。几次商量的结果,都是关于应付现在时局的方法。第一,是外交方面。自从蒋介石明明白白的反叛以来,帝国主义者在南京、上海很得手,于是就将兵舰集中武汉,实行向国民政府威吓。但我们现在最重要的工作,一是积极北伐,二是肃清东南的反革命派。对于外交方面,则不妨采暂时退却的策略,保护他们的生命财产,恢复他们的商业,并由中央派员至湖南、江西宣传对外方针,使他们帝国主义者无所藉口。

《中国国民党中央执行委员会政治委员会第十五次会议速记录》

四三惨案交涉之经过

当时武汉各界民众,洞烛日人奸计,亦严阵以待,以防祸变。如是两方相持者,凡二十余日,交涉迄无头绪。不幸自四月下旬以后,各国

乘机侵迫。不数日武汉江面,外舰如云,入夜则探海电光,震人心魄。武汉当局以宁汉分裂,内外交迫,不得已卒出于退让,以求解决之一途。四月二十五日,武汉当局,与日领商定非正式解决条件六项如下:

1. 日本撤兵,并撤各种防御武器。

2. 日商复业,发给华人工资。

3. 国民政府撤退驻防华界军警及纠察队。

4. 工人绝对服从政府命令,决不仇视日人。

5. 国民政府负责保护日人生命财产。

6. 四三案保留,俟至适当时期,再开谈判。

初该案如此解决,直可谓为不解决之解决。以视"一三案"结果,显见当局怯弱退让多矣。然宁汉分裂,内部纠纷,实影响于外交不利之主因也。

《国民政府外交史》第 1 集,第 109—110 页

国民党中央执行委员会政治委员会第二十三次
会议讨论四三惨案问题记录
1927 年 5 月 23 日

陈友仁:上星期六,日本总领事到外交部来,非正式的讨论四三惨案的问题,有一个声明书,最后是四个条件。先只念把本席听,后来要他们抄了一份。现在已经翻成中文,并且加了个题目叫作《日本对于四三惨案责任之观察》。(宣读)四个条件:(一)是要负责维持武汉治安的最高官长向日本道歉;(二)是要抚恤日本受害的侨民;(三)是要赔偿日本人物质上所受的损失;(四)是要国民政府担保以后不要有类此事件发生。当时本席就问日本的总领事:为什么在声明书中不将那天肇事的原因,是因为一个日本水兵刺了一个中国车夫的事实叙入?他说已经调查过,那是一件毫无根据的事。并且说日本方面,也听见了许多谣言,例如谣传有一个日本产妇,被工人们拖下楼吓死了,但据确实的调查,实在没有那么一回事。他不肯听信那种谣言,就可以证明他

说日本水兵刺了中国车夫是谣传的是很公平。本席又告诉他,既然双方所据的事实出入甚多,应由双方组织一个委员会,调查了事实之后再说。日本总领事对于本席的提议,也仿佛是有意接收。双方的谈判到此为止,都是非正式的。

徐谦:那天司法部曾派人调查,车夫受伤是事实,不过只受了伤,当时并没有死,日本不能完全否认。但以现在的时局而论,对外宜维持好感,希望外交部以和平的手段同日本讨论。

汪精卫:声明书中说那天有拿红旗子的作领袖,也是冤枉我们。

陈友仁:日本总领事很注重这一点,他说是共产党干的。

汪精卫:是书面上说,还是口头上说?

陈友仁:书面上没有,口头上也说得很少,多半是用激烈派三字来代替。

《中国国民党中央执行委员会政治委员会第二十三次会议速记录》

王正廷致日本驻华公使照会
1929 年 5 月 2 日

为照会事:关于民国十六年四月三日发生之汉口事件,兹本部长以国民政府名义,向贵公使声明。本案虽经查明证实,因共产党煽动而发生,但鉴于中日之友好关系,对于本案殊为惋惜!所有日本领事馆、馆员、海军军人,及日侨身体财产所受之损害,兹拟准据国际公法在合理及必要范围内者,予以赔偿,并组织中日调查委员会,实地调查日本人民所受之损失,以审定赔偿之确数。对于本案发生之始,中国人民之被伤害者,亦请予以相当之抚恤,俾本案得以圆满解决。相应照会贵公使查照。见复为荷!须至照者。

《国民政府外交史》第 1 集,第 110—111 页

日本驻华公使复王正廷照会
1929 年 5 月 2 日

为照会事:关于昭和二年四月三日汉口发生之事件,准五月二日贵部长照开(此处文字见上王外长致日公使汉案照会,兹从略)等因,业经阅悉。本公使对于设立中日调查委员会,其委员由双方选定,以审查及估计各日本臣民所受身体、财产上一切损失,以备赔偿各节,表示同意。本公使认定贵国政府于最短期内履行此项责任,即可作为根本解决因汉口事件而发生之各问题也。相应照复,即请查照为荷! 须至照会者。(五月二日)

《国民政府外交史》第 1 集,第 111 页

(五)南京事件

说明:南京事件,又称"宁案",指 1927 年北伐军队攻占南京后发生的暴力排外事件。1927 年 3 月 24 日,北伐军进入南京。在北伐军掌控局势之前,局面一度混乱,外国使馆、学校、商业机构和住宅遭抢劫,有少数人员伤亡。英美军舰以护侨撤退为名炮轰南京城区,中方伤亡约百余人。此后,宁案在南京国民政府建立过程中在外交上产生了很大的影响,在不同阶段,南京国民政府为了服从外交的需要,对宁案采取了不同的政策,直到 1928 年宁案获得解决。

1. 南京事件的发生

李世璋致武汉外交部等电
1927 年 3 月 25 日

国急。

汉口外交部陈部长、武昌总政治部邓主任钧鉴:我军于梗(廿三

日)晚占领江宁,至敬(廿四)日均在驱逐敌人中。城内地痞勾结敌人余孽,乘机蠢动,打家劫舍,全城惶恐,并及外侨。敬日午后三时,有金陵大学副校长美人威廉士,被乱徒枪击殒命。该日午后五时半,属部随程总指挥入城,下关外国兵舰开炮向城内轰击约一小时。比入城,即派兵保护外人学校及住宅,全城秩序亦立恢复。是晚八时英舰长英格兰、美舰长施密士会衔来函要求如下:(一)第四师长张辉瓒须立即约束部下,保护外人生命财产;(二)张辉瓒须本晚十一时亲来爱莫兰来号,商议该军今日在南京之暴动,并请即下令停止向英兵开枪;(三)明晨十时须将南京外人由贵军最文明军人护送登舰;(四)如以上要求不能履行,即以最严厉手段对待,以下关南京城内为军事范围。比即答复如下:(一)保护外人安宁,毋待贵舰长要求,我军已有具体办法;(二)是日南京骚扰,张辉瓒不能负责;如有陈述,直接程总指挥办理;(三)如外侨须要登舰,本军亦可允许护送;(四)贵舰长所取态度,殊欠失当,敝国人民所受贵炮舰损失,亦应要求保留赔偿云云。至此事件双方损失,现在调查中。谨电报告。李世璋叩。有。印。

《革命文献》第14辑,第602—603页

程潜[①]来电
1927 年 3 月 25 日

(衔略)

南京有反动分子乘秩序未定之际,煽动逆军及地方流氓,对于外侨掠夺财产,焚毁房屋,并有伤害生命情事,致英美军舰发炮轰击下关及城内,当击毙我第二军特务连长一名,士兵三十余名,轰毁房屋无算。当时我军正在肃清余孽,警戒江面,少数士兵睹此,未明真相,以为帝国主义帮助逆敌,故意向我挑衅,乃亦向军舰还击。经长官发觉,随令停止。潜于下午五时三十分入城,即派队镇压,并将抢犯就地枪决多名,

---

① 时任国民革命军江右军总指挥。

一面出示保护外人生命财产,一面函知各国领事。军舰舰长托红十字职员提出要求四条:(一)由张师长辉瓒立即下紧急命令,保护外人;(二)张师长赴美军舰商议外侨损失情形,并禁止士兵射击;(三)有(二十五)日午前十时,派兵护送城内外外侨至江岸;(四)如上列要求不能实行,即取严厉对付,以南京下关为军事区域等语。□日曾以正式书面通知前来,当即答复如下:(一)下令保护外人,自当照办,且不待要求,即由总指挥下令矣;(二)张师长赴美军舰商议一节,认为无必要,因张师长不能负责办理,此事须由外交当局交涉也;至禁止射击,胥由照办,但希各军舰勿再开炮,惹起意外;(三)派兵护送外侨至江岸,亦可照办;但外人散居各地,住址莫明,应由各领事通知集合一处,以便护送;(四)所提要求,应由外交正当手续办理。第四条所取态度稍为失当,军舰发炮,损害我国生命财产不少,已将调查情形,呈报政府,向贵国照外交惯例办理。本人已派队护送集合金陵大学外侨百余人至江岸,转赴军舰,并派十七师党代表李隆建、军法处长唐卜年访问美日军舰,询查情形。适同时日本军舰舰队司令田健侨偕领事馆书记长亦来部面告情形,并请设法保护。潜婉辞慰藉,二人极表满意而去。中外人民所受损害情形,容查明另报,谨此电闻。程潜。

《革命文献》第 14 辑,第 603—604 页

张辉瓒[①]致陈友仁电

1927 年 4 月 5 日

外交部陈部长勋鉴:卅电敬悉。敝师进攻南京时,原分二路:一据尧化门,向镇江警戒,一趋紫金山,截击溃敌;各军部队经城内来下关会合者亦多,追亡逐北,防范稍疏,遂致俘虏、流氓及反动分子斯时乘间窃发,城内秩序颇乱,外人生命财产因此亦稍有损失情事。英国兵舰不先警告,径行炮击,据瓒所闻,我方毙五六人,伤十余人,焚毁房屋数十处,

---

① 　时任国民革命军第四师师长。

尤以省立农校损失最大。比遣红万字会派员登舰劝阻,谓对革命军有误会,应向其首领交涉,不可使人民遭此荼毒等语;彼始停止射击,民众渐安。当晚程潜总指挥查获数人,比即枪决。次日即将陆居外人,一律护送上舰,并派兵保护下关一带之洋行,以期仰副政府保护外人生命财产之旨。前由各军政治部组织调查委员会,其结果如何,容俟续闻。张辉瓒叩。歌。印。

《革命文献》第14辑,第605—606页

李世璋致国民政府电

1927年4月5日

十万火急,不得片刻停留。

汉口中央党部、国民政府、外交部陈部长、军事委员会、总政治部邓主任钧鉴:英、美帝国主义于三月二十四日乘我军克服南京入城搜索敌人之时,开炮向我轰击,直接予以逆鲁军之帮助,掩护逆部退却,不惜出最残酷之手段,发炮百余响,杂以极剧烈机关枪之射击,存心向我挑衅。幸我将士深明本党策略,遵守政府外交方针,忍气吞声,始终未与抵抗;而彼英、美帝国主义者污蔑事实,反唇质责,卑鄙已极。查我当日部队及民众所受损失,异常重大,此间军民极为愤慨。兹据南京市党部、总工会、第二军政治部损失调查简报结果:二军在下关一带被外炮击毙特务连长一名,士兵死廿三名,重伤七名;老妇死二人,重伤四人,小贩商及居民死十三人,重伤命危者十五人;被炮毁坏房屋有石庙口钟式屋一所,三皇庙后二八号、二九号、卅号门牌三所。此仅调查损失概数,详确损失,当超过此数二倍以上,容后具呈详报。此项损失公布后,群情激昂,咸促属部电达政府,向英、美提出严重抗议,非达到赔偿损失、解除外人在华一切武装势力、惩办肇事凶手、向我政府道歉不止。谨电奉闻。江右军总指挥部政治部李世璋叩。微。印。

《革命文献》第14辑,第606—607页

韦悫①关于调查南京事件的呈文

1927年5月3日

呈为呈报调查宁案经过情形事：

案奉钧部第四十四号令开："兹派该员为本部驻宁代表，克日前往南京，将该处最近发生案件，详细调查，随时具报。再江宁交涉员职务，在本部未正式委员接替以前，着该员暂行兼管江宁交涉事宜，并仰遵照。此令。"等因，奉此。遵即于四月二日首途来宁，并将调查经过情形，先后电报有案。兹更将调查所得详细情形，分别为钧长陈之。

窃查奉鲁军在南京溃退时系在三月二十三日下午。翌晨我军陆续入城，当时敌军大部分虽已退出，残敌尚未肃清，城内秩序一时未能恢复。宁垣反革命分子乘机鼓动地方流氓及溃兵，事前取得我军被房兵士服装，假扮革命军袭击英、日、美三国领事馆，并抢劫外侨商店、住宅、学校、医院，以致外侨生命财产皆有损失。

当城内秩序尚未安定之际，停泊宁垣江面之英、美兵舰约于下午三时半发炮向宁城射击，毁坏房屋多处，及伤毙人民与兵士多人。后由世界红万字会江宁分会会长等至江岸，向外舰遥作旗语，要求停炮，英美兵舰遂停止发炮，时已约近五时矣。旋由英舰用摩托小轮驶至江边，将红万字会会长等送至舰上，与该舰舰长磋商约二小时之久。当即提出四条件：

（一）由张师长辉瓒立即下紧急命令保护外人；

（二）张师长赴美兵舰商议外侨损害情形，并禁止兵士射击；

（三）二十五日午前十时派兵护送城内外侨至江岸；

（四）如上列要求不能实行，即严厉对付，以南京下关为军事区域。

该红万字会会长等接受条件后，即登陆往见张师长辉瓒；张师长以事情重大，嘱往见程总指挥。时程总指挥已于下午五时三十分入城，即将抢犯就地枪决多名，并出示保护外人生命财产。迨红万字会会长等

---

① 时任武汉国民政府外交部秘书。

到总指挥部,程总指挥已先准备致外国官吏公函,仍由红万字会会长等与译员持函送至英舰,与舰长等磋商良久,限明日上午十时须将各外侨一律由红万字会护送出城。

翌(二十五)日各外领复将要求条件用书面送达程总指挥部,当由程总指挥答复如下:

(一)下令保护外人,自当照办,且不待要求,即由总指挥下令矣;

(二)张师长赴军舰会议,认为无必要,因张师长不能负责办理此事,须由外交当局交涉也;至禁止射击自当照办,但希各军舰勿再发炮,惹起意外;

(三)派兵护送外侨至岸,亦可照办;但外人散居各地,住址莫明,应由领事通知,集合一处,以便护送;

(四)所提要求,应由外交正当手续办理;第四条所取态度,稍为失当,军舰发炮损害我国生命财产不少,将所调查情形呈报政府向贵国照外交惯例办理等语。

是日(即二十五日)上午十一时,红万字会会长及监理陶保晋协同程总指挥所派代表唐军法处长卜年声明:外侨由革命军一律保护,现在城内外各外侨概由红万字会及革命军护送至兵舰;至交涉事宜,应由国民政府办理。旋将各外侨陆续护送登舰。此宁案经过之实在情形也。兹将调查所得关于外侨生命财产损失情形,及英、美兵舰炮击宁城毁坏房屋及伤毙人命情形,分别另列清折,并特照片十一张,地图一幅,随文附上。所有奉命调查宁案经过情形,理合备文呈报钧长察核,仍候批示祗遵。谨呈

部长陈

秘书韦愨

民国十六年五月三日

谨将三月二十四日外舰开炮轰毙平民及损毁房屋什物各情形,开折呈请钧鉴。

计开:

一、被炮击死者十二人：许田氏因在十庙口寻小孩，中弹身死，住丹凤街五十号；许王氏因在十庙口寻小孩，中弹受伤，不及医治身死，住址同上；蔡小五中弹身死，住三皇庙二十九号；郭阿狗中弹身死，住三皇庙二十八号；殷昌胜中弹身死，住三皇庙二十九号；陈得山因在野工作中弹身死，住百子亭前；不知姓名者六人，因卖柴回家，在百子亭前中弹身死，均住神策门外。

一、被炮击伤者二十人：许童氏中弹左腿，住丹凤街五十号；涂培芝中弹，头部受伤，住址未详；郭宗有中弹受伤，住三皇庙二十八号；郭王氏中弹受伤，住三皇庙二十八号；徐邵明中弹受伤，住址同上；徐蔡氏中弹受伤，住址同上；蔡重仪中弹受伤，住三皇庙二十九号；蔡朱氏中弹受伤，住址同上；张陆中弹受伤，住百子亭前；不知姓名者十一人，因卖柴回家，在百子亭前中弹受伤，均住神策门外。

一、被炮击毁房屋者十五处：小门口三十三标营房被炮击毁十四间，死伤士兵数目尚未得各军详细报告；小门口农业学校会计室、学生会客室、存储文具物品室、事务室、棉料教室、厨房、西大门、体育办公室、西洋楼、大会堂、博物室，均被炮弹击毁；妙耳山玄天大帝庙正殿后墙被弹击倒；三铺两桥民人孙金标住宅被弹炸毁一间；省议会后百子亭间落一弹，房屋被毁；北极阁山右落一弹，伤树数株；省议会、裴家桥路旁落一弹，杨柳被毁一株；东南大学由操场落一弹，房屋被毁一处；保泰街升昌公馆后进及沿马路房屋被炮击毁数处；保泰街马路旁落一大开花弹，地上陷成一孔，深计四尺有余；铁路东三十号、三十九号住户姜炳奎、萧炳涛两家被炮击毁数处；竹山湾英美烟草公司二班住宅楼房被炮打毁一间；竹山湾太古公司大班住宅厢房被炮打毁一间；戴家巷慕师母住宅楼房被炮打毁一间；戴家巷和记洋行大住宅洋式平房被炮打毁一座。

一、被炮击毁什物者三处：妙耳山玄天大帝庙后屋停枢九具，被炮全毁；小门口农业学校什物被炮全毁；三铺两桥孙金标住宅什物被炮全毁。

章杰关于在南京浦口一带秘密工作情况敬告民众书①
1927 年 6 月 20 日②

三月三日,杰在沪奉中央江苏军事委员钮永建委宁垣军事特派员,联络军警合作,即于十三日乘瑞和轮船亲率所部于十五日由下关江边登陆。携带印信、布告等件,由下关仪凤门,密与警界接洽,内以维持地方秩序,外以响应北伐军。狮子山、雨花台各炮台,亦经说妥。当褚玉璞令各炮台向我军射击时,各台长官故意瞄射不准,而雨花台台长杨荣华因此遂为褚杀害。查城内外尚有直、鲁军六七万之众,二十三日晨得悉敌方大军调防,将前线队伍调入城内,以城内之生力军调出,以备向我北伐军攻击,其时,杰并悉警厅闻各区署长联席会议,因赵永平厅长已出走,无人负责。杰甘冒万险,随身携带宁垣军事特派员印信及布告等件,亲往警厅,督促警界布置。当时由警界全体公推中区署长黄桂芳暂行代理厅长,由杰督促令各区岗警,假传命令,使城内敌军退往下关。一面由侧道开枪示威,宣传北伐军大队业已进城,使乱其军心,是日下午,果著成效。褚逆于午后四时逃往下关瀛洲旅馆,因其军心涣散,军令失效,不得已始渡江浦口,故大队紊乱拥挤,争先恐后,均欲渡江,军官亦欲渡江逃生,乃将机关枪击毙部兵无数,以便军官本身渡江。当晚十一时,得各区警署电话确息,始知敌军一部退往三牌楼,一部陆续渡江,通济门口,聚宝门口,已无敌军踪迹。但敌军在退却之先,预将炸弹、地雷埋伏城门中间。迨至我北伐军先锋队抵通济门及聚宝门,当时接该两门警察所电话报告,敌军确已完全溃退。杰当即电总商会会长苏民生到厅,面商善后办法。苏民生身着红十字会制服,手持会旗,偕红会会长余少彰来厅。正在商榷时,忽接钟鼓楼北区警署报告,敌军知北伐军并无动静,拟预备反攻,抱掳掠主义,已至大行宫(距离警厅一英里)等情。苏等得此消息,惶恐而去,警厅人员,亦呆若木鸡。经杰

---

① 时任国民革命军宁垣特派员。
② 此系国民政府秘书处收文日期。

再三鼓励,始挟临时厅长黄桂芳,由侧道至慧园街中四区警所,发电各区,安慰警察镇静,万勿慌乱。一面杰身着中山装,率同警厅保安队沈鹤松等十余名于枪林弹雨之下,由侧道出发,先开通济门接引第二军五师十五团团长朱刚伟进城。该团军队,只有三四百人,绕道至聚宝门,迎入六师十七团三营营长萧阳初等,由杰代分十余组,每组由警察向导。一面由警察沿途宣传,因警察尽系北洋人,故敌军深信不疑,而盘据城内大队敌军,始惊慌逃逸。杰又恐城内地方辽阔,溃兵容易潜匿,特令保安队预伏要隘堵截,地方得未糜烂,治安藉以维持。二十四日上午七时,北伐军始得安然入城,并于大队未入城之前,即发第一号布告,保护外侨生命财产,及敌方眷属,亦应维护,以示平等待遇。二十五日,据英领事派管事尹质卿报称:二十四日有溃兵滋扰。等情。杰亲自率领保安队长杨玉昆、卫队长沈鹤松及本处交际科长余汉廷前往该领事馆查勘,由余科长译述:革军素抱世界大同主义,决不仇视外人。一面将英领事及外侨,由杰会同红卐字会许会长及救护队保护伊等一律送至下关,照料登舰。离岸时,由各国侨民签字为证,以留永久纪念,而表示友邦亲善之意。至于残敌骚扰外侨生命财产,革军当然不能负何责任。以上情形乃杰在宁承乏军事特派员工作经过之大概也。旋五月二日,又奉蒋总司令委为浦口招抚特派员,受任于危难之间,奉命于苦战之际,杰绥辑地方责职所在,义不容辞,设办公处于下关中西旅馆。十五日上午四时,由三叉河率领特务队长朱淇,李克复,卫队长沈鹤松,差遣队张松年暨职员等,全部冒险渡江。其时残敌尚未退清,地方极为紊乱,流氓地痞,乘机抢劫,以至各货房货物均遭损失,敌人遗弃军用物品亦属不少。杰当即将军用品解送总部,并将检获货物暂行布告保管,通知浦口商会接收,以便招商认领。杰一面劝告奉、鲁白俄军人,俾知去逆投顺;一面布告浦口商埠民众,俾知除暴救民。然而共产涠迹,匪徒思逞,暴民路掠,败军骚扰,尤非从严镇摄,不足消弭隐患。是役,前后仅越两旬,措置幸未陨越。今者北伐军队全部过江,杰浦口招抚工作亦已靖事。杰目的已达,地方负职有人,已将办公处呈总部宣告结束。惟随同工作出力之黄桂芳、左浩等数十人置诸闲散,杰心殊抱不安。此后关于民权、民生主义继续奋斗,一面为民众谋幸福,一面聊尽国民本有之义务,决不敢偷安放弃以失国民之天职。特将经过事实,敬告诸同志及全国父老兄弟姊妹公鉴。并盼惠示教言,以匡不逮。幸甚。幸甚。

中国第二历史档案馆藏国民政府档案

2.各界对宁案的反应和初步外交交涉

武汉国民政府致英美领事抗议书

1927 年 3 月 31 日

最近南京发生之事件,已有委员会正在从事调查。兹据该委员会初期报告,足以确定一显著之事实:盖南京之骚扰事件,实为反动派及反革命派之所为。彼等乘北军及其收买之白俄兵士被击败退、秩序未定之际,煽动逆军余孽(内有多人衣国民革命军之制服,盖事前取自被俘之革命军兵士身上者)及地方流氓,对于城内外侨有袭击及劫掠之行动。

当程潜军长部下之军队尚未将南京秩序完全恢复之际,英、美、日本诸国之领署已被袭击,并不幸有伤害外侨生命、掠夺财产情事。程军长于三月二十四日下午五时半进城后,参加劫掠外侨之暴徒多人,即由程军长下令处决。据报告:此次骚扰中,外人受伤者六人,死亡者约有四人至六人,而与华人方面被害人数相较,则约略可得一比例(确数尚待证实),即外人之遭死伤者一人,适当于华人死伤于英、美炮舰者百人以上。

国民政府一方深知痛恶于南京之骚扰行为,致英国及其他领事馆之被袭击,并表示甚深之歉意于外侨生命之伤亡及英国领事与其他外人之被伤;一方对于英、美兵舰炮击户口繁多之南京之举,特提出严重之抗议。

《革命文献》第 14 辑,第 604—605 页

蒋总司令致陈友仁电

1927 年 4 月 1 日

万急，限即刻到。

汉口外交部陈部长友仁兄鉴：师密。此间外交事件日紧，请兄即日来沪主理；何日起程？盼示复。中正。东辰。印。

《革命文献》第 14 辑，第 605 页

国民党中执会为英美兵舰轰击南京事件告英美民众书

1927 年 4 月 8 日

数日前英、美兵舰向毫无戒备之南京加以轰击；同时在上海登陆之外国军队向手无寸铁之民众开枪，英之飞机复炮击广东村市，而在重庆之英国水手有戕害华人多名之事。盖数日以来，警耗频传，英、美之军事代表，几无日无强暴野蛮之行为，达于吾人之耳鼓，而此两国新闻机关，及捏造事实，以虚伪之报告传布全球。中国人民兹为使美国民众稔知中国真相起见，特正告美人，俾知目前白宫所采对华之政策，实极诡谲之尤，结果所届，必于太平洋岸上引起流血之祸，其情形之重大，特远过十年以来所发生最可恐惧之案件也。

现在中国之南北战争，乃为国家之自由而战，为统一而战，为民生组织而战。际此战争，中国人民十九皆拥护南方。盖久居中国者，咸知此一战争，为自由及奴隶之势力而战争，为反对国际经济侵略家并要求我国之主权而战争，为反对封建制要求公民权利而战争，为使人民脱离困苦使之增进经济地位而战争，为反对迷信趋向光明而战争。此战争也，为民族主义与地方主义之战，为工业发达与国家经济衰微之战，为忠实与政治腐败之战。

国民革命军自广东出发之后，于数月之间，将国内之三系军阀，若吴佩孚，若孙传芳，若张宗昌，完全击败，今日中国之半，若武汉、宁、沪诸饶富之区，已无革命军敌人之踪迹。此等敌人，方其与吾人作战之时，兵士之众，军实之充，固十百倍于我军，且同时复有帝国主义之列强

与以助力也。

此种胜利,所以能在短期内奏功者,其唯一原因,在乎全国人民之同情及拥护。吾人可明白宣言,在三月之内可使国民政府之旗帜飘扬于北京城上,自南方海岸直至长城,可使敌氛尽息。吾人所深信不疑者,倘北方军阀不借于帝国主义之列强者,中国内乱固无发生之可能也。

吾人深信今日中国,决无一种重要之民众团体,愿虚縻其精力,以拥护垂死之封建军阀制度。此种制度,实与近世文明之进步,以无量阻碍者也。

但就事实上言之,此奄奄垂绝之局面,仍为外国之帝国主义者所竭力维持,此种帝国主义者中当推英人为巨擘。英人之政策,在使中国分裂,以遂其压迫四百兆民众之阴谋。

海军远射炮也,铁丝网也,坦克也,铁甲车也,皆英国政客用以解决远东复杂纠纷之国际与社会问题之武器。盖英国之外交政策,恒为极端保守,而与民主政治相背驰,因英国之强盛,完全由于疆域之吞并与人民之征服也。

距今六十五年以前,英国因欲染指于美国南部诸洲之棉花事业,遂征浦其贩奴之商人,与北美诸洲相战争,其对于南非之战争,亦因其垂涎非洲之金刚石有以致之。故今日英人之在中国,亦悍然不顾,竭力谋保持其在华劫掠之机会,盖其磨牙吮血,以中国为鱼肉,先后已有八十年之久也。

英人之势力之文化之商业,其踪迹所至,均酿成流血之祸。数百万之青年均被惨杀,老弱妇女均受饥寒,村里为墟,宝藏被劫,皆所谓英人文化进步之结果,而诡诈强暴,则其常用之手段也。

夫英国经济领袖及资本主义者,及外交、军事长官所以痛恨我国,其理由甚为显著,设喻以譬之,盖英国贩奴之主人也,其对于奴隶,自取高压之手段,而不知其奴隶虽性耐劳苦,今已郁极思发,欲要求权利及自由也。

吾人固要求于屠杀为手段之英人,盖促成五卅、沙基及万县之大屠杀之英人,除劫掠杀害之外,固不知有他事。英国之商业及外交政策,为达经济、政治之目的,亦从无其他之手段。今日握英国外交之保守党人,均传袭从前拥护英国贩奴商人之政策,亦即从以军舰之力强迫华人服食鸦片者之政策也。

吾人所大惑不解者,厥为美国对华之政策,最近忽不然一变与从前正式宣言者相背驰。吾人所欲指明者,即英国之殖民部及军事长官,已使美国在华经营一种新企图,对于美国毫无利益,其效果只使美国与新中国分裂,而促成太平洋海岸之大柄,使美国大蒙不利也。

华盛顿会议者,哈定总统所谓"使二十世纪之意识觉悟,而力各种民族之吉兆"也,吾人固不信其有此效力,吾人不料美国外交政策,其转捩如此之速。从前美国所号召者,为门户开放政策,为撤退在华驻军之声明,为撤销一切特权,为在平等之基础上,以调停之手段,增进中国与他国间之关系。今则幡然一变矣,以大炮击南京矣,以海军集中上海矣,今美国人民离去中国以挑拨中人矣,以英国式之词句草拟对华通牒矣。

美国之造成此种局面,固非吾人意料所及,吾人固不料其不能自由行动,必至步英国之后尘,采取武力干涉中国之政策,而毁坏一切足使民族主义之中国与美国通力合作之关系也。

吾人欲问美人,美国在华之政治与经济利益是否要求美国对华政策如此之更变?吾人相信美国人民个个均知国民革命在华之胜利,决不至使美国人民或其财产受丝毫之损失。倘美国指挥外交政策之当局,最近未有新决议根本变更对华之政策,未有新决议以战争解决太平洋上日、英、美三国之困难,则当知国民革命之胜利与美国绝无损失也。

夫美国最近之侵略行动,及威吓之手段,为在华之美国外交与军事当局所采取者,只能以美国已根本变更对华政策解释之。此种行动对于中美两国之关系,有极恶劣之影响,只有美国蓄意与华开衅,然后南京之轰击,上海军队之集中,汉口美人之离去,美国报纸之宣传,才为适时。

果然如此,则美国人民与全世界各民族不可不知美国政客与财政家之奸计。

美国人民全体,须要知道,美国政府实领导美国人民于流血屠杀之途,此种屠杀,其情形之剧烈,必远过一九一四年至一九一八年之大战。无数老弱男子,必被屠杀、淹死、轰死及受毒气而死,无量之财富,及文化之成绩,必被摧毁。而无数之城市,必被夷为平地。

现在各列强对于太平洋之利益,有连鸡并栖之势,甘为戎首者,必至酿成燎原之大火也。

惟苟美国对华之意见,不如上所云云,倘美国不愿促成世界冲突之大祸,则最近对华政策之改变适足见其外交界目光之浅短。盖美国今尚未见,极其政策所至,将使美国参加武力干涉中国之谋,使之与英国勾结而促成中国之分崩离析。此种政策,为华盛顿政府所铸之大错。关于南京事件,美人之报告,其纯属子虚,尽人皆审;南京之事件,为英国挑拨北方反动军队余孽之结果,乃路人咸知之事实。国民革命军,一抵南京,即取严厉之办法,以保护外人之生命财产,事实所在,不容否认也。

现在美国正在于中、美两国之间,筑一误会之墙,美国正在明告世界大众,其历次严重宣言之政策,乃毫无诚意之行动。

但美国外交界之领袖,将知今日之中国与过去数年前之中国迥不相同。盖以前外人只须占领北京、上海、广州诸地,已足致中国之死命,在今日则不可能矣。

时至今日,倘有人欲向力争自由之中国民众,作流血之战争,非占领地域广袤之中国之全部不为功。而今日中国,虽在穷乡僻壤,其民众皆已奋起合作,力求胜利,为自由而战,为独立而战,且愿以生命为孤注。

试问今日世界有何种势力,能遏抑四五〇,〇〇〇,〇〇〇民众力争自由之运动乎?

请美国人民自加决择,将与新中国合作乎? 抑受英国保守党之惑而反对新中国乎?

美国之平民! 农民! 勿任汝之国家再陷于流血屠杀行动,打倒武力干涉中国主义!

打倒英美帝国主义者企图压迫己国人民及中国之联合战线!!!

中国国民党中央执行委员会
中国第二历史档案馆藏国民党中执会档案

英美法意日五国致武汉国民政府的通牒及声明书

1927 年 4 月 11 日

下记署名诸人,奉驻华各本国外交代表之命,遵照美、英、法、义、日政府训令,向阁下提出下列条件。此项条件同时送致于民军总司令蒋介石将军,以期迅速解决三月二十四日民军在南京对各本国国民暴行所造成之局面。

(一)对于杀戮、伤害、侮辱及物质上之损害负责任之军队指挥官及关系者全部之适当处罚;

(二)民军总司令应以书面道歉,书中应含有将来对于外人生命财产,无论以任何形式,均不为侵害骚扰之明白约定;

(三)杀伤及损害之完全赔偿。

民党当局应速表示对于前项条件之允诺之意,非使关系国政府满足,则前记各国政府至不得不采取认为适当之手段。

附:声明书

三月二十四日,民军入南京城。同日午前午后均有正式服装之民军组织的军队,对于外国之领事并侨民之身体财产为组织的暴动;因此美、英、法、义、日五国人民,或有杀戮或伤害者,或受残虐之暴行生命濒于危险者亦不在少。其所有物被抢夺,且受极端侮辱之待遇,妇女受不可说明暴行,美、英、日三国领事馆被侵害,其国旗被侮辱,侨居南京之外国人家宅及营造物受组织的掠夺,多有被烧毁者。

美、英、法、义、日五国政府,对于其代表官及平稳合法从事于职业之本国人民,所受此等暴行,出于明白预定计划之下,因此不得不要求负有责任之民党官厅与以满足之匡正,于此关系国以一致要求之条项竭力容让矣。无论何等政府,苟于国际团体之中,自觉其对于友邦人民,有自己本身之威信与责任者,对于以上三项之处理,当认为正当之匡正。盖所有条件不过包含最小限度之当然措置。此等要求,并非为毁损中国国民之主权或威信而提出者。中国国民之友谊,为关系国政府所确信,同时继续和衷协同之睦谊,且更增尊严,乃关系国政府所切望者也。此等条件毋宁为对中外之一种势力,对于宁案应负责任者而发,盖此种势力之活动,使现有中外友谊破坏而煽动中国国民对于友邦人民不信任及嫌恶之暴行者也。

《广州武汉革命外交文献》,第64—66页

武汉国民政府对五国通牒的复牒

1927年4月14日

(一)对日之复牒

国民政府外交部长,业经接悉一九二七年四月十一日日本政府之通牒,内含拟定之条件,据称乃“所以迅速解决三月二十四日国民革命军在南京侵害日本侨民后造成之局面”。按国际公法,对于国际纷争,定有和平解决之方法。今谓日本自初即欲于此种方法以后,更求他种之解决,殊难置信。故国民政府外交部长,当声明该项通牒送达以前,日本既未与外交部长接洽此事,外交部长阅读该项通牒之时,只可认定其意旨为外交上谈判之初步提议,以友谊的及迅速的方法解决三月二十四日南京骚扰中日本侨民所感受之困苦与损失。今日左右中国时局之势力,为历史上所仅见。过去之五十年间,左右日本之势力使之脱离不平等条约之束缚者,绝无二致,谅日本人士均能洞见。是以国民政府外交部长希望日本政府能权衡其自己之利益,在目前之局势中,拒绝参加任何之行动或办法,足妨国民政府权力之扩张,并使国民政府早日统

一全国之计划受碍者。

日本通牒要求，"个人伤害及财产损失应完全赔偿"。国民政府为答复此项要求，准备赔偿南京日本领事馆所受之一切损失，其理由为无论致成此种损失者是否为北方逆军或其他人等（为三月三十一日国民政府发表之宣言中述），但在中国区域内有一友邦之领事馆，业被侵害，则系已成之事实也。至于赔偿日本侨民之个人伤害及财产损失之问题，国民政府准备在合理及必要之范围内，赔偿此种损失。但经切实证明某种损失为三月二十四日英美炮击南京或为北方逆军及挑拨者之流所致成者概不在赔偿之列。通牒中复要求，"致成外人受有死伤者、侮辱及财产损失事情之军队长官，及有关系人员，皆受相当惩罚"。此种要求，直臆断为攻南京之革命军，为骚扰该城之军队。此点业于三月三十一日国民政府发表之初次宣言中，予以反证。但政府已遣派人员就该项事件之事实，作严密之调查，并谋证实攻克南京之程潜军长在军事委员会报告之重要事实。程军长称当攻克南京之时，在南京城内，挟有枪械北军被包围者，有三万之众，随军人等，亦有数千之谱。程军长并报告业将与骚扰有关者多人，就地正法。

国民政府兹特提议惩办负责人员问题，当俟调查所得之报告，以为解决。或即采政府遣派调查委员（现正在进行）之报告，或由国民政府及日本政府立即组织国际调查委员会，共同调查提出报告。

至通牒中要求"国民革命军总司令应以书面道歉，并出书面担保，以后决无有妨外人生命财产之暴动及风潮"一项，国民政府之意见，以为道歉之要求，非至南京骚扰确实证明，乃由于国民革命军之过失时，实无提出之理由。故国民政府提议道歉之问题，亦当俟国民革命军有否过失之问题决定后，再行解决。此项先决问题，或由现在调查进行之政府调查委员解决，或由拟议之国际委员会解决之。同时国民政府对于南京事件，深为抱憾。前得南京日本领事馆被侵害之消息时，即由外交部长以此意转达日本政府，兹特将其惋惜之意，重行申明。国民政府为负责之主治机关，自不能容许无论何人使用任何方式之暴动及风潮,以侵害外人之生命财产。且国民政府一再宣言,外侨生命财产之保护,为其固定之政策。故对于国民革命军之主管当局,自当令其不独照此意义出书面之担保,且必负责注意有效办法之实行,使外人之生命财产咸得相当之保护。……(下略)

(二)对英之通牒

国民政府外交部长,业经接悉一九二七年四月十一日英国政府之通牒。内含拟定之条件,据称乃"所以迅速解决三月二十四日国民革命军在南京侵害英国侨民后造成之局面"。(以下各段系驳复赔偿损失及惩罚有关系之人员者,其措词完全与上文复日本通牒之各段相同,但易日本二字为英国耳,从略。)

按屠杀友邦人民,为国际公法及文明各国通例所严禁。而对友邦人民在己国领土内者,施屠杀之行为,其情形尤为重大。而轰击友邦城市之行为,亦悬为厉禁。因是国民政府提议上述之国际调查委员会,亦当调查英国政府海军于三月二十四日炮击毫无防御之南京一案之情形,以及英国历次所为之不法行动。如一九二五年英人主管之武装兵士所致成之上海之五卅案,一九二五年六月二十三日英国武装水兵及义勇队在沙面之屠杀,及去年英国海军之炮击万县等等。(此一段系特别对于英国提出者,以下四段,第一段,为驳复道歉。第二段,系说明外人生命财产本属保护。第三段,为说明中英间关于所订立之不平等条约概当取销。第四段,乃提议派遣代表解决中英诸种问题。与复日通牒相同,兹从略。)

(三)对美之通牒

国民政府外交部长,业经接悉一九二七年四月十一日美国政府之通牒。内含拟定之条件,据称乃"所以迅速解决三月二十四日国民革命军在南京侵害美国侨民后造成之局面"。(以下各段系驳复赔偿损失及惩罚有关系之人员者,与复日通牒相同,从略。)

按轰击友邦城市之行为,为国际公法及文明各国通例所禁止。因是,国民政府提议上述之国际调查委员会,亦当调查美国政府之海军于三月二十四日炮击毫无防御之南京一案之情形。（此一段为特别对美国提出者，以下与复日通牒相同，兹从略。）

（四）对法之通牒

国民政府外交部长，业经接悉一九二七年四月十一日法国政府之通牒。内合拟定之条件，据称乃"所以迅速解决三月二十四日国民革命军在南京侵害法国侨民后造成之局面"。（以下系驳复赔偿损失及惩罚有关系之人员者，与复日通牒相同，从略。）

按屠杀友邦人民为国际公法及文明各国通例所严禁。因是，国民政府提议上述之国际调查委员会，亦当调查参加一九二五年六月二十三日法国武装军队参加英国武装水兵及义勇队在沙面杀伤中国学生及工人之情形。（此一段为特别对于法国提出者，以下与复日通牒相同，从略。）

（五）对意之通牒

国民政府外交部长，业经接悉一九二七年四月十一日意国政府之通牒。内含拟定之条件，据称乃"所以迅速解决三月二十四日国民革命军在南京侵害意国侨民后造成之局面"。（以下与复日通牒相同，从略。）

《国民政府外交史》第 1 集，第 144—149 页

张伯伦在下院的声明（节录）
1927 年 5 月 9 日

南京暴行发生在 3 月 23 日和 24 日，4 月 11 日，英国、美国、日本、法国和意大利的外交代表将一项同文照会递交给国民政府外交部长陈友仁先生和国民革命军总司令驻上海的代表。这一照会要求惩罚罪犯、道歉和赔偿。4 月 14 日，陈友仁先生答复了这项照会，给陛下政府的复照于 4 月 16 日交到了下院，给其他各国政府的复照略有变动，大致相同。这一复照无论在实质上还是在细节上都是不能令人满意的。它回避了有关南京暴行的那些严重的和直接的问题，而把毫不相干的

问题及民族主义者通常的宣传扯了进来。

当整个儿改变形势的那些事件在长江流域发生的时候,五国政府鉴于陈友仁复照不能令人满意的性质,就已经在讨论进一步采取必要的行动了。在暴行发生之时,甚至在列强提出照会的时候,长江流域的华南显然统一在定都武汉——通常被称为汉口——的国民政府之下。因此当时就有一个应该对暴行承担责任和能够负责赔偿的政府。在陈友仁复照以后的四天之内,中国南部已经不复存在一个统一的政府了,陈友仁所代表的仅仅是他自己,而他的照会仅仅代表他个人的意见罢了。他已不再能代表民族主义的中国或者是代表国民党来讲话了。

南京事件促使民族主义者阵营内部久悬未决的分裂公开暴露出来。抢劫在南京的外国人的财产,枪杀外国人,是一系列暴乱、抢掠、恐怖主义和谋杀政策的顶峰,这一政策的工具是国民革命军的那些没有薪饷的士兵和大城市的暴民,然而它的组织和推动力却是直接或间接地借助于第三国际。这一政策未能在一月份造成武汉的反英事件,由于自卫武装的保护,它也未能夺取上海。到三月份,它发展到直接把矛头指向国民革命军总司令蒋介石——共产党对他的权力是很嫉妒的。南京暴行的组织者们似乎曾经有一个企图,那就是把蒋介石卷入到同外国列强的冲突中去。

南京暴行以一种戏剧性的,对他的创作者而言,是以不受欢迎的形式在中国引起了反响。不到两个月前,南方党和国民革命军看起来好像要从南到北席卷中国,而南京则阻止了它的胜利发展,如果说没有将它一起毁灭的话。它把共产党一派从国民党中清除了出来,而最重要的是,它在全中国人的眼里,探深地损坏了共产党及其外国顾问的名誉。

鉴于这一重大发展,要求对南京暴行作惩罚的问题就呈现出一个崭新的方面:应该对暴行负责的汉口政府不再能控制南京了,而真正的肇事者——共产党煽动者,已被中国民族主义者自己以一种残酷和有效的方式——这是任何外国都力所不能及的——给予了惩处。在上海、广东和其他城市里,极端主义分子的组织被破坏,其领导者们被处死。汉口国民政府已失其统治地位,至今名存实亡。陈友仁先生的照会,所得到的答复则是他所冒充代表的政权的实际上的消失。鉴于事态发展的潮流所中断,武汉充满了破坏与恐怖,他已经放弃了这个名存实亡的政府的外交部长职务。

关于惩处问题,那些身居高位而应对南京暴行负责的人们已经被果断和完全地给予了惩罚。至于责任和赔偿那是另一类问题。不论从目前混乱的长江南北产生什么政府,它都必须对因内战而造成的对英国臣民的暴行承担责任,都将被要求给予赔偿。陛下政府的一个愿望就是将产生这样一个政府:它将抛弃曾使它的前任遭致毁灭的那种排外和颠倒黑白的政策,它将正当地和公正地承担责任,在所有列强已表示愿意接受的条约修订的合理的基础上,清算过去,建立起一个较好的未来。对此,陛下政府已经提出了一个切实可行的大纲。新的国民政府好像正在南京组成,预言它的势力和政策还为时太早。但是我可以立即毫不犹豫地说,列强处理南京事件的缓和态度很可能受到一种愿望的鼓舞,即不使南京政府或任何其他新政府在他们所控制的领土上建立秩序的任务方面感到为难。

《中国年鉴》,1928年英文版,第735—736页,转引自程道德等编:《中华民国外交史资料选编》(1919—1931),北京大学出版社,1985年,第405—406页

五、第二次北伐战争时期的外交事件及交涉

说明:1928 年 2 月,宁汉合流后的南京国民政府决定继续北伐,打败盘踞中国华北及东北的奉系军阀,完成国家的统一。4 月,北伐军在重履总司令一职的蒋介石指挥下挥师北上,向盘踞山东的奉鲁军队发起进攻。日本一向视山东、华北及东北为其势力范围,为求得日本的理解与支持,早在 1927 年 10 月,蒋介石利用下野时机特地访问日本,并拜会了时任日本首相田中义一。然而,蒋的访问并未取得任何有实质的结果。随着国民革命军挺进山东,日本政府决定采取出兵干预的政策,阻挠国民革命军的继续北伐,以维护其在山东及满蒙的利益。5 月 3 日,日军对攻入济南的北伐军发动突然袭击,并且将国民政府派驻山东的特派交涉员蔡公时等 17 名外交人员残酷杀害,制造了举世震惊的济南惨案。济南惨案发生后,蒋介石为完成北伐大业,对日军的挑衅与杀戮采取了退让政策,命令军队绕道济南继续北伐。5 月 30 日,奉系张作霖见大势已去,命令部队撤离京津地区,6 月 4 日晨,乘专列离京的张作霖在行至沈阳皇姑屯时被日本关东军预谋炸死。国民政府随后挺进京津,6 月 15 日,国民政府发表对外宣言,宣称"统一告成"。皇姑屯事件后,国民政府对盘踞东北的张学良开展工作,劝其改旗易帜,归附中央政府。肩负国耻家仇的张学良,最终不顾日本帝国主义的武力威胁,毅然于 1928 年底发表通电,宣告东北遵守三民主义、服从国民政府,改易旗帜。此举标志着北伐的结束、国民政府完成统一中国,以及北洋政府时期的正式结束。

本章主要资料来源:

中国国民党中央委员会党史会员会编,秦孝仪主编:《中华民国重要史料初编——对日抗战时期》绪编(一),台北"中央"文物供应社,

1981 年

张群:《我与日本七十年》,台北中日关系研究会,1980 年

中国第二历史档案馆编:《国民党中央关于"济南惨案"之政策方针文件一组》,载《民国档案》1993 年第 4 期

中国社会科学院近代史研究所南京史料整理处编:《济南惨案档案史料》,未刊本

《蒋中正总统文物——革命文献(一)北伐史料》,台北"国史馆",2002 年

罗家伦主编:《革命文献》第 19 辑、第 21 辑,台北,1957 年、1959 年

[日]林久治郎著,王也平译:《九一八事变——奉天总领事林久治郎遗稿》,辽宁教育出版社,1987 年

《中央日报》、《国闻周报》。

(一)蒋介石访日

说明:宁汉合流后,由于国民党内部各派发生权力争斗,1927 年 8 月,蒋介石被迫下野,辞去国民革命军总司令一职。下野期间,为获得列强对国民政府继续北伐统一中国大业的支持,蒋介石曾计划遍访日、美、英等主要列强,由于在 12 月份很快复职,蒋介石的海外出访计划只完成了对日本的访问。1927 年 9 月 29 日—11 月 9 日,蒋介石对日本进行了访问,访日期间,蒋介石发表了一篇《告日本国民书》,并走访了大量日本朝野人士,其中最具实际意义的是蒋在 11 月 5 日拜会时任日本首相田中义一,与田中进行了两个多小时的会谈。通过与田中会谈和对日本朝野各界头面人士的访谈,蒋介石获得了日方对其所领导政权的支持,但在最为重要的国民军是否马上北伐上,蒋介石没能获得日本方面的首肯。

告日本国民书

东京,1927 年 10 月 23 日

中正遵奉中国国民党孙总理之遗嘱,从事于中国国民革命,与贵国人士睽违久矣。此次辞职,获来贵国观光,对于各种事业之进步,良用钦佩。至个人此来,辱荷各界竭诚优遇,尤深感谢。窃以贵国为我孙总理革命策源之地,亦即我国民党前身同盟会产生之乡,渊源至深。我孙总理于民国十三年赴北京之前,绕道东来,向贵国朝野有所申说者,无非本其平生一贯之主张,确信中日两国在国际关系上,非切实提携共同奋斗,不足以保障东亚之和平。而中华民族之解放,与中国国际地位之平等,即所以完成中国国民革命。亦即我中日两国共同奋斗之基础。中正此来时日尚浅,然深感贵国国民对我中华民族之观念,皆已注重于平等待遇之精神,实与中正以深切之印象。故不愿失此良机,一本我孙总理之遗意,重将前义,再向贵国民掬诚申告之。

三年以来,中国国民革命运动,经我中国国民党之奋斗,已将我国民独立之精神,表现于世界。即各国有识人士,亦莫不公认我国国民已具有解放与独立之能力。如列强之政府能同情于吾党之三民主义,不加妨碍,则国民革命之运动,决不至有今日之停顿,其或已告成功矣。窃忆我孙总理尝称:中日两国为兄弟之邦,无论在任何方面观察,均有唇齿相依之关系。中正深信贵国国民希望我中华民族之解放与独立,必较他国国民尤为真切。且贵国人士提倡中日两国之亲善,已有多年,惜乎未得其道,故至今尚难实现,此我两国有识之士,莫不引为憾事者也。

中正尝以为欲期中日亲善之实现,必先扫除两国亲善之障碍,障碍为何? 厥为中国国民所共弃之军阀也。在此二十世纪,拥有四万万以上国民之中国,而竟有中古封建时代之万恶军阀遗留于其间,不仅为中国国民革命进行之障碍,抑且为世界和平及文化发展所不许也。惟其间有不明中国国情之国家,不顾东亚之安危,徒眩惑于目前短小之权利,利用我国民所痛心疾首之万恶军阀,以间接压制我国民众,阻挠革命新兴势力之膨胀，而连结国际间永久不解之仇恨，以贻我东亚民族无穷之耻辱，明达如贵国朝野人士，对于东亚百年之大计，其必有远大之怀抱，而于排除我中国国民革命之障碍，亦必与吾人具有同情而不加以阻止乎。贤明之日本国民乎，吾人确信我中日两国根本之亲善，非利用军阀所能成功，亦非少数人之互相结合所能奏效，必待我两国国民与国民间有自动的及自觉的精神之团结，乃能达其目的。是以吾人今后努力亲善之工作，首当扫除国民间以前之误会与恶感，以及其亲善障碍之军阀，并切望日本七千万同文同种之民族，对于我中国革命运动彻底了解，而予以道德及精神上之援助，是实为我革命进行莫大之助力，亦即我两国根本亲善之良谟也。否则，军阀之恶劣势力一日不除，我国民必多增一日之痛苦，国民革命之完成，固因之延长时日，而我两国之亲善亦无由实现，其影响于东亚全局之大，固不待言。而最近世界之战祸，亦将胚胎于其间，是诚足为我两国前途忧也。

我中国唯一亲爱民族之日本国民乎，吾人东亚来日之大难，惟有吾东亚民族乃能自决，吾人对于东亚前途之危机，其在共同努力者正多而至迫切，我国国民岂复可以漠然置之乎？吾人既知中国内乱之延长，实与贵国前途有莫大之影响，故吾人更不能不努力于我之统一，期与贵国同负保障东亚和平之重任。吾人更深信中国之国民革命，无论在民族历史上、革命精神上、以及世界潮流之趋势上言之，断无有不成之理，决非任何强权之所能永久干涉与压迫者也。惟中国革命成功之迟速，其于中国之祸福与贵国之安危关系皆同一密切，无所轻重，故吾人甚望我两国国民在共同努力于东亚和平责任之上，迅速完成中国国民革命，确立两国亲善之基础，则今日贵国人士所盛倡共存共荣之理论，必可表现于事实，是则中日幸甚。

《总统府机要档案》，转引自《中华民国重要史料初编——对日抗战时期》绪编（一），第107—109页

张群回忆随蒋介石访日与田中义一会谈

民国十六年国民革命军第一期北伐完成,定都南京,成立政府。由于南京方面的国民革命军统帅——蒋总司令以及若干党政军高级人士,已明显的看出中国共产党是在制造分裂,并企图篡夺中国革命的领导权,乃决定进行清党运动,而这一主张未能获得被苏俄顾问鲍罗廷及中共谭平山等操纵的武汉方面若干国民党人士的谅解,并发动以军事进击南京的行动,这就是国民革命史上所谓"宁汉分裂"。不久以后,虽然武汉方面也同意清党,驱逐了鲍罗廷,但是却提出要求蒋总司令下野为"宁汉合作"的条件。是年八月十二日,中央执监委员会议,主张派遣使者与武汉议和,当时出席的李宗仁曾透露"请总司令自决出处",言外之意,就是要求蒋总司令辞职。蒋总司令为促成党内的团结,自不愿以个人去留为考虑的条件。在当天的日记中,即曾有"余唯有以中央执监委员主张为依归"之语,也就在当天,便向国民政府提出请辞国民革命军总司令的呈文,晚间离开南京,前往上海,我随行,并于翌日,在上海发表《辞职宣言》。

蒋总司令辞职之后,曾回到故乡浙江省奉化小休。这时,他想到去海外旅行一趟,以日本为第一站,然后以一年时间,遍访世界各国,考察观摩。当时我也同在奉化,蒋总司令和我谈到上项出游的计划,我也认为这是非常适当的,尤其是去日本,更为必要。因为当时日本的首相是田中义一,他的对华政策,显然欲阻止国民革命军的第二期北伐行动。日本的政客和军阀,从来便不愿意看到有一个统一安定的中国。他们希望中国军阀割据的局面永远维持下去,他们便可以从中诱惑操纵,达到从中取利的目的。即是在国父孙中山先生倡导中国革命运动当中,一部分日本人都表示支持,而且有直接参加革命行动以致殉难的,其中固不乏忠诚于中国革命运动之志士,但是有一部分人,仍然是与日本军人沆瀣一气,受命于军阀,企图从事分化中国,进行妨害中国统一的阴谋。我在前文提到民国六年,我代表国民党报——中华新报及民国日报——参加上海新闻记者访问团赴日,当时日本政府便正以所谓"西原借款"来支持北洋军阀,而田中义一正任参谋次官,我即曾就对华政策与之辩论,希望日本停止该项借款。在那次会谈中,我即已觉察到日本实具有浓厚的侵华意向。回国后,我发表《中日亲善之疑云》一文,以促进国人对日本的认识。此次蒋总司令在辞职以后的出国游历的计划,以日本为第一站,一方面是考察日本政治经济的情形,另一方面也是希望能对日本当局作一点说服的工作,足见此行的意义是非常重要的。为着蒋公访日居住地方及节目的安排,我虽然是在九月二十二日随同蒋公自宁波乘船同往上海,但我却提早了几天先赴日本,蒋公则于九月二十八日,乘日本轮船"上海丸"首途,次日中午抵达长崎,即往长崎云仙温泉休憩。当时并发表一个简短的谈话:"余此次来日,乃欲观察及研究十三年以来进步足以惊人之日本,以定未来之计划。且余之友人居日者甚多,欲乘此机会,重温旧好,并愿藉此与日本名流相晋接。"而蒋公曾私下向我表示:"这次访日,最重要的是和田中会谈。"

在云仙小住几天后,于十月三日乘火车到达神户,住在有马温泉的有马大旅社。十月四日到宝冢,五日到奈良,八日到神户,十一日到大津,十二日到箱根大涌谷,十五日到小涌谷,十六日到汤本,十七日到芦之湖,十八日到河口湖,二十日到热海,二十一日到伊东,二十三日抵达东京。在东京住在帝国饭店,即是现在帝国饭店的前身,系美国建筑师Wright所建之花岗石楼房,在当时是非常有名的建筑,曾经过东京大地震而没有受到损毁,直到十几年以前,帝国饭店的新馆建筑时,才被拆掉。

蒋公到达东京在旅邸卸下行装后,即往访头山满,同天并发表一篇《告日本国民书》。这篇文章的主要意思,即在要求日本方面对其自辛亥革命以来的中国要有所反省,以及包含有痛感中日之间的圆满合作,对于亚洲、进而对于世界的和平安定有着密切关系的深切呼吁。这也就等于重申国父孙中山先生对日政策及"大亚洲主义"的一贯主张。

从到东京那一天起,即一连串的进行访问活动,其中包括内田良平、秋山定辅、佃信夫、萱野长知、梅屋庄吉、涩泽荣一、犬养毅、山本条太郎以及在高田炮兵联队见习时代的长冈外史和飞松宽吾。那时，长冈是第十三师团长，飞松是野炮兵第十九联队长，故旧重聚，颇为欢洽。

十一月五日下午一时半，我随同蒋公应当时日本总理大臣田中义一的约定，抵达其青山私邸拜访。当日田中原预定要去腰越，但因会谈中，彼此均滔滔不绝，为时竟达两小时之久，田中便将腰越之行临时取消。参加会谈的，除我之外，日方有佐藤安之助少将，他是担任翻译和纪录，我当然也分担了翻译的任务。关于会谈的内容，日本杂志《政界往来》曾刊载佐藤的纪录。此项纪录，日本方面也曾经由外务次官出渊胜次于十一月十四日送达其驻华公使及驻上海、汉口、奉天各总领事，但根据我方的纪录，虽大致不差，但语气上似颇有不同之处。关于佐藤这个人，据我的了解，他是一位"中国通"，每天清晨与田中见面，详细报告前一天的中国情报，因而田中之所以能够了解中国详情，实得于佐藤的助力。

在这次会谈中的重要部分，根据我们保存的档案，双方问答情形，大致如下：

蒋公：中日两国将来之关系，可为决定东亚前途之祸福，阁下意以为如何？

田中：愿先闻阁下之抱负。

蒋公：余之意有三：第一，中日必须精诚合作，以真正平等为基点，方能共存共荣；此则胥视日本以后对华政策之改善，不可再以腐败军阀为对象，应以求自由平等之国民党为对象。换言之，不可在中国制造奴隶，应择有志爱国者为朋友。一必如此，中日乃能真正携手合作。第二，中国国民革命军，以后必将继续北伐，完成其革命统一之使命。希望日本政府不加干涉，且有以助之。第三，日本对中国之政策，必须放弃武力，而以经济为合作之张本。余此次来贵国，对于中日两国之合作政策，甚愿与阁下交换意见，且希望获得一结论，希有以明教之。

田中：阁下盍不以南京为目标，统一长江为宗旨，何以急急北伐为？

蒋公：中国革命志在统一全国。太平天国之覆辙，其可再蹈乎？故非从速完成北伐不可。且中国如不能统一,则东亚不能安定,此固为中国之大患,而亦非日本之福利也。

当蒋公表示"中国革命志在统一全国"的意念,田中突然变色,因为这是和他侵略中国一贯企图不符的,由于他当时不便明显表示反对的意见,乃以"从中国内部分裂状况看来,革命的实行非常困难"为前提,向蒋公提议:"为了先要使长江以南的基础巩固下来,似可不必急于北伐,而专心于南方的统一。"对于这一点,蒋公虽然答复:"对于不宜立即北伐以及等南方巩固之后,再行北伐的意见,固有同感。"不过同时又表示:"如果不继续北伐,则南方反而会有发生祸乱之虞。"等于说明了急于北伐是有其内部的理由存在。

关于日本援助军阀问题,中华民国方面的纪录没有具体涉及哪些人,而日本的纪录则有蒋公提出张作霖的名字说:"中国之所以有排日运动,是因为中国国民认为日本援助张作霖。"田中则断言:"日本没有给张作霖任何援助。"据我的记忆,田中曾直率的说,他讨厌张作霖,而支持他的总参议杨宇霆。

此外,对于共产党问题,则双方意见一致,都认为非予清除不可。在这次会谈中,田中义一很显然的一再强调国民革命军不宜继续北伐,应以安定南方为急务。言外之意,他是不希望有一个统一的中国出现。如所周知,田中便是所谓"田中奏议"的作者,他从来便是充满侵华意念的人,如果中国被国民革命军统一了,他的侵华企图便无由实现,所以他不特对中日合作毫无诚意,而且他势必将千方百计的来阻止国民革命军的北伐行动。后来在我们第二期北伐当中,济南事件的发生,也就是他狰狞面目的公然显露,此是后话,也是中日关系中一段血泪史,我将于下章加以叙述,在此且略过不提。蒋公在与田中会谈之后,曾于当天日记作了如下的记载,足见蒋公对此已有先见之明:

"综核今日与田中谈话之结果,可断言其毫无诚意,中日亦决无合作之可能,且知其必不许我革命成功;而其后必将妨碍我革命军北伐之行动,以阻止中国之统一,更灼然可见矣!

　　日本尝以北洋军阀为对象。自满清甲午以来，凡与日人交涉者，类皆腐败自私之徒，故使日人视我中国人为可轻侮，亦积渐之势然也。

　　余此行之结果，可于此决其失败。然彼田中仍以往日军阀官僚相视，一意敷衍笼络，而相见不诚，则余虽不能转移日本侵华之传统政策，然固已窥见其政策之一般，此与余固无损也。"

　　当天，蒋公在与田中会谈之后，又走访了在这一年刚刚组成的立宪民政党总裁滨口雄幸，恳谈甚久。第二天——六日，再度访问满铁总裁山本条太郎。晚间，与秋山定辅欢叙。秋山是国父的老友，是一位具有远见的日本政治家。

　　至此，蒋公访日的节目可说业已完成，而这时国内的同志，早已不断的来电促归，因为不仅中央政府的情形很混乱，尤其是失去了统帅的国民革命军，迷惘的心情日益严重。以蒋公当时的地位，不仅对国民革命之成败有举足轻重之关系，而他本人又是一位对国家有高度责任感的，因而也就不能不俯从众意，放弃原订赴欧美之计划，而于十一月七日八时乘车至横滨，转东海道线夜快车前往神户，八日由神户登轮返国。我则奉命暂时留在日本。

　　这次，蒋公与田中义一的会谈详细纪录，我在前文已经提及，日本杂志《政界往来》曾加刊载，兹就该杂志一九二八年五月号所刊载者，全文迻译于下，以供参考：

　　"民国十六年十一月五日午后一时半，蒋介石与张群访问日本内阁总理大臣田中义一大将于其青山之私邸。是日田中首相适预定有腰越之行，而谈论滔滔不绝，田中遂展缓腰越时间。会谈继续达二小时，蒋介石始兴辞去。以下系当时会谈要旨：

　　田中：余不仅已熟知足下之经历、行动及努力，而对于足下之坚强意志任事精神，常为敬服；尤以最近毅然下野，系为国家将来计而出此，实为妥当之行动。以上为余所先欲言者，其次愿候明教。

　　蒋公：余自学生时代，即努力革命，因此关系，甚蒙孙总理恩顾，现在总理虽已长逝，而思慕益切。同时对于阁下之联想思慕，亦无时或已。阁下对于总理情谊之深,早为余所深悉。总理为余之前辈,阁下亦为余所欲师事之前辈,愿坦然有以见教,余亦进而思有以就教于阁下,且更有希望于阁下者。惟今日阁下事忙,恐有不便之处,余之所欲言者,可俟诸他日,愿先受教于阁下。

田中:在今日见面之机会中,对足下既无询问过去事实之必要,即关于最近情况,亦接得详细报告,可不必谈,惟今后之计划如何? 愿足下将心境有以见告。

蒋公:过去虽树立多种计划,抱有各种希望,但皆失败。此等计划及希望,固均系根据各专家拟议而实施,然终皆失败,将来究应如何,愿有以见教。

田中:现在无论其为唐生智、为汪精卫、为李宗仁、白崇禧、程潜等,类皆专以获得本身之地盘为念,有忘却大局之势。究应如何统率,实为困难问题。目前情况,较之中山先生倒袁时之第三次革命时困难尤甚。中山先生为革命元勋,国民党之创造者,因此对于各方面均有连络,有威望,群雄均以中山先生为中心而活跃。今日斯人已逝,各方都有分裂状态,因此革命之实行,确有困难。此时在大局上,应先以安定长江以南为急务。此点除足下外,更无其他可以实行之人。是以足下应须特别持重者,如长江以南不能安定,其间共产党即将长成,一度被摧毁之共产党,再不能任其死灰复燃。倘幸而因收拾时局得挽回大势,共产党便不能抬头;否则忧患甚大。余于足下在南京之时,信任足下之实力,并认为必须由足下之力,南方一带局面始得安定。故对外国亦曾言及,拟首先派公使至南京。过去芳泽公使之途经南京者,即含有此种意义;然而事与愿违,殊为遗憾! 往者已矣,即在今日之政策,亦应先安定长江以南,待其基础稳固时,始可着手北伐,仍不失为最善之道。而能任此事者,非君莫属。但如何始能安定南方,因余对于实际情形,尚有不甚通晓之处,反之,此层自应为足下所熟悉。然为参考起见,余所欲言者,即足下可不必急急于北伐,先在巩固本身之地位,而关于北方张、阎、冯之斗争,在足下不妨袖手旁观,此种斗争,自将归宿于其应归宿之处,故以放任为得策。至关于唐生智之行动,甚难认其可以成功,恐不久行将败倒。因此足下应专以统一南方为念。列强中对于贵国最有利害关系者为日本,日本对于贵国之内争,一切固不应干涉,但对共产党在贵国内之跋扈,则断难旁观。以故反共产主义如足下者出而巩固南方,此为日本之所深望。在国际关系许可之限度内,以及不牺牲日本权利与其他之限度内,对君之事业,日本不惜予以充分之援助。余之观念与第三次革命当时,并无何等差异,不过当时系以孙先生为目标,现在系以继承孙先生之足下为目标而已。至足下此次下野态度,余固深表敬服,但实际就大局而论,北京政府之消灭,余颇引为遗憾!将来足下可不必有所望于冯玉祥、阎锡山,应图本身之独立,先巩固南方。日本对此必在可能范围之内,予以援助。足下在南方建立坚固基础时,亦必事事如意。目前广东与其他南方要人等,皆不统一,各自采取个人本位之行动,此种状况果将继续至何时,固属疑问,足下对此,不妨默默看过,静待时机之到来,切勿焦急,其中亦必有时机到来,焦急于君为大不利也。足下既特别征求愚见,以上便畅所欲言,乞有以谅之!惟尚欲有所附言者,为日本对于张作霖之态度。世人动辄以日本援助张作霖,此完全与事实不符。日本绝未助张,物质方面固无论矣;即如策划或其他一切之援助皆无。日本之所期待者,仅为满洲治安之维持,此点可请放心!

蒋公:阁下之言,系以中国之现状为基础而得之结论,在余亦无其他良法。至于现在不可即行北伐之高论,余亦全然同感;巩固南方而后始能北伐之理亦然。惟虽明知此理,而余曩之所以北伐者,因当时状况,如不北伐,南方反有发生祸乱之忧也。

田中:余亦作如是想。

蒋公:革命军内容复杂,将士有轻敌之风气。实言之,自广东出发之际,兵力不过三师,至达到江南时,数达三十师以上,内容复杂,有敌则团结,无敌则分裂,统御之苦心,实难言状。

田中:此事余亦曾思及,至于今后足下应在何时再行出山,愚意最好在孙传芳重行觊觎江南之日。孙某应早绝图南之志,盖其图南之结果,终不免失败!然彼野心不死,恐将再度出此,是时即将为君所不应放过之机会矣。

蒋公:余在共产党跋扈之时,必奋然起;否则纵令孙师南下,亦决心不出。

田中:足下与孙传芳之间,是否结有何种密约?

蒋公:绝无任何密约,惟孙如渡江,必徒遭失败耳。

田中:或然,判断因人而异。总之,因系贵国本身之事,君固当深知之。凡人为事不能不作他人失败时,即自己成功时之想法。至于共产党之跋扈,愚意不致因李宗仁、程潜之活动而来,或将表现为土匪的跳梁,亦未可知。汪精卫之态度如何,虽尚难逆料;但在今日,无论何人决不致标榜共产党之行动,故共产党势将利用土匪。

蒋公:诚如尊说;但军队内不见无共产党,此须大大注意。指挥官虽不足虑,而军队内共产主义者之侵入,实为寒心!

田中:余对于此事,亦抱同忧。共产主义在日本之蔓延,其原因实为中国共产党之增长。日本方面对于贵国之赤化,常表示反对者,毕竟不外自卫而已。又我等于足下之表示同情者亦为此。如足下一旦为共产党之同情者,则将丧失我等之信赖,惟余确信足下之共产党观与余相同也。

蒋公:阁下对余教以孙传芳渡江之日,即余应出山之时期,而余答以无出山之意。但今日中国之现状,混乱纠纷已极,国家亦甚危险,而列强亦感不安,在余个人虽觉并非奋起之时机,然为中国人民,实有不忍旁观之势,深感有应奋起,完成革命,达到统一之义务。余在此次来日之时,原定漫游欧美各国,度五载之光阴于海外,而渡日以来之一个月中,与贵国各方人士接触之结果,当此本国危局之前,徒优游海外,为事实上之不可能,因此叙述个人之意见,俟阁下有以见教后,即决心归国,但虽归国,并未考虑出。惟兹有一秘密可为阁下告者,即余已接到汪精卫促余早日归国就国民革命军总司令职之电报,余并无允诺之

意,纵即归国,暂时不拟活动。余与阁下虽属初见,所以以秘密相告者,
乃以阁下为一见如故之前辈,故特开诚申述愚见,愿阁下有以见教。阁
下前言中,有日本权利不得牺牲之语,而余亦以为日本在中国之利益,
如得安全,则中国国民之福利亦安全。深信毕竟两国有共同之利害,因
此不得不早日完成革命,安定时局。本此意义,中国军队之革命运动,
系以中国及列强之利益为目的,早日实现革命之完成,实为余及同志所
深希望者。至中国所以排日者,乃因以日本援助张作霖,余虽谅解日本
之态度,而厌恶军阀之中国国民,误认日本为军阀之后援者,故日本应
助我辈同志早日完成革命,一扫国民之误解,实为必要。如能达到此
点,则满蒙问题亦不难解决,排日运动自可绝迹。但若谓因列强之关
系,日本不能予中国以任何援助,则实为抹杀中日特殊关系之言,并不
足取。今日世界与中国有关系之列强虽多,其真有密切的利害关系者,
不过日、俄两国。俄国在此意义下对于中国,已加干涉,日本有何不能
加以干涉援助之理由? 余身为革命党员,此项言论,或将招国人误解,
亦未可知;但阁下为余信赖之前辈,不过披沥衷情为阁下告也。

　　(田中腰越之行,在会谈中时间已过,遂改延时间,而改延之时间
又到,谈论尚滔滔不绝。)

　　田中:聆君肺腑之言,余尚有甚多欲语之事,无奈出发之时刻已逼,
纵令再改延出发时间,而本日想亦不能尽所欲言,惟有俟诸异日。在足
下留此期间内,无论如何,尚希更有一度之会面恳谈。

　　蒋公:万一余离开东京,张群一时拟尚留此,阁下如有意见,请直接
向张群或经佐藤少将示知。"

《我与日本七十年》,第19—33页

(二)济南惨案与初步交涉

　　说明:1927年4月,国民革命军出兵山东,开始第二次北伐。然而

国民政府的北伐行动招致日本政府的强烈反对。4 月 25 日,日本以护侨为名,派遣 5000 士兵在青岛登陆,26 日,一部分日军进驻济南。5 月 1 日,北伐军打败奉鲁军队,攻克济南。5 月 3 日,日军在济南蓄意挑衅,向中国驻军发动突然袭击,中国军队死伤无数。日军并且公然无视外交惯例,惨无人道地将包括国民政府派驻山东的外交特派交涉员蔡公时在内的 17 名外交人员残酷折磨后杀害,制造了举世震惊的济南惨案。惨案发生后,日方否认日军屠杀中国军民,并要南京国民政府道歉、赔偿、惩凶,并于 5 月 11 日占领济南,杀戮平民数千人。"济案"发生后,国民政府一方面借助国内外媒体并致书国际联盟,揭露日本的罪行,另一方面,蒋介石为完成北伐,主动对日做出妥协,下令北伐军绕道济南继续北上。"济案"对日交涉一直持续到 1929 年 3 月,南京国民政府与日本政府签订《中日济案协定》,之后,日军退出济南。

1. 日本出兵山东阻挠北伐

黄郛致蒋介石电

1928 年 4 月 16 日

国急。徐州蒋总司令勋鉴:密。昨日驻北京日本大使馆参事官堀义贵偕海军大佐杉板、海军分遣队司令三木来宁,当在寓招宴,兹将所谈择要电闻:(1)出兵问题,田中因对内关系,无论如何,恐难中止,闻朝鲜、天津等处军事当局均有准备,惟政府目前埋头内政,无暇决定,且田中内阁据最近情势,十之七八在倒之列,恐不及实行出兵,设田中倒,则出兵一事敢保决不再有。(2)宁案彼本拟俟田中倒由后继内阁办理,现闻英法两国有继美速求解决意,故已电现政府陈述意见,尽速解决。(3)彼于本日赴汉,并拟至长沙、重庆两处,特闻备考。云铣印。

《总统府机要档案》,转引自《中华民国重要史料初编——对日抗战时期》绪编(一),第 117 页

何应钦致蒋介石电

1928 年 4 月 20 日

徐州总司令蒋钧鉴:密。据各方来电,日本内阁决定派驻天津日兵三中队立即开赴济南外,又从日本派遣驻熊本之第六师计五千人,又电报铁道工程队前往青岛,预定二十日由门司出发,二十六日抵青岛等语。对于此事,党部、国府现正讨论对付方法中,惟兹事大,如何? 乞钧座赐电示遵。职应钦叩号申。

蒋总司令批复:暂守静默。

《总统府机要档案》,转引自《中华民国重要史料初编——对日抗战时期》
绪编(一),第 118 页

日本出兵对我国之通告

1928 年 4 月 20 日

日本公使馆兹奉本国政府训令向北京政府通告如左:

一、去年日本政府为保护山东地方多数侨民之生命财产,派军于青岛及济南,以为必要之自卫手段,其后战乱之祸机既去,派兵之目的消灭,立即撤兵,均于当时通知在案。最近津浦线方面,战况急转动乱,行将及于山东一带,济南地方亦将波及,危险已至,难保不进而遮断胶济铁路之状态,山东地方日本人之生命财产,重行切迫于重大危险,故帝国政府鉴于去年撤兵时八月三十日节略所声明,对于保护帝国臣民,不得已采取自卫措置,兹由本国派约五千人之一部队,经由青岛派至胶济铁路沿线,使任侨居日本人之保护,又因鉴于事态急迫,在该部队开到之前,先由帝国驻华军队派三个中队至济南,以为应急措置,此项军队业于四月二十日午前由天津启行。

二、此次不得已而派兵山东方面,原不外帝国政府自卫之措置,对于中国及国民与帝国政府及国民向所维持之睦谊,依然不渝,已如帝国政府所屡次声明。故帝国政府不但对于中国内政并无何等干涉之意向,亦非对于南北两军之任何一方直接或间接与以何等援助或妨害,自不待言。俟认为"无需以派驻军队为保护该地侨民之自卫的措置"时，当即令此项派遣军队迅速撤退，自属当然也。

三、如上所述，此次派兵系自卫上不得已之措置，故不胜切望中国政府采取必要措置，令山东地方以及中国各地官民，于帝国意思勿生何等误解，同时期于中日两国敦厚交谊，无有遗憾焉。

昭和三年四月二十日

《外交部档案》，转引自《中华民国重要史料初编——对日抗战时期》绪编

（一），第121页

何应钦致蒋介石电

1928 年 4 月 21 日

国机急。徐州总司令蒋钧鉴：协密。本日党部开紧急会议，讨论日本出兵山东事，决议数项：（一）训令各级党部须绝对遵行中央之应付方策。（二）训令全体党员以忍辱负重之精神援助北伐。（三）对日本民众宣言。（四）对各国发宣言。（五）一切办法须遵循中央决定之步骤。（六）规定宣传标准数端：（甲）攻击田中个人，不涉日本人民及其政党。（乙）日本出兵侵犯我国主权，意在妨碍北伐，我应巩固后防，使前方将士一心杀贼，则奸谋诡计失其效用。（丙）尤恐共产党乘机捣乱，本党党员应特别注意，勿使有煽动之机会。（丁）为完成北伐起见，凡有妨后方治安，如罢工、罢课、游行等事，均予禁止。（戊）任何党员对此事件不得违背中央所指示之标准，自由发表言论，或别种行动。（己）（殴）〔国〕家当此时机，应坚忍慎重，助成北伐。（庚）应保护外侨生命财产。（辛）各团体可各个开会或开代表大会，不必有连合开民众大会及游行等事。谨闻。职何应钦叩马。

蒋总司令批示：通电令各军照办。

《总统府机要档案》，转引自《中华民国重要史料初编——对日抗战时期》

绪编（一），第118—119页

黄郛致蒋介石电

1928 年 4 月 21 日

国急,限即刻到。徐州总司令蒋勋鉴:密。昨傍晚得确报,知日政府已令熊本之第六师对鲁出兵,当与组安、稚晖、静江、楚沧先生商至半夜,除联名奉上齧电,陈述对维持后方秩序办法外,本日上车,拟即派员赴沪正式提出严重抗议,立(迨)〔论〕要点如下:(1)侵害中国领土主权,违背条约,责有攸归。(2)破坏中国统一,扰乱东亚和平。(3)在鲁日侨,既日方自行保护,万一激动公愤,其他日侨发生困难时,中政府是否已解除公法上保护之任务等等,原文较长,摘要奉闻,此件赶于今晚车送沪,如尚有意见,请于傍晚六时前电复,为幸。再去年出兵,五月廿六决议,廿七出动,廿九抵青,前后仅四天,此次十九下令,乃限廿六至廿九抵青,是前后共十一天,而第六师未到以前,又先由津派三连到济,此中是否尚有别种用意,而不碍北伐之一线希望或即在此,合并附闻,还望酌夺。郛马印。

《总统府机要档案》,转引自《中华民国重要史料初编——对日抗战时期》绪编(一),第 119 页

黄郛致日本外务省照会

1928 年 4 月 21 日

中华民国国民政府外交部长黄为照会事:去年五月间,贵国政府于本政府出师北伐,迫近鲁境之时,突有出兵山东之举,本政府以贵国此种举动,实属侵害我国领土主权,不特违背国际公法,亦且破坏条约,当经本部电达贵国大臣抗议在案;嗣虽不久撤去,我国民政府对领土主权之横遭侵略,迄今犹有余痛。本政府自定都南京以还,对于各友邦之侨民生命财产,迭次饬令所属力加保护,今春第四次中央全体会议,又有具体表示,最近国民革命军北伐途次,复由蒋总司令正式颁发布告,并下令全军切实负责保护外侨,业于本年四月十六日电令江苏交涉员将此意照会驻沪贵国领事,转达贵国政府,而本部长于此数月所特为致力

者,尤在遵照本政府之外交方针,以诚恳之精神与各友邦图谋此次解决各种悬案,以释误会,以增亲善。乃贵政府对于上列一切事实,概行不顾,于我大军再度北伐之际,统一将次完成之日,又有出兵山东之议;情形办法,一如去年五月,是则于情于理,两不可通,不独公法条约蹂躏殆尽,更恐因此酿成意外,责将谁归?贵国政府此种举动,目的究竟何在?若虑战地侨民蒙意外之危险,则尽可按照国际惯例,从容别谋安全之策。不意贵国政府不此之图,复蹈前辙,遽行出兵。是以本政府不得不提出严重抗议,应请贵国政府重加考量,顾全两国人民历来之好感和融洽,迅将所拟派赴山东之军队,一律停止出发,以维邦交,而敦睦谊,是所至盼。相应照会贵大臣,请查照见复为荷。须至照会者,右照会日本外务大臣田中。

中国国民党中央委员会党史委员会库藏史料,转引自《中华民国重要史料初编——对日抗战时期》绪编(一),第120页

中央执行委员会关于日本出兵山东事件之应付方案

1928 年 4 月 21 日

十七年四月二十一日第一二八次中央常务会议通过(注意严守秘密)

一、民众发表对本事件之议论,其攻击对象为田中内阁,对日本国民应保持向来希望两国亲善之态度,并应对其国民及民党劝告,纠正其内阁之谬举。

二、日本政府出兵之目的,为侵害我国主权,妨碍北伐。民众及本党党员,在此认识之下,更应巩固后方,保持秩序。

三、深虑共产党将乘此时机煽乱,破坏北伐,本党党员及民众应持特别注意,勿给予彼等以捣乱之机会。

四、为完成北伐计,应以全力避免不利益之行动。本党认为在此时间,一切罢工、罢课,均有妨碍后方治安之顾虑,故主张绝对制裁。

五、党员对此事件,不得有违背中央所指示之标准,发表言论,或为

特别行动。

六、民众在此时期,应坚忍慎重,助成北伐。

七、保护外侨生命财产之安全。

八、各团体可各别开会,或代表会议发表意见,不必有大规模之联合大会及游行等事,五月各纪念节准此办理。

中国第二历史档案馆编:《国民党中央关于"济南惨案"之政策方针文件一组》,载《民国档案》1993年第4期

中央执行委员会训令

1928年4月23日

令全体党员

为训令事。此次我国民革命军北伐迭获胜利,剪灭残余军阀,完成国民革命,指日可期。乃日本政府,忽又藉口保护日侨,出兵胶济,此种毫无理由之暴举,实属蔑视我国主权,甘冒国际间之大不韪。当此各地民众反对日出兵十分激昂之际,吾中国国民党全体党员,宜以严整之精神,为正当之指导。其一,此次日本出兵是田中内阁悖谬之措施,不特其国内民党素持反对,且亦非日本国民之所愿,为故吾人宜保持向来希望两国亲善之态度,责望日本国民及其民党,在最短期间纠正其内阁之谬举。其二,日本出兵,侵犯我国主权,违反国际正义,吾人应以正义昭告世界各国,引起其赞成中国独立自由平等之同情。对外侨生命财产,无论在战地与非战地,均保护其安全。其三,吾人为独立自由计,为反对帝国主义者之侵略计,势必于最短期间内完成北伐。但前线之进行与后方之巩固同一重要,吾人宜严行保持秩序,遵守纪律,使前敌将士一意向前,无内顾之忧。故吾人之言论、行动,务须遵照中央所指示之标准,不得稍有违背。凡一切无益之举动,如罢工、罢课,足引起后方治安之顾虑者,皆应避免。各地共产党徒,难保不乘此时机煽惑谋乱,尤须特别注意,勿给与彼等以捣乱之机会。凡此意义,除随时制定方案分令各级党部严密遵行外,合行训令全体党员,悉体此意,领导民众切

实遵行。惟再接再厉之勇气,方足以排除困难,同心同德之精神,方足以完成大业。万望我全体党员注意无忽。此令。

中华民国十七年四月二十三日

中国第二历史档案馆编:《国民党中央关于"济南惨案"之政策方针文件一组》,载《民国档案》1993年第4期

反对日本出兵宣传大纲

1928年4月23日

十七年四月二十三日第一二九次中央常务会议(临时会)通过

一、本党对于日本出兵胶济事件,在外交上已严厉抗议,在北伐进展中,认为我行我素,一切不必顾虑。对各国人民、对日本人均已有真切光明的表示,对党员与民众,也定了指导进行的方案。这一种宣传大纲就是采集上述一切的重要意义,更具体的编录出来,给各级党部和在本党指导下各民众团体做宣传基础的。中央常务委员会决定的《对于日本出兵胶济事件之应付方案》中第五项——"党员对此事件不得违背中央所指示之标准发表言论……"是一个含有重要意义的决定,在这一项决定之下,本部编定了这宣传大纲,明明白白将中央所指示的言论标准揭示出来,俾各机关党部的宣传整齐划一。

二、本党的同志们,在这外忧——日本出兵山东——内患——共产党乘机捣乱——时期中,应该深切认识此事件之性质及本党现在之地位。因此,我们对一般同志们有如下的希望,并且责成各级党部将下列各要点充分说明。

(1)党员应该遵守"只有党的自由没有党员的自由"的纪律。

(2)党员应该认识党的主义,了解党的政策,并贯彻其相互的关联。

(3)党员负有领导民众之责,民众的错误都是党员的错误。

(4)党员在党的指导之下,用种种方法,努力求应付方案之贯彻。

(5)党员在民间,无论何时何地,都有依据方案,纠正错误,消释误

解的责任。

（6）党员应在民间觅取机会，发表协赞方案之文字及演讲。

（7）党员应严密防范共产党之阴谋。

（8）党员应了解北伐为解决一切外交问题之枢纽，北伐成败就是一切对外政策的成败。

三、民众的组织，现在还没有健全，民众的认识力，现在还没有坚确，而民间的动力，现在已到处都有。因此，本党一方面要保存其动力，一方面又要纳此动力于正轨。关于日本出兵事件，对民众宣传，应以下列诸点为中心：

（1）要坚忍郑重指导一切。

（2）使认识本党是全民的代表者，本党所采用策略都是代表全民利益的策略。

（3）泄愤一时是整个失败的起因，要打倒帝国主义，决不是拳脚唾沫以及集众暴动所能成功的，能成功的路径，惟有完成北伐统一中国这一条路。

（4）罢工、游行等容易给共产党以扰乱后方的机会，应竭力避免。

（5）只有中国国民党统一中国以后，才能取消中日间一切不平等条约。

（6）本党定下这种办法，是负责任来担当危局，不是抹煞民意。

（7）民众应认识日本此次出兵，是日本军阀的挣扎，不是日本人民的意思。故对日本人民，仍应保持我向来之态度。

四、以上所举，只是给与各级党部的一种宣传纲领，因为事实的变化，地方情形的各别，在中央自然要随时加以补充，在各级党部，也应该以不与纲领冲突为原则，进而求更有效力之方法。再附带说明一句：这个宣传大纲与过去所发的不同，因为过去的是一篇公开发表的文章，这是一种给与各级党部的宣传方略啊。

中国第二历史档案馆编：《国民党中央关于"济南惨案"之政策方针文件一组》，载《民国档案》1993 年第 4 期

中国国民党中央党部告日本民众书

1928 年 4 月 24 日

本党总理孙先生在逝世前五月，曾到日本一次，以中国和日本的关系剀切向日本民众反复演讲，以唤起中日间真亲善之精神。不幸总理于十四年三月逝世，所希望于中国于日本者，未及亲睹。本党遵奉总理遗教，继续领导国民革命，出师北伐，扫除军阀，方将以三民主义为基础，从事建设，期与日本同负东亚和平之责，盖中国而统一于本党之下，则本党建国方略得以实现，最相关切者实唯日本，此种精义，总理前过日本言之綦详，亦明理达义之日本人士，亦既深切同情矣。中国开始革命以来，日本同志继续不绝予以精神上之赞助，以故中国人民对于日本政府之行动，虽恒表示其不满，而中国国民与日本国民间常有萦回和洽之好感；尤以年前日本民众及民党同情于三民主义之宣传，及最近努力阻止其内阁之出兵为本党与全国人民所感慰未忘者。最近本党所指导之国民革命军，所向克捷，残余军阀孙传芳、张宗昌、张作霖途穷日暮，败亡可待，而日本政府忽又悍然出兵胶济。无论此次出兵多少，所预备之兵费为若干，所发出之声明书作何种之藉口，而侵犯中国之独立，损害中国之主权，实已不幸实现矣。此种政策，本党深知决非日本人民所容许，日本人民且力谋遏止之。所可惜者，日本人民虽力谋遏止，田中内阁仍一意孤行其武断侵略的政策。本党对此，虽为中日亲善前途深致惋惜，而对日本人民之主持正义，则具至深之同情。田中内阁虽已利用此次出兵事件，冀巩固其一时之政权，而日本人民则在此军阀压迫之下，自必采取正当途径，求其本身展布，贯彻其公正和平之精神，盖为蔑视中国之民意而侵犯中国之领土，为违犯国内之民意而破坏中国之主权。此种无礼动作，田中内阁虽视为得计，在中日两国人民则痛痒以思，断难容忍者也。本党对此事件，已有十分明白之认识，故虽对田中内阁之妄举，不胜骇异；而于日本人民，则认为终能赞助我国民革命之好友。因此之故，本党对于在华日侨，依本有之亲善精神，继续保障其安全。并望日本全国人民异地同心，共同筹维东方新命运之建设焉。

过去各帝国主义者共通之谬误,为扭于目前之利,助长中国内乱,压迫中国民众,妨碍其独立之运动,即在此不统一状态中,攫取利益,延长中国之内乱。此种策略,尚不能适用于中国过去之时代。今中国三民主义之思潮,既已弥漫于全国,以中国人之坚强努力,终将造成革命的统一政府,各帝国主义者观于中国国民革命已成功之事实,亦已次第认识,别谋改善其行为,而日本政府则仍昧乎此理,此本党为东亚和平及进步所深虑者,望日本人民有以处此。

中国国民党中央执行委员会
四月廿四日

中国第二历史档案馆编:《国民党中央关于"济南惨案"之政策方针文件一组》,载《民国档案》1993 年第 4 期

中国国民党告世界民众书
1928 年 4 月 24 日

第一百三十次常务会议通过

当国民革命军正胜利北进之时,中国全国民众得悉,日本政府派遣五千以上之军队前往山东,实抱愤恶之感。此种不为事实所需而怀可能恶意之举动,不但侵害中国之主权,而且背犯国际法上公认之原则。

日本出兵山东,保护侨民之说仅系藉口,盖国民革命军既受严重的命令,用尽任何可能之方法,以保护外侨之生命财产矣。乃日本田中内阁不效美国良好的前型,令侨民退出作战区域,而反派遣大批军队,此次军额不仅超过其藉口的需要,而且此次出兵尤足引起可能的严重结果与纠纷,为中国所显明不能负责者。然国民政府为保全国际友谊起见,对于所有外侨之生命财产,仍继续予以完全保护,不稍存歧视之心。

为出兵事,国民政府已对日本政府提出严重抗议,中国国民党代表全国民众,今以此事诉之于世界主持正义者清白之良心,甚望此种国际的暴行不至于不引起诸君之义愤。诸君关心人类福利,亦决不许远东和平为带私利动机而侵略的国家所扰乱。并且诸君所具国际正义之

心,尤能促诸君以充分道义上之援助,协助中国民族移除国民革命成功途上之阻力。

无论在何种困难情形之下,国民革命军皆具最后之决心,为完成国民革命而奋斗,使中国统一于进步的国民政府之下,此可为世界告者。只有在现在国民政府的统一之下,中国人民方能解除痛苦,东亚与世界和平方有保障。此为世界爱护和平与增进人类福利者所当注意者也。

中国第二历史档案馆编:《国民党中央关于"济南惨案"之政策方针文件一
组》,载《民国档案》1993年第4期

战地政务委员会外交处致驻沪各国领事函
1928年4月24日

敬启者:本委员会奉国民政府之命,内设外交处,经外交部呈请国民政府,特派战地政务委员会委员蔡公时兼外交处主任,在战地随时听蒋总司令之指挥,商呈本会主席,代表外交部管理战地外交事宜,已于中华民国十七年三月二十日在国民政府宣誓就职。于四月三日随同国民革命军出发,暂驻徐州,诚恐各战地友邦侨民与地方军警人民因言语隔阂,不谙内情,或生误解。兹以职责所在,谨抱极殷勤之意旨,表亲善之精神,俾重友谊,而睦邦交。相应亟请查照,并希转达贵国驻敝国各领事,转知各内地侨民,一体知照为荷。

战地政务委员会外交处主任蔡公时
自徐州发

上海《中央日报》1928年4月24日

蒋介石致北伐各军电
1928年4月24日

(第一、二、三、四各军团、各军及孙良诚总指挥部各军均发同样电报)第一、第四、第九、第廿六、第卅七各军政治部主任均鉴:我军到达胶济路后,须切实保护外侨,并对日本始终忍耐,勿出恶声,勿使冲突,

一切宣传品有丧失日本邦交者,一概不准发贴,并随地表示和平为要。蒋中正。敬。

《总统府机要档案》,转引自《中华民国重要史料初编——对日抗战时期》绪编(一),第124页

蒋介石致朱培德等电
1928 年 4 月 28 日

朱总指挥并各总指挥、各军长勋鉴:密。日本驻青岛福田师长声明书,谓胶济路与日侨之生命财产及日本之经济均有关系,不许何方面军队破坏云,希即转令各所部对于胶济铁路毋庸破坏,避免其藉词冲突也。蒋中正。俭戍。

《总统府机要档案》,转引自《中华民国重要史料初编——对日抗战时期》绪编(一),第124—125页

2. 济南惨案的发生

国民革命军总司令部参谋处济南惨案记录
1928 年 6 月

中华民国十七年五月一日起至六月初旬止,日本帝国主义者派福田师团在济南对我军民实行残暴手段惨杀情形,并与此案有关各件逐日胪列以供关心国是者之考证。

国民革命军总司令部参谋处第二科志

五月一日

陈调元东西电

据二十六军陈团长时骥报告:有日本铁甲车一列,兵车二列,载第六师团部队,系山东先遣司令福田中将率领,由青岛开来,于今日午前十一时到明水镇车站,欲开赴济南,该团长再三劝阻无效,恳请转外交部严重抗议并指示办法。

五月三日

一、据铁甲车屠司令全声报告：本日上午十时经过洋面厂闻有枪声，该队不知后方情况，遂向后移动，该日兵潜伏厂内用机关枪扫射，因未防及，计死伤士兵八名等语。

二、是日午前，驻扎济南五大马路纬一路广东会馆之第四十军第三师第七团全部步枪、机关枪、迫击炮等，均被日军围缴，我军未抵抗，当场被枪杀者甚多，余均被日军押赴日领事馆，生死未卜，该军副官长巢世廉枪伤腿部无下落。

三、新派山东外交特派员蔡公时，及随员十数人均被日军残杀，当时先将蔡公时之两目两耳割下，再行枪杀，其状甚惨，此系当被临刑时脱逃之护兵张汉孺目击，道之甚详，兹录于下：

蔡交涉员公时死难真相，逃出之勤务兵张汉孺口述。

此次济案发生，蔡交涉员遇难，其被害情形据所逃之勤务兵张汉孺所述详尽无遗，兹将照录如下（以下张汉孺所述）：五月三日早间，日兵在领事馆一带布置防线，交通即无形断绝，九句钟许，有国军一队搬驻交涉署对面之基督医院内，不意为日兵瞥见，忽开枪射击，轰毙兵士、伙夫各一名，一时不及搬运辎重，纷纷藏匿医院之楼上，避免日兵之射击。乃一日兵移至交涉署门口，首向对楼轰射，同时四面发现枪声，不意交涉署门〔口〕之日兵，忽为流弹击毙，复又一日兵赶来，意欲将已死之兵移开，亦被流弹击毙。此时各处枪声大作，弹如雨下，闻之至为可怖，全署员役均慑伏楼上不敢移动，至下午三四句钟时，枪声稍止，街衢发现形类各领事馆之汽车，车前竖有旗帜，驰逐道上，大约系劝告日兵停火之意，枪声亦因之顿寂。但日兵仍满布街头，交署门首，仍有日兵往返梭巡，蔡主任因事出意外，命人出外探听，竟为日兵所阻，禁止外出，乃派人向日兵交涉，迄无效果。复蛰居楼上，静候消息。待至天黑，日兵仍未撤消防线，全署人员纷纷计议，始终不得要领，一日之惊恐，至是均极疲倦，时已在夜间十句钟，各自就寝。而撞门声、捣门声一时大作，势极凶猛，传达即奔入报告，门外似日兵撞门，特请示主任作何计较。蔡主任传谕开门延款，乃不候传达开门，而日兵已穿墙而入，全队约二十余人，有两军官，一擎指挥刀，一擎盒子炮。穿着西服者，进门之后，即指挥剪断电灯、电话，全署顿成漆黑。日兵则皆有手电注射，一时嘈杂纷乱不已。所谓着西服者，至此已知其为翻译，首已发言谓你们不要惊慌，我们是来为搜检枪弹的，因为你们门首有两个已死的日兵。据我们猜想，一定是你们署中枪杀的，现在可以将你们的主人找出来说话。蔡主任即挺身而出，谓我姓蔡，我就是山东特派交涉员，你们刚才所说，我已经明白了。大门首死的日兵，系日间为流弹所毙，并非我们交涉〔署〕枪杀的。我们系外交人员，用不着带枪弹来办外交，你们亦用不着搜检，徒滋纷扰。翻译完毕，日兵甚不满意，谓非搜检不可。蔡主任谓诸位若定要搜检，就请搜检，如果搜检不出，也可证明门首亡兵实非我们枪杀，诸公应请退出交署，勿溷及公事。日兵又哗噪，谓非捆缚搜检不可。蔡主任当然否认，此举未免有辱国体，决不承认。日兵谓我若不捆搜，则我在此处搜检，而你们则至彼处，岂非徒劳无益，你们若不承认，那我就要强迫捆搜了。蔡主任见其无理可喻，勉为应允，旋郑重声明谓搜寻不着，仍应即速松放，日兵乃许可。遂将全署员役捆缚，仅留蔡主任未捆。如是翻箱倒箧，遍行搜索，确无枪弹，乃将署中之公牍五大提包，分置日兵手中。蔡主任见已搜毕，即请其将所缚之员役速即释放，讵日兵乃大肆咆哮，谓我们系奉命令来的，当然要去请命令，不能随便释放，言毕即偕翻译将公牍五大提包一并携去。不及三十分钟，复回谓我们的兵士，确系你们枪杀的，若不将枪弹交出，是决不能了事，其势汹汹，非交出枪弹不可。蔡主任即谓门首已死之日兵，确系日间流弹所毙，况署中已任搜索，绝无凶器，是可证明，实非我们枪杀贵国士兵，若诸位强欲认定为敝国人所枪杀，亦不难考察其真相，再得谈判。应请维持前说，将所有之员役释缚以敦谊睦，而重外交。甫毕，日兵大噪，全队涌上，竟（拖）〔施〕其强暴之手段，喝令将蔡主任捆缚，并谓我们的士兵是你们杀的，总之非将枪弹交出不可。蔡主任实忍无可忍，乃操日语作答谓，诸位既不明了外交手续，何必一味横蛮，此次贵国出兵济南，源系保护侨民,何得轻举妄动,借题搜索中国之官署,捆缚中国之官吏,作种种无理之举动,实非文明国所应有。至如已死之日兵若果系敝国所为,亦应由贵国领事提出质问,则敝国亦自有相当之答复,何用诸位在此哓哓,若果诸位系奉贵国领事之命令而来,则敝交涉员即至领事馆交涉,亦无不可。此时之日兵大哗不作答复。又见蔡主任理由充足,日语又极熟,乃由惊而惧,由惧而怒,即实行无礼于我蔡主任矣。将所缚之人,列为半月形,日官即发口令,兵士皆将刺刀起下,执于手中,对各人之头面或敲击或刺削,口中皆咻咻作鬼语。当其时也,予已血流蔽面,虽痛至彻骨,犹念及蔡主任不知已作何形状,藉日兵手电中得见诸人之形状,大半有耳无鼻,有鼻无耳,血肉模糊,其状至惨,几至我晕厥。不意蔡主任忽大声发言,略谓,日人决枪杀我等矣,惟此种国耻何时可雪,言罢即泪涔涔下。同人闻言,均放声大哭,群相痛骂,日兵更怒,竟刀枪拳足一齐并下,尽力侮辱后,将十余人分三四组,蔡主任及张麟书、周姚某某为第一组,将五人所着衣服全身剥下,蔡主任左足上尚留一袜,此种情景,皆自日人之手电中得见,第一组衣服剥完即拖至院外时,诸人已不能移步,日兵又复鞭挞,横拖倒拽,扯出院外,枪声突起,值此万籁俱寂中,忽闻枪声,即知我蔡主任为日人所枪杀矣。悲从中来,全身震动不克自主,斜倚一公事桌旁,觉有物堕地,以足蹴之,知为剪,逃心忽动,然已无法拾取,即撞膀膊,授意同人蹲下,盖四人捆作一排,有连带关系,如是四人徐徐蹲下,将剪拾取,互相剪断绳索。盖因日兵大半已至院外,虽留有数日兵看守,幸未开放手电,故未知觉此种情形。方欲再剪一组,而院外之日兵已来拖拽第二组矣,即屈伏不敢稍动,候其将第二组拽出院时,不得不逃生矣。予即首先狂奔,过一侧门,即纵身爬墙,后面之枪声乱起,此时之生死已置之度外,奋勇登墙,适一弹飞来,穿余腰间而过,予即倒栽墙外,幸不觉痛苦,蛇行地上,连越四墙,始至一空地,见一大木水桶,即蹲伏桶内,惊魂甫定,而天已大白,惟头奇痛,尚在出血,正思如何混出防线地时,遥闻小车声远远而至,伸颈探视,系一苦力推水,俟其近前,予立起求救,并将一日夜之遭遇相告。苦力亦为之动容,几至泣下,即允为设法,予复搜索衣袋,内尚有大洋五角之钞票一纸,以授苦力,请其脱一短衫给我,俾得掩我血衣,渠亦慨允,我方爬出桶外,将血衣换下,同其拉车绕道穿出防线,谢其相救之德,乃奔往各级署报告蔡主任被难之情形,总司令部即将予受伤照片拍下,以作交涉之凭证云云。

四、普利门外至济南车站行人,无论军民均遭日哨兵枪击,死伤不计。

五、黄外交部长之随从护兵步枪二十六枝悉被缴去。

六、是日午时起,日军施放枪炮,竟日未绝,不分军民男女,均用机枪扫射,被俘之官兵均幽禁于正金银行大楼上及商埠邮政局内,均令直立不准坐卧,且不给饮食,待遇极苛。

七、是夜一时,日兵先将我济南无线电台之守兵杀死,以炸弹、大炮轰击,破毁无遗。

八、驻济南小纬四路之第三十七军第一团,被日军围攻,缴械官兵多被虏。

五月四日

一、日兵仍在普利门外至济南车站各马路随意放枪,无抵抗之非战斗员死伤甚多,中外人购买食品及运送饮料之交通路完全被阻。

二、是日,日兵之枪声竟日未绝,并截扣车辆,交通全断。

五月五日

一、日兵横暴如昨,非战斗员之民众,死伤尤多,商埠内有华商店十数处,被日人抢劫,并诬该店商等为间谍,随意射击。

二、日兵由胶济路续行,增加三列车,内骑兵一车、步兵一车、军械一车。

三、日军第六师团长福田彦助,违反最后通牒之惯例,逼我于十二小时以内承认万难容忍之要求五条,否则自由行动,兹录于下:

1. 惩办最高军事长官;

2. 济南二十里以内不准我国驻兵;

3.辛庄大营房由日本驻兵；

4.赔偿损失；

5.中国军人见日本军人时须解除武装。

五月六日

一、日兵横暴如前，竟违反熊高级参谋与日军黑田参谋长所协定，将警戒范围极力扩大，进占津浦车站搜索我军守兵，扣留我各军之军用品及辎重粮秣。

二、我总司令部为避免冲突计，是日移驻党家庄。

五月七日

一、是早六时，日兵将我济南车站附近子药库炸毁。

二、日兵横暴更烈，任意开放机关枪大炮，击毙行人甚多。民房被毁者，不计其数。且日兵到处强奸妇女，一时被伤者甚多，有茶馆女子竟被日兵轮奸至十余人之多，均有确实证据。

三、据刘总指挥报告，济南商埠发现戴铁帽之日兵甚多，闻自青岛开来约有千余人。

四、接何总参谋长虞电，据沪报载可靠消息：

1.陆军省对内阁议决案，即派驻扎名古屋之第三师团步兵全部侵略我山东，并管理我山东铁路至纠纷解决时为止。

2.另派步兵五中队至天津，日内阁有提议派兵至南京，尚未决定。

3.陆军部会议之议案，要令山东之华军缴械。

五、济南日兵于是夜三时起，向南门附近施放大炮约二千余发，系硫磺弹并爆炸弹，引起火灾，旧省长公署死伤无算，惨不忍睹。

六、调查肇事原因：

1.为四十军某兵与日兵言语龃龉发生误会。

2.又四十军某兵送友至医院被日兵拦阻。

3.因我兵用中央钞票在商埠购物，日人不许。

4.因日兵不准人民聚观标语，致有坏人挑拨。

5.日兵不许我兵通过商埠。

五月八日

一、日军占领张庄、辛庄营房及白马山，并以步骑兵数千及坦克车若干辆，向党家庄攻击前进，沿途枪炮乱射，居民伤亡颇多，我党家庄留守人员之行李物件及第三兵站军米三百五十余包，完全被日兵抢掠，各兵站所有留置物件及长途汽车一辆，均被击毁。

二、刘军长报告，济南日兵今晨向党家庄、八里洼方向攻击。

三、我第三军第八师，由党家庄向齐河整队前进时，忽被日兵从侧翼袭击，我军因事先未有准备，损失极大，伤亡亦多。当时见日军队中，杂有着灰色军衣士兵数百名（按日军多着黄色军衣），据捕获鲁军供称，日军在商埠召集张宗昌旧部，予以枪械，令其随军向我攻击。

四、杨军长胜治报告，本日午，日军向我节节进逼，大部占领马鞍山，一部进至东西十六里河，我炮团驻扎该处，被日兵射击，为避免冲突计，已向后撤退并未还击。

五、据探报：日兵与鲁张通声气，前日张宗昌派参谋长金寿良至青岛与日军接洽联结办法，予日本以青岛胶济之权利，日军则代其向我攻击等语。

六、贺军长耀组报告：辛庄火药库被日兵炮击着火，炎炎冲天，完全烧毁。段店东北端有日兵二十余名游动，并时时放枪，任意杀害人民。

七、济南南门外各山地被日兵占领，并劫去我四十军军米二百余包，行李辎重无数。

八、据孙总指挥良诚报告，日兵由党家庄分向西南前进，一部已抵潘屯，距长清甚近。

九、据探报：日兵今日至泺口，占领新城兵工厂，并破坏黄河铁桥。

十、据金军长汉鼎报告：今日袭击我军之日兵中，内有着灰色军服之残余直鲁军，党家庄至崮山间之沙河大桥亦被炸坏。

十一、高军长桂滋报告：我军今日出发途中，忽被驻屯田庄之日兵袭击，损失甚大。

十二、是日，日军添架多数大炮于济南城外，发炮攻城，其声颇烈。

十三、日军用旅团司令名义出示布告,且增加兵力甚多,枪射各处,向我寻衅。

十四、土人云,是晚,有日兵约五百名,至八里洼抢掠后,即折回四里山。

十五、据二十六军方代军长策报告:我军赵师今午过黄河桥时,忽被日兵用重炮射击,中我密集部队,损失甚多,计伤第一团排长一员、士兵十一名、死上士一名、夫役数十名。我军服从命令,忍痛渡河,未还击。

十六、苏副司令宗辙电告:今晨日兵开炮炸毁火药库,同时派兵占据北邙山及杆石桥,并毁津浦路一段。

十七、据探报:日兵在普利门外添架大炮,向城内发炮射击,永顺门被日兵连放六十余炮击毁,刻已堵塞。

十八、据敌方逃兵供称:敌军官在平原对兵讲话云:现张、孙两师,已与日本密约,由青岛出兵,驱逐南军,并扰乱后方,我们暂集结于此,再向前进,倘若日兵失败,即逃往关外。

十九、普利门外济南医院内有我二十六军伤兵二百余名,悉数被日兵用机关枪扫射毙命。

二十、本日拂晓,日兵向我无影山附近之火药库攻击,枪炮声异常激烈,约二小时,该火药库遂被焚毁,我军终未还击。

二十一、数日来,日军横事搜索,及留西发、穿皮鞋、系皮带及带中央角钞、中山装、学生装,以及平顶光头而有帽痕者,均指为革命党,获住必杀。有一卖糖小孩,持有中央角钞,竟死(土)〔于〕日兵枪刺之下;女子剪发,亦不能免,且先割去两乳,然后用刺刀屠割全身,至气绝而后已。

五月九日

一、四军郑介民报告:现日兵仍在黄山店一带,时发枪炮示威。午前十一时,日兵大部在党家庄,其前进部队至离崮山车站十余里之炒米店南端,枪炮时发时停,我军未还击。

二、本日午前九时，日飞机至泰安飞翔约三十分钟。

三、刘军长峙报告：九日午前五时，千佛山与济南岱安门外，均被日兵占领，并向城内猛烈攻击。

四、谈师长经国报告，我军正在泺口渡河，忽被日军于半渡中袭击，致各部失其连络，损失甚大。

五、本日拂晓，日兵以极猛烈之炮火向济南各城门连续发射，普利门附近着弹火起，延烧千余家，居民死亡甚多，我军未还击。

六、今午十二时，日兵数十名，至洛口向该地军人、民众射击，同时，又有日兵十数名占黄河桥南端向桥北我军射击。

七、据方代军长策报告：今晨由西北方来有飞机一架，以炸弹、机枪向我齐放（按两翼下面，各有红圆实心之符号），旋即向北飞去。

五月十日

一、白马山以南地区之日兵，向党家庄射击，附近铁道均毁。

二、济南城附近二十里内外及党家庄各处，日兵均丢有许多内含毒药之面包，城附近穷民乞丐拾食面包致死者，闻有数百。

三、据第十军杨军长胜治报告：日军今日进占马鞍山、四里山一带，于八里（凹）〔注〕附近高地，配置机关枪及大炮各数尊，并开炮向围城城门射击。

四、日飞机四架，时飞向津浦路泰安、兖州及胶济路附近及八里洼、仲宫镇一带，侦察我军行动，并不时掷下炸弹。

五、据第十军杨军长报告：昨日向我攻击之日军，内有身着与我军同色样之制服，并能讲我国话者甚多，想必系残余之直鲁军参杂其间等语。

六、据济南来人云，日兵少数于昨日越入南门外城，大部队即继续入于各楼架炮攻击，城内我方驻济部队均陷重围，城内军民被日军大炮射击，伤亡极多。且日方组有便衣队，三五人一组或七八人一组，身带手枪，胸襟内藏有日本小国旗，我方军民被此项便衣队残杀甚多，尸首遍地，惨无人道，实属可恶已极。日兵惨杀华人后，即将尸体掩埋或以汽车运投黄河,以图灭迹。

七、济南城内我军所遗留之伤病兵及俘虏,均被日兵完全枪杀,并残害我人民计六七百人。

八、据崔交涉员士杰报告:日兵自今日起,向济南城内炮击不绝,每日约二百余发,居民死伤无算,人民派代表往与交涉,日官云非将城内军队缴械不能停止射击云。

九、晚六时,日兵进至炒米店,并将铁桥枕木烧毁,闻其后续部队尚有一混成旅即到。

十、本日午后二时,日飞机一架,盘翔于泰安附近约一小时之久。

十一、本日午后三时,日兵将我崮山附近哨兵(十三军士兵)射死二名、伤一名。

十二、据贺高级参谋报告:日兵昨日下午三点尚在破坏添口黄河铁桥中。

十三、方总指挥蒸电,据敌探供称:平原有敌第三军陆殿臣残部约一千余人及毛汝恩军约万余人、骑兵一团,并称张逆与日密约由青岛出击,不许南军驻扎济南等语。

五月十一日

一、本晨七时,何总参议成濬,由崮山往济南与日人交涉。

二、今晨,日兵开炮炸我火药库,又十时许向东开去兵车一列。下午一时,又毁坏津浦路线一段,派兵占领北邙山及杆石桥。

三、日领署又来电话,催本部派代表接洽,否则即向城内攻击等语。接洽后,结果要我军解除武装,并要求先将济南普利门内卫兵退去,以示让步后,再商第二办法。

四、苏副司令宗辙庚电,普利门刻被日兵占领,并在门上架炮多门,对城内射击,我军已陷重围。

五、永顺门被日兵射击六十余炮,城门已倒坏堵塞。

六、第二十六军赵师庚午渡黄河时,日兵放炮,死伤官兵二十余名,佳辰又有飞机对该师掷炸弹,并以机枪射击。

七、平原敌军官对兵宣布与日已有密约,我等即可前去。

八、据兵站第三分站谢式安报告,八日午后,日兵袭击党家庄,职部堆存党家庄车站军米三百五十包完全被掠,又长途汽车一辆,被炮弹穿毁。

九、据何总指挥兢武报告,现济南城内被日兵施放硫磺炮,起火延烧至午后未息。

十、日兵自八日起,炮击济南城,每日在二百余发,居民死伤无算,至现(十一时)未息。

十一、据胡师长报告,我留驻济南城内之两团,于昨日冲出,但剩余无几。

十二、济南城内我军所遗留之伤病官兵及俘虏,均被日兵完全杀害,并戕杀人民千余。

十三、刘军长峙报告,炒米店铁桥枕木昨晚被日兵烧毁。

十四、党家庄张夏一带,发现有毒馒头(查系日人派人送来该处遗弃),为穷苦人民拾食,并卖给我军士兵,中毒死者甚多。

五月十二日

一、据第一军王医官由济南逃回称,我守城之两团于昨日午后十时由城内冲出,被日兵截击,死亡五六百人,城内所遗伤病官兵概行用机枪击杀,无一幸免。

二、由济南逃出之两团士兵,因夜间无官长率领,以致逃散失踪,至泰安仅数人。

三、据二十六军方代军长报告:职军于八日拂晓由洛口黄河铁路渡河,日兵向黄河铁路发炮数十响,击毙我第二十二师一团一营机关枪连上士胡炘一名,炸伤该连少尉排长吕凤飞一员,并士兵十一名。

四、又据由该军济南前方病院逃出之第六十二师一团迫击炮连连长吴若鹏报告,本月九日,日兵先派数人至医院窥探,见有我军伤兵,当即回报,带来大队士兵,将门用刺刀撬开,向我已伤官兵冲击,我伤兵向后大殿退避,日兵开排枪射击,被击毙二百余员名,有连长等二十余人逃至佛座天花板上。日兵又冲进。当时代主任军医岑振朝命伤兵毋妄动，即前往交涉，不料未及开口，即被击毙。继进内将坐卧床上伤兵一一加以惨杀，该院有守寺道士，日兵以其不报告，亦被击毙。连长在天花板上隙窥之，皆红帽边黄衣士兵，将病院伤兵击毙后乃带队回去。复时时派兵前来窥探，闻有声响时，即行放机关枪。连长于十日拂晓，由院北(浮)〔凫〕水逃出，内中尚有躲在天花板上官长及未死士兵几人，亦无人照料，奄奄待毙。院中满地尸首，连长逃出时，黑夜摸索，累累皆是，两足血腥，惨不忍闻，军衣便衣概不分别，便衣死者尤多，路上见男人即杀，女人稍好。靠北洛口车站有日兵多名等情。

五、据方代军长称：日军似此悍然无忌，炮击我渡河之官兵，惨杀我负伤之官兵及卫生人员，惨无人道，至于此极。应请将日军残暴行为宣示列邦，并严重交涉，以张国权而慰死者。

六、据顾祝同军长报告：

1. 据黄师长极称，十一日日军由青岛开到博山者，约四五百人，现在该县附近构筑工事，对我警戒。

2. 据陈师长报告，青岛、坊子、潍县、张店、周村及沿胶济路各站均驻有日兵，青岛尤多。

3. 胶济路火车往来车头上有日兵配置机关枪及沙包。

4. 张店、周村两处各驻有日兵一营，博山驻日兵一连，并令张店人民削平麦田四十余亩，作为飞机场。

5. 龙口有日兵两团，烟台有日舰七只。

6. 官(大)〔扎〕营附近日人放火烧毁民房，并雇用人民掩埋尸体，每日八毫。

七、据赵厂长翊邦报告：

1. 济南日兵至今仍昼夜向城内外各要点炮击，连续发放，刻不绝耳，人民房屋生命之损失，已不堪言。

2. 据由城逃出之二十六军医兵说，日兵于十一早将城门击破，冲入城内，以机关枪扫射，击毙我伤病官兵三百余人，我躲在佛座下得以生还云。

3. 日兵除炮击外，于离济城二十里之周围，皆派步哨及巡察，一见穿军服及成群之人民，即开枪射击。

4. 曾向我兵工厂发放两炮，仅毁房屋，幸未伤及机器。

5. 在无影山之火药库，已于八日被炸毁，其数目一时难查。

八、三十七师童参谋长报告：

1. 距济南二十里处之兴隆山，有日兵步哨，兴隆镇有日兵排哨。

2. 张家店有日兵排哨，黄山店一带有日兵骑哨四五十名。

3. 直鲁军派有暗杀队百余人来泰安一带。

五月十三日

本日因本总司部移动故未接得报告。

五月十四日

一、长清县县长报告：

1. 今日下午二时，日本骑兵二十四名到长清三里庄，派骑兵三名到东门开枪三响后，入城询问土民有无南军，旋即沿途砍断电杆一二根、三四根不等，飘扬而去。

2. 济南日兵见我军士兵，即行捕获，将铁丝穿通手背牵回枪毙，如查得身边带有中央毛票之人亦即惨杀。

二、据济南商民赵某称，胶济路有日本给养列车到济，内装军用品颇多，济城及商埠尚有陆续枪声，商埠及车站均闭户，行人亦断绝。

三、官扎营附近，日兵放火烧毁民房无数，福田在济出示安民，限本日开市，内有会同总商会字样。

四、马参谋策报告：今日上午十时许，有日本骑兵四十余名，至党家庄以南二十里之炒米店南端，向我警戒线发枪射击，因我哨兵不理，即搜查该处居民十余家（据云是搜查藏匿之南军），并将略较贵重物品及金钱携取而去。

五月十五日

一、据第一方面军刘副官长电话报告：昨午日兵进展长清城，我军留守辎重略受损失。

二、洛口仍有日兵把守，只准便衣人民往来。

三、据东阿县长云，近日济南逃出人民甚多，据云六马路日兵向东发炮，芙蓉街房屋烧毁十余家等语。

四、马参谋策报告：

1. 本日上午十时许，有日汽车一辆，内载日兵八名，向我范家庄前进，见我哨即回。

2. 据报，黄山店路旁放有钢甲炮三门，未入阵地，并有日兵骑兵四五十名，在该处休息。

3. 下午二时许，有日兵数十名，在范家庄北端之沙河大桥及南槲山桥附近出没，想系侦察该铁桥破坏之程度。

4. 午后三时有日飞机二架自北飞来，在崮山一带翔旋三周，即向南飞去。

5. 据济逃出民人云，胶济路时有满载武装日兵来济，在胶济车站下车后，即分驻城内旧督署及商埠各大商店内。

五、刘总指挥报告：

1. 昨日上午四时，日兵三四十名由车站进驻博山城内，遍贴布告。十日，赴博山南部侦察地形，其先头部队已进抵青石关。

2. 本日上午七时，日兵五百余，马三十匹，大炮四门、机关枪若干，乘车北上，现博山内有日兵四五百人等语，兹将博山日兵布告录下：

五月三日，不料有在济南中日两军冲突之不祥事，洵不胜遗恨。以是大日本帝国派遣山东总司令业经要求国民革命军，以胶济铁路线二十支里以内之地区为日本警备地，无论南北两军绝对不许逾此警范围以内为军事行动。博山方面防军，照此要求各方面革命军不许侵入博山及其周围二十支里以内地区，倘违警告者一律当即解除武装，毫不宽假。大日本昭和三年五月十三日。博山方面日军防备司令陆军少将岩仓正雄。

六、据杨参谋兆舫报告，上午十时许，有自北来之两翼下绘有日本国旗之飞机两架,在泰安附近及大汶口南驿一带盘旋数周向北飞去。

七、据王连络参谋志辨报称:

1.日军分布胶济路各站,青岛、博山、济南各处因美兵舰十余艘泊青岛,对我动作较和缓,未前进压迫。

2.据职师派往张店、周村一带谍报员十三日回报云,张店有日兵一百五十人,其宪兵支部在车站附近各要路口均垒有沙袋,村外筑有工事,日人之飞机场在车站附近有飞机十四架。

3.周村有日兵二百名,住车站,其守备司令部在大马路门前垒有沙包,日人恐有我便衣军,故行人来往严密检查,该处商民甚恐慌。

4.青岛约有日兵二三千人,兵舰五只,近闻有向日本再运兵来华说,总计胶济路各站所驻之日兵约万余人。

5.博山有日兵五百人,炮二门,机关枪六架,弹药甚多。

6.据济南来之商人云,城内日兵于十三日全退驻商埠,城内治安由商团维持。

7.由周村交涉员处得来消息,英、美、法、德各领事在青岛会议,不满意于日本出兵山东之所为,内以美为最等语(此系六月二十一日在临青行营收到)。

五月十六日

一、据方代军长策文酉电称,据职军由济南前方病院逃回之官长报称:佳日日军冲入医院,击毙军医岑振朝及卫生人员,并一切负伤官兵共二百余人,惨酷情形,不忍卒听。查交战国对于敌国伤兵,应当互相疗治,不分畛域,乃日兵对于病院卫生人员及疗养之负伤官兵,竟任意杀害,其蔑视人道,违背国际公法,实属蛮横已极,而侮辱我国国体,尤为莫大耻辱,应请钧座将日军残忍情形宣示中外,一面严重交涉,务达撤兵、惩凶之目的,以强国权,而慰死者。

二、据马参谋策报告:

1.今早十一时,在津浦路线之南橛山桥(离济四十余里)一带发现日本骑兵十余名,似有向我搜索前进模样。

2.兴龙(应为"隆",下同)庄及八里洼一带之日兵,于今晨八时向仲宫镇前进,下午四时即回兴龙庄。

3.下午一时,有自北来较大飞机二架,在崮山、仲宫镇及津浦线之张夏一带视察甚久,旋即向泰安方向飞去。

4.据报济南日兵于昨夜向东开去列车一列,内载各种兵约五六百名,今晨亦有少数乘车回济等语。

三、据刘总指挥报告,本日上午九时三十分,日飞机来莱芜城空际飞旋,想系侦察我军行动,绕行两周始飞去,其机体黄色,尾白色,翼下有红日。

五月十七日

一、据报告济南日兵近日向东开去者甚多(闻系开赴天津)。

二、日骑兵仍有少数出没于八里洼及炒米店南端,似无前进之企图。

三、据杨参谋兆舫报告,本日上午十一时许,由北飞来日本飞机一架,在泰安空际绕行数周,掷下数十磅重炸弹三枚,一落铁路宾馆围墙边,一落车站,均未伤人;一落县公署附近,死伤居民三人。

四、据谢连络员定远报告:

1.我军未能出城官兵约千余名,除已被日兵戕杀七八百人外,余三百余名,均为日人虏去作苦工,待遇极酷。

2.江家池有我军前方医院一所,内有伤兵七八十人,均被日兵以刺刀刺杀,尸躯满地,血肉模糊,至十二日尚未抬完。

3.日兵在济南城内及商埠挨户搜查,日军官长虽严而士兵则乱取民财,我国人民逃避者十之七八。

五、据马参谋长报告:今晨十时许,有日本飞机一架,自北飞来,至党家庄附近掷下炸弹一枚,落在麦地未伤人。

六、奉总司令蒋蕆电,我军到达京津,应力避免与外兵冲突等因,又电美国各方意旨,认日本此举有害远东和平,勃拉克在下院外交委员会提议,拟由美国务卿会同中日公使及南京政府互相协商,以谋解决。

七、据外交部电：

1. 纽约李参事云，勃拉克在下院外交委员会提出济案，此地各方意见，认日本占据山东有害远东和平。

2. 五月十一日（原码五月二十一日与发电日期难免无错误），伍朝枢抵纽约，续接李参事电，美议院对于中日争端，拟由美国国务卿、中国驻美公使、日本驻美公使及南京国民政府互相协商以求解决。

3. 美政府现已命令美国领事泼来司，俟官方正式谈话，获得中日两方同意之时，即可尽调解之责等语。

4. 据驻宁日领到部云，无线电通讯一节，得福田回电如下：

"接交涉电可同意，惟无线电恐不便，须俟有线电恢复，否则，希望特派携有委任状之代表前来"等语。

五月十八日

一、据闵天培巧电：顷查得张逆宗昌与日方勾结之铁证如下：

曾充山东兵工厂长等职之刘通（张宗昌之姊夫），由济南函寄烟台禁烟局长梅少珊一函，内略云：我军如有不测，日本已于三月初一进兵山东，所有济南、青岛、龙口、烟台归其完全担保之中，交涉已妥，请勿庸虑。等语。

二、据第一军团章科长伟报告：

1. 美人在济宣言，保持东亚和平，禁止日军在青登陆。

2. 日军以我军克复京津，现调济南二千余名，到津保护侨民，现在济南日军至多不过二三千人。

3. 日兵于十六日在济三马路抢劫泰康及其附近两大店，被我民团、便衣队截击，互有死伤。

三、据马参谋报告：十六日上午，日兵在商埠抢劫华商大店十余家，并以搜查为名抢掠泰康饼干公司。

四、据胡代师长祖玉巧电：

1. 在博山日人近有制办华服者；

2. 张逆退出济南时，日人假冒张军乘机抢劫美商，当经美人拿获，

知系日人,现美方已向日交涉;

3. 据济南逃来土民云,济城日兵甚少,惟商埠各要隘均迭有沙包,警戒极严。

五、接李、白两总指挥通电:

1. 日本藉故称兵,遂令血染历城祸延齐鲁,当挥戈北指,除国贼、抗强权;

2. 党内同志固应并力赴难,党外同胞及奉系将领愿与本党合作一致对外者亦可许其参加,以示先总理天下为公之心;

3. 我军北伐第二步,亦宜以齐鲁为止境,否则,日军必肆阻挠,纠纷愈多,倘令其自行出关,一致对日,内忧外患自可迎刃而解等语。

六、据崮山马参谋策报告,今日下午一时,有日飞机一架至仲宫镇附近掷放炸弹,毙我十军三十师士兵九名。

五月十九日

一、据探报,日兵在马路上拉夫,闻系在商埠一带添筑工事,拉去人民都扛抬沙包及帮掘地坑之用,待遇甚酷,工资亦无。

二、据马参谋报告,济城西北之某庄一带,近日发现奉鲁军之便衣溃兵甚多,不分昼夜,在该处抢掠,仲宫及兴龙庄一带红枪会(系民团性质)数百人前往协剿,行抵新庄附近,被日兵机关枪及大炮轰击,死伤无算。

三、日飞机连日均有一二架至仲宫、明水及沿津浦线之泰安一带侦察。

五月二十日

一、据刘总指挥峙皓电称:

1. 日军步哨在白马山附近,其骑兵自蒆日起,未见来我方搜索;

2. 据探报,济南日兵已陆续开往天津,在济南附近不过二千余名;

3. 又哿电称,日军大部开往天津,以保侨为名,兴龙庄一带日步哨已撤退至济南附近。

二、兹将日军所张贴之布告及告济南市民书抄录如下:

告示

日本军现在驻屯在济南,无论南北两军均在济南之周围二十里以内禁止插入,若是不得日本军之许可,进入者立即解除武装。

大日本昭和三年五月二十日

济南警备总司令官福田彦助

（此处有印）

济南亲爱市民诸君

原来日本人与中国人,向无分南北,均是好友,而且日本人对中国人断无仇视之理,故于济南数十年以来,何事皆互相乐业平和,已来者见之即明,此事事居然办到也。然日本军最初来到济南地方,因恐街巷战乱之时,以保护日本人民为要,故设防御示物以防御之。此时,北军安然退出平和之中,而南军来到济南,预料济南人民不致被有战争之灾事也,窃甚喜悦。故蒋介石以济南之治安维持,皆于南军担任之故,为去误会希望把防御物撤去之,日本军于五月二日夜内遂欣然撤去,此事皆人之所共知也。见之者很明白,日本军对于济南市民之平和,出自热诚维持之故,凡维持和平,无有办不到的,不幸祸从天降,忽然南军与冲突,发生不祥之事,而日本对于济南市民向无何等恩怨,故不幸无辜市民遭此灾害,伤心已极。贫苦无告者,给物以食之,受伤者,疗治之,故极力使被灾害者减少痛苦,以上情形,无论何人皆能看见日本之一番诚意。

济南亲爱市民诸君

当此灾害之余,速为救出人民涂炭之苦,速为开市乐业,仍恢复平时之常态为要也。因为穷余之人民,亦自然能得到职业的生活,想此事必能办到。倘若听信谣言,不开市者,所有一般现谋生活之人民甚不利也,商民各位,又有重大之损失,今后息止谣言为要,又有抢夺物品者,害及人民者,而由济南治安维持会取缔之。倘有不逞之徒,仍由日本军依然直接办理之,日本居留民会及中国民众合并一体保护,以令定之,故而安心始业,因之济南人民,无不乐为之也,况于个人亦有必要也,诚然市民诸能以反省体谅也。

昭和三年五月

日军义勇团

三、据天津探报,日本第三师团将抵天津。

四、据马参谋策报告:张宗昌之参谋长金寿良到烟台后,对于一切设施,业已妥当,于今日亲来青岛与日方面接洽一切,并闻与已设在烟台之伪督行营及省长行署等去留有关等语。

五月二十一日

一、据贺高级参谋马电称:

1.党家庄、兴龙庄、八里洼等处日兵已撤退,惟白马山尚有少数日步哨;

2.日军飞机每日来泰安侦察,有时掷下炸弹一二枚;

3.济南商民可以交通,惟搜查极严;

4.我军留济伤病兵均被杀害,被俘者,闻均锁拷虐待。

二、据闵天培马电称:

1.日本飞机、骑探日发现于长清一带;

2.匪首刘黑七部千余在明水与日兵开火等语。

五月二十二日

一、总司令蒋头版养西电称:兹据东京巧电称:

1.田中令芳泽谦吉回国,有所商洽,但芳泽以京津方面危险,回国与否未定;

2.巧日阁议,关于中国北部,战事将照既定方针进行,并要求外交团谅解,本日将再向中外声明。路透社北京电:此间日人似有备战之势,正金银行职员日人之眷属及其子女日日出京,惟日使馆人员之眷属,则迟至下星期一日起程,回国专船须于是日始抵塘沽也,中国工役由日人监视,在使馆区域边界球场,从事塞填地基,想系建筑飞机场。

二、何总参谋长应钦养电:张岳军来电称:日重藤武官接松井中将电,谓国军讨奉以平静占领京津为宜,若是急迫致惹起京津地方之惨乱,则国军属内外立场,均有不利,顷与谭、张、李诸公共复张岳军一电,嘱作霖及时下野,自动退出京津移驻关外,则全国之统一可不用兵,更何须出于远击等语。

三、张岳军电称:重藤武官本日接松井中将一电,其文曰:奉天军对政府十八日所发复事之态度,虽尚未明了,但奉天军各决行退却,革命军仍行急追,惹起京津地方之无谓战乱,对内外立场,均有不利,吾人热望革命军平静占领京津,南北于此机会舍去多军之争乱,开将来和平协力之端绪,望将此意转达南京方面要人,并将其意思电达。因吾人依其志向,有相当准备之必要也。云云。

五月二十三日

一、据济南市党部报告,此次济南被日兵惨杀人数业经详细调查统计,列表如下:

济南被害人数一览表			
职业	死亡人数	负伤人数	被伤人数	备考
军警	2312	350	2600	
车夫	370	450	300	
小贩	250	300	250	
农夫	100	150	150	
学生	100	100	180	
妇女	150	200	80	
儿童	100	150	50	
其他	1000	1200	70	
统计	4382	2900	1440①	
附记	此系当时所调查之人数,后有因伤毙命或被俘而遭惨杀者,尚未列入			

二、蒋主席作宾漾电:济南惨案,政府已与日本当局严重交涉,交涉情形渐趋和缓矣。现接外交部密电,调查日军在济南党家庄及各处犯

---

① 原文如此。

法。违约实情及惨状之照片并飞机投下之物搜集送部以作凭证等语。

五月二十四日

一、据刘科长膺古由禹城电话报告：

1. 据由济南逃来之伤兵伤官及土人等称，日兵在济南城内及商埠者，总共不过四千左右，但其对我军民仍如前残杀，前后共杀死者总在二千人以上，现在城内居民逃散者已在三分之二以上，东门城墙上于二十二夜装置地雷数个云云；

2. 辛庄营房仍驻日兵一团，党家庄无日兵出没；

3. 洛口镇及齐河南岸有日骑兵百余名来往驰骋，军衣便衣均有中外，口声相杂，此点不无可疑之处；

4. 五月十一日有日兵数十名渡河，被我军击退后，永无渡河之事；

5. 闻胶济路上日兵近日无增加；

6. 本月十七八日飞机三架在泰安一带飞翔，投掷炸弹三枚，火车站附近落二枚，县公署落一枚，共死伤三四人等语。

二、蒋主席作宾敬电：济案自政友会到济南调查，即将田中种种侵略我主权之布告派人撕去，局势渐趋和缓。又据共和医院院长英人惠来传出消息，谓日人此次暴虐行为，实出各国意料之外，日皇亦不以田中为然，已将前在济有暴行之军队限七日内撤退，翌日以前，福田军队已陆续赴青，代以名古屋第三师，暂由齐藤为警备司令一说，福田军队将赴天津，尚未证实。现山东交涉员崔士杰及本会交通处主任赵世暄在沪与日总领事矢田交涉，商定重要问题，俟两国政府解决。对于济南现状维持，由鲁省地方官负责办理，已向日领提出三项条件：（1）我方文官须早入济南维持秩序；（2）保障文官之居住安全，办公自由，交通机关尤须即日照常服务；（3）将青岛奉鲁军残部即时消灭。矢田对于条件甚表赞成，并急电日政府请示，一二日当有回电，鲁省政府已明令发表暂在泰安先期成立等语。

三、奉总司令蒋敬未电：

1. 驻济南日军系第六师团全部五千人，有野炮六、重炮山炮各四、

飞机六;

2. 第三师团到后,拟担任青岛区胶济线警备;

3. 日军对我军已无再事进攻之意;

4. 方永昌、祝祥本、顾震、刘志陆等部计八千,现在鲁东。旬日前,邢士廉潜赴该地,与日军商洽,令其退津,日本亦望其和平退去,不然拟俟第三师团到后解决之等语。

四、接第一军团总指挥部通报称:

1. 据报日人侦探,身穿黑衣,头戴红顶小帽,并携有手枪;

2. 由济南逃出难民经长清崮山、(湾)〔万〕德南来者,络绎不绝;

3. 据谍报,由长清东扬山等处回,称日兵仅在济南西张庄、段店一带布防;

4. 十九日上午十一时,有日飞机一架,至长清、齐河一带侦察;

5. 据济南来人云,济南城内各马路均筑有沙包、电网;

6. 闻美国兵已开至济南者三千人,现住济南南关外广智院,尚无若何举动(恐不确);

7. 据报济南确已到有美兵数百名,日兵位置于黄山店、白马山一带之连哨已撤退;

8. 据济南逃民云,日本政府对于此次日兵在济南惨杀我民众及炮毁美、德两国建筑物,深恐惹起国际交涉,乃推罪于驻济日本领事,闻该领事有投井之说,确否,尚在侦察中;

9. 据姚家河哨报告:日人每日派汽车一辆由济南出发向西南十二里河段店一带,来往三四次放哨,济南西关外布有电网、地雷,又长清一带时有日本骑探或汽车发现,长清县城时常关闭;

10. 据探报,前在吴村夏庄之股匪刘黑七,集合万余人在明水车站与日人开火,结果未详;

11. 据胡代师长报称:倭寇出卖之金丹白丸,原定价洋五元,现只收三元,据说有愿为日人作侦探者,则赠送毒品十盒等语,对于此项贩卖金丹白丸奸商望各注意等语。

五、马参谋策报告:连日济南附近炮声不绝,据探报济南城之西北,近日发现奉鲁便衣溃兵甚多,身携手枪、木壳枪及手提机关枪等,到处抢掠,当地民众召集各地红枪会兜剿,曾被日军发炮射击,红枪会死伤甚多,现日方恐红枪会报复,故不时发炮示威等语。

五月二十五日

一、据方总指挥振武有电:

1. 济南秩序尚未恢复,日兵时出时没,并不时入城搜索;

2. 日兵死亡之四五百名,均用保存法一律保存,将为交涉要求之佐证;

3. 济南城内有日便衣队甚多,手枪藏于臂上;

4. 济南警所由田益三等曾推马子贞为所长,马未就;

5. 日兵对住济南城之南方人,特别注意,故南方人多出境;

6. 距洛口十五里之桑梓店有便衣队四十余名,陆续来者有千数;

7. 据密探报告,观察济南情形紧张,恐便衣队等有动作等语。

二、据贺高级参谋国光有电:

1. 据探白马山、黄山店等处日兵已撤退;

2. 济南城内仍防守,惟检查行人稍放松;

3. 闻青岛张逆设立行营,有迁烟台说。

三、据第一军团总指挥部通报:

1. 刻下商埠商会组织一中日联席会议,每日午后四时举行一次,我方有商埠商会会长刘向忱、警察总局会办室文卿等十余人,日方有苏池参谋长及主要军官数人。日方提议济南治安,南北两军无人负责,敝国及诸位自可维持,但请贵会劝各商开门,照常营业。当由刘向忱答称:此次炮火为济南从来所未见,各商民惊惶犹有余悸,恐一时难以办到,惟当竭力劝导,早日恢复。

2. 日人声称决不干涉政治,并促成立自治委员会,以便办理各事,即日本有事亦可接洽,现正筹备进行。

3. 中日会议在商埠商会楼上设宪兵警察联合办事处,以便与日方接洽。关于治安问题，苏池参谋长谓中国警察，如能组织完善，可负全责；日军即减少各处岗位，夜间七时至早五时为戒严时间，商民有事外出，经过日军步哨，令停止时立刻停止，绝不射击。

4.济南警备司令齐藤浏少将发出布告云：党军远去，济南虽归安静，仍恐有不肖之徒乘机掠夺，戒严状态势所难免。对于济南中外人民生命财产保护上之措施如下：

a.妄造谣言蜚语或掳掠良民者严行处办；

b.集会或杂文杂志、广告宣传等认为军事及治安维持上有妨碍者，即停止之；

c.不得持有武器弹药及其危险之物；

d.监视邮政、电报、电话等，必要时拆阅邮件；

e.有危及日军之生存、破坏其通讯线者，处以极刑。

5.闻日本来济调查者，系日本众议院政友会议员原田内野、永田矢野荫等五人，刻尚在济。

6.日领事馆传出日本政府第二出兵声明，以保山东方面之侨民及胶济铁道之交通为目的，并声明增兵至五个中队赴天津，长江及中国南部增派军舰云云。

7.日军传出消息，日军此次来济者，系驻满洲之外山，现因该处形势吃紧，奉令开回原防，已有千余赴青岛。

8.闻胶济路又增兵一联队，名古屋师团之先发队静岗联队，担任胶济全路之责。

9.据青岛来人云，青岛四周及要隘均有战壕，人民尚属安静等语。

10.据驻济探报称，驻济日领确于铣日已殁。福田自称山东督办在济。日兵仅数百名，以火车装运于青济间，明来暗去，佯为增兵，青石关何玉茛庄一带有少数日兵，严查行人。三里店、辛庄有游动哨，白马山一带埋藏多数地雷，近日限我济南人民三日内将茅屋(折)〔拆〕尽，并禁昼夜闭门，以便随时检查等语。

四、德州兼新城兵工厂长赵翊邦，为日兵破坏新城兵工厂，炸毁火

药库,特呈国府严重抗议文,抄附于后:

呈为日兵破坏兵工厂炸毁火药库,呈请严重抗议以维国权事。窃职查新厂于五月七日守卫兵撤退,八日日兵向厂炮击,房屋多被破坏,以后每日以兵三四十名一组到厂搜查,但未见其损坏机器及搬取物品,业将经过情形,呈报在案。乃迄二十一日,济南商会致信本厂,派人赴城开中日联席会议,当派职厂股员孟亦清代表出席,日方代表为大有洋行经理叶功甫。会议结果,日方永不干涉厂事,惟无影山药库应即收拾清楚,封锁保存。二十二日,职即派员带同小工将该药库整理封锁,并一面函请济南治安维持会派徒手警察十余名来厂负看守之责。二十三日有齐鲁大学教授美国人溪尔恩来厂,调查日兵进厂有无取物损机情事,并将第二厂存储之一百二十磅飞机炸弹百余枚、手榴弹二百余箱拍照而去。方以十余日来紧张时机已过,未遭重大损失,私为欣幸。不意日方口是心非,遂背前议,于二十四日有中队讨山本武彦狩兵二百余名乘火车进厂驻守,将厂内人员一概驱逐,以实行强占之手段。二十五日午前,据便衣看守兵王得成报告,日兵现在无影山火药库安置电线,谅欲炸毁此库,至午一时许二十个药库果然同时爆发,天地震动,内存之无烟无色药计价值二十余万元,顿时炸为乌有。二十六日,日兵开始搬运,厂内机械及所存之飞机炸弹、手榴炸弹、迫击炮弹,并各种材料,各处办公室内之木器公具等,用火车逐日捆载而去,然损失至如何程度,因目下未能进厂逐一调查,尚未知确数,但从外方观察,以火车陆续搬运为时十有余日,谅必损失殆尽矣。现日兵仍住厂内,且见其来去换班时均有物件随汽车带去。职查新城兵工厂原系张宗昌将德州厂之机械大半数搬来扩充而成,职五月三日接收后,至二十三日前,全厂机械完全无缺,其存储之军火及材料为数甚多(全厂机械、军人数目有底可查),总计价值在六百万以上,厂之得失攸关国本。现除在齐河县复庆和粮食行设立临时办事处以便维持职工等外,应将经过详情呈报钧座,提出严重抗议并请批示办法,俾便祇遵。谨呈总司令蒋。

五月二十六日

一、据吴参谋庆之转据刘科长鄜古宥已电：

1. 养日党家庄有枪声，查系日探被人民包围；

2. 胶济路已通车，系日人售票；明水车站养、漾两日有匪与日人冲突；

3. 济南城内商场已归警察维持，枪亦发还；

4. 新城火药库敬午又被日兵炸毁一处；

5. 日人布告自认错误，并催开市，商会要求撤兵；

6. 前我四十军在济被缴械之一团官兵，敬午由商会保释，各给便衣运青转沪，惟团长与营长尚羁留商会；

7. 济南由伪宪兵司令田友望维持秩序。

二、据驻青岛之应谍报员沛霖报告：

1. 前海泊有美国兵舰六只，自 342 号至 347 号，本港泊有日兵舰六只，陆战队水兵一千五百名；

2. 日兵之防守区域规定：（a）济南至青州间，归第十一旅团，由齐藤少将统率；（b）青州至青岛，归三十六旅团，由岩仓少将统率；（c）博山及张店，归十二联队第二大队，由上村大队长统率，铁道队分驻济南、青岛、张店三处，防我军破坏路线；（d）天津派来济南之三个中队，担任普利门外胶济车站及南部五马路一带，第十一旅团担任商埠并准备土包、铁丝网等防御物堵塞路口；（e）凡沿路线住有日侨之处均驻日兵。

3. 据青岛土人云，日兵确有改装混入北方队伍中。

4. 四月二十六日开往济南之日兵一列车，在明水站附近为刘黑七部黑夜袭击，确有死伤。

5. 美兵舰派陆战队数百人，向西出发，未知至何处，闻其目的，似为监视日兵之举动。

五月二十七日

一、冯总司令感电:顷接北京来电称:张逆作霖敬日接见日本记者云:东三省与余之密切关系不待多说，余现在之一战与东三省、日本均有直接关系，余所以必请日本积极助余，无异日本自助等语。查张逆作霖卖国丧权，无所不用其极，即此一席语，已足认为该逆卖国之供状，此獠不灭国亡无日。现当大举声讨之时，扫穴犁庭，义无反顾，凡我同志，其共勉之，并请将张逆此项谈话宣布全军，益以激发官兵为国杀贼之心为要！

二、又奉冯总司令感电：顷据王督办正廷皓电称：军事胜利至为欢忭，兹有应注意之点，特为电陈，幸祈鉴察。查《辛丑条约》至为不平等，将来自应设法废除，惟在此未行更改之前，该约中规定黄村、廊坊、杨村、天津军粮城、塘沽、芦台、唐山、滦州、昌黎、秦皇岛、山海关为各国分兵驻守之处，此外又加丰台一处亦有英兵分驻，我方将次进兵京津，自应特为注意，凡有以上外兵驻扎之地点，我方军队切不可与之冲突，以免阻碍军事进行而生外交方面之纠葛。又天津二十华里以内，及外兵驻扎之铁路左右各二英里即六华里半，亦有我国不驻军队之拘束。惟查辛亥革命时，外交团曾有下列之决议：满洲政府及革命双方军队，皆可自由利用该铁路及码头，以便运输及上下船舶，各国驻兵不得妨碍之，但双方军队不得阻碍交通及破坏车站、桥梁等，如有违背，各国驻军将用武力干涉，而沿铁路电报局由驻军保护，中国双方军队，亦得使用之云云。以上各情系于《辛丑条约》及收回天津地方之据文，与辛丑革命外交团之决议有关，我军之进行似宜通令各军将士明了外交条约上之关系，庶不致发生阻碍，特此奉闻。等因，特此电达，希即查照。

三、据吴参谋庆之转据刘科长膺古感电报告：

1. 青岛有美舰二十只，英、日舰各十余艘，美似有监视日舰意，英则态度未明；

2. 济南美侨被日兵流弹毙二名；

3. 济南商埠有田友望保安队数百人；

4. 桑梓店陈晓峰率部六十余，枪四十余，假鲁南民军名义骚扰地方（闻系张逆之残部）。

五月二十八日

一、奉总座寒电：

1. 日本参谋部已发表停战令，并声明交涉，对方认定为中正；

2.各国对我国已表示同意，矢田有日内来宁之说，如此交涉当和缓。

二、据吴参谋庆之报告，济南由伪宪兵司令田友望维持秩序等语。

五月二十九日

一、据闵连络参谋天培艳电，长清、肥城已无日兵。

二、据刘总指挥峙世末电，日军对胶济路二十里以内，仍声称不准驻南北华兵。

五月三十日

一、据张军长克瑶报告：

1.济南商埠督办因日人惨杀，民众逃走，有坐办李月楼未走，日人知觉，迫令出来维持市面，又恐潜逃，将该坐办照一相片，伊被吓，逃至章丘即死；

2.日人在济有兵一千五百名，身穿紫花布衣，凡见穿灰色衣者，即行惨害，民众都不敢有穿该色衣服及收藏；

3.西门外东流水沟，日兵进城时，叫百姓开门搜查党军，人民未敢即开，有某姓一家九口被惨杀者七人；

4.二十四日，有日骑探三十名赴新城子药库附近探视，被红枪会包围，日军官得悉即派部队前往该处，人民已逃走一空。红枪会与之抵抗，互相射击，一夜未息，次早红枪会远遁，日兵即回济南，在局旁触发地雷二个，炸伤数名，据闻此地雷系张宗昌退却时所埋。

5.济南齐鲁大学系美人所办，房屋均被日军炮毁，正在交涉中。

6.自新西门至旧西门，全被日军炮毁成为焦土，现闻某方正在调查被毁房屋，每间给洋二元。

7.前次日军进城时系由城北铁路搭桥爬进。

8.济南商店仍未开市，但日军见华人时较前略松。

9.每晚七时戒严，行人如闻呼即跑者，日兵即实行开枪，凡各要隘及城门均设有步哨，见形迹可疑者即行检查，如有中央毛票者立即枪毙，如有现洋及贵重物品，当即搜去等语。

二、据吴参谋庆之世未电称：

1. 径日晚有美兵二千余，由胶济路运到济南，驻齐鲁大学。

2. 新城兵工厂由日兵看守等语。

三、据刘科长赓古报告：

1. 胶济路确已通车，各车站均由日人售票；

2. 五月二十五日正午，新城火药库被日兵炮击炸毁，并闻于三日前，由日人出示布告，通知人民勿生惊慌；

3. 经多方在济调查，日兵确仅三四千人，昼往夜来轮流换调，并未增兵；

4. 济南警备司令仍系福田师团长；

5. 济南对岸及洛口等处，每日均有日骑二百余名，往来驰骤，但未过河北；

6. 五月二十六日下午，我侦探见有身穿西装不知姓名之中国人随带弁兵四人到日兵营接洽，于昨日到日领事馆，并有许多日兵为之保护；

7. 二十七日洛口贴有日人红纸条"勿打山东保护侨商"之标语；

8. 济南城厢秩序，现由前张宗昌之山东宪兵司令田友望维持；

9. 日军义勇团通告济南市民，催商民立即开市。

四、据吴参谋庆之东未电称，据友人云，济南商民不欲田友望在济，已商得日人同意赍函连镇请卢子嘉出任维持。

兹将济南惨案代表团所报告之死伤人数列表于下：

济南惨案死亡表

死亡情形	人数	职业	备考
被日人刺死者	255	农　38	
被日人活埋者	22	工　55	
被日人无故枪杀者	1105	商　2115	
中流弹死者	44	学　200	
红十字会掩埋无从考查者	578	兵　216	

续表

红卍字会掩埋 无从考查者	510			
总数	男　2100 名 女　66 名 红十字会掩埋无从考查者　578 名 红卍字会掩埋无从考查者　510 名			
共计 3254 名				

济南惨案受伤人数表

受伤情形	人数	职业	备考
被日人刺伤者	1		
被日人大炮炸伤者	79		
被流弹炸伤者	25		
红十字会收容 无从考查者	613		
红卍字会收容 无从考查者	533		
总数	男　80 名 女　25 名 红十字会收容无从考查者　613 名 红卍字会收容无从考查者　533 名 共和医院收容无从考查者　199 名		
共计 1450 名			

（1928 年 5 月 1 日—30 日）

中国社会科学院近代史研究所南京史料整理处编：《济南惨案档案史料》，未刊本

蒋介石致国民政府等电

1928 年 5 月 1 日

　　限即刻到。南京中央执行委员会、国民政府、军事委员会钧鉴，新乡冯总司令、太原阎总司令、上海海军杨总司令、广州李主席、汉口李主

席、并转各总指挥、各军长、南京何参谋总长、上海钱司令、并转各省各报馆均鉴:中正奉命北伐以来,赖将士用命,迭获胜利,孙传芳、张宗昌两逆所部节节溃退,兹于本月一日完全克复济南;除饬各军团分向胶济路及河北跟踪穷追外,中正亦于即晚驰抵济南,抚绥军民;并以鲁民连年受军阀专制,谨仰体中央德意,令知战地政务委员会:凡张宗昌所增各项苛细杂税,一律蠲免,各县不得重征,以苏民困;仍当督率各军迅速追击残敌,务于最短期间完成北伐。谨此奉闻,伏希鉴察。蒋中正、东亥印。

民国十七年五月一日发。

《国民政府公报》,第54期,1928年5月出版,转引自《中华民国重要史料初编——对日抗战时期》绪编(一),第116页

总司令部参谋处致中央党部、国民政府等电

1928年5月1日

限即刻到。南京中央党部、国民政府、军事委员会钧鉴,新乡冯总司令、太原阎总司令、上海海军杨总司令、南京何总指挥参谋总长、广州、汉口、长沙、上海电台转各总指挥、各机关、各报馆钧鉴:今日上午五时,我军完全占领济南,获机车百辆,车千余辆,俘虏二万余,军械无算,敌已向北溃散,正在追击中。总部参谋处叩、东酉印。

民国十七年五月一日发。

《国民政府公报》第54期,1928年5月

蒋介石致张群电

1928年5月3日

此电译成托佐佐木致日本参谋部松井部长转,另致南京外交部秘书处转东京殷汝耕转:

张岳军兄勋鉴:读密,中昨辰入济南,昨夜日军即撤消铁丝网、沙袋及警戒兵,但军民心理仍然浮动不已,闻日军在其警戒线内击毙及捕拿

我士兵数名之说,今中已到济,如其仍不撤退山东日军,则使我对军民失信。而日友对我公私之情感亦表明其不留余地,请以公私之关系,要求其克日撤兵,俟其正式发表撤兵后,方得进行其他一切交涉也。中正。江。

《总统府机要档案》,转引自《中华民国重要史料初编——对日抗战时期》绪编(一),第125—126页

蒋介石致国民党中央电
1928 年 5 月 4 日

江(三日)晨日本派遣来鲁之军队无端挑衅,向我军射击,枪炮之声,至今未止,民众与官兵乃被惨杀击毙者以千数计。昨晚并击毁我无线电台,心怀叵测,横暴压迫,非所言喻。膺白(黄郛)部长现正与折冲,尚未有效;弟本革命精神,对此侵略,决不屈服,拟即将其横暴宣布中外,以促国人觉悟,而博世界同情,再图对付。蒋中正叩。支卯印。民国十七年五月四日发。

中国国民党中央委员会党史委员会库藏史料,转引自《中华民国重要史料初编——对日抗战时期》,绪编(一),第126页

蒋介石致国民党中央电
1928 年 5 月 4 日

支晨电计达。日军冲突,渐趋和缓,但结果如何,尚未可知。英美领事出而调停,正在接洽中。抗议书已由膺白以电拍出,后方民众仍以持镇静态度为宜。余续详。蒋中正叩。支酉印。

上海《中央日报》1928 年 5 月 6 日

罗家伦报告在济南事变中之经历
1928 年 6 月 14 日

日本要灭亡中国,就绝对不能让中国统一,它才可以分别的宰割。

国民革命军北伐出师以来,连战皆捷,声势浩大。当民国十六年克复南京以后,日本就已经计划在黄河流域打击我军,六月间我军抵达山东临城、滕县一带,日本在七月间就从大连增兵三千多人赴青岛。七月十八日日军炮队带了十几门大炮由胶济路开到济南,当时若是我军继续北伐,恐怕济南事变早在那年已经发生了。不幸因为宁汉分裂的结果,总司令蒋先生在八月十二日翩然下野,北伐之师因而停顿,所以日军因目标丧失,在九月三日日方驻上海总领事矢田致函我方交涉员通告撤兵。到十七年初,蒋总司令复职,仍然继续北伐,经过大规模的部署以后,这一场志在统一全国的大战,于四月四日在津浦线上开始。我军于十日克复台儿庄,十一日克郓城,十二日下枣庄,十三日下临城,十九日下邹县,二十日下曲阜、兖州,张宗昌的部队和支援他的奉军望风西溃,于是日本海军竟于二十日在青岛登陆,而在青岛的陆军亦就开进济南,这是日本第二次阻止北伐在山东境内的出兵。这种行动,真所谓司马昭之心,路人皆见,济南的浩劫,是无法避免的了。二十一日我外交部虽提出抗议,但是有什么效果呢?

　　四月二十二日,北伐军克复泰安、肥城,二十九日第一集团军的一部分已打到胶济路的明水镇,第二集团军孙良诚部又抵济南近郊。蒋总司令进入济南城,继续指挥北伐是五月二日的事。我是在四月间和大军一同由南京出发的,担任战地政务委员的职务,并兼管教育处。政委会的职权,是一个中央政府在前线配合军事行动的缩影,每一个处代表中央一个部,在战地行使职权,也就是说每逢克复一个地方,这地方上的政务就由该委员会的各处分别管理。我能代表大学院处理战地教育事务,实感幸运。我于二十日到达兖州,对于该地教育工作,略事部署;然后沿北进途中,在泰安稍事逗留;直到五月二日晚间才进济南城。三日一早,我到山东教育厅去视察,对于该省教育工作人员尤其是教员特别加以安慰。不料我讲话快完的时候,忽然听见连珠的步枪和机关枪声,据当地的报告,说日军和国民革命军已经在济南城外新市区打起来了。于是我急忙地回到总司令部(该部临时设在督军公署里面),见到蒋先生,简单的商谈应付方略,我们都认定,这件事是意料之中的,但是为了完成北伐大计起见,还当尽力设法制止军事冲突的扩大。在总司令部里,各方的情报来得很多。我方搜到日军指挥官发给军队的命令,中有"命令一下,蹶然而起"等字样,可见此次的冲突,决非偶然,而是奉命的。当时有一日本武官佐佐木逃避到总司令部,我们立刻予以保护。我方并以白布大书"禁止冲突,各军立回原地"字样,沿途巡行并禁止开枪,但是到下午枪声还是激烈,大约是二点钟时,英国曼杰斯特导报的名记者丁白莱(Timperley)亦避入总司令部,要求我为他发一个电报出去。当时普通电台因秩序紊乱,工作已受障碍。我想尽方法,由总部惟一的一座短波电台将该电发出,这是济南以外所收到关于济南事变第一个电报,而这个电报是一个中立观察者打出来的,所报导的全是他目击的事实,态度亦很公平。五三这天,外交部长黄郛恰巧在交涉员公署里,被日军劫持到日方军部里去。黄部长要想同日方负责人谈话,晓以利害,不料不但这个目的不能达到,而且日方反胁迫他在一个报告上签字,这报告是说中国军队在某处打死一个日本军曹,其用意是要把戎首的责任加诸中国。黄坚决不肯签字,但因被纠缠不止,只在上面批了一个"阅"字,日军才把他送回到我军区域以内。最不幸的是战地政务委员兼外交处主任蔡公时先生壮烈的牺牲了。蔡先生同黄郛一样,曾在日本留学,两个人都能说流利的日语,和日本人常有往来,所以我军第二次北伐出师以前任黄为外交部长,蔡为外交处主任,原意就是为便于处理对日交涉。不料蔡烈士竟因此而牺牲。这是三日夜间和四日清晨的事,日军深夜将交涉员公署包围,蔡烈士用日语抗议;日本兵将他捉住,加以侮辱,要他下跪,他拒绝下跪,遂遭惨杀。日本知道理亏,怕文明世界加以谴责,于是便进一步演出毁尸灭迹的无耻惨剧。蔡烈士死的消息和真相,我们到四日上午由他一个勤务兵逃到总司令部来报告后大家才知道。当时枪炮声还非常密集,我们大家商量应当赶快提出抗议,宣布日军此种野蛮的罪状。蒋先生乃嘱我起草一个抗议,我写就草稿,送请大家一再修正后,当天发出,也就在四日上午忽然来了一架飞机,在总司令部上空投弹;一个就投在总司令办公室后面的池里,幸而没有爆炸;另一个炸弹落在我们睡房后面的一个四合院子的中间,一共死伤十九人,其中有官长二人。这架飞机标志不明,很可能是日方的飞机,或是由日人驾驶为张宗昌作战的飞机,因为张宗昌的残破部队里,决没有在当时这种新设备和驾驶员。四日下午枪炮之声稀疏,日方的态度忽然和缓,日军司令官福田彦助遽然派一个参谋到总司令部来说这次冲突出于误会,要商量解决办法,经蒋总司令明锐的判断,认为这是日方缓兵之计,不可上当。他表面仍和日方敷衍,可是到晚上他在正屋右边一个大厅里和前敌总司令朱培德、总参谋长杨杰、高级参谋熊式辉,重新部署军事,定下退出济南将北伐大军分五路渡过黄河的计划。在这个大房间里,把军用地图钉满在壁上,铺满在地上,由熊高参拿了各种颜色的粉笔和一大块橡皮,脱了皮鞋在地板上的地图中间行走,拟定各路渡河后进兵的路线。每次划到一条线之后,在场的人从各个角度加以考虑,再行更改或修正,如此般弄到深夜。那天晚上我因为有事进入这间房间,亦就默默无言的停留下来,看到终止。五日上午蒋先生要我拟一个给英美两国在济南总领事的函件,通告他们我军退出济南,仅留极少数维持治安部队,使济南成为不设防城市,此后一切外侨生命财生之安全如因战事而受损害,应由日本负完全责任,同时提到我方为领馆人员安全着想愿意给他们一切应有的保护。当时在济南只有这二个总领事馆,我于五日下午五时将这两件的中英文本预备完毕,下午六时奉命同曾养甫先生一同前往访问该两国总领事;我们坐的是总司令部的小汽车,并带了三个卫兵一同出发;幸而得到沿途老百姓的通报,指示某街某巷有日军哨兵及障碍物,要我们设法绕道避开;我们按照老百姓的指示,居然二馆都能先后到达,虽然经过许多街口时流弹还在乱飞。我们两人把这函件分别面致该两总领事;他们都深感我方的好意,却都认为领事馆是他们职责所在地,没有奉到本国政府命令不能离开,他们对于日方起衅的经过是很明了的。我们辞别以后,到晚间十一点多钟才迂回的回到总司令部。我回想当蒋先生要我起草这个文件的时候，我曾经问他道："我们就这样退出济南城吗？"我问这句话时，当然是我胸中有种不甘的心理。蒋先生回答我说："等我把军事摆开以后，才同他们说话！"事后我觉得这句话非常的有意义。其实就在那天下午，我军已按照新定的计划开始渡河了。

六日一早，蒋总司令和朱培德、杨杰、熊式辉等一行便装骑马出了济南城，我和陈立夫、邵力子、曾养甫、高凌百和一部分总部人员还留在济南城里一天，料理未竟事宜。到下午五时，应办的事大致已办好了，于是我和邵、陈、曾诸人弄了一部旧汽车到一个澡堂子去洗澡；可是澡堂里已关门了。我们好不容易得到堂主的同情，知道我们在酷热的天气下日夜奔波，汗酸同灰尘凝成一片的痛苦；他居然叫人烧起水来，让我们轻松一下。当时感激的情绪，真是不可言宣。

七日一早，我们一道由总部出发，因为译电员黎琬同志工作勤忙，害了严重的烧热症；我们不能在患难之中丢掉朋友，于是我们绕道把他送到齐鲁大学的医院，拜托该校教务长程其保先生设法特为医疗，然后向党家庄出发。沿途经过白马山地带，只见老百姓扶老携幼的逃奔乡间，我们虽无老幼可携，而且病人已安置好了，但是这群挑夫所挑当时唯一的那套短波无线电台设备，是一件无价之宝，亦可以说是我们对外通讯的命脉。不料走到白马山附近，天空又来了一架飞机，向我们的人群行列飞来。那时候无处可避，只能在一个土堆边把这几挑无线电设备放下来，正当大家紧张的时候，忽尔这架敌机，在天空爆炸，引得大家拍掌欢呼。事后却有某部队说是被他们打下来的，其实毫无其事，乃是该机因驾驶不慎，自取灭亡罢了。党家庄离济南城三十华里，我们直到中午方才同总部的朋友们会齐。当晚大家都住在总司令办公的列车上。

八日上午又有敌机一架在列车的高空盘旋，这显然是日军的侦察机，在六日早晨福田还想不到蒋总司令会离开济南的。等到上午十时，他接到报告蒋先生和他的总部果然出城了，于是敌人的总部起了一个大恐慌，福田急得顿脚，说是以后的事更难办了。因为福田原来的计划想把我们的总司令围困在济南城里,无法指挥所属部队,于是他可以尽情勒索。想不到神龙得水,从此行动自如。他以前计划好的阴谋,突成泡影,焉得而不气到咆哮蹬脚呢? 在七日和八日的敌机,都是为侦查蒋总司令行动而来的。午饭以后,总部办公的列车开向泰安,到达车站时将近黄昏。蒋先生是喜欢山居的人,于是雇了十几乘兜子,大家齐上泰山,走到第一阶段斗姆宫,稍事休息;当时第六十师师长蒋光鼐和第六十一师师长蔡廷锴,也跟着上来报告军事进展的情形。大家乃一同进餐。不料饭未吃完,山下紧急的递步哨飞奔上来,送达一件福田的要求,就是下列五项,原文如下:

"贵总司令屡违对于中外之声明。此次由贵部下之正规军实现此不忍卒睹之不祥事件,本司令官不胜遗憾。其加诸帝国军部及居留民之一切损害,以及有关毁损国家名誉之赔偿等,虽有待于帝国政府他日之交涉,本司令官不欲置喙,然敢对贵总司令要求左列事项:

一、有关骚扰及暴行之高级武官,须严厉处刑。

一、对抗我军之军队,须在日军阵前解除武装。

一、在南军统辖区域之下,严禁一切反日宣传。

一、南军须撤退济南及胶济铁路沿线两侧二十华里之地带,以资隔离。

一、为监视右列事项之实施,须于十二小时以内开放辛庄及张庄之营房。

盼右列事项,于十二小时以内答复。

　　　昭和三年五月七日午时临时山东派遣第六师团长福田彦助

　　　　　　　　　　　　　　　　　　　蒋总司令阁下"

这五项条件,简直把我们当一个战败国看待。其中那条要把我方抵抗侵略的部队,在敌人军前解除武装,正是把我们国民革命军当作投降的战俘。这是我们无论如何受不了的! 于是我们立刻下山,仍然回到列车里面。总司令所住的那一节办公车,原来是一辆为铁路工程师办公用的,前半段是一间客厅,后面有两间房间,一间是单人房,为总司令的卧室,后面一间有四个铺位,临时由朱培德、杨杰、邵力子、陈立夫和我五人轮流睡眠。当晚先在客厅里商定了答敌方的文件,一共是下列六条:

蒋总司令之答复

一、对于不服从本总司令之命令,不能避免中日双方误会之本军,俟调查明确后,当按律处分;但当时日本军队有同样行动者,亦应按律处分。

二、本革命军治下地方,为保持中日两国之睦谊,早有明令禁止反日的宣传,且已切实取缔。

三、胶济铁路两侧二十华里以内各军,已令其一律出发北伐,暂不驻兵;但军队运动须通过胶济铁道并有北方逆军之地方,或敌军来犯时,本军亦复派兵往剿,至于济南为山东都会,及其附近公物场所,本军有维持治安之责,应驻扎相当军队,保持安宁秩序。

四、津浦车站为交通要地,本军应派相当武装士兵驻防,以保卫车站,维持安宁。

五、辛庄、张庄之部队已令其开赴前方作战,两庄之兵营,可暂不驻兵。

六、本军前为日军所阻留之官兵及所缴之枪械,应即速交还。

这是我们大家商量的结果,为了贯彻我们预定的计划,不愿以"小不忍而乱大谋",大家悲痛的情绪自可想见,但其中四、六两条,也还是反要求的性质。商量定后,由陈立夫先生用毛笔写下,时间已经到深夜了,我们回到这轮睡的房间,也不过分别的稍为闭了一下眼睛,天就微明了。我第一个走到客厅中,看见蒋总司令已经穿着整齐的军服,坐在那里办公,熊式辉(天翼)高参一会儿也就进来,蒋先生对天翼和我两人说道:"昨晚所拟的六条答复,请你们两位做我的代表进济南城去和福田交涉。"天翼兄是日本陆军大学毕业生,日语很好,我是不能说日本话的,蒋先生要我们二人一道去,大概是因为如遇有关外交或国际法的问题,我可以和天翼彼此商量,而且我是战地政务委员会的一分子,如有若干与该会有关的事件,还可以相机接洽和处理。现在是战时,统帅的话一出来,我们欣然立刻接受。照战场的惯例,敌对方面有必要的接洽时,可以派遣"军使"往来,于是我们立刻做了二面白布小旗,上书"军使"二字。早饭亦来不及吃,我只在总司令桌上取了两小颗巧克方糖,放在口袋里,就同天翼一道起程。

此地我要补一句话:为了处理这件有时间性的答复,昨夜总司令的列车已匆匆开回到党家庄。所以我们顺着党家庄的大路奔向济南。当我们重到白马山,遇到许多难民善意的制止我们前进,说是前面有许多日军见到中国穿军服的人就要开枪扫射,而我们都是穿军服的人。果然,我们前进不过几十米,日军的枪弹就由小山坡上飞来,我们用旗号阻止了他们的射击,转瞬就有四个日本兵走到我们前面。我们将我们的使命告诉彼等,并且要求彼等以军用电话通知日军总司令部派一辆汽车来接我们。于是其中的两个步兵紧靠我们两旁,走过许多水沟和泥田,到达一个连部,接通电话。日军总司令部居然派了一辆汽车前来。我和天翼坐在后面,他们两个官佐坐在两旁,前面一个日本司机和一个把枪口安上刺刀的步兵。经过相当的路程到了济南城外的日本商埠,才知道他们的司令部原来设在横滨正金银行里面。我们先把来意通知一个参谋,然后才同福田见面。福田态度显出骄傲蛮横,在谈判的过程中,他尤其坚持要将陈调元、方振武、王均的部队在日本军前缴械。我们是决不肯,也断不能屈伏的。他们满脸凶煞之气,以怒目恶声相向。我们始终沉住气来,以坚定的态度,据理力争。当然在这个场合之下要求得到任何理性的结果是不可能的,于是我们要求他以书面答复,让我们可以复命。同时我们也希望他再写一个蛮横的文件,将来可以公诸世界。果然这一通牒和前者一样,都是一件世无前例的哀的美敦书。其译文如下:

"昨五月七日午后四时,本司令官将对贵总司令所提之五项要求条件,亲交贵军代表,虽通告内声明限十二小时以内回答,然至本日(八日)午前四时,仍未接获贵总司令之正式回答;因此本司令官认定贵总司令并无解决事件之诚意，为军事之威信计，不得不采取断然之处置，以贯彻要求。

通告如右

昭和三年五月八日

临时山东派遣第六师团长　福田彦助

蒋总司令阁下"

（附注：按本文所引福田彦助第一次及第二次均限十二小时答复之通牒，均照原件重译。）

何以说是世无前例呢？按照国际惯例，对于定哀的美敦书答复的期限，至少也是四十八小时，而此书则只定十二小时，何况这十二小时的大部分都是深夜；加之距离既远，交通不便，岂不是故意作难，以造成"不得不采取断然之处置"这句话的藉口！无怪八日下午，我们再出城经过辛庄、张庄时，已注意到许多日军纷纷进入这两处。其实日军于七日晚即已占领辛庄、张庄，因为该两处都是我们重要营房和粮台的所在地。

为了等候这个文件，我们在福田办公室的外间候了二小时，可见他们亦感觉措辞不容易。在等候的时间，他们的卫士居然为我们开了二瓶太阳啤酒，这就是我们从天亮到下午二时所享受唯一的饮料和食料。我们临走的时候要求他们把汽车送我们进济南城，他们亦答应了。那时候汽车上只有一个日本军官一个兵，陪着我们。朝普沥门的方面驶去，日本司机不很认识路，于是我自告奋勇下车担任问路之劳。哪知沿途商店一律关着门，许多房屋亦是弹痕累累。要找一个老百姓问路，很难见到。忽而我看见一家门缝里有一个老人在张望，于是我立刻跑去，从他得到正确转弯的方向；不料当我下车问路之时，在前面同日本司机并坐的那个日本兵，赶快转到后面我的空位上坐下，因为他怕两个穿日本制服的坐在前面，会受到攻击；所以让一个穿中国军服的我坐在前面做他们的挡箭牌。这虽是一件小事，亦可以见得日本兵的小胆和机心。我们进城的时候要求他的车子停在城门口等待，转身还送我们回党家庄,这个日军官答应了,然后我和天翼一同进城。在城门口碰到崔士杰,我就从口袋里将任命他为山东特派交涉员的任命状交给他,以便在围城里遇有外交事件时,他可以负接洽和联系的责任。我们又见到留守卫戍济南的苏宗辙旅长和第一军第一团李延年团长。我们转述蒋总司令的命令,要他们尽卫戍的责任,不得向日军进攻;同时日军来攻的时候,必须死守,并予以重大的打击;如不奉到退却的命令,不能撤出济南。关于这三个要点,以后的事实都证明了他们都曾很忠勇确实的做到。我们在城里访问战地政务委员会蒋委员长作宾的行踪,知道他早已带了一部分人员退出,所以我们在城里约略巡视而后即行出城。走到普沥门外,那辆汽车还在。我们要他送我们到党家庄,他们最初答应了,但是汽车开出不到五华里的地方就拒绝再送。我们只得下车步行,道经辛庄、张庄等地;沿途都是日本军队,以急行军的姿态向前开动,等我们到离党家庄不过三四里的地方,两面的军队已开始以密集的炮火互相轰击,子弹横飞。我们知道这道火线是无法安全越过的,于是又后退二里,巧恰在路上遇到一辆日本的装甲炮车,将我们拦住了。车上跳下一个士兵拿着手枪对着我们的胸口;我们昂然站住了,于是他们又把车上的一个小炮口对着天翼的头;然后由车上再下来一个军官,他对着我们说,他姓黑田,是福田的参谋,他说我们在福田司令部交涉的经过,他都知道。他随即指着一个在附近开花的炮弹,由我方射来的,正色厉声的对我们说:"你们看! 这是不是你们打过来的炮弹?"我看见这个情形,就把我口袋里藏的一封福田的哀的美敦书,拿出来交给天翼;天翼对他说,这是你们司令官的信,我们是有任务的,我们不计较自己的安危,只问要不要达成这个任务。这时黑田软下来了,指给我们一条小路说道:你们可以从这条路绕道过去。我们就循着这条路避开火线的正面到达馒头庄,该地许多老百姓指示我们一条比较安全的路线,绕进泰山山脉;他们对日军的敌忾,正是高张万分。他们对我们二人的称呼忽而是参谋长,忽而副官,忽而老总,天真得可笑。因为我们对他们客气,所以他们对我们特别友好和尊重:因为他们觉感到国民革命军对老百姓的态度和张作霖、张宗昌的部队显然有极大的不同,所以他们友好的心情亦就充分的表露出来。就在馒头庄我们找了二个老百姓做向导,问由泰山山脉边缘的路线直奔泰安或是泰安附近的铁路线,因为我们预料总司令部的列车一定是向南开的:泰安是可能的目的地;但又很可能在泰安以北的任何站停留。可是我们一入泰山山脉以后,便感觉到夜间在崎岖的山路里面攀跋的困难,尤其是没有月亮的晚上,况且饥饿与口渴交迫而来。到夜间十二点左右,在一个山坡这边看到一个茅蓬内有微微的灯光。我就要去敲门,天翼阻止我;他说,我们是外埠的口音,夜间敲门,里面人是一定不敢开的,不如让向导去敲。天翼是对的,果然向导一敲,门就开了,里面有一个五十多岁的老太婆,儿子出门去了,一个人住在这里;她为我们烧了壶水,又在床下一个小扁桶里,极脏的破棉衣底下,拿出三个馍来,咬下去其硬如铁;但是略用开水在口中溶化,顿觉其味无穷,这坚实的馍,我们每人吃了一个,还有一个天翼要我放在口袋里,以备途中不时之需。走的时候我们送给这个老太婆二块银元,她感谢的心情可以从她眼眶的泪痕充分的表现出来。二个向导不能引完我们全程,所以只有在沿路一站一站的更换。又在路上遇到一个散兵,背上背着一杆枪,于是我们收容他为同路人。又在山脚下遇到一个连哨,问到了当夜的口令。在另外一个山角里,又看见了红枪会在晚上自卫的守望方式。我们先在这几十家的村落的墙角上,看见一个老者,穿了老棉袄,拿了一枝有红缨的枪蹲在墙脚下,几乎使路过的人看不出来。他和我们接触以后,立刻鸣锣通知本村睡眠中的人;于是来了二三十个壮丁,问明我们的来历,我们对他们说:我们是要报告蒋总司令发兵来救济南的。他们顿觉兴奋非常,要派人护送我们一程。在两三点钟的时候,月亮渐渐起来了。我们走到一个地方,远看有一座小的铁桥,知道这是津浦铁路上的桥,乃向桥边走去;可是究竟我军现已退到何处,此时亦无法决定。当时心里想,若我军退到桥的南边,那么这道桥也可能在敌人手中。我们行列进行时彼此间保持相当距离,轮流派一个人像放哨似的前进,等到快到桥下的时候,忽然听到一个士兵大喝一声"口令"！我们立刻用路上所遇连哨告诉我们的口令回答，于是乃确定了这是我们自己的部队。这道桥，就是张夏车站附近的桥。张夏离济南八十里，我们从党家庄进济南，又从济南走许多迂回路进入泰山山脉，在二十小时左右的时间，大约一共走了一百三四十里的路程了。我们再走一段到达张夏车站，看见车轨上停了两列装甲火车，一列是中山二号，一列是中山四号。他们都是从党家庄退回来的，士气非常激昂，希望再开向济南作战。这时张夏车站防守的部队长已经接到泰安的命令，说是有熊、罗二人到达任何地方，务派专车送到泰安，于是我们就坐了中山二号向泰安行驶，在早晨七时左右，到达泰安，仍与总部会合，将一切的情形作一详细报导。当我们八日从党家庄出发的时候，蒋总司令已将此行电告南京国民政府和中央党部。到九日上午，南京还不知道我们回到泰安的消息，所以我们两人的死讯已经纷传。到下午三时，我们回到泰安的电报到达南京了，大家方才放心。

　　说到我们退出后的济南情形，也是非常壮烈和惨痛。日军于五月六日夜间开始猛攻济南，敌方的兵力约一师人，打了两天仍然打不进，而且牺牲很大。到九日济南守军奉到撤退的命令，又退却路线的指示后，就在夜间开始突围出城；哪知不到三里，日本埋伏的军队，以逸待劳，把我们第一团全团官兵打死在一千人以上。牺牲惨重的情况，可想而见。到十一日日军方才正式开进济南城。可是我们改变战略以后的国民革命军强大部队，已经分别到达黄河的北岸。在若干渡口强渡时，日军曾分股前来袭击，以图阻挠，但是我军一面分兵抵抗，一面冒险强渡，终使到达北岸的兵力，仍能结合成为平定华北的主流。六月十五日国民政府正式宣告南北统一完成。我们这种国民革命的精神，决不是任何帝国主义可以压倒的。我愿意把这段目击身受的经验，据实向大家报告，以表示我对于济南事变中壮烈牺牲的同志、同胞们无穷的哀思，无上的敬意。

　　民国十七年六月十四日在南京、大学院报告。

3. 济南惨案发生后国民政府的应对与初步交涉

谭延闿张人杰蔡元培致蒋介石电

1928 年 5 月 4 日

　　机国急,限即刻到。蒋总司令介石勋鉴:密。日兵挑衅,意欲逼我于无可忍,资为口实。勿堕奸计。前敌武装同志力持镇静,总司令部不宜与日军逼处太近,似可慎择老成持重之将领,在济妥慎应付,如何乞酌。支卯电已摘要发表,并告民众暂持镇静。延闿、元培、人杰叩支亥。

《总统府机要档案》,转引自《中华民国重要史料初编——对日抗战时期》绪编(一),第 127 页

蒋介石致福田函

1928 年 5 月 5 日

福田师团长惠鉴:

　　本月三日不幸事件发生,本总司令以和平为重,严令所属官兵全数撤离贵军所强占设防地域,现在各军已先后离济,继续北伐,仅留相当部队藉维秩序,本总司令亦于本日出发,用特通知贵师团长查照,并盼严令贵军立即停止两日以来之一切特殊行动,藉固两国固有之睦谊,而维东亚和平之大局,不胜盼切之至。尚布,顺颂
戎祺

国民革命军总司令蒋中正
中华民国十七年五月五日

《总统府机要档案》,转引自《中华民国重要史料初编——对日抗战时期》绪编(一),第 127—128 页

中央执行委员会第 133 次会议决议
1928 年 5 月 5 日

中国国民党中央执行委员会第一三三次常务会议关于应付日兵"五三"残杀事件决议如下：

1. 训令国民政府转饬所属各机关并电令各级党部，对于日兵"五三"在济南惨杀交涉员蔡公时同志及士兵、民众惨案，于电到一星期内，每次会议均须静默三分钟，以志哀悼。

2. 训令国民政府，严重交涉并收集证据，随时报告。

3. 致电蒋总司令，致悼并鼓励前方将士，继续努力追灭残敌，并电战地政务委员会致悼。

4. 发告日本民众书及告世界民众书，并由宣传部制定对于"五三"惨案应付方案。

5. 先电各级党部，对于"五三"惨案，暂持镇静态度，即有应付方案发出。

6. 对日经济绝交之秘密应付方案，由组织部拟定提出。

7. 通告江苏省党部南京特别市党部，约集首都民众团体代表，携带证明书，于下星期一上午九时到中央党部商议。

中国第二历史档案馆编：《国民党中央关于"济南惨案"之政策方针文件一组》，载《民国档案》1993 年第 4 期

中国国民党中央执行委员会致国民政府令
1928 年 5 月 5 日

令国民政府

为令饬事：本月三日济南日本军队突然向我方挑衅，惨杀蔡交涉员及其他官吏，士兵民众千数百人横遭屠戮，死伤累累；如斯惨剧，竟发生于军阀败逃之后，殊深震悼。本党领导国民革命，至此将竟全功，齐鲁人民尤渴望于本党政府之下，解其倒悬；而乃抚绥未施，疮痍仍在，遽丧于帝国主义者恶毒炮火之中，沉冤不雪，民命何堪，国权堕落，至此已

极。为特令仰迅向日本政府严重交涉,不屈不挠,务期达到公平解决之目的,以伸民愤,而保国权。切切此令。

民国十七年五月五日发。

中国国民党中央委员会党史委员会库藏史料,转引自《中华民国重要史料初编——对日抗战时期》绪编(一),第128页

中央执行委员会关于"五三"惨案应付方案

1928年5月6日

十七年五月六日第一三四次中央常务会议临时紧急会议通过

在此北伐进行顺利中,突然发现日兵在济南空前之暴行,戕害吾交涉员,杀伤吾同志、同胞千余人,此种不幸之遭遇,爱国同胞,何能忍受!苟雪此耻,虽粉身碎骨,亦所甘心。第念日本帝国主义者所加于中国之创痛,至深且巨,非集全民之财力、武力,出以有训练有计划之斗争,断不能摧此强暴,固我国权,若激于一时之愤,为无训练、无计划之动作,不特于国无益,势必堕其术中,更增困辱。因此之故,本党对此惨案,应以较远之眼光,作积极之准备。下列方案,即基于此,愿吾同志以坚忍刻苦之精神执行之。

一、"五三"惨案及以前一切不平等条约,本党必以最后最大之努力彻底解决之。欲彻底解决,须积极为武力、体力、财力之准备,同时,同志应唤起民众于日本问题之研究及现势之了解。

二、为求民族之独立自由,须先充裕民族之富力;欲充裕民族之富力,须增进国货之产额。故提倡国货以抵制日货,使日本经济力无法再垄断中国之市场,实为今日以至将来之要着。惟提倡国货,自有相当之范围,如封闭商店、烧毁存货等有害无益,不宜采用。

三、本党对"五三"惨案已罗列事实,宣告于世界,求公理正义之援助,此种有利益之宣传,本党应不断进行,并指导全国人民与本党一致。

四、共产党无所爱于济南被害之同胞,且不愿中国之统一,于此时期或将利用同胞之爱国心,煽成暴动,直接摇动北伐后方,间接引起更

大之寇祸。故本党应劝告全国民众,要整齐严肃准备最后最大的奋斗,不可有无计划、无组织甚至于无目的之动作。

五、"五三"惨案之发生,日本帝国主义者意在挑衅,其目的:一为镇压其国内政潮。二为延长中国残余军阀之命运。蒋总司令暨前敌同志已烛破其奸,故虽被受横逆,仍力持镇静,惟能忍人所不能忍,乃能成人所不能成。愿本党同志与爱国同胞体念前敌同志之苦心及时局之严重,勿中日本军阀之奸计,且更注意于日侨生命财产之安全,使日本军阀无可藉口。

六、本党于日本出兵胶济时,曾制定应付方案八条,颁布于各级党部。现因"五三"惨案之发生,特举前方案所未及或及而未详者,制定以上五项,但前方案仍继续有效。

七、"五三"惨案之事实及外交状况,本党将随时布告于民众,使中央的政策与民众的意思息息相通,以一致精神,共济当前之危局。

中国第二历史档案馆编:《国民党中央关于"济南惨案"之政策方针文件一组》,载《民国档案》1993年第4期

对日经济绝交办法大要
1928年5月6日

十七年五月六日第一三四次中央常务会议(临时紧急会议)通过(注意严守秘密)

1.指导各种民众团体,如商会、商民协会、学生会、工会、农民协会、妇女协会等及与日商有交易往来之各行商联合组织抵制仇货委员会,主持关于对日经济绝交一切事宜。

2.抵制仇货委员会委员之人数由各该会自行订定之,但其全体以能普遍的代表各界民众团体为原则,不能由任何方面独占多数。

3.抵制仇货委员会设总务、宣传、调查、纠察等科。

4.抵制仇货委员会之目的,在使日本经济上受极大之打击,并唤醒日本民众的觉悟,起而抵抗军阀政治。

5. 抵制仇货委员会之主要工作，为实行拒用日本银行钞票，提取日本银行存款，停止对日汇兑款项及买卖货物等。所有日本工厂、日本洋行、日侨家庭或私人之雇员及雇工等，一律暂不采用罢工手段，以免影响工人生计。

6. 所有已向日商定购之货物，须一律发电，通知停止起运。其已经付价不及停止者，须由抵制仇货委员会将定单查明盖印，编列号数，详细统计，准其提取，并规定以后不得继续定购。

7. 所有机房囤积或商店余存之日货，一律由对日经济绝交委员会查明盖印封存。

8. 日本所产各种原料为中国制造上或生活上所必不可少者，得由抵制仇货委员会酌量通融，继续订购，但须领有该会执照为凭，不得擅自交易。

9. 抵制仇货委员会须切实注意联合码头工人、机房工人、海员等，实行制止日货之运输及提取。

10. 抵制仇货委员会如与各行商发生纠纷时，由民众组织之仲裁机关判定之（其条例另行规定）。

11. 奸商惩戒简章另订之。

12. 抵制仇货委员会开办及维持费，均用各种民众团体及行商凭其爱国热忱捐助或筹垫。

13. 凡奸商罚款一律存储，备慈善事业之用。

14. 对日经济绝交之期间，由全国抵制仇货委员会根据外交之形势规定之，但各地务须一致，不得先后参差。

15. 其余未宣布事宜，由各地按照情形酌量办理。

附：经济绝交标语

一、我们中国人要发现良心，人人自动的对日经济绝交。

二、我们要切切实实的对日经济绝交。

三、经济绝交是中国商人爱国的表现。

四、实行经济绝交要商界同胞〔作〕主体，工学各界作辅助。

五、能够切切实实经济绝交,才可以看(的)〔得〕出中国人的爱国心。

中国第二历史档案馆编:《国民党中央关于"济南惨案"之政策方针文件一组》,载《民国档案》1993 年第 4 期

中国国民党告友邦民众书

1928 年 5 月 7 日

十七年五月七日第一三五次常务会议通过

中国国民党特郑重昭告各友邦民众:此次日本军队在山东济南之暴动,实为违背人道、破坏国际公法之野蛮行动,乃我全体人民不可磨灭之大耻辱。

中华民国国民政府为促成国内统一与安宁,乃有北伐之举,且一再郑重声明保护外人生命财产;不意国民革命军进抵济南之际,日本田中内阁竟蔑视我国主权,悍然出兵侵入我国领土,屯重兵于济南,居心叵测,不可言喻。

当国民革命军克复济南之第三日(五月三日),日本驻兵忽来寻衅,用机关枪扫射当地军民,计死于是役者不下千人,虽妇孺亦无幸免。嗣复闯入山东交涉公署,对特派员蔡公时惨加侮辱,割去耳鼻;并将署员十五人一一枪杀,实为惨无人道。而临去之际,复纵火焚毁交涉公署,后又驰赴外交部长办公处为有组织之射击与搜索,复并炮击其他官署民房,当地无线电台亦被击毁。

吾人见日本当局为虚伪之宣传,颠倒是非,故不得不将经过之实在情形电达各友邦民众。彼日本军阀之对华暴行及暴行后之虚伪宣传,无非欲阻碍中国之统一,遮断世界人民对中国之同情而已。本党深知中国之国民革命运动,久邀世界人民之同情,故为此诚恳之宣言求公道之评判。

中国第二历史档案馆编:《国民党中央关于"济南惨案"之政策方针文件一组》,载《民国档案》1993 年第 4 期

福田致蒋介石第一次通牒

1928 年 5 月 7 日

贵总司令屡违对于中外之声明。此次由贵部下之正规军实现此不忍卒睹之不祥事件，本司令官不胜遗憾。其加诸帝国军部及居留民之一切损害，以及有关毁损国家名誉之赔偿等，虽有待于帝国政府他日之交涉，本司令官不欲置喙，然敢对贵总司令要求左列事项：

一、有关骚扰及暴行之高级武官，须严厉处刑。

一、对抗我军之军队，须在日军阵前解除武装。

一、在南军统辖区域之下，严禁一切反日宣传。

一、南军须撤退济南及胶济铁路沿线两侧二十华里之地带，以资隔离。

一、为监视右列事项之实施，须于十二小时以内开放辛庄及张庄之营房。

盼右列事项，于十二小时以内答复。

　　　昭和三年五月七日午时临时山东派遣第六师团长福田彦助

　　　　　　　　　　　　　　　　　　　　蒋总司令阁下

附：蒋总司令代表与福田谈判时所携带答复之原件

1928 年 5 月 9 日

一、对于不服从本总司令之命令，不能避免中日双方误会之本军，俟调查明确后，当按律处分；但当时日本军队有同样行动者，亦应按律处分。

二、本革命军治下地方，为保持中日两国之睦谊，早有明令禁止反日的宣传，且已切实取缔。

三、胶济铁道两侧二十华里以内各军，已令其一律出发北伐，暂不驻兵；但军队运动须通过胶济铁道并有北方逆军之地方，或敌军来犯时，本军亦须派兵往剿，至于济南为山东都会，及其附近公物场所，本军有维持治安之责，应驻扎相当军队，保持安宁秩序。

四、津浦车站为交通要地，本军应派相当武装士兵驻防，以保卫车站，维持安宁。

五、辛庄、张庄之部队已令其开赴前方作战,两庄之兵营,可暂不驻兵。

六、本军前为日军所阻留之宪兵及所缴之枪械,应即速交还。

以上两件据中国国民党中央委员会党史委员会库藏史料,转引自《中华民国重要史料初编——对日抗战时期》绪编(一),第132—134页

蒋介石致刘峙电

1928年5月7日

济南刘总指挥勋鉴:本日福田向赵世瑄提出条件,要求本晚答复,并称辛、张所驻军队须于今晚十二时以前退出,现已由益之兄电复,中赴前方,本晚不及回答,须于明午十二时以前答复,并称辛、张原驻部队早已奉令出发前方,惟须明日方可开拔完毕云云。辛、张驻军明日务须迁住,并须立即准备万一日兵来迫务避免冲突为要。中正阳。

《总统府机要档案》,转引自《中华民国重要史料初编——对日抗战时期》绪编(一),第134页

福田致蒋总司令函

1928年5月8日

昨五月七日午后四时,本司令官对贵总司令所提之五项要求条件,亲交贵军代表,虽通告内声明限十二小时以内回答,然至本日(八日)午前四时,仍未接获贵总司令之正式回答;因此本司令官认定贵总司令并无解决事件之诚意,为军事之威信计,不得不采取断然之处置,以贯彻要求。通告如右

昭和三年五月八日

临时山东派遣第六师团长福田彦助

蒋总司令阁下

《总统府机要档案》,转引自《中华民国重要史料初编——对日抗战时期》绪编(一),第136—137页

福田致蒋总司令函
1928 年 5 月 8 日

贵总司令派遣特使所提出之事项,尚未能满足本司令官之要求。倘对本司令官之要求,无法作无条件之承诺,则大军一旦行动即无法中止时,惟有遗憾而已。

昭和三年五月八日

临时山东派遣第六师团长福田彦助

蒋总司令阁下

《总统府机要档案》,转引自《中华民国重要史料初编——对日抗战时期》绪编(一),第 137 页

蒋总司令复福田函
1928 年 5 月 9 日

福田师团长阁下:

惠书于九日七时方得读悉,今奉答以下各项:

一、第四十军长贺耀组因不听命令,未能避免冲突,业经免职。

二、胶济铁路沿线及济南周围二十华里以内,我方暂不驻兵,济南城内外概由武装警察维持秩序,其在城内现有驻兵撤退时,得安全通过。

三、在国民政府本军治下地方为保持中日两国睦谊起见,早有明令禁止反日的宣传,且已切实取缔。

四、辛庄张敬之部队早已奉令开拔北伐,经撤退该两处兵营房,暂不驻兵。

五、本军前为贵军阻留之官兵及所缴之枪械,请即速交还。

六、八日贵军突然重兵袭击我军部队,为维持中日两国睦谊及东亚和平起见,请立即停止军事行动。

以上各项请阁下查照为盼。

《总统府机要档案》,转引自《中华民国重要史料初编——对日抗战时期》绪编(一),第 138 页

福田复蒋总司令函

1928 年 5 月 12 日

敬复者:就五月九日贵方回答有关情形,经研议结果,其先决条件如次:

一、对本司令官之要求,阁下是否无条件接受,须明确表明。

二、今后所派代表,必须持有阁下之委任状。

五月十二日

山东派遣第六师团长福田彦助

蒋总司令阁下

《总统府机要档案》,转引自《中华民国重要史料初编——对日抗战时期》绪编(一),第 139 页

国民政府致广州汉口长沙等地方政府电

1928 年 5 月 8 日

广州李主席、汉口李主席、长沙程总指挥、白总指挥、各省政府、各特别市政府鉴:北伐军进展至鲁境时,日本即有出兵胶济之举,曾饬外交部抗议,并令各路大军继续前进;乃我军甫占济南,日兵即无端开衅,毁我官署,戕害我外交官及军官、兵民甚众,侵犯主权,灭绝人道,莫此为甚。中央现已饬部严重交涉,宣布真相,此时第二、第三集团军已大张挞伐,迭获全胜,北伐成功在迩;当此时期,益应坚定精神,严整步调,努力一切工作,俟北伐早日完成,外交亦得次第解决,是在各服务人员与全体民众恪守中央令旨,以促成之也。国民政府。阳印。

《国民政府公报》第 56 期,1928 年 5 月

国民政府致中央各部院及各地方政府电

1928 年 5 月 8 日

南京军事委员会、各部院、各省政府,上海、汉口、广州特别市、各市政府均鉴:军事顺利,各路大军进展均速,政府通筹全局,关于北伐作

战,业经详授方略;济南日兵肇事一案,亦已训令外交部妥为办理,以期统一早告完成,外交问题及时解决。当此重要时期,凡我国民应以整齐严肃之精神,一致努力,共促成功。近据各机关报告查获共产党印刷品甚多,希图煽动利用停课、罢工及种种扰乱行为,破坏秩序,已饬京内外军警严密查拿究办。政府为贯彻大计、维持治安起见,用再详加申儆,以资遵守。所有各地民众及各团体、学校均应遵照中央党部及本政府所颁各令,恪守纪律,各安职业,对于外交事件听候中央处理;至力防反动分子,保护各国侨民,并应由各当地军警负责妥办。经此诰诫,如有违反命令、甘犯法纪者,准即依照戒严条例严切执行,不稍宽贷。即着军事委员会、各部院、各省市政府切实办理,并分别晓谕转饬一体遵照。此令。国民政府。齐印。

《国民政府公报》第 56 期,1928 年 5 月

中政会临时会议移送中央命令案
1928 年 5 月 9 日

政治会议临时会议决议:由中央执行委员会命令南京特别市党部转知首都各民众团体,切实遵照前令(五月九日联席会议决议案),不准游行或罢课及检查日货。

谭延闿　于右任　丁惟汾

中国第二历史档案馆编:《国民党中央关于"济南惨案"之政策方针文件一组》,载《民国档案》1993 年第 4 期

中央执行委员会致中宣部训令
1928 年 5 月 9 日

令宣传部

为令行事。本日中央执监委员、政治会议委员、国民政府委员联席会议议决规定,标语口号,除中央党部制定者外,不得乱用。等因。除分令上海、南京特别市政府、各省政府、省党部遵照外,合亟令仰该部知

照。此令。

中国第二历史档案馆编:《国民党中央关于"济南惨案"之政策方针文件一组》,载《民国档案》1993 年第 4 期

中央执行委员会致各省市政府党部电

1928 年 5 月 9 日

国急。各省党部、各特别市党部、各省政府、各特别市政府鉴:本日中央执监委员、政治会议委员、国民政府委员联席会议议决规定,标语口号,除中央党部制定者外,不得乱用。等因。除分令外,合行电仰遵照办理,并转饬所属一体照办为要。中央执行委员(会)。佳(五月九日)印。

中国第二历史档案馆编:《国民党中央关于"济南惨案"之政策方针文件一组》,载《民国档案》1993 年第 4 期

中国国民党中央执行委员会致南京市市长训令

1928 年 5 月 9 日

令南京特别市市长何民魂

为令行事。本日中央执监委员、政治会议委员、国民政府委员联席会议议决:令南京市政府取缔乱贴标语,如有人贴与日本宣战等标语,应即撕去。等因。合亟令仰该市长遵照办理,并转饬所属一体照办。切切。此令。

中华民国十七年五月九日

中国第二历史档案馆编:《国民党中央关于"济南惨案"之政策方针文件一组》,载《民国档案》1993 年第 4 期

中央执行委员会致外交部训令

1928 年 5 月 9 日

令外交部部长黄郛

为令行事。据蒋总司令中正庚日申刻、酉刻、亥刻三电(第三电抄

发)各等情,日兵如此蛮横,灭绝人道,本日中央执监委员、政治会议委员、国民政府委员联席会议议决:即日对日本政府严重抗议,合行令仰该部长根据蒋总司令来电提出严重抗议。是为至要。切切。此令。

附抄电一件(略)

中华民国十七年五月九日

中国第二历史档案馆编:《国民党中央关于"济南惨案"之政策方针文件一组》,载《民国档案》1993年第4期

蒋介石致北伐各军电

1928年5月9日①

本总司令此次出师北伐之时,曾掬诚奉告各友邦,令我军为求达到革命之目的,不能不铲除军阀之障碍;并负责声明:凡我军所过之地,对于外人生命财产,必须与本国人民同为极严密之保护。深信各友邦人士,必能谅解斯意,与以匡助。不料我军占领济南后,竟与日军发生误会。现在为铲除障碍计,为缩短革命过程计,惟有一面继续北伐,一面静候外交当局严重交涉,以谋正当解决。凡我同志共谅斯旨,并望转饬所属,对于各友邦领事及侨民生命财产,仍应加意保护,举凡有碍邦交之标语与宣传,尤宜随时取缔,勿以一朝之忿,而乱大谋,是为至要。蒋中正。

上海《中央日报》1928年5月9日

"五三"惨案宣传方略

1928年5月10日

十七年五月十日第一三六次常务会议通过(绝对秘密禁止登载报纸)

壹、宣传之必要原则

(一)说明本党攻击对象全在日本政府,并宜指出其于中日两国国

---

① 此为报纸刊登日期。

民在远东关系之危机。

（二）说明本党对日政策在以和平的手段，期得最后的胜利，至于外交方针较前并未稍变。

（三）说明统一全国后方能一致对外的原因，此时之避免与日本冲突，在完成北伐以根本铲除日本帝国主义的工具，使其无所凭藉。

（四）说明在军事进展中，维持后方秩序的重要，并严防共产党的煽动言论与捣乱行为。

（五）说明此次惨案发生对于国民革命的危机，此非北伐成功与否的问题，而是我国民众能不能解除被压迫的痛苦的问题，不是民族解放与否的问题，而是中国全民族生死存亡的问题。

（六）宜极力保护列国的侨民生命财产之安全，于日侨亦当同样保护，以免日人之藉口。

（七）各种集会宜多重代表会议之形式，由各代表负责的各团体分别执行，不必作大规模之运动。

（八）积极鼓吹民众为武力、体力、财力之充实准备，以不屈不挠之精神与政府合力共济，作政府之后盾。

（九）致力于国外宣传及联络，以引起世界各国之同情与援助。

（十）说明对日经济绝交的意义和日本赖工商业以立国的情形与对于其国计民生的关系。

（十一）要激发民众的民族意识与爱国心，同时并说明经济绝交为抵制日本之最有效力的唯一要图。

（十二）积极宣传对日经济绝交之妥善办法，一切封闭商店、检查及烧毁存货、罢工罢市之无益行动，皆徒损国家元气，而伤国民之富力，宜极力避免。

（十三）对商人，应说明其本身所受痛苦，系直接间接受帝国主义尤其是日本经济压迫所致，并说明经济绝交为解除商人痛苦的唯一方法，使商人自觉其仇货运动之必要，而为一切仇货运动主动之中心。

（十四）对工人，应说明其本身和生产的关系，应相互协助，以谋产业的发展,在此严重时期,不应再有罢工运动,使社会经济受重大影响,并使工会协同农商协会作抵制仇货运动。

(十五)对农人,应极力宣传日兵的蛮暴,以激起其爱国观念,并说明经济绝交和农人应负的责任。

(十六)对妇女、青年,应说明和平抵制的意义,不可操之过激,反紊乱进行的步骤,须依本党的计划,作一致的进行。

(十七)对士兵,应说明北伐和国民革命前途的重大关系,应服从命令,于最短期间完成北伐,且不可违犯军纪,作一时气愤之动作。

贰、宣传工作之必要集团

(一)组织宣传队。各地党部应协同军政机关领导各学校、各团体及一切宣传机关,组织宣传队,用各种方法,分组向民众宣传,以扩大民众对本案之注意和认识。唯其组织应以小队为单位,每小队不超过五人,合数小队为一支队,合数支队为一总队。各小队受支队的指挥,各支队受总队的总指挥。如此,宣传意志既可统一,宣传效力又可普遍,切不可召集大会作游行之宣传,免引起意外之事发生。

(二)组织抵制仇货委员会。各地党部应领导商会、商民协会及与日商有交易往来之各行商及学生、工农、妇女各团体联合组织委员会,其具体工作另行规定。

(三)组织日本问题研究会,研究日本国情、对华政策及中日交涉等。

叁、宣传的工具

(一)标语、口号、图画宜用中央所颁发者。

(二)传单宜根据中央宣传大纲,制就各种反日传单,分散各乡村都市,说明事变因果与吾应取之态度。

肆、本党党员之任务

(一)各党部应依照中央所颁示各原则、各方案,加紧工作,扩大宣传。

(二)各党部应召集各团体有力党员,组织党团参加各种运动,实现本党意旨。

（三）各党部应一面领导民众作反日运动，一面协同军政机关维持秩序，以免政府、民众发生误会。

（四）各党员应抱定为党团牺牲之大无畏精神，持和平镇静之态度，听该党部指挥，为民众先锋。

中国第二历史档案馆编：《国民党中央关于"济南惨案"之政策方针文件一组》，载《民国档案》1993 年第 4 期

"五三"惨案宣传大纲
1928 年 5 月 10 日

十七年五月十日第一三六次常务会议通过（绝对秘密禁止登载报纸）

（一）"五三"惨案的事实。本党仰承总理遗志继续北伐，出师未及一月，下临城，陷泰安，把奉鲁军阀数年盘据的济南同时亦一气克复。在北伐准备长驱北上直捣幽燕、肃清关内的时候，霹雳一声，日本帝国主义者竟敢故意挑衅，藉以阻挠革命的进展，屠杀我军民长官，演成空前残暴的惨剧。恶耗所布，举国慨愤。现据各方的报告，已证明，三日上午，在济日兵故意挑衅，对我驻军及民众开枪射击，我军为自卫计，虽曾一度还击，但旋即停止，并奉令退开，于是，日兵更肆无忌惮，复用机关枪、大炮轰击居民住宅，以致我军民死伤千余，惨不忍睹。日军同时又派兵侵入交涉公署，戕害我蔡交涉员公时，割去其耳鼻，及其他职员十余人，同遭枪杀。外交部临时办公所亦遭搜索射击。三日晚十一时，日军复肆开大炮，毁我无线电台。八日晨，又向我济南开炮，轰我军民，将来弄到何种地步，实不敢预测。日帝国主义者之不顾公理，不顾正义，至此已极，侵害我主权，轰击我商埠，惨杀我国军民及外交官，如此奇耻大辱，凡我同胞，应如何卧薪尝胆以谋伸雪。

（二）"五三"惨案与民众应有的认识。我们知道"五三"惨案的事实，同时我们对于空前的、残暴的、狠毒的惨案，也不能不有深切的认

识,然后方可以按定步骤,按定计划,作有效的、长久的应付,不致轻举妄动而堕彼日本帝国主义者预定的狡计中。

(甲)我们从日本帝国主义者一次、二次出兵的过去历史上知道,日本帝国主义这次出兵的目的,是来援助其垂危的走狗奉鲁军阀,以维持其在东北各省获得的特殊权利。不意兵始到济,而张、孙已败,计不得售,乃以暴力横加我革命军,冀激起革命民众之愤怒而发生意外的举动,藉此以阻挠我革命势力的进展,使奉鲁军阀得有余时,整顿残余军队,作最后的挣扎。

(乙)日本出兵是军阀田中拿来缓和其国内在野党及人民的攻击,想藉此延长其政治寿命。不料出兵后,反对党及民众攻击益力,彼为转移全国人民视线于对外,就令开往山东的日兵对中国革命军先行挑衅,继作有组织有计划的屠杀,好借此次的暴举来邀出兵的功劳。果然日兵在山东暴行后二日,日本国会即通过了出兵费预算案,而不信任案竟亦搁置。田中的出兵政策,可以说是如愿以偿。

(丙)日本帝国主义者想维持其走狗最后的命运及其在北方的特殊权利,就不能不倾全力来对付革命军。不意革命军进展之速,竟使日本帝国主义者之出兵政策毫无所用,所以就不惜以残暴的举动,挑战的行为,企图栽诬革命,以为将来增兵来华的口实。

(丁)日本帝国主义者交还青岛及胶济铁路于我国,原是在华府会议上迫于国际的正义,不得已而出此的,他固无时无刻不思利用机会重行占据,所以竟不惜以暴力出兵。

(三)"五三"惨案应付的方法。根据上面所说的四种认识,我们晓得日本这次的暴行完全是田中军阀预定的计划。当此民族生死存亡之际,我们对于日本帝国主义者的残酷行为,义无反顾,必誓死反抗。但外交形势危急如此,完成北伐急要如此,自非有严密而周详的应付方法,不足以摧彼凶横狂暴的日本帝国主义。

(甲)全国民众及本党党员,应集中于中国国民党指导之下,作有组织、有计划、有目的的反日运动,对于本党中央的方案确切遵守。

（乙）我们对于日本军阀政府的残暴行为，须尽量向国际间宣传，使世界各国都洞晓日本军阀政府的罪恶而共弃之。

（丙）我们知道日本出兵的暴行，完全是日本军阀政府，尤其是代表军阀政府的田中预定的计划。所以田中是我们的敌人，至于觉悟的日本民众，我们必须联合，以努力去打倒这个共同的敌人。

（丁）"五三"日兵的暴行，其主要目的，就是：企图阻碍中国的统一，尤其是想阻碍中国国民党的统一。中国全国民众，在这个认识之下，绝对拥护国民政府用外交手段解决"五三"惨案的主张，而应坚忍慎重，同心戮力的帮助北伐，以便早日成功，使日本帝国主义的狡计无所施展。

（戊）共产党徒欲利用紧张的民气，起而暴动，后方的民众，人人都要注意维持后方的秩序，严防共贼的捣乱，使前敌的将士得安心北伐。

（己）"五三"惨案的发生〔为〕日本帝国主义者蓄意挑衅，我们须力持镇静态度，并须注意保护日侨的生命财产，使日本帝国主义无可藉为口实。

（庚）我们从经济上要找出抵制日本帝国的方法，教全国民众以有系统的、有计划的方法作长久对日的奋斗。

（辛）全国民众对于日本帝国主义者加我的耻辱，须下必死的决心，务达伸雪的目的而后止。此后全国人民，必须尽量作武力、体力、财力的积极准备，期得最后最大的胜利。

中国第二历史档案馆编：《国民党中央关于"济南惨案"之政策方针文件一组》，载《民国档案》1993 年第 4 期

谭延闿致德兰孟电

1928 年 5 月 10 日

瑞士日内瓦国际联盟秘书长德兰孟爵士台鉴：余兹以中华民国国民政府主席之资格代表国民政府，请执事注意于因日本出兵山东省及日本军队在山东所为之战争行为所引起之严重形势。本月三日在济南

之日本军队开枪射击中国士兵及中国人民,而在中国兵民方面,当时并毫无挑衅行为。同时日军并对附近居民区域施行炮击,以致中国人民死亡者逾千数。尤有骇人听闻者,当日有日兵多人侵入当地中国交涉员公署,捕交涉员,剜去其耳鼻;并将该交涉员及其属员多人一并就地枪毙。加之本月七日日本驻济军队司令官突向国民革命军总司令提出无理且不可能之条件多件,并限十二小时内答复。嗣复不俟我方答复,日军又开始更大之战争行为。此项行为,迄今尚未止。而且日本海陆军仍续向中国领土增派,虽以如此种种挑衅行为,中国军民长官严守政府命令,始终忍让。余兹特请执事注意:现在日本侵略行动,实已侵犯中国领土及独立,而危害国际平和;应请执事依照国际联盟规约第十一条第二项,即行召集理事会会议。余亟盼国际联盟知照日本,停止日军暴行,并立即撤回山东军队。国民政府深信我方理直,对于此次事件之最后处决,愿承诺国际调查或国际公断之适当方法。

> 中华民国国民政府主席谭延闿
>
> 民国十七年五月十日发

《国民政府公报》,第57期,转引自《中华民国重要史料初编——对日抗战时期》绪编(一),第140—141页

附:国际联盟秘书长复国民政府主席电

1928年5月12日收到

南京国民政府谭主席钧鉴:接读五月十日来电,已转告各国国际联盟会会员及中国代表陈箓矣。(十二日到)

上海《中央日报》国庆特刊《国民政府最近外交文件集》,1928年10月10日,转引自《中华民国重要史料初编——对日抗战时期》绪编(一),第141页。按此时中国出席代表,仍为当时北京政府遣派之陈箓。

蒋总司令致李宗仁白崇禧电

1928年5月10日

汉口李总指挥、白总指挥勋鉴:密。德邻兄微电已悉,此次济南事件发生,中正竭力忍让,冀勿妨碍北伐,乃日人节节进逼,庚晨起向济南

四周开炮,北至泺口黄河铁桥,南至党家庄,济南卅里周围皆被强占,且毁我无线电台、火药库及铁路、桥梁,其为蓄心掩护军阀,阻止我军北进,已千真万确。现我军渡河完毕者约逾半数,仍令迅攻德州,未渡河者集中泰安一带,监视日军行动。情势如此,津浦路已难进展,此后作战,全赖京汉一线,务望兄处迅即督师北上,京津果下,日人失却爪牙,或稍敛其侵略之野心,然后外交可以进行。党国存亡,在此一举,无论如何困难,必须尽力排除,毅然前进。至每月五十万之款,中早嘱刘处长照发,昨刘来前方,又面谕速发矣,一切情形盼速电示。中正灰。

《总统府机要档案》,转引自《中华民国重要史料初编——对日抗战时期》绪编(一),第 141 页

谭延闿致柯立芝总统电

1928 年 5 月 12 日

华盛顿总统府柯立芝总统鉴:日本派遣军队入我山东,杀害我交涉人员,迭次炮击我和平军民,为实际的战争与侵略,现仍增兵不已。余以中华民国国民政府主席之资格,敬请贵总统注意。中国方面深信国际和平与正谊之维持,为文明诸国之共同责任,故对于日方暴行,迄今极端容忍。往者山东问题之解决,实有赖于诸友邦之斡旋;而贵国之尽力尤多,敝国人民至今耿耿在念。现在贵国政府与人民对于日本所演成之严重局势,余与敝国人民亟望闻其所持之态度。中华民国国民政府主席谭延闿。

民国十七年五月十二日发

中国国民党中央委员会党史委员会库藏史料《日本出兵山东——济南惨案》,转引自《中华民国重要史料初编——对日抗战时期》绪编(一),第 144—145 页

蒋总司令致谭延闿电二件
1928 年 5 月 12 日

电一：

国急，不得停留。南京谭主席钧鉴：密。济南事件，日方利于以武力扩大，不利于以外交解决，故日政府避与我政府直接交涉，而阴使福田与军事当局直接威逼。今拟请我政府，正式通告日政府，谓福田所提条件，蒋总司令已报告政府，且蒋力求和平，已令军队撤离环济南三十里，而免复生冲突，据此则对日本既无军事可言，我政府愿与日政府以外交方法解决之，督战前线之蒋总司令，责专北伐之军事，未便兼顾外交等意，鄙见如此，不知当否，即请钧裁示复，俾有遵循。蒋中正叩。文。

电二：

机急，限即到不准片刻停留。南京谭主席钧鉴：密。顷接青岛日领转来福田真电，文曰：对本司令官之要求，不知是否全然承诺，请赐复，赐复以后，再决定派遣贵代表之事云云。强暴若此，应如何对付之处，仍乞示以方针，俾有遵循。蒋中正叩文西。

以上二电，据《总统府机要档案》，转引自《中华民国重要史料初编——对日抗战时期》绪编（一），第 145 页

蒋总司令致谭延闿黄郛电三件
1928 年 5 月 13 日

电一：

国急，沿途不得片刻停留。南京谭主席钧鉴、黄部长勋鉴：密。顷何总参议由济南回报，谓福田所坚持者，须于日军之前，将曾抵抗日军之方、贺、陈三军团全体解除武装，并将肇事军官，处以严刑，且谓我方如不无条件承认此层，则以后再不接受我方所派之代表。似此横蛮，如何应付，请即电示，以便遵循，美政府既电嘱美领事调停，即乞膺白兄将福田条件及今日报告速交美领，从中调停如何。蒋中

正。元子。

电二：

南京谭主席钧鉴、上海黄部长勋鉴：密。元子电计达，雪竹晤福田时，询济南情状，被拒绝，谓非尔等所应问，并禁止访问，即日友亦不许。雪竹归途，遇由济南逃出之乡人言，日兵对济南用炮火猛轰，西门大街起火，全街灰烬。又闻有一德人被害，俘获我方在城维持秩序之官兵皆杀死，虽伤兵亦不免。日人似惧雪竹探得其暴行证据，故绝对监视其行动。以上所述，应否公布，希酌裁。中正叩。元丑。

电三：

南京谭主席钧鉴：密。元一元二两电计达，情势至此，中与福田无谈判余地，拟即回京一行，俾可随时商承中枢，决定方针，并使福田失却交涉对手。就军事言，第一集团军大部渡河，益之兄本日启程赴东阿指挥，泰安以南布防周密，均可无虑。二、三两集团军进展甚速，奉张又有宣布停战之说，如何应付，似亦以回京面商为宜，鄙见如此，未敢遽决，求公等指示方针，从速电复为祷。蒋中正叩。元丑。

以上三电均据《总统府机要档案》，转引自《中华民国重要史料初编——对日抗战时期》绪编（一），第149—150页

蒋介石致谭延闿电

1928年5月14日

谭主席钧鉴：捷密。此时对日、对奉之轻重先后，请即决定，如先对奉缓和，则只要求其退出京津，如恐其回奉被日逼迫，则可允其集中热河滦河一带，并可允其高级将领如张学良、杨、孙等加入政府为委员也。此乃卑见，尚祈与在京诸公钧裁。日方必变本加厉正未有已，如中回宁，反增政府困难，故暂驻徐。但与福田交涉，若非无条件承认其要求，再无磋商余地也。如东京能以中正道歉及彼所必欲解散之贺军一部，不在日军之前，由我自动解散，则尚可允也。然此为最后让步，如何乞

裁酌。蒋中正叩。寒巳。

《总统府机要档案》，转引自《中华民国重要史料初编——对日抗战时期》

绪编（一），第 151 页

谭延闿致蒋介石电

1928 年 5 月 14 日

蒋总司令鉴：密。顷接子民、静江、膺白上海来电云：公第二次答复，已由东京松井转达福田，其中对于福田要求已大体承诺，惟解散军队一条未提及，兹等以为此事可由介公斟酌前方情形，全权主持，以速了为宜等语。岳军已到，另有详电。延闿盐印。

《总统府机要档案》，转引自《中华民国重要史料初编——对日抗战时期》

绪编（一），第 152 页

谭延闿致蒋介石函

1928 年 5 月 14 日

介石先生左右：

弟等归后，已将所商分别报告同人，皆一致赞同。各处民众呼声虽高，实际皆尚听党指导，至今日止各地皆安静，可纾苙廛。前夜得文酉、文亥两电，已与敬之先商复一电，昨早又与吴稚晖、于右任、李协和、何敬之商复一电，大致相同，静江、子民、膺白皆在沪，亦经电商得复，均主不变更原定计划，仍取退让坚忍态度。膺白来电，并云宁案法正在进行，英尚有两点俟得公使复再商，美使许以询问态度，分向日领询访，至调停尚有待，此两日情形也。公欲归来，弟以为前方部置已好，似不妨因交通便利来往一趟，不成问题，亦不遭人注意也。故于文申奉复，顷得今晨电知所虑亦有须考量者，适岳军从日本来，故以为公俟晤彼决定再行不迟，岳军所言亦多可采，彼谓不必与福田交涉，亦有根据。公支电由矢田转者当已转知，可静以俟之。苟岳军所判断不误，则此问题即为悬案，亦不至紧张。至对奉张，如我军无入北京把握，彼又诚意，自不妨开诚布公以待之。但各报奉张对荷使所谈及电文意义,似是一种作用,缓和人民心理及外人视听,不可不注意。若公所主张电告其部下,自属可行,惟电未必达,亦只一种宣传,若欲有效,似非派人不可,此层尚在觅人中也。日人方以京津治安问题,怂动各国,我进兵似须格外注意,想公已有部署矣。匆匆,敬请捷安。

弟延闿拜

王儒堂已往沪,委员长问题已电张、蔡、黄。商定即复。

《总统府机要档案》,转引自《中华民国重要史料初编——对日抗战时期》绪编(一),第152—153页

蒋介石致朱培德电

1928 年 5 月 14 日

朱总指挥勋鉴:日本参谋部发表,以济南既开城,已令福田停战云。然其声明交涉对手认定为中正,但昨今两日来,各国态度对我已表好意,闻矢田将有日内来宁之说,如此外交当可缓和,而德州与临沂皆克,形势更占优胜也。中意攻击天津各军预令其至马厂停止候命为宜,请注意。中正。寒亥。

《总统府机要档案》,转引自《中华民国重要史料初编——对日抗战时期》绪编(一),第153页

黄郛致蒋介石电

1928 年 5 月 17 日

蒋总司令:密。顷矢田来称:得日外部电,较前甚和缓。(1)严惩贺、方、陈之条件可不再提,但蒋道歉。(2)惩罚肇事军队之负责者。(3)已令福田对津浦运输速予南军以便利,答以无论条件若何,第一当先移归后方交涉,不得直接向总司令要求,予已电殷转达田中,请君亦向贵政府建议,矢田允立办,特闻。云。篠叩。

蒋总司令复电:

南京外交部飞转黄部长勋鉴:枢密。松井又不起程,飞机及斥堠骚扰不已,彼方毫无诚意,请注意,弟已认为绝望也。中正。巧戌。

《总统府机要档案》,转引自《中华民国重要史料初编——对日抗战时期》绪编(一),第154—155页

黄郛致蒋介石电

上海,1928 年 5 月 19 日

蒋总司令:密。巧戌电悉,绝望一说,我早虑及,恐增烦恼,不忍言耳。现日人以其有步骤之国策来临,昨送觉书,彼欲乘机解决满蒙之心毕露,此节关系太重,已约静兄本晚赴宁,一面电约组公明晨召集会议,顷亦农巧戌电称:晤田中示以篠电,再请移归后方交涉,田中踌躇,佐藤在侧,言内阁对福田主张不能一一抹杀,现军事协定,已电令缩小范围,须顾全福田面子,乃能圆满等语。是移归后方一说,仍难办到,统观全部局势,一周内若无具体决定,恐将不及。弟能返宁彻底主张否? 盼复。云。皓申印。

《总统府机要档案》,转引自《中华民国重要史料初编——对日抗战时期》绪编(一),第155页

赵世瑄崔士杰致蒋介石等电

1928 年 5 月 21 日

国急。徐州蒋总司令、冯总司令、南京外交部黄部长、交通部王部长、兖州蒋主席钧鉴:密。职等于号日抵沪,即与日总领事矢田交涉济南惨案,现与日领商定,关于已往重要问题,俟全国政府解决,对于济南现状维持,须从早由鲁省地方官负责办理,职等向日领提出三项条件:(一)吾方文官须早入济南维持秩序。(二)保障文官之居住安全执公自由,交通机关尤须即日照常服务。(三)将青岛北军残部即时消灭。对此条件,矢田本人甚赞成,业已由该领向日政府以急电请示矣。大约一二日即可回电,职等在沪除继续交涉外,俟得复电再行电陈。赵世

瑄、崔士杰同叩。马印。

《总统府机要档案》,转引自《中华民国重要史料初编——对日抗战时期》
绪编(一),第 156 页

谭延闿等致蒋介石电
1928 年 5 月 21 日

限即到。徐州总司令蒋鉴:密。详察全般形势,非不可为,惟关于
外交、政治,须彻底商定,弟等本拟来徐,因恐外间发生误会,拟请公至
浦口,以便晤商,如何乞复。延闿、人杰、元培、烈钧。箇酉。

蒋总司令复电:谭主席钧鉴:箇酉电悉。中已回徐,关于外交政治,
中一听诸公之意,不必面商,如有必要,可以电达。中如来浦不到宁,似
更不好。重藤转松井电已接到,中意如奉能于一星期内全部出关,则我
军可不加追击,待其表示诚意,然后再言和平方针。此意惟焕章或不赞
成,其他各方意见,似已趋一致,如中央能坚决主张,焕章之意当可改换
也。如何,乞裁酌。中正叩。

《总统府机要档案》,转引自《中华民国重要史料初编——对日抗战时期》
绪编(一),第 156—157 页

蒋介石复谭延闿电
1928 年 5 月 22 日

谭主席钧鉴:密。中昨夜回徐,哿电敬悉,对日交涉,前方协定殊不
可为,如诸公以为非此不可,则可委托岳军兄为中正之全权代表,往济
协商,但须由政府加委也。至协商条件,一如来电所指示者亦可也。外
交方针,应速确定,今日趋势,如再望日本之妥协,是万不可能也。请与
诸公确商之。中正叩。养巳。

附:谭延闿等自南京致蒋总司令电
1928 年 5 月 20 日

国急,限即刻到。蒋总司令勋鉴:密。弟等讨论济案及计划应付方

针:(1)前方临时协定,既经多次接洽,日方坚持不允免除,惟有由前方速派代表前往办理,以便结束。(2)道歉,以我方曾有令保护侨民,仍不能避免冲突为歉为辞,至向何人及何种方式道歉,已电亦农非正式探询。(3)复书因含有确定日本在满特殊地位之关系,拟以简答之,大意连年用兵,为求统一,东省日侨自当保护,同时口头告以若张能下野退去北京,自无用兵必要。延闿、人杰、烈钧、右任、元培、应钦、郭。哿。

《总统府机要档案》,转引自《中华民国重要史料初编——对日抗战时期》
绪编(一),第157—158页

罗家伦致蒋总司令电
1928 年 5 月 23 日

国急,限即刻到。蒋总司令钧鉴:密。日本要求当暂缓承认签约,六月四日即开国际联盟行政委员会,日逼我急,恐亦为此,我应静候,且促联盟,谨贡愚忱,乞钧决。罗家伦叩。梗。

《总统府机要档案》,转引自《中华民国重要史料初编——对日抗战时期》
绪编(一),第158页

蒋介石致张群电
1928 年 5 月 24 日

张厂长岳军兄鉴:鹤密。漾三电悉。济案仍以由外交部解决为宜,如不获,万一仍须与福田直接交涉,则必在后方先行确实商定,然后派员往济为形式上之通过。如此则不必强兄前往亦可,惟无论如何,必须在东京或上海有一约定。请以此意转告松井,否则派他人贸然往济,必陷窘境。如得松井复后,望兄来徐一叙,如何盼复。中正。

《总统府机要档案》,转引自《中华民国重要史料初编——对日抗战时期》
绪编(一),第158页

蒋介石致王正廷电

1928 年 5 月 25 日

上海宋部长转王儒堂先生勋鉴:儒密。顷接松井来电称:(1)松井预定于宥日由东京出发,陷日到济南,代表日本陆军与福田协商一切。(2)盼我方于二十八日前通知彼方所派赴济之(携带代表证书之全权代表)人员。(3)如无十分诚意,则将来此事有扩大之虞等语,此事应如何处置。如派代表,以何人为宜,请示复。弟中正。有午。

《总统府机要档案》,转引自《中华民国重要史料初编——对日抗战时期》
绪编(一),第 159 页

中央执行委员会致各地党务指导委员会密令

1928 年 5 月 26 日

令各省、特别市党务指导委员会战地党务指导委员会

执密。为令饬遵事。查自"五三"惨案发生以来,中央迭经讨论对日应付方案,并已通令在案。在本党之政策,固在秘密进行经济绝交,以惩暴日,但于最先,应消灭奉鲁军阀,以铲日本帝国主义者之羽翼,俟全国统一,再集合全力,以应付日本。讵意张逆作霖途穷日暮,丧心病狂,一方与日本订定各种卖国密约,一方派员赴日秘密活动,对我伺机挑衅,以遂其侵略中国之目的。本党鉴于外交形势之日急,对于以前对日之政策,不得不应机略变。目前唯一之急务,莫过于速成北伐,我唯一之敌人为奉逆军阀,我各级党部于此应集中宣传,以促民众之觉悟,所有以前颁发之各种对外标语,一律停止张贴,并候中央另行颁发。为此令仰该党部遵办并转饬所属各级党部一体遵照办理。是为至要。切切。此令。(五月廿六日)

中国第二历史档案馆编:《国民党中央关于"济南惨案"之政策方针文件一
组》,载《民国档案》1993 年第 4 期

中央执行委员会致南京党务指导委员会密令

1928 年 5 月 26 日

令南京特别市党务指导委员会

为令遵事。关于对日经济绝交事,前经中央制定对日经济绝交办法大要,并密令在案。但查该办法第七、第九两条,各地民众往往藉为口实,实行检查商店日货及在码头机房检查日货等举动,殊与中央力避挑衅之本旨相违。为此令仰该党部并转饬所属各级党部、各民众团体,在中央对于第七、第九两条未决定具体的实行方法以前,一律应即停止此种举动。是为至要。此令。(五月二十六日)

中国第二历史档案馆编:《国民党中央关于"济南惨案"之政策方针文件一组》,载《民国档案》1993 年第 4 期

蒋介石致张群电

1928 年 5 月 27 日

张厂长勋鉴:密。日军近三日又派飞机至泰安、莱芜一带,掷抛炸弹,人民死伤甚多,如此福田并无和平诚意,协定条件应先内定为宜,如松井能来沪,中可来沪与其面商一切也。因冯、阎催往京汉路指挥,故先进驻归德,特闻。中正。感。

《总统府机要档案》,转引自《中华民国重要史料初编——对日抗战时期》绪编(一),第 159 页

王正廷致蒋介石电

上海,1928 年 5 月 27 日

国急。蒋总司令勋鉴:密。外交联结英美一节,现已极有进步,美国务卿极有显明之表示,国会并已提案承认国民政府,其态度最为鲜明。英国亦已确有把握,决不至附和日本,必将有对我友善之表示。特以奉陈,请舒厪注。再松井之来,万不可屈主权,堕其奸计,济事彼决不敢扩大范围,威吓之词,不足信也。并乞察核为祷。弟正廷

叩。感午。

《总统府机要档案》,转引自《中华民国重要史料初编——对日抗战时期》

绪编(一),第160页

蒋介石建议中枢致书日本各政党及名流电

1928年5月29日发

国急。南京谭主席并转中央执行委员会钧鉴:枢密。此电分四节,第一节如下:日本内阁自起争潮,最近形势均渐于我有利,派遣代表一节,益宜设法延宕;并拟请用本党名义致书日本各政党及头山满、犬养毅等各同志,宣布济案发生以来之情形。兹拟全文如下:

"中国国民党领导之国民革命,在求中国之自由平等,此为一般文明国人民共有之要求。国民革命军为反对北方军阀而出兵北伐,更纯为中国内政问题,绝非他国所可任意诬蔑、藉辞干涉者也。保护侨民,自有常轨,乘机出兵已属叵测;不谓更有如济案发生以来之强暴举动,我中日两国之邦交,东亚和平之前途,将为一二军人破坏净尽,此非仅本党所痛心疾首,亦必贵党贵同志等所戚然不安者。济案发生之直接原因,今尚各执一辞,当有待公正之调查。兹因福田师团长要求先订军事协定,故一切调查,无从着手。而我国民革命军蒋总司令自北伐以来,迭颁严令,保护外侨;事变猝起,更竭力制止所部之抵抗及其不采取敌对行动;旋复命令各部队,远离济南;此种事实具在,不能不认为避免冲突解决纠纷之诚意。至国民革命军到济南以后对各国侨民之行动如何,当可覆按。若各国记者及贵国各通讯社五月一日二日之电报,岂不异口同声推许为纪律严明之军队;仅一日之隔,即尽变面目。然则此不幸之事件无论因何发生,必有和平解决之方法。乃福田师团长既纵使所部尽情残杀,捕戮山东交涉员,轰炸无线电台;复于七日下午提出极蛮横苛刻之五条件,限于晚十二时以前答复,其书面又仅写七日午时,并不注明正午或午前午后几时;直至当日午后四时方提交赵世瑄交涉员,是日夜半即向济南及其附近之处开始炮击;虽彼自辩为军事开始行动之时,未违背其原定十二小时之期限,然衡以国际间最后通牒之惯例,岂得如此?而当时情势,绝无提出最后通牒之必要,更不待言。蒋总司令两次派代表前往磋商调停办法,均被其拒绝谈判,且禁止发言。其口头表示履行条件之办法,更为严酷,如所指肇事之原因,应以其片面之调查为根据,我方不得有何异议;其所指应负责任之军队,为革命军之第二军团陈调元部、第三军团贺耀组部、第四军团方振武部,均须于日本军面前解除武装。此而犹谓不欲消灭我军,阻碍北伐,其谁能信?蒋总司令至此,知与福田已无谈判解决之希望。且我军既已不惜忍受北伐军事上之障碍,实行退出济南及胶济路沿线二十里以外,事实上尤无再在前方订结协定之必要,故呈请政府将此案完全移归外交解决。我外交部提议以后,贵政府亦已表示同意。乃福田犹进逼不已,其步哨斥候既常越出济南三十里至五十里以外,飞机且时至泰安抛掷炸弹,伤害人民,至今未止;而一面仍要求蒋总司令派遣全权代表前往济南,签订所谓临时协定;同时并谓若不签订军事协定,则济南事件将有益加扩大之虞。夫济案事实已成为外交问题,自有交涉之正轨可循,何为必以强制承诺之协定相逼?且所谓益加扩大者,果将以何种形式扩大之乎?更将扩大至何种程度乎?苟以无道行之,何求不得?我革命军既已百端忍让,固始终不出敌对之行动;惟世界公理尚未尽泯,中国人民犹未尽绝,福田师团长之行动,是否为中日两国睦谊之障碍,贵国国民与各政党当必有公正之态度,以保持我中日两国之亲善也。近日贵国政府及海陆军方面复有种种之觉书与照会:陆地则不许我军在天津、北京及东三省敌军主力所在地点作战;海上则不许我军在青岛、烟台、龙口、大沽口、秦皇岛、营口各处二十海里以内作战;其为侵害我国主权,干涉我国内政,显然易见;而犹日言对南北两军不偏不倚,只求保护其侨民。试问此等举动,是否已溢出保侨意义之外?奉军所属之渤海舰队可至厦门等地开炮轰击;而自山东以至奉天海岸,概不许作战,即此一端,明明只许奉军南侵,不许我军北伐,谓非袒护奉天军阀,有意延长中国内乱,更将何说?本党领导之国民革命,既以求中国之自由平等为目的,有阻碍此目的者,必以全力反对之;而于我中日两国之邦交,东亚和平之前途,追念我孙总理希望贵国国民为王道之干城,与夫中日两国作真正之同存共荣者,辄倦倦不能自已。谨布腹心,唯贵党贵同志等谅察之。"

以上词意,是否妥洽?敬待公意修正。中意党与政府立场不同,日本之两重外交,利在鬼祟秘密,我必须有以破之。今以党之名义向其国民说话,似无流弊;且彼既起内争,显非举国一致,此书必可引起若干影响。如尚认为未妥,则以中央委员个人名义连署发表亦可。统希公决,惟必以从速发表为宜。蒋中正叩。艳申印。

中国国民党中央委员会党史委员会库藏史料,转引自《中华民国重要史料初编——对日抗战时期》绪编(一),第160—162页

国民政府驳复日本觉书节略
1928年5月29日

五月十八日受到觉书,业已阅悉。敝国人民为解除本身之痛苦,而有改革政治之举,以期实现我国之永久和平与统一,使人民得以安居乐业,而侨居中国者亦得增进其幸福。为欲达到此期望,不得已而采取之军事行动,现已发展至最后阶段,国民政府相信最近期间必可实现中国之和平统一。对于军事区域,事前之布置与临时之保护,自当为周密之注意与部署。东三省方面商务繁盛,外侨众多,国民政府对于该地治安问题,将以妥善之方法使中外人士咸得安全之保护,此国民政府自有之责任。第贵国觉书中,有为维持东三省治安起见,或将不得已采取适当而且有效之措置等语。此等措置,易涉中国之内政,且与国际公法上列国相互尊重领土主权之原则,显相违背,国民政府万难承认。深望贵国政府为两国之永久亲善计,避免一切妨碍友好关系发展之行动。须至节略者。中华民国十七年五月二十九日。

附:日本觉书译文

历年甚久中国战乱之结果,使一般国民生活陷于极端不安及困苦,

侨居中国之外人亦在不能享受安居乐业之状况,故战乱能及早一日终熄,以达到目的统一而和平之中国,此乃无论中外人等所同具之热心,尤其是中国之邻邦有利害关系特为深切之我国所盼望不已者。但目下观战乱情形,将波及京津地方,同满洲方面亦将有蒙其影响之虞。缘以满洲治安之维持,在我国最为重要,如淆乱该地方治安,或者或成淆乱原因之事情发生,我国政府应须极力阻止之,故战事进展至京津地方,其祸乱或及满洲之时,我国政府为维持满洲治安起见,或将不得已有采取适当而且有效之措置;惟对于交战者,自当力持严正中立之态度。至我国政府之方针,与向来仍无何等之变更,一旦出于该项措置之时,关于其时间与方法,本政府可断言现有当然加以周到注意之用意,以期对于两方面不至发生何等不公平之结果。

民国十七年五月十八日。

《外交部公报》第 1 卷第 2 号,转引自《中华民国重要史料初编——对日抗战时期》绪编(一),第 162—163 页

(三)日本干扰国民革命军收复平津

说明:1928 年 5 月,随着国民革命军迫近京津,日本政府为确保其在满蒙的利益主动出击,一方面劝说张作霖和平退往关外,另一方面则对北伐军发出警告,严禁北伐军追击至关外。国民政府谨慎应对日本的威胁,随着奉系主动退至关外,北伐军顺利收复京津,并决计以和平方式收复东北。

震动中外之日本对华警告

日本阁议经过

十八日大阪每日新闻载称:日本政府因京津方面形势告急,十六日下午二时在首相官邸开紧急临时阁议,由白川、冈田两相详细报告京津

方面情形后,由田中首相说明日来外务、海、陆关系各部应付之情形及所协议之方策,谓其结果将使日本特殊权利内之满蒙方面亦受重大影响。当经协议对策,于最近发表声明书。会议三小时余。至本日阁议已决定之京津及满蒙警备方针内容如次:

(1)关于京津之警备方针

一、北京交民巷,由各国军队依各国驻军司令官会议决定之警备区域而为警备。二、天津各国租界与北京同样分为各警备区域,由各国分担警备。三、北京、天津间之铁路,为交通通信之安全上,以各国驻军警戒监视。四、京津两市及铁路之警备,若照平时办法,有不能充分警备之虞。故由天津之警备区及铁路起,扩大警备线于二十华里以外,警备线配置监视兵,对于危险的华兵侵入,加以警告。不听命时,依必要解除武装。五、京津之警备,虽以由各国驻军取共同动作为原则,然视情事之发生如何,由帝国采适当必要之手段。六、关于天津之警备,虽基于各国驻军司令官会议之结果而行动,然临时之措置,悉任日本驻津军司令官新井中将。七、日本驻津军队现有五个中队,此外前赴济南之三个中队已急回天津,加以由内地派去之换班军队五个中队,预定十八日到达天津。故该地之日本兵力已为十三个中队,兵数二千名。八、视形势之变化如何,如上述十三个中队之兵力尚感不足时,即派动员中之名古屋第三师团之一部,又紧急场合再由朝鲜师团急派。

(2)关于满蒙之警备方针

现已临战乱行将波及于东三省地方之重要时期,此际当然不挑发列国之猜疑心,且务使南北两军将自由遂其战争之目的,始终持严正中立的态度。然关于(一)确保既得权利益;(二)安全保障关于日侨之生命财产两项,特为深甚之注意,而期有贯彻现内阁特有之对华积极政策之必要。以上与阁员商洽之后,又关于视为最重要之确保东三省治安一节,预想各种状况而慎重协议,其原则为:一、万一南北两军持续现在之对峙关系,依然交战状态,则不问其来自山海关、热河或其他任何方面,倘欲侵入东三省内,当视为现实的战乱已波及于满蒙,即讲求防止上必要之一切实力手段。二、于事态混乱之际，败兵等侵入之措置：（一）张作霖不在保定、沧州两防御线为最后之决战，收拾其现在兵力，事前秩序整然的退回奉天旧根据地之时；（二）南军占领北京后，竭力恢复京畿地方之安宁秩序，徐图侵入东三省之时。然无论何种情形，南北两军皆必侵入东三省，于此依然能否防止之，结局似决定依情况之如何，惟有让诸出差官宪之裁量与临机之措置。然如上述，大体上，在第一情形，北军事前退却，似有不能用实力防止之情势；而在第二情形，南军被视为显足导满洲于战乱之前提行为之时，日本警备或舍峻拒之外，无他途径，亦未可知云。

中国长年战乱频仍之结果，一般国民生活，陷于极度之不安与疲惫，而中国居住之外侨，亦且无从安居乐业。故战乱早日息止，而现和平统一之中国，乃中外人士所渴望，在中国邻邦利害关系殊深之帝国，翘望不置者也；然今者动乱行将波及于京津地方，而满洲地方亦且有蒙其影响之虞。夫满洲之治安保持，为帝国之所最重视。苟有紊乱该地方治安之原因之事态发生，乃帝国政府所欲极力阻止者。故战乱向京津地方开展，而且祸乱将及于满洲之时，帝国政府为维持满洲治安计，不得不取适宜且有效之措置，然对于交战者持严正中立态度之帝国政府之方针，固无何等变更。是以在行前开处置之时，关于其时期与方法，必加以最大之注意，俾免对于两者发生何等不公平之结果，此又所断言者也。

提出节略光景

据北京之日本机关报顺天时报于五月十九日载称：芳泽日使，体本国政府之训电，提出如别项所载之节略，同时并于前夜十一时五分晋谒张大元帅，当以恳谈的态度，说明节略主旨之所在，直到午前二时四十五分方始辞出，计恳谈实达三小时四十分之久。然据中国侧某方面消息云，芳泽公使之说明，及张对此之答复及质问，大要如左：

芳泽公使将节略交与张时，当述"中国内乱，已继续数年之久，中国人民之痛苦固无论矣，即各国侨民亦悉在不堪之状态中。尤其是此次之战争,今已将迫京津,京津两地之中外人,胥有极度不安之感。现在如不采取何种手段,则危及四伏,或将发生意外事件,亦未可知。尤其是日本就满洲之特殊权利而重视之,若战事竟波及满洲,则日本对此,由拥护特殊权利之立足点,势不得不采断然之处置。但于此情境,亦已如日本之屡次声明,对于南北两军之任何方面,悉以最公平之态度临之"云云。而张对此则答称:"余决非穷兵黩武者流,如余前所声明,希望因防止内乱以求中国将来之多福,曾通电全国,停止战争。迩来余对于京绥、京汉、津浦各战线军队,已决行一再撤退,仅保持现在之战线。在余苟再为此以上之撤退,实为情形所不许者,从而南军若不施行现在以上之攻击,则余方亦断不出于攻击。然自最近之情形观之,余虽遵照息争通电主旨而退兵,而南军则决未举息争之实,似仍采追击的态度。若彼等得寸进尺,更欲突破余现在之战线,则余于自卫上,将不得不对抗之。以故在此种情境,无论有何人之警告,欲余放弃自卫策,实为不可能者也。此节尚希充分予以谅解"云云。

次更对芳泽日使,提出如左意味之质问:"阁下适声明采取公平的态度,然此次之节略,仅对余提出乎? 抑对于目下余之对手亦提出乎? 若对余之对手亦提出,其内容则如何"云云。芳泽公使对此,则答称"决非专对北方提出节略,即对于南军亦同时交付"云云,遂兴辞而退。然先是含有芳泽公使之内意之日使馆武官建川少将,于前夜急行赴保,直接会见张、杨两军团长有所说明者,似与芳泽日使向张作霖说明者略同。惟张、杨两军团长对此并未有何确答,而仅质问"此种警告之说明系单对北方行之,抑对南方亦然"。经建川少将声明对南方亦采取同样之态度,于是张、杨两军团长遂告以当加熟虑之意。双方会见,亦即告终。以上系日方机关新闻所载,当系日本官方发表。更据中国方面所传,当时芳泽访张,劝张平和退出关外,虽辞婉而意决,张颇愤懑,不安于席,谓本人讨赤保侨,并无对不住人之处,若非本人在京坐镇,恐北京且沦于赤化。今日本乃与南方唱同调,欲迫本人失败,殊不合理。又谓田中二十年交谊,不应如此相待;芳泽当告以交谊乃私人之事,而此乃国家之事也云云。最后并告之云,若不见纳日本之意,恐有第二步办法云云。又传芳、张谈话,先系依据东京训令,通告将来国内战争在京津地方或满洲延长时,日本由保护侨民生命财产之见地,当划出一定警备区域以守之,若战祸及于区域内时,不问南北何军,立予解除武装。此外关于满蒙问题,似颇深及切要之处,已交换其谈话云云。盖即令平和退回关外,对日本亦有须应酬之道也。至对于南方则据东方十八日上海电,矢田总领事本日午前十时访外长黄郛于私宅,而交声明书。又下午访王正廷面交一通,嘱转冯玉祥云。

日本当局声明

东方十八日东京电,昨田中面交次记之声明于四国公使,而为之说明:南北两军战争之结果,京津外侨行将发生不安,帝国政府不独任保护日本侨民,且当援助保护外人生命财产;若动乱有波及满蒙之虞,则以帝国政府在满蒙之特别地位,不问南北何方,必防止败者或追击者侵入该方面。又发出警告后,田中于十九日与人谈云:在吾人固望南北之和平,如南军北进,能平和解决一切问题,中国国民□□□□□□□□□(按句内缺字,因原件破损,无法辨明,暂缺。下同此)欣然也。如京津地方成战乱之巷,则满蒙地方将受影响,是以发出警告。盖满洲治安之维持,在自卫上实不容已,故不可不执适当之手段。济南方面,已加以种种注意,故不至被他国误会作战时占领。而此类考虑,日本亦绝无之云云。又芳泽公使二十二日与北京日本记者团谈话,关于节略问题,所说如下:日本政府业于本月十八日向南北军提出节略,其理由已如既公布之该节略所记载,要领尽包括节略之中。然以余之观察,试更为详细说明如左:

北军曾分晋、豫、鲁三方面与南军对抗,对于晋豫方面,形势虽未必得言不利,而鲁省津浦铁路沿线之直鲁军之败退过于迅速,致北军全部之战线蒙其影响,结果于维持京津间之治安有非常之影响,彼时北京张大元帅适发出弭兵之通电,然对该通电之反响较少。或者于最近将来,战争竟波及于此方面,亦所难料。情势如此,在日本政府因中国连年之内乱,既尝种种之困难经验,侨民所受损失尤不在少数,而不法课税问题,复层出不穷有加无已。是以南北两军若得订立和平,则务望双方于此时妥协,此节略之第一要点也。然使南北两军而不得订立和平,时局将如何乎? 或南军胜,或北军胜,二者必居其一,在日本当南北不能言和时,固不能加以干涉。盖劝告言和虽可,和平不能成立,而加以干涉,则不能也。是以和平不成立,无论南北孰胜之时,在日本亦只有讲拥护自身利益之手段,无他法也。关于保护侨民生命财产之办法,现经各地分别讲求中,而满洲于日本,最有重要之利害,设战乱扩大而将波及于该地方,在日本实有在预先防备之必要。而预防事必先有执相当手段之必要,此即节略之第二要点也。

以余解释,此节略之目的,度全然由此二政策而编出,余既接在京向张大元帅面交节略之训令,故即请与张大元帅晤面;十七日夜深更始得面晤,晤谈历数小时,以数字而言之,则可称为十八日之会见。会见内容,非得大元帅之允诺不能发表;然大元帅之意,要于日本提议订立和平之旨趣,无有异议,然就不能订立时之结果,有种种意见,是以当夜之会见,未至具体的决定。其结果俟一两日间安国军主脑部与余之间有一两次之往还后,安国军主脑部是否赞成日本政府之意,当作别论,而于其意趣已完全谅解矣。

东北两方应付

自芳泽对张作霖提出警告书后,张即电促保定张学良、杨宇霆回京,十九日彻夜会议,二十日张派于国翰访芳泽,告以实逼处此,不得不战。而学良、宇霆对日本武官则谓冯、阎两军业已进逼,此时奉军若退,彼方必尾蹑而至,危险至极,故奉军诚愿退却,而无法能阻对方之进兵;若日本能与南方交涉,保证不追,则奉方甚愿退兵云云。日本所答,似于保证一层,未能负责。因是奉方仍作战备。二十一日更以非公式方法,宣布其对日本警告书之态度,原文系英文,兹译其大意如下:

关于日本节略,此间最高军事当局,以为日本政府之大愿望,显然在于保护在中国之外侨生命,奉天当局对于此原则,向未违背,故在其管辖下之各地,从无严重之国际不幸事件发生,此则堪以证明。当局最近通电息争,撤退正太、京汉两路之兵,即示渴望和平之决心;徒以南方夸张,与冯之顽执,遂使战事有重启之危,彼辈殊应负危害和平秩序之责任。故日本以及中国爱国爱和平之人民,应转请其完全停止战争。今日则非南方放弃其国民党人特具最新政治之理想,和平不能实现;非南方了解:即使内战能胜,无以缓和国家之外交危局,和平不能有望。在此时际,似不能再建议片面让步,无条件撤兵。日本节略自具较远到之影响,但当局一方虽对侵入之南军为军事上之准备,而一方仍希望南方能知继续内战之无益,徒增国际间之困难而已。此外更于二十五日由外交部正式答复日使,原文如下:

为照会事:贵公使近向本国大元帅表陈意见,略称企望中国战乱从速终熄,而见统一和平;惟动乱现波及京津地方,东三省亦将受其影响。苟有扰乱该地治安或发生何等扰乱之原因,日本政府应极力拦阻。故战乱进展将及东三省时,日本政府为维持东三省治安起见,或不得不采取适当且有效之措置等语;并在各报发表。查贵国政府以友谊关系,希望中国战事早日息止,与本大元帅佳日通电休兵息民之意,正相符合,本国政府固深表感谢之忱。惟所称以动乱行将于及于京津,影响东三省地方,不得不采取适当且有效之措置一节,本国政府断难承认,而有切实之声明者:东三省及京津地方均为中国领土,主权所在,不容漠视。无论现在各该地方安谧如常;即使蒙何影响,所有外侨安全,本国政府自负保护之责。深盼贵国政府鉴于济南不祥事件之发生,勿再有不合国际惯例之措置,以保持中日固有之亲善。相应照会贵公使,即希迅达贵国政府为荷。须至照会者。

又同日以政府名义发表对外宣言如下:

五月十八日,日本芳泽公使向大元帅表陈意见,略称因中国长久继续战乱,国民生活陷于极端之不安困苦;侨华外人亦无由安居乐业。故战乱速熄,而见统一和平,中外人均所切盼,而与中国邻邦并有切实利害关系之日本,尤为翘望。惟动乱现将波及京津,东三省亦将受其影响之虞；三省治安，日本尤为重视，苟有扰乱该地治安，或发生何等扰乱治安原因者，日本政府应极力拦阻之。故战乱一向京津进展，而其祸乱将及东三省时，日本为维持东三省治安，或不得不采适当且有效之措置等语。中国政府之意见，以为日本政府以友谊关系，希望中国战事早日息止，与中国大元帅佳日通电休兵息民之意，正相符合，中国政府固深表感谢之忱；惟所称以动乱行将及于京津，影响东三省地方，不得不采适当且有效之一节，中国政府断难承认，而有切实之声明者。东三省及京津地方均为中国领土，主权所在，不容漠视。无论现在各该地方安谧如常；即使蒙何影响，所有外侨安全，本国政府自负保护之责。深盼日本政府鉴于济南不祥事件之发生，勿再有不合国际惯例之措置，以保持中日固有之亲交，已于二十五日由外交部照会日本公使正式声明矣。再此举与一九二二年二月六日，九国在华府所订关于中国事件适用原则条约所载，缔约各国尊重中国之主权与独立、暨领土与行政之完整、及不得因中国状况乘机营谋特别权利两项原则，显有抵触，此则为中国国民所惋惜者也。中华民国十七年五月二十五日。

至于南方则拟作相当驳复，然迄二十四日亦未闻送出。惟传所拟答日本觉书内容，分四点：(一)中国希望和平统一，较友邦尤切。(二)日屡宣称严守中立，言行未符。(三)满洲系华土，侨民应由本国保护，秩序应由本国维持，无庸日过虑。(四)日不应破坏华府条约云云。查日本之意，在欲阻止京津及满洲之战祸，关于此点奉军干部本无持久之意，而南方所求只在某要人下野与奉军服从主义而已，亦无穷兵黩武之心。所难堪者，下野之事须出自动，而孙传芳等人之安置问题，尤为棘手；盖孙不愿□□□□弃其部众而自行引退，此实最难□□□□□□□□又纽约五月二十一日路透电：南京所派赴美专使伍朝枢博士已抵此间，向美政府请对于中国反对日本列满洲为其保护地之计划，予以道义上之援助。并云：中国对于日方之蚕食满洲，必积极反对云云。伍氏在外交经验甚富，当必能有造于艰难之局也。

日本军事行动

日本自提出警告后,益炭炭于军事行动,据东方社东京十九日电云:日本政府之对华警告,尚未接南京政府对此之答复,且征于芳泽公使与府张会见之结果,似感知华北战争到底难免,似一面充分讲保护侨民之手段,一面决旁观时局之推移。陆军当局本日先令村冈关东军司令官,命自朝鲜派遣于关东州之龙山第四十旅团一部向奉天移动。

东京五月十九日路透电:日参谋部为防范起见,已命令关东驻军由旅顺派出学兵一旅、炮兵一队赴奉天,所有现在奉天之两团,抽调一部分赴锦州。据长春消息,以山海关情形嚣张,已将在公主岭之日本马队一队及在长春守备队一部分,调往该地。

东京五月二十一日路透电:日本参谋总长以华北情势日趋紧张,已命令关东军司令将所有军队集中奉天;倘战乱波及于满洲,则此项集中于奉天军队,将调至锦州、义州及他军事要地。

二十三日奉天新闻载称:关东司令部为维持铁路附属地之治安,讲求将驻满洲军队集中奉天,以为万一之准备,十八日以来,已命各地驻军集中奉天,而迄今已到之部队为(一)汾阳旅团(辽阳第五十九联队与铁岭第二联队);(二)安田旅团(系于朝鲜派来之第七十七联队与七十九联队);(三)其他部队(公主岭守备队与航空第六大队并野炮第二十六联队之一部)。此外一部军队则陆续赴辽阳警备,而充各军队之市内房屋为满铁俱乐部(辽阳第五十九联队本部驻扎)、守备队营内(第二联队)、奉天日人公会堂、温泉俱乐部、造糖会社、东洋拓植会社楼上、旧拟井氏住宅(联队本部)及奉天公学堂等处。

又关东军司令部因时局重大,特移驻奉天,村冈司令官偕幕僚一行,二十二日上午七时半离大连,于下午三时抵奉,宿于沈阳馆。此外关东军宪兵队本部亦移调来奉,小山队长及其部属于二十一日夜由大连出发,二十二日抵奉。现关东军司令部已在东洋拓植会社楼上办公,宪兵队本部亦就奉天日本宪兵分队楼上办公。

又由朝鲜龙山调来之第四十旅团第七十七、第七十九联队,受安田少将指挥,两三日前已由柳树屯来奉,现置司令部于满铁俱乐部;此外辽阳之第五十九联队步兵全部暨炮兵一个中队亦于二十二日抵奉。驻公主岭之独立守备队,因谋联络铁路及对时局上不使有误守备铁路之机宜处置之故,亦移驻奉天。水町司令官率所部于二十二日抵奉后,即将部队驻于地方事务所三楼全部,而本人宿于大星旅馆。现因各处日军集中奉天,奉天车站遂为军事上重要机关,二十二〔日〕以来设车站司令部,而于站长室办理司令部事务。记者访独立守备队司令部于地方事务所楼上,据称该队之移调来奉,在平时为铁路游动队,当此时局,奉天适当三铁路之交叉点,甚属重要,故便宜上暂调此守备云云。

又日本宪兵队因日军大出动,特已募集华语通译三十人云。

上海《中央日报》,1928 年 6 月 12 日,转引自《革命文献》第 21 辑,第1570—1580 页

王正廷致蒋介石电

上海,1928 年 5 月 18 日

国急。徐州蒋总司令勋鉴:顷晤驻沪日本总领事矢田,面交日政府节略一件,并知其已正式交与黄部长,同时由芳泽日使交与北京伪政府。该节略称,历年甚久中国战乱之结果,使一般国民之生活陷于极端不安及困苦,侨居中国之外人亦在不能享受安居乐业之状况,故战乱能尽早一日终熄,以达到目睹统一而和平之中国,此乃无论中外人等所同具之热望,尤其是中国之邻邦有利害关系特为深切之我国所盼望不已者。但目今观动乱情形将波及京津地方,而满洲方面亦将有蒙其影响之忧,缘以满洲治安之维持,在我国最为重视,如紊乱该地方治安或者造成紊乱原因之事态发生,我国政府应须极力阻止之。故战乱如进展至京津地方,其祸乱或及于满洲之时,我国政府为维持满洲治安起见,或将不得已有采取适当而且有效之措置,惟对于交战者自当力持严正中立之态度。至我国政府之方针,与向来仍无何等之变更,故一旦出于该项措置之时,关于其时间及方法,本政府可断言现有当然加以周到注

意之用意,以期对方两方面不至发生何等不公平之结果,须至节略者等语。并由矢田口头声明三点:(一)张作霖如不战退出山海关,准其出关,但我军不准追出关外。(二)张作霖如战而败不准其出关。(三)张作霖如不战而退出关外后,如再图入关扰乱,日本当禁止之。各等语。细睹以上各语,日本显系以我东三省置诸保护之下,而自居为保护者,我政府应用相当办法以资对抗,而保主权。现正与膺白兄研究中,特先电报,容再详陈,并祈就近电知崔交涉员为祷。弟正廷叩。巧。

《总统府机要档案》,转引自《中华民国重要史料初编——对日抗战时期》
绪编(一),第198页

谭延闿致蒋介石电

南京,1928年5月20日

国急。蒋总司令鉴:密。冯阎两公想晤,北京政治分会人选及军政设施,请公商定。日人觉书表示阻我出关,东北收拾亦请预定,前方战况想利。延闿。号辰。

《总统府机要档案》,转引自《中华民国重要史料初编——对日抗战时期》
绪编(一),第199页

黄郛致蒋介石电

上海,1928年5月20日

国急,限即刻到。冯总司令并转蒋总司令、阎总司令勋鉴:密。日领所递觉书,业经电达,觉书以外,尚有说明书,经日领当面朗诵一过,原件未留交,其文甚长,要点如下:(1)南北能否就此停战讲和,(2)如绝对不能和时,奉军不战退关外,则奉军回奉,日本在本晨到宁与党政各部份详加讨论,已将议决情形表面上无理由可以阻止,但不准南军追击。倘奉军应战战败而退,则日为维持满洲治安计,必先解除其武装,而仍不准南军追击。(3)奉退关外后,如仍抱政治野心,图谋再入关时,日本为惩前毖后计,亦必阻止等语。此事在军事上及外交上关系均极重要,联名电告,计已达览,尊见如何。尚望详示,藉资应付。再据北京友人电告,芳泽十八夜十一时与张作霖晤谈,至十九晨四钟不欢而散,探闻所谈要点如下:(一)劝动张下台,津京交张学良、杨宇霆维持,(二)奉军不准出关,(三)应由学良、宇霆为有步骤之协调,切勿轻率南进,并以附陈。再觉书以外之说明书,日方约定不能宣布,祈注意。弟郢。哿子。

《蒋中正总统文物——革命文献(一)北伐史料》,第 302—304 页

蒋介石致冯玉祥电

1928 年 5 月 22 日

冯总司令焕兄勋鉴:章密。政府转示关于日领事所提其政府正式照会,想已察阅,总括可注意之点:一、战事进至京津时,其政府为维持满洲治安起见,必采取适当而有效之手段。二、采取该项手段之时,关于其时间与方法当然加以周到之注意,且对于双方面不至发生不公平之结果等语。换言之,即其欲为维持满洲权利计,我军在京津附近作战时,彼或强加干涉也。其次则阻止我军出关,是为其积极之表示也。此事究应如何处置? 请速复。弟中正叩。养巳。

《总统府机要档案》,转引自《中华民国重要史料初编——对日抗战时期》
绪编(一),第 200 页

蒋介石致阎锡山电

1928 年 5 月 22 日

阎总司令百兄勋鉴:庭密。顷接政府复电称:奉军退出关外,京津由第三集团军和平接收,同人极为赞同。望公主持,即电百川总司令进行等语。请兄即照前电进行,但须限其一星期内全部退出关外,不加追击也。近情盼复。耀庭兄尚未到徐,甚念。弟中正叩。养亥。

《总统府机要档案》,转引自《中华民国重要史料初编——对日抗战时期》
绪编(一),第 201 页

阎锡山复蒋介石电

太原,1928 年 5 月 24 日

限即刻到。蒋总司令钧鉴:密。养、梗两电承示日政府复书及松井电,均敬悉,漾戌漾戌二电谅承察及,鄙意敌能在最短期内退出京津,我方自可和平接收,不予追击,至接收京津办法,尚乞我公计划及之。阎锡三叩。敬未。

《总统府机要档案》,转引自《中华民国重要史料初编——对日抗战时期》绪编(一),第 201 页

蒋介石致冯玉祥电

1928 年 5 月 22 日

冯总司令焕兄勋鉴:章密。顷接谭、张诸公电称:奉军退出关外,阎部和平接收京津,事属可行等语。综核日来内外消息,我方如对京津力战,日必强加干涉,且敌不悉我军团结内容,日伺我军互争京津之时,为其蹈隙反攻之机,故此时如兄有赞成百川接收京津之表示并听政府之处置,使敌无离间之策,且得加我内部之团结,若奉逆不退,仍照原定计画进攻,并足证奉逆虚伪之和平,而免国人对我军之怀疑也。如何,请酌盼复。弟中正。

《总统府机要档案》,转引自《中华民国重要史料初编——对日抗战时期》绪编(一),第 201—202 页

李烈钧致蒋介石电

南京,1928 年 5 月 27 日

国急,勿停留。蒋总司令尊鉴:密。有学生在奉方久任要职,来京报告极详,奉军退却计划,分京榆大道及古北口两路退却,若不受日人影响,计划不必改,军队内容有欲出关者,有待机南服者,然无斗志则一,韩麟春自去冬称病回奉后,前方仅杨宇霆一人,杨亦欲南服也。特

闻。弟烈钧。沁未印。

《总统府机要档案》,转引自《中华民国重要史料初编——对日抗战时期》
绪编(一),第202页

杨树庄致蒋介石电
南京下关,1928 年 5 月 27 日

徐州蒋总司令钧鉴:密。顷接上海金交涉员宥电称:顷准日本总领事函转驻沪日本第一舰队司令官宇川照会内开:青岛日本第二舰队司令官为保护日侨起见,切望南北海军勿于青岛、烟台、龙口、大沽口、秦皇岛、营口各处二十海里以内作战斗行为,等语。乞示复,以便转复等语。敬特电陈,伏候电(陈)〔示〕祗遵。杨树庄叩。沁。

《总统府机要档案》,转引自《中华民国重要史料初编——对日抗战时期》
绪编(一),第202—203页

蒋介石致谭延闿电
1928 年 5 月 30 日

谭主席钧鉴:密。京津问题,昨与焕章兄面商,决定天津方面,我军进至静海止。北京方面,进至长辛店止。京津铁路沿线,亦即以此两地为准,二十里以内,均不进兵。惟中与焕章均以为须由政府照会各国,说明我军为求外侨安全起见,当竭力避免在京津及其附近地域作战,已决定不进兵至二十里以内各地方。但奉军亦不得再在京津停留。应请各国注意此点,方可真正避免冲突,并表示各国不偏袒何方不干涉内政之诚意云,其措词应求公等详细斟酌妥善,勿使有承认外力可干涉我战事之嫌疑。统希钧裁,并盼示复。中正叩。陷。

《蒋中正总统文物——革命文献(一)北伐史料》,第308—309页

孙世伟致蒋介石电

上海,1928 年 5 月 31 日

黎秘书译呈总司令钧鉴:密。世伟遵海南来,昨日抵沪。窃维外交情势已至异常危急之时,日人声明书竟视满蒙为彼有,并宣布京津一带如有战事,不论南北军一律解除武装,现已在津设飞机场,并在北京测量地势,预备布防,计先后出兵二师之众,兵费达一千万,并有雇买暴徒残杀欧美人以图嫁祸于我之说。南军此后如以武力攻取京津,世伟之愚,微论胜负不可知,即使南军全胜,而满蒙已非复我有,京津亦必为济南第二,以我公爱国之切,识略之远,当不愿以阋墙之因,造亡国之果。世伟此番仰体我公指导和平之意而来,敢不尽心将事,日前在京与馨远、邻葛、汉卿诸君切商,于三民主义、国民会议皆可赞同,惟出关一层,事实上不免困难,现正商求解决之方,谨先电达,诸祈大教。孙世伟。陷卅。

《总统府机要档案》,转引自《中华民国重要史料初编——对日抗战时期》绪编(一),第 203—204 页

蒋介石致冯玉祥电

1928 年 6 月 8 日

冯总司令焕兄勋鉴:密。据津报孙传芳已声明未曾下野,藉日人为后援,力图负隅,杨宇霆、张学良亦在津,并未出关,其计以一方集合其残部,一方离间我战线,急谋复燃,而日本第五师团又已动员来华,如兄滞留后方,不即北上,更启外人猜测,不惟于军事不利,外人且已放言我内部破裂种种无稽之谈,令人不可捉摸。弟意兄须北上,则前方各军指挥方可统一,并请百川兄专维京津秩序,吾兄未到之前,对于军队部署,应归一人统一,故昨电请兄暂推百川兄指挥,以固军心,而坚团结。否则,兄如不进,军队散漫,进退不一,危险万分,弟惟有告罪,以谢党国,并请兄谅之。弟中正。庚午。

《总统府机要档案》,转引自《中华民国重要史料初编——对日抗战时期》绪编(一),第 204—205 页

（四）皇姑屯事件与日本阻止东北易帜

说明：由于奉系军阀张作霖撤回东北后拒绝成为日本的傀儡，1928年6月4日，日本关东军在京奉、南满铁路交叉处的皇姑屯车站三孔桥事先埋置炸弹，炸死乘专列撤回沈阳的张作霖，制造了轰动中外的皇姑屯事件。皇姑屯事件发生后，日本加紧了对东北的控制，并采取引诱加胁迫的方式，劝说张学良独立。与此同时，国民政府也对盘踞东北的张学良开展工作，劝其改旗易帜，归附中央政府。在国恨家仇面前，张学良最终于1928年底发表通电，宣告东三省改易旗帜，服从国民政府的领导。

殷汝耕致国民政府电

东京，1928 年 6 月 4 日

南京总座钧鉴：闻今晨五时张逆车抵南满京奉交叉点被炸，列车全焚，死伤甚众，枪声不绝，火尚未熄，张生死不明，详续探陈，耕叩。支辰。

《总统府机要档案》，转引自《中华民国重要史料初编——对日抗战时期》绪编（一），第 207 页

电政总局致南京国民政府等电

1928 年 6 月 5 日

急。南京国府、军委会、总司令、外部、交部钧鉴：顷收世界新闻如下：东京电：一日本人当昨日张作霖列车行经京奉与南满两路交叉地点时，由桥上猛掷炸弹，张氏重伤，吴俊陞、潘复及其余随从均受大创。驻奉日总领事现正侦查凶犯，今日并令租界以外日侨越过中国边界，避至南满铁路一带。张氏由汽车载归，车悬日本旗，以防再遇意外。东京

电:日本政府警告国军于张作霖回奉天后不得侵犯满洲。东京电:轰炸张作霖列车事,系南军便衣队之计谋,彼等早将炸弹安置路旁,待时而发。华盛顿电:今日英国出版委员会将短波无线电机分送各报馆及新闻会社,以作横越大洋通信之用。纽约电:国际电话、电报公司与美国无线电公司意图归并合办。电政总局叩。微。

　　《总统府机要档案》,转引自《中华民国重要史料初编——对日抗战时期》
　　绪编(一),第207—208页

蒋介石致朱培德电

1928年6月6日

　　朱总指挥勋鉴:据报:张作霖在奉天车站确已因炸伤毙命云,从此奉军当无问题,本集团军占领马厂后,请相机进止,或请兄先到京津一行,与冯、阎协商一切更好。天翼兄可先回宁襄助否? 盼复。北京警察总监已委何雪竹充任矣。中正。鱼戌。

　　《总统府机要档案》,转引自《中华民国重要史料初编——对日抗战时期》
　　绪编(一),第210页

周震麟致蒋介石张静江电

北京,1928年6月20日

　　国急,限即刻到。蒋总司令、张静江先生赐鉴:密。巧日安抵北京,见京津一带商民安堵,皆由中枢用人得当,百川措置咸宜,而奉鲁各军听同志宣传,各派劝告,深发天良,一致对外,亦为可感。惟倭奴志在夺取满蒙,故在榆关阻奉后退,若我军再进,无异为日本作前驱,百公深虑及此,故极主张怀柔,纯用和平解决,万望切告焕章、(剑)〔健〕生、德邻诸兄,务宜同此主张,隐消外侮,以保国疆。事关重大,幸勿瞻循,我公苾筹远虑,定早见及此也。弟震麟叩。号午。

　　　　《蒋中正总统文物——革命文献(一)北伐史料》,第337页

阎锡山致谭延闿蒋介石电

北京,1928 年 7 月 1 日

南京谭主席、行营蒋总司令钧鉴:密。前以遵照中央策画,用政治手腕解决东事,当托徐君萧霖送交张辅忱密码电本一册,俾通音讯。兹接来电文曰:顷徐敬宜兄转来励密电本,并代达雅意,殷殷唯注,在远不遗,景仰高风,感怀弥切。东省区特殊地位,若阋墙不息,外侮纷乘,实贻边圉之忧,亦非国家之福,济南往事可为殷鉴。明达如公,谅邀洞察。敬宜兄处另有详函,仍请勿吝明教,俾有遵循,先电布复,顺颂勋绥。弟张作相叩。艳。当复一电文曰:神交已久,容接犹虚,景仰斗山,时吟葭露。顷奉艳电,有如晤谈。承示东省处特殊地位,若阋墙不息,外侮纷乘,实贻边圉之忧,老成谋国,钦佩曷胜。鄙意际此国步艰难,双方应以爱国之忱,合成统一,早定国是,敬宜兄所来函俟晤谈后再复,各等语。除俟详函送到,再行电呈外,谨录奉闻。阎锡山叩。东申印。

《总统府机要档案》,转引自《中华民国重要史料初编——对日抗战时期》绪编(一),第 213—214 页

张学良表示决不妨害统一通电

1928 年 7 月 1 日

急。北京蒋介石先生、冯焕章先生、阎百川先生、蒋雨岩先生、何雪竹先生、南京谭组安先生、李协和先生并转诸公先生、何敬之先生、李任潮先生钧鉴:吾国不幸,兵祸频仍,民生憔悴,国是阽危。学良上年渡河之后,故首倡弭兵,事与愿违,有志未遂。今遭大故,重寄勉膺。先人遗训谆谆,以无违佳日息争电之旨为戒,言犹在耳,痛切于心。外审国情,内丁家艰,既具肺腑,宁有更事私争。在前敝军退驻滦河,本系孔代表蓉生指定地点;兹为贯彻和平起见,更作进一步之表示,已令前方敝军从事撤退,以明真意。至国难所在,学良以民意为依归。所盼当局诸公,以国家大计为前提,同时收缩军事;一面以最简捷办法,速开国民会议,解决目前一切重要问题。学良爱乡爱国,不甘后人,决无妨害统一

之意。除派代表即日趋前晋谒外,敬布诚悃,伫候明教。张学良。东印。

宋渊源致蒋介石电
南京,1928 年 7 月 2 日

　　国急。北京蒋总司令勋鉴:密。刻接祁暄君自奉天来电,托转先生云:到奉晤汉卿先生,谈极融洽,对公盛德尤感。所谈三事:一、易帜事,汉卿对三民主义不但无反对之意,且甘赞同,惟因对外则有某方窥伺,对内则新遭大故,变更太骤,虑生枝节。但须经过一重正式手续,全国一致解决,无妨害统一之意。二、汉卿决意停止军事行动,同时亦希望我方一致表示,仍希望以简捷方法召集国民会议,解决一切重要问题。以上所述二三两项,汉卿不日即有通电发表,其第一项则拟派代表到北京详为说明,暄日内即偕代表等同行,特先闻。祁暄东等语,已先复电嘱祁速偕该代表到北平面商矣。特闻。宋渊源。冬印。

《总统府机要档案》,转引自《中华民国重要史料初编——对日抗战时期》绪编(一),第 215 页

刘光张同礼致蒋介石电
1928 年 7 月 14 日

　　北平碧云寺,蒋总司令钧鉴:密。寒日抵奉,晤张汉卿总司令,详达尊意,极得谅解,刻奉方内部已完全一致,对易帜、撤兵及服从主义,均可办到。所虑者有:(一)外交方面,仍无把握,除由此间设法应付外,请立示机宜。(二)奉方人民未经训练,拟暂缓党部组织,先派员(办)〔赴〕南见习,再行举办。比者外人尤为注意,请中央用训令明示。(三)尊座曾有言政治分会等,由其组织请委不加干涉,张总司令闻之甚为感谢,但望明复一电以安部下之心。(四)对热军事行动,恐引起全局误会,恳暂停止,待三省全局议定,再从长讨论。以上四者,立盼示

复。到即可举行易帜、撤兵、通电三事。又滦河方面直鲁军此间不甚爱惜,将来只须由尊座来电,此间便可讽劝退让。再张总司令意极沉痛恳切,逆料复电到后,不但各事可办,且为复仇之第一良助也。刘光、张同礼同叩。寒代印。

《总统府机要档案》,转引自《中华民国重要史料初编——对日抗战时期》绪编(一),第215—216页

蒋介石日记一则
1928 年 7 月 15 日

东三省为我重要国防疆地,乃日本势力侵入已久,吾处置方法,非慎重周详不可,否则,东亚战祸之导火线如一旦触发,将不可收拾矣。总理所以主张和平统一,吾必以至诚,力促奉军将领觉悟,欣然而来归也。

汉卿似属诚意,东省和平统一,可无问题,但日本对之,必更忌恶。汉卿为人,未经危难,意志薄弱,恐不能当大任、持危局耳,然余必力为扶植之也。

《总统府机要档案》,转引自《中华民国重要史料初编——对日抗战时期》绪编(一),第216页

刘光张同礼致蒋介石电
盛京,1928 年 7 月 16 日

北平碧云寺吴主任立凡鉴:密呈蒋总司令钧鉴:寒删等电计达,迄未得复,盼切!此间为表示诚感起见,拟派令汤玉麟在无外交关系之热河易帜通电,是否可行,请先电复,此间事待寒电复到,即举行。刘光、张同礼叩。铣印。

《总统府机要档案》,转引自《中华民国重要史料初编——对日抗战时期》绪编(一),第216—217页

宋渊源致蒋介石电

南京,1928 年 7 月 16 日

　　国急。北平蒋总司令勋鉴:密。张汉卿致祁暄寒电,乃误送来京,因祁电称:本日由津赴奉,故特转上,俾知真相。文曰:轸(十一)电悉,承示介公之意,诚切可感,弟对介公决心合作。致目下立即改帜一事,惜非不愿,对内已有办法,唯对外确有为难,刘光兄到后,一经目睹情形,即可知其非出饰词推宕,仍望切致介公,迅速设法,使弟有可藉口转圜之地,或他方设法疏通,无不乐从也。张学良寒已等语。如祁已赴奉,而先生对奉已筹定使其藉口转圜之办法,须由源密告祁转劝者,即希电示可也。宋渊源。铣印。

　　　　《总统府机要档案》,转引自《中华民国重要史料初编——对日抗战时期》

　　　　绪编(一),第 217 页

张学良致蒋介石电

奉天,1928 年 7 月 21 日

　　万急。北平,蒋总司令介公勋鉴:密。日方警告情形,迭请代表转达,谅荷察及。敝处连接代表电述尊意,凡弟所希望者,无一不蒙容纳,身非木石,能无感动,通电易帜。弟已承诺在前,独以顾虑桑梓目前危险,不克立时践约,愧疚实极。惟此次弟决心与兄合作,纯本之个人天良,外交虽有问题,兄能有妙法应付最好,否则我辈精神上之结合,亦非外力所能阻隔,甚盼兄于归途指定晤面地点,弟决不惮此一行,既可面罄苦痛,并可切商此后进行方法。第五次大会弟并愿派员参加,以谋事实上之合作。总之,弟此后行动,一以兄为依归,易帜固为袍泽之良友,不易帜亦为精神之信徒,东省行政方针,当本先总理训政方略,亦步亦趋,为不拘形式之统一。是否有当,敬乞逐一教示。弟学良。简。

　　　　《总统府机要档案》,转引自《中华民国重要史料初编——对日抗战时期》

　　　　绪编(一),第 218 页

蒋介石致张学良电
1928 年 7 月 23 日

奉天电局密转张总司令勋鉴：密。篠电洞见血诚，不胜同感。精神结合，固属根本要图，但易帜问题，亦非可因外交恫吓，轻于放弃。请兄毅然断行，以救中国。至相会一节，弟所深愿，但弟既以外交关系，不便来奉，而兄于此时亦断难离奉，并望兄勿轻外出，为国珍重。大局底定，相见自有日也。五次会议派员，自应竭诚接待。并盼详示一切。中正叩。漾。

《总统府机要档案》，转引自《中华民国重要史料初编——对日抗战时期》

绪编（一），第 219 页

张学良致蒋介石电
奉天，1928 年 7 月 24 日

万急。北平，蒋总司令介公勋鉴：密。漾电敬悉。东省易帜，不能立时实行，弟对兄方深愧疚，乃蒙曲垂爱护，益觉汗颜。或有疑日方警告系弟故弄手段，弟可誓诸天日，且弟之为人，向不肯欺人自欺，请询君实小岱即可尽知。如再怀疑，并可派员来奉监督一切。总之，弟现在实处两难，不易帜无以对我兄，无以对全国；易帜则祸乱立生，无以对三省父老。数日前探知田中意旨，如我方不听劝告，即用武力。确非空言恫吓，现奉垣形势，我公定悉。今日接东京电云：民政党联合贵族院反对政友会，对于东省之举动，以为破坏统一，干涉中国内政，此种拙劣外交，徒伤中国国民感情，使日本益立于不利之地位，而政友会少壮派亦起而反对干部等语。是田中地位行将摇动，我倘于此时予以藉口，彼转可藉对外问题以延长其政治生命，故为大局计，似不必急此一时。如兄以为非易帜不可，则弟只有去职，以谢我兄相待之盛意，弟亦知兄因东省之事，受众指摘。弟年未三十，相报之日方长，倘蒙爱护于前，更复维持于后，则感刻曷其有极。披沥肺肝，敬祈督察。学良。敬。

《总统府机要档案》，转引自《中华民国重要史料初编——对日抗战时期》

绪编（一），第 219—220 页

蒋介石致张学良电

1928 年 7 月 25 日

奉天电局张总司令勋鉴：密。敬电已悉。兄之为难，弟亦深悉，弟现请方耀庭君到奉，面达一切详情，弟亦定于明日南返矣。事局虽属艰难，我辈当忍耐奋斗，如一去了事，决非所宜。且于兄于弟仍无所益也。东三省关系重要，惟兄是赖，务望努力前进，以达最终志愿。蒋中正。有。

《总统府机要档案》，转引自《中华民国重要史料初编——对日抗战时期》绪编（一），第 220 页

张学良致蒋介石电

奉天，1928 年 7 月 31 日

南京蒋总司令介石兄鉴：密。卅电敬悉。辱赐教言，非我兄相爱之深，不能有此剀切之论，雒诵再四，感悚交并。

日方近来手段，对东省则施以压迫，对尊处则又极力掩饰，既以淆乱欧美之耳目，又以离间我辈之交情，用心之狡，兄倘身处其境，即知弟所感痛苦之深。弟前电谓作进一步表示者，即指通电易帜而言，盖英美对我已有表示，则日方态度亦必因而变更，彼既不能以暴力相加，我方自有应付之余地，惟在目前确不能一无顾虑耳。先君移灵暂厝家庙，定于下月七日日将派林权助来吊，彼如谈及吾国内政，弟自当严重态度应之。弟将丧事办完，自必对国府有表示，决不有负我兄之意也。再，务请将来往电信严守秘密。弟学良。世。

《总统府机要档案》，转引自《中华民国重要史料初编——对日抗战时期》绪编（一），第 220—221 页

日本出面干涉东北易帜

1928 年 7 月 29 日 [①]

　　东北问题,本有即可解决之希望,乃本周突然中变,至足憾也。先是奉方代表到平后,迭与当局协商,大致已归妥洽,甚至平奉路之用人行政,且已商定,而奉方最后条件之点:(一)热河改旗,希望中央承认,不再用兵。(二)东三省党部暂缓开始工作,由三省挑选青年百人赴宁学习党务归后再办。(三)所有曾在东三省任职者之生命财产,均予保护。关于以上二三两条,蒋总司令毫无犹疑,完全准办;惟于热河问题,认为须统一后由中央核夺。电去后,奉方颇不安心,续又往返电商,致多延时日。最后一切妥贴,定期二十二日改旗,其政治分会及省政府人选,概由张开单,经蒋转呈任命,事已大定;而有十九日日本总领事提出劝告之事,只好从缓。此事据日方宣称:实缘月之十六日张学良亲访日本林总领事,将奉方与关内商洽经过及双方条件等等,披沥于林总领事之前而叩其意见,林氏当答以容当请示政府,再行奉复,较更足备参考。十九日林得东京训电,乃访张氏,告以日本意见两点:(一)日本利害关系上,不愿见东三省政治有急剧变化,致影响及于安宁秩序。(二)依日本观察,国民政府基础尚未底于确定,此时与之合为一体,似有考量余地,望张氏熟虑之云云。日方据此谓系根据张学良之咨询,乃有意见之转述,并非干涉内政云云。另据奉天方面消息,则谓日本劝告东三省勿改制易旗,系受国府宣布废止日约影响。传驻奉日本林总领事于十九日曾访张学良,询及东三省挂旗及服从三民主义等事,当表示希望当局慎重,且谓国府统一之业,不甚可望,东三省仍宜取保境安民政策,不特精神上不必实施三民主义,即形式上亦不必与关内从同云云。语次并以寻常信纸缮就上述意味之日文书面示张,既非觉书,亦非公函,不过重述口头之两节要点而已。张彼时答复,东省政治一依民意而决,东三省父老子弟如主改制,则彼个人殊无权可以违抗云云。双方会谈无

结果而散。张随有电到平,谓废约引起日本劝告,外交形势堪虑,易帜事不能不从缓,否则日本态度如此,深恐引起济案第二云云。至是东北问题,卒致中变。在奉方颇怪王外长不应恰于此时开罪日本;而在别一方面则谓张实利用日本劝告以为延宕之计。功亏一篑,蒋殊不欢,势非于回宁后另想办法不可矣。

《国闻周报》第 5 卷第 29 期,1928 年 7 月 29 日

林久治郎①遗稿(节选)

　　七月十六日下午我往访张学良时,他对我说:"自从上月以来我们多次会见,已经成为好友了。关于新政府今后的方针政策问题,很想听听朋友的意见。"接着又说:"南京政府不断劝告东三省政府实行统一合作,政府内部的意向也大体倾向于此,但我还想听听贵总领事的高见。"我回答说:"这是一个非常重大的问题。国民政府标榜革命外交;主张单方面废除不平等条约,企图以武力收回租界。我国同东三省的关系与中国内陆地区同各国的关系不同,是极为重要而密切的。而国民政府的外交政策同我国在东三省保卫既得权益方针是绝对不能两立的。与南方合作就无异于要同我国对抗。您在上月末曾说,在满洲请求中日两国关系的协调和我的意见是一致的。可是,如果同南方合作,上述希望就会完全成为画饼了。关于这个问题,日本政府不能不给予极大的关注;我个人也要奉劝您加以阻止。此事对于我国政府是个非常重大的问题,我还要向田中首相请示。况且,此事不仅对日中两国关系影响巨大,同时还将破坏东三省三千万民众赖以发达的保境安民政策的基础,三省的父老也将为此感到遗憾。"会谈大约进行了三个小时。

　　归来我马上去访村冈司令官,向他表明:事态发展既已如此,仅以口头劝阻殆已无济于事。如果政府能下决心以武力加以阻止固然很

---

① 时任日本驻奉天总领事。

好;倘若不然,就不如不予过问为佳。可否按此意思以电报向政府报告请示? 司令官同意了我的意见,遂即给政府打了电报。十八日晨得到回答的训令,其主旨为:坚决阻止东三省政府同南方合作;至于对方不予听取究竟应采取何种措置问题,则无任何指示。得此回训大为高兴的是军部,我则担心执行这一训令的后果,心中颇为不安。然而大势已难扭转,遂于当天下午再度往访张学良,转达了本国政府的意向,并恳切劝他不能悬挂青天白日旗,如果同南方妥协,将严重伤害两国关系。虽然我竭力劝阻,张学良终未应诺,只是回答说可以继续加以考虑。

第二天即二十日下午,村冈司令官特在城内满铁公署初次会见了张学良,司令官对张作霖的逝世深表哀悼之忱,并诚恳地表示今后将给予充分的援助。当司令官提醒张学良好自珍重,注意有人虎视眈眈,暗怀阴谋(指杨宇霆——原注),企图伺机取而代之时,据说张学良感激得声泪俱下。这是司令官及其列席的武官所谈并透露出来的。关于这一点各报记者都在日本内地的报纸上发表了。我对此虽然有些怀疑,其后经过一年左右,当时担任翻译的王家桢则私下对我说出了当时的实情:当天在满铁公署的会见结束后,王家桢陪张学良同车回去,在车上张问王说:“你能理解我今天为什么落了泪吗?”王答说不知。张学良无限感慨地说:“在不共戴天的仇人面前,我还得俯首致礼,反躬自问,实在太不争气,悲愤之极,不禁泪水奔流了。”听到这番话,我不能不为我同胞之头脑简单为惊惧。这一天的会谈是我前天那次交涉的继续,司令官对张学良当然也提出同样劝告,要他停止南北妥协。

关于劝阻南北妥协的事,从二十一日左右开始,在日本内地的各报上广泛传播开来,逐渐成为舆论的中心。首先掀起谴责声浪的是《东京朝日新闻》。这家报纸特发社论,主张不应阻止中国的南北妥协。其他报纸持同一论调者也不在少。在野的民政党为此选派代表访问了田中首相,首相回答说那是出于总领事个人的劝告,答复得十分暧昧。上述新闻在各报上一经传开,中国方面也立即发生反响。同月二十四日及二十八日我再次往访张学良时,他讽刺地说,据日本报纸透露,日本政府不一定有意阻止南北妥协,而且民政党对此似乎也是持反对态度的。他表示出仍然没有放弃同南方进行妥协谈判的口吻。我则说,日本报纸的报道是一种误传,我国政府已把在满洲的日中关系,放在特殊重要的位置上,要坚决防止国民党的外交方针波及此地,等等。然而东京方面的报道给当地的交涉带来了很大的麻烦,致使我的这些话未使张学良产生强烈的反应,实属遗憾之至。

在此之前,田中首相为了对张作霖逝世表示哀悼,有派代表前来奉天参加八月上旬葬礼之议。起初考虑到与张学良素有交谊的儿玉伯爵最为适宜,然而洽谈的结果儿玉未予接受。七月中旬又征得林权助男爵的同意,遂由该男爵偕佐藤安之助少将经大连前来奉天。林男爵的使命只在参加大元帅的葬礼,并向张学良表示同情和慰问,其它并未带有任何正式任务。在决定来奉之时尚未发生南北妥协问题,因而在抵奉之后会碰上什么重要的政治问题,恐怕是林男爵所未曾想到的。同时参加葬礼的身份也很微妙,不是政府派出的特使,仅仅是田中首相的个人代表。这恐怕是出于首相的惯技,可由他纵横捭阖,随时通权应变的一种手法。林男爵从东京出发之时,首相曾委托他与张学良会见时,除陈述吊唁之辞外,还要向张表明:日本政府将以诚意支持他。为在东三省改善日中关系,日本政府已有在必要时废除领事裁判权的准备;所有这一切,日本都将以林总领事为政府的唯一代表同他进行商谈,希望他能对林总领事予以充分的信赖。

政府之让佐藤少将为林男爵的随员前来奉天,是因为他过去曾长期驻在奉天,供职于满铁机关,是个有数的中国通。然而此人才高气锐,常常损伤他人的感情,特别是军部方面对他素有恶感,认为他随同林男爵一同来奉,将成为某种障碍,因而希望尽可能不让他来,或者即使同来也不给他以活动的余地。军司令官及其幕僚曾就此事向我征求意见,我认为对于他人的事情不宜加以干涉,遂表明了拒绝的态度。

南京政府认为张作霖的暴卒已使东三省政府陷于非常困难的处境,在张学良等对日本愤懑的最高潮中,策动南北妥协是极好的机会,

并期望在葬礼之前得以实现,所以频频向张学良展开了劝说工作。张
学良身边的新派人物,对此固然颇为倾向;然而守旧的元老们,却由于
他们曾以国民政府为敌并参加过战争,都认为在大元帅的葬礼未办之
前去同过去的敌人达成妥协,未免操之过急,因而表示反对。然而年轻
气盛的张学良,则显示出在葬礼之前就加以解决的动向。基于此种情
势,我又于八月一日和三日,连续两次访问了张学良,再度向他提出劝
告,阻止妥协。更特别向他说明了田中首相的代表林男爵正在来奉途
中,建议他同林男爵一晤之后再作决定。眼看就要到葬礼的时候,按中
国传统的风俗,有每日在灵前恸哭数次的仪礼。感伤过重的学良,在葬
礼前三日的上午,终因悲恸过甚而在父亲的灵前晕倒了。以致同日下
午彻底谢绝会客,直到当日傍晚才在侍医的陪护下勉强同我进行了会
谈,结果总算把妥协延期到葬礼结束以后了。为烟癖所困,又遭乃父的
无妄之灾,再碰上国际关系的难局,对于这位衰弱的青年的心境,我不
禁产生了一抹同情之念。

　　林男爵七月三十一日到达大连,八月四日安抵奉天,下榻于总领事
馆的官邸。在林男爵逗留的两个星期,我把家属打发到汤冈子温泉去,
住到八月中旬。佐藤因有外部事务,他本人也很客气,就住进了满铁理
事的公馆。林男爵在大连停留期间,已经从各方面了解到东北当地的
政情,形成了对南北妥协问题的见解。他起草了一封致田中首相的电
报稿,到奉天后立即交给我看。其中心思想是:按目前形势,阻止南北
妥协确有困难,不如任其成功较为适宜。他的意见几乎和我完全相同,
将电报遂即拍发出去。

　　五日,是已故张作霖葬礼的第一天。林男爵、军司令官及其他在满
的日本文武官员多数参列,献上了田中首相的银质花圈。中国方面,张
作霖生前的老友大都来吊。我利用这个机会也见到了许多旧交。

　　葬礼于七日结束。八日下午四时,林男爵往访了张学良。在此之
前,中国方面发来通告,说这次会见将有杨宇霆参加,我表示只有张的
翻译在座为好;而中国再三提出要求,后经林男爵同意,杨参加了会见。

我们方面,是我同佐藤少将以及河野副领事随行。我们是四时整准时到达的,可是张学良因为疲劳困惫,四十分钟后才出来接见我们。他面色苍白,象个病人,其神态实在令人同情。林男爵申述了田中首相委托的使命,并劝慰他安心继承父亲的遗业,学良致以答辞。会见中张有数分钟离座,可能是去服药或打针。五时半共进晚餐。这天杨宇霆一言未发,在餐桌就座之后,林男爵以惯常的讽刺口气揶揄了他几句,但他仍是全然沉默,未予置答。

九日下午两点,张学良由王家桢陪同前来回访林男爵。礼节性的问候刚一结束,我便向他讯问葬礼前尚未决定的南北妥协问题是否已经停止进行?张回答说,他准备在近期内使其实现。于是,我又向他详细陈述了国民政府外交与日本权益不能两立的理由,如果东三省的主政者想维持同我国的亲善,南北妥协是无论如何不能设想的。对于我这样的反问诘责,张学良表示,他要与国民政府合作,也要同日本继续保持亲善关系。我以事理说明这是不可能的。他竟然不予回答。于是,我又以强烈的口气警告他说,如果强行实现南北妥协,就等于无视我国的权益,也就是对我们的抗拒。他说:"没有办法!"仍然不肯应诺,其后就默默无语,一言不发了。我在正眼凝视着张学良的林男爵面前,连续诘问他长达一个半小时之久。其间,言辞激烈时,甚至使翻译王家桢都感到为难,他仍然不肯接受。会谈中,佐藤少将虽然时而插言几句,林男爵则始终一言未发。帝国政府的意图,几乎全由我一人用最高级的措辞向他作了宣示,并强要他表明究竟是否肯予答应,但是一直没有成功。这一天的会谈,就此以破裂而告终结。

同一天夜里,总领事馆举行林男爵、村冈司令官、松冈副总裁以及我国驻奉天的主要文武官员参加的招待宴会。下午六时许,在宴会即将开始之前,中国方面的总司令部突然打来电话,说张学良提议举行会谈,希望我能前去访问。原来张学良在当天下午回去时,保安会的全体委员都在总司令部里等待着他的归来。听取了会谈经过以后,都认为恐会酿成重大事件,为了寻求与我方妥协的途径,才再次要求会谈的。

我指示办事人员给他们的答复是:当天夜里有所不便,如有会谈必要,张学良来访将随时予以接待,只是不准备前去会见。接着又交换了几次电话,决定第二天早晨由张学良委派前教育总长、保安会委员刘哲为他个人的代表前来本馆会晤商谈。

早年,我在吉林做领事的时候,当时置都督陈昭常的旨意于不顾,在民间发起亲日运动成立"中日国民协会"的中心人物,就是杨策和刘哲二人。他俩当时都是财政厅的青年科员。我离开吉林辗转到各地工作,瞬息已阅二十星霜。此次再度回到满洲,杨在北京已是农商部的总务厅长;刘则主掌教育部,列入内阁成员了,如今俱各两鬓斑白,在交叉点事件发生后,又得以久别重逢,畅叙离愫,确实有无限的感慨。

十日上午刘哲来访,作了如下谈话:昨日关于南北妥协问题的会谈,几乎以破裂告终,实在令人深为遗憾。然而东北保安会尚未做出立即实现妥协的决定,从而相信我们之间还有互相让步的余地,本人自青年时期就与贵总领事结下友谊,且又都是中日亲善的提倡者,绝不能坐视日本与东北的关系如此演变而无动于衷。并表示他要说服张学良和保安会委员,顾全双方的体面,在三个月内不去匆忙实现妥协,希予谅察,等等。于是,我又请他去面见林男爵,并表示我对以上意见予以接受。

十一日,林男爵为了到火车上迎接为签署非战公约而赴巴黎的内田〔康哉〕伯爵,前赴五龙背温泉。十二日,与内田伯爵同乘安奉路列车来到奉天。内田伯爵在奉天小憩约两个小时后,又乘车去哈尔滨,然后继续北进。林男爵定于十三日下午经陆路回国,张学良于当天上午十一时前来总领事馆访问,与林男爵话别并表示谢意。张学良在谈话间顺便重复了日前刘哲所说的情况,申明了南北妥协将展缓三个月的意向。到此,林男爵来奉的使命已算完成了。然而社会上的舆论和报道,却误以为林男爵是以阻止南北妥协为目的而来奉天的。既已延期三个月,问题总算告一段落,使得我们的老前辈得以不受什么责难,踏上归国之途了。

《九一八事变——奉天总领事林久治郎遗稿》,第35—41页

方本仁致何成濬电
1928 年 8 月 9 日

北平金鱼胡同海军联欢社何雪竹先生勋鉴：密。阳（七日）电诵悉。褚玉璞来奉，向汉卿兄表示服从，汉兄已决定将直鲁残部分别编遣，并取消各军名义，此事解决甚易；惟林权助顷向汉兄表示，态度极其强硬，悍然不顾，干涉易帜，汉兄愤慨异常。弟日内即偕邢、王两代表回宁。本仁。佳酉。

上海《中央日报》1928 年 8 月月 12 日

方本仁致蒋介石电
盛京，1928 年 8 月 9 日

急。南京蒋总司令钧鉴：密。庚电奉悉，已转达汉卿兄矣。顷汉卿兄答拜林权助，林对汉兄言，田中内阁已具决心，希望贵总司令听日本忠告，停正对南妥协，否则日本取觉悟的态度，自由行动，将发生重大事情，奉与南关系小，与日关系大，应听从日本，询汉兄有无决心，汉兄答：东三省非张某一人之东三省，应以民众之决心为决心。林言如不能负责，请即辞职，汉兄谓此非干涉内政乎？林言干涉亦所不顾，汉兄谓此言可否发表，林答承可发表，汉兄异常愤慨，谓对日办法暂取延宕，精神上仍服从政府等语。似此情形，日已悍然不顾，通电易帜，一时恐难实现，汉兄当另电告报。仁日内偕奉代表邢、王两君返宁面陈一切，谨先奉闻。本仁叩。佳印。

《总统府机要档案》，转引自《中华民国重要史料初编——对日抗战时期》绪编（一），第 227—228 页

张学良致蒋介石电
盛京，1928 年 8 月 9 日

南京蒋总司令钧鉴：密。日方林权助大使来奉吊奠事毕，昨偕林总领事、佐藤少将来署晤谈，仍持田中之意，阻止奉国妥协，弟当据理驳

拒。今晨回拜，该大使延入，复申前议，态度益加强硬，其扼要数语，谓东省应听从日本之忠告，取观望形势态度，中止对南妥协，否则田中已具决心，当取觉悟之态度自由行动，请问贵总司令有何决心。当答以弟之决心，以东省民意为主，民渴望统一，不能中止妥协，如贵国虑及易帜，以〔及〕党人闯入，可保其必无，或虑国府废约，于贵国权利有妨，亦可建议转圜。彼谓以上俱不必置议，惟现在国府所取苏联式手腕，各国均不以为然，东省于国府关系，不若与日本关系，乞听日本之忠告办理。弟面斥其立言之失。旋由佐藤少将出谓，总括言之，田中于东省具有决心，如保安会必主易帜，总司令似可辞职避开，以免正面冲突。语至此，弟谓今日谈话，当据实宣布，彼方谓尽可宣布。弟归后即召集保安委员会讨论，对于日方如此态度，人皆同愤，惟对付之策，不外三种：一曰强硬，二曰软化，三曰圆滑。强硬则必用武力，不但东省力有不足，即全国协力亦无把握，软化则东省将成保护国，为朝鲜第二，非所敢出，暂用圆滑之法，以延宕之，一面于国际间着手运用，折其野心，始有办法。当邀同耀庭代表共同讨论，耀庭兄亦以为然，除由耀庭兄另行面达，拟加派代表偕耀庭兄赴宁面陈外，特握要电陈。国势不张，受人欺负至此，并恳将详情密告政府诸公，共同注意为盼，切请严守秘密。弟张学良。青。

《总统府机要档案》，转引自《中华民国重要史料初编——对日抗战时期》绪编（一），第 228—229 页

张学良致蒋介石电

1928 年 8 月 10 日

南京蒋总司令勋鉴：密。林权助来奉，对奉表示希望听从日本忠告，中止对南妥协，否则日本当取觉悟的态度，自由行动。林总领事并谓干涉中国内政之嫌，在所不避，等语。昨已将详情电达，应否由国府电致驻日公使提出抗议，以示对外一致之处，请卓裁。张学良。蒸。

《总统府机要档案》，转引自《中华民国重要史料初编——对日抗战时期》绪编（一），第 229 页

方本仁致蒋介石电

奉天,1928 年 8 月 12 日

急。南京蒋总司令钧鉴:密。日人乘我宣布废约,各国怀疑观望之际,对奉出此断然手段,谨就所闻彼方情形缕晰陈之:(一)民政党虽不满田中内阁,而对东三省持强硬态度,则主张一致,床次一派脱离民政党,赞助田中即其佐证。(二)此间日本军、商、外交界暨满会社联合一致对东三省造有具体方案,送请政府执行,并建议对奉政策,不随内阁更迭有所变更,各元老已经承诺。(三)日人极不满汉卿、邻葛,以其思想较新,力主统一,不为所愚,如有人愿承日人意旨,与我反抗,彼即助以兵力,以遂其鲸吞之谋。再,仁拟明日偕王、邢二君乘轮南下面陈一切,谨闻。本仁叩。文。

《总统府机要档案》,转引自《中华民国重要史料初编——对日抗战时期》
绪编(一),第 229 页

林权助赴奉与东北问题

1928 年 8 月

东省问题,张学良因日本之劝阻,至易帜延期,本周中央全会正在举行,宁方要人方聚精会神于大会,故东省事,消息较沉。然日本突派林权助赴奉,再劝张学良。八日林访张,张于九日回拜。据东方社奉天八日电云:林权助男爵本日午后带同林总领事问候抱病之张学良;仄闻此番会见,林氏本政府之意,向张氏转达对于南北妥协问题之意见。另据奉电,谓林向张氏述田中意见,并劝告东省不宜与南京妥协之态度,否则将出以强国之行动,或将发生重大之事情。张回拜时如何答复,尚未悉。又东京八月八日路透电:官方消息,林权助拜访张学良,系为解释田中首相对中国局势之意见。据闻林氏将再劝奉天不与国民政府言和,日本当局根本上不反对奉天与国民政府言和;所惧者:国民党中激烈分子甚多,设一旦满洲入于国民政府势力之下,该党必强迫国府以激烈手段对日,如废约等事,此等行动,日本万不能忍受,必须诉之武力;

但日本极欲避免此步。日本既有此思想,故国奉言和,不免因之停顿。倘中国此时能撤回废约通知,则日本亦可减轻顾虑,此日本之所以对南京注意也。此外日本反对国奉现时言和原因,系以日本尚未承认南京政府,设国府得手于满洲,则日本不能以外交方法解决各案结果,日本为保护利益起见,仍须诉之武力;而在此时局下,如与张学良解决,则可用外交方法,不须武力。总之,日本所希望者,不过维持现有之状况;而维持方法,如奉天独立,则可于外交途径求之;倘奉天为国府所得,则情势有非能预测者也。

东北人民希望统一之心,异常迫切;据奉讯:三民主义书籍及中山服装等,在奉已不禁止,足见精神业渐渐党化。奉代表王树翰、邢士廉偕同蒋、李两总司令代表方本仁、何家驹于一日晨由津乘支武丸赴营口,二日抵营,当由张学良派米春霖由奉专车往迎,一同于三日抵沈阳;闻王、邢复命后,或将赴宁一行。因蒋在平临行时,盼王、邢南下,谓将来裁兵会议,奉方亦可参加。又奉方前派谒见冯总司令之李文炳,曾于冯返豫后,前往新乡请谒,亦已事毕于前日另船回奉复命。据闻当局对关外事,颇注意于奉方是否真有诚意。方本仁、何家驹抵奉后,前已有电报告,谓张学良服从主义希望统一,意思确甚诚恳。惟以外交等问题,不得不慎重,对关内直鲁残部,亦正谋整理等语。当局对关外本主张政治手腕解决,兹以察看情形,张学良既有诚意,关外解决,关内自不成问题;因此闻蒋总司令已令东路军停进,白崇禧亦令左右两路暂缓进行。关于热河方面,汤玉麟业派金鼎丞为代表,日内即可到平,接洽一切,并已由张学良来电介绍;其胶东军事,自烟台事变后,原已令方鼎英等前往解决,现因肃清关内工作既已缓进,故对胶东亦不求积极。至于东北各军情形,据六日奉讯,东三省裁并军队,现在积极进行之中。昨又由张学良下令,取消方面军团名义,自第一至第五方面军团均已不复存在。所有取消之军团长,另有酬勋办法;如此则杨宇霆之第四方面军团长职务已算解除。闻杨将游美,张学良拟以两弟托其携送出洋。至奉军现在最高者为军长,闻将来并军长亦将撤消,以师为单位,与国府军委会新编制一律云。又据旅津奉省同乡得奉天来电,东三省省议会联合会已正式咨请保安委员会,请遵照三省公约,无论对外有何协定,均须交该联合会通过云。

《国闻周报》第 5 卷第 31 期,1928 年 8 月 12 日

张学良致蒋介石电

奉天,1928 年 8 月 25 日

日方近派员赴美说明对华态度,将来美国对我态度如何? 实有莫大关系。请电梯云、哲生在美就近宣布真相,使美不致为一面之词所惑。如何恳裁复。

蒋介石批示:复有电祗悉,卓见极佩。已电美友就近设法进行,决不致为日所动也。

《总统府机要档案》,转引自《中华民国重要史料初编——对日抗战时期》
绪编(一),第 230 页

蒋介石致张群电

1928 年 9 月 25 日

张厂长岳军兄勋鉴:密。到日后与奉天观操员先与田中约明勿干涉奉天易帜事,必使中国统一,乃可开始解决各案也。并望奉天双十节前易帜为盼。中正。有。

《总统府机要档案》,转引自《中华民国重要史料初编——对日抗战时期》
绪编(一),第 230 页

蒋介石致张学良电

1928 年 10 月 9 日

万急。奉天张总司令汉卿兄勋鉴:光密。昨电谅达。委员既经发表,应乘此时机,同时更换旗帜,宣言就职,以十七年双十节为兄完成统

一之纪念日也。盼立复。弟中正。佳巳。

《总统府机要档案》,转引自《中华民国重要史料初编——对日抗战时期》
绪编(一),第 231 页

张学良致蒋介石电

奉天,1928 年 10 月 10 日

南京国民政府蒋主席钧鉴:密。佳巳电敬悉。学良过承提携,许以追随左右,为国服务,感幸何极。已专电致谢,并请列名通告依时受任,计邀明察。兹尚有数事敬求核示:(一)东省易帜,早具决心在前,实因某方之压迫,致生障碍,当时敝处与之面约以三个月为限,届期即行易帜,详情业请方耀庭兄转达,承电示谓已派张岳军兄赴日解决此事,不知彼方论调如何,未蒙示及,现计算约定之期,已不甚远,敝处拟积极准备,事前秘不使知,筹备就绪,即行通电宣布,以三省同日实行,以免彼方又生狡计。(二)政治分会五次会议虽主取销,惟东省情形特别,此种过渡办法,绝不能少,拟请中央将东北政治分会及奉、吉、黑、热各省省政府主席分别任命,使易帜就任之事同时举行,庶可一新耳目。(三)关于军队服装,中央当有规定,事虽微细,惟观瞻所系,必须整齐划一,拟求将前项服装图样及公文程式手续已经颁布者,每种各备数份,派员交下,以资仿效,而归一律,当否均祈裁示。张学良。蒸。

《总统府机要档案》,转引自《中华民国重要史料初编——对日抗战时期》
绪编(一),第 232 页

蒋介石致张学良电

1928 年 10 月 12 日

奉天张总司令汉兄勋鉴:密。蒸电奉悉,至为欣慰。易帜之事,全属我国内政,彼方本不能公然干涉,况目下党国形势,团结一致,彼尤无可藉口,为从来所未有,此正其时,如尊处果能出以决心,中深信彼决不敢有所举动,务希毅然主持,三省同日宣布,愈速愈妙。关于政治分会,

五中全会既决议于本年内取销,实不便再有设置,东省果有特别情形,可另筹妥善办法。各省政府主席及委员人选请先电保,不久当即发表,军队服装式样及公文程式手续,自当派员送上,专此布复。弟蒋中正。文二。

《总统府机要档案》,转引自《中华民国重要史料初编——对日抗战时期》

绪编(一),第 232—233 页

张学良等致国民政府电

1928 年 12 月 29 日

中山先生三民主义,在癸亥、甲子之际,先大元帅赞助最早,提携合作,海内共知。自共党横施阴谋,流毒海内,不特中外皆为疾首,即中国国民党孙总理之主义亦几为之不彰。先大元帅发起讨赤之师,首先述明与中山先生合作历史,词旨恳切,专注反共,本无黩武之意。五月佳(九)日又有息事通电;临终复以力主和平、促成统一为嘱。苦心远虑,益复昭然。现在国府诸公反共清党,与此间宗旨相同,彼此使者往来,一切真相,更加明澈;自应仰承先大元帅遗志,力谋统一,贯彻和平。已于即日起宣布遵守三民主义,服从国民政府,改易旗帜。伏祈诸公不遗在远,时赐明教,无任盼祷。张学良、张作相、万福麟、翟文选、常荫槐。艳印。

上海《新闻报》1928 年 12 月 30 日